Praxishandbuch VMware vSphere 6

3. AUFLAGE

Praxishandbuch VMware vSphere 6

Ralph Göpel

O'REILLY®

Beijing · Cambridge · Farnham · Köln · Sebastopol · Tokyo

Ralph Göpel

Lektorat: Dr. Michael Barabas
Korrektorat: Ursula Zimpfer
Produktion: Susanne Bröckelmann
Umschlaggestaltung: Michael Oreal
Satz: III-satz GbR, www.drei-satz.de
Druck und Bindung: M.P. Media-Print Informationstechnologie GmbH, 33100 Paderborn

Bibliografische Information der Deutschen Nationalbibliothek
Die Deutsche Nationalbibliothek verzeichnet diese Publikation in der Deutschen Nationalbibliografie; detaillierte bibliografische Daten sind im Internet über http://dnb.d-nb.de abrufbar.

ISBN:
Buch 978-3-96009-004-5
PDF 978-3-96010-009-6
epub 978-3-96010-010-2
mobi 978-3-96010-011-9

3., aktualisierte Auflage 2016

Dieses Buch erscheint in Kooperation mit O'Reilly Media, Inc. unter dem Imprint »O'REILLY«. O'REILLY ist ein Markenzeichen und eine eingetragene Marke von O'Reilly Media, Inc. und wird mit Einwilligung des Eigentümers verwendet.

5 4 3 2 1 0

Inhalt

KAPITEL 1

Einführung

In diesem Kapitel wollen wir uns kurz mit der Thematik der Virtualisierung im Allgemeinen befassen und die wichtigsten Begrifflichkeiten klären. Anschließend geht's dann direkt mit dem VMware-Produkt vSphere 6.0 los.

Virtualisierung im Allgemeinen

Um mal eben etwas auszuprobieren oder ein weiteres Betriebssystem zu installieren, muss man nicht unbedingt eine zusätzliche Partition zur Installation haben oder gar einen weiteren Rechner anschaffen. In den meisten Fällen reicht es, eine Software zu starten, »in« der ein zusätzlicher Computer unabhängig läuft. Eine solche Konstellation nennt man *Virtualisierung*. Der Computer, auf dem die Software installiert wird, nennt man *Host* oder *Wirt*, den Rechner, der im Fenster läuft, nennt man *virtuelle Maschine* (im Folgenden oft mit VM abgekürzt).

Natürlich erlauben viele Betriebssysteme und Anwendungen heute eine Testphase von 30 oder sogar mehr Tagen. Aber wer möchte schon gerne auf seinem Arbeitsrechner, geschweige denn auf einem Server eine Software zu Testzwecken installieren, nur um nach ein paar Tagen festzustellen, dass sie sich nicht mehr so einfach deinstallieren lässt? In einer virtuellen Maschine kann keine Software Schaden anrichten, und mit den meisten Virtualisierungsprogrammen lässt sich vor der Installation der aktuelle Zustand einfrieren und bei Belieben anschließend wieder herstellen.

Ein Computer, auf dem beliebig viele unterschiedliche Betriebssysteme gleichzeitig laufen können, also unabhängige und verschiedene Rechner in Fenstern, ist der Traum jedes Entwicklers, Supporters oder auch versuchsfreudigen Anwenders. Programme von VMware, Microsoft, XEN, KVM oder anderen erzeugen einen kompletten virtuellen Rechner. Mit nur ein paar Mausklicks steht ein neuer Test-PC schnell zur Verfügung.

So ein »PC-Emulator« ist ein Programm, das nach dem Start virtuelle Maschinen (kurz VMs) auf einem Hostsystem, also dem realen Hardwarecomputer, zur Verfügung stellt, in denen sich weitere Betriebssysteme installieren lassen (die Gastsysteme). Eine VM verfügt wie jeder echte PC über die üblichen Hardwarekomponenten wie Prozessor, Arbeitsspeicher, Festplatte, Netzwerkkarte usw. und bringt auch ein eigenes BIOS oder EFI (Extensible Firmware Interface) mit. Die im Fenster installierten Gastbetriebssysteme bemerken üblicherweise nicht, dass die Hardware, auf der sie laufen, nur emuliert wird.

Die meisten Hersteller dieser Virtualisierungslösungen sind sich dabei sogar einig und nutzen die gleiche Hardwareausstattung für ihre virtuelle Umgebung. Da sich der i440BX-Chipsatz von Intel zu Zeiten des Pentium II als sehr stabil erwiesen hat, wird dieser meist in der VM zur Verfügung gestellt. Das wiederum hat den Vorteil, dass sowohl alte als auch neue Microsoft-Betriebssysteme und auch so gut wie alle Linux-Distributionen in der virtuellen Maschine installiert werden können. Abhängig vom Hersteller der eingesetzten Applikation oder Hypervisoren sind auch andere Betriebssysteme einsetzbar, z.B. DOS, Novell, Unix, OS/2 oder MacOSX.

Warum virtualisieren?

Viele spezielle Anwendungen, gerade auf Serverbetriebssystemen, erfordern einen eigenständigen Rechner. Nur so verspricht der Hersteller einen reibungslosen Einsatz. Gerade bei der öffentlichen Verwaltung und in Krankenhäusern werden diese Anforderungen an den Einsatz der Software im produktiven Bereich gestellt. In der Praxis sind das dann häufig Computer, die bei 2 bis 5% CPU-Auslastung laufen! Als virtuelle Maschine könnten aber gut zehn solcher Server eine einzige Hardware benutzen, um die Systemauslastung dann bei 20 bis 50% zu halten. Die gesparten neun Computer verbrauchen somit keinen Strom und belasten die Klimaanlage nicht – in der Regel rechnet sich die Anschaffung einer Virtualisierungssoftware daher schon nach wenigen Monaten. Das ist auch im Sinne von Green IT und wohl auch die beste Möglichkeit, große Einsparungen bei der Energieversorgung, der Hardware und Wartung sowie dem Platzbedarf für neue Server zu erreichen.

Wie Sie im Laufe des Buches noch lesen werden, ist die Energieeinsparung beim Virtualisieren jedoch nur einer von mehreren wichtigen Aspekten. Da eine VM nur von wenigen Dateien repräsentiert wird, ist ein Kopieren oder *Klonen* des Systems äußerst einfach. Durch das Nachhalten mehrerer Zustände des Gastbetriebssystems (Snapshots) lässt sich ohne Probleme mal eben etwas ausprobieren – sei es eine zusätzliche Software, ein neuer Releasestand oder auch ein Servicepack für das Betriebssystem. Funktioniert alles bestens, kann dieser Zustand getrost übernommen werden. Geht etwas daneben oder funktioniert es nicht wie gewünscht, so kann jederzeit zu einem vorherigen Stand zurückgewechselt werden.

Ein weiterer Einsatzzweck für Virtualisierung: Ältere Betriebssysteme wie Windows NT laufen auf aktueller Hardware nicht mehr – meistens können sie noch nicht mal auf neuen Rechnern installiert oder portiert werden. In einer virtuellen Maschine ist das kein Problem.

Wann nicht virtualisieren?

Einzige Ausnahme bei den installierbaren Betriebssystemen sind wohl Echtzeitsysteme wie QNX, RTOS und VXworks, bei denen es auch keinen Sinn macht, diese virtuell laufen zu lassen. Zeitgenaue Abfolgen bei Betriebssystemen oder Anwendungen sollten nicht virtuell laufen – dafür ist das Laufzeitverhalten der VM nicht genau genug. Ein ESXi-Server (Host) macht keine abrupten Zeitänderungen, sondern dehnt Sekunden aus oder verkürzt sie, um die richtige Zeit irgendwann zu erreichen – auch das wäre für Echtzeitanwendungen sehr schädlich. Auch bei manchen Linux-Systemen, gerade mit spezieller Software, ist von der Virtualisierung grundsätzlich abzuraten.

Außerdem wird nur eine Standardhardware zur Verfügung gestellt, sodass spezielle Komponenten wie Steuerungssysteme oder spezielle Bus-Karten usw. leider nicht emuliert werden können. Gängige PCI- und PCIe-Adapter wie z. B. ISDN-Karten können aber – zumindest unter ESXi auf einigen Plattformen – an die VMs durchgereicht (PCI-Passthrough bzw. DirectPath-I/O-Konfiguration) werden.

Was manche SysAdmins abschrecken kann: Die Administration der Systeme ist mit Virtualisierung zwar einfacher und sicherer – in gewisser Weise aber auch komplexer, weil zusätzliche Systeme (ESXi-Server, vCenter Server etc.) berücksichtigt werden müssen.

Die Technik virtueller Maschinen

Auf Großrechnern wie den Mainframes von IBM sind virtuelle Maschinen schon seit langer Zeit nichts Besonderes. Das Grundprinzip ist einfach: In einer Sandbox (von Betriebs- und Dateisystem unabhängige Laufzeitumgebung, in der sich ggf. gefährlicher Code ohne Gefahr für die Stabilität und Sicherheit des Systems testen lässt) wird ein Computer »emuliert«, der über alle notwendige Hardware sowie Maus und Tastatur verfügt. Innerhalb dieses geschlossenen Systems kann ein Betriebssystem gestartet werden, das auf die virtuelle Hardware zugreift, als sei es ein echter Computer.

In der Praxis gestaltet sich diese Aufgabe jedoch erheblich schwieriger. Immerhin muss eine Vielzahl benötigter Komponenten virtuell erzeugt werden. Da das Betriebssystem auf dem Hostrechner immer den exklusiven Zugriff auf die Hardware behält, kann ein virtuelles Gastbetriebssystem keinen direkten Zugriff auf die reale Hardware bekommen (mit wenigen Ausnahmen). Deshalb findet das Betriebssystem in der virtuellen Maschine auch andere Hardware vor, als tatsächlich im PC eingebaut ist.

Die wichtigsten zu emulierenden Komponenten sind:

- Prozessor
- (A)PIC ((Advanced) Programmable Interrupt Controller)
- DMA (Direct Memory Access)
- IDE- oder SATA-Controller, ggf. SCSI oder SAS
- CMOS (BIOS-Setup) oder (U)EFI ((Unified) Extensible Firmware Interface)
- Realtime-Clock (Echtzeituhr)
- PIT (Programmable Interval Timer)
- Memory und I/O-Controller
- Festplattenspeicher
- PCI-Bus und -Host sowie PCI-Bridge
- Videoadapter
- Keyboard-Controller
- Keyboard und Maus (ggf. über USB)

Neben diesen wesentlichen Komponenten wird häufig auch noch eine Reihe anderer Komponenten in der virtuellen Maschine benötigt, wie beispielsweise:

- APM oder ACPI (Power Management)
- Netzwerkkarte(n)
- CD-/DVD-Laufwerke
- Soundkarte
- COM- und LPT-Anschlüsse
- Game- bzw. Midi-Port
- USB-Anschlüsse

Zwei der wichtigsten Komponenten – CPU und Festplatte – widme ich einen eigenen Abschnitt, weil hier die meisten Missverständnisse auftreten und sich bei Unwissenheit über bestimmte Details auch Fehler einschleichen können.

Virtueller Prozessor

Die CPU ist der Hauptbestandteil des echten und des virtuellen Rechners. Die AMD- oder Intel-Architektur hat allerdings hinsichtlich der Abbildung virtueller Maschinen gegenüber den Mainframes einige Schwächen. Letztere sind schon architektonisch auf VMs ausgelegt. Intel-Entwickler hatten früher hingegen nie einen virtuellen Rechner als primäres Ziel vorgesehen. Einen ersten Schritt machte AMD mit der »Pacifica« genannten Virtualisierungstechnik im Prozessorkern, Intel zog nach und nannte seine Virtualisierungsfunktion zunächst »Vanderpool Technology«. Heute heißt diese Funktion AMD-V bzw. Intel VT und lässt sich im BIOS des Servers aktivieren.

Die AMD- und Intel-Architektur der 32- und 64-Bit-CPUs bietet vier verschiedene Privilegien an, mit denen dem Betriebssystem, Treibern und Programmen unterschiedliche Rechte zugewiesen werden können, was Sie in der Abbildung 1-1 sehen können. Normalerweise laufen OS und einige Treiber im sogenannten Ring 0 (Kernel-Mode) und Applikationen im Ring 3 (User Mode). Der Trick beim Erzeugen eines virtuellen Systems besteht darin, es im Benutzermodus als Applikation ablaufen zu lassen.

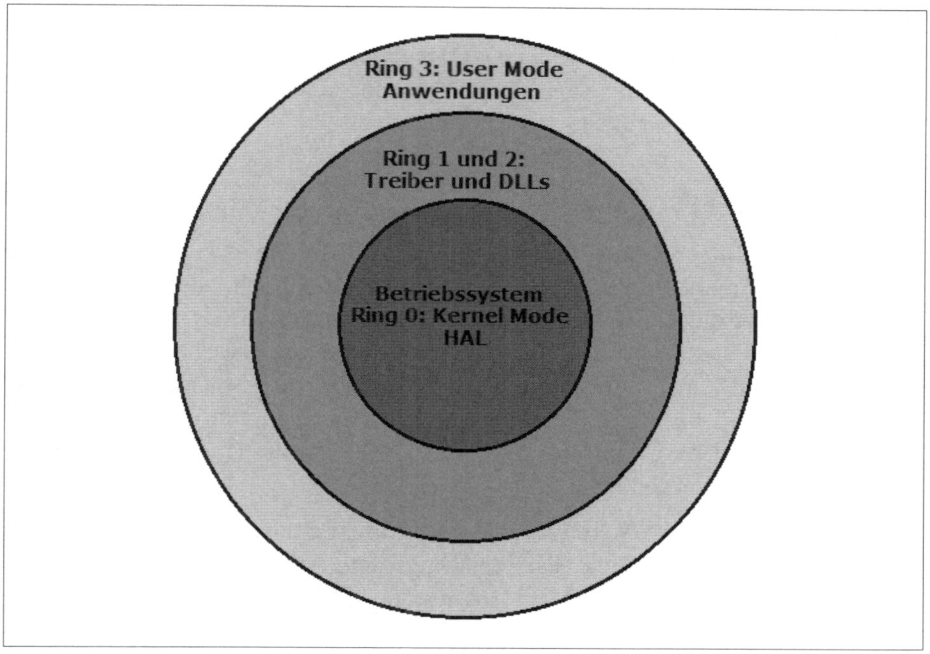

Abbildung 1-1: Die vier Ring-Modi eines Betriebssystems

Wenn das Betriebssystem des virtuellen Rechners nun einen Befehl ausführen will, der nur im Ring 0 gestattet ist, löst der Prozessor eine Exception (Ausnahme) aus. Routinen zur Behandlung dieser Ausnahmen können dann den privilegierten Befehl emulieren. Dabei behält das Hostsystem die volle Kontrolle über das System. Die wichtigste Voraussetzung für das Funktionieren dieses Ansatzes ist, dass der Prozessor bei jeder unberechtigt durchgeführten privilegierten Anweisung eine Exception auslöst.

Leider sind die Prozessoren bei den Ausnahmen nicht ganz so gründlich wie man es sich wünschen könnte. Beispielsweise werden Speicherzugriffe beim x86 über eine GDT (*Global Descriptor Table*, globale Beschreibungstabelle) abgewickelt. Diese ist eine globale Ressource und wird vom Betriebssystem verwaltet. Eigentlich müsste jeder direkte Zugriff auf diese Ressource als privilegierte Handlung angesehen werden und dürfte dementsprechend im User Mode nicht erlaubt sein. Der x86 behandelt die LGDT-Anweisung (Load Global Descriptor Table) auch als privilegiert. Allerdings führt SGDT (Store Global Descriptor Table) nicht zu einer Schutzverletzung. Allein diese Inkonsistenz macht es unmöglich, die GDT zu »virtualisieren«.

Um dennoch virtuelle Maschinen auf einer Intel-Architektur mit 32 oder 64 Bit realisieren zu können, müssen sich die Entwickler von Virtualisierungssoftware eine ganze Menge einfallen lassen. Connectix (2003 von Microsoft aufgekauft) untersuchte beispielsweise Code, der im Kernel Mode laufen soll, vor der Ausführung und änderte kritische Sequenzen um.

Damit erklärt sich auch der Eintrag im Gerätemanager der virtuellen Maschine: Er sieht den tatsächlichen Prozessor, kann aber nicht unbedingt jede Funktion von ihm nutzen – dazu später mehr.

Emulation der Festplatte

Ein weiterer wichtiger Bestandteil bei virtuellen Maschinen sind Massenspeicher. Generell funktioniert der Zugriff auf Massenspeicher ähnlich wie beim virtuellen Prozessor. Wenn das Gastsystem eine I/O-Anweisung (Input/Output, Ein- /Ausgabeanweisung) ausführt, wird eine Exception ausgelöst, da es sich hierbei um eine privilegierte Anweisung handelt. Die Virtualisierungssoftware fängt diese Exception ab und übersetzt die Anweisung in eine Operation auf dem realen Dateisystem. Bei deren Realisierung steht der VM-Software eine ganze Reihe von Möglichkeiten zur Verfügung.

So könnte sie beispielsweise die Anweisungen direkt auf der physikalischen Festplatte ausführen. Das widerspräche allerdings dem Anspruch an eine Sandbox, denn kein Programm darin darf das Hostsystem beschädigen. Der direkte Zugriff wird zumeist nur bei CD-ROMs oder DVDs eingesetzt. Zwei Ausnahmen davon gibt es allerdings: RDM (Raw Device Mapping), also direkter Zugriff auf eine LUN (Logical Unit Number) im SAN (Storage Area Network) und Direct Passthrough, z.B. bei Netzwerkkarten. Dazu erfahren Sie später mehr.

Meistens wird die virtuelle Festplatte mit einer Datei auf dem Hostbetriebssystem realisiert. Die Virtualisierungssoftware verändert deren Größe teilweise dynamisch. Eine interessante Option sind dabei Festplatten, die beim Herunterfahren wieder in den Zustand von vor dem Start der virtuellen Maschine zurückversetzt werden. So kann man die virtuelle Maschine immer in einem definierten Zustand starten und kritische Tests ausführen. Beim nächsten Start befindet sich die VM wieder im Originalzustand.

Als virtuelles CD-/DVD-ROM-Laufwerk kommen meist ISO-Images zum Einsatz, die als Datei auf der lokalen Platte des Hosts, einer Freigabe im Netzwerk oder einem angeschlossenen NAS (Network Attached Storage) oder SAN liegen. Das Betriebssystem in der VM erkennt diese als »echte« optische Medien, wobei die Zugriffe und Übertragungsraten dort erheblich höher als bei realen Laufwerken sind.

Hardwareausstattung

Welche Hardware die zu installierenden Betriebssysteme in einer VM vorfinden, hängt von mehreren Faktoren ab: Erstens von dem, was die Virtualisierungssoftware an Hardware zur Verfügung stellt, zweitens von den Komponenten des Hosts, die teilweise an die VM durchgereicht werden, und drittens von der Konfiguration durch den Anwender, der entscheiden kann, welche Hardware diese bekommt, wie viel davon dem Gast zur Verfügung steht oder was direkt durchgereicht wird. Abbildung 1-2 zeigt beispielhaft den Gerätemanager eines virtuellen Systems.

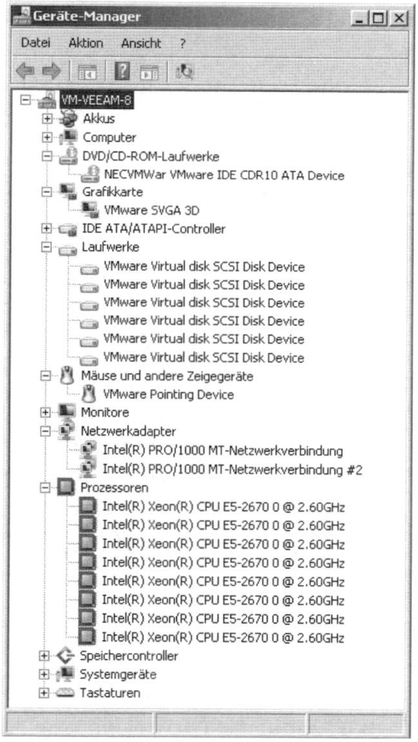

Abbildung 1-2: Gerätemanager unter Windows 2008R2 in der VM

Zu den notwendigen Komponenten der VM gehören unter anderem der Chipsatz des Motherboards (z.B. Intel 440BX), BIOS (AMI oder Phoenix) oder EFI, Festplatte sowie Grafik-, Sound- und Netzwerkkarte. Während Motherboard und Festplatte meistens mit den generischen Treibern der Betriebssysteme laufen, muss für die Grafikkarte ein angepasster Treiber installiert werden. VMware übergibt zum Beispiel der VM eine spezielle SVGA-II- oder sogar 3D-Karte, Microsoft bevorzugt hier eine Trio 32/64. In den VMware Tools enthaltene Treiber sollten für den korrekten Zugriff nach der Installation des Betriebssystems noch installiert werden.

Als Netzwerkkarte wird bei VMware unter anderem eine AMD-PCnet-PCI-II- oder Intel-LAN-Pro-Karte, bei Microsoft eine Intel-21140-Karte emuliert, für die die meisten Linux-Derivate und moderne Windows-Versionen Treiber mitbringen. Weiterhin emuliert VMware als SCSI-Adapter BusLogic und LSI Logic, für den ältere Windows-Versionen passende Treiber haben, XP jedoch nicht. Neuere Windows-Versionen unterstützen zum Teil den einen oder anderen Adapter. Falls nicht, bietet VMware einen Treiber zum Download an. In neueren Versionen der Virtualisierungssoftware werden noch weitere Netzwerkkarten und Festplattenadapter unterstützt.

Bei seriellen und parallelen Anschlüssen, CD-, DVD- und Diskettenlaufwerken kann man in der VM wahlweise auf die Hardware des Hosts zurückgreifen oder diese Geräte vollständig emulieren. Andere Hardware wie etwa FireWire-Anschlüsse, (DSL-)Modems oder interne ISDN-Karten sucht man in der Hardwareausstattung vergeblich. VMware bietet in der neuen Version den Zugriff auf USB-2.0- und -3.0-Geräte sowie externe SCSI-Geräte wie Streamer.

Hypervisoren

Im Allgemeinen unterscheidet man zwischen zwei unterschiedlichen Ansätzen bei der Virtualisierung. Von einem Hypervisor des Typs 1 ist die Rede, wenn ohne installiertes Betriebssystem eine Virtualisierung von Gastbetriebssystemen direkt auf der Hardware möglich ist, wohingegen der Typ 2 ein vollständiges Betriebssystem voraussetzt und die Virtualisierung durch eine zusätzliche Anwendung zur Verfügung gestellt wird. Beim ersten Typ spricht man auch häufig von *Bare Metal Hypervisor* oder auch *Paravirtualisierung*. Zum Typ 1 zählen zum Beispiel der ESXi-Server, XEN, KVM (Kernel-based Virtual Machine), dem Typ 2 ordnet man unter anderem die Workstation und Serverversionen von VMware und Microsoft zu sowie Produkte von Bochs, VirtualBox, QEMU usw.

Virtualisierung mit VMware

Das amerikanische Unternehmen VMware Inc. wurde 1998 in Palo Alto in Kalifornien gegründet, um ein Produkt zu entwickeln, das virtuelle Maschinen auf normalen Computern lauffähig machen kann. Der Mutterkonzern EMC Corporation brachte die Tochter im August 2007 an die Börse und verkaufte nur 10% der Aktien. Nach dem ersten Tag stiegen die VMware-Aktien von 29 auf 54 US-Dollar und brachten an dem einen Tag über 19 Milliarden US-Dollar Gewinn.

VMware-Produkte

Als erstes Produkt brachte VMware die WORKSTATION heraus, die heute immer noch das bekannteste Produkt ist und mittlerweile in der Version 11 vorliegt. Diese Applikation wird auf einem bestehenden Betriebssystem (Windows oder

Linux) installiert. Ähnlich verhielt es sich mit dem kostenlosen Nachfolger des ehemaligen GSX-Servers, dem VMware SERVER, der aber nicht weiterentwickelt wird. Sowohl Workstation als auch Server sind Anwendungen, die aufgrund des darunterliegenden Betriebssystems und eingeschränkten Hardwareausbaus meist nur wenige VMs gleichzeitig laufen lassen können. Dabei ist es egal, ob das Betriebssystem Linux oder Windows ist und ob es sich um z.B. Windows 7 oder einen Server handelt.

Weiterhin gibt es den für den nicht kommerziellen Gebrauch kostenlosen VMware PLAYER, der eigentlich nur vorhandene virtuelle Maschinen abspielen konnte. Seit der Version 3.0 ist man aber damit ebenfalls in der Lage, neue VMs zu generieren, aktuell liegt er in der Version 7 vor und nennt sich »VMware Player Pro«. Der Player läuft unter 32-Bit-Betriebssystemen nur allein, unter 64 Bit auch mit Server oder Workstation zusammen, wobei es dann auf die Installationsreihenfolge und die Versionen der beiden Anwendungen ankommt. Da die Konfigurationsmöglichkeiten hier eingeschränkter sind als beispielsweise bei VMware Workstation, aber die Anwendung deutlich kleiner ist und weniger Ressourcen verbraucht, ist der Player durchaus dazu geeignet, als Ersatz für Workstation mit wenigen VMs eingesetzt zu werden.

VMware FUSION ist eine Virtualisierungssoftware für Apple Macintosh-Rechner, die auf einem Intel-Prozessor laufen. Damit hat man die Möglichkeit, Linux und Windows im Fenster zu installieren und laufen zu lassen. Unter Apple-Betriebssystemen ist dieses die einzige lauffähige Möglichkeit von VMware, denn weder Workstation und Server noch der Player können hier installiert werden. Fusion gibt es auch als Pro-Version, die deutlich mehr Funktionen mitbringt.

VMware ACE (Assured Computing Environment) bietet einem ACE-Manager die Möglichkeit, VMs zu erstellen, die zusätzliche Sicherheitsrichtlinien – unabhängig vom Betriebssystem – aufweisen. Zu den Einstellungen gehören Zugriffsrechte, Systemressourcen wie Netzwerk, Drucker, Laufwerke und Ähnliches. ACE ist als Bestandteil in Workstation und Player Pro enthalten, es gibt aber auch noch weitere Komponenten (ACE Management Server), die man zusätzlich käuflich erwerben kann.

Als Desktop- und Anwendungs-Virtualisierungslösung gibt es bei VMware HORIZON VIEW, HORIZON AIR DESKTOPS und HORIZON FLEX jeweils in der Version 6. Die Namensgebung bei der Vorgängerversion, Virtual Desktop Infrastructure (VDI), war da schon aussagekräftiger. Der Sinn dieser Software ist es, komplette Arbeitsplatzrechner auf Servern zur Verfügung zu stellen und nicht mehr am Arbeitsplatz. Die Technologie lässt sich mit Terminals oder Thin Clients vergleichen, die auf einen Terminalserver zugreifen – nur wird hier nicht eine Anwendung zur Verfügung gestellt, sondern ein ganzer Rechner. Bei HORIZON AIR DESKTOPS liegt der Schwerpunkt auf VMware vCloud, wohingegen HORIZON FLEX eher die Unterstützung für Macs und Windows bietet.

Will man ähnlich wie bei virtuellen Maschinen nur eine Applikation zur Verfügung stellen, so bietet VMware das Produkt THINAPP. Damit ist es möglich, jegliche Version jeglicher Software als Applikation für die Benutzer zur Verfügung zu stellen. ThinApp nutzt die Thinstall-Technik, um Anwendungen in ein MSI-Paket (Microsoft Software Installation) oder eine EXE-Datei zu packen und dann auf einem Server, dem Netzwerk oder einem USB-Stick teilweise ohne Installation zur Verfügung zu stellen.

Für mittelständische bis große Unternehmen war VIRTUAL INFRASTRUCTURE gedacht, das jetzt VSPHERE 6.0 heißt. Der große Unterschied zu den oben genannten Lösungen ist das Zusammenfassen von mehreren Servern zu einer Ressource, die Verwaltung von mehreren Virtualisierungsservern und virtuellen Maschinen von einem Rechner aus, die Ausfallsicherheit und viele weitere Funktionen, die wir in den nächsten Kapiteln ausführlich besprechen werden.

Warum VMware?

Es gibt auf dem Markt mittlerweile sehr viele kommerzielle und Open-Source-Lösungen für die Virtualisierung von Rechnern. Viele davon sind mit den oben genannten vergleichbar, mit einer Ausnahme: VMware vSphere. Viele Funktionen, die bei diesem System seit einigen Jahren verfügbar sind, werden bisher nicht von anderen Herstellern angeboten. Einen Vergleich braucht VMware bezüglich Funktionen, Sicherheit, Skalierbarkeit, Zuverlässigkeit etc. nicht zu scheuen. Auch die neue Version von Microsoft »Hyper-V« ist gegenüber vSphere sehr eingeschränkt.

Häufig wird mir in Gesprächen gesagt, dass HyperV von Microsoft kostenlos ist. Der alleinstehende ESXi-Host ist ebenfalls kostenlos, erst wenn man einen vCenter Server einsetzen will und ein Datacenter braucht, muss man Lizenzen kaufen, und das ist bei dem Microsoft-Produkt genauso.

KAPITEL 2

Die Bestandteile von vSphere

In diesem Kapitel erhalten Sie einen groben Überblick über die einzelnen Bestandteile einer vSphere-6-Umgebung sowie ihrer Begrifflichkeiten und Funktionen. Außerdem werden wir die Unterschiede der verschiedenen Editionen besprechen. Die einzelnen ESXi-Einsatzszenarien werden im dritten Kapitel unter die Lupe genommen.

Komponenten der vSphere-Umgebung

»VMware vSphere 6« besteht aus mehreren Komponenten, die z.T. unabhängig voneinander sind wie z.B. ein Betriebssystem und eine Anwendung. Mit einer Anwendung alleine kann man allerdings nichts anfangen – man muss ein unterstütztes Betriebssystem haben, auf dem diese installiert werden kann. Genauso verhält es sich mit den Bestandteilen von VMware vSphere: Es ist ein erweiterbares Paket mit Einzelteilen, die in einigen Fällen nur Sinn machen, wenn man auch andere Teile hat.

Zunächst ist der ESXi-Server, auch Host genannt, zu erwähnen. Er ist ein unabhängiger Computer, auf dem die Installation der Virtualisierungsschicht, also des eigentlichen Hypervisors, durchgeführt wird. Am Host selbst kann man nur sehr bedingt eine virtuelle Maschine erstellen oder verwalten, dafür benötigt man eine weitere Anwendung, die z.B. auf einem Windows-Client installiert wird. Das ist dann der vSphere Client (vSC). In Abbildung 2-1 sehen Sie, wie ein Client-PC auf den Host zugreift.

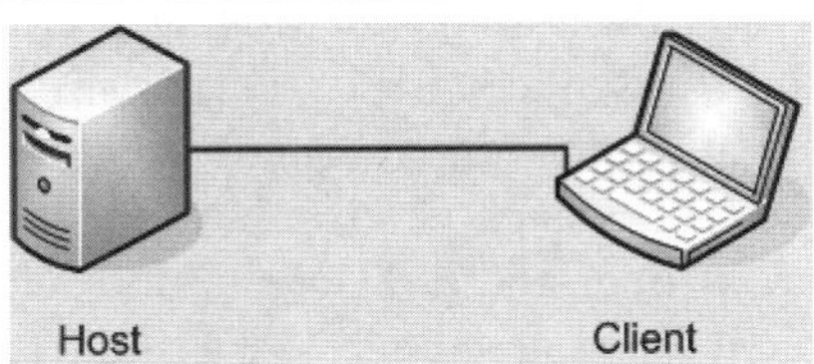

Abbildung 2-1: Hostzugriff über den vSphere Client

Mit diesem Client kann man alle täglich anfallenden Arbeiten auf dem Host durchführen. Auch die Konfiguration des Hosts, das Erstellen der virtuellen Maschinen, das Starten und Herunterfahren, Backup und Recovery usw.

Da man die Clientsoftware auch mehrfach starten kann, besteht die Möglichkeit, auch mehrere unabhängige Hosts gleichzeitig zu verwalten, wie in Abbildung 2-2 dargestellt. Das geschieht dann allerdings in verschiedenen Fenstern und es ist nicht möglich, virtuelle Maschinen von einem ESXi-Server auf den anderen zu verschieben oder Ressourcen wie Arbeitsspeicher, CPU-Leistung etc. aufzuteilen oder zu bündeln.

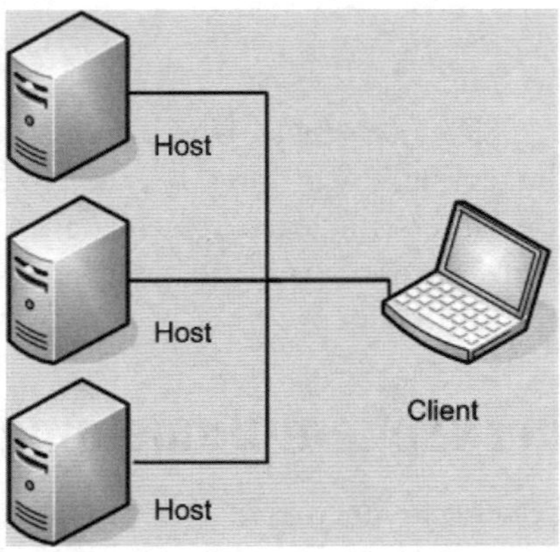

Abbildung 2-2: vSphere Client greift auf 3 Hosts zu

Ist einer unserer Hosts mit virtuellen Maschinen zu stark belastet und die beiden anderen Hosts langweilen sich, wünscht man sich eine Art automatisches Load Balancing zwischen den beteiligten Komponenten. Dieses lässt sich über einen vCenter Server erledigen, mit dem man alle ESXi-Server zu einem Cluster verbinden kann.

Fällt die Hardware eines Hypervisors aus, so wäre ein automatischer Neustart der ausgefallenen VMs auf den verbliebenen Servern eine tolle Sache. Das (und noch einiges mehr) bekommt man über den vCenter Server. Dieser wird als zentrale Managementinstanz zwischen einem oder mehreren Clients und den ESXi-Servern eingesetzt. In Abbildung 2-3 sehen Sie den Zugriff des Clients über den vCenter Server auf die Hosts und die darauf laufenden virtuellen Maschinen.

Ein vCenter Server ist eine Anwendung, die üblicherweise auf einem Windows-Server installiert wird und anschließend als Dienst im Hintergrund läuft. Der Benutzer kann wie vorher mit dem vSphere Client oder auch einem Browser (Web Client) arbeiten und verbindet sich jetzt mit dem Managementserver. Nun bekommt er ein Fenster, in dem alle ESXi-Hosts und alle virtuellen Maschinen aufgelistet sind. Neu ab der Version vSphere 5 ist eine fertige virtuelle Maschine, genannt »Appliance«, die auf der Basis von SuSE Linux 11 die Aufgaben vom vCenter Server fast vollständig übernehmen kann.

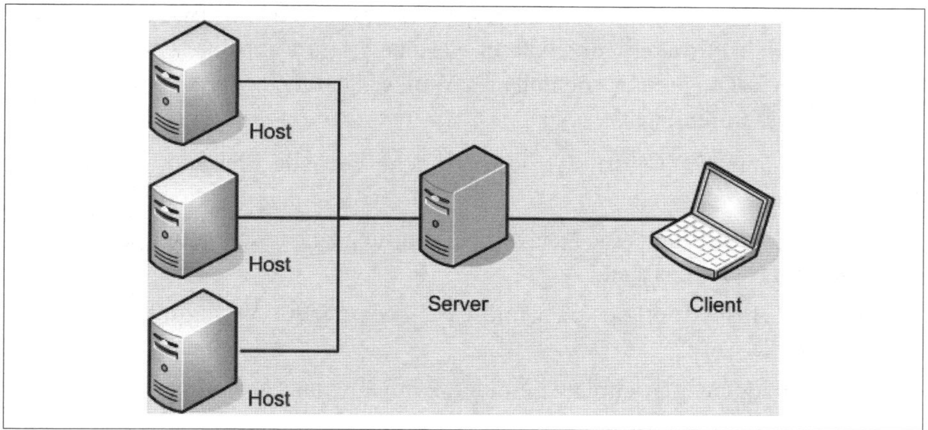

Abbildung 2-3: Zugriff des Clients über den vCenter Server

Um die schon vorher genannten Funktionen wie das Verschieben von VMs zur Laufzeit (vMotion), das Load Balancing über die Auslastung von Prozessor und Arbeitsspeicher der Hosts (DRS, Distributed Resource Scheduling) oder den automatischen Neustart der VMs beim Ausfall einer Hosthardware (HA, High Availability) zu erreichen, ist ein gemeinsamer Storage (gemeinsame Festplatten, NAS- oder SAN-Speicher) notwendig. Dieser wird wie in Abbildung 2-4 gezeigt an die ESXi-Server angeschlossen.

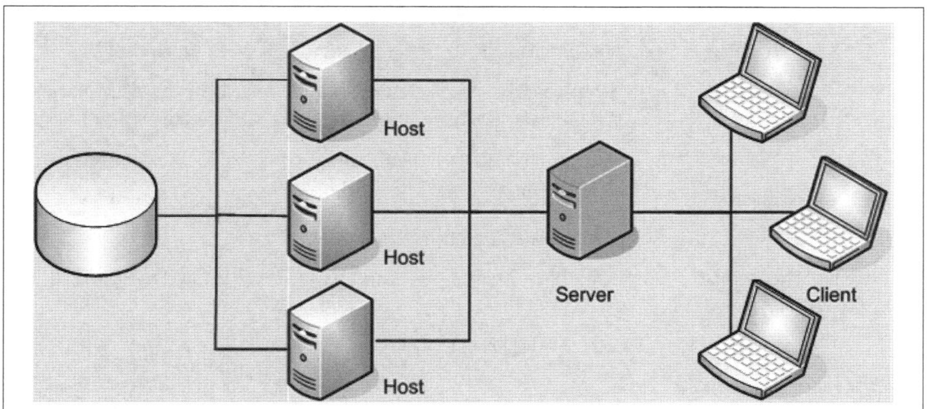

Abbildung 2-4: vSphere-6-Umgebung mit SAN oder NAS

Auf dem gemeinsamen Speicher werden alle Dateien der virtuellen Maschine abgelegt und somit sind sie von allen beteiligten Hosts erreichbar.

VMware Cloud-Betriebssystem

Auf welchem Server sich eine Webseite befindet, spielt beim Zugriff über einen Browser im Internet keine Rolle – Hauptsache, sie wird erreicht. Das Internet wird deswegen in schematischen Zeichnungen meistens als Wolke (Cloud) dargestellt.

Da auf die VM immer vom vCenter Server aus zugegriffen wird (wie auf die Internetseite mit dem Browser), über diesen gesteuert und kontrolliert wird, können wir die vSphere-Umgebung ebenfalls als Wolke darstellen. Bei VMware versteht man Folgendes unter einer Wolke:

- Auf welchem ESXi-Host sich wann welche virtuelle Maschine befindet, ist unwichtig.
- Über welchen Switch eine Netzwerkverbindung zustande kommt, ist aus Sicht des Betriebssystems egal.
- Welcher Host Arbeitsspeicher und CPU-Leistung zur Verfügung stellt, spielt keine Rolle.
- Wo sich der Festplattenplatz befindet, kann ebenfalls egal sein.

Deshalb nennt VMware vSphere 6 ein *Cloud-Computing-Betriebssystem*.

Die Editionen im Vergleich

VMware bietet die Komponenten von vSphere 6 in verschiedenen Bundles und den kostenlosen ESXi-Server auch allein an. Je nach Version sind einige der in diesem Buch beschriebenen Funktionen enthalten. Die nachfolgende Tabelle zeigt eine Übersicht des aktuellen Angebots.

Tabelle 2-1: VMware vSphere-Editionen mit zugehörigen Funktionen

	Standard	Enterprise	Enterprise Plus
Übersicht	Serverkonsolidierung und Business Continuity	Lastausgleich für Ressourcen	Verbesserte Verfügbarkeit und Performance von Anwendungen
Produktkomponenten			
Lizenzberechtigung	Pro CPU	Pro CPU	Pro CPU
Kompatibilität für zentrales Management			
vCenter Server (separat erhältlich)	vCenter Server Standard	vCenter Server Standard	vCenter Server Standard
Cloud-API-Integration			
VMware Integrated OpenStack			Support für VMware Integrated OpenStack ist separat erhältlich.
Business Continuity und Sicherheit			
vMotion	ja (+ Cross vSwitch)	ja (+ Cross vSwitch)	ja (+ Cross vSwitch/Cross vCenter/ Long Distance)
Storage vMotion	ja	ja	ja
High Availability	ja	ja	ja
Data Protection	ja	ja	ja

→

Tabelle 2-1: VMware vSphere-Editionen mit zugehörigen Funktionen (Fortsetzung)

	Standard	Enterprise	Enterprise Plus
Fault Tolerance	Zwei vCPUs	Zwei vCPUs	Vier vCPUs
vShield Endpoint	ja	ja	ja
vSphere Replication	ja	ja	ja
Hot Add	ja	ja	ja
Priorisierung von Ressourcen und verbesserte Performance von Anwendungen			
Virtual Volumes	ja	ja	ja
Storage Policy-Based Management	ja	ja	ja
Reliable Memory		ja	ja
Big Data Extensions		ja	ja
Virtual Serial Port Concentrator		ja	ja
Distributed Resources Scheduler (DRS), Distributed Power Management (DPM)		ja	ja
Storage DRS			ja
Storage I/O Control			ja
Network I/O Control			ja
Unterstützung von Single Root I/O Virtualization (SR-IOV)			ja
Flash Read Cache			ja
NVIDIA GRID vGPU			ja
Automatisierte Administration und Bereitstellung			
Content-Bibliothek	ja	ja	ja (+ Vorlagenbereitstellung)
Storage APIs for Array Integration, Multipathing		ja	ja
Distributed Switch			ja
Host Profiles und Auto Deploy			ja

Um eine Übersicht über die Preisunterschiede zu bekommen, können Sie sich auf der VMware-Webseite die Kaufoptionen ansehen. Häufig bekommt man aber bei Distributoren günstigere Preise. Auch gibt es für bestimmte Gruppen von Unternehmen preiswertere Angebote, wie zum Beispiel für Akademien und Schulen.

Neu ab der Version 6 sind zwei Lizenzmodelle, bei denen die Anzahl der VMs (bis maximal 25) begrenzt ist und die sich offiziell vSphere Remote Office Branch Office Editions nennen. Deren Funktionen sind in der nachfolgenden Tabelle gelistet.

Tabelle 2-2: VMware vSphere Office-Editionen mit zugehörigen Funktionen

	vSphere Remote Office Branch Office Standard	vSphere Remote Office Branch Office Advanced
Übersicht	Servervirtualisierungsplattform für Remote-Standorte mit Funktionen für Business Continuity und Backup	Servervirtualisierungslösung für Remote-Standorte mit Funktionen für Business Continuity und Backup sowie die Standardisierung von Hostkonfigurationen
	Produktkomponenten	
Lizenzberechtigung	Paket mit 25 virtuellen Maschinen	Paket mit 25 virtuellen Maschinen
Zentrale Managementfunktion		
vCenter Server (separat erhältlich)	vCenter Server Standard	vCenter Server Standard
	vSphere (ESXi) und vCenter Server Version 5.5U2 oder höher werden benötigt.	
	Business Continuity und Sicherheit	
vMotion	ja	ja
Storage vMotion	ja	ja
High Availability	ja	ja
Data Protection	ja	ja
Fault Tolerance	Zwei vCPUs	Vier vCPUs
vShield Endpoint	ja	ja
vSphere Replication	ja	ja
Hot Add	ja	ja
	Standardisierung und Compliance	
Host Profiles und Auto Deploy		ja
Distributed Switch		ja

Häufig werden auch vSphere Essentials Kits angeboten. Diese gibt es dann üblicherweise in zwei verschiedenen Ausbaustufen, wie die nachstehende Tabelle 2-3 zeigt:

Tabelle 2-3: VMware vSphere Essentials Kits mit zugehörigen Funktionen

	Essentials Kit	Essentials Plus Kit
Übersicht	Servervirtualisierung und -konsolidierung mit zentralem Management	Servervirtualisierung und -konsolidierung mit Business Continuity
Zentrales Management	vCenter Server Essentials	vCenter Server Essentials
Lizenzberechtigung	3 Server mit jeweils bis zu 2 Prozessoren	3 Server mit jeweils bis zu 2 Prozessoren
Funktionen	vSphere Hypervisor	vSphere Hypervisor, vMotion, High Availability, Data Protection, vShield Endpoint, vSphere Replication

Kostenloser ESXi-Server

Einen alleinstehenden Host, der einige virtuelle Maschinen laufen lassen kann, erhält man bei VMware kostenlos. Diese Version ist allerdings gegenüber der lizenzierten deutlich eingeschränkt. So ist es nicht möglich, per Skripte (siehe Kapitel 9) etwas zu automatisieren oder diesen Host über einen vCenter Server zu managen. Hardwareseitig gibt es kaum Einschränkungen:

- Unbegrenzte Anzahl an Kernen pro Prozessor
- Unbegrenzte Anzahl an Prozessorsockeln
- VMs können maximal 8 vCPUs bekommen
- Alle Betriebssysteme werden wie in der Vollversion unterstützt

Weitere Einschränkungen gibt es nicht.

Lizenz-Resümee

Eine Faustregel, für welche Umgebung welche Edition sinnvoll oder angebracht ist, lässt sich nicht ableiten. Als Beispiel sei hier Fault Tolerance angesprochen. Gespiegelte virtuelle Maschinen auf unterschiedlichen ESXi-Servern laufen zu lassen, um eine fast 100%ige Ausfallsicherheit zu bekommen, ist schon verlockend. Wenn Sie sich aber die aufgeführten Einschränkungen in Kapitel 10 und die dort aufgeführten unterstützten Betriebssysteme ansehen, wird schnell deutlich, dass man diese Ausfallsicherheit nur für wenige Maschinen nutzen wird. Das größte Manko war bisher, dass nur Einprozessormaschinen hierbei unterstützt wurden. Ab vSphere 6 sind es ja nach Lizenz 2 Kerne oder in der Enterprise-Plus-Variante 4 Kerne. Die wichtigen Rechner, die möglichst immer zur Verfügung stehen sollen und von vielen Usern genutzt werden, haben häufig deutlich mehr CPUs nötig. Allerdings muss man gestehen, das VMware die Einzigen sind, die das überhaupt anbieten.

Überlegen Sie sich, welche Ihrer Server Sie virtualisieren wollen, und machen Sie sich eine Liste. Nehmen Sie dann die Liste zur Hand und überprüfen jeden Server z.B. nach der gewünschten Verfügbarkeit. Wenn Sie zu dem Ergebnis kommen, dass es nicht schlimm wäre, wenn Ihre Server mal für ein paar Minuten nicht laufen, brauchen Sie keine Fault Tolerance. Wenn Sie die Auslastung der ESXi-Server gut im Blick haben, benötigen Sie kein DRS. Wenn eine Trennung der LAN-Verbindung von maximal einer Sekunde nicht schlimm ist, brauchen Sie keinen Distributed vSwitch, usw.

Bevor Sie sich entscheiden, eine der oben genannten Versionen anzuschaffen, sollten Sie sich anhand dieses Buches zunächst eine detaillierte Übersicht über die Funktionen verschaffen, die oben erwähnte Liste zur Hand nehmen und dann erst die für Sie richtige Edition wählen.

KAPITEL 3

Der Hypervisor

Die erste Komponente, die man für eine vSphere-Umgebung braucht, ist der Host. In früheren Versionen – bis einschließlich vSphere 4.1 – gab es für diesen Server zwei unterschiedliche Ansätze: Eine Version mit einem stark abgespeckten Red-Hat-Linux-Betriebssystem (ESX) und eine Version ohne Betriebssystem (ESXi). Seit der Version 5.0 von vSphere gibt es nur noch den ESXi, der nunmehr auf der Internetseite von VMware generell als »Hypervisor« bezeichnet wird, aber auf fast allen Bildschirmen und Dokumentationen weiter als »ESXi« oder schlicht »Host« auftaucht.

Die physikalische Hardware des Hosts, auf der letztendlich die virtuelle Maschine später laufen soll, muss diverse Voraussetzungen mitbringen, die bei den verschiedenen Virtualisierungslösungen sehr unterschiedlich sein können. VMware bietet dafür eine Webseite, auf der man die Kompatibilität vorhandener oder noch zu beschaffender Komplettsysteme mit einzelnen Geräten überprüfen kann, und zwar unter:

http://www.vmware.com/resources/compatibility/search.php.

Bestenfalls unterstützt die Hardware beide Versionen des Hypervisors:

- ESXi 6.0 Installable
- ESXi 6.0 Embedded

Da VMware in unregelmäßigen Abständen Updates für den ESXi-Server herausbringt, kann in der Liste auch die Kompatibilität mit der jeweiligen Neuerung vermerkt sein, also z.B. »ESXi 6.0 U1« (kompatibel auch mit dieser oder erst ab dieser Version).

Die weiteren Angaben, die man auf der Internetseite in die dargestellte Maske eingeben kann, beziehen sich auf spezielle Funktionen, wie EVC (Enhanced vMotion Compatibility) und FT (Fault Tolerance). Die Auswahl beruht auf dem oder den jeweils verbauten Prozessor(en), dazu erfahren Sie in Kapitel 10 mehr.

Der Begriff »ESX(i)« ist übrigens ein Name und keine Abkürzung, auch wenn im Internet teilweise etwas anderes behauptet wird.

Embedded oder Installable

Die Hypervisor-Versionen mit dem »i«, also *Embedded* und *Installable*, haben kleine Unterschiede, die in der Dokumentation von VMware aber nicht beschrieben werden. So ist es bei der zu installierenden Version zwar möglich, auf die Kommandozeile zu kommen und dort ein paar Befehle einzugeben, aber man wird wohl eher wie bei der Embedded-Variante das *vSphere Remote Command Line Interface* (RCLI) oder PowerCLI als Erweiterung für die Windows PowerShell dafür nutzen, das man sich bei Bedarf bei VMware herunterladen kann. Das CLI kann man auf einem Linux- oder Windows-Rechner installieren und so Befehle an den ESXi-Server senden – fast so, als säße man direkt an der Konsole des Servers. Es gibt auch fertige virtuelle Maschinen, sogenannte Appliances, die bereits das CLI lauffähig vorinstalliert haben. Auf beide CLI-Versionen gehe ich in Kapitel 9 näher ein.

Beide Varianten (ESXi Embedded und ESXi Installable) sind sogenannte Bare-Metal-Hypervisoren, die direkt auf der Serverhardware installiert werden bzw. bereits im Server – meist als Stick oder (SD-)Speicherkarte auf dem Motherboard – stecken. Damit ist das Ressourcenmanagement für die virtuelle Maschine mit den vier Kernkomponenten (»Four-Core«: CPU, RAM, Storage und Netzwerk) rein als virtuelle Schicht anzusehen.

> Da der ESXi kein Betriebssystem hat, bietet er deshalb auch weniger Angriffsmöglichkeiten z. B. für Viren, Trojaner oder Ähnliches.

Der ESXi kann auch als kostenlose Version eingesetzt werden – beide Varianten haben übrigens die gleichen Hardwareanforderungen. Dort gibt es eine kleine, abgespeckte Konsole (die BusyBox), mit der man diesen Server mit ein wenig Know-how zum Teil auch von der Kommandozeile aus bedienen kann. Nach der Installation auf einer Festplatte (siehe unten) können dort ähnlich wie beim ehemaligen ESX-Server Befehle eingegeben werden. Dazu später mehr in Kapitel 9.

VMware bietet nur noch den ESXi als vSphere Hypervisor an und der Support der alten ESX- und ESXi-Version (bis 4.1) läuft aus.

Hier eine kurze Übersicht über die Besonderheiten beim ESXi-Server:

- Die Konfiguration erfolgt am Server über eine Umgebung, die an ein BIOS erinnert (DCUI, Direct Console User Interface). Agenten können nur über einen CIM-Provider installiert werden. Die Konfiguration ist lediglich über die grafische Oberfläche oder das Remote CLI oder PowerCLI (Command Line Interface) möglich.
- Das Remote-CLI kann auf einem Linux- oder Windows-PC oder als virtuelle Maschine installiert werden. Dabei handelt es sich meist um Pearl-Skripte, die eine Verbindung zum ESXi-Host aufnehmen.
- vSphere RCLI und PowerCLI haben bei der kostenlosen Version nur Lese-, aber keine Schreibberechtigungen.

- Die Installation über KickStart-Skripte (z. B. USB oder CD) ist möglich.
- Booten über SAN wird bei ESXi jetzt auch unterstützt, die Embedded-Version wird nicht installiert und bootet vom Stick oder von der SD-Karte.
- SNMP wird nur im lizenzierten Modus unterstützt.
- Im lizenzierten Modus sind Active Directory Integration und Beitritt zur Domäne über GUI und CLI möglich (Einträge im DNS werden dabei nicht gemacht).
- Agenten können nur über einen CIM-Provider installiert werden, ein Teil ist gegebenenfalls vorinstalliert. Es gibt angepasste ESXi-Versionen von diversen Herstellern wie IBM, Fujitsu, HP etc.
- Software-Patches und -Updates verhalten sich wie Firmware-Updates und -Patches. Neue Aktualisierungen beinhalten meist alle alten.
- Der Web Client wird auf ESXi nicht unterstützt.
- Der ESXi-Server kann als Teil einer Infrastruktur lizenziert werden, aber auch kostenlos als alleinstehender Host eingesetzt werden.
- Der ESXi Embedded wird üblicherweise zusammen mit der Serverhardware ausgeliefert. Einige Hersteller, darunter Dell, IBM und HP sowie NEC und Fujitsu, tun dies bereits seit einiger Zeit.

ESXi-Hardwareanforderungen

Zur Verwendung von ESXi sind bestimmte Hardware- und Systemressourcen erforderlich. Hier werde ich nur die wichtigsten bzw. gebräuchlichsten aufzählen. Für eine Gesamtübersicht ziehen Sie bitte die Internetseite von VMware zurate; gerade wenn es neue Updates zu diesem Produkt gibt, könnten auch andere Geräte unterstützt werden. Wenn Sie bereits eine Serverhardware besitzen, können Sie die Kompatibilität mit der Version 6.0 unter *www.vmware.com/resources/compatibility* nachschlagen.

64-Bit-Prozessor

Der Hypervisor kann nur auf Hardware mit x86-CPUs im 64-Bit-Modus installiert und ausgeführt werden und benötigt mindestens zwei Kerne.

Zu den geeigneten Prozessoren gehören fast alle Serverprozessoren nach September 2006 mit NX/XD-Flag (no execute bzw. execution disable).

RAM

mindestens 4 GByte RAM

Netzwerkadapter

Ein oder mehrere Ein- oder Zehn-Gigabit-Netzwerkadapter. Die unterstützten Netzwerkadapter umfassen u. a.

- Broadcom NetXtreme 570x Gigabit-Controller und
- Intel PRO 1000-Adapter.

SCSI-Adapter, Fibre-Channel-Adapter oder interner RAID-Controller

Einer oder mehrere der folgenden Controller (alle Kombinationen möglich):

- Die SCSI-Basis-Controller sind Adaptec Ultra-160 und Ultra-320, LSI Logic Fusion-MPT und die meisten NCR/Symbios SCSI-Controller.
- Fibre Channel, siehe Hardware-Kompatibilitätshandbuch unter *http://www.vmware.com/resources/compatibility*. Dort stehen aktuell 1001 Adapter in der Liste.
- Zu den unterstützten RAID-Adaptern zählen HP Smart Array, Dell Perc (Adaptec RAID und LSI Mega-RAID) sowie IBM (Adaptec) ServeRAID-Controller.

Installation und Speicherung

Eine SATA- oder SCSI-Festplatte, Fibre-Channel-LUN oder RAID-LUN mit nicht partitioniertem, mindestens 5 GByte großem Bereich gelten als Mindestvoraussetzung für die Installation. In diesem Laufwerk oder RAID-Verbund werden die Dateien für den Hypervisor und später die Dateien der virtuellen Maschinen abgelegt. Software-iSCSI über eine normale Netzwerkkarte wird zum Starten oder Installieren von ESXi nicht unterstützt. Nach der Installation kann man dieses aber sehr wohl für die VMs benutzen.

Unter anderem können die folgenden Festplattenanschlüsse verwendet werden:

- Hardware-iSCSI – eine mit einem iSCSI-Controller verbundene Festplatte, z. B. QLogic qla405x
- Serial Attached SCSI (SAS)
- Serial ATA (SATA) – eine über unterstützte SAS-Controller oder unterstützte On-Board-SATA-Controller verbundene Festplatte

Zu den unterstützten SAS-Controllern gehören folgende:

- LSI1068E (LSISAS3442E)
- LSI1068 (SAS 5)
- IBM ServeRAID 8K SAS-Controller
- Smart Array P400/256-Controller
- Dell PERC 5.0.1-Controller

Zu den unterstützten On-Board-SATA-Controllern gehören hier:

- Intel ICH9
- Nvidia MCP55
- ServerWorks HT1000

Wenn Sie ESXi auf SATA-Laufwerken installieren wollen, beachten Sie bitte Folgendes:

- Es können nur unterstützte SAS-Controller oder unterstützte On-Board-SATA-Controller verwendet werden.
- Verwenden Sie keine SATA-Festplatten zum Erstellen von VMFS-Datenspeichern, die über mehrere ESXi-Hosts verteilt sind.
- Unterstützte USB-Geräte für die Installation finden Sie ebenfalls online.
- ATA- und IDE-Festplattenlaufwerke – ESXi unterstützt das Installieren und Starten auf entweder einem ATA-Laufwerk oder ATA RAID. Vergewissern Sie sich jedoch, dass Ihr Controller ebenfalls unterstützt wird. IDE-Laufwerke werden für die ESXi-Installation und die VMFS-Erstellung nicht empfohlen.

Beachten Sie für den produktiven Einsatz Ihres ESXi-Servers, dass es spezielle SATA-Laufwerke gibt, die mit »24/7« für den Dauerbetrieb ausgelegt sind, was für handelsübliche SATA-Platten nicht zutrifft.

Sie können sowohl ein normales BIOS als auch ein UEFI-System benutzen. Beachten Sie aber, dass bei einer Änderung nach der Installation das System nicht mehr booten kann.

ESXi 5.0 verwendet das GUID-Partitionstabellenformat (GPT), das Boot-Laufwerke über 2 TByte erlaubt. Es wird nur die erste Festplatte während der Installation formatiert.

ESXi-Hardwareempfehlungen

Vor der Installation des Hypervisors sollten Sie noch einige wichtige Punkte beachten:

- Verwenden Sie für die Installation eine kleine Festplatte, um darauf das Bootimage zu speichern (mindestens 5 GByte). USB-Sticks und SD-Karten benötigen nur 1 GByte. Nehmen Sie für das VMFS Storage nach der Installation eine weitere große Festplatte, um dort die VMs abzulegen. Aus Performance-Gründen sollten Sie nicht eine einzige Platte für beides verwenden. Fügen Sie die große Festplatte sicherheitshalber erst nach der Installation hinzu und erstellen Sie eine VMFS-Partition über den vSphere- oder Web Client – nur so ist sichergestellt, dass ein automatisches Alignment an der 64-K-Grenze erfolgt. Beachten Sie zum Punkt Alignment auch das Kapitel 7, Storage-Konfiguration!
- Die CPU-Auslastung ist bei den meisten Systemen eher gering, wichtig ist hierbei aber der Prozessorcache. Hingegen wird der Arbeitsspeicher sehr intensiv genutzt. Hier bedeutet mehr gleich besser.
- Sie sollten mindestens zwei separate Ethernet-Adapter für das Management Network und die virtuellen Maschinen verwenden. Auch hier ist mehr besser –

je nachdem, wie viele VMs und sonstige Dienste (wie iSCSI, NFS, vMotion und FT) Sie nutzen wollen. Beachten Sie auch die Hinweise in Kapitel 6, Netzwerkkonfiguration.

ESXi interaktiv installieren

Die Installation des ersten VMware ESXi-Servers wird üblicherweise komplett manuell durchgeführt. Eine automatisierte Installationsroutine kann hinterher implementiert werden (siehe dazu später den Abschnitt »Weiteren ESXi-Server über ein Skript installieren« auf Seite 34).

Vor der Installation des ESXi-Servers sollten Sie – vorausgesetzt, Sie wollen nicht vom SAN booten – alle vorhandenen Fibre-Channel-Anschlüsse und iSCSI-Storages abziehen bzw. trennen, damit Sie nicht durch die womöglich vorhandenen LUNs (Logical Unit Numbers, also Volumes) unnötig durcheinanderkommen. Des Weiteren sollten Sie sich noch vergewissern, dass keine Hardware vorhanden ist, die vom ESXi-Server nicht unterstützt wird. Da es für manche zertifizierte Serverhardware, die Sie auf der oben genannten Webseite bei VMware finden, zu beachtende wichtige Informationen zur Installation gibt, ist ein Besuch dieser Webseite vorher ratsam. Ein weiterer wichtiger Punkt sind die Netzwerkkarten: Mindestens eine Netzwerkkarte ist Pflicht, bei der Verwendung von vMotion werden sogar drei empfohlen.

ESXi installieren – Schritt für Schritt

Die Installation des VMware Hypervisors kann von einer CD/DVD oder einem vorher vorbereiteten USB-Stick erfolgen. Die Embedded-Version ist schon auf einem Stick oder einer Karte auf dem Motherboard und muss nicht nochmals installiert werden. Im Gegenteil: Auf einem Embedded-ESXi *darf* nicht zusätzlich die Installable-Version installiert werden. Eine Installation über die Netzwerkkarte (PXE, Preboot Execution Environment) ist ebenfalls möglich.

> Falls gleich Fehlermeldungen wie »unknown PCI Device« erscheinen, ist eine Komponente eingebaut, die nicht vom ESX unterstützt wird, d.h., Sie können die Komponente später nicht verwenden. Mit ein wenig Linux-Kenntnissen, was die Treiberverwaltung betrifft, könnten Sie dieses Gerät zu einem späteren Zeitpunkt möglicherweise manuell für die Servicekonsole bereitstellen, nicht jedoch für die VMs als virtuelle Netzwerke. Da eine solche Konstellation nicht von VMware unterstützt wird, ist ein Anpassen der Servicekonsole um eigene Treiber nur für »Testsysteme« angebracht. In produktiven Umgebungen sollten Sie keinesfalls Geräte ohne VMware-Unterstützung einsetzen, weil Sie damit ein unnötiges Risiko eingehen.

Stecken Sie den optischen Datenträger in das Laufwerk des Hostsystems ein oder booten Sie ihn vom Stick.

Gehen Sie im Detail folgendermaßen vor:

1. Stellen Sie im BIOS ein, dass der Server von der CD/DVD oder dem Stick gestartet wird. Überprüfen Sie, ob der Virtualisierungsmodus Intel-VT bzw. AMD-V und gegebenenfalls Hyperthreading aktiviert sind. Achten Sie auf die Uhrzeit und das Datum des Systems.
   a. Starten Sie den Computer neu.
   b. Drücken Sie die entsprechende Taste, um das BIOS-Setup oder das Startmenü Ihres Computers zu öffnen. Oft ist dies eine Funktionstaste (F2, F9 o.Ä.) oder die Entfernen-Taste.
   c. Legen Sie das CD-/DVD-Laufwerk oder den USB-Stick als erstes Startgerät fest.
   d. Speichern Sie die Änderungen und verlassen Sie das BIOS.
2. Wenn Sie keines der beiden Möglichkeiten (installieren oder von Festplatte booten) auswählen oder die Enter-Taste betätigen, startet die Installation automatisch nach acht Sekunden. Ein Laufbalken am oberen Bildschirmrand zeigt den Ladevorgang an.

   Es werden erst diverse Installationsmeldungen auf dem Bildschirm angezeigt, bevor die Begrüßungsseite erscheint.
3. Betätigen Sie zum Fortfahren die Taste Enter bzw. Return.
4. Wählen Sie *Ich akzeptiere die Bedingungen der Lizenzvereinbarung*, indem Sie die Taste F11 drücken.

   Sie können das Produkt nur installieren, wenn Sie der Lizenzvereinbarung zugestimmt haben.

   Die Einrichtung der Lizenzinformationen für den Hypervisor erfolgt später. Neu angelegte oder bereits vorhandene virtuelle Maschinen lassen sich bis zur korrekten Eingabe der ESXi-Serverlizenz nicht starten, wenn der Evaluierungsmodus nach 60 Tagen beendet ist. Falls Sie über eine zeitlich begrenzte Lizenz verfügen, werden die virtuellen Maschinen nach Ablauf des gesetzten Zeitraums in den Suspend-Modus geschaltet und können erst nach Eingabe einer gültigen Lizenz wieder gestartet werden.
5. Wählen Sie einen Datenträger aus der Liste und drücken Sie F1 für weitere Details. Drücken Sie anschließend Enter, um in das nächste Fenster zu gelangen.

   > Sollte sich auf dem Datenträger eine frühere Installation eines ESXi-Servers befinden, können Sie diesen mit allen Informationen und Einstellungen sowie VMs aktualisieren. Sind andere Daten vorhanden, werden Sie aufgefordert, das Löschen zu bestätigen.

6. Mit den Pfeiltasten können Sie das gewünschte Tastaturlayout auswählen, mit der Bild-hoch-Taste kommen Sie an den Anfang der Liste. Drücken Sie

anschließend Enter, um in das nächste Fenster zu gelangen. Das Tastaturlayout kann auch noch nach der Installation geändert werden (passen Sie dann aber bei der Passworteingabe auf!).

7. Geben Sie zweimal hintereinander ein Passwort mit mindestens sechs Zeichen für den User *root* ein. Es muss nicht, wie bei der Vorgängerversion, komplex sein und darf auch leer sein. Drücken Sie danach Enter.

   Das System wird nun ein weiteres Mal nach Geräten und Inkompatibilitäten durchsucht. Sollte ein nicht unterstütztes Gerät gefunden werden oder ein wichtiges Gerät fehlen, so wird eine Fehler- oder Warnmeldung angezeigt. Überlegen Sie sich dann, ob Sie diese Meldung für einen produktiven Einsatz ignorieren oder nochmals auf der Webseite von VMware nach kompatibler Hardware Ausschau halten wollen.

8. Nun wird es ernst. Wenn Sie im Fenster CONFIRM INSTALL die Taste F11 drücken, wird die eigentliche Installation gestartet.

   > Das Installationsprogramm löscht gegebenenfalls den gesamten Inhalt auf dem ausgewählten Speichergerät.

   Drücken Sie F11, um die Installation zu starten.

9. Wenn der Laufbalken mit den Prozentangaben bei 100 % angelangt ist, werden Sie in einem neuen Fenster (hoffentlich) darauf hingewiesen, dass die Installation SUCCESSFULLY verlaufen ist, wie Abbildung 3-1 zeigt.

Abbildung 3-1: Abschluss der erfolgreichen Installation

10. Nehmen Sie die CD/DVD aus dem Laufwerk oder den USB-Stick aus dem Server und bestätigen Sie mit Enter den Neustart des Systems.

11. Stellen Sie bei Bedarf die Bootreihenfolge wieder um.

Ist der Server wieder hochgefahren, können Sie am Bildschirm die erste Konfiguration vornehmen.

Erste Konfiguration des ESXi-Servers

Sollte in Ihrer Umgebung ein DHCP-Server installiert sein, wird der ESXi-Server wohl von diesem IP-Adressinformationen zugewiesen bekommen. Wenn nicht, wird er sich nach einiger Zeit eine APIPA-Adresse (*Automatic Private IP Address*) aus dem Bereich 169.254.x.y mit der Subnetzmaske 255.255.0.0 nehmen. Beachten Sie, dass damit kein ausgehender Datenverkehr möglich ist. Hat er aber über DHCP eine Adresse bekommen, so können Sie die nächsten Schritte auch über den vSphere Client erledigen.

Über die Funktionstaste F2 können Sie, ähnlich wie bei einem BIOS, einige Einstellungen vornehmen, die in den folgenden Abschnitten näher beleuchtet werden. Dafür habe ich die einzelnen Einträge in der Originalsprache als Überschrift gewählt.

Configure Password

Ein Passwort ist zwar nicht unbedingt notwendig, sollte aber gesetzt werden. Hier ist im Gegensatz zur Vorgängerversion kein komplexes Passwort für den User *root* mehr notwendig, wohl aber für alle anderen Benutzer, die Sie nachträglich anlegen. Sie können aber trotzdem für *root* eines wählen, das aus kleinen und großen Buchstaben, Zahlen und Sonderzeichen besteht. Beachten Sie bitte, dass die Tastatur eventuell noch nicht auf das deutsche Tastaturlayout eingestellt ist. Ist Ihr gewähltes Passwort zu kurz oder stimmt es nicht überein, bekommen Sie eine Fehlermeldung. Ist es einmal gesetzt, kommen Sie in diese Konfigurationsseite nur noch mit dem gewählten Passwort. Haben Sie während der Installation schon eines vergeben, so können Sie diesen Schritt überspringen.

Die Einstellungen für das notwendige Passwort befinden sich in der Datei *passwd* im Verzeichnis */etc/pam.d*. In Kapitel 18 (Sicherheit in der virtuellen Umgebung) gehe ich detailliert auf die Einträge ein.

Vorgehensweise:

1. Um sich auf der Konsole anmelden zu können, müssen Sie zunächst bei der Konfiguration die »Troubleshooting Mode Options« ändern. Wollen Sie sich direkt an dem ESXi-Server anmelden, wählen Sie mit den Pfeiltasten den Eintrag »Enable ESXi Shell« aus und drücken Sie Return.
2. Drücken Sie die Tastenkombination Alt+F1, um auf die erste Konsole zu kommen.
3. Geben Sie das Passwort des Users *root* ein und drücken Sie erneut die Enter-Taste.
4. Da es hier nur den Editor *vi* gibt, geben Sie an der Position, an der Sie sich befinden, `vi /etc/pam.d/passwd` ein und drücken Sie die Enter-Taste.

5. Gehen Sie mit den Pfeiltasten zu der Zeile, die mit folgendem Argument beginnt:
   `password requisite /lib/security/$ISA/pam_passwdqc.so.`
   Drücken Sie die Einfg-Taste und fügen Sie am Ende der Zeile folgende Parameter ein:
   ```
   --usecrack=<Versuche> <Mindestlänge> <KB_Bonus> <GB_Bonus> <Z_Bonus>
   <AZ_Bonus>
   ```
   - Versuche ist hierbei die Anzahl der Wiederholungsversuche, die der Anwender hat, bis ESXi-Server ihn aus dem Kennwortänderungsmodus ausschließt.
   - Mindestlänge ist die Mindestanzahl von Zeichen, die ein Anwender eingeben muss, damit das Kennwort angenommen wird. Diese Anzahl ist die Gesamtlänge vor der Anwendung jeglicher Zeichenboni.
6. Drücken Sie Esc und anschließend `:wq` zum Speichern und Verlassen des Editors.

Sie brauchen weiter nichts zu veranlassen, denn diese Änderung wirkt bei der nächsten Anmeldung auf der Konsole sofort. Die Bedienung der Kommandozeile und des Editors vi wird in Kapitel 9 ausführlich behandelt.

Alternativ können Sie auch unter »Troubleshooting Mode Options« den SSH-Zugriff aktivieren und zum Beispiel mit WinSCP den Zugriff versuchen. Bei diesem Windows-Programm ist ein Editor eingebaut, der Windows-Nutzern eher intuitiv erscheint.

Configure Lockdown Mode

Den Sperrmodus können Sie nur über den vSphere oder Webclient auf dem vCenter Server aktivieren. Wenn Sie dies tun, kann der Benutzer *root* nicht mehr mit dem vSphere Client oder der Remote CLI (*Command Line Interface*) auf den Server zugreifen. Das geht dann nur noch lokal oder auch über ssh, falls dieses eingestellt wurde (siehe weiter unten bei »Troubleshooting Options«). Das Aktivieren dieses Befehls kann auch andere Software, wie Management-Tools beeinflussen. Der vCenter Server greift über den *vpxuser* auf den Host zu, nicht über *root*.

Configure Management Network

In dem nun folgenden Untermenü können Sie

- sich die Netzwerkadapter mit ihrem Verbindungsstatus ansehen und bei Bedarf einen anderen Adapter für den Zugriff über den vSphere Client auf das Management Network mit der Leertaste auswählen,
- ein VLAN einrichten (besser über die grafische Oberfläche mit dem vSphere Client),

- unter IPv4 Configuration zwischen DHCP und statischer IP-Adresse wechseln und eine IP-Adresse, Subnetzmaske und ein Default-Gateway eingeben oder auch IPv4 ganz abwählen,
- unter IPv6 Configuration zwischen DHCP und bis zu drei statischen IP-Adressen wechseln oder IPv6 deaktivieren, was allerdings einen Neustart erfordert,
- den ersten und gegebenenfalls zweiten DNS-Server sowie einen Namen für den Host eingeben (bevorzugen Sie hier wenn möglich einen FQDN (Full Qualified Domain Name) wie z.B. esx1.cssv.dom)
- und falls erforderlich ein weiteres DNS-Suffix angeben.

Drücken Sie nach der Konfiguration die Esc-Taste und bestätigen Sie die Übernahme der Einstellungen mit Y.

Restart Management Network

Wie der Name schon sagt, können Sie hier das Management-Netzwerk neu starten. Das kann notwendig sein, wenn man eine neue IP-Adresse vom DHCP-Server haben möchte, eine IP im Netzwerk aus Versehen doppelt vergeben war oder auch weil der Remote-Zugriff unterbrochen war. Die Netzwerkeinstellungen werden dann aus den Konfigurationsdateien neu gelesen und die zugehörigen Dienste neu gestartet.

Dabei wird die Verbindung über den vSphere Client oder den vCenter Server unterbrochen und es kann passieren, dass die gerade laufenden virtuellen Maschinen kurzfristig ebenfalls keine Netzwerkverbindung haben.

Bekommt der Host dabei durch DHCP eine neue Identität, müssen Sie sich am vSphere Client neu anmelden oder den Host über den vCenter Server neu verbinden.

Test Management Network

Um die gemachten Einstellungen zum Standardgateway, zum ersten und gegebenenfalls zum zweiten DNS-Server sowie die Auflösung des Hostnamens zu überprüfen, können Sie diesen Schritt ausführen. Die Adressen, an die ein `ping`-Signal (ICMP-Paket) geschickt wird, werden vorher nochmals aufgelistet. Sollte der Name des ESXi-Servers nicht aufgelöst werden können, tragen Sie unbedingt die IP-Informationen in den betreffenden DNS-Servern ein. Ohne korrekte DNS-Konfiguration funktioniert später ein Cluster nicht korrekt.

Restore Network Settings

Um die Netzwerkeinstellungen zurückzusetzen, kann dieser Punkt ausgewählt werden. Beachten Sie dabei, dass eventuell laufende VMs dabei gestoppt werden und die kompletten Standardeinstellungen (z.B. DHCP, wie direkt nach der Installation des Hosts) wieder verwendet werden.

Restore Standard Switch

Dieser Menüpunkt ist nur auswählbar, wenn Sie einen Distributed Virtual Switch über den vCenter Server erstellt haben. Benötigen Sie diesen nicht mehr, können Sie an dieser Stelle den Standardswitch wieder herstellen. Dabei wird der nicht mehr benötigte Netzwerkadapter an diesen Switch gebunden.

Über eine weitere Netzwerkkarte können Sie aber auch mit dem vSphere Client eine neue Verbindung zum Management Network herstellen und dann über die grafische Oberfläche diese Arbeiten durchführen.

Restore vDS

Hiermit ist es möglich, einen falsch konfigurierten vDS (virtual Distributed Switch) in einen Standardswitch (vSwitch) zurückzuwandeln oder dessen Einstellungen zu ändern. Einen vDS können Sie nur über den vCenter Server erstellen und das auch nur mit der Enterprise-Plus-Lizenz.

Configure Keyboard

Hier lässt sich das Tastaturlayout auf insgesamt 28 verschiedene Einstellungen ändern. Der Eintrag US DEFAULT stellt übrigens die amerikanische Tastatur ein, wogegen es auch die Einstellung UNITED KINGDOM gibt. Suchen Sie sich Ihr Layout aus, aktivieren Sie es mit der Leertaste und bestätigen Sie die Änderung mit Enter.

Troubleshooting Options

Dahinter verbergen sich fünf weitere wichtige Optionen, die man bei Bedarf ändern kann. Zwei der Einträge ändern sich, je nachdem, ob sie aktiv sind oder nicht.

Enable / Disable ESXi Shell

Wenn Sie sich über die Kommandozeile der BusyBox anmelden wollen, müssen Sie auf diesem Eintrag die Enter-Taste betätigen. Dann ändert sich der Text von ENABLE ESXI SHELL auf DISABLE ESXI SHELL. Das heißt, wenn dort DISABLE ESXI SHELL steht, dass die Shell aktiviert wurde und Sie können sich mit Alt+F1 dort anmelden. Ist die Shell aktiviert, bekommen sie über den vSphere Client nach der Anmeldung einen Hinweis im gelben Kasten darüber auf der ersten Registerkarte ÜBERSICHT.

Enable / Disable SSH

Um sich über das Netzwerk mittels einer Remote Secure Shell (wie *putty* oder *WinSCP*) anmelden zu können, muss diese Option aktiviert sein. Achten Sie darauf, dass im rechten Teil des Fensters nach Drücken der Enter-Taste der Text auf SSH IS ENABLED wechselt. Auch diese Aktivierung wird über die grafische Oberfläche in einem gelben Balken angezeigt, da sie gegebenenfalls einen nicht autorisierten Zugriff ermöglicht.

Modify ESXi Shell and SSH timeouts

Der Standardwert nach der Installation ist hier auf 0 gesetzt, d.h., es gibt keinen Timeout für die Arbeiten in der BusyBox. Sie können hier bis zu 1440 Minuten für den Remote- und lokalen Shell-Zugriff festlegen. Nach Ablauf der Zeit wird der angemeldete User ausgeloggt.

Modify DCUI idle timeout

Hier ist der Standardwert nach der Installation auf 10 Minuten gesetzt, d.h., nach diesem Timeout an dem Direct Console User Interface müssten Sie sich neu anmelden. Sie können hier ebenfalls bis zu 1440 Minuten als Wert oder 0 für keine Zeit festlegen. Nach Ablauf der Zeit wird der angemeldete User ausgeloggt.

Restart Management Agent

Diesen Menüpunkt dürfen Sie nicht mit RESTART MANAGEMENT NETWORK (siehe oben) verwechseln. Diese Agenten sind für die Verbindung vom vSphere Client oder dem vCenter Server zuständig und werden bei der Installation des Hosts bereits installiert und ggf. aktiviert. Wenn der Zugriff auf den ESXi-Server nicht mehr möglich ist, können Sie über den Neustart der Agenten versuchen, die Verbindung zurückzusetzen. Dabei werden alle Agenten und Dienste, die im Ordner */etc/init.d* auf dem Host gelistet sind, neu gestartet. Zu den 43 gelisteten Daemonen, die meist an dem »d« am Ende des Namens zu erkennen sind, gehören zum Beispiel: hostd, ntpd, sfcbd, slpd, vobd, vpxs und wsman.

Dabei wird die Verbindung über den vSphere Client oder auch den vCenter Server unterbrochen und es kann passieren, dass die gerade laufenden virtuellen Maschinen kurzfristig ebenfalls keine Netzwerkverbindung haben.

Das Neustarten der Management-Agenten (ein Agent oder Daemon ist vergleichbar mit Diensten auf einem Windows-Rechner) ist normalerweise nicht notwendig. Es kann aber sein, dass auf der grafischen Oberfläche mal etwas nicht aktualisiert oder aus einem anderen Grund falsch angezeigt wird. Nach dem Neuanmelden mit dem vSphere Client ist das Problem dann meist nicht behoben. Nach einem Neustart der Management-Agenten müsste aber alles wieder richtig und aktuell angezeigt werden.

View System Logs

Insgesamt sechs Logdateien werden zur Ansicht angeboten: Syslog, Vmkernel, Config, Management Agent (hostd), VirtualCenter Agent (vpxa) und VMware ESXi Observation log vobd. Wenn Sie eine der Logdateien mittels Drücken einer Zahl ausgewählt haben, wird das unter Linux bekannte Programm *less* für die Ansicht genutzt. Sie können sich mithilfe der Pfeiltasten und den Tasten Bild hoch bzw. Bild herunter die Texte ansehen und mit Q die Ansicht verlassen. Über die Taste H bekommen Sie weitere Tastenkommandos angezeigt, und mit dem Schrägstrich / können Sie nach Ausdrücken in der Logdatei suchen. Sollten Sie später mal Probleme oder lange Wartezeiten beim Server haben, nehmen Sie sich diese Logdateien als Erstes vor, um nach Lösungen zu suchen.

Eine grobe Übersicht über das Verhalten des Servers bekommen Sie auch auf der 12. Konsole. Mit Alt+F12 können Sie sich die letzten Zeilen der *VMkernel-Logdatei* ansehen. Läuft die Anzeige sehr schnell weiter und zeigt immer den gleichen Eintrag ein, hat der ESXi ein Problem – das ist häufig bei fehlenden oder nicht mehr verbundenen Festplatten der Fall (z. B. bei Fiber Channel oder iSCSI).

View Support Information

Auf diesen beiden Seiten sind Einträge zur Lizenz, zu SSL, zur Supportwebseite von VMware, zur BIOS-Version und gegebenenfalls noch weitere zu finden. Über die Tasten Bild hoch bzw. Bild herunter kann man sich die Seiten anzeigen lassen.

Reset System Configuration

Mit dem Auslösen dieses Befehls und einem anschließenden Neustart wird der ESXi-Server wieder fast in den Ursprungszustand vor allen Änderungen zurückgesetzt. Auch die schon erstellten virtuellen Maschinen müssen anschließend neu registriert werden (z. B. über den Datastore-Browser) und sollten vorher verschoben oder heruntergefahren werden. Selbst das Passwort für den User *root* ist wieder auf »leer« gesetzt. Haben Sie sich also verkonfiguriert und bekommen das anschließende Chaos nicht mehr in den Griff, können Sie es hierüber versuchen. Meistens funktioniert nach dem Neustart wieder alles, und Sie brauchen den Server nicht neu zu installieren.

Alternative Installationsmöglichkeiten

Anstatt von einer CD/DVD zu booten, haben Sie ebenfalls die Möglichkeit, einen Medienpool über die Netzwerkkarte mittels FTP, HTTP/HTTPS oder NFS zu erreichen. Das funktioniert aber bisher nur über IPv4, nicht über IPv6. Stellen Sie dann im BIOS des Servers PXE (Preboot Execution Environment) als Startmedium ein. Bei beiden Installationsmöglichkeiten gibt es entweder einen Assistenten, der

Sie wie oben geschildert durch den Vorgang leitet, oder Sie können jeweils eine Kickstart-Datei (*ks.cfg*, siehe unten) dafür verwenden.

Wenn Sie bisher noch nicht mit einer Installation eines Rechners über das Netzwerk zu tun hatten, lohnt sich vermutlich auch nicht der Aufwand, den Sie hierfür betreiben müssten: Sie brauchen eine Netzwerkstruktur mit DHCP-Server, einen TFTP-Server (Trivial File Transfer Protocol), ein SYSLINUX-Paket zum Starten des Installationsprogramms und eine Netzwerkfreigabe über NFS, HTTP oder FTP.

Manche Remote-Management-Anwendungen können ebenfalls für die Installation des ESXi-Servers genutzt werden. Dazu gehören HP Integrated Lights-Out (iLO), Dell Remote Access Card (DRAC), IBM Management Module (MM) und Remote Supervisor Adapter II (RSA II). Hierbei kann ebenfalls ein *ks.cfg*-Skript verwendet werden.

Die Dateien für die Installation und das Skript können sich ebenfalls auf einem USB-Laufwerk befinden, von dem aus dann statt von CD/DVD oder Netzwerkkarte installiert wird.

Ein Installationsskript erstellen

Wie bereits oben erwähnt, kann man sich eine Textdatei basteln, die die jeweiligen Antworten auf die Fragen bei der Installation automatisch gibt. Das Vorgehen mit so einer Antwortdatei dürfte vielen von Windows oder Linux bekannt sein. Das Besondere bei dieser Datei ist, dass man hiermit Fragen beantworten kann, die sonst gar nicht gestellt würden. Man hat also mit dem Skript eine Einflussnahme, die man sonst nicht hätte.

Beispiel 3-1 zeigt, wie eine manuell erstellte *ks.cfg*-Datei für den nächsten ESXi-Server aussehen könnte:

Beispiel 3-1

```
# Lizenzvereinbarung akzeptieren
vmaccepteula
# Kennwort von root, z.B. für den "Tech Support"-Modus
rootpw ganzgeheim
# alle vorhandenen Festplattenpartitionen außer VMFS löschen (optional)
clearpart --alldrives
# Festplattenpartitionen inkl. VMFS löschen und erste Festplatte vorbereiten(optional)
clearpart --alldrives --overwritevmfs
# Installationsanweisung: install, upgrade oder installorupgrade
install --firstdisk # oder install usb oder install remote --server=gfu.dom --dir=/nfs/
ESXi60
# Tastaturlayout (optional)
keyboardtype German
# entweder Netzwerkeinstellungen mit DHCP für den ersten gefundenen Adapter ...
network --bootproto=dhcp --device=vmnic0
# ... oder Netzwerkeinstellungen, statisch für den dritten gefundenen Adapter.
network --bootproto=static --device=vmnic2 --ip=192.168.150.12 --gateway=192.168.150.50
--nameserver=192.168.150.10 --netmask=255.255.255.0 --hostname=esx2.gfu.dom
```

Beispiel 3-1 (Fortsetzung)

```
# gewünschte VMFS-Partition eintragen (nicht nötig und nur auf zusätzlicher Festplatte
anwendbar)
part datastore <Datenspeichername> --firstdisk
# nach dem Abschluss der Installation noch weitere Skripte ausführen, %post kann
mehrfach verwendet
# werden (optional)
%post --interpreter=[python|BusyBox ]
```

Wenn Sie in Ihrem Netzwerk DHCP nutzen, können Sie das obige Skript auch für mehrere Rechner nehmen und die jeweiligen Parameter wie Name und IP von diesem beziehen.

Auf der letzten Konsole, die Sie mit Alt+F12 erreichen, können Sie die letzten Zeilen der VMkernel-Logdatei ansehen. Es ist immer eine gute Idee, diese wichtige Logdatei im Auge zu behalten!

Weiteren ESXi-Server über ein Skript installieren

Die obige Kickstartdatei kann man leicht modifiziert auch für den dritten und weitere Hosts verwenden. Ein Beispiel dazu habe ich oben schon aufgeführt, Sie können es sich auch von der Website zum Buch herunterladen.

Sie können die *ks.cfg*-Datei für Ihre eigene Installation anpassen und verwenden. Wichtig ist, dass Sie den Namen der Datei (*ks.cfg*) beibehalten, damit sie gefunden wird. Alternativ können Sie aber auch einen zusätzlichen Parameter mit der Tastenkombination Shift+O (Edit boot options) angeben, z.B. wenn sich die Datei auf einer CD befindet: *ks=CD-ROM:/<Pfad zur Datei ks.cfg>*

In der ebenfalls auf der Webseite zu findenden PDF-Datei *vsphere-esxi-vcenter-server-60-installation-setup-guide.pdf* von VMware wird der Vorgang mit einigen weiteren Parametern auf Englisch beschrieben. Nehmen Sie diese Datei zur Hand, wenn Sie Probleme mit der Skriptinstallation haben oder weitere Parameter angeben möchten.

Wir starten wieder von der CD, drücken die Tastenkombination Shift + O und geben z.B. folgenden Eintrag ein:

```
mboot.c32 -c boot.cfg ks=usb:/esx3
```

Mit der zusätzlichen Angabe des Pfades können Sie für jeden Host eine *ks.cfg*-Datei in einem Unterverzeichnis ablegen (hier /esx3/ks.cfg). Nachdem Sie Return gedrückt haben, erscheint Ihre Auswahl hinter dem Wort *runweasel*. Bestätigen Sie dieses wiederum mit Return.

Dabei muss die Datei *ks.cfg* im Root- oder einem zusätzlich angegebenen Verzeichnis liegen. Sollte beim Starten das USB-Gerät nicht erkannt werden, stecken Sie es in einen anderen Slot. Der Installer schaut nach zehn Sekunden nochmals nach und findet dann (hoffentlich) den USB-Storage. Es spielt keine Rolle, ob sich noch andere Dateien auf dem Stick befinden, nur im gewünschten Verzeichnis muss eine Datei namens *kf.cfg* sein. Drücken Sie anschließend Return.

Wenn alles fertig ist, drücken Sie zum Neustart Enter, nehmen die CD und den Stick wieder heraus und beobachten den Bootvorgang.

Wenn der ESXi-Server den Start vollendet hat, können Sie sich über den vSphere Client mit ihm verbinden. Sie brauchen eine noch offene Sitzung mit dem ersten ESXi-Host dafür nicht zu beenden.

ESXi-Installation mit Skript von USB

Eine nette Möglichkeit, einen oder mehrere ESXi-Server per Skript zu installieren, bietet ein USB Stick. Dorthin kann man alle benötigten Daten startfähig übertragen und die *ks.cfg*-Datei gleich mit draufpacken. Als Tool habe ich UNetbootin verwendet, das man sich kostenlos aus dem Internet von der Seite *http://unetbootin.sourceforge.net* herunterladen kann. Damit man keine zusätzlichen Startparameter angeben muss, kann man nach der Übertragung auf den Stick die Datei *boot.cfg* ändern und die eigene *ks.cfg*-Datei dort eintragen. Damit erreicht man eine benutzerdefinierte, vollständig automatisch ablaufende Installation.

In der Datei *boot.cfg* steht eine Zeile die folgendermaßen aussieht:

```
kernelopt=runweasel
```

Ändern Sie diese Zeile für Ihren USB-Stick wie folgt ab:

```
kernelopt=ks=usb
```

Starten Sie anschließend Ihren Server vom Stick.

> Sollte die Installation mit dem Skript nicht funktionieren und Sie bekommen eine Fehlermeldung wie *cannot find kickstart file*, versuchen Sie es nochmals und geben Sie die Datei in Großbuchstaben an: *ks=usb:/KS.CFG*.

Über den vCenter Server gibt es noch eine weitere Möglichkeit die Installation von mehreren ESXi-Hosts automatisiert zu erledigen. Nähere Informationen darüber erfahren Sie in Kapitel 11.

Den ersten ESXi-Host verwalten

Sie verwalten Hosts mit dem vSphere Client.

Jetzt können Sie sich über die Webseite des Servers weitere Informationen holen, den vSphere Client installieren (notwendig) und von dort aus die restlichen Schritte konfigurieren. Verbinden Sie sich über einen Browser mit Ihrem neuen ESXi-Server, wählen Sie Herunterladen des vSphere Clients und installieren Sie ihn über das Internet.

Wenn Ihre Ländereinstellung nicht auf Deutsch eingestellt ist, bekommen Sie dementsprechend eine andere Sprache angezeigt. Den Link zu *VpxClient.exe* können Sie auch mit dem Parameter *-locale de_de* versehen, dann haben Sie die deutsche Sprache eingestellt.

Statt den vSphere Client über die Webseite des Hosts herunterzuladen, der wiederum auf die VMware-Webseite zeigt, können Sie diesen entweder vorher schon von dort als ausführbare Datei beziehen (*VMware-viclient-all-6.0.0-2502222.exe*) oder Sie nehmen den Client von der vCenter Server-DVD, falls vorhanden.

Hardwareanforderungen für den vSphere Client

Folgende Voraussetzungen müssen hardwareseitig für den vSphere Client erfüllt sein:

- CPU: eine CPU
- Prozessor: 266 MHz oder schnellerer Intel- oder AMD-Prozessor (500 MHz empfohlen)
- Arbeitsspeicher: 256 MByte RAM
- Netzwerk: Gigabit-Verbindung empfohlen
- Festplattenspeicher: 1,5 GByte freier Festplattenspeicher für eine Komplettinstallation mit den folgenden Komponenten:
  - Microsoft .NET 2.0 SP2, 3.0 SP2 und 3.5 SP1
  - Microsoft Visual C++ und Visual J#
  - vSphere Client 6.0
- Sie müssen weiterhin über 400 MByte freien Speicherplatz auf dem Laufwerk mit dem *%temp%*-Verzeichnis verfügen.
- Wenn alle erforderlichen Komponenten installiert sind, werden 300 MByte auf dem Laufwerk mit dem *%temp%*-Verzeichnis und 450 MByte für den vSphere Client 6.0 benötigt.

Softwareanforderungen für den vSphere Client

Stellen Sie sicher, dass der vSphere Client von Ihrem Betriebssystem unterstützt wird. Er benötigt das Microsoft .NET 3.5 SP1-Framework. Wenn dieses Framework nicht auf Ihrem System installiert ist, wird es vom Installationsprogramm des vSphere Client installiert.

Falls Sie Probleme mit der Installation des vSphere Clients haben, können Sie auch die DVD des vCenter Server nutzen – das sollte dann funktionieren. In den Unterverzeichnissen des vCenter-Installationsordners befinden sich auch alle oben erwähnten notwendigen Komponenten wie .NET und Visual J# von Microsoft. In Abbildung 3-2 sehen Sie den Startbildschirm zur Installation des Clients.

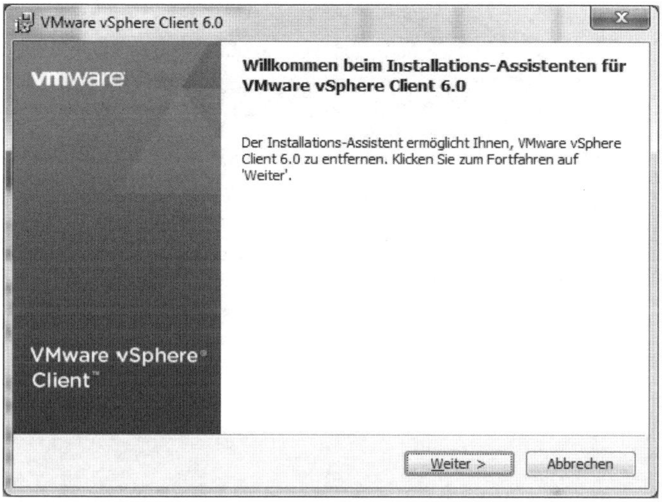

Abbildung 3-2: Installation des vSphere Client 6.0

Haben Sie bereits einen älteren Client auf Ihrem Rechner installiert, wird ein neuer Unterordner mit der Version 6.0 erstellt, der nur die notwendigen DLL-Dateien und die länderspezifischen Unterordner enthält, es wird also nur ein Update gemacht.

Akzeptieren Sie den Standardinstallationsspeicherort und klicken Sie auf Weiter oder klicken Sie auf Ändern, um einen anderen Speicherort auszuwählen.

Kurze Zeit später (falls Sie Microsoft .NET 3.5 SP1 und Microsoft Visual C++ sowie Visual J# 2.0 schon installiert hatten, sonst dauert es länger) ist die Installation abgeschlossen, und auf Ihrem Desktop befindet sich ein zusätzliches Icon.

> Sollte sich bei Ihrem Computer längere Zeit nichts tun, starten Sie die Installation nicht neu! Schauen Sie erst im Task-Manager nach, ob die Anwendung vielleicht doch noch läuft. Gegebenenfalls brauchen Sie gerade bei der .NET-Installation reichlich Geduld.

> Stellen Sie anschließend eine Verbindung zum Host mit dem vSphere Client her, indem Sie die IP-Adresse oder den Namen des ESXi-Servers eingeben. Beachten Sie, dass sich der ESXi-Server nicht selbstständig im DNS einträgt – das müssen Sie manuell ausführen. Weiterhin sollten Sie vorher – falls noch nicht geschehen – die Reverse-Lookup-Zone im DNS erstellen.

Als Benutzernamen wählen Sie *root* (das ist der Administrator oder Superuser) mit dem Passwort, das Sie bei der Installation gewählt haben (siehe Abbildung 3-3).

Abbildung 3-3: Direkte Anmeldung am ESXi-Host

Den Text in dem Fenster hat VMware wohl vergessen zu ändern. Der vSphere Client ist der einzige Weg, um sich am ESXi-Host direkt anzumelden – über den Internetbrowser geht nur der Zugriff auf oder über den vCenter Server. Bei der vorigen Version konnten auch VMs mit der Hardwareversion 10 nicht mehr über den vSphere Client bearbeitet werden – das ist nun sehr wohl möglich.

Bevor eine Verbindung zustande kommt, wird noch eine Sicherheitswarnung für das Zertifikat ausgegeben, die Sie zu diesem Zeitpunkt ignorieren können. Diese Warnung wird angezeigt, weil der vSphere Client ein vom ESXi-Host signiertes Zertifikat erkannt hat (Standardeinstellung). Bei sehr sicheren Umgebungen empfiehlt VMware Zertifikate, die von einem vertrauenswürdigen Drittanbieter generiert werden. Sie können natürlich auch Ihre eigenen Zertifikate generieren und anschließend einspielen.

Sollte die Verbindung nicht klappen, suchen Sie zuerst nach den Einstellungen in Ihrer Firewall (vom Betriebssystem oder der Antivirensoftware). Nähere Informationen über den Grund der nicht erfolgten Verbindung können Sie auch in den Logdateien des vSphere Clients unter C:\Benutzer\<Name>\AppData\Local\VMware\vpx finden.

Den vSphere Client konfigurieren

Zum vSphere Client können unter anderem noch einige Parameter eingegeben werden, die die tägliche Arbeit ein bisschen vereinfachen. Das Laufzeitverhalten des Clients kann allerdings nicht lokal, sondern erst nach einer Verbindung eingestellt werden.

Wenn Sie die englische Version bevorzugen, können Sie den Eigenschaften des Icons noch den Parameter `-locale en_us` hinzufügen. Möchten Sie sich eine Verknüpfung mit immer demselben ESXi-Server auf den Desktop legen, funktioniert auch der Parameter -s <esxi-server-name> oder <IP-Adresse>, vorausgesetzt, Sie haben den Server im DNS eingetragen oder Ihre *hosts*-Datei angepasst (bei Windows unter *C:\Windows\System32\drivers\etc\hosts*, bei Linux unter */etc/hosts*).

Beispiel: <Pfad>"VpxClient.exe" -locale en_us -s esx7.cssv.de

Auch der Benutzername und das Passwort lassen sich mit `-user root` und `-password uvwxyz` hier voreinstellen. Haben Sie alle Optionen angegeben, brauchen Sie anschließend nicht einmal mehr auf VERBINDEN zu klicken. Sie sollten das Passwort allerdings aus Sicherheitsgründen möglichst nicht mit angeben.

Bei den Parametern ist jeweils auch die Kurzform möglich, also statt `-user` nur `-u` oder statt `-password` nur `-p`. Bei der Sprache funktioniert `-l` nicht. Haben Sie ein Betriebssystem mit einer anderen Sprache als Deutsch installiert und möchten Sie lieber Ihre Muttersprache angezeigt bekommen, so geben Sie hinter `-locale de_de` an.

Der vSphere Client unter Windows 7 und 8

Sollte der vSphere Client unter Microsoft Windows 7 oder 8 vor allem im Vollbildschirm sehr träge wirken, liegt das meist an der Einstellung der Aero-Umgebung. Mit den folgenden Einstellungen wird die CPU- und Grafikkartenbelastung deutlich reduziert, aber auch die Aero-Umgebung zur Laufzeit des Clients komplett abgeschaltet:

1. Schließen Sie alle Fenster des vSphere Clients.
2. Klicken Sie mit der rechten Maustaste auf das Symbol des vSphere Clients und wählen Sie aus dem Kontextmenü EIGENSCHAFTEN.
3. Wählen Sie die Registerkarte KOMPATIBILITÄT und setzen Sie das Häkchen bei DESKTOPGESTALTUNG DEAKTIVIEREN.
4. Klicken Sie auf OK und starten Sie den Client neu, um sich mit dem ESXi-Server neu zu verbinden.

Clienteinstellungen bearbeiten

Nachdem Sie sich mit dem ESXi-Server verbunden haben, finden Sie – wie in Abbildung 3-4 dargestellt – die weiteren Einstellungen zum vSphere Client im Menü unter BEARBEITEN → CLIENTEINSTELLUNGEN.

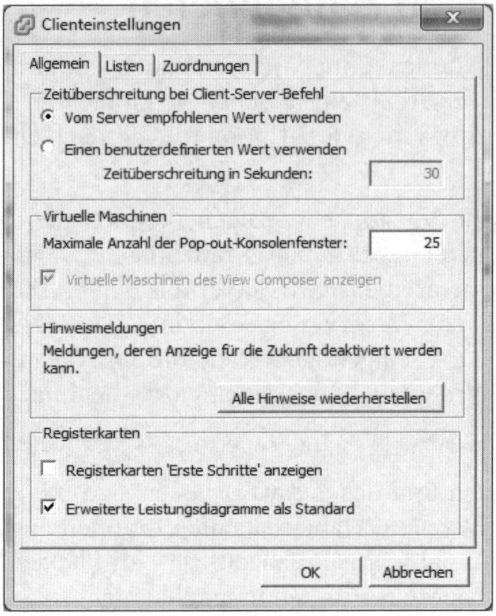

Abbildung 3-4: Clienteinstellungen nach dem Verbinden

In diesem Fenster sind drei Registerkarten untergebracht. Auf der ersten Karte haben wir vier Abschnitte, die das Laufzeitverhalten des Clients steuern. Die ersten beiden Abschnitte sind selbsterklärend, im dritten geht es um Meldungen, die Sie weggeklickt haben, weil Sie sie nicht mehr sehen wollten. Die Hinweise können zurückgesetzt werden, sodass Sie wieder alle Meldungen erhalten.

Im vierten Abschnitt lassen sich die mit der Zeit nervigen Registerkarten ERSTE SCHRITTE abschalten – ansonsten bekommen Sie nach dem Wegklicken einer Karte bei jeder neuen Gelegenheit wieder eine angezeigt. Wenn Sie hier das Häkchen herausnehmen, wird das lokal auf Ihrem Rechner gespeichert und gilt für alle weiteren ESXi-Server, mit denen Sie sich verbinden (auch später beim vCenter Server).

Auch eine gute Idee ist es, das Häkchen bei »Erweiterte Leistungsdiagramme als Standard« zu setzen, allerdings wirkt sich das erst später über den vCenter Server aus, wobei ansonsten eine Übersicht (zeitintensiv) angezeigt wird.

Die Einstellungen auf der zweiten Karte betreffen drei verschiedene Listen:

1. Die Größe der Liste von AUFGABEN UND EREIGNISSE (zulässiger Wert zwischen 10 und 1.000).
2. Ob in der BESTANDSLISTE (INVENTORY) nur die Informationen zu den virtuellen Maschinen und ESXi-Servern wie angezeigt aktualisiert oder die herausgefilterten Infos ebenfalls aktualisiert werden sollen.
3. Ob die VMs in der Bestandsliste überhaupt angezeigt werden sollen oder nur die Hosts.

Auf der dritten Registerkarte finden Sie nur einen Eintrag, der für große Umgebungen interessant ist: die maximale Anzahl an angeforderten Topologieelementen. Diese Einstellung betrifft erst Umgebungen mit einem vCenter Server, über den die virtuellen Maschinen, ESXi-Server, Netzwerke und Storages grafisch angezeigt werden können. Wenn Sie versuchen, eine Zuordnung anzuzeigen, die über mehr Container als den eingetragenen Grenzwert (standardmäßig 300) verfügt, erhalten Sie eine Meldung mit der Möglichkeit, die Anzeige der Grafik abzubrechen oder damit fortzufahren. Die möglichen Werte liegen hier zwischen 2 und 1.000.000.

Fehlermeldung über Logdateien

Sollten Sie bei Ihrem neu installierten Host eine Fehlermeldung bekommen, dass die Logdateien nicht geschrieben werden können, so müssen Sie den Syslog-Dienst korrekt einstellen. Das können Sie mit dem vSphere Client auf der Oberfläche des ESXi-Hosts erledigen:

Gehen Sie auf die Registerkarte KONFIGURATION des Servers

1. Klicken Sie unter HARDWARE auf SPEICHER und suchen Sie einen VMFS-Datastore aus. Klicken Sie auf diesen mit der rechten Maustaste und wählen Sie aus dem Kontextmenü DATENSPEICHER DURCHSUCHEN. Erstellen Sie in dem Datenspeicher einen neuen Ordner z.B. mit dem Namen ESXLOGs. Achten Sie dabei auf die genaue Schreibweise, wie sie in der rechten Hälfte des Fensters angezeigt wird (z.B. [esx7-datastore1] /ESXLOGs).
2. Klicken Sie anschließend unter SOFTWARE auf ERWEITERTE EINSTELLUNGEN. Es öffnet sich ein weiteres Fenster.
3. Wählen Sie im linken Teil des Fensters den Eintrag SYSLOG aus und erweitern Sie die Anzeige, indem Sie auf das Pluszeichen + klicken.
4. Unter dem Punkt GLOBAL können Einstellungen erreicht werden, die für die untergeordneten Punkte gelten. Da die Beschreibungen der Einträge sehr schön und aussagekräftig sind, wiederhole ich sie hier nicht.
5. Unter `Syslog.global.LogDir` kann ein Speicherort und Verzeichnis für die Logdateien angegeben werden. Das könnte z.B. so aussehen: `[esx7-datastore1] /ESXLOGs/`.

Sie können aber auch z.B. ein NFS-Laufwerk dafür angeben. Wollen Sie so ein Laufwerk für alle ESXi-Hosts verwenden, so können Sie beim nächsten Punkt `Syslog.global.logDirUnique` das Häkchen setzen. Es werden dann automatisch je ein Verzeichnis mit dem Namen des Hosts erstellt und die Dateien dort abgelegt.

> Vergessen Sie aber nicht, diese Einstellung dann auch bei jedem Host zu machen.

Schauen Sie anschließend nochmals über den Datenspeicherbrowser in das Verzeichnis, so befinden sich dort 35 meist leere Dateien und der gewünschte Unterordner des Hosts. Die Dateien außerhalb der Ordners »esx7« können Sie getrost löschen.

Nun haben Sie zumindest den ersten ESXi-Server aufgesetzt. Dieser bildet die Grundlage für das weitere Vorgehen, also die Installation von VMs, gegebenenfalls das Aufsetzen eines vCenter Servers usw.

In diesem Kapitel haben Sie alles Notwendige über den ESXi-Server erfahren sowie über die Installationsmöglichkeiten, die Aufgaben und Arbeiten des Hypervisors und die Installation des vSphere Clients, den wir für den Zugriff auf den ESXi-Server und später gegebenenfalls für den vCenter Server benötigen. Auf den vCenter Server kann man auch über einen Webbrowser (Web Client) zugreifen, dazu später mehr.

Im nächsten Kapitel wird es spannender, denn da gehe ich sehr detailliert auf die Erstellung unserer ersten virtuellen Maschine mit allen Optionen und Fallstricken ein.

KAPITEL 4

Die virtuelle Maschine

Nachdem ich Ihnen in den bisherigen Kapiteln das notwendige Vorwissen für die Erstellung einer virtuellen Maschine vermittelt habe, kommen wir nun zum eigentlich interessantesten Punkt, nämlich wie man eine VM richtig anlegt. Beim Anlegen der VM wird der Grundstein für die in der Maschine vorhandene Hardware gelegt. Ein nachträglicher Austausch ist immer mit Risiken verbunden – deshalb ist dieses Kapitel so wichtig und umfangreich! Auf den nächsten Seiten werden Sie alles über die Erstellung virtueller Maschinen erfahren.

Was nun noch fehlt, ist der innerhalb der Virtualisierungssoftware – also mit dem vSphere Client – einzuschlagende Weg. Hierfür wird auf der grafischen Oberfläche ein Assistent bereitgestellt, der über verschiedene Wege erreichbar ist.

Woraus besteht nun eine virtuelle Maschine? Welche Dateien bilden dieses Konstrukt auf der VMFS-Partition? Auch diese Fragen suchen nach Antworten, die insbesondere beim Sichern oder Klonen der virtuellen Maschine Gold wert sind, denn es müssen z.B. beim Kopieren oder beim Backup nicht alle Dateien im Verzeichnis der VM mitgenommen werden.

Weiterhin ist nach dem Erstellungsprozess in den seltensten Fällen die virtuelle Maschine schon fertig aufgesetzt. Um ein besseres Handling für Maus- und Tastaturfunktionen zu erreichen und mehr Performance für die VM zu bekommen, müssen noch die VMware Tools mit den Treibern und Agenten installiert werden. Auch dabei können sich Fehler einschleichen, die einem später das Leben schwer machen können. Im Folgenden wird auch dieser wichtige Punkt detailliert beschrieben.

Eine virtuelle Maschine erstellen

Es gibt verschiedene Möglichkeiten, den Erstellungsvorgang für virtuelle Maschinen zu starten. Sie können im Menü DATEI → NEU eine neue virtuelle Maschine erstellen, eine virtuelle Maschine anhand eines Templates bereitstellen, eine Maschine importieren oder konvertieren und eine virtuelle Maschine aus einer vorhandenen virtuellen Maschine klonen. Einiges davon ist erst über den vCenter Server möglich, um den wir uns in Kapitel 10 ausführlich kümmern.

Je nachdem, für welche Möglichkeit Sie sich entscheiden, variieren die Bildschirmdarstellungen leicht, da sie auf den ausgewählten Prozess genau abgestimmt sind. Alle nicht zutreffenden Optionen für Ihre Auswahl sind auch nicht anwählbar. Zum Beispiel ist KLONEN im Menü deaktiviert, wenn im Inventar keine virtuelle Maschine vorhanden ist oder der Fokus nicht auf einer steht. In allen Fällen ist jedoch die größtmögliche Anzahl von Optionen gegeben, um eine optimale Flexibilität für Ihre Auswahl zu gewährleisten.

ISO-Image einspielen

Da Sie mit Sicherheit mehrere virtuelle Maschinen mit dem gleichen Betriebssystem auf dem ESXi-Server installieren wollen, empfiehlt es sich, eine ISO-Datei von der CD oder DVD zu erstellen oder sie aus dem Internet herunterzuladen und sie auf das VMFS-Volume zu legen. Von dort aus hat jede VM Zugriff auf die Dateien, und die Installation geht dann wesentlich schneller!

1. Melden Sie sich mit dem vSphere Client am ESXi-Server an, klicken Sie auf das Symbol BESTANDSLISTE (INVENTORY) und navigieren Sie dann zur Registerkarte ÜBERSICHT (SUMMARY).
2. Auf der rechten Seite des Bildschirms sehen Sie im Feld DATENSPEICHER (DATASTORE) den Eintrag des VMFS-Volumes. Klicken Sie mit der rechten Maustaste darauf und wählen Sie DATENSPEICHER DURCHSUCHEN (BROWSE DATASTORE). Es öffnet sich ein weiteres Fenster, das in Abbildung 4-1 zu sehen ist.

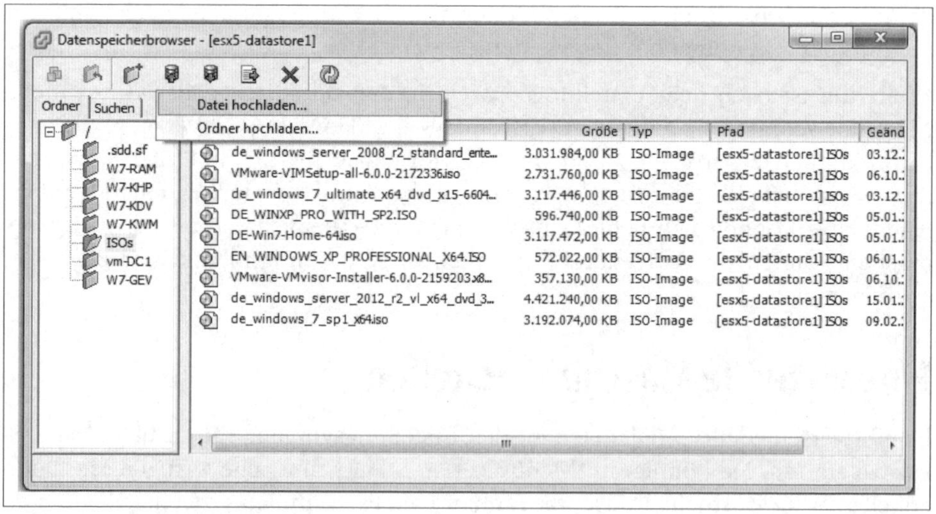

Abbildung 4-1: Dateien hochladen

3. Über das vierte Symbol von links (DATEI HOCHLADEN – UPLOAD FILE TO THIS DATASTORE) können Sie z.B. eine ISO-Datei oder einen Ordner hier einspielen.

Es gibt auf dem Storage einen weiteren Ordner namens *vmimages*, in dem die VMware Tools und einige Floppy-Images liegen, der Ordner ist z.B. über *ssh* erreichbar ist und wird hier nicht angezeigt. Sie sollten Ihre Dateien nicht in diesen Ordner legen, weil er im *root*-Verzeichnis »/« gemountet ist und sonst Speicherplatz von der ESXi-Installation wegnehmen würde.

In einer größeren Umgebung empfiehlt es sich, ein kleines Volume extra nur für die ISO-Dateien anzulegen, damit man jederzeit ein noch verbundenes Image bei den VMs erkennt, das unter anderem ein vMotion verhindern kann.

4. Ist der Upload-Vorgang abgeschlossen, wird die Datei im Datenspeicherbrowser angezeigt. Schließen Sie das Fenster wieder.

Benutzerdefinierte VMs erstellen

Da die Erstellung einer virtuellen Maschine im benutzerdefinierten Pfad im Assistenten alle möglichen Optionen und die meiste Flexibilität bietet, beschreibe ich in diesem Abschnitt diese Vorgehensweise zur Erstellung einer neuen virtuellen Maschine. Wenn Sie im Assistenten das Häkchen bei BENUTZERDEFINIERT setzen, sehen Sie auf der linken Hälfte des Fensters einige zusätzliche Optionen, die bei TYPISCH nicht vorhanden sind.

Wenn Sie den Eintrag TYPISCH wählen, werden einige virtuelle Maschinen nicht so konfiguriert, wie es eigentlich sinnvoll wäre. Beispielsweise hätten Sie unter Windows 2008 R2 einen E1000-Adapter als Netzwerkkarte statt des schnelleren VMXNET 3 und nur einen Prozessorkern mit 4 GByte RAM.

Erst wenn Sie auf BEENDEN klicken, wird die Maschine erstellt. Drücken Sie vorher irgendwann auf ABBRECHEN, wird nichts gespeichert.

So erstellen Sie eine neue virtuelle Maschine über den benutzerdefinierten Pfad:

1. Klicken Sie im vSphere Client in der Navigationsleiste auf BESTANDSLISTE und erweitern Sie die Liste bei Bedarf, um Ihre schon erstellten VMs zu sehen.
2. Wählen Sie in der BESTANDSLISTE den verwalteten ESXi-Server aus, dem Sie die neue virtuelle Maschine hinzufügen möchten.

3. Wählen Sie DATEI → NEU → VIRTUELLE MASCHINE oder über das Kontextmenü NEUE VIRTUELLE MASCHINE ...

   Der Assistent zur Erstellung einer neuen virtuellen Maschine wird angezeigt. Das Menü im linken Teil des Fensters weicht von dem im Assistenten für die normale Konfiguration der virtuellen Maschine ab, wenn Sie auf BENUTZERDEFINIERT klicken.

4. Wählen Sie die Schaltfläche WEITER.
5. Geben Sie einen aussagekräftigen Namen für eine virtuelle Maschine ein und klicken Sie auf WEITER.

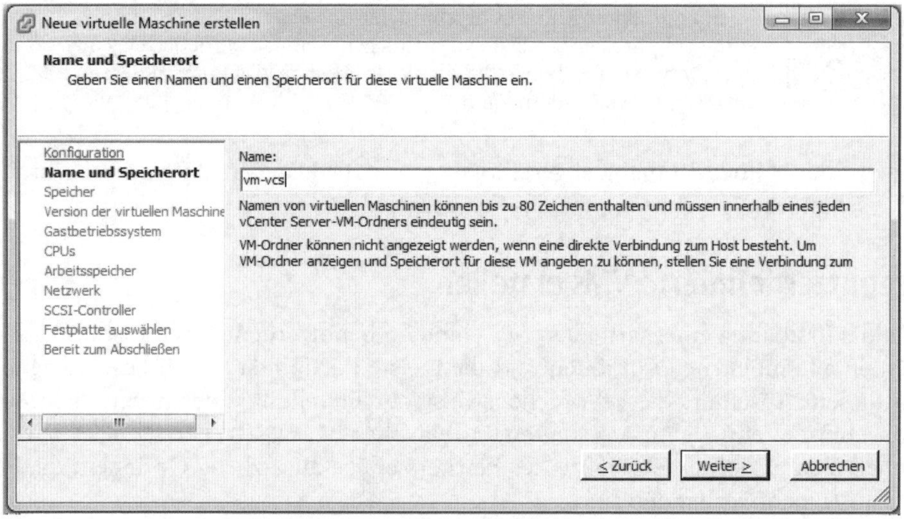

Abbildung 4-2: Neue virtuelle Maschine erstellen

   Der Name der virtuellen Maschine, den Sie, wie in Abbildung 4-2 dargestellt, im Feld NAME eingeben, wird anschließend im Inventar des vSphere Clients angezeigt. Er wird auch als Name der Dateien der virtuellen Maschine und ihres Verzeichnisses verwendet. Es ist also keine gute Idee, den vorgeschlagenen Namen NEUE VIRTUELLE MASCHINE zu belassen. Der Name kann bis zu 80 Zeichen lang sein und alphanumerische Zeichen sowie Unterstrich- (_) und Bindestrichzeichen (-) enthalten. Dieser Name muss im gesamten Datacenter und innerhalb des Ordners eindeutig sein (Groß- und Kleinschreibung werden dabei nicht berücksichtigt). Er hat nichts mit dem Namen innerhalb des zu installierenden Betriebssystems zu tun, sollte aber der Übersicht zuliebe dementsprechend gewählt werden.

6. Wählen Sie einen Storage aus (siehe Abbildung 4-3), in dem Sie die Dateien der virtuellen Maschine speichern möchten, und klicken Sie auf WEITER.

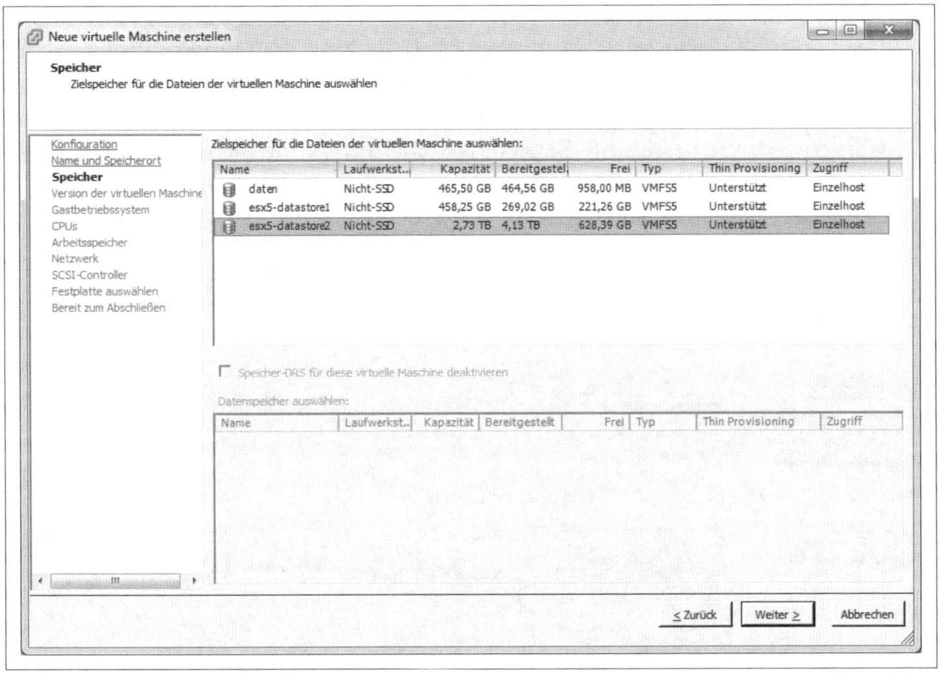

Abbildung 4-3: Speicherort der VM aussuchen

Wählen Sie einen Datastore aus, der für die virtuelle Maschine und alle zugehörigen Dateien der virtuellen Festplatte groß genug ist. Für ESXi-Server wird der Datastore auf diesem Server konfiguriert, einschließlich VMFS-, NAS- und iSCSI-Volumes. Den Haken bei SPEICHER-DRS können Sie erst setzen, wenn Sie sich über den vCenter Server anmelden – dazu kommen wir ab Kapitel 10.

7. Wählen Sie gegebenenfalls die Version der Maschine aus, um eine Kompatibilität zu einer älteren Version zu bekommen. Voreingestellt ist die Version 11, die auch neuere Hardware und einige andere zusätzliche Features über den Web Client zur Verfügung stellt. Die Auswahl ist abhängig von den Versionen der ESX(i)-Server im Cluster.

> Wenn Sie die Hardwareversion der VM später ändern möchten oder wenn Sie eine ältere VM importiert haben, müssen Sie die VM ausschalten und im Abschnitt STATUS der VM nur auf VIRTUELLE MASCHINE AKTUALISIEREN klicken. Vergessen Sie nicht, die aktuelle Version der VMware Tools möglichst vor dem Ausschalten zu installieren. Von einer neuen Version auf eine ältere zurückzugehen, ist über den vSphere Client nicht möglich – wohl aber über die Kommandozeile (siehe Kapitel 19).

8. Wählen Sie unter GASTBETRIEBSSYSTEM die Betriebssystemfamilie (WINDOWS, LINUX oder ANDERE, siehe Abbildung 4-4) aus und dann im Pull-down-Menü die zu installierende Version. Von der hier getroffenen Auswahl sind einige weitere Optionen und später die Installation der VMware Tools abhängig. So werden z.B. für bestimmte Betriebssysteme unterschiedliche Netzwerkkarten angeboten, es wird mehr oder weniger Arbeitsspeicher empfohlen, verschiedenartige SCSI-Controller werden vorgeschlagen usw.

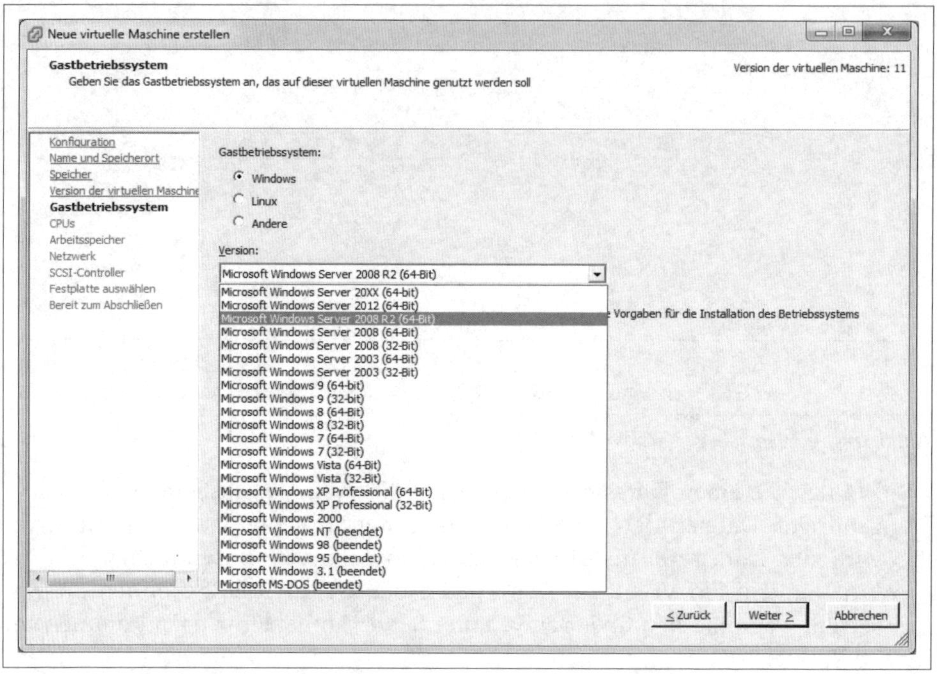

Abbildung 4-4: Auswahl der Betriebssysteme

Unter der Option ANDERE finden Sie z.B. Apple Mac OS X, FreeBSD, IBM OS/2, Novell NetWare, Solaris, UNIX, ESXi und andere. Ist Ihr favorisiertes Betriebssystem nicht dabei, nehmen Sie eines, was dem am nächsten kommt.

Vom Assistenten wird das Gastbetriebssystem später nicht installiert, dafür sind Sie selbst verantwortlich. Der Assistent zur Erstellung einer neuen virtuellen Maschine wählt anhand dieser Informationen die richtigen Standardwerte aus, z.B. den benötigten Festplattenspeicher, die unterstützten Netzwerkkarten, SCSI-Controller. (Verlassen Sie sich aber nicht unbedingt darauf, denn der empfohlene Arbeitsspeicher und die Anzahl der vCPUs berücksichtigen nicht eventuelle Aufgaben oder zu installierende Programme.)

9. Klicken Sie auf WEITER.
10. Wählen Sie im nächsten Fenster die Anzahl der virtuellen CPU-Sockel und die Kerne pro Sockel für Ihre Maschine und klicken Sie auf WEITER.

Die Seite ANZAHL DER VIRTUELLEN CPUs wird nicht angezeigt, wenn der Server nur einen einzelnen Prozessor besitzt oder das Gastbetriebssystem SMP nicht unterstützt (z.B. NetWare und Windows NT 4.0). Sie können der VM nicht mehr Kerne geben, wie Ihr Host insgesamt hat oder Ihre Lizenz erlaubt. Die obige und untere Anzeige wird gegebenenfalls auf den maximal möglichen Wert zurückgesetzt.

Wenn Sie später eine Anwendung innerhalb der VM installieren, die mehrere Prozessoren unterstützt, wählen Sie bei diesem Schritt besser mehrere CPUs. Braucht Ihre Software nur einen Prozessor, nehmen Sie hier auch nur einen. Möchten Sie eine Vorlage (Template) generieren, wählen Sie besser zwei Prozessoren. Hinterher ist es einfacher, auf einen, vier oder gar 128 Prozessoren umzustellen!

11. Konfigurieren Sie die Speichergröße der virtuellen Maschine, indem Sie die Anzahl der MByte, GByte oder TByte auswählen.

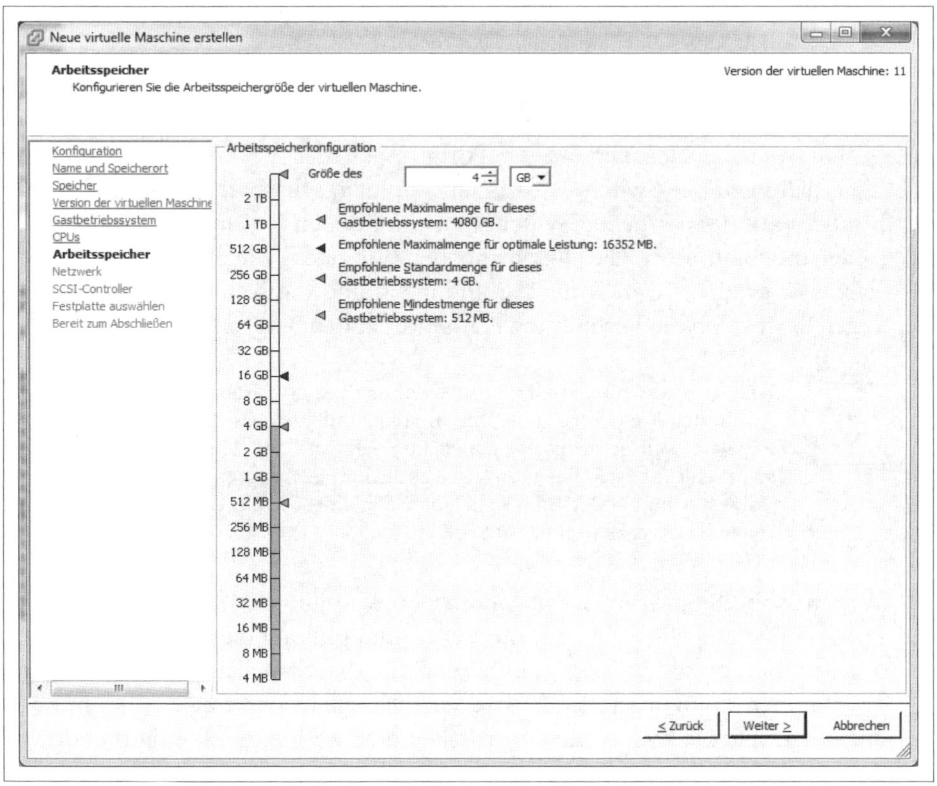

Abbildung 4-5: Arbeitsspeicherempfehlung für die VM

Die empfohlenen Mindest- und Höchstwerte hängen vom Gastbetriebssystem ab. Unabhängig von diesem beträgt die minimale Speichergröße 4 MByte, wenn die VM ein gewöhnliches BIOS hat, bei (U)EFI ist der Mindestwert 96 MByte. Die Einstellung wird anhand des ausgewählten Betriebssystems automatisch vorgenommen, ist aber teilweise – abhängig vom gewählten OS – unter den Optionen der VM nachträglich änderbar. Der Höchstwert hängt vom Server ab, liegt jedoch bei ESXi-Server 6.0 bei 4080 GByte. Haben Sie die Version 10 der VM gewählt, können Sie maximal 1011 GByte, bei der Version 7 maximal 255 GByte vergeben.

Die Speichergröße muss ein Vielfaches von 4 MByte sein. Es ist auch möglich, die Werte in MByte anzugeben. Die Beschränkung bezüglich des maximalen ESXi-Server-Speicherausbaus wurde auf 6 bis 12 TByte angehoben. Abbildung 4-5 zeigt beispielhaft die Voreinstellungen für Windows Server 2008 R2 (64-Bit).

> Sie können übrigens auf die Werte links von der Skala mit der Maus klicken, um der Maschine z. B. 1, 2 oder 4 GByte usw. zuzuordnen. Achten Sie bei Microsoft-Betriebssystemen bis einschließlich Server 2003 auf die Zweierpotenzen.

12. Klicken Sie auf WEITER.
13. Wählen Sie die Netzwerke bzw. Portgruppen der VMs (Portgruppen sind Unterteilungen der Switches, zu ihnen kommen wir später in Kapitel 6 ausführlich) auf den virtuellen Switches aus, mit denen Sie eine Verbindung herstellen möchten, sowie die entsprechenden Optionen, wie die Anzahl der NICs (*Network Interface Cards*) für Verbindungen und die Namen der Netzwerke. Legen Sie fest, ob die Verbindung beim Einschalten hergestellt werden soll.

> Die Auswahl hängt vom ausgewählten Betriebssystem ab (siehe Abbildung 4-6). Verwenden Sie möglichst nicht mehr den Adapter *Flexibel*, weil seine Performance im Netzwerk mit GBit-Ethernet sehr schlecht ist. Dieses ist ein Fast-Ethernet-Adapter, also überträgt maximal 100 MBit. (Siehe auch Tabelle 4-3, »Unterstützte virtuelle Netzwerkkarten«, auf Seite 89.

Wie in Abbildung 4-7 gezeigt, werden im Pull-down-Menü NETZWERK die Portgruppen aufgelistet, die für die Verwendung durch die virtuelle Maschine auf dem Server konfiguriert sind. Wenn für die virtuellen Maschinen keine Portgruppen konfiguriert sind, wird ein Dialogfeld mit einem Warnhinweis angezeigt, und Sie können keine virtuellen Netzwerkkarten konfigurieren. Die Portgruppe *VM Network* wird bei der Installation des ESXi-Servers üblicherweise automatisch angelegt.

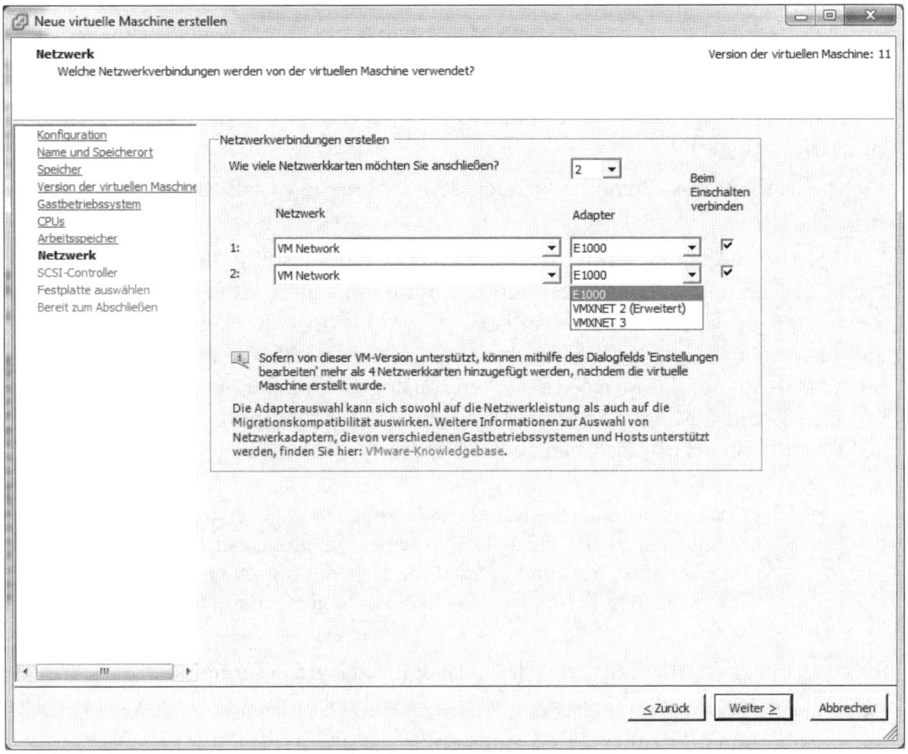

Abbildung 4-6: Auswahl der Netzwerkkarten

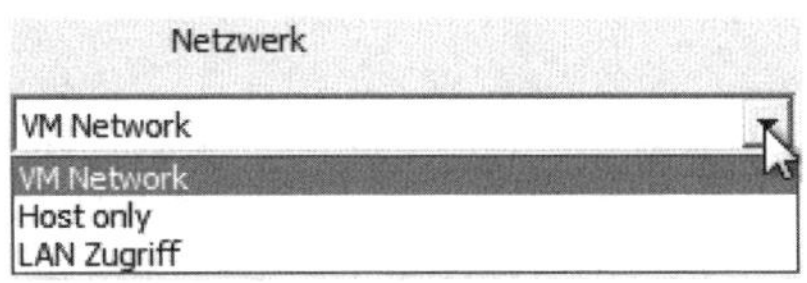

Abbildung 4-7: Auswahl der VM-Portgruppen

Die Menge an Netzwerkkarten, die Sie hier auswählen können, ist auf vier begrenzt. Je nach ausgewähltem Betriebssystem können Sie nach der Erstellung der VM noch weitere Karten hinzufügen.

14. Klicken Sie auf WEITER.
15. Wählen Sie den SCSI-Adaptertyp aus, den Sie mit der virtuellen Maschine verwenden möchten. Beachten Sie die Hinweise in dem zusätzlichen Kasten »Adaptertypen«.
16. Wählen Sie den Typ der Festplatte aus und klicken Sie auf WEITER.

Adaptertypen

Der *IDE-Adapter* ist immer *ATAPI* und wird immer für optische Laufwerke wie CD oder DVD genutzt. Der Standard-E/A-Adaptertyp Ihres Gastbetriebssystems ist bereits ausgewählt.

Ältere Gastbetriebssysteme verwenden standardmäßig den BusLogic- oder IDE-Adapter.

Der LSI Logic-Adapter verfügt über eine verbesserte Leistung, funktioniert besser mit SCSI-Geräten, die keine Festplatten sind, und ist als Treiber z.B. in Windows Server 2003 enthalten. Die Auswahl des SCSI-Controllers hat keinen Einfluss darauf, ob Sie als virtuelle Festplatte eine IDE- oder eine SCSI-Festplatte verwenden. Beim SCSI-Adapter können Sie zwischen BusLogic Parallel, LSI Logic Parallel, LSI Logic-SAS und VMware Paravirtual wählen. Die SAS-Option (Serial Attached SCSI) ist für virtuelle Maschinen ab der Hardwareversion 7 verfügbar.

> Wenn Sie eine virtuelle Maschine mit LSI Logic erstellen und eine zusätzliche virtuelle Festplatte hinzufügen, die BusLogic-Adapter verwendet, wird die virtuelle Maschine von der zusätzlichen Festplatte, also dem BusLogic-Gerät, gebootet.

Sie können den Treiber auch von der LSI Logic-Website herunterladen.

Paravirtuelle SCSI-Adapter (PVSCSI-Adapter) sind Hochleistungsspeicheradapter, die einen höheren Durchsatz und eine geringere CPU-Auslastung liefern können. PVSCSI-Adapter sind am besten für Umgebungen (besonders SAN-Umgebungen) geeignet, die E/A-intensive Anwendungen ausführen. PVSCSI-Adapter sollten nicht als startfähige Festplatte verwendet werden, da es hinterher zu Problemen kommen kann.

Als Voraussetzung für die Nutzung empfehle ich eine vorhandene virtuelle Maschine, auf der ein Gastbetriebssystem und die VMware Tools mit PVSCSI-Treibern installiert sind. Die virtuelle Maschine sollte mit einem primären SCSI-Adapter konfiguriert werden, um eine Festplatte zu unterstützen, auf der das Betriebssystem installiert ist, und kann dann als Datenplatte einen paravituellen Adapter nutzen.

Sie können Daten zu virtuellen Maschinen auf einer neuen virtuellen Festplatte, einer vorhandenen virtuellen Festplatte oder einer zugeordneten SAN-LUN (*Storage Area Network Logical Unit Number*) speichern.

Eine virtuelle Festplatte besteht aus einer oder mehreren Dateien im Dateisystem, die dem Gastbetriebssystem als einzelne Festplatte angezeigt werden (siehe Abbildung 4-8). Diese Festplatten können, je nach Lizenz zwischen den einzelnen ESXi-Servern über einen vCenter Server mittels Storage vMotion verschoben werden.

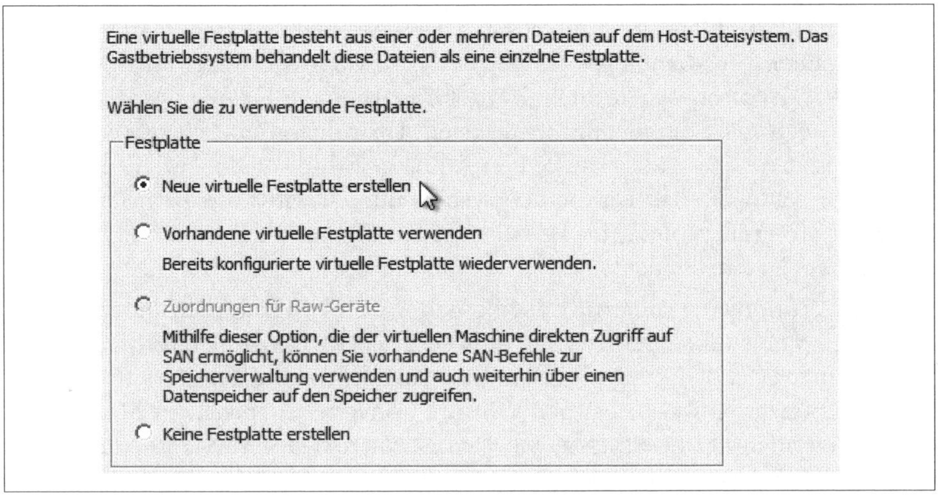

Abbildung 4-8: Auswahlmöglichkeiten bei virtuellen Festplatten

Durch Zuordnung einer SAN-LUN erhält die virtuelle Maschine direkten Zugriff auf dieses SAN, wodurch Sie vorhandene SAN-Befehle für die Speicherverwaltung der Festplatte verwenden können – das nennt sich *Raw Device Mapping* (RDM).

17. Wenn Sie eine neue virtuelle Festplatte erstellen möchten, müssen Sie ihre Größe festlegen, einen Datastore-Speicherort für die Platte auswählen und auf WEITER klicken.

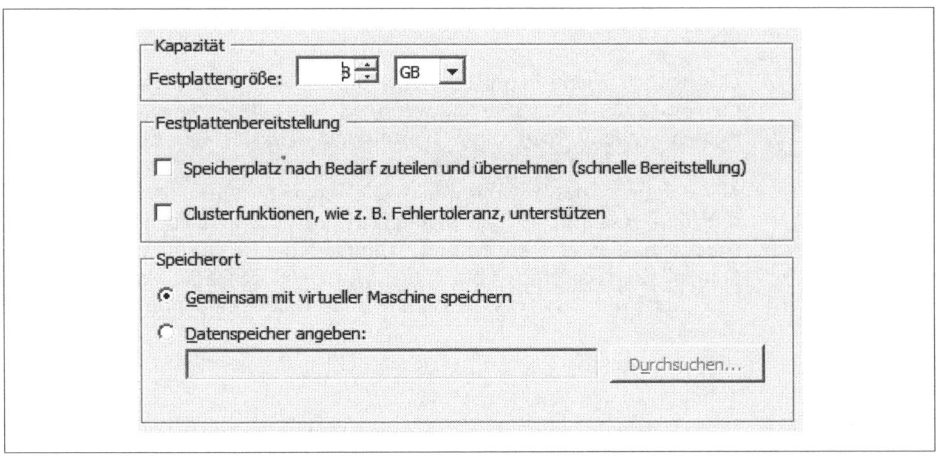

Abbildung 4-9: Typ und Größe der Festplatte festlegen

Wie Sie in Abbildung 4-9 sehen, können Sie die Festplattengröße in MByte, GByte oder TByte angeben. Die Standardeinstellung wird je nach gewähltem Betriebssystem angezeigt. Der verfügbare Speicherplatz auf dem ausgewählten VMFS-Volume wird aufgelistet, wenn Sie manuell einen Datenspeicher auswählen. Sie können Festplatten von 1 MByte bis 16 TByte (16.384 GByte) konfigurieren, wobei Sie auch Werte für MByte oder GByte in ganzen Zahlen oder auch mit Komma angeben können. Über den vCenter Server kann später bis zu 63 TByte für virtuelle Festplatten gewählt werden. Die virtuelle Festplatte sollte für das Gastbetriebssystem und die gesamte zu installierende Software groß genug sein. Berücksichtigen Sie auch das zukünftige Wachstum des Datenvolumens.

Ein Partitionieren innerhalb des Betriebssystems ist natürlich möglich, aber ich empfehle Ihnen, für weitere Laufwerke lieber zusätzliche virtuelle Festplatten zu verwenden, weil Sie damit viel flexibler sind. Nachträglich lässt sich das übrigens teilweise über den VMware Converter erledigen. Sie können später über den Dialog EIGENSCHAFTEN DER VIRTUELLEN MASCHINE zusätzliche virtuelle Festplatten hinzufügen.

Das für Ihre Bedürfnisse am besten geeignete Festplattenformat können Sie dem Kasten »Festplattenformate« entnehmen.

Festplattenformate

»Thin-Bereitstellung«

Dieses Format können Sie verwenden, um Speicherplatz zu sparen. Hierbei wird nur so viel Platz bereitgestellt, wie das Gastbetriebssystem tatsächlich braucht. Der Umfang kann aber trotzdem natürlich nicht größer sein als das Volume.

> Das Format »Thin-Bereitstellung« können Sie für die Festplatte der VM nicht benutzen, wenn Sie Clusterlösungen einrichten wollen. Auch die Fehlertoleranz (*Fault Tolerance*) wird dann nur über den Web Client unterstützt. Die Festplatte kann später auf ihre maximale Kapazität anwachsen und den gesamten für sie bereitgestellten Speicherplatz in Anspruch nehmen. Außerdem können Sie die Festplatte manuell in das Thick-Format konvertieren. Beachten Sie auch, dass die Performance beim Wachsen der Festplattendatei leiden kann.

→

»Thick-Provision Lazy-Zeroed«

Dies ist das Standardformat für virtuelle Festplatten. Die Festplatte in diesem Format belegt von Anfang an den gesamten Speicherplatz. Es wird kein Auffüllen der Blöcke mit Nullen durchgeführt. Eine Umwandlung vom Thick- in das Thin-Format gibt es nur beim Storage vMotion oder über die Kommandozeile.

»Thick-Provision Eager-Zeroed«

Dieses Festplattenformat sollten Sie auswählen, wenn diese virtuelle Maschine später im Modus *Fault Tolerance* (FT, gespiegelte VMs) laufen soll. Beim Auswählen von FT kann das aber auch nachträglich erledigt werden. Darauf gehe ich in Kapitel 10 noch detailliert ein. Bei diesem Modus wird die gesamte Festplatte mit Nullen gefüllt bzw. überschrieben. Dieser Vorgang dauert deutlich länger als die beiden anderen Möglichkeiten.

Sie können eine virtuelle Festplatte in demselben Datastore wie die virtuelle Maschine verwenden oder einen anderen Storage auswählen. Über DURCHSUCHEN können Sie ein anderes Volume auswählen.

18. Klicken Sie auf WEITER und wählen Sie einen virtuellen SCSI-Anschluss für das Laufwerk. Üblicherweise ist das SCSI (0:0), was bedeutet, dass die Platte an den ersten SCSI-Adapter und mit der ID 0 angeschlossen wird. Lassen Sie den Modus der Festplatte zunächst unberücksichtigt – dazu kommen wir später im Abschnitt »Festplattengröße und -modus«. Wählen Sie aus Performance-Gründen möglichst nicht IDE.
19. Es werden eine Zusammenfassung der ausgewählten Hardwarekomponenten und das zu installierende Betriebssystem angezeigt. Überprüfen Sie Ihre Angaben, gehen Sie gegebenenfalls zurück, um etwas zu ändern, und klicken Sie anschließend auf BEENDEN.
20. (optional) Falls Sie das Häkchen bei EINSTELLUNGEN DER VIRTUELLEN ... gesetzt haben, heißt die Beenden-Schaltfläche FORTFAHREN. Sie bekommen dabei die ausgewählte Hardware vor der eigentlichen Erstellung der VM nochmals angezeigt und können dort weitere Änderungen vornehmen.

Jetzt haben wir die Erstellung der ersten virtuellen Maschine abgeschlossen. In Abbildung 4-10 sehen Sie ein Beispiel für die Übersicht der gewählten Einstellungen. Bevor Sie die neue virtuelle Maschine verwenden können, müssen Sie die virtuelle Festplatte partitionieren, formatieren und ein Gastbetriebssystem sowie die VMware Tools installieren. Die Partitionierungs- und Formatierungsschritte wird das Installationsprogramm des Betriebssystems normalerweise selbst durchführen.

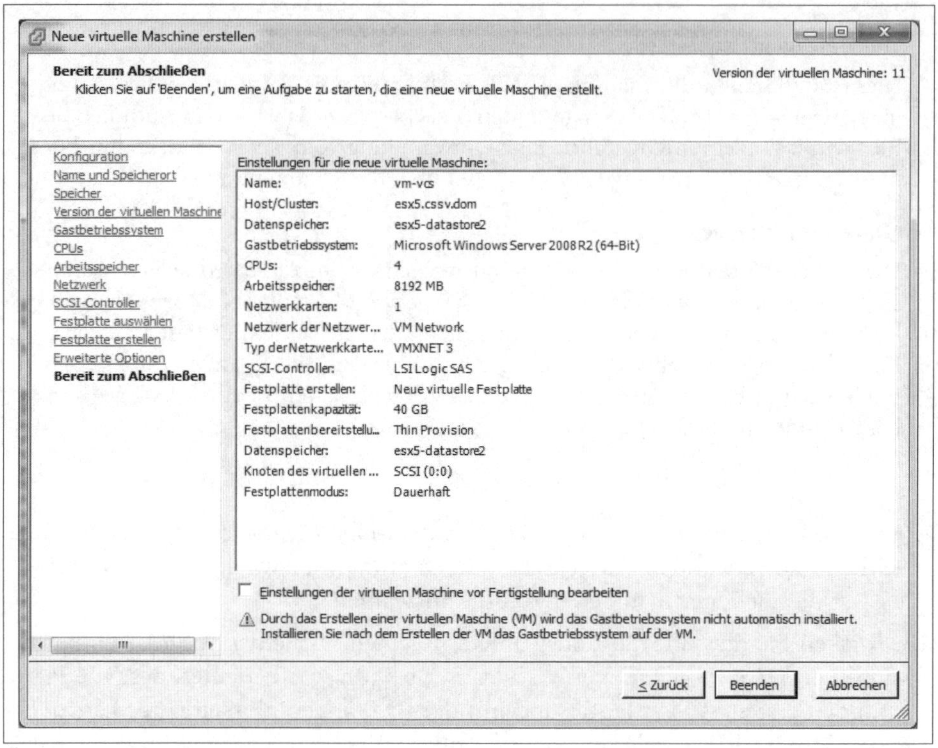

Abbildung 4-10: Übersicht der gewählten Einstellungen

In der Statuszeile am unteren Rand sehen Sie den Prozess der Erstellung der Maschine (Abbildung 4-11). Wenn dieser Prozess abgeschlossen ist, steht unter STATUS ABGESCHLOSSEN.

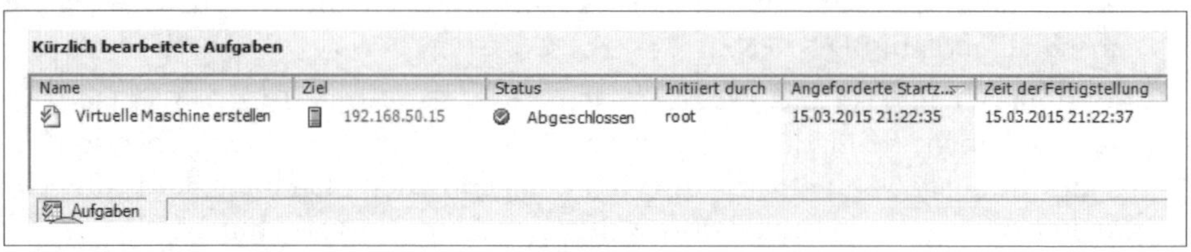

Abbildung 4-11: Status der Erstellung einer VM

Betriebssystem installieren

Ihre erste virtuelle Maschine unter dem ESXi-Server ist in der Standardkonfiguration nun angelegt. Ob diese allerdings schon Ihren Anforderungen entspricht, sei mal dahingestellt. Auf jeden Fall muss noch ein Datenträger, meist CD oder DVD, mit dem Installationsprogramm angeschlossen werden. Sie können natürlich auch die Installation über die Netzwerkkarte mittels PXE (Preboot Execution Environment) vornehmen.

1. Dazu klicken Sie am besten mit der rechten Maustaste in der BESTANDSLISTE (INVENTORY) auf den Namen der VM und wählen aus dem Kontextmenü EINSTELLUNGEN BEARBEITEN (EDIT SETTINGS) aus. In dem nun offenen Fenster sehen Sie die Hardware der Maschine, wie Sie sie angelegt haben.
2. Wählen Sie den Eintrag CD-/DVD-LAUFWERK 1 aus.
3. Klicken Sie auf DATENSPEICHER-ISO-DATEI und dann auf DURCHSUCHEN, um die vorher kopierte Datei auszuwählen. In diesem Fenster sehen Sie die angelegte VMFS-Partition (DATASTOR1) und den oben erwähnten Ordner *vmimages*, in dem sich u.a. die VMware Tools befinden.
4. Klicken Sie doppelt auf DATASTOR1, dann auf die ISO-Datei, wie in Abbildung 4-12 zu sehen ist, und dann auf OK.

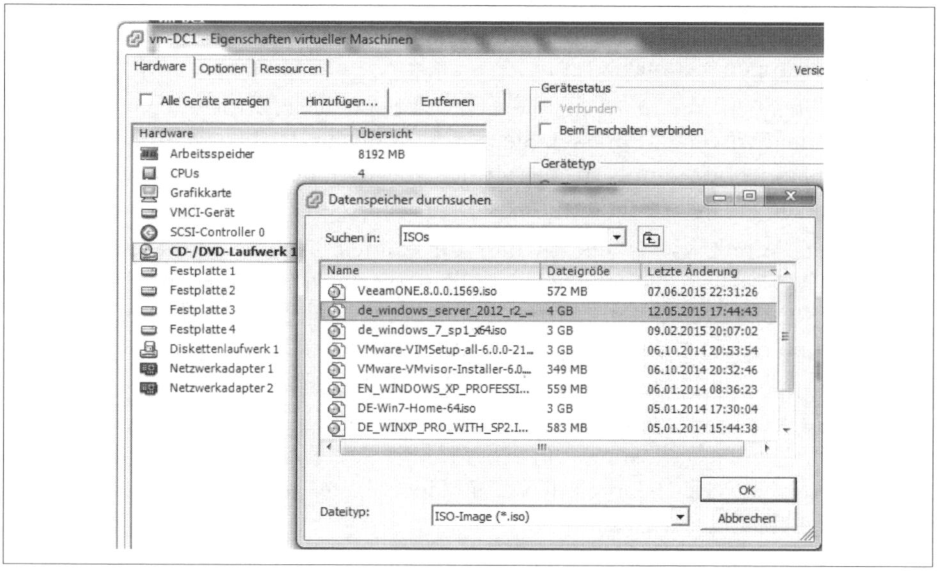

Abbildung 4-12: Installationsmedium zuweisen

5. Unter GERÄTESTATUS müssen Sie noch das Häkchen bei BEIM EINSCHALTEN VERBINDEN setzen, damit das Image für die virtuelle Maschine bereitgestellt wird.
6. Falls Sie das Diskettenlaufwerk, serielle und parallele Schnittstellen nicht benötigen, entfernen Sie das Diskettenlauf hier und klicken Sie auf die Registerkarte OPTIONEN. Wählen Sie hier STARTOPTIONEN aus und setzen Sie das Häkchen bei BIOS-SETUP ERZWINGEN.
7. Klicken Sie anschließend auf OK.

Jetzt können Sie Ihre VM einschalten und z.B. über die Registerkarte KONSOLE den Installationsvorgang mitverfolgen. Ich bevorzuge es, in der Symbolleiste des vSphere Clients das Icon mit dem Monitor auszuwählen, damit ich ein neues Fenster für meine Maschine bekomme.

Bevor Sie jetzt weitermachen, beachten Sie bitte die folgenden wichtigen Hinweise:

- Unter Umständen müssen Sie die Bootreihenfolge im BIOS oder EFI der virtuellen Maschine ändern, damit die virtuelle Maschine zunächst versucht, vom CD-/DVD-Gerät zu booten, bevor sie damit beginnt, über andere Startgeräte zu booten. Drücken Sie dazu die Taste F2, wenn Sie beim Hochfahren der virtuellen Maschine das BIOS oder EFI sehen. Falls Sie das nicht schaffen, setzen Sie das Häkchen unter EIGENSCHAFTEN DER VM → Registerkarte OPTIONEN → STARTOPTIONEN zum automatischen Aufruf des BIOS oder EFI-Setup.
- Haben Sie das BIOS aufgerufen, so deaktivieren Sie das Diskettenlauf und wechseln Sie zu der Registerkarte ADVANCED. Unter I/O DEVICE CONFIGURATION können Sie dies ebenfalls für die Schnittstellen und den FLOPPY DISK CONTROLLER durchführen. Drücken Sie anschließend die Funktionstaste F10 und bestätigen Sie mit ENTER.
- Sind Eingaben innerhalb des Fensters notwendig, z.B. der Lizenzschlüssel, Name der Firma o.Ä., müssen Sie mit der Maus in das Fenster klicken, damit es den Fokus bekommt. Aus der virtuellen Maschine kommen Sie wieder heraus, indem Sie die Tastenkombination Strg+Alt kurz drücken.
- Falls Sie Windows installieren und zur Anmeldung die Aufforderung DRÜCKEN SIE STRG+ALT+ENTF sehen, sollten Sie stattdessen die Tastenkombination STRG+ALT+EINFG drücken oder über das Menü auf VM klicken, dann auf GAST und dann STRG+ALT+ENTF SENDEN anklicken.
- Sollte eine Meldung erscheinen, die Sie darüber informiert, dass die MKS (Mouse, Keyboard, Screen) nicht verbunden werden kann, stimmt etwas nicht mit der Namensauflösung von Host oder vCenter Server. Konfigurieren Sie DNS korrekt, oder bearbeiten Sie die Hosts-Datei auf Ihrem Rechner, damit die Namensauflösung funktioniert.

VMware Tools installieren

Die VMware Tools bestehen aus einer Reihe von Dienstprogrammen und Agenten, die die Performance des Gastbetriebssystems der virtuellen Maschine und die Verwaltung der virtuellen Maschine verbessern. Die Installation von VMware Tools im Gastbetriebssystem ist unerlässlich. Zwar kann das Gastbetriebssystem ohne VMware Tools ausgeführt werden, doch müssen Sie dann auf wichtige Funktionen und eine gewisse Bequemlichkeit verzichten.

Bei der Installation der VMware Tools installieren Sie gleichzeitig Folgendes:

- Den *VMware Tools-Dienst* (oder *vmware-guestd* bei Wahl von Linux als Gastbetriebssystem)
- Eine Reihe von *VMware-Gerätetreibern*, einschließlich eines SVGA-Bildschirmtreibers, des Netzwerktreibers, z.B. *vmxnet3*, für einige Gastbetriebssysteme,

des BusLogic- oder LSI Logic-SCSI-Treibers für einige Gastbetriebssysteme, des Speichersteuerungstreibers (*vmmemctl.exe*) zur effizienten Speicherzuweisung zwischen virtuellen Maschinen, des Synchronisierungstreibers zur Stilllegung von I/O für Backups oder Snapshots und des VMware-Maustreibers

- Die *VMware Tools Systemsteuerung*, über die Sie Einstellungen ändern sowie zugewiesene virtuelle Geräte anschließen und abtrennen können.
- Eine Reihe von Skripten, die Sie beim Automatisieren von Vorgängen im Gastbetriebssystem unterstützen. Die Skripte werden bei Betriebszustandswechseln der virtuellen Maschine ausgeführt.
- Eine Komponente, die das Kopieren und Einfügen von Text zwischen dem Gast und dem Betriebssystem auf einem verwalteten Server in Microsoft Windows-Gastbetriebssystemen unterstützt. Die Option zum Kopieren und Einfügen wird in Linux-Gastbetriebssystemen nicht unterstützt.

Konfigurieren Sie das Gastbetriebssystem, bevor Sie die VMware Tools installieren oder neu installieren. Auf diese Weise können die Tools und Treiber die korrekte Maus- und andere Hardwarekonfigurationen erkennen und berücksichtigen.

Einschränkungen

Für VMware Tools unter ESXi gelten folgende Einschränkungen:

- Das Verkleinern von schnell bereitgestellten Festplatten (*Shrinking*) wird auch durch das Tool `VMwareToolboxCmd.exe` nicht auf ESXi-Server unterstützt, das nach der Installation der VMware Tools in deren Ordner (*C:\Programme\VMware\VMware Tools*) liegt. Das ist lediglich möglich, wenn Sie aus Ihrer VM eine OVF-Vorlage (*Open Virtualization Format*, offenes Virtualisierungsformat) machen wollen, damit der Export nicht zu groß wird. Bei Linux heißt der Befehl `vmware-toolbox-cmd` und befindet sich unter */usr/sbin*.
- Unter Windows NT und früheren Versionen (ME, 98 und 95) funktionieren die Standardskripte für *Suspend* (Anhalten), *Resume* (Wiederaufnehmen), *Poweroff* (Herunterfahren) und *Poweron* (Starten) nicht. Um andere als die vorgegebenen Skripte zu verwenden, müssen Sie diese mit dem Befehl `VMwareToolboxCmd.exe script <Scriptname>` erst aktivieren
- Die Installation des Maustreibers schlägt in früheren Linux-Versionen als 4.2. 0 für die grafische Oberfläche (X) fehl.

> Erst wenn Sie die Tools installiert haben, können Sie die Schaltflächen für das Herunterfahren und Neustarten nutzen, denn dieses wird über Agenten im virtuellen Betriebssystem ausgelöst. Der Suspend-Modus funktioniert auch vorher. Wenn Sie das Gastbetriebssystem also ohne Tools herunterfahren möchten, müssen Sie das innerhalb des Fensters im Gast-OS manuell vornehmen oder über das Menü.

- Die Tools von VMware lassen sich in einem laufenden Gastsystem über den Menüpunkt VM → Gast → VMware Tools installieren oder Bestandsliste → Virtuelle Maschine → Gast → VMware Tools installieren installieren. Ob die Tools schon in dem Betriebssystem installiert sind, wird jeweils in der Übersicht (siehe Abbildung 4-13) angezeigt sowie im Fenster des Windows-Gastsystems links neben der Uhr (abschaltbar!).

Abbildung 4-13: VMware Tools nicht installiert

> Ich empfehle dringend die Installation der Tools, weil sie die Handhabung von Maus und Tastatur wesentlich vereinfachen (die sogenannte Grab-Funktion) und ein paar weitere Features mitbringen, die nachfolgend beschrieben werden.

1. Klicken Sie in der Menüzeile des Remote-Console-Fensters auf VM → Gast → VMware Tools Installieren. Gegebenenfalls müssen Sie Strg+Alt drücken, um mit der Maus aus dem Fenster herauszukommen und das Menü zu erreichen.

   Beachten Sie den Hinweis, der in Abbildung 4-14 dargestellt wird, dass die Tools nur im laufenden Gastbetriebssystem installiert werden können.

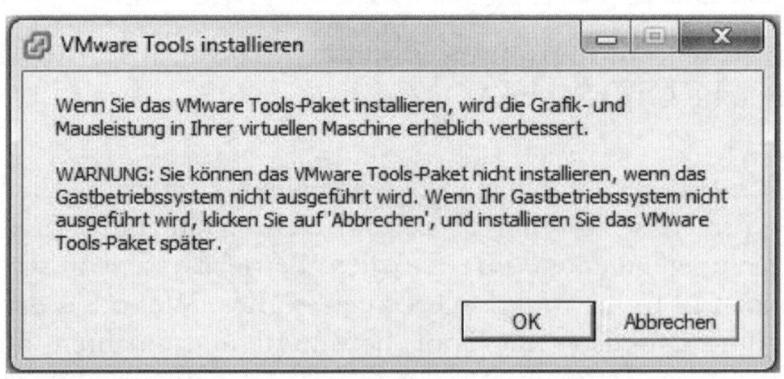

Abbildung 4-14: Installation der VMware Tools

2. Klicken Sie auf die Schaltfläche OK und im Fenster des Assistenten auf WEITER.
3. Je nachdem, ob diese VM auch unter anderen VMware-Produkten wie z.B. der Workstation oder dem VMware Player laufen soll, wählen Sie TYPISCH oder VOLLSTÄNDIG aus. Unter BENUTZERDEFINIERT können bestimmte Einstellungen geändert werden, z.B. der Speicherort innerhalb der VM (siehe Abbildung 4-15). Auch können Sie sich die einzelnen Komponenten ansehen und die jeweilige Funktionsbeschreibung anzeigen lassen (siehe Tabelle 4-1).

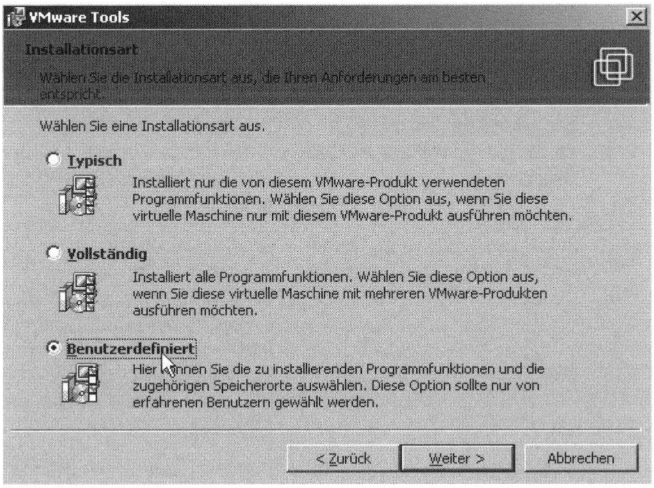

Abbildung 4-15: Benutzerdefinierte Installation der Tools

4. Je nach installiertem Betriebssystem muss noch der Microsoft-Hinweis für nicht zertifizierte Treiber bestätigt werden.
5. Klicken Sie anschließend auf BEENDEN und starten Sie die virtuelle Maschine (gegebenenfalls) neu.

Die in Tabelle 4-1 aufgelisteten Funktionen stehen nicht bei jedem Betriebssystem vollständig zur Auswahl. Die Auflistung ist aber insgesamt vollständig.

Tabelle 4-1: Funktionsbeschreibung der VMware Tools

Funktion	Beschreibung	Bemerkung
Toolbox	Dienstprogramme zur Erweiterung des Funktionsumfangs dieser virtuellen Maschine	Die Toolbox enthält den VMware Tray neben der Uhr in der Symbolleiste, der in der Systemsteuerung als CPL-Datei liegt, sowie den Dienst VMware Tools Service, der u.a. einen Heartbeat an den Host sendet.
Protokollierung der WMI-Leistung	Leistungsüberwachung zwischen der Gast-SDK-API und der WMI-Umgebung aktivieren	Erstellt unter Start → Programme → VMware → einen Eintrag für die Statistikprotokollierung als Systemmonitor

→

Tabelle 4-1: Funktionsbeschreibung der VMware Tools (Fortsetzung)

Funktion	Beschreibung	Bemerkung
VMware-Gerätetreiber	Treiber zur Verbesserung der Leistung der virtuellen Maschine	Enthält Treiber für spezielle Hardware, die über den ESXi-Server zur Verfügung gestellt wird
Treiber für Aufnahme/ Wiedergabe	Treiber zur Aktivierung von Aufnahme und Wiedergabe virtueller Maschinen	Treiber für Backups und Snapshots
Paravirtuelles SCSI	Treiber zur Verbesserung der Leistung der paravirtuellen SCSI-Geräte	Paravirtuelle Adapter sollten nicht als Bootfestplatte verwendet werden, obwohl VMware in dem Ordner VMImages dort Floppy-Images für Windows-Betriebssysteme bereithält. Nutzen Sie Festplatten an so einem Adapter z. B. für ein SAN als zweite oder weitere Festplatte.
Virtuelles Drucken	Ermöglicht das automatische Drucken auf den Druckern des Hostcomputers	Bei der typischen Installation der Tools ist dieser Treiber nicht ausgewählt. Es bringt aber auch nicht allzu viel, da meistens Netzwerkdrucker für die VMs genutzt werden.
Treiber für Speichersteuerung	Treiber zur erweiterten Speicherverwaltung für diese virtuelle Maschine	Der Hintergrundprozess *vmmemctl.exe* wird über die erweiterten Einstellungen des ESXi-Hosts gesteuert. Mit ihm kann der Speicherbedarf in der VM besser kontrolliert werden und in Grenzsituationen mehr RAM für andere VMs bereitgestellt werden. Bei Web- und Terminalservern sollten Sie diesen Treiber deaktivieren, weil diese sehr plötzlich sehr viel Speicher haben wollen.
Maustreiber	Treiber zur Verbesserung der Leistung der virtuellen Maus	Die Tastenkombination Strg+Alt ist nach der Installation nicht mehr notwendig und die Performance der Maus erheblich verbessert. Wird auch für Microsoft-Terminalserver benötigt.
Treiber für Dateisystemsynchronisierung	Treiber zur Synchronisation des Dateisystems zur Vorbereitung auf Sicherungen	Auch dieser Treiber wird bei Backups, Suspend und Snapshots gebraucht. Damit sind kurzfristig keine E/A-Vorgänge möglich (nur bis Windows 2003).
SCSI-Treiber	Treiber zur Verbesserung der Leistung virtueller SCSI-Geräte	Notwendige angepasste Treiber für SCSI-Geräte. Installieren Sie möglichst keine anderen SCSI-Treiber des Herstellers, z. B. LSI Logic.
SVGA-Treiber	Treiber zur Verbesserung der Leistung der virtuellen Grafikkarte	Ab Windows 7 / 2008 gibt es bessere Treiber (WDDM), die leider nicht immer installiert werden. Schauen Sie nach dem Neustart im Gerätemanager nach und installieren Sie diese nachträglich. Die Treiber finden Sie unter *C:\Program Files\Common Files\ VMware\Drivers*
Audiotreiber	Treiber zur Bereitstellung von Ton für virtuelle Soundkarten	Soundkarten werden unter ESXi nicht unterstützt. Über RDP kann man dieses aber nutzen (siehe VMware Knowledge Base Artikel KB1004839). Nur für 64-Bit-OS und Windows ab Vista.
VMXNet-Netzwerkkartentreiber	Treiber zur Verbesserung der Leistung der virtuellen Netzwerkkarte	Treiber für VMXNet2 (erweitert). Siehe Tabelle 4-3.

→

Tabelle 4-1: Funktionsbeschreibung der VMware Tools (Fortsetzung)

Funktion	Beschreibung	Bemerkung
VMXNet3-Netzwerkkartentreiber	Treiber zur Verbesserung der Leistung der virtuellen Netzwerkkarte (ndis5/6)	Treiber für VMXNet3. Siehe Tabelle 4-3 und VMware Knowledge Base Artikel KB 1001805.
VSS-Unterstützung	VSS-Unterstützung für Windows-Gastbetriebssysteme	VSS steht für Volume Shadow Copy Service. Ebenfalls für Backups und Snapshots. Damit gibt es allerdings manchmal Probleme wie das, dass keine Snapshots erstellt oder übernommen werden können. Bei Problemen sollten Sie diesen Treiber deinstallieren (erst ab Vista).
VMCI-Treiber	Treiber, über den virtuelle Maschinen mit Anwendungen auf dem Host und mithilfe von Datagrammen und gemeinsam genutztem Speicher mit anderen virtuellen Maschinen kommunizieren können	Das VMware Communication Interface muss in den Einstellungen zur VM zusätzlich aktiviert werden. Einige Anwendungen unter Windows erlauben die schnelle Kommunikation über den RAM des ESXi-Hosts mit bis zu 9 GBit/s.
Guest Introspection Treiber	Wählen Sie diese Option, um Guest Introspection Thin Agent auf der virtuellen Maschine zu installieren, die von Guest Introspection geschützt werden soll.	Diese Treiber werden für Antivirensoftware (Appliances) und Firewalls (vShield) gebraucht, die eine AV-Software und Firewall in der VM obsolet machen.
Ordnerfreigaben	Ermöglicht die gemeinsame Nutzung von Dateien auf dieser virtuellen Maschine und dem Hostcomputer	Die Ordnerfreigaben funktionieren nur unter der Workstation- und Player- Version von VMware! Bei Terminalservern und Domänencontrollern sollten diese nicht ausgewählt werden! Wenn Sie einen Terminalserver als virtuelle Maschine einrichten wollen, sollten Sie bei den VMware Tools die benutzerdefinierte Einstellung wählen und den Treiber für die Speichersteuerung sowie die Ordnerfreigaben deaktivieren, sonst kann es zu Problemen damit kommen.
Wyse Multimedia-Unterstützung	Treiber zur Verbesserung der Multimedialeistung auf dem Remote-Desktop	Dient nur bei Wyse-Stationen zur besseren Videoleistung und nur bei XP und 2003.
LSI	LSI PCI Fusion-MPT Miniport Driver	Treiber für LSI Logic SCSI-Adapter bei Windows XP
BootCamp	Treiber für Mac BootCamp	Nur bei MacIntosh Rechnern verfügbar.

VMware-Treiber unter Linux

Das Treiberpaket der VMware Tools unter Linux wird üblicherweise nicht installiert, weil die meisten unterstützten Distributionen bereits Treiber für die Geräte im Betriebssystem enthalten. Es wird nicht empfohlen, die vom OS mitgelieferten Treiber zu deinstallieren oder zu überschreiben, sehr wohl empfehle ich aber die Installation der VMware Tools.

Grafikbeschleunigung bei Microsoft-Servern

Bei Microsofts Serverbetriebssystemen bis 2003 ist die Hardwarebeschleunigung der Grafikkarte auf das Minimum eingestellt. Das sollten Sie wie folgt ändern:

1. Klicken Sie mit der rechten Maustaste auf den Desktop und wählen Sie EIGENSCHAFTEN.
2. Navigieren Sie zur letzten Registerkarte EINSTELLUNGEN und klicken Sie auf die Schaltfläche ERWEITERT.
3. Wählen Sie die Registerkarte PROBLEMBEHANDLUNG und schieben Sie den Regler bei HARDWAREBESCHLEUNIGUNG ganz nach rechts.
4. Schließen Sie die Fenster.

Treiberproblem bei Windows 7 und Server 2008

Ab Windows Vista, also auch bei Windows 7, 2008 und neuer, gibt es eine neue Grafikkarte mit Aero-Unterstützung (VMware SVGA 3D). Leider werden die Treiber nicht immer ordnungsgemäß installiert. Schauen Sie nach dem Neustart in den Gerätemanager und aktualisieren Sie gegebenenfalls den Treiber. Die notwendigen Dateien finden Sie unter *C:\Programme\Common Files\VMware\Drivers*. Bevorzugen Sie möglichst die WDDM-Treiber oder lassen Sie Windows selbst in den Unterverzeichnissen suchen. Befinden sich die Dateien nicht in diesem Ordner, so schauen Sie mal auf dem vCenter Server (2008 R2) im gleichen Pfad nach. Kopieren Sie die Verzeichnisse von hier oder einer anderen VM und versuchen Sie die Installation erneut.

Achten Sie darauf, dass Sie für die VM die Hardwareversion 7 oder höher nutzen.

Die VMware Tools werden als CD-Image mitgeliefert und befinden sich im Verzeichnis */vmimages/tools* auf dem ESXi-Server. Bei der Installation der Tools und Treiber wird das ISO-Image in der VM gemountet, und unter Microsoft-Betriebssystemen wird ein Autostart ausgeführt. Bei anderen OS, wie Linux, findet kein Autostart statt. Dort liegen die Tools als *tar.gz*-Datei vor und die Installation muss manuell durchgeführt werden. Beachten Sie unter Linux die Hinweise zum automatischen Starten der Tools nach dem Neustart der Maschine!

Sollten Sie feststellen, dass Maus und Tastatur in den virtuellen Maschinen für einige Sekunden nicht reagieren, wenn eine CD gewechselt wird, liegt das nicht an Ihnen, sondern an der Virtualisierungssoftware.

Nach dem Neustart der VM können Sie die Auflösung des Desktops anpassen, denn jetzt wird die Grafikkarte erst komplett unterstützt. Auch die Tastenkombination Strg+Alt für den Fokus (also z.B. für den Mauszeiger) brauchen Sie jetzt nicht mehr zu drücken – dieses geschieht nun automatisch, wenn Sie das Fenster verlassen bzw. wieder in das Fenster zurückkehren.

Wollen Sie eine VM von VMware Server oder Workstation bzw. einer älteren Version von VMware ESX übernehmen, sollten Sie die VMware Tools in der aktuellen Version, sprich des aktuellen Systems, installieren. Es ist übrigens kein Problem, wenn Ihre VMware ESX-Farm aus Servern verschiedener Versionen besteht. Installieren Sie einfach die VMware Tools der aktuellsten Version in den entsprechenden VMs, denn sie sind abwärtskompatibel.

VMware Tools anpassen

Wie bereits oben erwähnt, werden die Tools auf dem Gastbetriebssystem in der Ordnerstruktur installiert und beim Systemstart als Dienst bzw. Daemon mitgeladen. Unter Windows befinden sich insgesamt bis zu vier neue Dienste mit dem Starttyp AUTOMATISCH in der Auflistung. Falls das Icon der VMware Tools ausgeblendet wurde, findet man in der Systemsteuerung ein zusätzliches Icon, über das die Tools wieder erreichbar sind. Falls nicht, können Sie es über folgenden Pfad in der Registry finden: [HKEY_CURRENT_USER\SOFTWARE\VMWARE, Inc.\VMware Tools]. Setzen Sie den Wert von »ShowTray« auf »1« und starten Sie die VM neu.

Nun kommen wir zu den Einstellungen, die man bei Bedarf verändern kann:

Zeitsynchronisierung zwischen Host und Gast

Möchten Sie die Zeit zwischen dem ESXi-Server und den Gastbetriebssystemen synchronisieren (einmal pro Minute), sollten Sie zunächst den ESXi-Server dafür einrichten, falls es noch nicht während der Installation geschehen ist (siehe dazu auch den Abschnitt »Software – Uhrzeitkonfiguration« in Kapitel 5).

Als IP-Adresse können Sie dann z.B. einen Zeitserver aus dem Internet angeben oder besser den PDC-Emulator der Active-Directory-Domäne.

Über die grafische Oberfläche erreichen Sie das, indem Sie auf den ESXi-Server klicken, das Register KONFIGURATION auswählen und dann im Abschnitt SOFTWARE auf UHRZEITKONFIGURATION klicken. Rechts oben im Fenster sehen Sie den Link EIGENSCHAFTEN, über den Sie das folgende Fenster öffnen:

Abbildung 4-16 zeigt, wie Sie über die Schaltfläche OPTIONEN und den Eintrag NTP-EINSTELLUNGEN einen NTP-Server (Network Time Protocol) hinzufügen können. Dabei wird der NTP-Port in der Firewall automatisch geöffnet. Anschließend sollten Sie den NTP-Dienst aktivieren (nicht neu starten), indem Sie das Kästchen NTP-CLIENT AKTIVIERT auswählen und auf OK klicken.

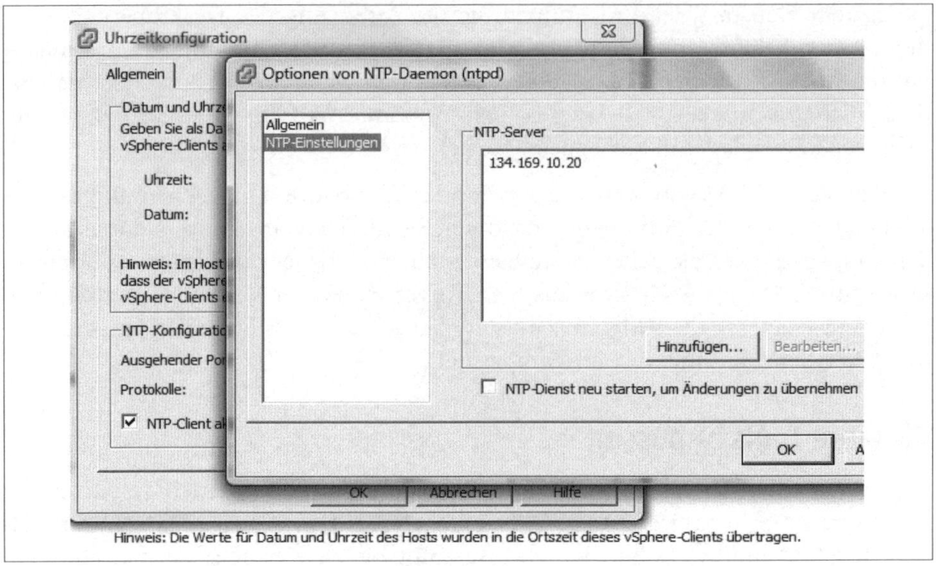

Abbildung 4-16: NTP-Einstellungen festlegen

Bedenken Sie, dass in einer Windows Active-Directory-Domäne der PDC-Emulator die Aufgabe der Zeitsynchronisierung für die gesamte Domäne übernimmt. Synchronisieren Sie alle Server und Clients auf jeden Fall mit der Domäne. Bei Rechnern, die nicht in regelmäßigen Abständen neu gestartet werden, sollten Sie gegebenenfalls einen geplanten Task z.B. als Batchdatei hinterlegen, der die Zeit einmal pro Tag mit der Domäne synchronisiert:

```
net time /Domain /set /yes
```

Der VMware Tools-Dienst aktualisiert das Datum und die Uhrzeit im Gastbetriebssystem mit der Servicekonsole auch in Reaktion auf verschiedene Systemereignisse (beispielsweise beim Resume). Diese Option können Sie nur in der Konfigurationsdatei *(.vmx)* deaktivieren, indem Sie Folgendes einstellen:

```
time.synchronize.resume.disk = FALSE
```

Empfehlung zur Zeitsynchronisierung

Alle Domänenmitglieder müssen die Zeit vom PDC-Emulator haben. Bei der Anmeldung des Computers in der Domäne bekommt dieser ein Kerberosticket mit Datum und Uhrzeit, die er weiterführen muss. Weicht die Zeit mehr als fünf Minuten nach oben oder unten ab, verliert das Ticket seine Gültigkeit und die Zugriffsrechte sind obsolet. Auf dem Server geöffnete Dateien lassen sich beispielsweise nicht mehr dort sichern.

Der PDC-Emulator selbst sollte eine unabhängige Zeitquelle zur Synchronisierung haben – das kann eine Funkuhr, ein Internetdienst oder etwas Ähnliches sein.

Da jede VM beim Starten, Aufwecken aus dem Suspend-Modus etc. zunächst die Zeitinformationen des jeweiligen ESXi-Servers erhält, sollten Sie diesen – wie oben beschrieben – ebenfalls mit dem zuständigen Domänencontroller per NTP abgleichen. Die komplette Synchronisation mit dem Host kann nur in der Konfigurationsdatei (*.vmx*) zur VM abgeschaltet werden. Gegebenenfalls müssen folgende Einträge ergänzt werden, wobei FALSE den jeweiligen Eintrag deaktiviert und TRUE ihn wieder aktiviert:

```
tools.syncTime = "FALSE"
time.synchronize.continue = "FALSE"
time.synchronize.restore = "FALSE"
time.synchronize.resume.disk = "FALSE"
time.synchronize.shrink = "FALSE"
time.synchronize.tools.startup = "FALSE"
```

Ist Ihre VM nicht in einer Domäne, können Sie bei den VMware Tools oder in den Einstellungen der VM die Zeitsynchronisierung mit dem ESXi-Server aktivieren. Die Tools in der VM aktualisieren dann automatisch mit dem Host jede Minute einmal. Wollen Sie dieses für Windows-Gäste per Skript erledigen, können Sie das Programm *VMwareToolboxCmd.exe* im Verzeichnis *C:\Programme\VMware\VMware Tools* oder auch *C:\Program Files\VMware\VMware Tools* mit den Parametern `timesync disable` abstellen oder mit `enable` aktivieren.

> Beachten Sie bitte, dass lokale Dienste in der VM die Zeit genauer behandeln als der Agent von VMware. Dazu gehören *W32Time* unter Windows sowie *NTP* bei Linux. Auf gar keinen Fall sollten Sie mehr als einen Zeitdienst aktivieren.

Info zu VMware Tools

Wenn Sie mit der rechten Maustaste auf das Icon der VMware Tools klicken, können Sie das Icon deaktivieren – wie bereits oben beschrieben –, die Tools beenden, was allerdings nicht die Agenten und die Dienste beendet, sondern nur das Icon, und sich Informationen (die Version, den Build und Infos zum Copyright) anzeigen lassen. Weitere Einstellungen gibt es hier nicht mehr.

Tool VMwareToolboxCmd.exe

In dem Verzeichnis, in dem die VMware Tools installiert wurden, gibt es ein interessantes Programm namens *VMwareToolboxCmd.exe*. Hiermit lassen sich allerhand nützliche Sachen einstellen, wie z.B. das Entfernen von Laufwerken, Informationen zu einigen wichtigen Details oder das Nutzen eigener Skripte für das Herunterfahren, Hochfahren, für den Suspend-Modus und das Fortführen.

Die bei diesem Programm verfügbaren Befehle lauten `device`, `disk`, `help`, `script`, `stat`, `timesync` und `upgrade`. Für die meisten Parameter gibt es wiederum Unterbefehle, die man sich mit `help` anzeigen lassen kann.

Über die VMware Tools können Sie bei Änderungen des Betriebsstatus der virtuellen Maschine (d.h. beim Einschalten, Ausschalten, Anhalten oder Fortsetzen der virtuellen Maschine) Skripte ausführen lassen. Es ist jeweils ein Standardskript für jede Betriebsstatusänderung vorgesehen. Diese Skripte befinden sich beim Windows-Gastbetriebssystem unter *C:\Programme\VMware\VMware Tools* und sind in Tabelle 4-2 aufgeführt.

Tabelle 4-2: Skripte für die VMware Tools

Aufgabe	Standardskript
Anhalten des Gastbetriebssystems	suspend-vm-default.bat
Wiederaufnehmen des Gastbetriebssystems	resume-vm-default.bat
Herunterfahren des Gastbetriebssystems	poweroff-vm-default.bat
Einschalten des Gastbetriebssystems	poweron-vm-default.bat

Wenn Sie ein anderes Skript als Standardskript verwenden möchten, öffnen Sie eine DOS-Box als Administrator und wählen Sie Ihr eigenes, z.B. für das Herunterfahren, mit folgendem Befehl aus:

```
VMwareToolboxcmd.exe script shutdown enable
VMwareToolboxcmd.exe script shutdown set C:\Test\Test.bat
```

Anschließend können Sie mit folgendem Befehl überprüfen, ob Ihr Skript für den gewünschten Zweck eingetragen ist:

```
VMwareToolboxcmd.exe script shutdown current
```

Die Standardskripte werden beim Update der Tools überschrieben. Sie sollten sich also besser Ihre eigenen Batchdateien anlegen.

Die Standardskripte für Suspend und Resume beinhalten jeweils einen Befehl für die Netzwerkkonfiguration. Beim Suspend werden die vom DHCP-Server erhaltenen Adressinformationen zurückgegeben, und beim Resume wird eine neue Adresse angefordert. Meistens ist das in einer produktiven Umgebung nicht gewollt.

Die Skripte für suspend und resume können Sie ebenfalls über die Kommandozeile deaktivieren:

```
VMwareToolboxcmd.exe script suspend disable
VMwareToolboxcmd.exe script resume disable
```

Im ausgeschalteten Zustand der VM können diese auch über die Einstellungen der VM, Registerkarte Optionen unter VMware Tools deaktiviert werden, indem Sie dort die Häkchen herausnehmen.

Um Informationen über einige Einstellungen zu der VM und deren Laufzeitumgebung zu bekommen, können Sie den Parameter `stat` nutzen. Dazu gehören die

Uhrzeit des Hosts, seine CPU-Frequenz und einiges zum RAM und zur vCPU des Gastes. Der Aufruf erfolgt wie vorher mit z. B.:

```
VMwareToolboxcmd.exe stat hosttime
```

Als Parameter hinter `stat` sind folgende Befehle möglich:

- `hosttime`: Ausgabe der Hostuhrzeit
- `speed`: Ausgabe der CPU-Geschwindigkeit in MHz
- `sessionid`: Ausgabe der aktuellen Sitzungs-ID
- `balloon`: Ausgabe von Informationen zum Arbeitsspeicher-Ballooning
- `swap`: Ausgabe von Informationen zur Arbeitsspeicherauslagerung
- `memlimit`: Ausgabe von Informationen zu Arbeitsspeicherlimitierungen
- `memres`: Ausgabe von Informationen zur Arbeitsspeicherreservierung
- `cpures`: Ausgabe von Informationen zur CPU-Reservierung
- `cpulimit`: Ausgabe von Informationen zu CPU-Limitierungen

Dazu zwei Beispiele mit der jeweiligen Ausgabe:

```
C:\>"c:\Programme\vmware\VMware Tools\VMwareToolboxCmd.exe" stat hosttime
18 Mrz 2015 18:13:31
C:\>"c:\Programme\vmware\VMware Tools\VMwareToolboxCmd.exe" stat speed
3093 MHz
```

Um das Entfernen von Laufwerken in dem Gast zu aktivieren, muss zunächst im ausgeschalteten Zustand die Konfigurationsdatei (**.vmx*) durch die beiden folgenden Einträge ergänzt werden:

```
isolation.device.connectable.disable = "FALSE"
isolation.device.edit.disable = "FALSE"
```

Kontextmenü »Info«

Über das Kontextmenü, das Sie über die rechte Maustaste auf dem Icon der VMware Tools erreichen, zeigt INFO u. a. Informationen über die VMware Tools, z. B. die Version und die Build-Nummer. Diese sollte übrigens mit der angezeigten Nummer des ESXi-Servers in etwa übereinstimmen.

Übrigens: Eine neue Funktion befindet sich in der VM unter START → PROGRAMME → VMWARE: Dort können Sie sich die Statistikprotokollierung der virtuellen Maschine ansehen. Die Darstellung erinnert stark an das Performance-Tool von Microsoft.

Automatische Upgrades für VMware Tools

Ab dem ESX Server 3.0.1 können VMware Tools und virtuelle Hardware gleichzeitig für mehrere virtuelle Maschinen aufgerüstet werden, ohne von der Konsole für die virtuelle Maschine aus mit dieser kommunizieren zu müssen. Diese Funktion ermöglicht Upgrades von früheren Releases von VMware Tools und virtueller

Hardware für eine oder mehrere virtuelle Maschinen. Der Anwender, der das Upgrade ausführt, muss über die entsprechende Berechtigung verfügen.

Für Massen-Upgrades von VMware Tools gelten folgende Einschränkungen:

- Es können nur virtuelle Maschinen aufgerüstet werden, die vom vCenter Server 2.0.1 oder höher verwaltet werden.
- Massen-Upgrades sind nur für Linux und Microsoft Windows 2000 und höher verfügbar.
- FreeBSD, Netware und Windows NT werden nicht unterstützt.
- Bei der virtuellen Festplatte muss es sich um eine Datei auf einem VMFS-3- oder -5-Volume handeln.
- Virtuelle Maschinen müssen ausgeschaltet sein.

Vorgehensweise:

- Öffnen Sie das Dialogfeld »Eigenschaften« für die zu aktualisierende virtuelle Maschine.
- Wählen Sie Optionen → VMware Tools.
- Wählen Sie unter Erweitert die Option Tools vor jedem Einschaltvorgang prüfen und aktualisieren.
- Klicken Sie auf OK.

Beim nächsten Einschalten der virtuellen Maschine wird eine Überprüfung auf eine neuere Version der VMware Tools durchgeführt. Wenn eine neuere Version auf dem ESXi-Server vorhanden ist, wird diese installiert und das Gastbetriebssystem bei Bedarf neu gestartet. Überlegen Sie sich bitte vor der Änderung, wie sinnvoll diese Vorgehensweise für produktive Systeme ist.

> Ab der Version 9217 der VMware Tools brauchen Windows-Maschinen beim Upgrade keinen Neustart mehr. Lediglich bei der ersten Aktualisierung der Tools unter ESXi 6.0 ist das erforderlich. Die Versionsnummer wird nur über den Web Client oder das Tool RVTools angezeigt.

Unbeaufsichtigte Installation der Tools

Wie ich oben in Tabelle 4-1 detailliert beschrieben habe, gibt es bei der einen oder anderen virtuellen Maschine Komponenten in den VMware Tools, die zu Problemen führen können. Auch wenn Sie für eine Menge von VMs während deren Benutzung ein Upgrade planen, soll der PC vielleicht nicht sofort neu gestartet werden oder der User soll von einer im Hintergrund ablaufenden Installation erst gar nichts mitbekommen. Für diese Zwecke können Sie die in der ISO-Datei vorhandene Datei *setup.exe* (32 oder 64 Bit) verwenden und eine administrative Installation der Tools erwirken. Damit bekommen Sie ein MSI-Paket, das über den Windows Installer genutzt werden kann.

Die jeweiligen Komponenten, die als Parameter ausgeschlossen werden sollen, finden Sie z. B. bei einer Testmaschine mit bereits installierten Tools durch folgenden Befehl:

```
D:\Setup.exe /s /v"/qn /l*v ""C:\vmtools.log"""
```

Dabei passiert Folgendes:

- D:\ wird als CD/DVD-Laufwerk angenommen.
- /s blendet den Initialisierungsdialog aus.
- /v bietet zusätzliche Parameter für *setup.exe*.
- /qn bedeutet keine Meldungen oder Fenster auf der Oberfläche.
- /l* gibt den Pfad und die Datei für das Loggen an.
- /v ist der ausführliche Log-Modus.

In der dann erstellten Logdatei suchen Sie nach SetNO_UNINSTALL_ und finden dann unter anderem folgende Werte:

AUDIO, AUDIO2008, BUSLOGIC, HGFS, MEMCTL, MOUSE usw.

Die meisten Einträge sind dabei selbsterklärend. Bei HGFS handelt es sich um die Ordnerfreigaben, BUSLOGIC ist für den SCSI-Treiber und MEMCTL für den Speichertreiber.

Um eine Anpassung für die Installation nutzen zu können, empfiehlt sich eine Freigabe auf einem Rechner, auf den die VMs zugreifen können. Darin können Sie eine administrative Installation erwirken und bekommen somit die MSI-Datei. Geben Sie z. B. folgenden Befehl bei Ihrer Testmaschine ein:

```
D:\Setup.exe /a "C:\Freigabe"
```

Um *Setup64.exe* aufrufen zu können, brauchen Sie ein 64-Bit-Windows. In der Freigabe bereits vorhandene Dateien bleiben dabei erhalten. Nun können Sie mit der Installation verschiedene Werte übergeben. Wollen Sie z. B. alle Komponenten installieren und nur die Ordnerfreigaben (unter vSphere nicht empfohlen) und den BusLogic-Treiber (nicht empfohlen, wenn LSI genutzt wird) herausnehmen, sähe der Aufruf so aus:

```
msiexec /i ""\\Server\Freigabe\VMware Tools.msi" ADDLOCAL=ALL REMOVE=Hgfs,Buslogic
/qn /l* "C:\vmtools.log" /norestart"
```

Dabei steht alles in einer Zeile, die Sie auch als BAT-oder CMD-Datei ausführen können. Groß- und Kleinschreibung muss beachtet werden.

Noch einfacher geht es über die Liste der virtuellen Maschinen. Klicken Sie die erste VM in der Liste an, halten Sie die Strg-Taste gedrückt und wählen Sie dann alle VMs aus, die Sie aktualisieren wollen. Klicken Sie dann mit der rechten Maustaste auf Ihre Auswahl und wählen Sie aus dem Kontextmenü GAST → VMWARE TOOLS INSTALLIEREN/AKTUALISIEREN aus. In dem dann folgenden Fenster (siehe Abbildung 4-17) können Sie für das Setupprogramm die Startparameter unter ERWEITERTE OPTIONEN mit angeben.

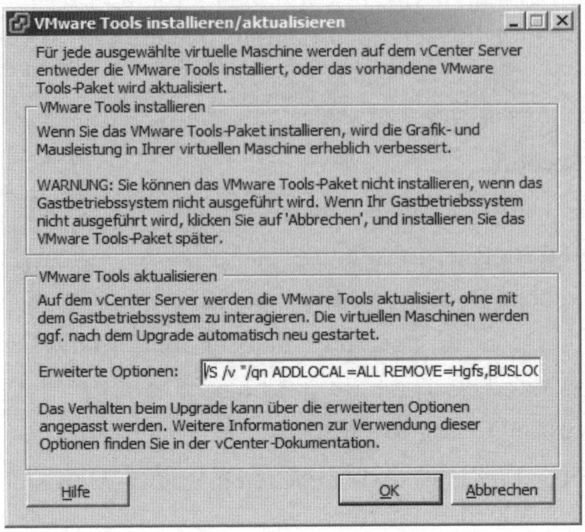

Abbildung 4-17: VMware Tools aktualisieren

Manuelle Änderung der VMware Tools

Änderungen bei den VMware Tools unter Windows können problemlos über die grafische Oberfläche erledigt werden – bei Linux geht das nur über die Kommandozeile. Möchten Sie beispielsweise die Ordnerfreigaben unter Linux deinstallieren, so gehen Sie auf der Kommandozeile zu dem Ordner, in dem Sie die *tar.gz*-Datei entpackt haben. Rufen Sie das Pearl-Skript mit folgenden Parametern auf:

```
vmware-install.pl --clobber-kernel-modules=vmhgfs
```

Möchten Sie die Treiber für den vmxnet3-Adapter de- und dann neu installieren, funktioniert das mit folgendem Aufruf:

```
vmware-install.pl --clobber-kernel-modules=vmxnet3
```

Dem Skript können auch mehrere Parameter mit Komma getrennt übergeben werden:

```
vmware-install.pl --clobber-kernel-modules=pvscsi,vmblock,vmci,
vmhgfs,vsock,vmxnet,vmxnet3
```

Um alle Pfadangaben automatisch zu bestätigen, kann »-d« mit angegeben werden.

VMware hat noch andere Methoden parat, um die Installation für Linux-Betriebssysteme einfacher zu machen. Auf deren Webseite findet sich eine Beschreibung für die Installation von »Operating System Specific Packages« unter folgender URL: *http://packages.vmware.com/tools/docs/manuals/osp-esxi-60-install-guide.pdf*. Die Pakete kann man sich unter *http://www.vmware.com/download/packages.html* herunterladen.

Virtuelle Maschinen optimieren

Über die Methoden und Faktoren, die die virtuelle Infrastruktur zur Verbesserung der Performance zur Verfügung stellt, erfahren Sie mehr in den Kapiteln 10 und 19. Innerhalb der virtuellen Maschine kann aber ebenfalls einiges erreicht werden, um die Ressourcen besser verteilen zu können.

Optimierung über den vSphere Client

Ob man mit dem vSphere Client nun auf den ESXi-Host oder den vCenter Server zugreift oder mit dem Web Client auf den vCenter Server, ist bei den folgenden Optimierungen egal. Beachten Sie zunächst folgende Faktoren:

- Sorgen Sie bei der Erstellung virtueller Maschinen dafür, ihre Größe – genau wie bei physischen Maschinen – dem tatsächlichen Bedarf anzupassen. Überkonfigurierte virtuelle Maschinen verschwenden gemeinsam nutzbare Ressourcen.
- Deaktivieren Sie zugunsten der besseren Performance sämtliche nicht verwendeten Geräte, wie z.B. COM-Ports, LPT-Ports, Diskettenlaufwerke, CD-ROMs, USB-Adapter usw. Diese Geräte werden nämlich auch dann regelmäßig vom (Windows-)Gastbetriebssystem abgefragt, wenn sie nicht verwendet werden. Durch dieses unproduktive Abfragen werden gemeinsam nutzbare CPU- und RAM-Ressourcen verschwendet. Entfernen Sie die nicht benötigten Geräte auch im BIOS der VM.
- Installieren Sie die VMware Tools. Sie unterstützen Sie beim Erreichen einer besseren Performance, können zu einer effizienteren CPU- und RAM-Nutzung führen und enthalten Treiber zum Abrufen von Festplatten-, Netzwerk- und Speicherressourcen.

Optimierung innerhalb der VM

Optimieren Sie – genau wie beim physikalischen System – das Betriebssystem der virtuellen Maschine durch Register, Swap-Bereiche usw. und passen Sie die Größe an. Deaktivieren Sie unnötige Programme und Dienste wie z.B. Bildschirmschoner und optischen Schnickschnack. Unnötige Programme und Dienste verschwenden gemeinsam nutzbare Ressourcen. Aktualisieren Sie das Gastbetriebssystem stets durch aktuelle Patches und Servicepacks. Falls Sie als Gastbetriebssystem Microsoft Windows verwenden, überprüfen Sie, ob es in der Knowledge Base von Microsoft Artikel über bekannte Probleme mit dem Betriebssystem gibt.

Beobachten Sie den Graphen für den Host, den Ressourcenpool oder den Cluster, wie in Abbildung 4-18 beispielhaft gezeigt ist. Stellen Sie diesen gegebenenfalls auf eine andere Ansicht um oder exportieren Sie die Daten nach Excel, um eine Langzeitübersicht zu bekommen. Der Host speichert die Daten nur für einen Tag, während der vCenter Server dafür eine Datenbank verwendet, in der die Daten für Monate und Jahre erhalten bleiben können.

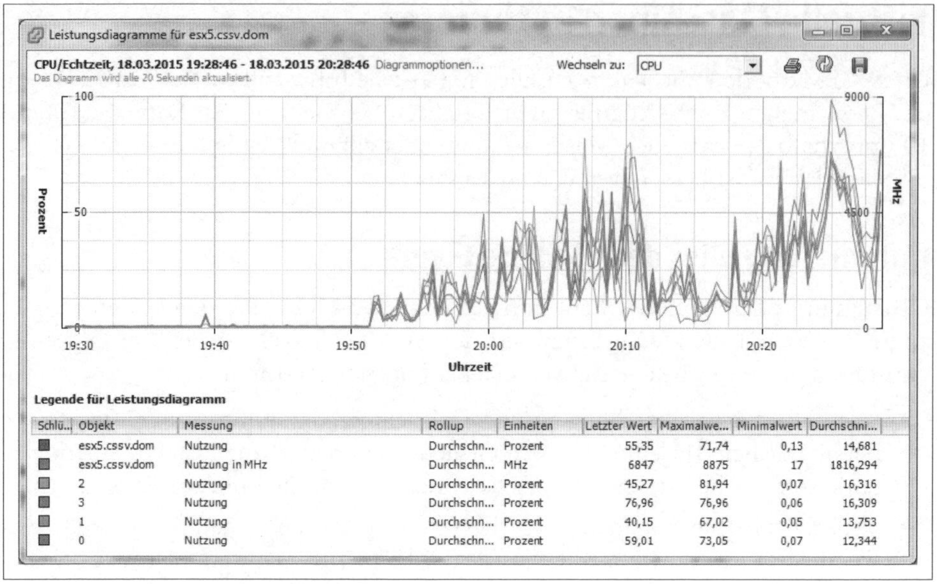

Abbildung 4-18: Leistungsdiagramm der VM

Beachten Sie auch, dass sich bei der VM auf der linken Seite die Prozentzahlen auf den Graphen beziehen und nicht auf die Gesamtkapazität! Beim Host ist dies genau andersherum. Bewegen Sie den Mauspfeil über die dargestellten Linien, um die tatsächliche Last zu sehen (siehe Abbildung 4-19), oder klicken Sie im unteren Teil des Fensters auf »Prozent«, um die gewünschte Linie hervorzuheben.

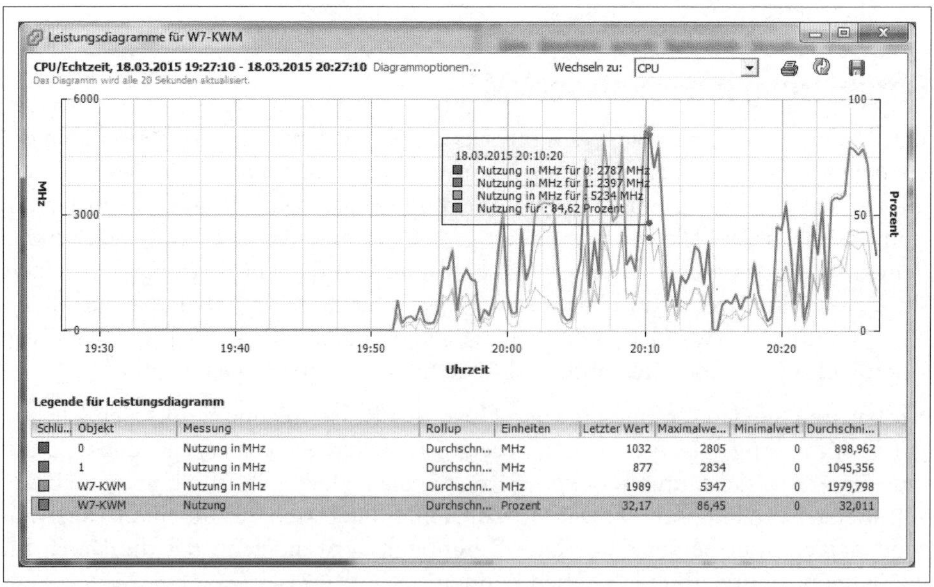

Abbildung 4-19: Diagrammskalen interpretieren

Empfehlung für VM-Optimierung

Hier sind noch einmal gebündelt die wichtigsten Optimierungsmöglichkeiten für die virtuelle Maschine zusammengestellt:

- VM-Hardwareeinstellungen
  - Diskettenlaufwerk in den Einstellungen sowie im BIOS der VM das Laufwerk und den Floppy Disk Controller entfernen
  - CD/DVD nicht verbunden, noch besser: Clientgerät
  - Grafikkarte der VM auf »Einstellungen automatisch erkennen« setzen
- VM-Ressourcen
  - CPU-Reservierungen vermeiden
  - CPU-Grenzwerte nur bei DOS oder NetWare einschalten
  - RAM-Reservierungen vermeiden
  - RAM-Grenzwerte nicht einstellen, das Häkchen bei »Unbegrenzt« muss gesetzt bleiben
  - Festplattengrenzwert: Bei IOPs nur im Notfall etwas eintragen
- VM-BIOS
  - Legacy-Diskette A/B: disabled
  - Floppy disk controller: disabled
  - LPT und COM: disabled
  - Local Bus IDE Adapter: nur Primary oder Secondary, je nach Anschluss des CD/DVD-Laufwerks
  - Boot von HD
- VM-Betriebssystem (Beispiel Windows)
- Anzeigeauflösung nur 16-Bit-Farben

Vermeiden Sie aus Performance-Gründen – wenn möglich – die Thin-Bereitstellung bei Festplatten und lassen Sie Snapshots nur so lange wie eben nötig anwachsen.

Dies sind allgemein gefasste Empfehlungen. Wenn Sie in der VM beispielsweise ein Diskettenlaufwerk oder einen LPT-/COM-Anschluss benötigen, schalten Sie diesen folglich nicht ab.

Nach der Konvertierung einer physikalischen zu einer virtuellen Maschine sollten Sie die nicht mehr vorhandene Hardware nach der Installation der VMware Tools deinstallieren. Geben Sie in einer DOS-Box unter Windows Folgendes ein:

```
set devmgr_show_nonpresent_devices=1
devmgmt.msc
```

Schalten Sie anschließend unter ANSICHT die ausgeblendeten Geräte ein und deinstallieren Sie die nicht mehr vorhandenen (grau dargestellten) – mit Ausnahme des RAS-Adapters und des gesamten Zweigs NICHT-PNP-GERÄTE.

Mit dem kostenlosen Tool *bginfo* von Bryce Cogswell (ehemals Sysinternals, jetzt Microsoft) können Sie auf einem Windows-Betriebssystem Einstellungen wie den Namen der Maschine, den angemeldeten Benutzer, die IP-Adresse usw. auf dem Desktop anzeigen lassen, wie in Abbildung 4-20 gezeigt ist. Sie finden dieses nützliche Tool auch auf der Website zum Buch.

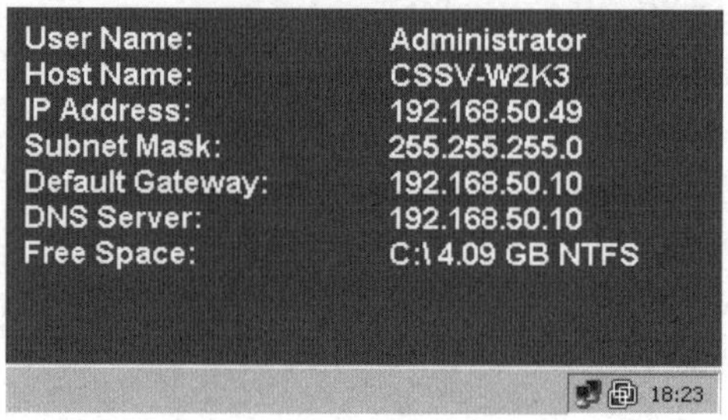

Abbildung 4-20: Anzeige über bginfo

Gasthardware ändern

Auch wenn eine virtuelle Maschine über längere Zeit problemlos läuft, kann es vorkommen, dass nach der Installation einer neuen Anwendung zu wenig Hauptspeicher vorhanden ist. Oder die Festplatte wurde bei der Erstellung zu klein gewählt, es muss ein anderes DVD-Laufwerk verbunden werden, usw.

Über den VMware vSphere Client können Sie das auf einem einzelnen ESXi-Server oder über den vCenter Server erledigen, bei Letzterem auch über den Web Client. Klicken Sie mit der rechten Maustaste auf die virtuelle Maschine und wählen Sie aus dem Kontextmenü EINSTELLUNGEN BEARBEITEN aus. Dieses ist nur eine Möglichkeit, um zu dem in Abbildung 4-21 gezeigten Fenster zu kommen.

Innerhalb dieser Ansicht können Sie dann über HINZUFÜGEN neue Hardware hinzufügen, über den Button ENTFERNEN auch etwas löschen oder die Konfiguration der einzelnen Geräte auf der rechten Fensterhälfte ändern.

Die virtuelle Maschine muss für die meisten Hardwareänderungen ausgeschaltet sein, nur Änderungen wie der Inhalt der CD-/DVD-ROM- und Diskettenlaufwerke, aber auch der aktive Netzwerkanschluss können während der Laufzeit angepasst werden.

VMware unterstützt das Hinzufügen von RAM und das Ändern der CPU-Anzahl im Betrieb (OPTIONEN → SPEICHER → CPU-HOT-PLUG), jedoch nicht alle Gastbetriebssysteme! Gegebenenfalls steht diese Möglichkeit nur zur Verfügung, wenn Sie sie zur VM unter OPTIONEN extra eingestellt haben (dafür muss die VM ausgeschaltet sein).

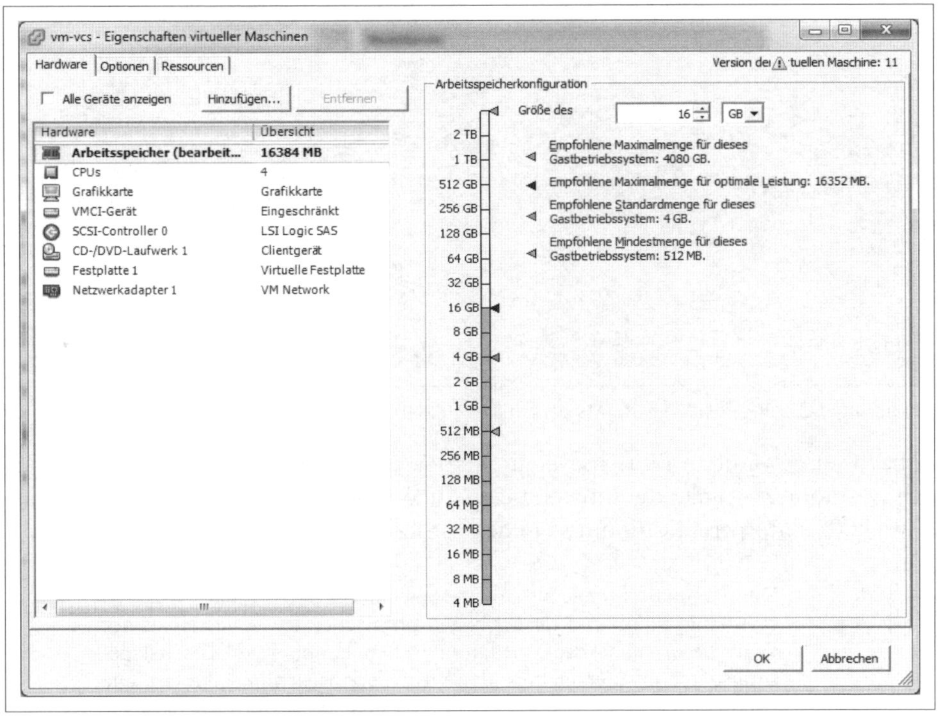

Abbildung 4-21: Gasthardware ändern

Alle Änderungen, die hier vorgenommen werden können, spreche ich hier nochmals an. Dabei erwähne ich auch Optionen, die nicht bei jeder VM auftauchen. Je nach gewähltem Betriebssystem werden bestimmte Geräte nicht oder andere Auswahlmöglichkeiten angezeigt.

Arbeitsspeicher

Die am häufigsten vorkommende Konfigurationsänderung innerhalb Ihrer virtuellen Maschinen wird wohl den Arbeitsspeicher betreffen.

Die virtuelle Maschine muss dafür meistens heruntergefahren sein, um diese Änderung durchführen zu können. Danach klicken Sie auf EINSTELLUNGEN BEARBEITEN und dann auf ARBEITSSPEICHER (siehe Abbildung 4-22) und können dort einfach die Menge des zugewiesenen Hauptspeichers anpassen.

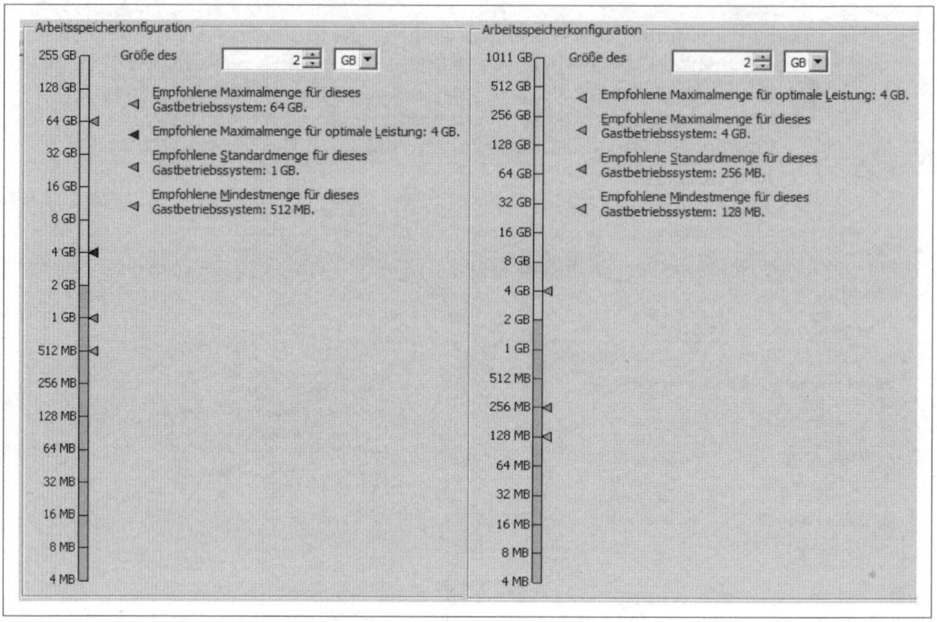

Abbildung 4-22: Vergleich des RAMs verschiedener Betriebssysteme und VM-Versionen

Je nach ausgewähltem Betriebssystem werden die farbigen Dreiecke unterschiedlich positioniert – links die Einstellungen zu Windows XP 32 Bit, rechts zu Windows 2003 Enterprise Edition und in der vorherigen Abbildung zu 2008R2.

> Die maximale Menge an Arbeitsspeicher für die virtuellen Maschinen hängt nicht vom tatsächlichen physischen RAM des Hosts ab. Was dieser nicht zur Verfügung stellen kann, wird als Auslagerungsdatei im Verzeichnis der virtuellen Maschine genutzt. Die Erfahrungen aus der Praxis haben gezeigt, dass eine VM deutlich langsamer wird, wenn RAM ausgelagert werden muss.

> Beim Einschalten der VM wird immer eine Auslagerungsdatei in der Größe des zugewiesenen RAMs angelegt (*.vswp*-Datei), es sei denn dieser wird komplett reserviert. Berücksichtigen Sie das auch bei der Größe des zur Verfügung stehenden Volumes.

Wenn Sie eine VM noch in der Hardwareversion 4 oder 7 haben, können Sie dieser maximal 255 GByte RAM geben. Erst ab der Version 8 sind 1011 GByte RAM und ab Version 11 4.080 GByte (nur über den Web Client) auswählbar.

Anzahl der Prozessoren

Über den Sinn und Unsinn von Mehrprozessormaschinen habe ich schon bei der Erstellung der ersten Maschine ein paar Worte geschrieben. Beachten Sie auch die Hinweise von VMware bei der Änderung dieses Punkts (siehe Abbildung 4-23).

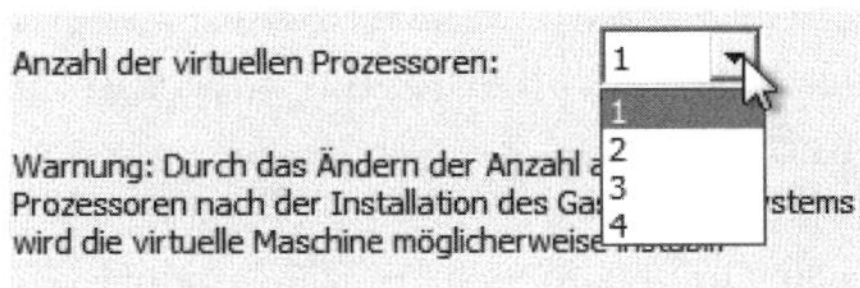

Abbildung 4-23: Auswahl der Prozessoranzahl

Die Seite ANZAHL DER VIRTUELLEN CPUs wird nicht angezeigt, wenn der Server nur einen einzelnen Prozessor besitzt oder das Gastbetriebssystem SMP (*Symmetrisches Multi-Processoring*) nicht unterstützt (z.B. NetWare und Windows NT 4.0).

Falls Sie sich hier nicht entscheiden können, bedenken Sie Folgendes: Bei den meisten Betriebssystemen ist es einfacher, nachträglich Prozessoren wegzunehmen, als von einem auf mehrere CPUs zu erhöhen. Gerade bei Windows ist diese Vorgehensweise ratsam, weil es besser mit mehreren CPUs auf einer installierten Mehrprozessor-HAL (*Hardware Abstraction Layer*) zurechtkommt. Soll die VM umgekehrt hinterher nur eine CPU bekommen und Sie haben nur eine Vorlage mit Multiprozessor-HAL, installieren Sie lieber neu mit nur einer CPU.

Wenn Sie später eine Anwendung innerhalb der VM installieren, die mehrere Prozessoren unterstützt, wählen Sie bei diesem Schritt besser mehrere CPUs. Braucht Ihre Software nur einen Prozessor, nehmen Sie hier nur einen. Möchten Sie eine Vorlage (Template) generieren, nehmen Sie besser zwei Prozessoren. Wie bereits oben erwähnt, ist es hinterher einfacher, auf vier oder gar 128 Prozessoren umzustellen!

Da viele Anwendungen und teilweise auch Betriebssysteme nach den Prozessoren lizenziert werden, haben Sie hier sehr schön die Möglichkeit, nur einen Prozessor zu nutzen, der aber 16 oder mehr Kerne hat. Von der Geschwindigkeit her werden Sie den Unterschied nicht merken.

> Die maximale Menge an CPUs für die virtuelle Maschine hängt nicht nur vom Host ab. VMware reduziert die Möglichkeit der CPU-Anzahl auch je nach ausgewähltem Betriebssystem und Microsoft je nach Lizenz (Standard oder Enterprise bzw. Datacenter).

Grafikkarteneinstellungen

Seit Version 4.0 des ESXi-Servers ist es (theoretisch) möglich, für die virtuelle Maschine mehrere Monitore (bis zu zehn bei 4.0, keine bei 4.1, maximal vier bei 5. 0 und bei 6.0 wieder vier) der virtuellen Maschine zu übergeben. Der notwendige Arbeitsspeicher ist dabei aber nicht zwingend vier oder zehnmal größer als für eine Anzeige. Sie können hierfür maximal 128 MByte über den vSphere und bis zu 512

MByte über den Web Client zur Verfügung stellen. Die physikalische Grafikkarte des Hosts spielt dabei keine Rolle. Sehr schön ist der »Videoarbeitsspeicher-Rechner«, der die ausgewählten Auflösungen, Bittiefe und Anzahl der Anzeigen direkt in das Feld GESAMTMENGE AN VIDEOARBEITSSPEICHER übernimmt. Bei manchen Betriebssystemen ist das Kästchen für die 3D-Unterstützung anwählbar, z.B. bei Windows 7 und 8 (32 und 64 Bit).

Die physische Grafikkarte des ESXi-Hosts kann seit der Version 6.0 auch für Karten im Gastbetriebssystem genutzt werden.

Das Problem von den Vorgängerversionen schien zunächst gelöst zu sein: Nach dem Start der VM konnten Sie in den Eigenschaften von Anzeige tatsächlich einen bis drei weitere(n) Monitor(e) sehen. Leider ließen sie sich nicht aktivieren oder über den vSphere Client anzeigen!

Möchten Sie trotzdem mehrere Monitore in der VM haben, können Sie das Problem mit der Remote-Desktop-Verbindung (*mstsc*) umgehen – vorausgesetzt, Sie haben zwei oder mehr Monitore mit der gleichen Auflösung:

1. Überprüfen Sie die Version Ihres RDC (*Remote Desktop Client*), indem Sie START → AUSFÜHREN → MSTSC wählen und in der oberen linken Ecke mit der Maus auf den kleinen Monitor klicken.
2. Wählen Sie INFO aus. Sie benötigen die Version 6.0 oder höher.
3. Gehen Sie erneut auf START → AUSFÜHREN und geben Sie `mstsc /span` ein.
4. Geben Sie den Namen Ihrer VM ein und melden Sie sich an.

Die maximale Auflösung beträgt dabei 4.096 x 2.048 Punkte, es geht nur horizontal, und der Desktop der VM überlagert dann beide physischen Monitore. Das bedeutet, dass auf dem linken Monitor der Start-Button ist und auf dem rechten die Uhr.

Nur wenn der Video-RAM auf AUTOMATISCH eingestellt ist, können Sie die Gastauflösung an die Fenstergröße angleichen. Die automatische Größenanpassung des Fensters funktioniert leider in vielen Fällen sonst nicht.

VMCI-Gerät

Einige Betriebssysteme unterstützen das *VMware-Kommunikations-Interface* (VMCI). Darüber können sich die konfigurierten Maschinen mit dem Hypervisor oder darauf installierten Anwendungen direkt unterhalten, z.B. um Daten austauschen. Eine Kommunikation zwischen VMs ist ab der Version 6.0 nicht mehr möglich. Beachten Sie dazu den Hinweis von VMware bezüglich der Sicherheit (siehe Abbildung 4-24).

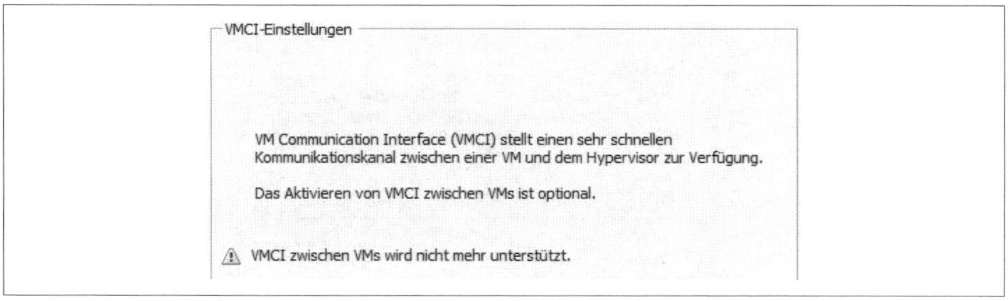

Abbildung 4-24: VMCI-Unterstützung

Seit der Workstation-Version 6 von VMware wird ein SDK (*Software Development Kit*) unterstützt, das die Kommunikation ermöglicht. Die dabei zu erreichende Geschwindigkeit liegt laut Hersteller bei bis zu 10 GBit/s, wobei eine Unterhaltung über das Netzwerk mit der Netzwerkkarte *vmxnet3* schon über 2,8 GBit/s liefern kann.

Wohlgemerkt: Unter vSphere 6 ist die Option VMCI zwischen VMs deaktiviert.

Laufwerke

Sowohl DVD-/CD-ROM- als auch Diskettenlaufwerke unterstützen die physikalischen Laufwerke des Hosts, aber auch Imagedateien (ISO/FLP), mit denen Sie besser arbeiten sollten. Diese Imagedateien sollten aber lokal auf dem ESXi-Server (VMFS-Dateisystem) oder im SAN liegen. Alle virtuellen Maschinen teilen sich die Geräte, und alle können z.B. eine eingelegte CD-ROM sehen und darauf zugreifen. Der Geschwindigkeitsvorteil von Imagedateien ist enorm, da sie auf der physikalischen Festplatte des Wirtsystems oder im SAN liegen und damit eine deutlich bessere Zugriffszeit haben als ein CD-ROM- oder Diskettenlaufwerk. Weiterhin ist die Handhabung deutlich komfortabler, da Sie die Imagedatei einfach während des Betriebs der virtuellen Maschine austauschen können. Die DVD-/CD-ROM-Images sind immer im ISO-Format anzulegen, die Diskettenlaufwerke arbeiten mit dem FLP-Format.

Auch das optische Laufwerk der Station (Clientgerät), über die man sich angemeldet hat, kann für den Datenaustausch verwendet werden (siehe Abbildung 4-25).

Sie sollten Autorun unter Microsoft Windows-Gastsystemen deaktivieren und das optische und Diskettenlaufwerk nur dann mit der virtuellen Maschine verbinden, wenn es wirklich notwendig ist. Wird bei aktiviertem Autorun eine Scheibe ins Laufwerk gelegt, läuft sie im schlimmsten Fall bei allen virtuellen Maschinen gleichzeitig an. Wie bereits oben unter »Performance« erwähnt, sollte man die verbundenen Laufwerke innerhalb der virtuellen Maschine trennen, da bei einem Neustart die Maschine unter Umständen stehen bleibt und auf dem Medium nach dem Bootsektor sucht.

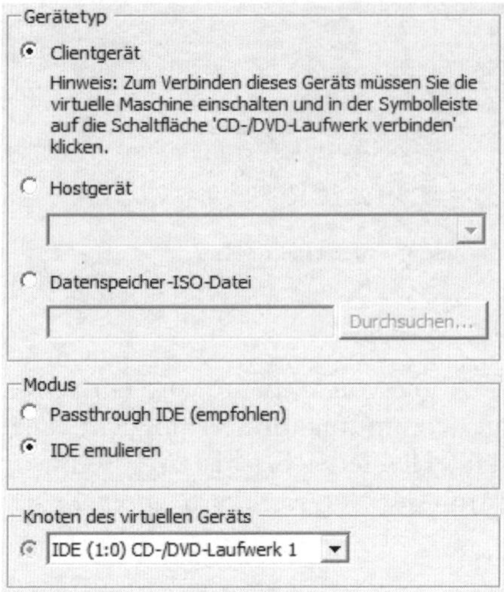

Abbildung 4-25: Auswahl des optischen Laufwerks

Beim Diskettenlaufwerk haben Sie ebenfalls die Möglichkeit, eine neue Floppy-Datei im Storage des Hosts zu erstellen und z.B. Treiber darauf zu platzieren, um diese dann später einer anderen Maschine zur Verfügung zu stellen.

SCSI-Controller

Wenn Sie ein Sharing einer SCSI-Platte benötigen, um z.B. eine *Quorumfestplatte* für ein MS-Cluster anzuhängen, können Sie hier die gemeinsame Verwendung des SCSI-Busses erwirken. Sie müssen den beteiligten VMs einen neuen SCSI-Adapter hinzufügen, den Adapter der Bootplatte können Sie dafür nicht verwenden. Beachten Sie dabei, dass je nach Auswahl alle beteiligten Maschinen auf dem gleichen Host laufen müssen. Möchten Sie aber ein Cluster aus virtuellen und physikalischen Maschinen erstellen, müssen Sie das RDM (*Raw Device Mapping*) verwenden. Bei Quorumfestplatten wählen Sie bitte unbedingt *Eager Zeroed*.

Festplattengröße und -modus

Bei Festplatten kann nicht nur die Größe nachträglich geändert werden, es können auch zwei verschiedene Modi gesetzt werden, die für manche Situationen interessante Möglichkeiten bieten.

Festplattengröße

Sie können die Größe der Festplatte nach oben hin verändern. Dadurch wird aber nur die Platte der VM vergrößert. Die VM sieht dann eine größere Festplatte, die vorher erstellte Partition hat aber immer noch die gleiche Größe. Haben Sie also eine virtuelle Festplatte mit 40 GByte erstellt, das Betriebssystem installiert und anschließend die Größe auf 60 GByte geändert, sieht die VM (ggf. erst nach der Aktualisierung) eine 60-GByte-Platte mit einer 40 GByte großen primären Partition und 20 GByte ungenutztem Speicher dahinter.

Ich empfehle Ihnen, der VM lieber eine neue Festplatte zu geben, anstatt die erste zu partitionieren oder innerhalb der VM ein Partitionierungs-Tool einzusetzen, um den Platz nutzen zu können. Achten Sie auf die Besonderheiten bei NTFS bezüglich der MFT (*Master File Table*). Auch der VMware Converter kann beim Import die Festplattengröße korrekt anpassen. Sie können auch eine bereits installierte ESXi-VM auf einen anderen Host importieren und zu kleine Platten vergrößern und verkleinern sowie Partitionen in Laufwerke umändern. Ab Windows Vista, also auch bei Windows 7 und Server 2008 und neuer, können Sie die Partitionen im Festplattenmanager selbst vergrößern. Das sollten Sie einem Tool auf jeden Fall vorziehen.

Modus »Dauerhaft«

Die virtuelle Festplatte wird in diesem Fall wie eine normale Festplatte behandelt und alle Änderungen werden sofort auf der Festplatte weggeschrieben, auch bei Snapshots (ggf. dann nicht anwählbar!).

Über die Kommandozeile kann die Festplatte im laufenden Betrieb in einen anderen Modus geschaltet werden, um beispielsweise Backups zu machen. Bei Neuanlage einer Festplatte befindet sich diese standardmäßig im dauerhaften Modus. Auf die Leistungsfähigkeit dieser Zugriffsart sollte man nicht verzichten und nur bei Bedarf und kurzzeitig auf andere Zugriffsarten umschalten.

Den Modus UNABHÄNGIG – DAUERHAFT können Sie auch bei Backups nutzen, wenn Sie diese Platten nicht sichern wollen, z.B. über Data Recovery oder Data Protection. Gute Backup-Programme benötigen solche Einstellungen aber nicht.

Modus »Nicht-dauerhaft«

Die virtuelle Festplatte (und nur diese – nicht weitere der Maschine) befindet sich bei ihrer Auswahl, wie in Abbildung 4-26 dargestellt, im schreibgeschützten Modus, und alle Änderungen werden ohne Rückfrage beim Herunterfahren und Ausschalten verworfen. Dieses Verwerfen der Änderung geschieht nur beim Ausschalten der virtuellen Maschine, nicht bei einem Neustart. Dieser Festplattenmodus ist besonders in Schulungsräumen oder Testumgebungen interessant, wenn man nicht will, dass Änderungen bestehen bleiben. Gerade im Fall einer Schulung könnten Sie die virtuellen Maschinen komplett installieren und dann den Festplattenmodus auf *nicht-dauerhaft* bzw. *non-persistent* umschalten. Die Teilnehmer können anschließend machen, was sie wollen, denn nach dem Abschalten der virtuellen Maschinen ist alles wieder im Ursprungszustand.

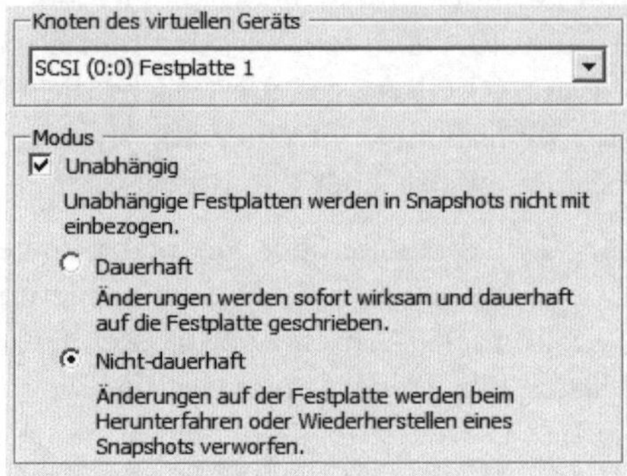

Abbildung 4-26: Unabhängiger Festplattenmodus

Es ist auch eine gute Idee, die Festplatte einer fertigen Maschine in den nicht-dauerhaften Modus umzuschalten, eine zweite Maschine zu erstellen und diese auf die Festplatte der ersten ebenfalls im ~~nicht~~ nicht-dauerhaften Modus zugreifen zu lassen. Das funktioniert auch mit mehreren Maschinen, z.B. zum Testen verschiedener Konfigurationen.

Wenn Sie eine dynamisch wachsende Festplatte in eine Platte fester Größe ändern wollen, können Sie das über das Kontextmenü im Datenspeicherbrowser erledigen (siehe Abbildung 4-27). Diesen Vorgang können Sie anschließend nicht mehr abbrechen.

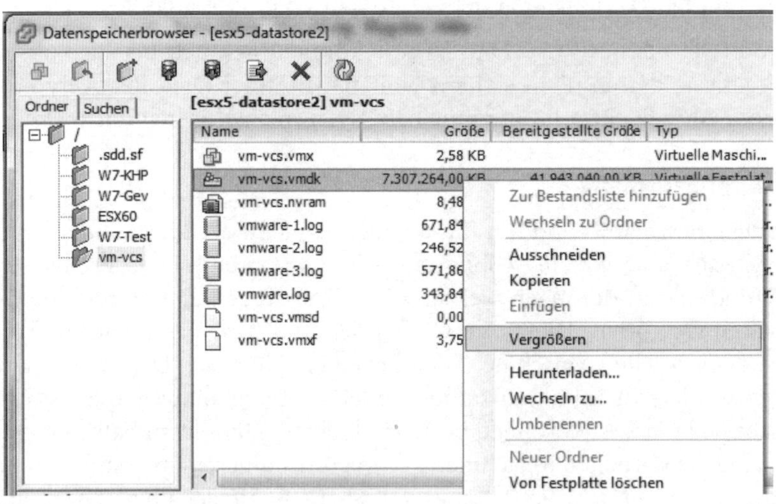

Abbildung 4-27: Festplatte vergrößern

Gasthardware hinzufügen

Nun wollen wir erst einmal ein zusätzliches Gerät anschließen. Im Dialog können Sie sich nach einem Klick auf HINZUFÜGEN (siehe Abbildung 4-28) zwischen verschiedenen Geräten entscheiden. Zur Wahl stehen die bisher behandelten Geräte wie Festplatten oder Netzwerkkarten, aber auch mehr oder weniger exotische Geräte wie SCSI-Scanner oder -Streamer.

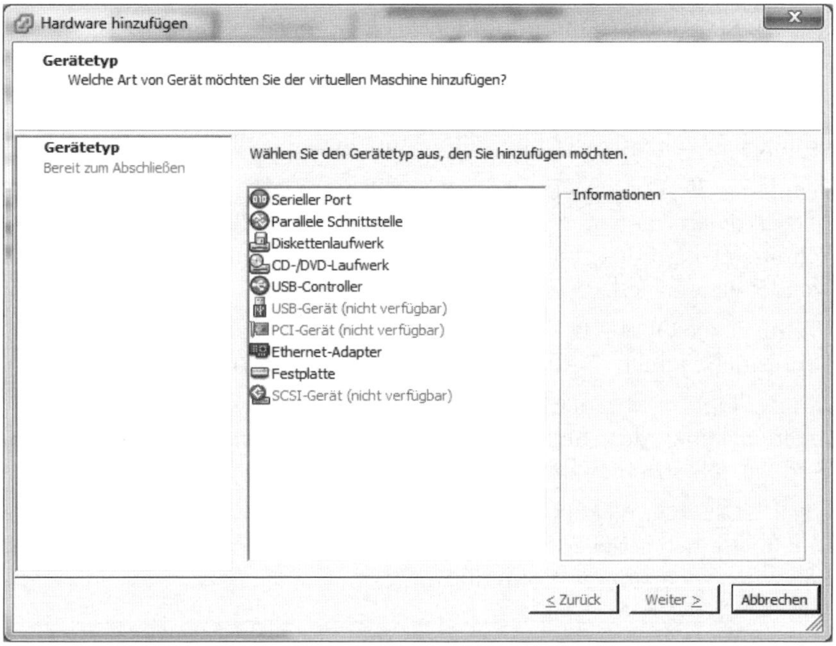

Abbildung 4-28: Hardwareauswahl bei der VM

Serielle und parallele Schnittstellen

Eher selten wird man bei VMs diese Hardware hinzufügen wollen. Nur bei manchen Linux-Systemen und unter Windows NT können hier interessante Konstellationen genutzt werden.

Besonderheiten beim Parallelport

Sie haben die Möglichkeit, eine Datei als Ausgabe für einen Parallelport direkt mit einer VM zu verbinden:

1. Klicken Sie auf die Registerkarte HARDWARE.
2. Klicken Sie unter HARDWARE auf HINZUFÜGEN, dann auf PARALLELE SCHNITTSTELLE und schließlich auf WEITER.

3. Wählen Sie die physikalische Schnittstelle des Hosts, falls vorhanden, oder AUSGABE IN DATEI. Diese Datei können Sie später z.B. auf einen Drucker kopieren (binär, also z.B. `copy Datei.prn LPT1 /b`). Oder wählen Sie die Schnittstelle aus der Pull-down-Liste aus.
4. Aktivieren oder deaktivieren Sie das Kontrollkästchen BEIM EINSCHALTEN VERBINDEN, je nachdem, ob das Gerät mit der Schnittstelle beim Einschalten angebunden werden soll oder nicht. Die Voreinstellung ist BEIM EINSCHALTEN VERBINDEN.
5. Klicken Sie auf OK, um Ihre Änderungen zu speichern.

Besonderheiten beim seriellen Port

Abbildung 4-29 zeigt die vier Einstellungsmöglichkeiten beim seriellen Port:

- Wenn Sie die Option PHYSISCHEN SERIELLEN PORT AUF DEM HOST VERWENDEN aktiviert haben, wählen Sie im anschließenden Pull-down-Menü die Schnittstelle auf dem ESXi-Server aus, die für diesen seriellen Anschluss verwendet werden soll.
- Wenn Sie die Option IN DATEI AUSGEBEN aktiviert haben, müssen Sie anschließend einen Namen für die Datei auf dem Speicherort angeben.
- Mit der Option MIT DER NAMED PIPE VERBINDEN erstellen Sie einen Kommunikationskanal, der von mehreren VMs genutzt werden kann. Geben Sie im Feld PIPE-NAME einen beliebigen Namen ein.
- ÜBER NETZWERK VERBINDEN bietet die Möglichkeit, auch weit entfernte Geräte über einen seriellen Port anzuschließen. Dafür benötigen Sie gegebenenfalls einen sogenannten Konzentrator.

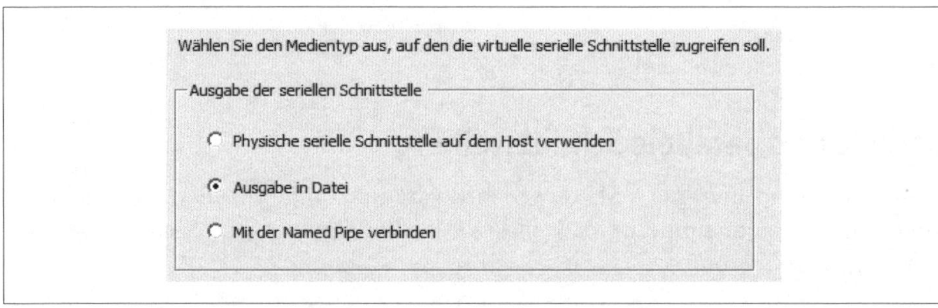

Abbildung 4-29: Bis zu vier Möglichkeiten bei seriellen Ports

Für einen Linux-Rechner geben Sie beim Namen `/tmp/<socket>` oder einen anderen UNIX-Socket-Namen Ihrer Wahl ein. Entscheiden Sie sich dann, ob Sie zwei virtuelle Maschinen miteinander oder eine virtuelle Maschine mit einer Anwendung auf dem Server verbinden wollen, wie in Abbildung 4-30 zu sehen ist.

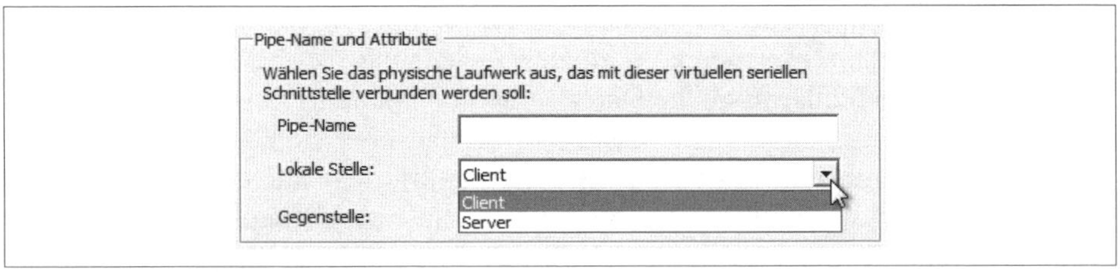

Abbildung 4-30: Serielle Schnittstelle hinzufügen

Wenn Sie zwei virtuelle Maschinen miteinander verbinden, müssen Sie den gleichen Kommunikationskanal auf der zweiten virtuellen Maschinen einrichten: Einer ist dann die LOKALE STELLE, der andere die GEGENSTELLE. Stellen Sie dann noch SERVER und EINE VIRTUELLE MASCHINE auf dem einen und CLIENT und EINE VIRTUELLE MASCHINE auf dem anderen ein.

Falls Sie sich mit einem Prozess verbinden lassen wollen, stellen Sie bei LOKALE STELLE die Option SERVER oder CLIENT ein und bei GEGENSTELLE dann EIN PROZESS.

Standardmäßig ist die serielle Schnittstelle verbunden, sobald Sie die virtuelle Maschine einschalten. Sie können das Kontrollkästchen BEIM EINSCHALTEN VERBINDEN deaktivieren. Bis zu vier serielle Schnittstellen werden bei VMs unterstützt und können auch nachträglich geändert werden.

Beachten Sie auch noch die Optionen bezüglich des E/A-Modus. Möchten Sie diese serielle Schnittstelle im Interrupt- oder im Poll-Modus betreiben? Der Poll-Modus ist vor allem für Entwickler vorgesehen, die Debugging-Werkzeuge über einen seriellen Anschluss verwenden. Im Poll-Modus wird der Prozessor des ESXi-Servers unverhältnismäßig stark beansprucht. Dadurch verlangsamen sich der Host und auch die anderen virtuellen Maschinen auf ihm.

USB-Controller

Seit der 4er-Version des ESXi-Servers steht ein USB-Controller für die VMs zur Verfügung. Weitere Einstellungen oder Konfigurationen sind hier nicht möglich, d.h., das angezeigte Auswahlfeld bringt erst dann etwas, wenn der Host oder physische PC auch USB 3.0 unterstützt. Innerhalb des Betriebssystems der VM steht dann ein USB-Hostcontroller mit maximal 15 Anschlüssen bereit (siehe Abbildung 4-31), bei USB 3.0 gibt es einen zusätzlichen Hostcontroller. Beide lassen sich übrigens auch im laufenden Betrieb hinzufügen, und die Geräte sollten automatisch verbunden werden.

Abbildung 4-31: USB in der VM

Mittlerweile muss das USB-Gerät nicht mehr unbedingt mit dem Host verbunden sein, sondern ein Durchreichen vom lokalen Arbeitsplatz über den vSphere Client in die VM ist ebenfalls möglich. Dafür wird am lokalen PC ein VMware USB Device installiert und angesteckte Geräte kann man über ein zusätzliches Icon in der Symbolleiste mit der VM verbinden. Das funktioniert auch mit den meisten Dongles, Websticks, USB-Festplatten etc. Rufen Sie anschließend die Eigenschaften der VM auf, steht das verbundene USB-Gerät mit in der Liste.

Ein USB-CD-/DVD-Laufwerk auf dem Host kann der VM nur als SCSI-Gerät hinzugefügt werden.

Gespiegelte VMs (Fault Tolerance) können nicht mit USB-Geräten des Clients versorgt werden.

Über eine Remote-Desktop-Verbindung können Sie lokale Ressourcen, also z.B. auch einen USB-Stick, der virtuellen Maschine zur Verfügung stellen. USB-Dongles, Scanner, Drucker und andere Geräte können auch über einen USB-Device-Server angebunden werden. Da wäre z.B. der Digitus DN-13009, ein 4-Port-USB-Hub mit 100-MBit-Ethernet-Anbindung, oder der »myUTN-50« von SEH mit zwei Ports. Die Firma SILEX bietet sogar GBit-Verbindungen für USB im LAN an, und AnywhereUSB hält ebenfalls eine Netzwerklösung für USB bereit.

Ethernet-Adapter hinzufügen

Wenn Sie einer virtuellen Maschine einen Netzwerkadapter hinzufügen, wählen Sie den Adaptertyp und die Netzwerkbezeichnung (den virtuellen Switch bzw. die Portgruppe) aus und geben an, ob das Gerät beim Einschalten der virtuellen Maschine verbunden werden soll.

1. Starten Sie den Assistenten zum Hinzufügen von Hardware.
2. Wählen Sie ETHERNET-ADAPTER und klicken Sie auf WEITER.
3. Wählen Sie im Abschnitt ADAPTERTYP einen Typ aus.
4. Wählen Sie im Fenster NETZWERKVERBINDUNG eine bereits vorhandene Portgruppe mit einer angegebenen Bezeichnung oder ein Legacy-Netzwerk aus.
5. Wenn die virtuelle Netzwerkkarte (*Network Interface Card*, NIC) beim Einschalten der virtuellen Maschine verbunden werden soll, wählen Sie BEIM EINSCHALTEN VERBINDEN.
6. Klicken Sie auf WEITER.
7. Überprüfen Sie Ihre Auswahl und klicken Sie auf BEENDEN.

Wenn Sie einen DISTRIBUTED VIRTUAL SWITCH haben, können Sie zwischen der Standard- und der erweiterten Ansicht umschalten und einen bestimmten Port für die NIC festlegen.

Des Weiteren können Sie der VM eine beliebige MAC-Adresse zuweisen oder eine automatisch generierte verwenden.

Typen von Netzwerkadaptern

Wenn Sie eine virtuelle Maschine konfigurieren, können Sie Netzwerkadapter hinzufügen und den Adaptertyp festlegen, eine nachträgliche Änderung des Typs – wie beim SCSI-Controller – ist nicht möglich. Welche Typen von Netzwerkadaptern verfügbar sind, ist von den folgenden Faktoren abhängig:

- Der Version der virtuellen Maschine, die vom Host abhängig ist, auf dem sie erstellt oder zuletzt aktualisiert wurde.
- Ob die virtuelle Maschine vom aktuellen Host auf die neueste Version aktualisiert wurde.
- Dem Gastbetriebssystem

Tabelle 4-3 zeigt die unterstützten Netzwerkadaptertypen.

Tabelle 4-3: Unterstützte virtuelle Netzwerkkarten

Adaptertyp	Bemerkung
Vlance	Eine emulierte Version des AMD PCnet-Adapters, eine ältere 10-MBit/s-NIC die von den meisten 32-Bit-Betriebssystemen außer Windows Vista und neuer unterstützt wird. Es brauchen keine VMware Tools installiert zu werden.
vmxnet	Hierfür gibt es keine physische Entsprechung einer NIC. Die Tools müssen installiert werden, damit der Adapter funktioniert.
flexibel	Wird auf virtuellen Maschinen unterstützt, die unter ESXi-Server 3.0 oder höher erstellt wurden und ein 32-Bit-Gastbetriebssystem ausführen. Der flexible Adapter fungiert als Vlance-Adapter, wenn die VMware Tools nicht auf der virtuellen Maschine installiert wurden. Sind die VMware Tools installiert, arbeitet der Adapter als vmxnet-Treiber.
E1000	Emuliert die Funktionsweise einer Intel-LAN-Pro-GBit-Netzwerkkarte. Hierbei handelt es sich um den standardmäßigen Adaptertyp für virtuelle Maschinen, die ein 64-Bit-Gastbetriebssystem ausführen sowie für Linux ab Kernel 2.4.19 und Windows 2003 (32 Bit).
E1000e	Emuliert die Funktionsweise einer neueren Intel-LAN-Pro-GBit-Netzwerkkarte (PCIe). Hierbei handelt es sich um den standardmäßigen Adaptertyp für virtuelle Maschinen ab Windows 8 /2012. Für Linux und VMs mit Hardwareversion 7 oder niedriger ist der Adapter nicht verfügbar.
vmxnet 2 (Erweitert)	Eine aktualisierte Version des vmxnet-Geräts mit verbesserter Leistung wie z. B. Jumbo Frames. Für diesen Adaptertyp ist die Installation der VMware Tools auf der virtuellen Maschine erforderlich. Der Adapter wird erst bei neueren Windows und Linux OS unterstützt.
vmxnet 3	vmxnet-Gerät der nächsten Generation mit verbesserter Leistung und erweiterten Netzwerkfunktionen. VMware Tools müssen dafür auf der virtuellen Maschine installiert sein, und die virtuelle Maschine muss die Hardwareversion 7 oder höher verwenden. Der Adapter wird erst bei neueren OS unterstützt.

> Beachten Sie bitte, dass es bei HP Brocade Switches manchmal zu Problemen mit E1000- und manchmal auch mit VMXNET 3-Adaptern kommen kann. Notieren Sie sich dann die IP- und MAC-Adresse der Karte, entfernen Sie diese und geben Sie der VM einen anderen Typ mit denselben Einstellungen

Netzwerkadapter auf Legacy-VMs

Wenn Ihre virtuelle Maschine auf ESX Server 3.0 oder einer höheren Version erstellt wurde und ein 32-Bit-Gastbetriebssystem ausführt, ist der standardmäßige Adaptertyp *flexibel*. Der flexible Adapter fungiert als *Vlance*-Adapter, wenn der Adaptertreiber der Standardtreiber des Gastbetriebssystems ist. Der flexible Adapter fungiert als *vmxnet*-Adapter, wenn der *vmxnet*-Treiber als Bestandteil der VMware Tools-Installation auf der virtuellen Maschine installiert wurde.

Führt Ihre virtuelle Maschine ein 64-Bit-Gastbetriebssystem aus, lautet der standardmäßige Adaptertyp *E1000*. Wenn Sie eine virtuelle Maschine von einem 32-Bit- auf ein 64-Bit-Gastbetriebssystem umstellen (oder umgekehrt), müssen Sie den vorhandenen Netzwerkadapter entfernen und durch einen neuen ersetzen, ansonsten wird die virtuelle Maschine eventuell nicht gestartet.

Bei einem Hardware-Upgrade auf einer virtuellen Legacy-Maschine gilt für diese Maschine nach erfolgtem Upgrade folgender Adaptertyp:

- War der Adaptertyp zuvor *Vlance*, ist der Adaptertyp der virtuellen Maschine nach dem Upgrade *flexibel*. Dieser Adapter funktioniert genau wie ein *Vlance*-Adapter. Möchten Sie eine deutlich bessere Leistung erzielen, müssen Sie lediglich die VMware Tools auf der virtuellen Maschine installieren, wie es im vorangegangenen Schritt beschrieben wurde.
- Falls der Adaptertyp zuvor *vmxnet* war, ist der Adaptertyp der virtuellen Maschine nach dem Upgrade weiterhin *vmxnet*. Sie können diesen Adaptertyp jedoch nicht, wie im Fall einer virtuellen Legacy-Maschine, in *Vlance* ändern.

> Wenn Sie eine physische Maschine importieren oder eine VM hardwaremäßig hochstufen, sollten Sie einen höheren Netzwerkadapter benutzen, um die Leistung zu verbessern.

SCSI-Gerät hinzufügen

Sie können an ESXi-Server angeschlossene SCSI-Hardware – jedoch keine Festplatten – über den Assistenten der virtuellen Maschine hinzufügen:

1. Wählen Sie Ihre VM aus und klicken Sie auf EINSTELLUNGEN BEARBEITEN.
2. Klicken Sie auf die Schaltfläche HINZUFÜGEN und wählen Sie SCSI-GERÄT unter GERÄTETYP aus. Klicken Sie auf WEITER.

3. Wählen Sie unter VERBINDUNG im Drop-down-Menü das physische Gerät aus, das Sie verwenden möchten.
4. Wählen Sie unter KNOTEN DES VIRTUELLEN GERÄTS den Adapter und die SCSI-ID für virtuelle Geräte aus (z.B. SCSI (0:1)). Beachten Sie, dass der Eintrag (1:0) der VM einen weiteren SCSI-Adapter hinzufügt.
5. Überprüfen Sie die Information auf der Seite BEREIT ZUM ABSCHLIEßEN und klicken Sie auf BEENDEN.

Festplattenanschlusstyp ändern

Möchten Sie nach der Installation des Betriebssystems einen anderen Festplattencontroller verwenden, bekommen Sie üblicherweise Probleme, wenn darauf das Betriebssystem installiert ist. Um dennoch z.B. aus Performance-Gründen (siehe Kasten »Adaptertypen« auf Seite 52) so einen Adapter austauschen zu können, gehen Sie wie folgt vor:

1. Wählen Sie Ihre ausgeschaltete VM aus und klicken Sie auf EINSTELLUNGEN BEARBEITEN.
2. Klicken Sie unter der Registerkarte HARDWARE auf den Button HINZUFÜGEN und wählen Sie FESTPLATTE aus. Klicken Sie auf WEITER.
3. Bestätigen Sie, dass Sie eine neue virtuelle Festplatte anschließen wollen und klicken Sie auf WEITER.
4. Legen Sie die Größe fest (1 MByte reicht) und wählen Sie im nächsten Fenster aus dem Pull-down-Menü z.B. SCSI(2:0) aus. Falls Sie schon einen SCSI-Adapter haben, dürfen Sie die neue Platte nicht an denselben Adapter hängen.
5. Klicken Sie auf BEENDEN, um das Fenster zu schließen. Wieder zurück bei den Eigenschaften der virtuellen Maschine sehen Sie fett hervorgehoben den neuen Adapter.
6. Klicken Sie auf den neuen Adapter und ändern Sie den Typ nach Ihren Vorstellungen, nehmen Sie als Bootfestplatte aber nicht PARAVIRTUELL. Klicken Sie auf OK um das Fenster zu schließen.
7. Starten Sie die VM und installieren Sie die notwendigen Treiber für den neuen Controller, falls das Betriebssystem diesen nicht automatisch erkennt. Fahren Sie den Rechner anschließend wieder herunter.
8. Gehen Sie wieder in die Einstellungen der VM und entfernen Sie die neue Festplatte (von Festplatte löschen), die alte Festplatte entfernen Sie ebenfalls, aber dieses Mal nicht von Festplatte löschen. Klicken Sie auf OK.
9. Verbinden Sie sich mit der Konsole des ESXi-Servers, z.B. mit *putty* oder *WinSCP*, und navigieren Sie zu dem Verzeichnis der VM (z.B. */vmfs/volumes/datastore1/vm-DC-1*).

10. Öffnen Sie die Beschreibungsdatei zur Bootfestplatte und tragen Sie an der Stelle mit dem alten Adaptertyp (*ddb.adaptertype* = *"xxx"*) den neuen Typ ein. Dieser kann *ide*, *buslogic* oder *lsilogic* sein.
11. Gehen Sie wieder in die Einstellungen der VM und fügen Sie dieser eine vorhandene Festplatte hinzu. Wählen Sie aus dem Verzeichnis der VM die *vmdk*-Datei und bestätigen Sie die Eingabe.
12. Überprüfen Sie den hinzugefügten SCSI-Controller und ändern Sie diesen gegebenenfalls in den vorher installierten ab.

Aus Performance-Gründen empfehle ich zumindest eine IDE-Festplatte in einen LSI Logic-Datenträger zu überführen. Für Datenpartitionen, die auf einem SAN liegen, sollten Sie den Paravirtuellen Adapter von VMware wählen – nicht jedoch als Bootfestplatte.

Hinzufügen eines PCI-Geräts

Die *VMDirectPath-E/A* ermöglicht dem Gastbetriebssystem einer virtuellen Maschine den direkten Zugriff auf physische PCI- und PCIe-Geräte, die mit einem Host verbunden sind. Jede virtuelle Maschine kann mit bis zu sechs PCI-Geräten verbunden werden.

Mit einem Host verbundene PCI-Geräte können über die erweiterten Hardwareeinstellungen in der Registerkarte KONFIGURATION für den Host als »für Passthrough verfügbar« gekennzeichnet werden.

Folgende Voraussetzungen sind dabei gegeben:

Für die Verwendung von VMDirectPath muss die *Virtualization Technology for Directed I/O* (VT-d) von Intel oder die *I/O Virtualization Technology* (IOMMU) von AMD im BIOS des Hosts aktiviert sein. PCI-Geräte müssen mit dem Host verbunden und als »für Passthrough verfügbar« gekennzeichnet sein, damit Sie die Geräte einer virtuellen Maschine hinzufügen können. Außerdem können PCI-Geräte nur zu virtuellen Maschinen mit Hardwareversion 7 oder höher hinzugefügt werden.

Wenn Sie physische Geräte einer virtuellen Maschine zuordnen wollen, müssen Sie folgendermaßen vorgehen:

1. Wählen Sie die virtuelle Maschine im Bestandslistenfenster aus und klicken Sie auf VIRTUELLE MASCHINE → EINSTELLUNGEN BEARBEITEN.
2. Klicken Sie auf der Registerkarte HARDWARE auf HINZUFÜGEN.
3. Wählen Sie im Assistenten zum Hinzufügen von Hardware die Option PCI-GERÄT aus und klicken Sie auf WEITER.
4. Wählen Sie das Passthrough-Gerät, mit dem Sie die virtuelle Maschine verbinden möchten, aus der Drop-down-Liste aus und klicken Sie auf WEITER.
5. Klicken Sie auf BEENDEN.

Sollten Sie keinen Eintrag für das Hinzufügen bei der virtuellen Maschine finden, schauen Sie bei der Konfiguration des ESXi-Servers unter ERWEITERTE EINSTELLUNGEN nach. Gegebenenfalls steht dort, dass der Host Passthrough gar nicht unterstützt (siehe auch den Abschnitt zur Hostkonfiguration in Kapitel 5).

Optionen der virtuellen Maschine

Auf der Registerkarte OPTIONEN können Sie die Einstellungen zu ALLGEMEINES, VMWARE TOOLS, ENERGIEVERWALTUNG sowie ERWEITERTE EINSTELLUNGEN festlegen (siehe Abbildung 4-32). Die Einstellungen der virtuellen Maschine ermöglichen die Definition von Aktionen, die in verschiedenen Zuständen der virtuellen Maschine auftreten.

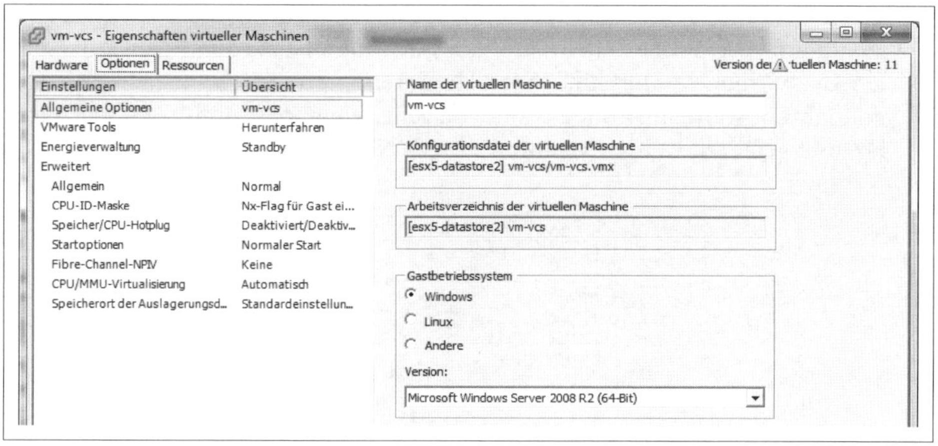

Abbildung 4-32: Optionen der VM konfigurieren

Allgemeine Optionen

Hierbei handelt es sich um Einstellungsmöglichkeiten zum Namen und dem ausgewählten Betriebssystem der VM. Des Weiteren wird der Speicherort der VM angezeigt.

1. Gehen Sie in die Eigenschaften der virtuellen Maschine.
2. Klicken Sie auf die Registerkarte OPTIONEN.
3. Unter ALLGEMEINE OPTIONEN kann der Name der virtuellen Maschine geändert werden (das geht auch in der Bestandsliste über das Kontextmenü). Wenn Sie den Namen ändern, werden die Namen von Dateien auf der virtuellen Maschine oder des zugeordneten Verzeichnisses nicht geändert, solange Sie diese nicht auf einen anderen Storage schieben!

4. Das Arbeitsverzeichnis der virtuellen Maschine und ihre Konfigurationsdatei können nicht geändert werden.
5. In der Liste GASTBETRIEBSSYSTEM können Sie das Betriebssystem ändern, indem Sie über das Pull-down-Menü die neue Version auswählen.

Klicken Sie auf OK, um Ihre Änderungen zu speichern. Das Dialogfeld EIGENSCHAFTEN VIRTUELLER MASCHINEN wird geschlossen.

Betriebszustandsoptionen

Unter dem Menüpunkt VMWARE TOOLS können die Schaltflächen zum Betriebszustand der VM und die dazugehörigen Skripte sowie die Uhrzeitsynchronisation geändert werden.

1. Wie in Abbildung 4-33 gezeigt, haben Sie auf der Registerkarte OPTIONEN unter VMWARE TOOLS die Möglichkeit, das Laufzeitverhalten der VM etwas zu ändern. Die STOPP-Schaltfläche auf der Symbolleiste kann zum Ausschalten der virtuellen Maschine oder Herunterfahren des Gastbetriebssystems konfiguriert werden. Das kann sinnvoll sein, wenn man ein OS hat, das nicht heruntergefahren werden kann (z.B. DOS, NT).

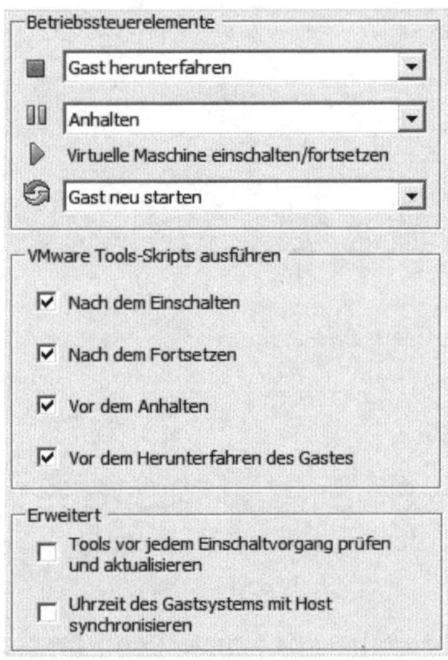

Abbildung 4-33: Betriebszustandsoptionen der VM

Die Schaltfläche zum ZURÜCKSETZEN auf der Symbolleiste kann zum Zurücksetzen der virtuellen Maschine oder zum Neustarten des Gastbetriebssystems konfiguriert werden.

2. Wählen Sie die gewünschten Aktionen in den Listen unter BETRIEBSSTEUERELEMENTE aus.

3. Optional: Konfigurieren Sie die VMware Tools-Skripte so, dass sie nicht automatisch ausgeführt werden, wenn Sie den Betriebsstatus der virtuellen Maschine ändern, indem Sie die entsprechenden Optionen deaktivieren. Wenn Sie die VMware Tools installiert haben, können Sie die Skripte im laufenden Betrieb im OS abschalten. Auf dieser Registerkarte geht es nur, wenn die VM aus ist.
4. Unter ERWEITERT können Sie die Version der VMware Tools beim Starten überprüfen lassen und die Uhrzeit des Gasts mit dem Host synchronisieren.

Energieverwaltung

Klicken Sie auf die Registerkarte OPTIONEN und sehen Sie sich die Energieoptionen an. Die beiden Schaltflächen sollten selbsterklärend sein, wobei ein Server üblicherweise nicht in den Standby-Modus geht.

Wenn Sie sich dafür entschieden haben, die virtuelle Maschine eingeschaltet zu lassen, wählen Sie im Netzwerk der virtuellen Maschine WAKE-ON-LAN FÜR DATENVERKEHR DER VIRTUELLEN MASCHINE aus, indem Sie das Kontrollkästchen aktivieren.

Erweiterte Einstellungen

Die erweiterten Einstellungen sind laut VMware nur in bestimmten Situationen nützlich und sollten in der Regel nicht geändert werden. Ich gehe trotzdem auf sie ein, weil ich in der Praxis schon häufig Berührung mit ihnen hatte – und die folgenden Einstellungen auch brauchte:

Allgemein

- Um die Beschleunigung zu deaktivieren, aktivieren Sie das zuständige Kontrollkästchen. Sie können die Beschleunigung aktivieren und deaktivieren, während die virtuelle Maschine aktiv ist. Manche alten Applikationen haben ein Problem mit einem zu schnellen Prozessor – in so einem Fall könnte man ausprobieren, ob diese Funktion den gewünschten Effekt bringt (z.B. bei Foxpro-Datenbanken).

> Es kommt schon mal vor, dass Sie meinen, die virtuelle Maschine sei blockiert, wenn in ihr Software installiert oder ausgeführt wird. Meist tritt dieses Problem zu Beginn einer Programmausführung auf. Manchmal kann man diesen Zustand kurzfristig umgehen, indem man die Beschleunigung in der virtuellen Maschine deaktiviert. Das bremst die virtuelle Maschine merklich. Verwenden Sie diese Option deshalb nur, um die obige Situation zu umgehen. Wenn dann keine Probleme mehr auftreten, nehmen Sie das Häkchen bei BESCHLEUNIGUNG DEAKTIVIEREN wieder raus.

- Mit dem Häkchen bei PROTOKOLLIERUNG AKTIVIEREN wird die eigentliche Datenerfassung ausgelöst. Damit werden üblicherweise sieben Logdateien im Verzeichnis der VM angelegt. Die Datei mit dem Namen *vmware.log* ist dabei die neueste, die älteren werden jeweils durchnummeriert. Die mit der höchsten Nummer ist die zweitjüngste Logdatei.

Der Ausschnitt DEBUGGEN UND STATISTIKEN wird mit den folgenden Optionen angezeigt:

- NORMAL AUSFÜHREN.
- Um in den Fehlersuchmodus zu wechseln, aktivieren Sie das Kontrollkästchen INFORMATIONEN ZUM DEBUGGEN ERFASSEN. Für eine virtuelle Maschine werden dann zusätzliche Informationen zur Fehlersuche zusammengestellt, die dem technischen Support von VMware bei der Behebung von Problemen von Nutzen sein können.
- Der Eintrag STATISTIKEN ERFASSEN war schon in älteren Versionen vorhanden, aber nicht auswählbar. Jetzt können hier zusätzliche Informationen über die VM aufgezeichnet werden. Bei Starten der VM werden der Unterordner STATS angelegt und dort die Dateien abgelegt. In der enthaltenen Logdatei können Sie viele Parameter wie die ID der VM, den Zugriff auf den Prozessor und die MMU (Memory Management Unit) nachlesen.

Auf der Schaltfläche KONFIGURATIONSPARAMETER sehen Sie einige der Einstellungen zur virtuellen Maschine. Das ist ein Teil von dem, was in der Konfigurationsdatei der VM in ihrem Ordner steht. Über die Kommandozeile erhält man deutlich mehr Optionen – dazu folgen am Ende des Kapitels noch weitere Hinweise.

CPU-Identifikationsmaske

Das NX-Flag, das softwareseitig seit dem Servicepack 2 für Windows XP mit an Bord ist, wird auch von den heutigen CPUs hardwaremäßig unterstützt. NX steht für NoExecute, das wir in Windows-Betriebssystemen als Datenausführungsverhinderung unter SYSTEMSTEUERUNG → SYSTEM finden können. Auch in der Datei *Boot.ini* wird dieser Wert angegeben mit `noexecute=optin` (Workstation) oder `noexecute=optout` (Server).

Der Sinn, diese Funktion vor der VM zu verstecken, liegt nur in der Kompatibilität beim Verschieben auf einen anderen Host, der das Flag noch nicht in der CPU hat.

Sollte bei den für das Verschieben (vMotion) beteiligten Hosts nicht nur diese Funktion anders sein, kann man über ERWEITERT weitere Einstellungen zur CPU der virtuellen Maschine eingeben. Hierbei handelt es sich um eine Maske, die z.B. neuere SSE4-Funktionen der Intel-Prozessoren ausblendet.

Sie können Erläuterungen der Symbole in diesem Dialogfeld anzeigen lassen, indem Sie auf LEGENDE klicken. Die virtuelle Maschine muss ausgeschaltet werden, bevor Sie diese Einstellung ändern können.

Speicher und CPU-Hotplug

Die VMware Tools müssen installiert sein, damit die Hotplug-Funktionen ordnungsgemäß funktionieren. Weiterhin muss das Gastbetriebssystem diese ebenfalls unterstützen, sonst sind die Felder ausgegraut.

Wenn Sie als Betriebssystem z.B. SUSE 11 64-BIT oder WINDOWS SERVER 2008R2 ausgewählt haben, steht Ihnen die Möglichkeit offen, weitere CPUs und Arbeitsspeicher im laufenden Betrieb hinzuzufügen.

Die Schaltflächen im Fenster in Abbildung 4-34 sind selbsterklärend, weshalb ich hier nicht weiter auf sie eingehen werde.

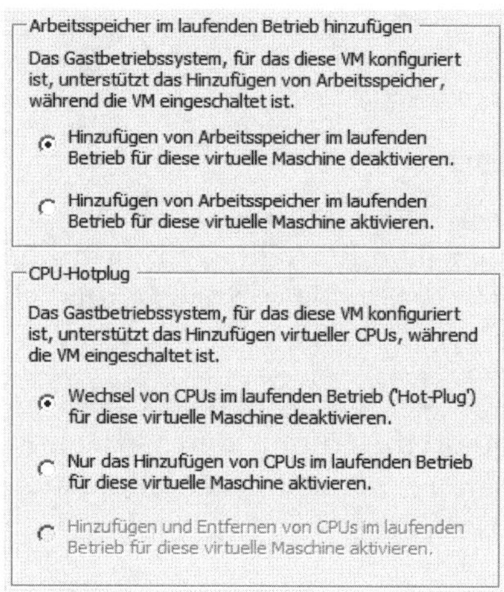

Abbildung 4-34: Hotplug für RAM und CPU

Startoptionen

Die Start-Firmware des Rechners, also BIOS oder EFI, sollten Sie nach der Installation des Betriebssystems nicht mehr ändern. Bei Mac OSX kann BIOS nicht ausgewählt werden und bei Windows XP nicht EFI. VMware lässt eine Änderung dieser Option nur zu, wenn das ausgewählte Betriebssystem das auch unterstützt.

Die Einstellungen beim Starten der VM braucht man schon häufiger: Meist ist es nicht möglich, beim Starten der virtuellen Maschine ins BIOS bzw. EFI zu gelangen. Sie müssten dazu die VM starten, dann mit der Maus den Fokus ins Fenster legen und die Taste F2 drücken.

Wählen Sie einfach das Kästchen unter BIOS-SETUP ERZWINGEN/EFI-SETUP ERZWINGEN aus, um beim nächsten Start der virtuellen Maschine das BIOS-Setup aufzurufen. Das Häkchen ist nach dem Starten der VM wieder weg.

Die STARTVERZÖGERUNG beim Einschalten bleibt hingegen dauerhaft erhalten. Hier können Sie die Dauer in Millisekunden angeben, für die der Beginn der Startsequenz verzögert werden soll, wenn die virtuelle Maschine eingeschaltet oder neu gestartet wird, also beispielsweise 10.000, um die BIOS-/EFI-Meldung 10 Sekunden lang anzeigen zu lassen. Im unteren rechten Bild der Anzeige sehen Sie dann einen Zähler, der bei null die VM startet. Mehr als 10 Sekunden, also 10.000 Millisekunden, können hier nicht eingestellt werden.

Unter STARTWIEDERHERSTELLUNG FEHLGESCHLAGEN verbirgt sich eine Einstellung, die beim Booten übers Netzwerk sinnvoll sein kann, wenn dieses kurzfristig überlastet ist. Ist die Last gesunken, könnte der nächste Bootvorgang erfolgreich sein. Leider lässt sich hier keine Grenze festlegen, sodass die VM eventuell bis zum nächsten Tag oder länger versucht, alle 10 Sekunden zu starten. Übrigens kann diese Einstellung nicht bei einem EFI-Boot funktionieren, weil hier beim erfolglosen Start über die festgelegten Medien eine Shell gestartet wird und der ESXi-Server meint, alles wäre OK.

Fibre-Channel-NPIV-Einstellungen

Wenn Sie ein Fibre-Channel-SAN haben, können Sie ein Volume einer virtuellen Maschine direkt zuordnen. Die Einstellungen dazu können Sie hier eingeben. Standardmäßig ist NPIV (N-Port-ID-Virtualisierung) deaktiviert (siehe Abbildung 4-35).

Mithilfe der NPIV können Sie einen einzelnen physischen Port auf Ihrem Fibre-Channel-Host-Bus-Adapter (HBA) für mehrere virtuelle Ports mit jeweils eindeutigen Kennungen gemeinsam verwenden. Dadurch können Sie den Zugriff für jede virtuelle Maschine auf LUNs steuern.

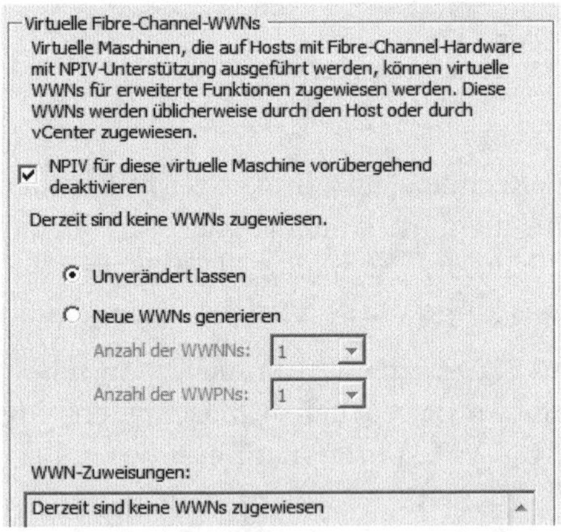

Abbildung 4-35: Fibre-Channel-LUN-Zuordnung

Jeder virtuelle Port muss durch zwei WWNs (*World Wide Names*) gekennzeichnet werden: einen *World Wide Port Name* (WWPN) und einen *World Wide Node Name* (WWNN).

Für die NPIV-Unterstützung gelten laut VMware die folgenden Einschränkungen:

- NPIV muss auf dem SAN-Switch aktiviert sein. Wenn Sie Informationen zum Aktivieren von NPIV auf den Geräten benötigen, setzen Sie sich mit dem Switch-Hersteller in Verbindung.
- NPIV wird nur für virtuelle Maschinen mit RDM-Festplatten (*Raw Device Mapping*) unterstützt. Virtuelle Maschinen mit herkömmlichen virtuellen Festplatten verwenden weiterhin die WWNs der physischen HBAs des Hosts.
- Die physischen HBAs auf dem ESXi-Host müssen mithilfe seiner WWNs auf eine LUN zugreifen können, sodass alle virtuellen Maschinen auf diesem Host über ihre NPIV-WWNs auf diese LUN zugreifen können. Stellen Sie sicher, dass sowohl auf den Host als auch auf die virtuellen Maschinen zugegriffen werden kann.

> Wenn Sie mehrere virtuelle Maschinen haben, die aus Versehen die gleichen WWNs verwenden, kann es passieren, dass Sie diese nicht mehr ausschalten können. Löschen Sie die WWNs oder vergeben Sie neue für eine der VMs.

Virtualisierte MMU

Bei der MMU handelt es sich allgemein um die Memory Management Unit, die als Funktion im Prozessor enthalten ist und virtuelle Speicheradressen in physikalische überträgt. Wenn ein Prozess Arbeitsspeicher anfordert, ist die MMU für die Umsetzung auf die tatsächliche Adresse verantwortlich. Da eine logische Adresse nicht unbedingt immer einer physischen Adresse zugeordnet werden muss, kann das Betriebssystem auch anderen Speicher ansprechen, z. B. eine Auslagerungsdatei. Das nennt sich dann Speichervirtualisierung, was beim ESXi-Server der VMM (*Virtual Machine Monitor*) in Zusammenarbeit mit dem Kernel regelt (siehe Abbildung 4-36).

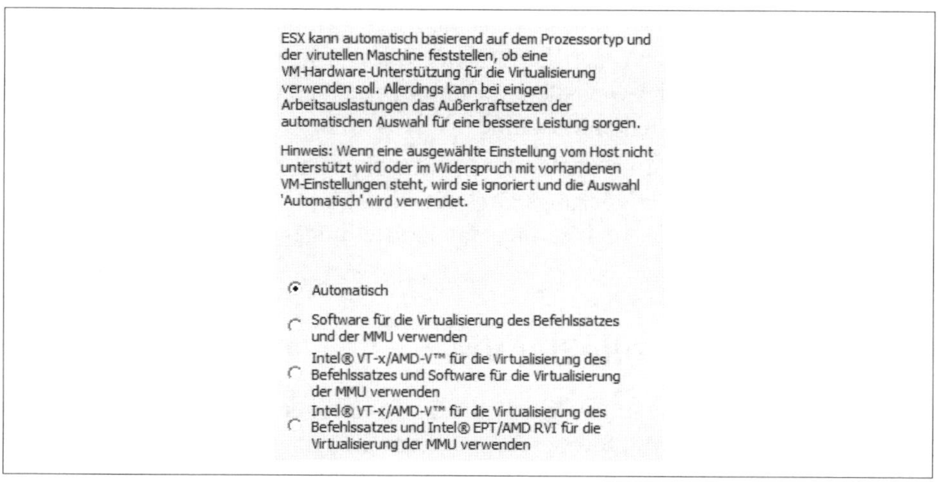

Abbildung 4-36: VMM und MMU durchreichen

Die neueren Prozessoren von Intel und AMD unterstützen mittels Befehlssatzerweiterungen die Virtualisierung des Prozessors durch die Technologie Intel VT-x (ehemals Vanderpool Technology, jetzt Virtualization Technology) bzw. AMD-V (ehemals Pacifica, manchmal auch SVM, Secure Virtual Machine). Seit Kurzem wird auch die Virtualisierung des Speichers von der CPU unterstützt (Intel EPT, Extended Page Tables, und AMD RVI, Rapid Virtualisation Indexing, oder Nested Page Tables, NPT). Beides muss durch das BIOS oder UEFI (Unified Extensible Firmware Interface) freigeschaltet werden.

Bei der Einstellung AUTOMATISCH sucht sich der VMM des Hosts die Einstellungen selbstständig heraus, die von der Host-CPU und dem Gastbetriebssystem unterstützt werden, was für die meisten Systeme sehr gut funktioniert. Nur in ganz seltenen Fällen kann eine manuell gewählte Einstellung für eine heterogene produktive Umgebung eine geringe Verbesserung der Leistung bringen – hier braucht also üblicherweise nichts verändert zu werden.

Weitere Informationen finden Sie in dem englischsprachigen White Paper von VMware *perf-vsphere-monitor_modes.pdf* auf deren Website.

Speicherort der Auslagerungsdatei

Wie bereits oben erwähnt, wird beim Einschalten der VM der Arbeitsspeicher in gleicher Größe als Swap-Datei im Ordner der virtuellen Maschine abgelegt. In der Konfiguration des ESXi-Servers kann ein anderer Speicherort für die Auslagerungsdatei eingerichtet und dieser der VM zugeteilt werden. vMotion wird dann aber gegebenenfalls nicht mehr unterstützt oder dadurch langsamer.

Wählen Sie eine der folgenden Optionen aus:

- STANDARD – Speichern Sie die Auslagerungsdatei der virtuellen Maschine im Standardspeicherort, der über die Auslagerungsdateieinstellungen für den Host oder Cluster definiert wird.
- IMMER ZUSAMMEN MIT VIRTUELLER MASCHINE SPEICHERN – Speichern Sie die Auslagerungsdatei der virtuellen Maschine im selben Ordner wie die Konfigurationsdatei der virtuellen Maschine.
- IM DATENSPEICHER DER AUSLAGERUNGSDATEI FÜR DEN HOST SPEICHERN – Speichern Sie die Auslagerungsdatei der virtuellen Maschine in dem Datenspeicher, der über die Auslagerungsdateieinstellungen für den Host oder Cluster definiert wird.

Ressourcenkontrolle der VM

Die Ressourcenkontrolle einer virtuellen Maschine unter ESXi ist eine der Funktionen, die einen VMware ESXi-Server von anderen Virtualisierungslösungen klar unterscheidet, weil Sie nur hier eine derartige Vielzahl von Einstellungsmöglichkeiten haben. Mithilfe der Ressourcenkontrolle ist es Ihnen möglich, die vier Kernkomponenten (*Four Core*) des VMkernels, also Prozessor, Hauptspeicher, Storage und Netzwerk des Hosts, detailliert pro virtueller Maschine einzustellen. Der ESXi-Server bekommt ebenfalls Ressourcen zugeteilt, die in seiner Konfiguration angesehen und geändert werden können. Der Host hat standardmäßig den höchsten Anteil (Priorität) an Arbeitsspeicher, der viel höher ist als der der virtuellen Maschinen. Auch bei der CPU sind die Anteile sehr hoch gesteckt, und eine Reservierung über die gesamte Kapazität ist eingetragen. Da Sie über den Host alle Arbeiten verrichten und dieser immer funktionieren muss, sollten Sie diese Einstellungen nur in Absprache mit dem VMware-Support ändern.

Begriffserklärung

Bei den Ressourcenzuteilungen für CPU und RAM (siehe Abbildung 4-37) finden Sie die Begriffe Anteile (Shares), Reservierung (Reservation) und Grenzwert (Limit). Fangen wir mit dem einfachsten Begriff an:

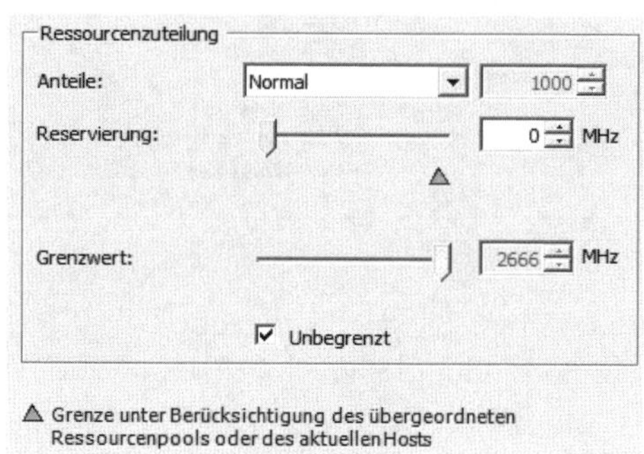

Abbildung 4-37: Ressourceneinstellungen

- Reservierung: Sobald die virtuelle Maschine eingeschaltet wird, bekommt sie den MHz-Wert oder die Arbeitsspeichermenge zugeteilt, der hier eingetragen ist, unabhängig von ihren tatsächlich benötigten Ressourcen. Schlimmstenfalls nimmt sie anderen Maschinen CPU-Zeit und RAM weg, obwohl sie es gar nicht benötigt. Sind nicht mehr genug Ressourcen auf dem Host verfügbar, wird sie nicht eingeschaltet, und eine Fehlermeldung erscheint.
- Grenzwert: Hier wird die Obergrenze für die Maschine eingestellt, also wird sie in ihrer Laufzeitumgebung eingeschränkt, auch wenn vielleicht noch einiges an Arbeitsspeicher oder CPU-Zeit zur Verfügung stünde. Das angezeigte maximale Limit ist die Höchstgrenze, die auf dem ESXi-Server zur Verfügung steht. In einem Cluster wirkt sich das auf die Gesamtmenge der Clusterressourcen aus.

→

- ANTEILE: Hiermit wird der Anteil der Gesamtkapazitäten, die zur Verfügung stehen, prozentual zwischen den VMs aufgeteilt. Das heißt, dass jede Maschine z.B. die gesamte CPU-Zeit bekommen kann. Erst wenn diese auf dem Host komplett aufgebraucht ist, wird nach den jeweiligen Anteilen geschaut. Der Maschine mit weniger Anteilen wird etwas weggenommen und der mit höheren Anteilen etwas hinzugegeben. Aus diesem Grund sage ich dazu lieber *Prioritäten*.

Bei der virtuellen Maschine sieht das manchmal ganz anders aus, wie Sie in Abbildung 4-38 sehen können. So nimmt sich ein DOS-Betriebssystem üblicherweise immer die ganze CPU, auch wenn auf der Oberfläche nur der Prompt steht. Hier ist es sinnvoll, eine Einschränkung bezüglich der MHz-Zahl einzugeben. Auch sollten Sie bei virtuellen Novell Netware-Maschinen immer ein Auge auf den Verbrauch richten.

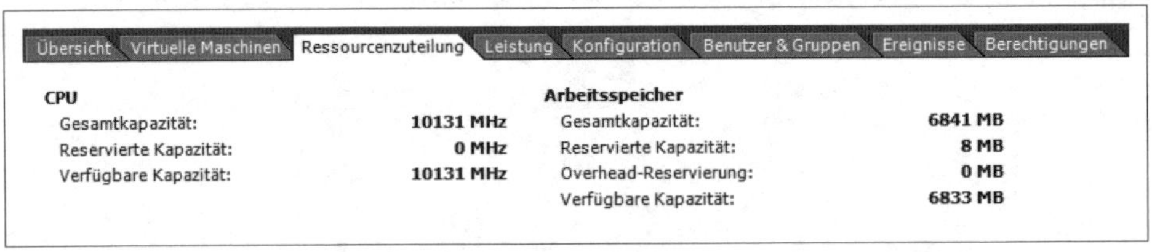

Abbildung 4-38: CPU- und Arbeitsspeicherressourcen

Die vier Kerneinträge erreichen Sie nicht alle über die Einstellung der virtuellen Maschine. Detailliert kann man hier lediglich Prozessor und Arbeitsspeicher einstellen und für die Zugriffe auf den Storage nur die ANTEILE und einen GRENZWERT für IOPS. Netzwerkeinschränkungen sind nur über die Netzwerk-Switches möglich.

CPU-Ressourcen

Bei den CPU-Einstellungen können Sie Prozessorressourcen für eine virtuelle Maschine zuweisen und dabei Reservierungen, Grenzen und Anteile angeben. Die Informationen zu CPU, Arbeitsspeicher und Datenträger können auch auf der Registerkarte RESSOURCENZUTEILUNG bei Host, Cluster oder Ressourcenpool eingestellt werden. Das ist sinnvoll, wenn Sie die Kapazitäten für mehrere virtuelle Maschinen bearbeiten möchten, und Sie haben dadurch gleich eine bessere Übersicht.

Einstellungsmöglichkeiten

Im Kasten »Begriffserklärung« wurden die drei Einstellungsmöglichkeiten ANTEILE, RESERVIERUNG und GRENZWERT detailliert erklärt. Hier nun die speziellen Optionen zur CPU:

- ANTEILE stellt eine relative Metrik für die Zuweisung der CPU-Kapazität dar. Sie können die Werte NIEDRIG (LOW), NORMAL, HOCH (HIGH) und BENUTZERDEFINIERT (CUSTOM) einstellen. Bei NIEDRIG, NORMAL und HOCH wird die Anzahl der Prozessoren mit dem Wert 500, 1.000 bzw. 2.000 multipliziert. Unter BENUTZERDEFINIERT können Sie Werte zwischen 1 und 1.000.000 eingeben.
- RESERVIERUNG – Garantierte CPU-Zuweisung für diese virtuelle Maschine
- GRENZWERT – Höchstgrenze für die CPU-Zuweisung dieser virtuellen Maschine

> Wählen Sie UNBEGRENZT (UNLIMITED), um keine Höchstgrenze festzulegen. Das scheint nicht das Gleiche zu sein, wie den höchstmöglichen Wert zu nehmen und das Häkchen aus dem Kästchen zu entfernen. In der Praxis habe ich des Öfteren schon eine Stagnierung der Leistung bei VMs feststellen müssen. Zudem wird der Wert fest in die Konfigurationsdatei eingetragen, und wenn die Maschine in einen anderen Ressourcenpool kommt, ist es gegebenenfalls nicht mehr der Höchstwert.

Arbeitsspeicherressourcen

Im Fenster ARBEITSSPEICHER können Sie die RAM-Ressourcen für eine virtuelle Maschine angeben. Die Informationen zu CPU, Arbeitsspeicher und Datenträger können auch auf der Registerkarte RESSOURCENZUTEILUNG bei Host, Cluster oder Ressourcenpool eingestellt werden. Das ist sinnvoll, wenn Sie die Kapazitäten für mehrere virtuelle Maschinen bearbeiten möchten, und Sie haben dadurch gleich eine bessere Übersicht.

Einstellungsmöglichkeiten

Im Kasten »Begriffserklärung« wurden die drei Einstellungsmöglichkeiten ANTEILE, RESERVIERUNG und GRENZWERT detailliert erklärt. Hier nun die speziellen Optionen zum Arbeitsspeicher:

- ANTEILE stellt eine relative Metrik für die Zuweisung der RAM-Kapazität dar. Sie können die Werte NIEDRIG (LOW), NORMAL, HOCH (HIGH) und BENUTZERDEFINIERT (CUSTOM) einstellen. Bei NIEDRIG, NORMAL und HOCH wird die Menge des Arbeitsspeichers mit 5, 10 bzw. 20 multipliziert. Unter BENUTZERDEFINIERT können Sie Werte zwischen 1 und 1.000.000 eingeben.
- RESERVIERUNG – Garantierte RAM-Zuweisung für diese virtuelle Maschine
- GRENZWERT – Höchstgrenze für die RAM-Zuweisung dieser virtuellen Maschine

Festplattenressourcen

Im Bedienfeld FESTPLATTEN-RESSOURCEN kann keine Reservierung, aber ein Grenzwert für E/A-Vorgänge eingetragen werden (siehe Abbildung 4-39). Über die

Anteile (Prioritäten) können Sie den virtuellen Festplatten I/O-Bandbreite genehmigen, da dies eine serverabhängige Ressource ist und nicht clusterübergreifend abgerufen werden kann. In der Praxis hat sich herausgestellt, dass die virtuellen Maschinen jedoch viel wahrscheinlicher durch die obigen beiden Einstellungen zu RAM und CPU eingeschränkt werden als durch Festplattenressourcen.

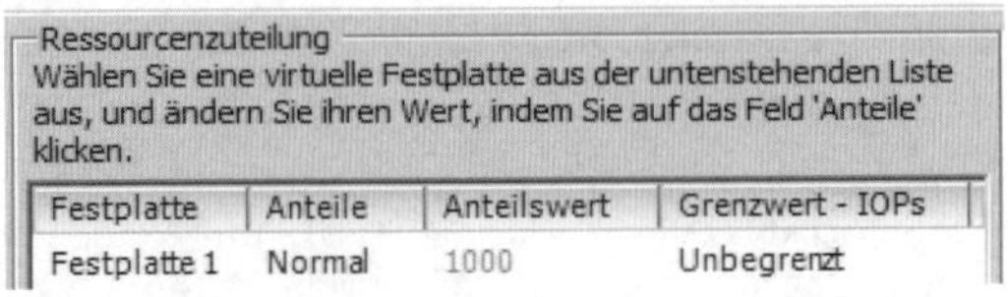

Abbildung 4-39: Ressourcenzuteilung

Einstellungsmöglichkeiten

- ANTEILE stellt eine relative Metrik für die Zuweisung der Festplattenübertragungskapazität dar. Sie können die Werte Niedrig (Low), Normal, Hoch (High) und Benutzerdefiniert (Custom) einstellen. Bei Niedrig, Normal und Hoch werden die Werte 500, 1.000 bzw. 2.000 genommen. Unter Benutzerdefiniert können Sie Werte zwischen 1 und 1.000.000 eingeben.
- GRENZWERT – IOPS bestimmt die Höchstgrenze für die E/A-Übertragungen pro Sekunde dieser virtuellen Maschine.

> Hat Ihre VM mehrere Festplatten, können Sie zu jeder einzelnen die Werte hier festlegen.

Erweiterte CPU-Einstellungen

Im Fenster ERWEITERTE CPU-RESSOURCEN (siehe Abbildung 4-40) können Sie Optionen für physische Prozessorkerne und Hyperthreading festlegen. Diese Anzeige bekommen Sie nicht, wenn Ihr Host nur einen Prozessor und kein Hyperthreading hat oder sich in einem DRS-Cluster (*Distributed Resource Scheduling* also Load Balancing) befindet.

> Die Hyperthreading-Technologie ermöglicht es einem einzelnen physischen Prozessorkern, sich wie zwei logische Prozessoren zu verhalten und damit zwei unabhängige Anwendungen gleichzeitig auszuführen. Die Leistung eines Systems wird durch das Hyperthreading zwar nicht verdoppelt, aber es wirkt sich positiv aus, indem Leerlaufressourcen besser ausgenutzt werden können.

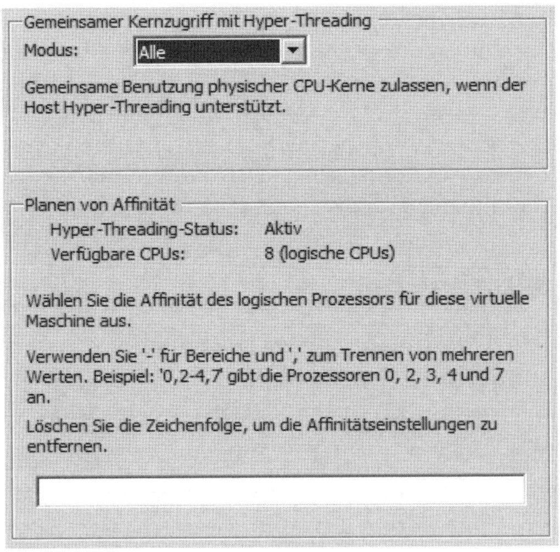

Abbildung 4-40: Erweiterte CPU-Einstellungen

Die Option Gemeinsamer Kernzugriff mit Hyper-Threading bietet eine Kontrolle darüber, ob eine virtuelle Maschine nur für einen Teil an einem physischen Prozessorkern geplant werden soll (Hyperthreading muss auf dem Server aktiviert sein).

Die Option Planen von Affinität ermöglicht eine genaue Kontrolle darüber, wie die Verteilung der virtuellen CPUs auf die physischen Kerne des Servers abläuft.

Im Auswahlmenü können Sie folgende Einstellungen vornehmen:

- Alle (Standard) – Die virtuellen CPUs dieser virtuellen Maschine können sich die Kerne mit anderen virtuellen CPUs dieser oder anderer virtueller Maschinen frei teilen.
- Inaktiv – Die virtuellen CPUs dieser virtuellen Maschine verwenden einen Prozessorkern bei entsprechender Planung exklusiv. Der andere Hyperthread des Kerns wird angehalten, während diese virtuelle Maschine den Kern benutzt.
- Intern – Auf einer virtuellen Maschine mit genau zwei virtuellen Prozessoren können diese beiden virtuellen Prozessoren einen physischen Kern (nach Ermessen des ESXi-Server-Planers) gemeinsam nutzen, doch verwendet diese virtuelle Maschine einen Kern niemals gemeinsam mit einer anderen VM. Wenn die Anzahl der auf dieser virtuellen Maschine vorhandenen Prozessoren nicht 2 ist, ist diese Einstellung identisch mit der Einstellung Inaktiv.

> In einem DRS-Cluster ist die Option Affinität nicht zulässig, und ihre Einstellungen werden gegebenenfalls gelöscht, wenn die VM auf einen anderen Server migriert wird. Falls die VM nicht verschoben werden kann, müssen Sie sich direkt am ESXi-Server anmelden und die Affinität löschen. Der Sinn dieser Option liegt allein in der Optimierung der Performance einer bestimmten Gruppe von virtuellen Maschinen auf demselben Server.

Erweiterter Arbeitsspeicher

Auf mancher physischer Hardware gibt es zusätzlich zur Affinität der Prozessoren auch noch die Affinität von Arbeitsspeicher. Der Fachbegriff dafür ist *NUMA-Arbeitsspeicheraffinität*. Abbildung 4-41 zeigt beispielhaft die Einstellungsmöglichkeiten. Die Abkürzung NUMA steht für *Non-Uniform Memory Architecture* und wird bei Mehrprozessorcomputern eingesetzt, die einen speziellen Speichercontroller dafür besitzen. Dabei hat jede CPU einen eigenen Arbeitsspeicher mit einem bestimmten Adressbereich, über den andere CPUs ebenfalls auf die Daten im RAM zugreifen können (*Distributed Shared Memory*).

Beachten Sie dabei, dass die beteiligten CPUs häufig auf den Arbeitsspeicher warten müssen und dann der Einsatz einer NUMA-Affinität negative Folgen für die Performance mit sich bringt.

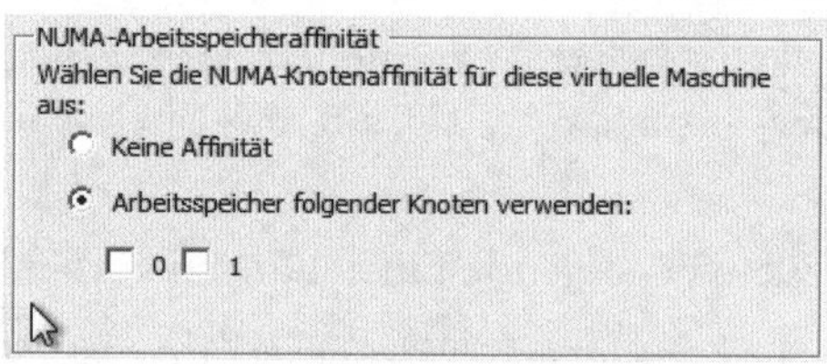

Abbildung 4-41: Einstellungen zur NUMA-Arbeitsspeicheraffinität

BIOS-Einstellungen der virtuellen Maschine

Um die BIOS-Einstellungen der virtuellen Maschine zu sehen oder zu verändern, muss man relativ schnell mit Maus und Tastatur sein. Die Anzeige des POST (*Power On Self Test*) ist recht kurz und geht meist ohne Details vor sich (siehe Abbildung 4-42).

Mit der Taste F2 kommt man zu den Einstellungen – allerdings liegt der Fokus von Tastatur und Maus noch beim Hostsystem. Deshalb muss man zunächst mit der Maus in das Fenster der gerade startenden Maschine klicken und anschließend die F2-Taste drücken – das gelingt nicht immer beim ersten Mal. Sie können aber auch in den Einstellungen der VM unter Optionen – Startoptionen das Häkchen bei BIOS-Setup erzwingen setzen.

Abbildung 4-42: BIOS-Meldung beim Start der VM

Will man z. B. für die Installation nur die Bootreihenfolge auf das optische Laufwerk umstellen, kann man nach dem Fokuswechsel mit der Maus die Taste Esc drücken, um ein Bootmenü zu erhalten. Hier hat man dann die folgende Auswahl:

- REMOVEABLE DEVICES: üblicherweise Floppy, ZIP, LS120
- HARD DRIVE: angeschlossene Festplatten (können auch mehrere sein)
- CD-ROM DRIVE: CD- oder DVD-Laufwerke, also optische Geräte
- NETWORK BOOT: Anzeige der Netzwerkkarte (MBA, *Managed Boot Agent*)

Außerdem hat man die Möglichkeit, von hier aus in die BIOS-Einstellungen zu gelangen.

Mithilfe der Taste F12 bekommen Sie die Möglichkeit, aus dem Netzwerk zu starten. Die Funktionalität ist die gleiche wie bei einer PXE-kompatiblen Netzwerkkarte (*Preboot eXecution Environment*), wie Abbildung 4-43 zeigt. Es wird also nach Dateien im Netzwerk mit der eingestellten MAC-Adresse gesucht – meistens zunächst ein DHCP-Server (*Dynamic Host Configuration Protocol*).

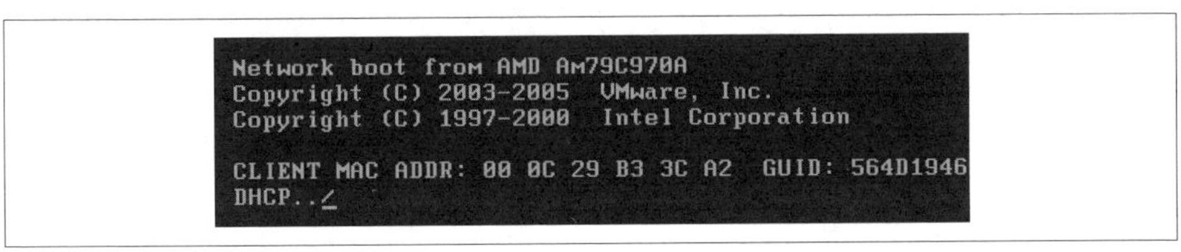

Abbildung 4-43: Starten über das Netzwerk mit PXE

Die vorgegebenen Grundeinstellungen für die VM bezüglich des BIOS brauchen normalerweise nicht verändert zu werden. Nur in Ausnahmesituationen ist das angebracht. Das moderne Phoenix-BIOS sieht zunächst nicht anders aus als das einer echten physischen Maschine.

Tastaturbelegung und -handhabung

Mit den Pfeiltasten Pfeil hoch und Pfeil runter neben dem Nummernblock kommen Sie zu den jeweiligen Features. Die Pfeiltasten Pfeil links und Pfeil rechts führen zum nächsten Menü bzw. zum vorherigen. Änderungen können über die Tasten + und – auf dem Nummernblock erfolgen. Meist haben Sie auch die Möglichkeit, die Enter-Taste zu drücken und in einem kleinen Fenster wiederum mit den Pfeiltasten die Einstellungen vorzunehmen. Anschließend bestätigen Sie sie erneut mit Enter (siehe Abbildung 4-44).

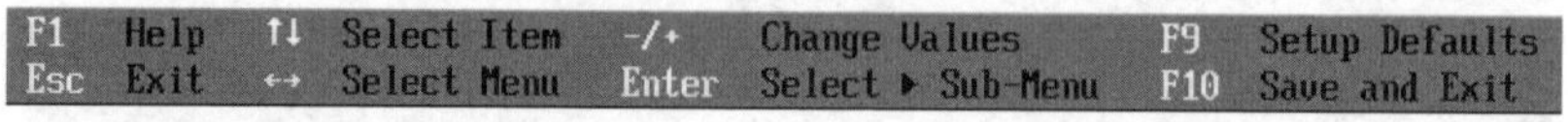

Abbildung 4-44: Funktionstasten im BIOS

Bei den Zeilen, an denen ein Dreieck angezeigt wird, gelangt man mit Enter in ein Untermenü. Häufig wird hier dann in der rechten Hälfte des Fensters eine spezielle Hilfe angezeigt (*Item Specific Help*). Mit Esc verlässt man das Untermenü wieder.

Einstellungen

Unter dem Menüpunkt MAIN findet man – wie üblich – die Einstellungen zu Datum und Uhrzeit, die angeschlossenen IDE-Platten (SCSI-Platten werden hier üblicherweise nicht angezeigt!), Einstellungen zur Tastatur (Verzögerung und Wiederholrate) und eine Auflistung des Arbeitsspeichers nach alter DOS-Konvention.

Weiterhin hat man die Möglichkeit, statt des Bildes *vmware* mit Laufbalken den DIAGNOSTIC SCREEN zu wählen, um mehr Informationen zum POST zu bekommen.

Bei ADVANCED findet man nur wenige Einstellungen, und diese sind für die emulierte Hardware meist uninteressant. Einzig die MULTIPROCESSOR SPECIFICATION sollte man bei alten Betriebssystemen (nur wenn es damit Probleme gibt und auch nur wenn man ein MPS hat) vom voreingestellten Wert 1.4 auf 1.1 herabsetzen. Das brauchen Sie z. B. bei Windows NT.

Wie bei einem normalen BIOS können Einstellungen unter SECURITY vorgenommen werden. Über das Benutzerpasswort kann die Maschine gestartet werden, das Supervisor-Passwort ist für den Start der VM und die BIOS-Einstellungen notwendig. Nach der Eingabe eines Passworts kann dann festgelegt werden, ob beim Booten immer ein Passwort abgefragt wird oder nur beim Aufruf des BIOS.

Die Power-Management-Einstellungen unter POWER sind sehr dürftig. Da neuere Betriebssysteme das Energiemanagement aber meistens selbst übernehmen, ist das hier nicht weiter schlimm.

Im Menüpunkt BOOT (siehe Abbildung 4-45) können Sie die Bootreihenfolge dauerhaft einstellen, anderenfalls hat man, wie schon erwähnt, auch die Möglichkeit, während des Bootens die Taste Esc zu drücken.

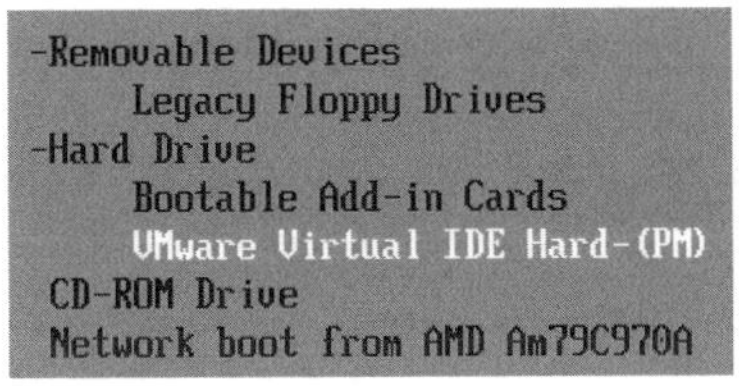

Abbildung 4-45: Bootmenü

Um die Geräte unter den Menüpunkten sehen zu können, braucht man dort nur die Enter-Taste zu drücken. Alle der virtuellen Maschine zur Verfügung stehenden bootfähigen Geräte werden dann angezeigt. Mit den Tasten + und – kann man die Geräte und die oberen Menüpunkte nach oben bzw. nach unten verschieben, um die Bootreihenfolge einzustellen.

Über den Menüpunkt EXIT kann man das BIOS mit oder ohne Speichern verlassen. Außerdem hat man hier die Möglichkeit, die Änderungen zu verwerfen, zu speichern oder die Standardeinstellungen von VMware zu laden, wie Abbildung 4-46 zeigt.

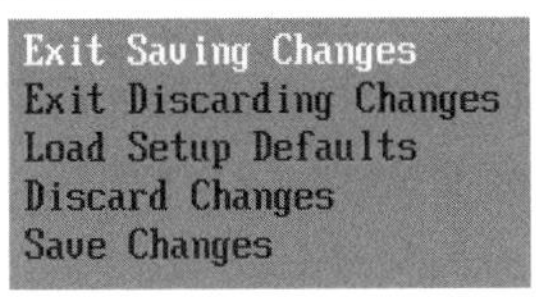

Abbildung 4-46: BIOS verlassen

Tabelle 4-4: Optionen des Menüpunkts Exit im BIOS

Englisch	Deutsch
Exit Saving Changes	Änderungen speichern und BIOS verlassen
Exit Discarding Changes	Änderungen nicht speichern und BIOS verlassen
Load Setup Defaults	Standardeinstellungen von VMware laden
Discard Changes	Änderungen verwerfen – BIOS nicht beenden
Save Changes	Änderungen speichern – BIOS nicht beenden

Denken Sie bitte daran, dass für die Tastatur noch kein Treiber geladen wurde und daher die Y-Taste noch mit Z belegt ist.

Beachten Sie auch, dass die BIOS-Einstellungen immer im gleichen Schema vorliegen – unabhängig vom ausgewählten Betriebssystem!

EFI-Einstellungen der virtuellen Maschine

Um die EFI-Einstellungen der virtuellen Maschine anzuschauen oder zu verändern, muss man relativ schnell mit Maus und Tastatur sein. Die Anzeige des POST (*Power On Self Test*) ist recht kurz und geht meist ohne Details vor sich.

Mit der Taste F2 kommt man zu den Einstellungen – nur der Fokus von Tastatur und Maus liegt noch bei dem Hostsystem. Deshalb muss man zunächst mit der Maus in das Fenster der gerade startenden Maschine klicken und anschließend die F2-Taste drücken – das gelingt nicht immer beim ersten Mal.

Besser ist es, man geht in die Einstellungen der VM auf die Registerkarte OPTIONEN, dann auf die Einstellung STARTOPTIONEN und setzt dort das Häkchen für SETUP ERZWINGEN.

Startet man anschließend die VM, gelangt man in ein Menü mit drei Auswahlmöglichkeiten:

- CONTINUE, also Weitermachen, heißt, dass die VM ohne Änderungen gestartet wird.
- BOOT MANAGER zeigt alle Optionen für die Startgeräte der VM an. Mit den Pfeiltasten kann man einen Eintrag auswählen und mit Return die VM über dieses Gerät einmalig starten.
- BOOT MAINTENANCE MANAGER bietet wiederum sechs Untermenüs:
  - BOOT OPTIONS – eine Bootoption als Anwendung oder Wechselmedium festlegen
  - DRIVER OPTIONS – einen Treiber als Startoption hinzufügen
  - CONSOLE OUTPUT MODE SELECT – Auflösung des Bildschirms ändern
  - BOOT FROM A FILE – eine Datei als Bootoption festlegen
  - SET BOOT NEXT VALUE – ein Gerät als nächstes Startgerät festlegen
  - RESET THE SYSTEM – ein Reset für das System durchführen

Dateien der virtuellen Maschine

Auf dem VMFS-Volume des ESXi-Servers befindet sich nun unsere Maschine üblicherweise in einem eigenen Verzeichnis. Unabhängig davon, ob dieses ein lokaler oder ein SAN-Storage ist, wird das Volume in das Dateisystem des ESXi-Hosts eingebunden und ist von dort aus auf der Kommandozeile erreichbar. Auch über den Datenspeicherbrowser (siehe Abbildung 4-47) lassen sich die Dateien anzeigen. Klicken Sie dazu auf Ihre virtuelle Maschine und wählen Sie dann im rechten Fenster den dort angezeigten Storage mit der rechten Maustaste aus. Wählen Sie dann DATENSPEICHER DURCHSUCHEN.

Sollten dort zwei oder mehr Plattenbereiche angezeigt werden, haben Sie eventuell noch ein ISO-Image an die VM gebunden, das auf einem anderen Speicherplatz liegt, die Festplatte auf einen anderen Storage gelegt oder auch die Einstellungen zur Auslagerungsdatei geändert.

Im Datenspeicherbrowser klicken Sie im linken Fenster auf das Verzeichnis Ihrer VM, sodass Sie in der rechten Hälfte die Dateien sehen. Über das Kontextmenü in der oberen Zeile des Browsers können Sie Spalten hinzufügen oder wegnehmen und mit der linken Maustaste die Sortierung ändern sowie die Spaltengröße anpassen. Beim erneuten Öffnen ist das Fenster aber wieder im alten Zustand.

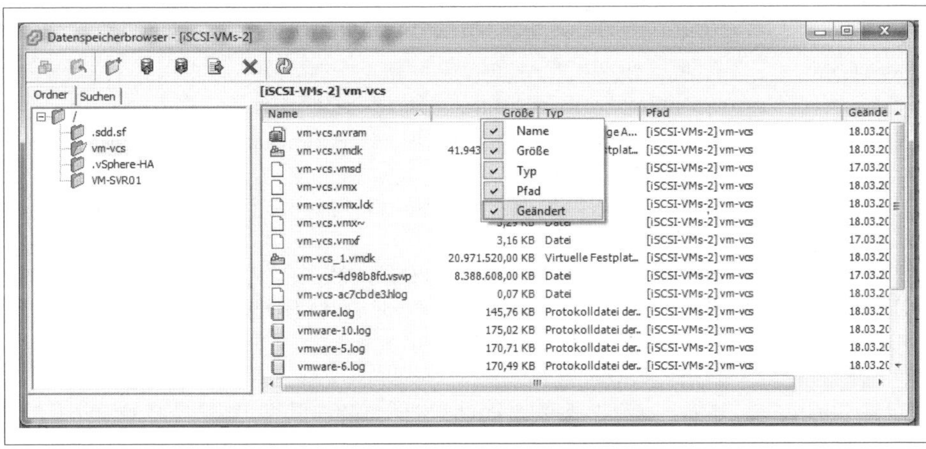

Abbildung 4-47: Fenster des Datenspeicherbrowsers

Die tatsächliche Festplattendatei wird hier zusammen mit ihrer Konfigurationsdatei als eine einzige Datei angezeigt. Auf der Kommandozeile oder mit einem *ssh*-Tool (wie putty, WinCMD, Veeam Programme o. Ä.) sehen Sie dort aber beide Dateien.

Die Dateien im Verzeichnis der VM lassen sich grob in drei Bereiche aufteilen:

- Konfigurationsdateien der virtuellen Maschine
- zugewiesene Festplatten
- Logdateien

In Tabelle 4-5 sehen Sie die möglichen Dateiendungen mit ihrer Bedeutung als Beispiel für die virtuelle Maschine mit Namen VM1:

Tabelle 4-5: Dateiendungen bei der VM

Datei	Bedeutung
VM1.vmx	Dieses ist die eigentliche Konfigurationsdatei, in der u. a. der Anzeigename, die gewählte Hardware und der Speicherort der virtuellen Maschine vermerkt sind.
VM1.vmxf	Die erweiterte Konfigurationsdatei zur *.vmx*-Datei. Einzige Datei im XML-Format (ist bei neuen VMs nicht unbedingt vorhanden).
VM1.nvram	Die BIOS- oder EFI-Einstellungen der virtuellen Maschine
vmware.log	Die Protokolldateien der VM, in der Sie Statusmeldungen, Konfiguration der VM und Weiteres finden (max. Anzahl: 7).
VM1-nnn.hlog	Eine Protokolldatei, die während vMotion Fehler aufzeichnet. Startet die VM nach vMotion, kann die Datei gelöscht werden.
VM1-flat.vmdk	Die eigentliche Festplatte der VM. Darin liegen die Daten des Gastbetriebssystems.
VM1.vmdk	Diese Datei enthält die geometrischen Daten zur Festplatte (Köpfe, Zylinder, Sektoren), den Erstellungstyp und den Namen der Festplattendatei.
VM1-nnn.vmdk	Virtuelle Festplatte, die Änderungen z. B. beim Snapshot festhält.
VM1.dsk	Altes, monolithisches Festplattensystem des alten ESXi-Servers
VM1.vmdk.redo	Änderungen an der Festplatte werden hier aufgezeichnet. Liegt immer dort, wo auch die Festplatte der VM liegt, außer bei RDM.
VM1-*Snapshot1.vmsn*	Hauptspeicherinhalt der VM zum Zeitpunkt des Snapshots. Zu jedem Snapshot gibt es eine eigene Datei.
VM1.vmsd	Informationen zu Snapshots. Ohne Snapshot Größe 0.
VM1-nnn.vmss	Virtual Machine Suspend State. Diese Datei enthält den Hauptspeicherinhalt der VM zum Zeitpunkt des Auslösens des Snapshots.
VM1.vmdk.lck	Schreibschutzanzeige zur virtuellen Festplatte
VM1-nnn.vswp	RAM-Auslagerungsdatei der VM. Frühere ESXi-Versionen hatten eine zentrale Swap-Datei, jetzt besitzt jede VM eine eigene.
VM1.vmdk-delta. redo_nnn	Hierbei handelt es sich um eine Differenzdatei (auch Redo-Log genannt). Dabei ist zu beachten, dass Änderungen nach einem erfolgten Snapshot in die Deltadatei(en) geschrieben werden.
VM1.vmtx	Virtual Machine-Template-Datei
nnn	Bezeichner, bestehend aus Buchstaben und/oder Zahlen.

Es müssen bei Ihren virtuellen Maschinen nicht alle Dateien vorhanden sein. Die *vswp*-Datei existiert z. B. nur, wenn die Maschine eingeschaltet ist und der RAM nicht vollständig reserviert wurde. Die *vmsn*- und *vmss*-Dateien sind nur vorhanden, wenn die Maschine »suspended« ist. Redo-Dateien sind nur vorhanden, wenn nicht in die Festplattendatei geschrieben wird, usw.

Die wichtigsten Dateien der virtuellen Maschine sind also folgende:

1. *.vmdk und -flat.vmdk* (Festplatte und Konfigurationsdatei zur Festplatte)
2. *.vmx* und gegebenenfalls *.vmxf* als eigentliche Konfigurationsdateien

Die Dateien *.nvram* und *.vmsd* werden beim Starten der Maschine neu erstellt, falls sie nicht vorhanden sind. Bei jedem Start der VM oder wenn die Datei die maximale Größe erreicht hat, wird eine neue Logdatei geschrieben, wobei die Datei *vmware.log* immer die aktuelle ist. Die anderen Logdateien werden fortlaufend nummeriert und bei Erreichen der siebten wird jeweils die älteste gelöscht.

Inhalt der .vmx-Datei

Wirft man einen Blick in die Konfigurationsdatei der virtuellen Maschine, wird man einiges von dem wiederfinden, was man bei der Erstellung angegeben hat. Da es sich hier um eine Textdatei handelt, kann sie mit einem Editor, der die Linux-konformen Zeilenwechsel richtig interpretiert, geändert werden. Im Folgenden gehe ich auf einige wichtige Parameter ein.

In der *.vmx*-Datei Ihrer Maschine müssen nicht alle Einstellungen vorhanden sein, und es können auch andere Einträge in dieser Datei stehen. Die Reihenfolge der Einträge habe ich zum Teil geändert. VMware fügt neue Einträge meistens am Ende der Datei ein und belässt von ihr geänderte Einträge an ihrer ursprünglichen Stelle.

Tabelle 4-6: Inhalt der .vmx-Datei

Eintrag in der Datei	Bemerkung
#!/usr/bin/vmware	Hiermit wird das Programm angegeben, mit dem diese Datei assoziiert ist. In neuen Versionen nicht mehr benutzt.
.encoding = "UTF-8"	Format der *.vmx*-Datei
config.version = "8"	Version der Konfigurationsdatei
virtualHW.version = "11"	Angabe, welche virtuelle Hardwareversion in der virtuellen Maschine vorhanden ist.
bios.bootDelay = "10000"	Verzögerung der BIOS-/EFI-Meldung
bios.forceSetupOnce = "FALSE"	Beim nächsten Starten ins BIOS-/EFI-Setup gehen
bios.bootRetry.enabled = "TRUE"	Wenn Startgerät nicht gefunden wurde, nach 10 Sekunden erneut versuchen.
checkpoint.vmState = ""	Beim Suspend-Modus steht hier der Name der *.vmss*-Datei.
checkpoint.vmState.readOnly = "FALSE"	Nur-lesen-Modus für die Suspend-Datei
cleanShutdown = "FALSE"	Flag, ob die VM sauber heruntergefahren oder in den Schlafmodus versetzt wurde (TRUE). Beim Einschalten wird der Wert wieder auf `FALSE` gesetzt.
cpuid.coresPerSocket = "4"	Anzahl der Kerne pro CPU-Sockel
deploymentPlatform = "windows"	Zugrunde liegende Hardwareplattform
disk.EnableUUID = "TRUE"	Wird für Snapshots zum Sichern benötigt. Dazu gehört die scsi0.sasWWID.

→

Tabelle 4-6: Inhalt der .vmx-Datei (Fortsetzung)

Eintrag in der Datei	Bemerkung
disable_acceleration = "TRUE"	Hardwarebeschleunigung ausschalten
displayName = "VM1"	Der Anzeigename der virtuellen Maschine
ethernet0.addressType = "generated"	MAC-Adresstyp der ersten NIC
ethernet0.generatedAddress = "00:0c:29:91:a1:5a"	Die MAC-Adresse des ersten Netzwerkadapters. Die ID wird bei mehreren Adaptern hochgezählt.
ethernet0.generatedAddressOffset = "0"	Offset zur generierten MAC-Adresse. Meistens erst bei der zweiten NIC gesetzt.
ethernet0.networkName = "VM Network"	Name der zugewiesenen Portgruppe auf dem Switch der VM
ethernet0.pciSlotNumber = "32"	Steckplatz der Netzwerkkarte
ethernet0.present = "TRUE"	Angabe, ob ein Netzwerkadapter vorhanden ist. Bei mehreren Adaptern wird die ID hochgezählt.
ethernet0.virtualDev = "vmxnet3"	Art der Netzwerkkarte
evcCompatibilityMode = "FALSE"	Kompatibilitätsmodus für vMotion
extendedConfigFile = "VM1.vmxf"	Name der erweiterten Konfigurationsdatei
firmware = "efi"	Typ des Startgeräts (BIOS oder EFI)
floppy0.clientDevice = "TRUE"	Ist Floppy an dem vSphere Client-PC angeschlossen?
floppy0.fileName = "/dev/fd0"	Name des Disketten-Images oder des physischen Pfads zum Laufwerk
floppy0.present = "TRUE"	Angabe, ob ein Diskettenlaufwerk vorhanden ist. Bei mehreren Laufwerken wird die ID hochgezählt.
floppy0.startConnected = "FALSE"	Angabe, ob das Diskettenlaufwerk beim Starten angeschlossen sein soll.
guestCPUID.0 = "0000000a756e65476c65746e49656e69" guestCPUID.1 = "000006fb00010800800022010febbbff" guestCPUID.80000001 = "00000000000000000000000120100800"	CPU-ID-Maske der VM
guestOS = " windows7srv-64"	Betriebssystem innerhalb der virtuellen Maschine
guestOSAltName = "Microsoft Windows Server 2003, Enterprise Edition (32-Bit)"	Langer Name des gewählten Betriebssystems der VM (veraltet)
hostCPUID.0 = "0000000a756e65476c65746e49656e69" hostCPUID.1 = "000006fb000408000000e3bdbfebfbff" hostCPUID.80000001 = "00000000000000000000000120100800"	CPU-ID-Maske des Hosts
hpet0.present = "TRUE"	High Precision Event Timer der Intel CPU
ide1:0.allowGuestConnectionControl = "TRUE"	Zugriff auf das optische Laufwerk erlauben
ide1:0.clientDevice = "TRUE"	IDE Secondary Master am Client
ide1:0.deviceType = "atapi-cdrom"	Art des IDE-Geräts

→

Tabelle 4-6: Inhalt der .vmx-Datei (Fortsetzung)

Eintrag in der Datei	Bemerkung
ide1:0.fileName = " emptyBackingString "	Name der CD-ROM-Imagedatei oder des physischen Pfads zum Laufwerk (hier leer)
ide1:0.present = "TRUE"	Angabe, ob ein IDE-Controller vorhanden ist.
ide1:0.startConnected = "FALSE"	Angabe, ob das optische Laufwerk beim Einschalten verbunden ist.
mem.hotadd = "TRUE"	Hinzufügen von RAM zur Laufzeit
memsize = "2048"	Zugewiesener Hauptspeicher in MByte.
monitor.virtual_exec = "hardware" monitor.virtual_mmu = "hardware"	Einträge zur CPU-/MMU-Virtualisierung
numvcpus = "4"	Anzahl der insgesamt zugewiesenen vCPUs
nvram = "VM1.nvram"	BIOS-Datei der VM
parallel0.fileName = "<Pfad/Name>" parallel0.fileType = "file" parallel0.present = "TRUE"	Einstellungen zum Parallelport
pciBridge0.pciSlotNumber = "17" pciBridge0.present = "TRUE" pciBridge4.functions = "8" pciBridge4.pciSlotNumber = "21" pciBridge4.present = "TRUE" pciBridge4.virtualDev = "pcieRootPort" pciBridge5.functions = "8" pciBridge5.pciSlotNumber = "22" pciBridge5.present = "TRUE" pciBridge5.virtualDev = "pcieRootPort" pciBridge6.functions = "8" pciBridge6.pciSlotNumber = "23" pciBridge6.present = "TRUE" pciBridge6.virtualDev = "pcieRootPort" pciBridge7.functions = "8" pciBridge7.pciSlotNumber = "24" pciBridge7.present = "TRUE" pciBridge7.virtualDev = "pcieRootPort"	Virtualisierte Steckplätze der vorhandenen PCI-Geräte
powerType.powerOff = "soft" powerType.powerOn = "default" powerType.reset = "soft" powerType.suspend = "hard"	Einstellungen bei den VMware Tools zu den Schaltflächen der virtuellen Maschine
replay.supported = "TRUE" replay.filename = ""	Funktion wird nur unter VMware Workstation unterstützt.
sched.cpu.affinity = "all"	Affinität bei vCPUs zu echten Kernen des Hosts.

→

Tabelle 4-6: Inhalt der .vmx-Datei (Fortsetzung)

Eintrag in der Datei	Bemerkung
sched.mem.shares	Zugeteilte Shares für den Arbeitsspeicher
sched.cpu.shares	Zugeteilte Shares für den Prozessor
sched.swap.derivedName = "/vmfs/volumes/4b417378-f7511562-e413-001517bf29f8/VM1/VM1-33817e33.vswp"	Name und Ort der RAM-Auslagerungsdatei der VM
scsi0.pciSlotNumber = "16"	Steckplatz des SCSI-Controllers
scsi0.present = "TRUE"	Angabe, ob ein SCSI-Controller in der virtuelle Maschine steckt. Bei mehreren Controllern wird die SCSI-ID hochgezählt.
scsi0.sasWWID = "50 05 05 69 7e 80 d8 10"	ID des Laufwerks, wird für Snapshots genutzt.
scsi0.sharedBus = "none"	Angabe, ob der SCSI-Adapter für die gemeinsame Verwendung eingestellt wurde.
scsi0.virtualDev = " lsisas1068"	Art des SCSI-Bus-Adapters
scsi0:0.deviceType = "scsi-hardDisk"	Typ des ersten Geräts am SCSI-Adapter
scsi0:0.fileName = "VM1.vmdk"	Name des ersten Geräts am SCSI-Adapter
scsi0:0.present = "TRUE"	Angabe, ob erstes Gerät vorhanden ist
scsi0:0.redo = ""	Angabe, ob unabhängiger Modus eingeschaltet ist
softPowerOff = "FALSE"	VM kann bei »FALSE« nicht über die VMware Tools heruntergefahren werden.
svga.autodetect = "TRUE"	Automatisch die Einstellungen der VGA-Karte erkennen
svga.vramSize = "6291456"	Arbeitsspeicher der VGA-Karte, hier 6 MByte
tools.remindInstall = "FALSE"	Tools-Version beim Einschalten überprüfen
toolScripts.afterPowerOn = "TRUE" toolScripts.afterResume = "TRUE" toolScripts.beforePowerOff = "TRUE" toolScripts.beforeSuspend = "TRUE"	Einstellungen für die vier Skripte bei Statusänderungen des Gast-OS
tools.syncTime = "FALSE"	Angabe, ob die VMware Tools die Zeit mit dem Wirt abgleichen.
tools.upgrade.policy = "useGlobal"	Individuelle oder allgemeine Einstellung zum Upgrade der Tools
toolsInstallManager.lastInstallError = "0" toolsInstallManager.updateCounter = "2"	Installation der VMware Tools = kein Fehler Tools wurden einmal installiert und einmal upgedated
usb.pciSlotNumber = "34"	Steckplatz des USB-Hostadapters
usb.present = "TRUE"	Angabe, ob USB vorhanden.
usb:0.deviceType = "hid"	Typ des ersten USB-Geräts
usb:0.present = "TRUE"	Erstes USB-Gerät vorhanden.
usb:1.deviceType = "hub"	Typ des zweiten USB-Geräts
usb:1.present = "TRUE"	Zweites USB-Gerät vorhanden.
usb:1.speed = "2"	Geschwindigkeit, hier USB 2.0
uuid.bios = "56 4d c4 29 f2 b4 42 33-f7 cc b0 bb 57 91 a1 5a"	Eindeutige ID der VM

→

Tabelle 4-6: Inhalt der .vmx-Datei (Fortsetzung)

Eintrag in der Datei	Bemerkung
uuid.location = "56 4d c4 29 f2 b4 42 33-f7 cc b0 bb 57 91 a1 5a"	Erstellungsort der VM. Die letzten sechs Zeichen sind meist identisch mit der MAC-Adresse.
vc.uuid = "52 0f 00 b1 36 2f c0 d7-d4 5c 18 8d 74 fc 16 da"	Eindeutige ID der VM im vCenter Server
vcpu.hotadd = "TRUE"	Hinzufügen von CPUs im laufenden Betrieb
virtualHW.productCompatibility = "hosted"	Kompatibilität der virtuellen Hardware stimmt mit dem Host überein.
vmi.present = "FALSE"	VMI-Paravirtualisierung aktiviert
vmotion.checkpointFBSize = "6291456"	Eintrag für vMotion bezüglich des RAMs der Grafikkarte
vmx.buildType = "stats"	Statistiken protokollieren
wwn.node = "21de000c2900019b" wwn.port = "21de000c2900029b" wwn.type = "host"	Einträge für Fibre-Channel-NPIV

Inhalt der .vmdk-Datei

Wirft man einen Blick in die Konfigurationsdatei der Festplatte der virtuellen Maschine, wird man einiges wiederfinden, was man eventuell noch von alten BIOS-Einträgen für DIE-Festplatten kennt. Da es sich hier um eine Textdatei handelt, kann sie mit einem Editor, der die Linux-konformen Zeilenwechsel richtig interpretiert, geändert werden. Im Folgenden gehe ich auf einige wichtige Parameter ein.

In der *.vmdk*-Datei Ihrer Maschine müssen nicht alle Einstellungen vorhanden sein, und es können auch andere Einträge in dieser Datei stehen. Die Reihenfolge der Einträge darf auf keinen Fall geändert werden.

Tabelle 4-7: Inhalt der .vmdk-Datei

Eintrag in der Datei	Bemerkung
# Disk DescriptorFile	Festplatten-Beschreibungsdatei
version=1	Version 1
encoding="UTF-8"	Zeichensatz UTF-8
CID=2e62cf7a	Client-ID
parentCID=ffffffff	Übergeordnete ID (immer FFF..)
isNativeSnapshot="no"	kein Snapshot, Originaldatei
createType="vmfs"	auf VMFS-Dateisystem erstellt
# Extent description	Erweiterte Beschreibung
RW 67108864 VMFS "VM1-flat.vmdk"	Read-Write, Größe in Blöcke, Name der VM-Festplatte

→

Tabelle 4-7: Inhalt der .vmdk-Datei (Fortsetzung)

Eintrag in der Datei	Bemerkung
# The Disk Data Base	Festplatten-Datenbank
#DDB	Abkürzung für Disk Data Base
ddb.adapterType = "lsilogic"	Adaptertyp (ide, buslogic, lsilogic oder pvscsi)
ddb.geometry.cylinders = "4177"	Geometrie mit Zylinder
ddb.geometry.heads = "255"	Köpfe und
ddb.geometry.sectors = "63"	Sektoren
ddb.longContentID = "bb914b4215a361930f9a3d232e62cf7a"	Lange Inhalts-ID
ddb.thinProvisioned = "1"	Thin-Privisioning-Platte
ddb.toolsVersion = "9443"	Version der VMware Tools
ddb.uuid = "60 00 C2 9c ce 10 48 54-56 e2 bc a7 94 7b 9f 31"	Eindeutige ID der Festplatte
ddb.virtualHWVersion = "11"	Hardwareversion der VM

Hat man bei der VM unter OPTIONEN das Häkchen bei STATISTIKEN ERFASSEN angeklickt, gibt es im Verzeichnis der Maschine noch ein Unterverzeichnis namens *stats*, indem sich die zugehörigen Dateien befinden.

VMs umbenennen

Hat man sich bei der Bereitstellung der VM beim Namen vertan, so kann man diese in der Bestandsliste des ESXi-Host oder beim vCenter Server über das Kontextmenü umbenennen. Dadurch werden aber nicht der Name des Verzeichnisses oder die darin enthaltenen Dateien der VM geändert. Bei einem anschließenden Storage vMotion wird das Verzeichnis der VM wie der Name in der Bestandsliste lauten und die Dateien in dem Verzeichnis werden ebenfalls umbenannt. Da Storage vMotion aber nur bei den teuren Lizenzen enthalten ist, folgt hier eine Schritt-für-Schritt-Anleitung.

Um auch die Dateinamen wieder »sauber« zu bekommen, ist einiger Aufwand nötig:

1. Fahren Sie die Maschine, die Sie umbenennen wollen, herunter. Für die folgenden Änderungen muss sie ausgeschaltet sein. Stellen Sie sicher, dass die VM keinen Snapshot hat.
2. Öffnen Sie den Datenspeicherbrowser, auf dem sich die VM befindet, und klicken Sie in der rechten Hälfte des Fensters auf den Ordner der VM mit der rechten Maustaste. Über das Kontextmenü können Sie den Ordnernamen anpassen.
3. Öffnen Sie den Ordner und sortieren Sie die Liste nach dem Namen. Jetzt können Sie alle Dateien der VM mit Ausnahme der Festplattendateien hie-

rüber ändern. Schließen Sie anschließend den Datenspeicherbrowser aber noch nicht.

4. Klicken Sie auf den ESXi-Server, auf dem sich die VM befindet, und navigieren Sie auf der Registerkarte KONFIGURATION zu dem Punkt SOFTWARE - SICHERHEITSPROFIL.

5. Klicken Sie oben rechts neben DIENSTE auf den blauen Link EIGENSCHAFTEN und suchen Sie in dem neuen Fenster den Eintrag SSH. Über die Schaltfläche OPTIONEN können Sie den Dienst starten.

   Wenn Sie mit einer Linux-Kommandozeile und der Bearbeitung von Dateien mit vi(m) vertraut sind, können Sie sich jetzt über putty mit dem Host verbinden. Für Windows-Benutzer empfehle ich den Einsatz von dem kostenlosen Tool WinSCP.

6. Melden Sie sich über SSH an dem vorbereiteten Host an und gehen Sie zu dem Volume, auf dem sich die Dateien der VM in dem umbenannten Ordner befinden (Beispiel: *cd /vmfs/volumes/datastore1/VM1/*).

7. Hier sehen Sie für jede Festplatte eine Beschreibungsdatei (z.B. *VM1.vmdk*) und die zugehörige Festplatte (z.B. *VM1-flat.vmdk*). Ändern Sie hier die Namen wie gewünscht (Beispiel: *mv VM1.vmdk vm-vcs.vmdk* und *mv VM1-flat.vmdk vm-vcs-flat.vmdk*).

8. Jetzt müssen in den folgenden Dateien nur noch die Namensbezüge angepasst werden:

   - *.vmxf In der »erweiterten« Konfigurationsdatei im XML-Format muss lediglich der Name der *.vmx-Datei angepasst werden (falls noch vorhanden).
   - *.vmdk In den Beschreibungsdateien zur Festplatte im TXT-Format brauchen Sie ebenfalls nur eine Zeile zu bearbeiten.
   - *.vmx Hier ändern Sie folgende Zeilen: *extendedConfigFile*, *scsi0:0.filename*, *displayName* und gegebenenfalls weitere Festplatten wie *scsi1:0.filename* und *nvram*. Die Zeile, die mit *sched.swap.derivedName* anfängt, können Sie löschen, ebenfalls – falls vorhanden – die Zeile *migrate.hostlog*.

9. Klicken Sie in der Bestandsliste nun mit der rechten Maustaste auf den Namen Ihrer VM und wählen Sie aus dem Kontextmenü *Aus Bestandsliste entfernen*.

10. Gehen Sie jetzt wieder im Fenster des Datenspeicherbrowsers in das Verzeichnis der VM und wählen Sie über das Kontextmenü auf der *.vmx*-Datei den Eintrag *Zur Bestandsliste hinzufügen*.

Beim nächsten Einschalten werden Sie gefragt, ob Sie die VM kopiert oder verschoben haben. Wählen Sie dann *verschoben*, damit keine neue MAC-Adresse generiert wird.

Die MAC-Adresse der VM

Die Hardwareadresse der virtuellen Maschine wird beim ersten Starten automatisch generiert und in die *.vmx*-Datei eingetragen. Üblicherweise ermittelt der Host aus dem »echten« Namen des Storage, des Ordners der VM und deren Namen eine hexadezimale Adresse und trägt diesen in die *.vmx*-Datei als `uuid.location` ein. Die letzten sechs Stellen dieser ID werden dann die letzten sechs Stellen der MAC-Adresse. Über die grafische Oberfläche können Sie diese einsehen und mittlerweile auch beliebig verändern:

1. Klicken Sie dazu auf die virtuelle Maschine und wählen Sie EINSTELLUNGEN BEARBEITEN aus.
2. Klicken Sie dann auf NETZWERKADAPTER 1 oder einen beliebigen anderen. Im rechten Teil des Fensters sehen Sie dann die automatisch zugewiesene Adresse, meist im Bereich von 00:0c:29:xx:yy:zz.
3. Ist die Maschine ausgeschaltet, können Sie hier eine manuelle Adresse eintragen. Der Anfangsbereich liegt bei 00:50:56:00:00:00, also den ebenfalls von VMware erworbenen sechs Stellen.
4. Bei Bedarf können Sie aber eine beliebige 12-stellige MAC-Adresse nach dem obigen Muster (mit Doppelpunkten) eintragen.

Gerade wenn man eine physische Maschine in eine virtuelle konvertiert und die bisherige MAC-Adresse beibehalten muss, kann man hier endlich ohne Probleme die vorige Einstellung eintragen.

Davon unabhängig können Sie natürlich auch diese Einstellungen beim Treiber zur Netzwerkkarte im gestarteten Betriebssystem einstellen (siehe Abbildung 4-48).

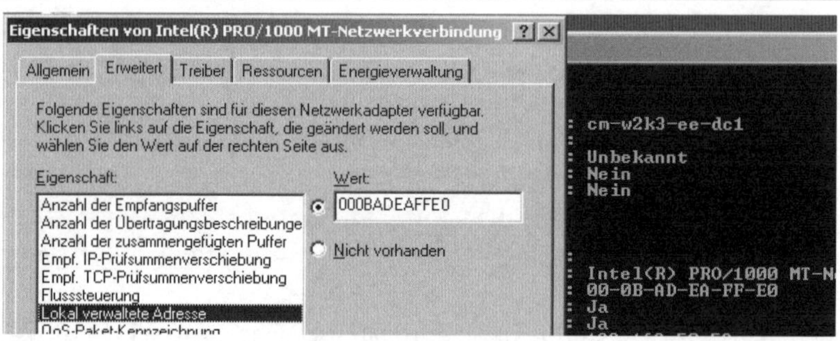

Abbildung 4-48: MAC-Adresse im Betriebssystem ändern

Bedenken Sie bei dieser Änderung, dass manche Software die Hardwareadresse der Netzwerkkarte aus deren Konfigurationsport direkt abfragt und sich durch diese Einstellung nicht überlisten lässt. Über den zuerst genannten Weg sollte es aber funktionieren.

Denken Sie außerdem daran, dass doppelt vergebene MAC-Adressen in einem Netzwerk zu erheblichen Problemen führen können und es sehr schwer ist, diesen Fehler zu identifizieren. Ein doppelter Name oder eine bereits vorhandene IP-Adresse wird üblicherweise vom Betriebssystem der Maschine gemeldet – eine doppelte Hardwareadresse leider nicht.

In diesem Kapitel habe ich beschrieben, wie eine virtuelle Maschine richtig erstellt wird, welche Einstellungs- und Wahlmöglichkeiten man dabei hat, worauf es bei den VMware Tools ankommt und wie man nachträglich Änderungen durchführt.

Im nächsten Kapitel werden wir uns nochmals den ESXi-Server vorknöpfen und dort genauso detailliert die Einstellungs- und Wahlmöglichkeiten beleuchten.

KAPITEL 5

Konfiguration und Einstellungen des ESXi-Servers

Nachdem wir nun mindestens einen laufenden ESXi-Server und mindestens eine virtuelle Maschine erstellt und konfiguriert haben, ist es an der Zeit, uns die Konfiguration des Hosts näher anzuschauen.

Beim aktuellen ESXi-Server 6.0 können noch diverse weitere Einstellungen gesetzt und verändert werden. Vieles davon war auch schon bei der Vorgängerversion 5.x vorhanden – einige Einstellschrauben sind aber jetzt anders oder neu.

Die meisten dieser Anzeigen und Einstellungsmöglichkeiten – ausgenommen Netzwerk und Speicher (Storage) – werden Sie wohl eher selten benötigen. So wird z. B. der Systemstatus auch als Alarm gemeldet, sollte mal ein Fehler auftreten.

Auch wenn Sie nicht jeden Punkt dieses Kapitels der Reihe nach durchlesen wollen, sollten Sie wenigstens beim ersten ESXi-Server Folgendes einer genaueren Betrachtung unterziehen:

- HARDWARE – PROZESSOREN: Hier sollten Sie je nach vorliegenden physischen CPUs das Hyperthreading überprüfen und es gegebenenfalls im BIOS/EFI und hier unter diesem Punkt einschalten.
- SOFTWARE – DNS UND ROUTING: Sind alle gemachten Angaben während der Installation korrekt eingetragen worden, oder hat sich im Laufe der Zeit vielleicht die IP-Adresse eines DNS-Servers verändert?
- SOFTWARE – UHRZEITKONFIGURATION: Stimmen die Angaben zum NTP-Server? Beachten Sie auch unbedingt die Einstellungen bei den VMware Tools innerhalb der VMs. Beachten Sie dazu auch die Angaben in Kapitel 4.
- HOCH-/HERUNTERFAHREN VIRTUELLER MASCHINEN: Ist nur sinnvoll auf einem allein stehenden ESXi-Server, da es so eine Einstellung leider nicht über den vCenter Server gibt. Schauen Sie sich dazu in Kapitel 9 das Skript für USV/UPS an, ob dieses in Ihrer Umgebung das Tool der Wahl ist.

Ich erläutere hier in der Reihenfolge der Einträge in den beiden Abschnitten HARDWARE und SOFTWARE die Punkte mit kurzen Hinweisen, die man bei der Grundkonfiguration beachten sollte.

Den beiden großen und wichtigen Themen »Netzwerk« und »Storage« (Speicher) habe ich zwei eigene Kapitel (siehe Kapitel 6 und 7) gewidmet und gehe dort sehr detailliert mit Beispielen auf die Thematik ein.

Hardwareeinstellungen des ESXi-Servers

Sieht man von den beiden großen und wichtigsten Bereichen Netzwerk- und Speichertechnik, die ich in den Kapiteln 6 und 7 sehr detailliert bespreche, einmal ab, gibt es hier nur sehr wenig, das man einstellen oder ändern muss (siehe auch die Aufzählung oben).

Der Vollständigkeit halber gehe ich aber kurz auf die einzelnen Punkte ein, die in Abbildung 5-1 gezeigt werden.

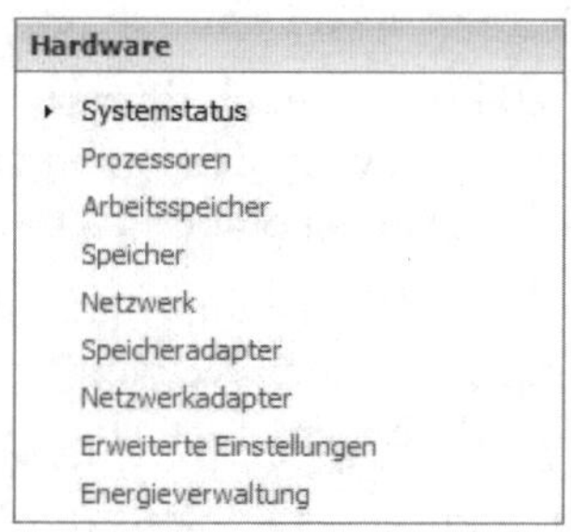

Abbildung 5-1: Konfiguration – ESXi-Hardware

Hardware – Systemstatus

Bei den von VMware zertifizierten Servern erscheinen hier mehr oder weniger viele Angaben zu den Geräten und Treibern. Am einfachsten vergleicht man die Anzeige mit dem Hardwarestatus im BIOS eines Rechners, bei dem man ebenfalls keine Einstellungen vornehmen kann. Üblich sind hier Angaben zu Prozessoren, Arbeitsspeicher, Lüftern, Netzwerkkarten, BIOS und weiteren Geräten, an die Sensoren angeschlossen oder darin integriert sind. Dazu zählen auch diverse Temperaturen und Umdrehungszahlen, die vom ESXi-Server ausgelesen und grafisch dargestellt werden. Die Zuverlässigkeit der Anzeige beruht auf den jeweiligen Sensoren, nicht auf der Abfragesoftware, die das SMASH-Profil (*Systems Management Architecture for Server Hardware*) dafür nutzt.

Per Link oben rechts in der Ecke sind die AKTUALISIERUNG der Anzeige und das ZURÜCKSETZEN der Sensoren möglich. Wird ein Status ungleich NORMAL festgestellt, wird dieses in Gelb oder – schlimmer – in Rot dargestellt. Die Schwellenwerte für Gelb und Rot lassen sich nicht einstellen. Ist in dieser Spalte nichts aufgeführt, kann der Wert nicht ermittelt werden.

Wenn der ESXi-Server Mitglied beim vCenter Server ist, gibt es ein zusätzliches Plug-in *vCenter-Hardwarestatus*, das dann auch Alarme versenden kann, z.B. per Mail oder SNMP-Trap (dazu mehr in Kapitel 10).

Hardware – Prozessoren

Unter diesem Punkt werden die installierten Prozessoren mit Typ, Anzahl der Kerne, Geschwindigkeit und Anzahl der Sockel angezeigt. Die Summe der logischen Prozessoren ergibt sich aus der Anzahl der Sockel mal Anzahl der Kerne. Haben Sie, wie in Abbildung 5-2 gezeigt, nur einen Sockel, reicht eine Lizenz aus. Bei zwei Sockeln benötigen Sie zwei Lizenzen usw. Die Anzahl der Kerne pro Sockel oder der logischen CPUs spielen dabei zunächst keine Rolle.

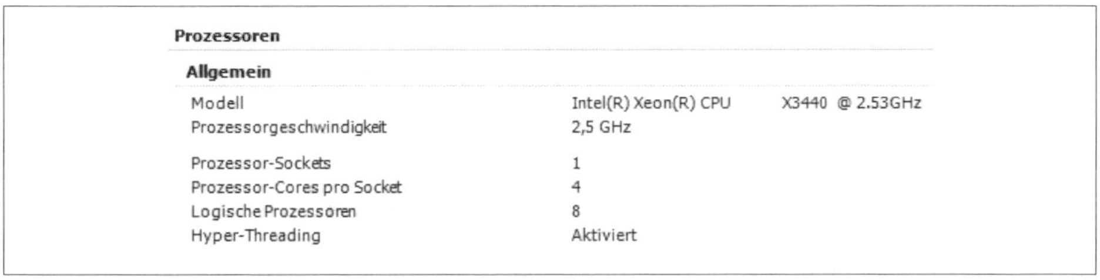

Abbildung 5-2: Prozessoren des ESXi-Servers

Die Höchstanzahl der logischen CPUs ist auf 480 pro Host beschränkt. Davon können einer virtuellen Maschine je nach Lizenz maximal 128 zugeteilt werden. Sie können bis zu 1024 virtuelle Maschinen pro Host verteilen. Im Dialogfeld EIGENSCHAFTEN können Sie gegebenenfalls Hyperthreading aktivieren oder deaktivieren – lesen Sie im Kasten unten mehr zum Thema »Hyperthreading«. Durch Hyperthreading verdoppelt sich die Anzahl der logischen Prozessoren, nicht aber die Leistung – diese wird im besten Falle um ca. 6–10% erhöht.

Hyperthreading

Das von Intel erfundene Hyperthreading, das als Erstes bei einigen XEON-CPUs ab Anfang 2002 und später in Pentium-4-Prozessoren eingesetzt wurde, wird aktuell wieder in den neuen Core i7- und XEON-CPUs genutzt.

Es handelt sich hierbei aber nicht um zwei echte Rechenkerne, sondern es wird nur ein zusätzlicher Registersatz und ein APIC (*Advanced Programmable Interrupt Controller*) hierfür verwendet. Mengenmäßig erweitert Intel den Prozessor dadurch um 1% mehr Transistoren, ohne den Cache, auf den beide Teile zugreifen, zu erhöhen. Für die Virtualisierung bringt das Hyperthreading eine bessere Verteilung der Lasten. Da nicht jede Anwendung innerhalb einer VM damit klarkommt, kann es individuell in deren Einstellungen abgeschaltet werden.

Hardware – Arbeitsspeicher

Hier werden der gesamte Arbeitsspeicher, das vom System benutzte RAM und das für die virtuellen Maschinen zur Verfügung stehende RAM aufgelistet. Beachten Sie dabei, dass unter der Registerkarte RESSOURCENZUTEILUNG deutlich weniger Arbeitsspeicher als Gesamtkapazität für die VMs zur Verfügung steht. Warum das so ist, sehen Sie unter dem Punkt SOFTWARE – ZUTEILUNG VON SYSTEMRESSOURCEN.

Hardware – Erweiterte Einstellungen

Ab vSphere4 unterstützt ESXi eine direkte PCI-Geräteverbindung (DirectPath-I/O-Konfiguration) für virtuelle Maschinen, die auf Intel Nehalem- oder AMD-V-Plattformen ausgeführt werden. Dazu muss im BIOS des Hosts die Funktion von Intel (VT-d) oder AMD (IOMMU) eingeschaltet sein. Jede virtuelle Maschine ab Hardwareversion 7 kann mit bis zu sechs Passthrough-Geräten verbunden werden. Die Einstellungen finden Sie unter ESXI-HOST → KONFIGURATION → ERWEITERTE EINSTELLUNGEN.

Die folgenden Funktionen sind nicht für virtuelle Maschinen verfügbar, die mit VM-DirectPath konfiguriert sind:

- vMotion und DRS (Ausnahme: ein Distributed Virtual Switch von Cisco oder Ihre Lizenz beinhaltet »Direct Path vMotion«)
- Hinzufügen und Entfernen von virtuellen Geräten im laufenden Betrieb
- Anhalten und Fortsetzen (Suspend und Resume)
- Erstellung, Wiederherstellung oder Übernahme von Snapshots
- Fehlertoleranz (Fault Tolerance)
- Hohe Verfügbarkeit (High Availability)
- DRS, also Performance Balancing (eingeschränkte Verfügbarkeit; die virtuelle Maschine kann Teil eines Clusters sein, kann aber nicht über Hosts hinweg migriert werden)

Auf der Seite PASSTHROUGH-KONFIGURATION (siehe Abbildung 5-3) werden alle verfügbaren Passthrough-Geräte aufgelistet. Dieses können PCI- und PCIe-Geräte sein. Ein grünes Symbol bedeutet, dass ein Gerät aktiviert und aktiv ist. Ein orangefarbenes Symbol zeigt an, dass sich der Status des Geräts geändert hat und der Host neu gestartet werden muss, bevor das Gerät verwendet werden kann.

Wenn Sie hier ein Gerät aktivieren, steht es nach dem Neustart des Hosts nur noch den Gästen zur Verfügung. Dort können Sie dann beim Gast unter EINSTELLUNGEN BEARBEITEN → HARDWARE → HINZUFÜGEN → PCI-GERÄT diese Komponente der virtuellen Maschine hinzufügen.

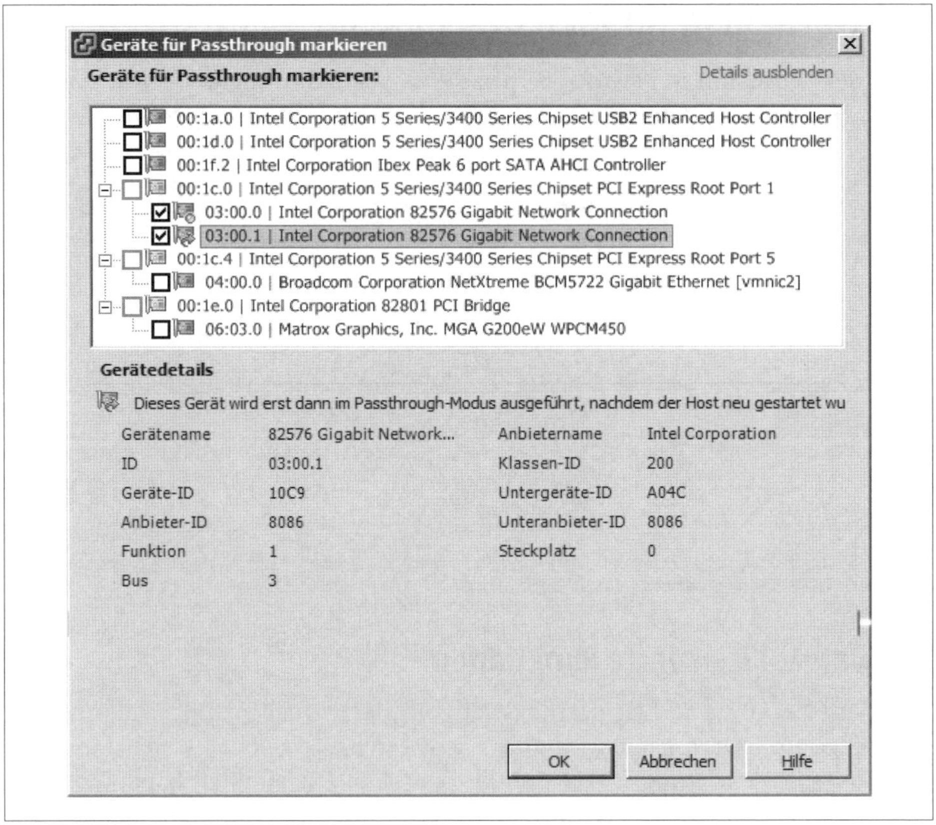

Abbildung 5-3: Passthrough-Geräte

> Nicht jede Serverhardware bietet diese Funktion. Bei einigen in der Kompatibilitätsliste stehenden Rechnern wird diese Funktion nicht angeboten. Achten Sie auf die BIOS-Einstellungen Intel VT-d und AMD IOMMU.
>
> Für die VM wird der Arbeitsspeicher automatisch vollständig als reserviert eingetragen.

Hardware – Energieverwaltung

Je nachdem, welche Prozessoren im ESXi-Server werkeln, kann hier die Energieverwaltung des Hosts in vier verschiedenen Modi eingestellt werden. Über den Link EIGENSCHAFTEN oben rechts öffnet sich ein neues Fenster mit den Auswahlmöglichkeiten. Sollten Sie in dem Fenster eine Änderung machen, wird diese nicht sofort angezeigt, sondern erst wenn Sie auf AKTUALISIEREN geklickt haben. Sollte die Funktion im BIOS nicht aktiviert sein, sehen Sie nur den Hinweis, dass dieses nicht unterstützt wird. Bei HP-Servern nennt sich das Energiemanagement übrigens *Cooperative Power Management*.

Softwareeinstellungen des ESXi-Servers

Unter dem Abschnitt SOFTWARE werden die Konfigurationsoptionen wie in Abbildung 5-4 angezeigt. Auch auf diese Punkte werde ich hier kurz eingehen:

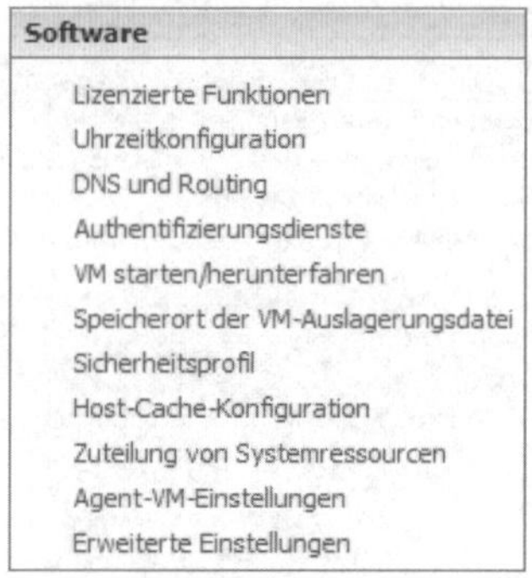

Abbildung 5-4: Konfiguration – ESXi-Software

Software – Lizenzierte Funktionen

Hier wird der aktuelle Lizenzierungsstatus in der virtuellen Infrastrukturumgebung angezeigt. Dazu zählen Lizenzquellen, Lizenzserver oder -datei, Lizenztyp und Add-on-Lizenzierung, z. B. vMotion, HA (High Availability), Fault Tolerance oder DRS (Performance Balancing). Oben rechts finden Sie den Link BEARBEITEN, den Sie auswählen können, um dem Host einen neuen oder anderen Lizenzschlüssel zuzuweisen. Auch können Sie hier Lizenzquelle, Lizenztypen und Lizenzierung für zusätzliche Funktionen angeben. Manchmal funktioniert die Eingabe von Lizenzen hier nicht, gehen Sie in diesem Fall über HOME → LIZENZIERUNG, damit es klappt (nur über den vCenter Server).

> Bedenken Sie bitte, dass Sie möglichst vor Ende der Testzeit Ihre Lizenzen einspielen müssen, sonst können Sie Ihre VMs nicht mehr starten. Haben Sie Funktionen während der Testzeit konfiguriert, die Ihre tatsächliche Lizenz nicht abdeckt, müssen Sie dies erst rückgängig machen. Also müssen Sie z. B. die Portgruppe für vMotion löschen, wenn Ihr Vertrag kein vMotion vorsieht.

Einiges von dem, was in Abbildung 5-5 aufgeführt wird, ist selbsterklärend (z. B. dass unbegrenztes virtuelles SMP bedeutet: bis zu 128 CPUs für die VM mit symmetrischem Multiprocessoring), andere Funktionen wie vMotion, HA, Fault Tolerance, Data Protection und DRS werden wir noch detailliert besprechen. Deshalb erkläre ich hier nur die nicht ganz eindeutigen Produktfunktionen:

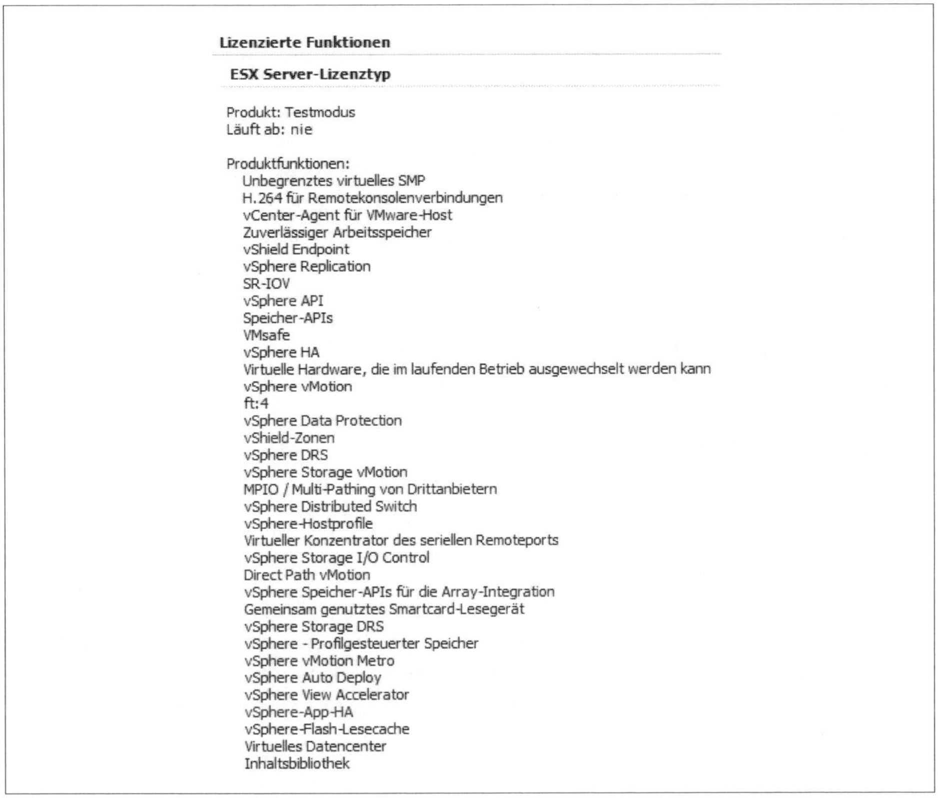

Abbildung 5-5: Übersicht über lizenzierte Funktionen

vCenter-Agent für VMware Host

Hier ist nur der Agent zum ESXi-Server gemeint, der gebraucht wird, wenn der Host zum vCenter Server hinzugefügt wird. Dieser wird durch den vCenter Server aktiviert und konfiguriert.

vSphere-APIs

Softwareschnittstelle für SAN-Anbieter, um z.B. das Multipathing, die Sicherheit oder ein Backup besser unterstützen zu können.

VMsafe

Erlaubt das Hinzufügen von zusätzlichen Sicherheitsprodukten von Drittanbietern, die dann in Zusammenarbeit mit der Virtualisierungsschicht eine höhere Sicherheit für den Server und die Gäste gewährleisten. McAfee, Kaspersky und TrendMicro waren die ersten Hersteller, die eine Antivirenlösung für diese Schnittstelle anboten. Eine zusätzliche Software in der VM ist dann obsolet.

vSphere Data Protection

Die Backup-Appliance von VMware wird in Kapitel 16 beschrieben.

vShield-Zonen

vShield-Zonen sind eine Art Firewall für die virtuellen Maschinen. Sie erleichtert die Sicherheit über Policies bei Anwendungen in verteilten Umgebungen über Netzwerksegmentierung von Benutzern und sensiblen Daten.

MPIO/Multi-Pathing

Arbeitet im Zusammenhang mit vSphere-APIs. Auch hier geht es um eine Softwareschnittstelle für verteilte Zugriffe auf einen gemeinsamen Storage.

vSphere Speicher-APIs

vAAI, *vSphere Storage API for Array-Integration,* ist ebenfalls eine Softwareschnittstelle für SAN-Hersteller.

vMotion Metro

Ein vMotion über große Strecken, das eine hohe Latenzzeit hat, wird über vMotion Metro abgewickelt. Diese Funktion ist automatisch aktiviert, wenn sie in der eingegebenen Lizenz enthalten ist, und lässt sich nicht weiter konfigurieren.

vSphere View Accelerator

Eine Funktion für VMware View, die Desktops für Anwender zur Verfügung stellt. Hiermit wird für das Produkt View eine Caching-Option angeboten, die Master-Images im RAM hält und damit deutlich schneller darauf basierende Desktops starten und ausführen kann.

Software – Uhrzeitkonfiguration

Hier werden die auf dem ESXi-Server gesetzte Uhrzeit – umgerechnet auf die eingestellte Zeitzone des Clients – und das Datum angezeigt. Geben Sie möglichst direkt nach der Installation einen NTP-Server an, mit dem sich der Host aktualisiert. Dafür kann z.B. die Rolle des PDC-Emulators des ersten Windows-Domänencontrollers genutzt werden (siehe auch den Abschnitt »VMware Tools anpassen« in Kapitel 4). Beachten Sie aber bitte dabei, dass ein PDC-Emulator ohne detaillierte Konfiguration nur den Active-Directory-Mitgliedern auf Zeitanfragen antwortet.

Damit Sie innerhalb Ihrer Umgebung eine einheitliche Zeit bekommen, gehen Sie wir folgt vor:

Schauen Sie auf einem Domänencontroller unter ACTIVE DIRECTORY BENUTZER UND COMPUTER nach, wer die Rolle als PDC-EMULATOR ausführt. Klicken Sie dazu mit der rechten Maustaste auf Ihre Domäne und wählen Sie aus dem Kontextmenü BETRIEBSMASTER aus. In dem neuen Fenster klicken Sie auf die Registerkarte PDC und sehen in dem Feld BETRIEBSMASTER, wer die Rolle innehat. Melden Sie sich auf dem angezeigten Server mit administrativen Rechten an und starten Sie *regedit.exe*. Navigieren Sie zu dem Schlüssel *[HKEY_LOCAL_MACHINE\SYSTEM\CurrentControlSet\Services\W32Time]*. In dem Unterschlüssel *\Parameters* sollte der Eintrag `"Type"="NTP"` stehen und der Eintrag `"NtpServer"=` gefolgt von den Zeitquellen, bei Server 2003 sind diese in dem Unterschlüssel *\TimeProviders* aufgelistet.

In dem Unterschlüssel *[...\W32Time\Config]* sollte `"AnnounceFlags"=dword:00000005` eingetragen bzw. geändert werden. Überlegen Sie sich noch, ob Sie die Werte für `"MaxNegPhaseCorrection"` und `"MaxPosPhaseCorrection"` auf einen geringeren Wert (z. B. `=dword:00000e10`) einstellen wollen. Unter *[...\W32Time\TimeProviders\NtpServer]* sollte der Eintrag `"Enabled"=dword:00000001` und unter *[...\W32Time\TimeProviders\NtpClient]* `"SpecialPollInterval"=dword:00000258` stehen. Der Hex-Wert e10 bedeutet 3600 Sekunden, also jede Stunde, der obige Wert 258 alle 10 Minuten.

Auf der Webseite zum Buch können Sie auch eine Datei namens *timeserver.reg* herunterladen und an Ihre Bedürfnisse anpassen. Der Inhalt ist wie folgt:

```
Windows Registry Editor Version 5.00
[HKEY_LOCAL_MACHINE\SYSTEM\CurrentControlSet\Services\W32Time\Parameters]
"Type"="NTP"
rem Timeproviders (NtpServer) für Windows 2008 und neuer hier
rem Für Windows 2003 im Unterschlüssel
rem [HKEY_LOCAL_MACHINE\SYSTEM\CurrentControlSet\Services\W32Time\TimeProviders]
"NtpServer"="ptbtime1.ptb.de,0x1 ptbtime2.ptb.de,0x1 ptbtime3.ptb.de,0x1"
[HKEY_LOCAL_MACHINE\SYSTEM\CurrentControlSet\Services\W32Time\Config]
"AnnounceFlags"=dword:00000005
"MaxNegPhaseCorrection"=dword:00000e10
"MaxPosPhaseCorrection"=dword:00000e10
[HKEY_LOCAL_MACHINE\SYSTEM\CurrentControlSet\Services\W32Time\TimeProviders\
NtpServer]
"Enabled"=dword:00000001
[HKEY_LOCAL_MACHINE\SYSTEM\CurrentControlSet\Services\W32Time\TimeProviders\
NtpClient]
"SpecialPollInterval"=dword:00000258
rem Für "alle 10 Minuten", hexadezimal oder 900 dezimal für alle 15 Minuten
```

Beachten Sie bitte, dass das Arbeiten in der Registry gefährlich ist und nur mit genauen Kenntnissen durchgeführt werden sollte. Nach den oben beschriebenen Änderungen müssen Sie den W32Time-Dienst neu starten (Windows-Zeitgeber) und in der Ereignisanzeige unter System nachschauen, ob die Zeitsynchronisierung mit der angegebenen Zeitquelle funktioniert.

In der ersten herausgegebenen Version des ESXi 6.0 gab es Probleme mit dem Einstellen des NTP-Servers über den Client. Editieren Sie einfach die Datei */etc/ntp.conf* und fügen Sie eine Zeile mit dem Zeitserver ein:

```
restrict 127.0.0.1
restrict default kod nomodify notrap
driftfile /etc/ntp.drift
server 192.168.50.10 version 3
```

Software – DNS und Routing

Zeigt DNS- und Routing-Informationen an (siehe Abbildung 5-6). Dazu zählen Servername und -domäne, DNS-Server, die an den Server angeschlossen sind, Suchdomänen und Standardgateways. Im Dialogfeld EIGENSCHAFTEN können Sie diese Identifikationselemente angeben und ändern. Wenn Sie den Namen oder die Domäne des ESXi-Servers ändern, müssen Sie den Host nicht neu starten.

Bitte beachten Sie, dass das Standardgateway auf einen ping antworten muss, wenn Sie ein HA-Cluster aufbauen wollen.

Abbildung 5-6: DNS und Routing

Authentifizierungsdienste

Es besteht die Möglichkeit, den ESXi-Server in die Active Directory Zone mit aufzunehmen. Das hat den Vorteil, dass Sie für User im Active Directory Berechtigungen vergeben können. Gehört der Host zu einem vCenter Server, brauchen Sie das nicht zu tun, weil die Berechtigungen dann über dieses Mitglied der Domäne erledigt werden. Der Host trägt sich dabei als Computer ins AD ein – ein Eintrag im DNS wird dadurch aber nicht erstellt.

VM starten/herunterfahren

Zeigt eine Liste virtueller Maschinen auf dem Server an und ob diese beim Start des ESXi-Servers hoch- und heruntergefahren werden sollen. Im Dialogfeld EIGENSCHAFTEN müssen Sie zunächst die Automatik über das Kontrollkästchen aktivieren, um Einstellungen machen zu können. Das Fenster teilt sich in zwei Bereiche, von denen der obere Bereich die allgemeinen Einstellungen betrifft und der untere der expliziten Konfigurationen der einzelnen VMs dient.

Hier können Sie einstellen, wann die jeweilige virtuelle Maschine in welcher Abhängigkeit zu einer anderen VM auf dem Server ein- oder ausgeschaltet wird oder in den Suspend-Modus geht. Die Optionen umfassen unter anderem das Starten oder Anhalten zu bestimmten Zeitpunkten in Relation zum Ein- und Ausschalten des ESXi-Servers.

> Wenn Sie eine USV (**u**nterbrechungsfreie **S**trom**v**ersorgung) oder UPS (*Uninterruptible Power Supply*) einsetzen, sollten Sie Überlegungen zu jeder einzelnen Maschine anstellen: Exchange- und Datenbankserver sind wahrscheinlich schneller im Suspend-Modus als heruntergefahren. Gegebenenfalls sollten Sie die VMware Tools nutzen und eigene Skripte für das Beenden von Diensten anlegen. Erfahrungsgemäß fährt z.B. ein älterer Exchange-Server schneller herunter, wenn die betroffenen Dienste über die Kommandozeile mit `net stop <service>` beendet werden.
>
> VMs ohne VMware Tools können nicht heruntergefahren werden – schicken Sie diese in den Suspend-Modus.

> Wenn Sie den ESXi-Host in den vCenter Server aufnehmen, wird dieser Dialog wieder deaktiviert. Sie können ihn anschließend erneut aktivieren oder z.B. HA für den Neustart der VMs konfigurieren. Wirklich helfen wird Ihnen das aber nicht, weil die VMs ja vielleicht auf einem anderen Server landen. So eine Einstellung gibt es im vCenter Server leider nicht (siehe dazu das Skript in Kapitel 9).

Software – Speicherort der VM-Auslagerungsdatei

Wie in Kapitel 4 ausführlich erklärt wurde, wird beim Einschalten einer virtuellen Maschine üblicherweise in ihrem Verzeichnis auf dem Storage eine Auslagerungsdatei in der Größe des Arbeitsspeichers angelegt und beim Ausschalten diese wieder gelöscht. Hier kann man den Speicherort dieser Datei für alle VMs auf dem Host ändern – und bei einer einzelnen Maschine dieses wieder außer Kraft setzen.

Software – Sicherheitsprofil

Zeigt die Firewall-Informationen für eingehende und ausgehende Verbindungen an. Hier sind nur die notwendigen Funktionen für den Betrieb des ESXi-Servers enthalten. Diese Firewall betrifft nicht die virtuellen Maschinen!

Alles, was Sie in dem EIGENSCHAFTEN-Fenster nicht finden, können Sie auch nicht ändern. Durch VMsafe können Drittanbieter auf dem ESXi-Server Software bereitstellen, die dann die Firewall-Einstellungen erweitert.

Üblicherweise werden Ports automatisch geöffnet, wenn ein Agent aktiviert wird, z.B. bei NTP oder Software-iSCSI. Die Firewall lässt übrigens ICMP-Pakete für Ping durch und die Netzwerkkarte antwortet auch.

Über die Eingabeaufforderung können Firewall-Einstellungen in der Datei */etc/vmware/firewall/service.xml*, konfiguriert werden. Dabei können vordefinierte Dienste, wie z.B. *ntpClient*, verändert oder auch beliebige andere definiert werden. Auch die Ports für FTP findet man hier.

Besser ist es jedoch, eine eigene XML-Datei in diesem Verzeichnis zu erstellen, um so den Überblick über die Veränderungen zu behalten. Erstellen Sie z.B. eine Datei namens *SMB.xml* um den Zugriff auf Windows-Freigaben zu regeln. Halten Sie sich dabei an das Muster, wie es in der Datei *service.xml* definiert ist. Die Datei muss jeweils mit dem Eintrag <ConfigRoot> anfangen. Dann kommt eine Service-ID, falls Sie mehrere Regeln erstellen wollen, dann der Name der ID (<id>SMB</id>) usw.

Am Ende der Datei muss </ConfigRoot> stehen. Sind Sie mit der Datei fertig, müssen Sie noch die Firewall aktualisieren. Das können Sie auf der Kommandozeile mit folgendem Befehl erreichen:

```
esxcli network firewall refresh
```

Über den vSphere Client sehen Sie die Änderungen erst, nachdem Sie auch hier auf den Link AKTUALISIEREN geklickt haben (siehe Abbildung 5-7).

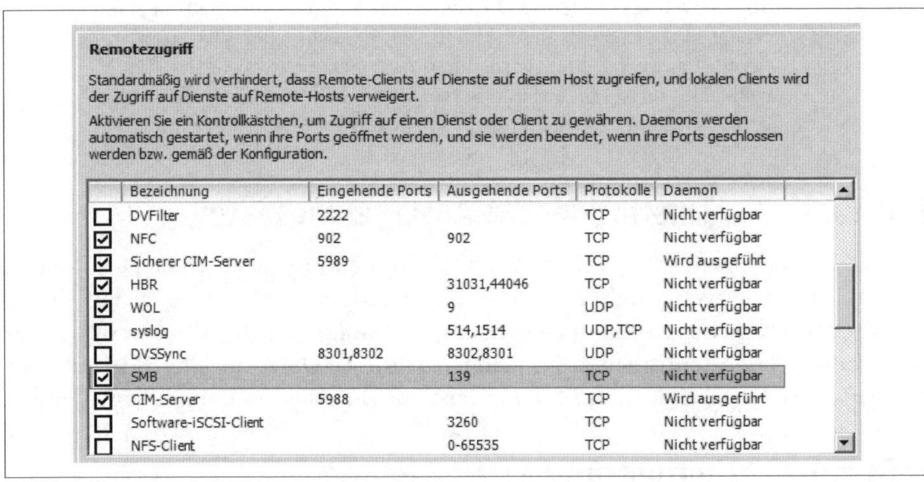

Abbildung 5-7: Ergänzte Firewall-Einträge

Möchten Sie einige Zugriffe nur über bestimmte IP-Adressen oder Subnetze zulassen, können Sie auf der grafischen Oberfläche über den Link EIGENSCHAFTEN die jeweilige Bezeichnung auswählen und anschließend auf den Button FIREWALL… klicken. Standardmäßig sind die Zugriffe aus allen Subnetzen erlaubt. Sind in der Firewall Dienste für den jeweiligen Port zuständig, können Sie in diesem Fenster über den Button OPTIONEN… die Startart einstellen oder auch den Dienst neu starten.

Wenn Sie den Dienst SSH starten oder die ESXi-Shell erlauben, wird in der Bestandsliste des vCenter Servers ein gelbes Warndreieck angezeigt und auf der Übersichtsseite des Hosts ebenfalls ein Konfigurationsproblem gemeldet. Wenn Ihnen das bewusst ist, können Sie diese Meldungen unter Erweiterte Einstellungen abschalten. Klicken Sie dazu auf der linken Seite des Fensters auf UserVars und scrollen Sie mit dem rechten Balken ganz nach unten bis zum Punkt UserVars.SuppressShellWarning. Setzen Sie dort den Wert 1 für »keine Meldung mehr darüber anzeigen«.

Sollten Sie auf dem ESXi-Server zusätzliche Pakete (VIB-Dateien) installieren wollen, dann beachten Sie die Akzeptanzebene im unteren Teil bei der Firewall. Die VIB-Dateien beinhalten Signaturen, die die Installation beim gewählten Profil ermöglichen können oder auch nicht.

> Die Änderungen an dieser Stelle können das Updaten des ESXi-Servers nachteilig beeinflussen, denn die Firmware-Updates und Patches sind ebenfalls VIB-Dateien.

Software – Host-Cache-Konfiguration

Wenn Ihr Host eine SSD-Festplatte besitzt, können Sie diese als schnellen Zwischenspeicher für Ihre VMs nutzen. Eine Auslagerungsdatei der virtuellen Maschine wird trotzdem in ihrem Verzeichnis erstellt, aber die Geschwindigkeit des jeweiligen Storage ist dann nicht mehr so wichtig. Dieser sehr schnelle Cache wird vom ESXi für alle VMs genutzt, aber von jeder nur zu einem geringen Teil, weil ja die Kapazität einer SSD noch eher gering ist. Andere Storages als SSD können hier nicht genutzt werden.

Software – Zuteilung von Systemressourcen

Wie bereits bei der Ressourcenzuteilung der virtuellen Maschine erwähnt, hat der ESXi-Server ebenfalls Einstellungen zu Arbeitsspeicher und CPU-Zeit. Dieser Punkt zeigt die Einstellungen für die Ressourcenzuteilung des Servers an. In den Dialogfeldern für die Bearbeitung können Sie den CPU- und Speicheranteil konfigurieren, der für den Host reserviert ist. Im Dialogfeld zum Umschalten zwischen Einfach und Erweitert können Sie die Systemressourcenpools des Servers sowie den für ausgewählte Serverfunktionen reservierten Speicheranteil anzeigen lassen. Eine Änderung sollten Sie nur in Zusammenarbeit mit dem VMware-Support vornehmen.

> Die Änderungen an dieser Stelle können das Laufzeitverhalten des ESXi-Servers sehr nachteilig beeinflussen – lassen Sie deshalb die Standardeinstellungen besser so, wie sie sind!

Software – Agent-VM-Einstellungen

Zeigt eine Liste installierter Appliances auf dem ESXi-Server an. Dieses sind üblicherweise fertig konfigurierte Maschinen, die im OVF-Format heruntergeladen und installiert werden können. Über den Link PROPERTIES... können dann der Datenspeicher und das Netzwerk für diese Appliance festgelegt werden.

Software – Erweiterte Einstellungen

Zeigt eine Liste von Einstellungen an, deren Verwendung von VMware nur dann empfohlen wird, wenn der technische Support von VMware Sie dazu anleitet.

> Auch hier sollten Sie ohne konkrete Hinweise vom VMware-Support keine Änderungen vornehmen. Im Verlaufe des Buches werde ich noch die eine oder andere Option besprechen.
>
> Sie finden Ihre Änderungen an den Einstellungen auf dem Host in der Datei *esx.conf* im Verzeichnis */etc/vmware/*. Um die Standardeinstellungen wieder herzustellen, suchen Sie die Zeile, die mit »/adv/« anfängt, und löschen diese einfach. Starten Sie anschließend den Server neu, damit diese Standardkonfiguration wieder eingetragen und aktualisiert wird.

Wie Sie bisher in diesem Kapitel erfahren haben, ist die Konfiguration des ESXi-Servers – abgesehen von Netzwerk und Speicher (Storage) – keine große Sache. Beachten Sie aber bitte die wichtigen Hinweise und Warnungen, die ich zu den einzelnen Punkten angegeben habe.

In den vorigen Kapiteln und Seiten haben Sie schon einige Informationen über den ESXi-Server erhalten. Er bietet aber noch weitere Einstellungen auf den Registerkarten und im Menü, auf die ich im Folgenden zu sprechen komme.

Registerkarten des ESXi-Servers

Auf den Registerkarten werden vielerlei Übersichten, Informationen, Listen und mögliche Konfigurationen angezeigt, auf die ich in diesem Abschnitt näher eingehe. Beachten Sie, dass ein Teil der Informationen hier schon sichtbar ist, obwohl diese nur in Verbindung mit dem vCenter Server Sinn ergeben und auch dann erst anwählbar sind. Andere Informationen wiederum sind später, wenn der ESXi-Server über den vCenter Server gemanagt wird, nicht mehr vorhanden, wie z. B. lokale Benutzer und Gruppen.

Registerkarte »erste Schritte«

Für den ersten Kontakt mit den Elementen, die in der Oberfläche angezeigt werden, ist dieses Register gedacht. Nach dem einmaligen Durchlesen möchte man diese Informationen aber meistens nicht mehr sehen. Sie können diese Karten alle auf einmal ausblenden, wenn Sie oben im Menü auf den Eintrag BEARBEITEN klicken, dann CLIENTEINSTELLUNGEN auswählen und das Häkchen im unteren Teil des Fensters bei REGISTERKARTEN »ERSTE SCHRITTE ANZEIGEN« herausnehmen. Diese Änderung betrifft nur den PC, an dem Sie sitzen, und wird lokal abgespeichert.

Registerkarte »Übersicht«

In dieser Darstellung werden die wichtigsten Informationen über den Host dargestellt. Hier erscheint im oberen Teil gegebenenfalls die Meldung KONFIGURATIONSPROBLEME, wenn Sie den Remote-Zugang und die ESXi-Shell zugelassen haben. Wie man die Meldung unterdrückt, steht weiter oben unter *Software – Sicherheitsprofil*.

Das Fenster teilt sich ansonsten in fünf Bereiche, die jeweils zusammengehörige Anzeigen gruppieren. Der letzte Bereich HOSTVERWALTUNG ist jedoch nur ein Link auf die Internetseite von VMware, von der man sich die Software für den vCenter Server herunterladen kann.

Gruppe Allgemein

In dieser Gruppe (siehe Abbildung 5-8) werden zunächst die Hardware und ihr Hersteller mit Modell aufgeführt, dazu der Lizenzmodus. Die angezeigten Prozessorsockel sind für die Lizenzierung wichtig, denn es wird je eine Lizenz pro Prozessorsockel nötig, unabhängig von den Prozessorkernen. Mehr Informationen zu Ihrer lizenzierten Version finden Sie auf der Registerkarte KONFIGURATION im Abschnitt SOFTWARE → LIZENZIERTE FUNKTIONEN (wie bereits oben beschrieben).

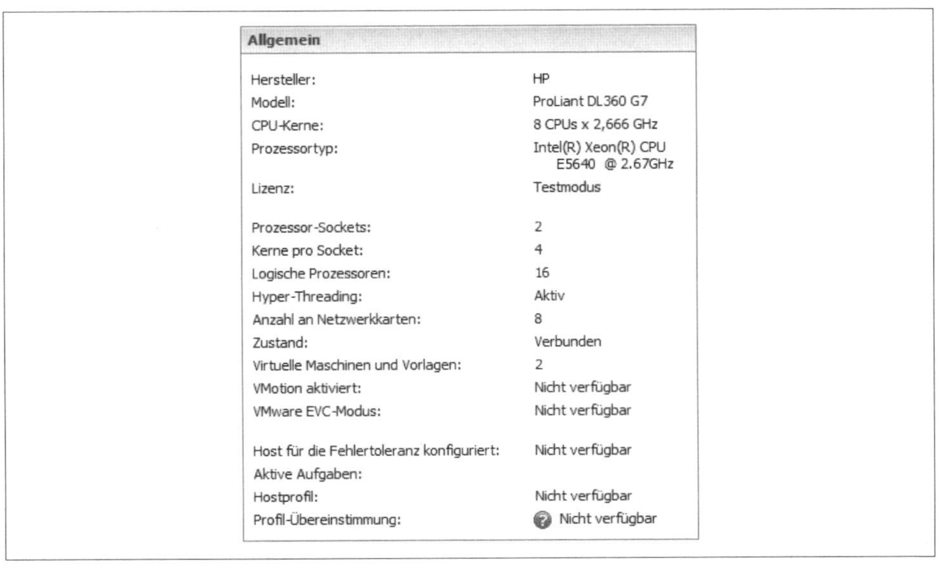

Abbildung 5-8: Allgemeine Informationen zur ESXi-Hardware

Die Anzahl der logischen Prozessoren ergibt sich aus der Anzahl der Sockel multipliziert mit den Kernen plus gegebenenfalls Hyperthreading. Haben Sie also 4 Intel Xeon-Prozessoren mit jeweils 8 Kernen und aktiviertem Hyperthreading, sollte bei logischen Prozessoren die Anzahl 64 stehen. Einer virtuellen Maschine kann man bis zu 128 vCPUs vergeben, insgesamt jedoch nicht mehr, als der Host logische Prozessoren hat.

Die notwendige oder empfohlene Anzahl der Netzwerkkarten hängt vom gewünschten Einsatz des ESXi-Servers ab. Hier sind beim Einzelbetrieb mindestens zwei Karten erforderlich, beim Einsatz über den vCenter Server im Cluster sollten es mindestens drei sein. Für bestimmte Aufgaben, z.B. iSCSI-SAN- oder NFS-Storage-Anbindung, vMotion und Fault Tolerance, wird jeweils mindestens eine dedizierte NIC (Network Interface Card) empfohlen. Beachten Sie dazu auch die Hinweise in Kapitel 6 zu den vSwitches mit Teaming von Adaptern.

Die unteren Einträge auf der Seite betreffen einen allein stehenden ESXi-Server gar nicht, sondern werden erst relevant, wenn dieser in den vCenter Server aufgenommen wurde. Deshalb gehe ich erst ab Kapitel 10 darauf ein.

Gruppe Befehle

Die Befehle (siehe Abbildung 5-9), die Sie über die jeweiligen Links erreichen, bekommen Sie ebenfalls über das Kontextmenü des Servers und das Pull-down-Menü. Eine NEUE VIRTUELLE MASCHINE zu erstellen, wurde bereits ausführlich besprochen, wie ein NEUER RESSOURCENPOOL anzulegen ist, erfahren Sie in Kapitel 10.

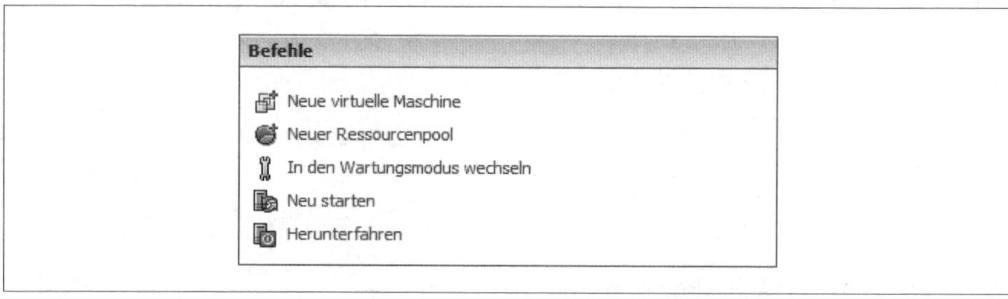

Abbildung 5-9: Mögliche Befehle am ESXi-Server

Für IN DEN WARTUNGSMODUS WECHSELN müssen alle virtuellen Maschinen ausgeschaltet oder im Suspend-Modus (angehalten) sein. Ist der Server in einem Cluster unter dem vCenter Server, werden die VMs gegebenenfalls mittels DRS automatisch auf andere ESXi-Server verschoben (vMotion). Der Wartungsmodus bewirkt auf einem einzelnen ESXi-Server, dass keine VMs mehr hochgefahren oder aus dem Suspend-Modus geholt werden können. Der Wechsel in den Wartungsmodus findet erst statt, wenn alle Maschinen aus sind. Dann kann auch keine Maschine mehr erstellt oder ähnliche Aktionen durchgeführt werden. Die jeweiligen Menüs und Anzeigen werden auf das dann noch Mögliche reduziert bzw. geändert.

Über die Befehle Neu starten und Herunterfahren wird der ESXi-Server versuchen, die noch laufenden virtuellen Maschinen ebenfalls herunterzufahren oder – je nachdem, was Sie unter Konfiguration → VMs starten/herunterfahren eingestellt haben – in den Anhaltemodus zu setzen. Haben Sie zu einer laufenden Maschine nichts eingestellt, wird diese hart beendet. Ist der Server in einem Cluster unter dem vCenter Server, werden die VMs trotzdem automatisch auf andere ESXi-Server verschoben. Außerdem erhalten Sie einen Hinweis, wenn er sich nicht im Wartungsmodus befindet. Es könnte ja ein anderer Benutzer angemeldet sein, der gerade eine neue Maschine erstellt oder hochfahren möchte. Wenn Sie eine Begründung eingegeben haben, fährt der ESXi-Server herunter und startet gegebenenfalls neu.

Gruppe Ressourcen

Ähnlich wie bei der virtuellen Maschine wird zunächst der momentane Verbrauch an CPU und Arbeitsspeicher in Zahlen und als Laufbalken angezeigt (siehe Abbildung 5-10). Die Kapazitäten beziehen sich aber auf die gesamte Nutzung der virtuellen Maschinen inklusive des Hosts und eines jeweiligen Overheads.

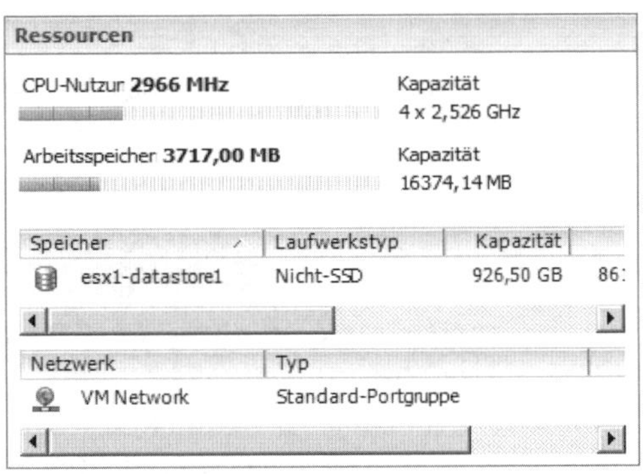

Abbildung 5-10: Ressourcenübersicht

Alle dem Host zugänglichen Datenspeicher mit Gesamtkapazität und noch freiem Platz werden dargestellt sowie die Zeit und das Datum, von wann diese Anzeige stammt. Beachten Sie, dass gegebenenfalls Abweichungen der Angaben z. B. durch die Erstellung einer neuen Maschine hier nicht sofort angezeigt werden. Sie können auf den jeweiligen Storage mit der rechten Maustaste klicken, um eine Aktualisierung zu bekommen.

Der letzte Eintrag listet die konfigurierten Portgruppen der virtuellen Maschinen auf. Die Portgruppen vom VMkernel, wie Management Network, FT, vMotion und Storage, werden hier nicht angezeigt.

Gruppe Fault Tolerance

Diese Gruppe wird erst interessant, wenn der Host zu einem Cluster im vCenter Server gehört und dort virtuelle Maschinen im gespiegelten Modus laufen – dazu erfahren Sie mehr in Kapitel 10.

Registerkarte »Virtuelle Maschinen«

Wie in Abbildung 5-11 zu sehen ist, sind hier alle virtuellen Maschinen aufgeführt, die auf dem Host registriert sind. Dabei kann man

- den Zustand (eingeschaltet oder ausgeschaltet),
- den Speicherplatz, der für die Maschine bereitgestellt ist (inklusive Auslagerungsdatei),
- den zurzeit benötigten Speicherplatz (inklusive Auslagerungsdatei),
- die CPU-Last, den diese VM auf dem Host verursacht,
- den Arbeitsspeicher, den diese VM auf dem Host braucht, und
- den benutzten prozentualen Anteil am konfigurierten Arbeitsspeicher

sehen. Des Weiteren wird gegebenenfalls eine Anmerkung zur virtuellen Maschine angezeigt, die man eingetragen hat, und auch Alarmaktionen, wenn der Host über den vCenter Server läuft.

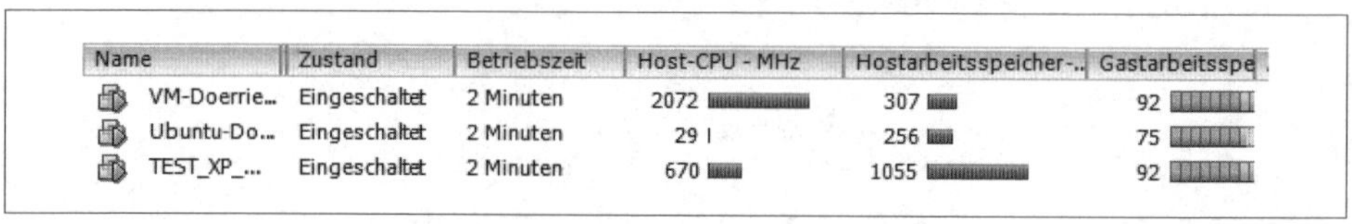

Name	Zustand	Betriebszeit	Host-CPU - MHz	Hostarbeitsspeicher-..	Gastarbeitsspe
VM-Doerrie...	Eingeschaltet	2 Minuten	2072	307	92
Ubuntu-Do...	Eingeschaltet	2 Minuten	29	256	75
TEST_XP_...	Eingeschaltet	2 Minuten	670	1055	92

Abbildung 5-11: Informationen über die Ressourcen der VMs

Wie bei fast jeder Liste, die man sich über den vSphere Client ansehen kann, lassen sich hier noch weitere Spalten hinzufügen (siehe Abbildung 5-12). Auch eine beliebige Sortierung kann man erreichen, indem man auf den gewünschten Spaltenkopf klickt. Die Reihenfolge ist übrigens bei jeder Liste beliebig durch Klicken mit der linken Maustaste veränderbar.

Die Breite der Spalten lässt sich ähnlich wie bei Microsoft Excel ebenfalls mit der linken Maustaste oder einem Doppelklick ändern. Leider werden die Spaltenbreiten beim erneuten Aufruf des Fensters wieder auf die vorigen Breiten zurückgesetzt (manchmal nicht sofort, sondern erst später).

Hat man in dieser Liste viele virtuelle Maschinen, kann man oben rechts über das Feld NAME, ZUSTAND ODER ... auch einen Filter einsetzen. Wollen Sie z.B. nur die eingeschalteten Rechner sehen, klicken Sie in das Filterfeld, geben dort EINGESCHALTET an und drücken die Enter-Taste. Es reicht auch aus, nur einen Teil der Zeichenkette zu verwenden. Wenn Sie das Feld löschen und erneut Enter drücken, werden wieder alle Maschinen angezeigt.

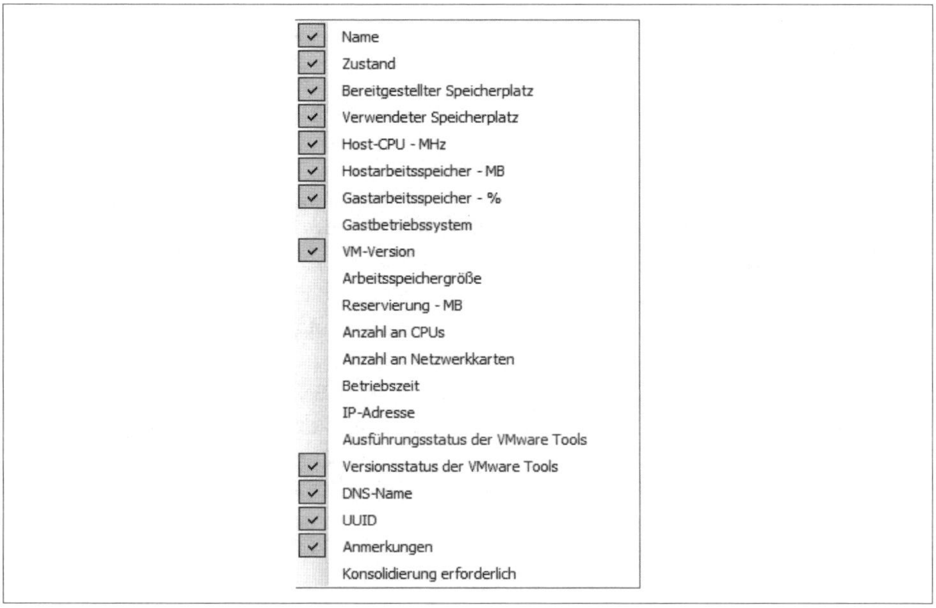

Abbildung 5-12: Spalten ein- oder ausblenden

Registerkarte »Ressourcenzuteilung«

In Kapitel 4 habe ich schon detailliert über die Ressourcen der virtuellen Maschine geschrieben. In dieser Übersicht lassen sich für alle VMs die vergebenen Einstellungen und mögliche Fehlkonfigurationen erkennen. Achten Sie darauf, dass Sie für Ihre VMs nur in Ausnahmefällen Grenzwerte oder Reservierungen eintragen sollten. Beachten Sie auch die ausführlichen Schilderungen in Kapitel 19.

Registerkarte »Leistung«

Der ESXi-Host speichert die Leistungsdaten der virtuellen Maschinen und seine eigenen nur für einen Zeitraum von maximal einem Tag. Erst durch den vCenter Server mit eigener Datenbank stehen dafür größere Zeiträume zur Verfügung. Beachten Sie in dieser Registerkarte oben links den Hinweis, dass der Graph nur alle 20 Sekunden aktualisiert wird. Was in dem angezeigten Diagramm dargestellt wird, steht ebenfalls oben links in der Ecke.

Über den Link DIAGRAMMOPTIONEN kommen Sie in ein neues Fenster, in dem Sie sich auch Wertekategorien aussuchen können:

- Arbeitsspeicher
- Betrieb
- CPU
- Datenspeicher und Festplatte

- Netzwerk
- Speicheradapter und -pfad
- System
- vFlash
- vSphere Replication

Für jede dieser Kategorien kann zwischen ECHTZEIT und LETZTER TAG (PAST DAY) gewählt werden, auf der rechten Seite finden Sie verschiedene Objekte und deren Leistungsindikationen. Mit Ausnahme der Einträge SPEICHERADAPTER UND -PFAD stehen Ihnen LINIENDIAGRAMM, STAPELDIAGRAMM und STAPELDIAGRAMM (PRO VM), bei SYSTEM nur das Liniendiagramm zur Verfügung. Ihre Einstellungen können Sie über die Schaltfläche DIAGRAMMEINSTELLUNGEN SPEICHERN festhalten und über DIAGRAMMEINSTELLUNGEN VERWALTEN wieder laden (siehe Abbildung 5-13). Über das letzte Icon können Sie sich ein eigenes Fenster für die Leistung anzeigen lassen – und das auch mehrfach unabhängig voneinander.

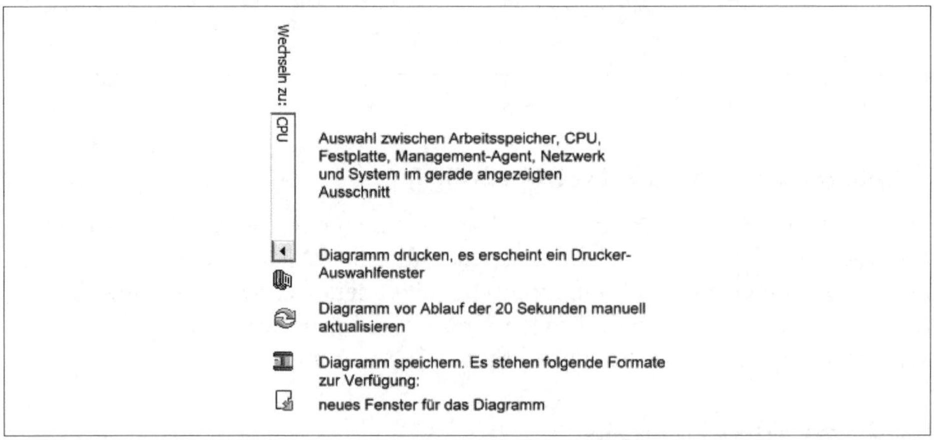

Abbildung 5-13: Die Schaltflächen oben rechts

Die Prozentangaben auf der linken Seite des Graphen beziehen sich auf die aktuelle Ansicht, nicht auf die zur Verfügung stehenden Ressourcen. Fahren Sie mit der Maus über die Anzeige, dann bekommen Sie die korrekten Prozentzahlen angezeigt.

Registerkarte »Lokale Benutzer und Gruppen«

Wie bei jedem Betriebssystem üblich, sind nach der Installation schon einige vordefinierte Benutzer und Gruppen im System angelegt, bei Linux-basierten Systemen sind es ein paar mehr, unter Windows nur wenige. Das liegt an der unterschiedlichen Handhabung der Dienste, die im Hintergrund ablaufen, und deren notwendige Berechtigungen.

Bei einem Linux-System ist der User *root* die höchste Instanz, hat also die höchste Berechtigung. Beim Windows-System ist es das System selbst. Der Administrator darf längst nicht alles. Bei unserem Host handelt es sich also eher um Linux als um Windows, obwohl hier kein echtes Betriebssystem mehr vorhanden ist (BusyBox).

Die User-ID (UID) sagt unter anderem etwas über die Rechte im System aus. Grob gesagt: Je niedriger die ID, desto höher die Berechtigungen und umgekehrt.

Der erste User wird mit der UID 1000 angelegt und gehört automatisch zur Gruppe *users*. Schalten Sie auf die Anzeige *Gruppen* um, so sehen Sie dort weder die Gruppe *users* noch alle anderen bei der Installation automatisch angelegten Gruppen wie *root*, *daemon* und *nfsnobody*. Leider ist es hier auch nicht mehr möglich, eine neue Gruppe zu erstellen – auch wenn einem über das Kontextmenü hier etwas anderes suggeriert wird.

Mit einem Klick der rechten Maustaste in das Fenster der Benutzer kommen Sie in ein Kontextmenü, über das Sie neue Benutzer anlegen können. Im Fenster NEUEN BENUTZER ANLEGEN brauchen Sie nicht alle Felder auszufüllen. Wichtig sind hierbei BENUTZER (sollten Sie kleinschreiben) und KENNWORT (2*). Wenn Sie das Häkchen bei DIESEM BENUTZER SHELL-ZUGRIFF ERTEILEN setzen und ihm administrative Berechtigungen auf dem Host zuweisen, kann er sich an der Konsole (Kommandozeile) des Hosts anmelden – auch über eine Remote-Verbindung. Weitere Voraussetzung für den Remote-Zugriff ist das Öffnen des Ports 22 für SSH. Das Anmelden als »normaler User« und im Bedarfsfall anschließend die Ummeldung mit dem Befehl `su` (*substitute user*) zum *root*, ist nicht mehr möglich.

> Beachten Sie beim Anlegen eines Users die Komplexität des Passworts. Nehmen Sie keine Wörter aus einem Wörterbuch und verwenden Sie Zahlen, Klein- und Großbuchstaben sowie Sonderzeichen (Beispiel: HGt56-vmRT5).
>
> Beim ESXi-Server werden die UIDs wiederverwendet, wenn ein User gelöscht wurde. Achten Sie unbedingt auf die Dateien des gelöschten Users, weil der neue User automatisch Berechtigungen darauf erhalten kann.

Mit einem Doppelklick auf einen Benutzernamen können Sie dessen Einstellungen bearbeiten. Dazu gehört auch das Setzen eines neuen Passworts.

Bevor Sie einem Benutzer Berechtigungen zuweisen, lesen Sie dazu unbedingt den Abschnitt »Rechtevergabe« ab Seite 145. Die Vererbung der Rechte läuft hier nicht wie z. B. bei Windows!

Unter ANSICHT im oberen Teil des Fensters können Sie zwischen BENUTZER und GRUPPEN umschalten. Sie können hier leider seit der Version 5.1 keine Gruppen mehr erstellen und diesen Benutzer hinzufügen oder sie aus ihnen entfernen.

Registerkarte »Ereignisse«

Jede Aktion von Benutzern oder vom System, die an einer virtuellen Maschine oder dem ESXi-Host ausgeführt wird, wird mitprotokolliert und beim ESXi-Server an dieser Stelle angegeben. Dazu gehören auch die An- und Abmeldungen von Benutzern. Die Meldungen, die hier erscheinen, sind vordefiniert und werden beim Auslösen hier aufgelistet. Je nach Schweregrad kann der Typ eine Information (ein weißes i im blauen Kreis), eine Warnung (ein Ausrufezeichen im gelben Dreieck) oder eine Fehlermeldung (ein Ausrufezeichen auf roter Raute) sein, die auch mit dem jeweiligen Icon farblich dargestellt wird. Zu jedem Ereignis erscheinen das Datum und die Uhrzeit des Auftretens und im unteren Teil des Abschnitts gegebenenfalls, welche vorherigen Ereignisse zu dieser Meldung geführt haben.

Wenn Sie sich nur die Ereignisse für eine VM anschauen wollen, klicken Sie auf die virtuelle Maschine in der Bestandsliste und anschließend auf deren Registerkarte EREIGNISSE. Sie können aber auch die Hostereignisse nach dieser Maschine filtern, dann bekommen Sie das gleiche Ergebnis. Auch hier können Sie wieder nach Spalten sortieren.

Über das Menü DATEI → EXPORT → LISTE EXPORTIEREN können Sie die Ereignisse als *.html-*, *.htm-*, *.xls-*, *.csv-* oder *.xml*-Datei abspeichern.

Falls Fehler bei Ihrem Host oder einer virtuellen Maschine auftreten, stehen diese natürlich hier in den Ereignissen. Manchmal trifft man allerdings auf wenig aussagekräftige Sätze wie »*A general system error occurred*«. Häufig sind dann abhängige Ereignisse aufgeführt, die zu dem Fehler geführt haben, oder es werden Variablen oder deren Werte mit angegeben, z.B. »*svga.vramSize*«. Suchen Sie am besten im Internet über die VMware Community oder über Google nach diesem Eintrag, und Sie werden sicherlich fündig.

Weitaus detailliertere Informationen als in dieser Auflistung bekommen Sie zur virtuellen Maschine in deren Logdateien über die Kommandozeile. Sie können auch über den Datenspeicherbrowser die Datei auf Ihren Rechner herunterladen und dann diese mit z.B. Wordpad öffnen (wegen der anderen Zeilenumbrüche in Linux sollten Sie nicht Notepad verwenden). Hier sehen Sie deutlich mehr Hinweise, die auf den Fehler schließen lassen. Die Informationen zum Host werden in verschiedenen Logdateien auf dem System selbst im Verzeichnis */var/log* abgespeichert. Sehen Sie sich die Dateien *vmkeventd*, *vmkernel*, *vmkwarning* und die Datei *hostd.log* z.B. mit dem Programm *less* an. Beispiel:

```
less /var/log/vmkernel.log
```

Wenn Ihr ESXi auf einer SD-Karte oder einem USB-Stick installiert wurde, müssen Sie meistens einen neuen Speicherort für die Logdateien auf einem VMFS-Volume angeben. Klicken Sie dafür auf die Registerkarte KONFIGURATION und anschließend unter SOFTWARE auf ERWEITERTE EINSTELLUNGEN. In dem neuen Fenster scrollen Sie nach unten und klicken auf den Eintrag `Syslog`. Im rechten Feld können Sie einen neuen Wert bei `Syslog.global.logDir` eingeben wie z.B. [ISCSI-3] /

ESX-Logs. Danach legt der Host seine 35 Logdateien auf dem Storage iSCSI-3 in das Verzeichnis ESX-Logs. Beachten Sie dabei die Groß- und Kleinschreibung. Sollen mehrere ESXi ihre Dateien dort ablegen, können Sie ein Häkchen unter dem Feld `Syslog.global.logDir` bei `Syslog.global.logDirUnique` setzen, dann erstellt jeder Host ein Unterverzeichnis mit seinem Namen in dem angegebenen Ordner.

Registerkarte »Berechtigungen«

Die Informationen und Möglichkeiten auf dieser Registerkarte hängen von den erstellten Benutzern auf der vorherigen Karte, dem Authentifizierungsdienst (Active-Directory-Zugehörigkeit) und den Rollen unter der Verwaltung ab. Bei Rollen handelt es sich um eine Gruppe von definierten Berechtigungen, die den Zugriff einzelner Anwender oder Gruppen auf bestimmte Objekte des ESXi-Servers steuern. Nur Benutzer und Gruppen, die Sie vorher angelegt haben, können hier mit Rechten versehen werden. Die Möglichkeiten, ihnen Rechte zu geben, hängen wiederum von den Rollen ab, die unter der Verwaltung vordefiniert sind oder von Ihnen neu erstellt wurden. Haben Sie noch keine individuellen Rollen erstellt, stehen Ihnen hier nur drei Berechtigungsstufen (Rollen) zur Verfügung: Kein Zugriff, Nur Lesen und Administrator.

> Windows- oder Domänenbenutzern können Sie nur Rechte über den vCenter Server vergeben, oder wenn Sie unter Konfiguration → Authentifizierungsdienste den Host ins AD integriert haben. Lesen Sie mehr darüber in Kapitel 10.

Rechtevergabe

Sie können Berechtigungen für eine einzelne virtuelle Maschine, einen Ressourcenpool oder für den Host zuweisen. Rechte, die Sie auf Hostebene vergeben, werden üblicherweise nach unten hin vererbt. Das Vererben wird durch Genehmigungsregeln festgelegt und nicht allgemein angewendet. Wenn Sie sich im Fenster Berechtigung setzen befinden, achten Sie auf die Schaltfläche, mit der Sie die Vererbung außer Kraft setzen können (siehe Abbildung 5-14).

> Für ein Unterobjekt definierte Berechtigungen überschreiben immer die von übergeordneten Objekten übernommenen Berechtigungen. Das heißt, wenn ein Benutzer Rechte auf einem übergeordneten Objekt besitzt, z.B. durch eine Gruppenzugehörigkeit auf dem ESXi-Server, und Sie andere Rechte auf einem untergeordneten Objekt setzen, z.B. einer virtuellen Maschine, hat er hier nur die Berechtigungen, die explizit gesetzt wurden – nicht gegebenenfalls höhere durch die Vererbung.
>
> Beachten Sie auch, dass Rechte, die einem User gegeben wurden, höherwertig sind als Gruppenrechte.

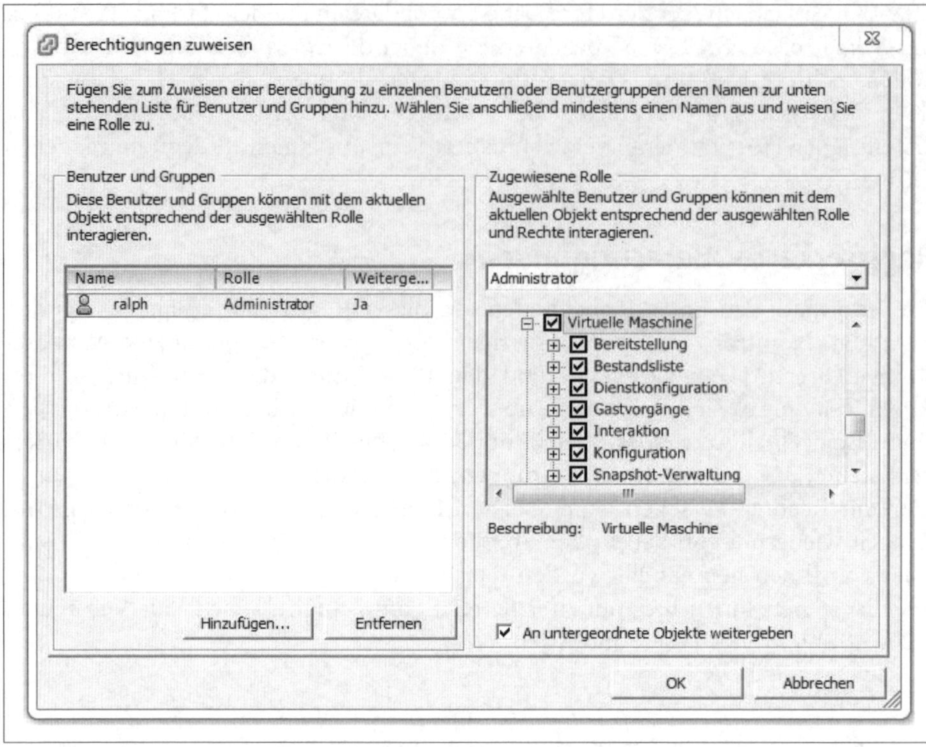

Abbildung 5-14: Vererbbare Rechte

Da die Rechtevererbung hier gänzlich anders ist, als man allgemein erwarten würde, folgen noch ein paar klärende Sätze dazu:

Wenn Sie Berechtigungen anwenden, werden sie in der Hierarchie von oben nach unten überschrieben. Werden Berechtigungen für das gleiche Objekt definiert, sind mehrere Fälle möglich:

Fall 1: *Ein Anwender ist Mitglied von mehreren Gruppen mit unterschiedlichen Berechtigungen*. Für jedes Objekt, über dessen Berechtigungen die Gruppe verfügt, gelten die gleichen Berechtigungen, als wären sie dem Anwender direkt gewährt worden.

Fall 2: Für dasselbe Objekt wurden mehrere Gruppenberechtigungen definiert, und der Anwender gehört mindestens zwei dieser Gruppen an:

- Wenn für dieses Objekt keine zusätzlichen Rechte explizit für diesen Anwender angegeben wurden, werden ihm alle Berechtigungen gewährt, die den Gruppen für dieses Objekt zugewiesen wurden.
- Wenn für dieses Objekt explizit eine Genehmigung für diesen Anwender angegeben wurde, hat diese Berechtigung Vorrang vor allen Gruppenberechtigungen.

Beispiel 1: Erweitern der Berechtigungen eines Anwenders X

- Rolle 1 kann virtuelle Maschinen einschalten.
- Rolle 2 kann Snapshots von virtuellen Maschinen erstellen (zu Snapshots kommen wir in Kapitel 8).
- Der Gruppe A wird die Rolle 1 in der virtuellen Maschine zugewiesen.
- Der Gruppe B wird die Rolle 2 in der virtuellen Maschine zugewiesen.

Anwender X wird keine explizite Genehmigung zugeteilt:

- Anwender X gehört zu den Gruppen A und B.
- Anwender X kann VM einschalten und Snapshots erstellen.

Beispiel 2: Einschränken der Berechtigungen eines Anwenders Y

- Rolle 1 kann virtuelle Maschinen einschalten.
- Rolle 2 kann Snapshots von virtuellen Maschinen erstellen.
- Der Gruppe A wird die Rolle 1 im übergeordneten Ordner der virtuellen Maschine zugewiesen.
- Der Gruppe B wird die Rolle 2 in der virtuellen Maschine zugewiesen.

Die Nur-lesen-Berechtigung von Anwender Y wird in der virtuellen Maschine entfernt:

- Anwender Y kann Snapshots erstellen, aber VMs nicht einschalten.

> Wenn Sie Änderungen bei den Berechtigungen vornehmen, müssen sich die Anwender nicht ab- und wieder anmelden, damit diese wirksam werden. Alle Änderungen werden sofort wirksam.

Rollen

Eine Rolle ist ein vordefiniertes Set von Rechten, die Sie einem Benutzer oder einer Gruppe zuteilen können. Die drei vorkonfigurierten Standardrollen, die Sie unter Verwaltung → Rollen finden, können nicht geändert werden. Wenn in bestimmten Situationen andere Zugriffsberechtigungen benötigt werden, erstellen Sie eine zusätzliche Rolle oder klonen eine vordefinierte und passen sie Ihren Anforderungen an.

Standardrollen auf dem ESXi-Server

Es folgen ein paar kurze Hinweise zu den Rechten, die für die drei Standardrollen vordefiniert sind:

- Kein Zugriff: Diese Rolle wird verwendet, um die eigentliche Vererbung der Berechtigungen wieder außer Kraft zu setzen. Ein User, dem diese Rolle z.B. für eine VM zugewiesen wird, kann diese nicht sehen oder ändern. Die Registerkarten sind zwar vorhanden und können angeklickt werden, der Inhalt ist aber leer.

- Nur Lesen: User mit diesem Recht können zwar alle Details sehen, aber nichts ändern. Alle Vorgänge über die Schaltflächen oder Kontextmenüs sind sichtbar, aber nicht auswählbar. Auch die VMware Remote Console ist für diesen Benutzer nicht erreichbar.
- Administrator: Hiermit werden alle Berechtigungen für alle Objekte auf dem ESXi-Server vergeben. Sie können aber auch administrative Berechtigungen für untergeordnete Objekte, also VMs oder Ressourcenpools, vergeben, die sich nicht auf den ESXi-Host auswirken. Mit diesem Recht können Sie auch selbst Berechtigungen vergeben.

Wenn Sie einen Klon einer Rolle erstellen, wird die neue Rolle nicht automatisch auf denselben Benutzer bzw. dieselbe Gruppe und dieselben Objekte angewendet wie in der Ausgangsrolle. Das müssen Sie manuell zuweisen.

Nicht alle Möglichkeiten, die man durch Setzen von Häkchen in der Rolle hat, sind auf dem ESXi-Server sinnvoll. Einige Rechte sind nur über den vCenter Server anwendbar. Dazu gehören: Alarme, Datencenter, Geplante Aufgabe, einiges unter Global, einiges unter Host → Bestandsliste, Hostprofil, Ordner, Sitzungen, vApp, Verteilte virtuelle Portgruppe, Verteilter virtueller Switch, einiges unter Virtuelle Maschine → Bereitstellung (Vorlagen) und einiges unter Virtuelle Maschine → Interaktion.

Wenn Sie eine neue Rolle erstellen oder eine vordefinierte klonen, sollten Sie die gesetzten Berechtigungen vor dem Zuweisen an einen Benutzer auf jeden Fall testen. Manchmal übersieht man bei den vielen Kästchen Abhängigkeiten (siehe Abbildung 5-15), die dann die gewünschte Arbeit des Users unmöglich machen.

Beispiel:

Geben Sie einem angelegten Benutzer alle Berechtigungen für eine virtuelle Maschine, indem Sie bei einer neuen Rolle das Häkchen bei Virtuelle Maschine setzen. Melden Sie sich als dieser User mit dem vSphere Client an und versuchen Sie, eine Festplatte der VM hinzuzufügen – das schlägt fehl, weil ihm der Zugriff auf den Datastore nicht erlaubt ist. Dies kann er nur über zusätzliche Berechtigungen auf Hostebene bekommen. Die Rechte, die durch die dann erfolgende Vererbung gesetzt werden, können Sie über die Rolle Kein Zugriff wieder einschränken.

Wenn Sie diesen ESXi-Server mit den gesetzten Berechtigungen zu einem vCenter Server hinzufügen und der Benutzer sich über diesen anmeldet, hat er die vorher vergebenen Rechte nicht, weil es sich um einen anderen User handelt. Beim vCenter Server, der üblicherweise auf einem Windows-System installiert wird, müssen Sie Berechtigungen neu definieren, weil Sie dort nur lokale User des Microsoft-Betriebssystems, der AD-Domäne oder der Domäne vsphere.local hinzufügen können. Meldet der Benutzer sich aber am ESXi-Host direkt an, hat er wieder die Rechte (dazu in Kapitel 10 später mehr).

Ändern Sie die Berechtigungen der vordefinierten User auf dem ESXi-Server nicht. Das kann sonst Probleme mit der Verwaltung des Hosts geben, auch wenn dieser zum vCenter Server hinzugefügt wird – denn der Windows-Rechner greift über den Linux-User *vpxuser* auf den ESXi-Server zu und nicht mit dem User *root*.

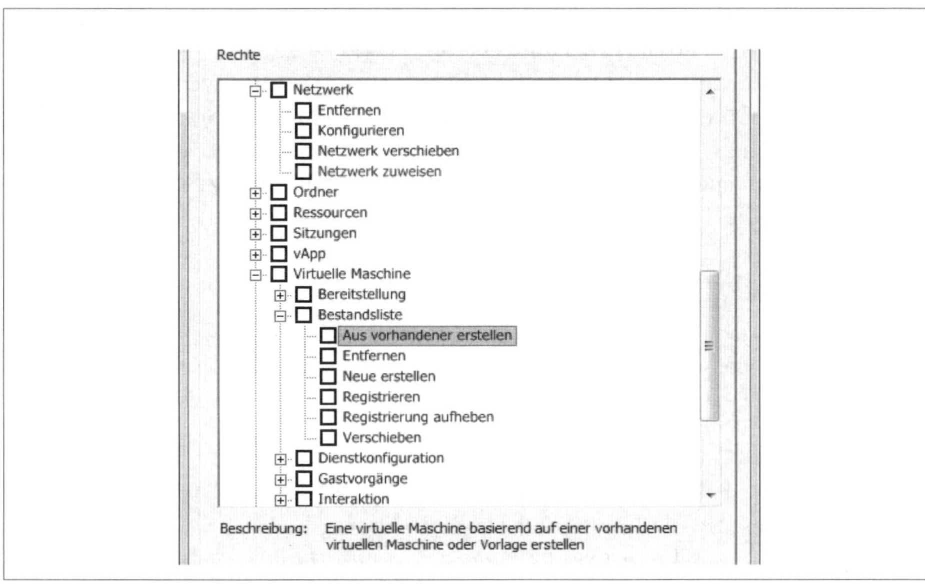

Abbildung 5-15: Definierbare Rechte

Die Menüleiste unter ESXi

In den sieben Pull-down-Menüs in der Menüleiste ändern sich die anwählbaren Punkte in Abhängigkeit davon, ob man sich auf einer virtuellen Maschine, einem Ressourcenpool oder dem Host befindet. Vieles von dem, was man hier findet, haben wir schon besprochen, weil es auch über die Registerkarten oder Kontextmenüs erreichbar ist. Ich gehe deshalb hier nur auf die noch nicht besprochenen Einträge ein.

Menü »Datei«

Unter DATEI → NEU kann eine neue VM oder ein neuer Ressourcenpool erstellt werden, wenn Sie den ESXi-Host ausgewählt haben. Berechtigungen können für fast alle Punkte zugewiesen werden.

Die Auswahl DATEI → OVF-VORLAGE BEREITSTELLEN öffnet ein neues Fenster, über das Sie lokal oder aus dem Internet eine virtuelle Maschine oder eine vApp im OVF-Format (*Open Virtualization Format,* drei bis vier Dateien) oder im OVA-Format (*Open Virtual Appliance / Application,* eine Datei) in den ESXi-Server importieren können. Hierbei handelt es sich meistens um fertige VMs mit installiertem Betriebssystem und teilweise mit Software – sogenannte Appliances. Wo die Maschine liegt – lokal, auf einem optischen Datenträger, im LAN oder im Internet – spielt dabei keine Rolle. Sie können auch selbst eine fertige Maschine in das OVF-Format konvertieren und irgendwo abspeichern, indem Sie auf Ihre ausgeschaltete VM klicken und anschließend auf DATEI → EXPORT → OVF-VORLAGE EXPORTIEREN. Vorteilhaft dabei ist, dass diese Vorlage deutlich weniger Platz beansprucht als die Dateien auf dem Host und dass alle Informationen zu dieser VM (»virtuelle Appliance«) mit abgespeichert werden. Haben Sie eine OVF- oder OVA-Vorlage in einer anderen VMware-Software erstellt, müssen Sie den Converter nutzen, um diese bereitzustellen.

> VMware hat für die Datensicherung mit Data Protection und Data Replication und als vordefinierten vCenter Server auf Basis von SuSE Linux ebenfalls eine fertige VM im OVF-Format erstellt. Diese wird über den gleichen Weg bereitgestellt. Zu diesen Appliances erhalten Sie noch eine detaillierte Beschreibung in den Kapiteln 10 und 16.

Immer wenn Sie eine Liste angezeigt bekommen, z.B. eine Liste aller virtuellen Maschinen, aller Berechtigungen oder aller Benutzer, können Sie sich diese über DATEI → EXPORT → LISTE EXPORTIEREN als *.html-*, *.htm-*, *.xls-*, *.csv-* oder *.xml-*Datei abspeichern.

DATEI → EXPORT → ZUORDNUNGEN EXPORTIEREN ist auf dem ESXi-Server nicht möglich. Erst über den vCenter Server können Sie sich die grafischen Zuordnungen von Host, VM, Storage und Netzwerken abspeichern.

Die Systemprotokolle lassen sich über DATEI → EXPORT → SYSTEMPROTOKOLLE EXPORTIEREN sichern. Dieser Vorgang kann ein wenig Zeit in Anspruch nehmen. Es werden alle untergeordneten Objekte und bei Bedarf auch Leistungsdaten in einem definierbaren Zeitraum erfasst und abgespeichert. Beobachten Sie in dem zusätzlichen Fenster den Status (siehe Abbildung 5-16).

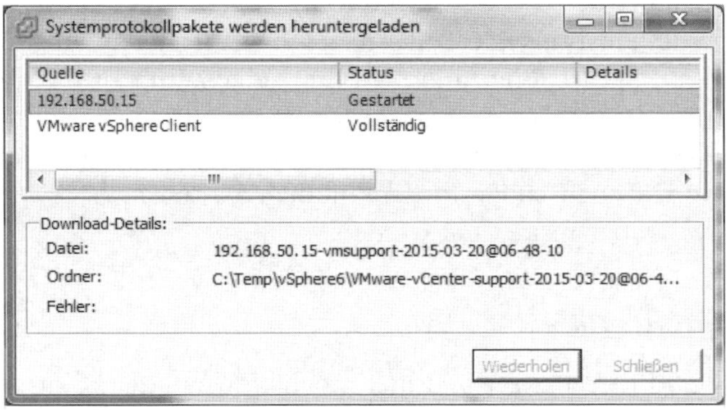

Abbildung 5-16: Systemprotokolle exportieren

Ist der Vorgang abgeschlossen, bekommen Sie einen Hinweis in dem zusätzlichen Fenster, der Ihnen sagt, dass die Systemprotokolle vollständig heruntergeladen wurden. In dem gewählten Speicherort befindet sich anschließend das Verzeichnis *VMware-vCenter-support-<Datum>@<Uhrzeit>*, in dem eine gepackte Datei im *.tgz*-Format und ein weiterer gepackter Ordner im *.zip*-Format mit Logdateien des vSphere Clients liegen. In der komprimierten Datei finden Sie die wichtigsten Konfigurationsdateien in den Unterordnern des Hosts sowie der virtuellen Maschine.

Haben Sie den Fokus auf den ESXi-Host gesetzt, können Sie über DATEI → BERICHT → HOSTÜBERSICHT Laufzeitinformationen des Hosts als *.htm-*, *.html-* oder *.xls*-Datei abspeichern. Ein Beispiel sehen Sie in Abbildung 5-17.

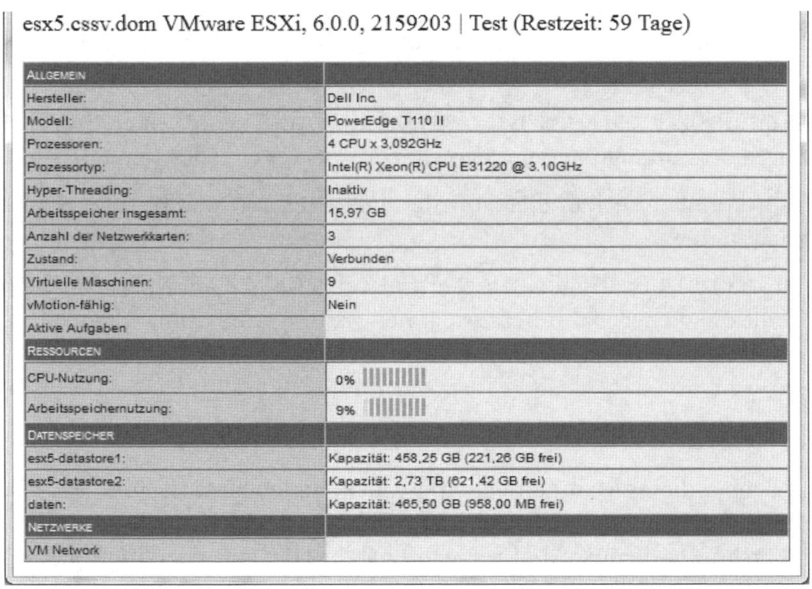

Abbildung 5-17: Bericht – Hostübersicht

Mit DATEI → BERICHT → LEISTUNG bekommen Sie ein neues Fenster, über das Sie Leistungsdaten des Hosts als Excel-Arbeitsmappe exportieren können. Diese beinhaltet ein Linien-, Stapel- oder auch ein Stapeldiagramm pro VM für folgende Leistungsdaten: Arbeitsspeicher, Betrieb, CPU, Datenspeicher, Festplatte, Netzwerk, Speicheradapter, Speicherpfad, System und vFlash. Über die Schaltfläche ERWEITERT können noch einige Einschränkungen oder auch Erweiterungen für die gewünschten Daten ausgewählt werden.

Menü »Bearbeiten«

UMBENENNEN und ENTFERNEN sind hier möglich, wenn der Fokus auf einer ausgeschalteten virtuellen Maschine oder einem Ressourcenpool liegt. Ist die VM eingeschaltet, geht nur UMBENENNEN.

Außerdem finden Sie hier die Einstellungen zum vSphere Client (CLIENTEINSTELLUNGEN), wie schon oben im Rahmen seiner Installation beschrieben.

Menü »Ansicht«

Dieses Menü dient der Navigation auf der Oberfläche mit den Einträgen ZURÜCK, VOR und HOME.

Außerdem kann man sich das vSphere Client-Fenster einrichten, indem man die Symbolleisten NAVIGATIONSLEISTE, SYMBOLLEISTE und STATUSLEISTE aus- oder einblendet.

Für sehr große Umgebungen ist es unter Umständen sinnvoll, VIRTUELLE MASCHINEN IN DER BESTANDSLISTE ANZEIGEN abzuwählen. Dann werden nur noch die Hosts und Ressourcenpools angezeigt.

VORLAGEN IN DER BESTANDSLISTE ANZEIGEN hat hier noch keinen Sinn, da man diese nur im Zusammenhang mit dem vCenter Server erstellen kann.

Weiterhin können Sie hierüber von der VERWALTUNG zur BESTANDSLISTE und zurück navigieren.

ANSICHT → FILTER ist lediglich anwählbar, wenn Sie sich auf einer Liste befinden. Falls Sie das Häkchen dann herausnehmen, ist die Auswahlmöglichkeit des Filterns ausgeblendet.

Menü »Bestandsliste«

Alles, was über dieses Menü erreichbar ist, bekommen Sie auch über das Kontextmenü der jeweiligen Objekte in der Bestandsliste – außer BESTANDSLISTE → VAPP. vApp ist erst unter dem vCenter Server anwählbar (Details dazu in Kapitel 12).

Menü »Verwaltung«

Haben Sie sich mit dem ESXi-Host direkt verbunden und nicht über den vCenter Server, ist dieses Menü nur erreichbar, wenn Sie sich bereits in VERWALTUNG → ROLLEN befinden. Die auswählbaren Punkte entsprechen auch hier denen des Kontextmenüs.

Menü »Plug-Ins«

Auch dieser Punkt wird erst nützlich, wenn der vCenter Server eingerichtet ist. Dann können Sie einige Plug-Ins herunterladen und verwenden (dazu erfahren Sie ab Kapitel 10 mehr).

Menü »Hilfe«

HILFE → HANDBÜCHER ist ein Link auf die Webseite von VMware, auf der weitergehende Literatur angeführt wird, die Sie teilweise auch herunterladen können. Leider funktioniert der Link häufig nicht und Sie werden zu einer falschen Version (z.B. 5.1 statt 6.0) geleitet. Wenn Sie deutschsprachige Literatur bevorzugen, versuchen Sie es mal unter *http://pubs.vmware.com/vsphere-60/index.jsp?lang=de*.

Die Hilfedateien, die zusammen mit dem vSphere Client installiert wurden, finden Sie im Verzeichnis *C:\Programme(x86)\VMware\...\Help\de\VIC60 und \DRS60* (eventuell weicht der Pfad zu Ihrem Installationsverzeichnis etwas ab). Im Standardbrowser öffnet sich zunächst eine Übersicht mit verschiedenen Kapiteln (wählen Sie dazu in dem jeweiligen Ordner die Datei *index.html* aus), in denen grundlegende Hilfestellungen für Einsteiger geboten werden. Die herunterladbaren Dokumentationen als PDF-Datei – teilweise auf Deutsch – sind deutlich detaillierter und können von der Website zum Buch heruntergeladen werden. Sie können übrigens in vielen Zusatzfenstern auf die Schaltfläche HILFE klicken und kommen dann kontextbezogen auf die richtige Seite.

HILFE → LERNPROGRAMM ist noch nicht anwählbar. Eventuell wird dieses später nach einem Update zur Verfügung stehen.

Mittels HILFE → VMWARE IM INTERNET werden Sie auf die Internetseite weitergeleitet und können z.B. den Onlinesupport in Anspruch nehmen (je nach Lizenz) oder Ihr Produkt registrieren lassen, je nachdem, wo und wie Sie es erworben haben.

HILFE → AUF UPDATES IM INTERNET PRÜFEN lädt eine Internetseite von VMware, über die Updates, Treiber und Tools sowie Open-Source-Produkte heruntergeladen werden können.

HILFE → INFO ZU VMWARE VSPHERE bringt ein neues Fenster auf die Oberfläche, das Versionsangaben und den Build des Clients und des Servers sowie die Patente anzeigt (siehe Abbildung 5-18).

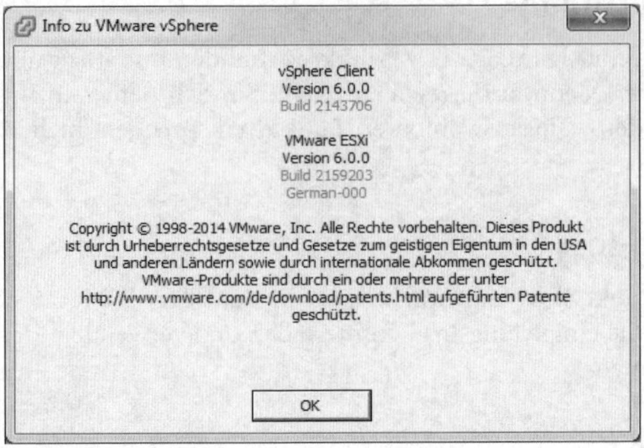

Abbildung 5-18: Info zu VMware vSphere (Ausschnitt)

Jetzt folgen, wie bereits oben mehrfach erwähnt, in den nächsten zwei Kapiteln noch detaillierte Angaben, Tipps und Vorgehensweisen zu Netzwerken und Storages.

KAPITEL 6

Netzwerkkonfiguration

Bevor Sie weitere virtuelle Maschinen auf den ESXi-Servern erstellen, sollten Sie die Netzwerke und Storage-Zugriffe der Hosts konfigurieren. In diesem Kapitel gehe ich detailliert auf die Netzwerkkonfiguration ein und das Kapitel 7 befasst sich dann mit den Möglichkeiten, gemeinsame Storages einzurichten. Die Installation und Konfiguration des vCenter Servers mit verteilten vSwitches erfolgt später in Kapitel 12.

Zur Basiskonfiguration des ESXi-Servers gehören z. B.:

- die Erstellung virtueller Switches und Ports,
- die Einrichtung des Netzwerks für virtuelle Maschinen,
- die Konfiguration des Netzwerks für vMotion, ein zweiter Management-Port für den Verwaltungsdatenverkehr und gegebenenfalls Zugriff auf iSCSI- oder NFS-Speicher,
- das Konfigurieren des Dateisystems und verschiedener Speichertypen, wie zum Beispiel iSCSI, Fibre Channel und NFS, sowie
- die zum Schutz Ihrer VMs enthaltenen Sicherheitsfunktionen bezüglich Netzwerk und Speicher.

Netzwerkkonzepte

Die meisten von Ihnen kennen einen *physischen Switch*. Er wird eingesetzt, um PCs miteinander zu verbinden, damit diese Daten austauschen können. Jeder Switch hat mehrere Anschlüsse (Ports genannt), die mit einem Kabel versehen zu einem anderen Switch führen oder an einen Rechner, der am Netzwerkverkehr teilnehmen soll.

Ein Switch merkt sich für jeden Port die MAC-Adresse des angeschlossenen Geräts und leitet Datenpakete nur an diesen weiter (Ausnahme: Broadcasts, also Meldungen an alle).

Switches bilden den Kern eines physischen Netzwerks. Es können mehrere Switches zusammengeschlossen werden, um größere Netzwerke zu bilden (Kaskadierung z. B. über einen Uplink-Port).

Virtuelle und physische Switches

Ein *virtueller Switch*, ein sogenannter *vSwitch* auf dem ESXi-Server (siehe Abbildung 6-1), funktioniert ähnlich wie ein physischer Ethernet-Switch (Level-2-Hub). Er weiß, welche virtuellen Maschinen logisch an welche virtuellen Ports angeschlossen sind, und leitet die Daten nur an die entsprechende virtuelle Maschine direkt über den vSwitch oder die angeschlossenen physischen Adapter weiter.

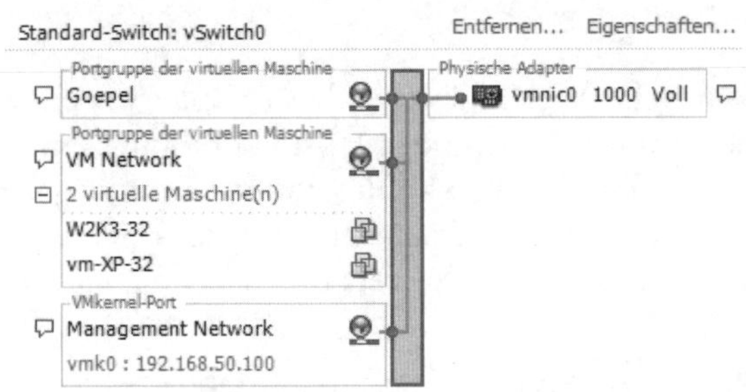

Abbildung 6-1: Virtueller Netzwerk-Switch

Ein vSwitch kann über physische Ethernet-Adapter (auch Uplink- oder Outbound-Adapter genannt) an physische Switches angeschlossen werden, um virtuelle und physische Netzwerke zu verbinden. Diese Verbindung ähnelt der Vernetzung physischer Switches zur Bildung größerer Netzwerke. Ein vSwitch funktioniert also ähnlich wie ein physischer Switch, verfügt aber nicht über alle erweiterten Funktionsmerkmale eines managebaren physischen Switch.

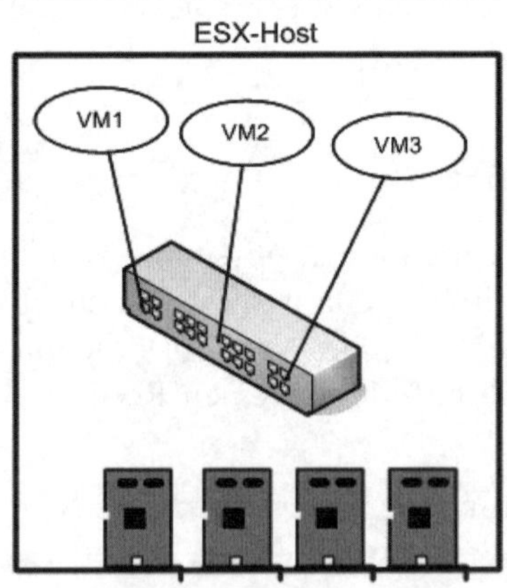

Abbildung 6-2: Kommunikation über Hypervisor

Ein *virtuelles Netzwerk* unterscheidet sich von einem physischen dadurch, dass die Daten, die von einer virtuellen Maschine zu einer anderen gesendet werden, nicht die Netzwerkkarte erreichen, sondern über den Hypervisor ausgetauscht werden (siehe Abbildung 6-2). Erst wenn die Ziel-VM auf einem anderen Host liegt oder ein physischer Rechner das Ziel ist, werden die Daten über die Netzwerkkarte des Hosts an einen physischen Switch weitergeleitet (siehe Abbildung 6-3). Dann wird aber nicht mehr von einem virtuellen Netzwerk gesprochen.

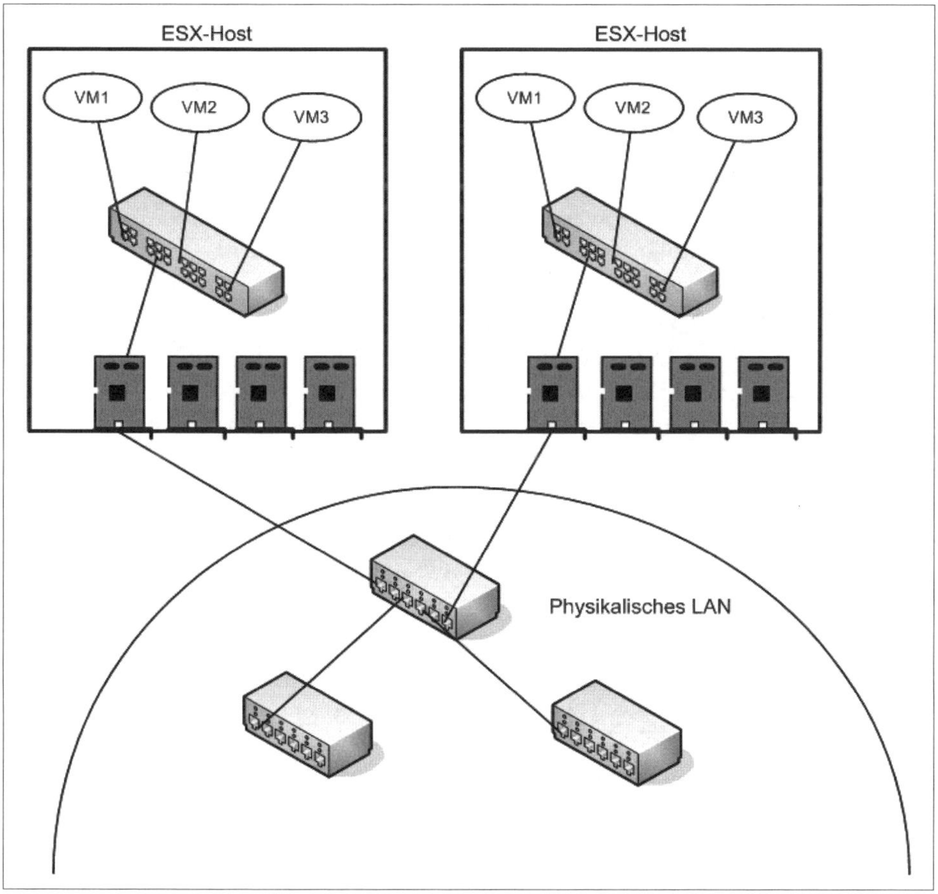

Abbildung 6-3: Kommunikation über das LAN

Die Netzwerkkonzepte von VMware

VMware hat ab vSphere 4 ein neues Netzwerkkonzept eingebunden, das aber nur in Zusammenhang mit dem vCenter Server möglich ist. Dabei handelt es sich um sogenannte *verteilte Netzwerk Switches*. Auf diese Neuerung gehe ich erst in Kapitel 12 ein, wenn wir den vCenter Server installiert haben. Es folgt eine Beschreibung des Netzwerkkonzepts für einen einzelnen ESXi-Host:

- Ein virtueller Switch kann in Gruppen mit bestimmten Ports aufgeteilt werden, wie in Abbildung 6-4 gezeigt. Für jede Portgruppe können dann unterschiedliche Einstellungen festgelegt werden, z. B. Bandbreitenbeschränkungen, Sicherheitseinstellungen oder VLAN-Tagging-Richtlinien.

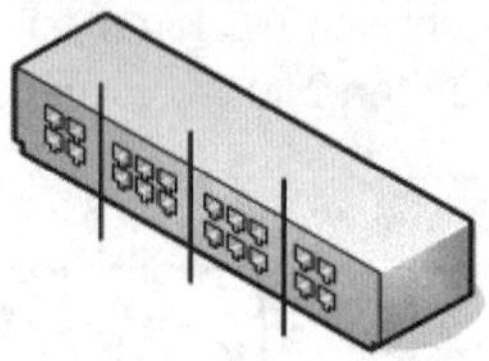

Abbildung 6-4: In Gruppen aufgeteilter Switch

- Die Netzwerkdienste werden über diese Gruppen an vSwitches angeschlossen. Portgruppen definieren, wie eine Verbindung über den vSwitch an das physische Netzwerk erfolgt. Standardmäßig wird einem einzelnen vSwitch mindestens eine Portgruppe zugeordnet. Es ist nicht möglich, einen vSwitch ohne Portgruppe zu erstellen.
- NIC-Gruppierung (NIC-Teaming) tritt auf, wenn einem vSwitch mehrere physische Netzwerkkarten (Uplink-Adapter) zugewiesen werden, um eine Gruppe zu bilden. Eine Gruppe kann entweder den Datenverkehr zwischen dem physischen und dem virtuellen Netzwerk auf einige oder alle Netzwerkkarten der Gruppe aufteilen oder ein passives Failover im Fall einer Hardwarestörung oder eines Netzwerkausfalls bereitstellen.
- Mit VLANs kann ein einzelnes physisches LAN-Segment weiter aufgeteilt werden, sodass Portgruppen derart voneinander isoliert werden, als befänden sie sich in unterschiedlichen physischen Segmenten. Der Standard ist 802.1q.
- Der VMkernel-TCP/IP-Netzwerkstapel unterstützt iSCSI, NFS, vMotion, Fault Tolerance und das Management Network für den Verwaltungsdatenverkehr. Virtuelle Maschinen führen TCP/IP-Stapel ihrer eigenen Systeme aus und verbinden sich auf Ethernet-Ebene über virtuelle Switches mit dem Netz.
- IP-Speicher bezeichnet jede Art von Storage, der auf TCP/IP-Netzwerkkommunikation beruht. iSCSI und NFS können als Datenspeicher für virtuelle Maschinen oder für die direkte Einbindung von ISO-Dateien, die dann von der virtuellen Maschine als CD-/DVD-ROMs erkannt werden, verwendet werden.
- TCP Segmentation Offload (TSO) ermöglicht einem TCP/IP-Stapel das Senden sehr großer Datenblöcke (bis zu 64 KByte), obgleich die maximale Übertragungseinheit (*Maximum Transmission Unit*, MTU) der Schnittstelle kleiner ist. Der Netzwerkadapter trennt anschließend den großen Datenblock in Datenblöcke mit MTU-Größe und stellt eine angepasste Kopie der einleitenden TCP/IP-Header voran. Ein VMkernel-Port ist damit standardmäßig angelegt.
- Über die Migration mit vMotion kann eine laufende virtuelle Maschine von einem Host auf einen anderen übertragen werden, ohne dass die virtuelle

Maschine heruntergefahren werden muss. Für die optionale vMotion-Funktion ist ein eigener Lizenzschlüssel notwendig.

MTU und TSO einer oder mehrerer Netzwerkkarten an einem vSwitch können auch über die grafische Oberfläche mit dem vSphere oder Web Client eingerichtet werden. Das erfolgt aber nicht mehr nur über die Kommandozeile (siehe weiter unten im Abschnitt »vSwitches optimieren« auf Seite 179).

Internet Protocol Version 6

vSphere unterstützt sowohl Internetprotokollversion 4 (IPv4) als auch Internetprotokollversion 6 (IPv6). Nach der Installation ist sowohl IPv4 als auch IPv6 auf dem ersten vSwitch eingerichtet. Zu einer IPv6-spezifischen Konfiguration in vSphere gehört das Angeben von IPv6-Adressen für alle relevanten vSphere-Netzwerkschnittstellen – entweder durch die Eingabe von statischen Adressen oder durch Verwendung von DHCP (Stateful Address Autoconfiguration). Die IPv6-Adressen kann sich der Host auch über die sogenannte Stateless Address Autoconfiguration über spezielle Routermeldungen holen. Dabei hat der Router ein Präfix, aus dem sich angeschlossene Geräte ihre eigenen Information bilden können.

Aktivieren von IPv6

Die Unterstützung von IPv6 können Sie auf dem Host über den vSphere Client aktivieren oder deaktivieren.

1. Klicken Sie in der BESTANDSLISTE auf Ihren Host.
2. Wählen Sie die Registerkarte KONFIGURATION.
3. Klicken Sie unter HARDWARE auf den Link NETZWERK.
4. Wählen Sie den gewünschten vSwitch und klicken Sie in der Ansicht oben rechts auf den Link EIGENSCHAFTEN. Dann öffnet sich das Fenster aus Abbildung 6-5.

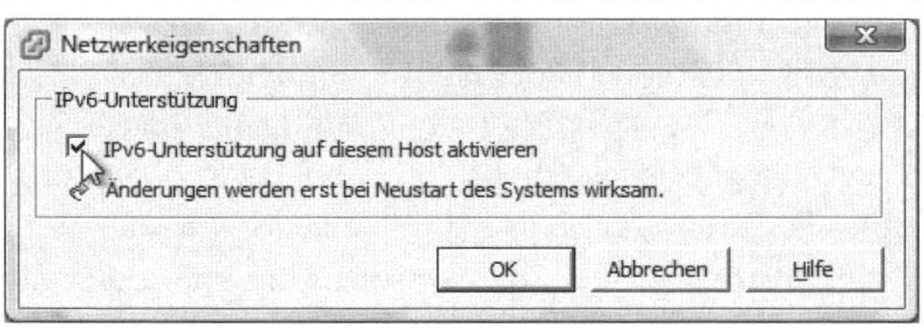

Abbildung 6-5: IPv6 einschalten

5. Setzen Sie das Häkchen bei IPV6-UNTERSTÜTZUNG AUF DIESEM HOST AKTIVIEREN und klicken Sie auf OK.
6. Starten Sie den Host anschließend neu.

IPv6

Eine IP-Adresse ergibt sich aus einem Adressraum von 32 Bit, was somit zu 2^{32} verschiedenen Adressen führt. Dies sind ca. 4,3 Milliarden Adressen, was auf den ersten Blick doch eine ganz beachtliche Anzahl zu sein scheint.

Gleichwohl ging man eine Weile recht verschwenderisch mit den Adressen um, und wenn man daran denkt, dass alle möglichen Geräte (ja, auch der heimische Kühlschrank) weltweit per Internet erreichbar sein sollen, wird klar, dass die verfügbaren Adressen doch langsam zur Neige gehen.

Die zurzeit gängige IP-Version wird als IPv4 bezeichnet. Der seit 1994 in Arbeit befindliche Nachfolger IPv6 verwendet dagegen einen Adressraum von 128 Bit, was somit zu einer geradezu unvorstellbaren Anzahl von möglichen IP-Adressen führt. IPv6 oder früher IPnG (IP *next Generation*), wie dieser Standard früher auch bezeichnet wurde, muss natürlich zu IPv4 kompatibel sein, was dadurch erreicht wird, dass die bisherigen IPv4-Adressen in den unteren Bereich von IPv6 aufgenommen werden. Neben den 128-Bit-Adressen bietet IPv6 zusätzliche Sicherheitsfunktionen (Authentification & Privacy), neue Routing-Mechanismen, eine flexiblere Klassenteilung und einen *Quality of Service*. Vom QoS, den man sich vereinfacht als eine garantierte Bandbreitenzuteilung für eine Übertragung vorstellen kann, sollen insbesondere Real-Time-Applikationen (Echtzeitanwendungen) wie Ton und Video profitieren.

IPv4-Adressen werden dezimal in vier, IPv6 hexadezimal in acht Blöcken dargestellt. Neu ist die Abgrenzung durch Doppelpunkte (ähnlich wie bei der MAC-Adresse, *Media Access Control*), also z.B. 20F8:08DC:853A:083B:1121:B1C2:3007:1144.

IPv6-Adressen sind aus zwei logischen Teilen zusammengesetzt: einem 64 Bit langen Netzwerkpräfix und einer 64 Bit langen Hostadresse, die entweder aus der Hardwareadresse der Netzwerkkarte (MAC-Adresse) erstellt oder einfach sequenziell zugewiesen werden kann.

Ein Subnetz wird dann z.B. mit 20F8:08DC:853A:083B::/64 bezeichnet. Hat ein Netzwerkgerät die IPv6-Adresse 20F8:08DC:853A:083B:1121:B1C2:3007:1144, stammt es aus diesem Subnetz. Daraus folgt, dass dieses Subnetz auch zum übergeordneten Subnetz mit dem kürzeren Präfix 20F8:08DC:853A::/48 gehört.

Adressen aus diesem Subnetz fangen also bei

- 20F8:08DC:853A:0000:0000:0000:0001 an und hören bei
- 20F8:08DC:853A:FFFF:FFFF:FFFF:FFFE auf. Daher ist ein Subnetz mit nur einem PC als /128 gekennzeichnet.
- Eine Localhost-Adresse ist also mit ::0001/128 gekennzeichnet.
- FC00::/7 sind lokale Adressen, die von einem Internetrouter nicht weitergeleitet werden, wohl aber von LAN-Routern.
- FEC0::/10, also von FEC0 bis FEFF, sind für Multicast vorgesehen, ebenso wie der Adressbereich aus FF00::/8.

Erst seit Windows Vista wird IPv6 bei Microsoft-Betriebssystemen automatisch mitinstalliert und ist uneingeschränkt nutzbar. Bei Linux gilt die Unterstützung seit Kernel-Version 2.6, bei Solaris ab Version 8, bei AIX mit Version 4.3, bei MAC OS X seit Version 10.2.

Netzwerkdienste

Ein virtueller Switch stellt für den Host und die virtuellen Maschinen mehrere verschiedene Dienste zur Verfügung, die auf Portgruppenebene konfiguriert werden können (siehe Abbildung 6-6). Eine Portgruppe (Verbindungstyp) kann nur auf einem *bestehenden* Switch erstellt werden und ein neuer Switch nur in Verbindung mit einer Portgruppe.

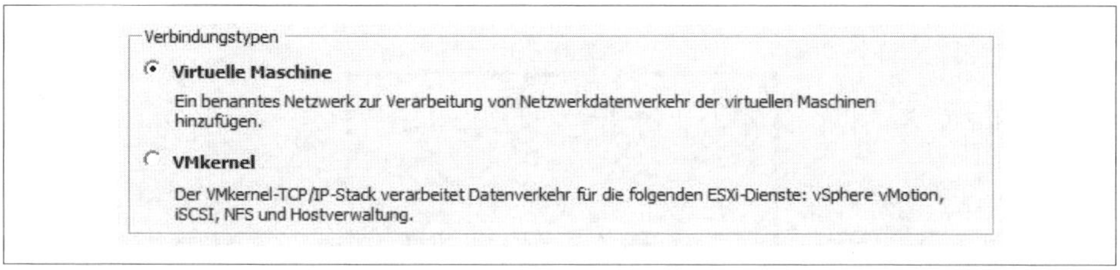

Abbildung 6-6: ESXi Netzwerkverbindungstypen

Man unterscheidet hier drei verschiedene Verbindungstypen:

- Die Verbindung von virtuellen Maschinen zum physischen Netzwerk sowie die Verbindung untereinander.
- Das Verbinden von VMkernel-Diensten (zum Beispiel NFS, iSCSI, vMotion oder FT) mit dem physischen Netzwerk.
- Ausführen von Management-Diensten für ESXi über die Hostverwaltung. Ein Management-Network-Port, der standardmäßig während der Installation festgelegt wird, ist für ESXi erforderlich, damit eine Verbindung mit Netzwerk- oder Remote-Diensten, einschließlich vSphere Client, eingerichtet werden kann.

Bei ESXi-Hosts (siehe Abbildung 6-6), stehen nur zwei Verbindungstypen zur Verfügung, es gibt also keine Trennung zwischen VMkernel-Port und Remote-Zugriff. Beides wird hier über einen Management-Port abgewickelt. Da dieses beim ESXi nicht getrennt werden kann und keine unterschiedlichen Gateways dafür eingetragen werden können, hat man hier wenig Flexibilität bezüglich unterschiedlicher Subnetze.

Die Konfiguration des Netzwerks kann über den vSphere Client erfolgen. Klicken Sie dazu auf einen ESXi-Server und anschließend auf die Registerkarte KONFIGURATION. Im Abschnitt HARDWARE finden Sie unter anderem den Punkt NETZWERK.

VLAN

Unter VLANs (*Virtual Local Area Networks*) versteht man virtuell voneinander getrennte Netzwerke auf einem Switch oder über mehrere physische Switches verteilt. Man benötigt also nicht zwingend zwei Switches, um zwei getrennte Netzwerke aufzubauen. Die Zugehörigkeit eines Rechners zu einem VLAN wird über eine VLAN-ID geregelt.

Um von einem VLAN in das andere zu gelangen, ist man auf einen Router oder einen Layer3-Switch angewiesen (die Routing-Funktionalität ist in den Switch integriert). Um einem Rechner alle VLANs zugänglich zu machen, muss man einen sogenannten »Trunkport« konfigurieren, der allerdings auch von der Netzwerkkarte des Systems unterstützt werden muss (802.1q-Unterstützung).

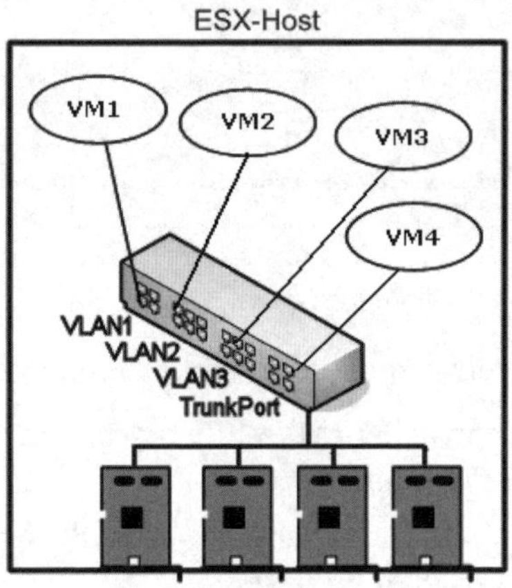

Abbildung 6-7: Host mit vier VMs und drei VLANs

In Abbildung 6-7 ist ein Hostsystem mit vier physischen Netzwerkkarten und vier laufenden virtuellen Maschinen zu sehen. Es sind hier vier virtuelle Netzwerke mit jeweils einer physischen Netzwerkkarte eingerichtet. Der Switch ist mit drei VLANs und einem Trunkport konfiguriert.

Es entsteht somit folgende Konstellation:

- VM1 ist im VLAN1 angesiedelt und sieht damit alle Systeme in VLAN1.
- VM2 ist im VLAN2 angesiedelt und sieht damit alle Systeme in VLAN2.
- VM3 ist im VLAN3 angesiedelt und sieht damit alle Systeme in VLAN3.
- VM4 ist auf einem Trunkport konfiguriert und sieht somit alle Systeme in VLAN1, VLAN2 und VLAN3.

Wie Sie sehen, können diese VLANs bei der Einrichtung der virtuellen Maschinen von Vorteil sein, weil man verschiedene virtuelle Netzwerke einrichten kann, die wiederum in verschiedenen VLANs liegen. Damit sind sehr sichere Netzwerke innerhalb der virtuellen Maschinen zu realisieren. Bei vielen meiner Kunden werden VLANs anstelle von Subnetzen eingesetzt. Sie können dieses Prinzip auch für getrennte Netze, z.B. für die Buchhaltung und die Finanzabteilung, nutzen.

VMware ESXi unterstützt über die realen VLANs hinaus auch »virtuelle VLANs«, die eine Trennung der VLANs durch virtuelle Switches erlauben. Dadurch ergeben sich sehr flexible Möglichkeiten bezüglich der virtuellen Netzwerkstruktur, die von VMware Workstation und Microsoft Virtual Server nicht geboten werden.

Virtual Switch Tagging

Hier wird die Zuordnung der VLANs vom VMkernel übernommen und auf die virtuellen Switches übertragen (siehe Abbildung 6-8). Dazu müssen Sie den physischen Adapter des Hostsystems mit einem Trunkport auf dem physischen Switch verbinden, damit alle Pakete und damit auch alle VLAN-IDs diesen Port passieren. Dieser Trunkport muss vom Switch her so konfiguriert werden, dass keine VLAN-IDs entfernt werden.

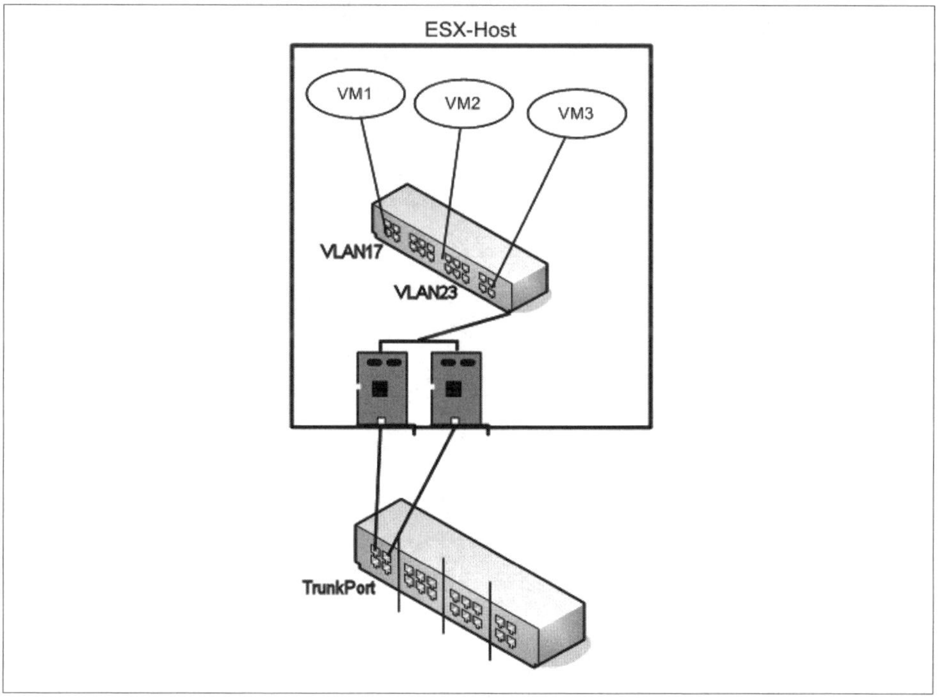

Abbildung 6-8: VLANs werden nur über den VMkernel realisiert.

Der VMkernel, in Form des virtuellen Switch, passt die getaggten Pakete dann so an, dass die virtuellen Maschinen nur die für sie bestimmten Pakete erhalten. Da die emulierten Netzwerkkarten kein VLAN-Tagging unterstützen, werden durch den VMkernel alle VLAN-relevanten Daten entfernt oder hinzugefügt, je nachdem, ob das Paket zur virtuellen Maschine unterwegs ist oder von ihr kommt.

Anhand des Beispiels in Abbildung 6-8 können Sie diese Konstellation genau nachvollziehen. Die beiden physischen Netzwerkadapter des Hostsystems sind auf einen Trunkport am physischen Switch gesteckt. Sobald nun Pakete mit der VLAN-ID 17 ankommen, wird das VLAN-Tagging durch den virtuellen Switch vom VMkernel entfernt und an die VM1-Netzwerkkarte weitergeleitet. Diese bekommt keine Informationen über die VLAN-Zugehörigkeit mehr mitgeteilt. Da die virtuellen Netzwerkkarten generell kein VLAN-Tagging verstehen, ist das auch die einzig sinnvolle Möglichkeit.

Wenn nun Pakete von der virtuellen Maschine VM1 verschickt werden, erweitert der virtuelle Switch das Paket automatisch um die VLAN-Tagging-Informationen. Genau so passiert das auch bei VM2, außer dass hier nur Pakete für VLAN-ID 23 vorbeigeschleust werden. Laut VMware wird die Netzwerkleistung dadurch nur minimal beeinträchtigt.

Um das Virtual Switch Tagging einzurichten, müssen Sie unter VMware ESXi mit sogenannten *Port Groups* (Portgruppen) arbeiten. In diesem Fall müssten Sie zwei Portgruppen einrichten: eine für VLAN-ID17 und eine für VLAN-ID 23. Dazu müssen Sie im vSC beim Erstellen des vSwitch eine VLAN-ID (siehe Abbildung 6-9) unterhalb des zu verwendenden virtuellen Netzwerks bei den Portgruppen einrichten.

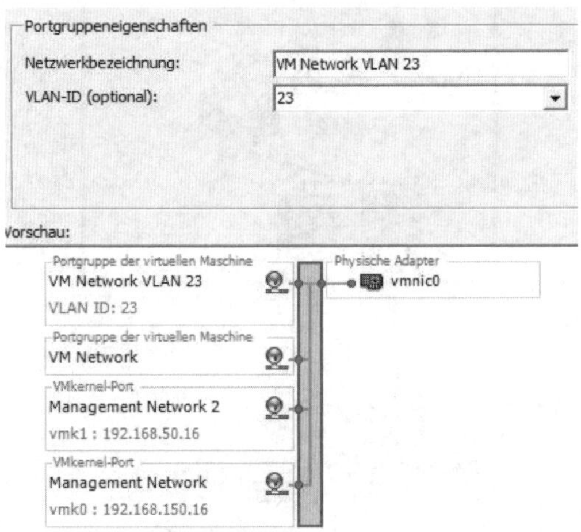

Abbildung 6-9: Einrichten eines VLAN für die VMs

Hier sollten Sie nun einen sprechenden Namen wählen, um später die Portgruppe direkt mit der VLAN-ID in Verbindung bringen zu können. Als VLAN-ID können Sie entweder eine zugeordnete VLAN-ID oder einen zugeordneten VLAN-ID-Bereich angeben, falls mehrere VLANs in der Portgruppe ankommen sollen.

Nachdem Sie die Portgruppen angelegt haben, finden Sie sie unterhalb des entsprechenden virtuellen Netzwerks und können sie dort bearbeiten.

Sobald die Portgruppen eingerichtet sind, stehen Ihnen für die virtuellen Maschinen nur noch diese als Netzwerkverbindung zur Verfügung und nicht mehr der virtuelle Switch selbst.

Da die Netzwerknamen zum Funktionieren von vMotion immer gleich sein müssen, sollten Sie diese Portgruppen – wenn Sie vMotion verwenden – bei allen beteiligten VMware ESXi-Servern identisch benennen.

VLAN-Einsatz

Durch die Verwendung von VLANs, also virtuellen LAN-Umgebungen, kann man nur mit Switches Netzwerke logisch voneinander trennen und auf Router verzichten (Details siehe vorhergehenden Abschnitt).

Diese VLANs können entweder auf einem einzelnen speziellen Switch konfiguriert oder über mehrere verteilt werden. Dadurch können innerhalb einer durch Switches verbundenen Netzwerkinfrastruktur mehrere virtuelle Netzwerkumgebungen hergestellt werden, um beispielsweise Abteilungen sicher voneinander zu trennen.

Um von einem VLAN ins andere zu gelangen, ist zwingend ein Router oder ein Layer3-Switch erforderlich, der dann das Routing übernehmen kann. Außerdem gibt es die Trunkports, die VLAN-übergreifend alle Netzwerkpakete erhalten. Nun stehen Ihnen mehrere Wege offen, um die VLAN-Technologie in die virtuelle Umgebung zu bringen. VLANs werden anhand von VLAN-IDs voneinander unterschieden, die im Netzwerkpaket vermerkt sind. Dieses sogenannte VLAN-Tagging, das jedes Ethernet-Paket um vier Byte erweitert, in denen die VLAN-ID hinterlegt ist, wird im Netzwerkstandard IEEE 802.1q definiert.

Physisch am Switchport

Eine Möglichkeit besteht darin, schon im Netzwerk-Switch nur bestimmte VLANs für den Port anzugeben, auf dem auch die physische Netzwerkkarte des Hostsystems eingesteckt ist. Die Netzwerkkarten des Hostsystems müssen den 802.1q-Standard unterstützen, damit die VLAN-Funktionalität gegeben ist.

vNetwork-Standardswitch

Sie können abstrakte Netzwerkgeräte erstellen, die als vNetwork-Standardswitches (vSwitches) bezeichnet werden. Wie bereits eingangs beschrieben, kann ein vSwitch Datenverkehr intern zwischen verschiedenen virtuellen Maschinen sowie zwischen virtuellen Maschinen und externen Netzwerken steuern.

Ein vSwitch arbeitet wie ein physischer Ethernet-Switch. Die Standardanzahl an logischen Ports für einen vSwitch, der mittels des vSphere Clients erstellt wird, ist 120. In ESXi kann ein vSwitch jedoch bis zu 4.088 Ports haben. Der vSwitch, der während der Installation automatisch erstellt wird, hat beim ESXi-Server ebenfalls 120 Ports. Üblicherweise brauchen Sie diese Anzahl nicht zu verändern, weil seit der Version 5.5 diese dynamisch aus Performance-Gründen erweitert oder verringert wird.

An jeden Port können Sie den Netzwerkadapter einer virtuellen Maschine anschließen. Jeder Uplink-Adapter, der mit einem vSwitch verknüpft wurde, verwendet keinen sichtbaren Port, d.h., dass ein 120-Port-vSwitch in Wirklichkeit 128 Anschlüsse hat, wobei die 8 für physische Adapter reservierten nicht angezeigt werden. Jeder logische Port auf dem vSwitch gehört zu einer Portgruppe. Jedem vSwitch kann darüber hinaus mindestens eine Portgruppe zugewiesen werden. Sie können auf einem einzelnen Host maximal 4.096 vSwitch-Ports auf mehreren vSwitches einrichten und diese mit maximal 32 physischen Netzwerkkarten (je nach Typ) verbinden.

Portgruppen

Die Ports auf dem vSwitch werden in Portgruppen zusammengefasst und können unabhängig voneinander konfiguriert werden. Jede Portgruppe hat einen eindeutigen Bezeichner (Namen), der bei allen ESXi-Servern identisch sein muss und nicht doppelt vorhanden sein darf. Dabei ist auch die Groß- und Kleinschreibung zu beachten, weil sonst eine VM z.B. nicht per vMotion verschoben werden kann.

Ein Host kann bis zu 4.096 Ports auf Portgruppen verwalten, davon dürfen aber nur 1.016 aktiv sein. Die Beschränkung der Portgruppen beim vCenter Server liegt bei 10.000 (beim Distributed vSwitch bei 60.000) insgesamt.

Eine logische Unterteilung des Datenverkehrs eines Ethernet-Segments durch VLAN kann einer Portgruppe bei Bedarf zugewiesen werden. Damit die Portgruppen, die sich auf anderen VLANs befinden, für eine Portgruppe sichtbar sind, muss die VLAN-ID bei dieser auf 4095 gesetzt sein.

Beachten Sie, dass die VLAN-IDs und die Bezeichnungen der Portgruppen bei allen beteiligten Hosts gleich sein müssen, um die Konnektivität ordnungsgemäß widerzuspiegeln.

Portgruppen für virtuelle Maschinen

Sie können einer virtuellen Maschine über den vSphere Client eine Portgruppe zuweisen, indem Sie in die Einstellungen der VM gehen, dort auf die Netzwerkkarte klicken und unter NETZWERKBEZEICHNUNG eine andere Portgruppe auswählen. Es ist ebenfalls möglich, VMs weitere Netzwerkkarten hinzuzufügen, wobei für jede NIC ein anderer Anschluss gewählt werden kann.

> Überlegen Sie beim Einrichten von Portgruppen für virtuelle Maschinen, ob Sie diese VMs zwischen Hosts migrieren möchten. Falls ja, stellen Sie sicher, dass sich beide Hosts in derselben Broadcast-Domäne befinden, also im selben Schicht-2-Subnetz.

ESXi unterstützt nicht die Migration virtueller Maschinen zwischen Hosts unterschiedlicher Broadcast-Domänen, weil die migrierte virtuelle Maschine möglicherweise dann auf dem neuen Netzwerk keinen Zugriff mehr hätte. Seit der Version 6.0 gibt es dabei aber die Möglichkeit, beim vMotion der VM dieser eine andere Portgruppe zuzuteilen.

Einen neuen vSwitch erstellen

Es ist nicht möglich, einen leeren virtuellen Switch ohne Portgruppen zu erstellen. VM-Portgruppen stellen das Netzwerk für virtuelle Maschinen bereit.

1. Klicken Sie in der Bestandsliste auf Ihren Host und dann auf das Register KONFIGURATION.
2. Unter HARDWARE wählen Sie NETZWERK aus. Oben rechts im Fenster befindet sich der Link zu NETZWERK HINZUFÜGEN, der einen Assistenten startet.
3. Wählen Sie einen der verfügbaren Verbindungstypen aus, um einen vSwitch zu erstellen. Nehmen Sie den Typ VIRTUELLE MASCHINE und klicken Sie auf WEITER.
4. Sie können EINEN VIRTUELLEN SWITCH ERSTELLEN oder einen der aufgelisteten vorhandenen vSwitches und die diesem zugewiesenen physischen Adapter auswählen, die für diese neue Portgruppe verwendet werden sollen (siehe Abbildung 6-10).

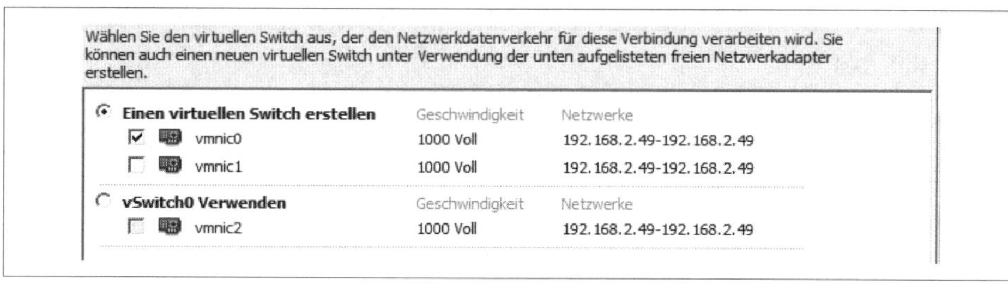

Abbildung 6-10: Auswahl der NICs (Network Interface Cards)

5. Klicken Sie auf WEITER.
6. Geben Sie unter PORTGRUPPENEIGENSCHAFTEN eine eindeutige, noch nicht vorhandene NETZWERKBEZEICHNUNG für die zu erstellende Portgruppe ein oder übernehmen Sie den Vorschlag.

> Vergeben Sie beim Einrichten von Portgruppen sprechende Namen. Der Name VMkernel sagt z.B. nicht aus, welchem Zweck dieser dient. Wählen Sie stattdessen lieber »VMkernel iSCSI«, »VMkernel vMotion« oder etwas Entsprechendes.

7. Optional können Sie in das Feld VLAN-ID eine Zahl zwischen 1 und 4.094 eingeben, wenn Sie ein VLAN verwenden. Wenn Sie 0 auswählen oder diese Option leer lassen, kann die Portgruppe nur normalen, also Nicht-VLAN-

Datenverkehr sehen. Geben Sie 4.095 ein, kann die Portgruppe den gesamten Datenverkehr in einem VLAN sehen. Klicken Sie auf WEITER.

8. Sehen Sie sich die Zusammenfassung noch einmal an und klicken Sie dann auf BEENDEN.

Kurze Zeit später erscheint der neue Switch grafisch dargestellt auf der Oberfläche.

Netzwerkkonfiguration des VMkernels

Wie bereits oben erwähnt, wird eine Portgruppe des VMkernels für einige TCP/IP-Dienste benötigt. Dazu gehören:

- der Hostverwaltungsdatenverkehr, über den der Netzwerkzugriff auf den Host funktioniert (Management Network),
- das Verschieben von VMs zwischen Hosts (vMotion),
- das Verschieben von Dateien von VMs auf andere Storages (Storage vMotion),
- das Synchronisieren von gespiegelten VMs (Fault Tolerance) und
- der Zugriff auf externen (IP-)Speicher wie iSCSI oder NFS.

Das Verschieben einer virtuellen Maschine per vMotion von einem Host auf einen anderen wird bei VMware übrigens »Migration« genannt. Mit vMotion können Sie laufende virtuelle Maschinen, ohne sie herunterfahren zu müssen, verschieben. Damit das vMotion funktioniert, müssen die Einstellungen der Portgruppe des VMkernels auf jedem Host korrekt eingerichtet sein.

IP-Speicher, wie iSCSI oder NFS, können dieselbe VMkernel-Schnittstelle und Portgruppe verwenden. Aus Performance-Gründen rate ich aber in produktiven Umgebungen davon ab. Verwenden Sie dafür – wenn möglich – lieber eine oder mehrere zusätzliche Netzwerkadapter an einem zusätzlichen vSwitch.

Der Netzwerkverkehr des VMkernels ist vollständig vom TCP/IP-Stapel der Hostverwaltung getrennt, auch wenn beide über den gleichen Outbound-Adapter angeschlossen sein sollten.

TCP/IP-Stapel auf VMkernel-Ebene

Der VMkernel-TCP/IP-Netzwerkstapel verarbeitet iSCSI (SCSI-Protokoll über IP), NFS und vMotion folgendermaßen:

- iSCSI wird als Datenspeicher für die Dateien von virtuellen Maschinen genutzt.
- iSCSI-Speicher ermöglicht die direkte Einbindung von ISO- und FLP-Dateien, die von virtuellen Maschinen als CD-/DVD-ROMs bzw. Floppys genutzt werden.
- NFS taugt ebenfalls als Datenspeicher für die Dateien von virtuellen Maschinen.

- NFS kann zum Anschluss von ISO- und FLP-Dateien verwendet werden, die für virtuelle Maschinen als CD-ROMs bzw. Floppys zur Verfügung stehen.
- Die Migration mit vMotion und Storage vMotion läuft ebenfalls direkt über den VMkernel, wobei Storage vMotion keine vMotion-aktivierte Portgruppe benötigt.
- Die Synchronisation von VMs im gespiegelten Modus (also Fault Tolerance) wird hierüber abgewickelt.

> Wenn Ihr Host mehrere physische Netzwerkkarten hat, sollten Sie mehrere Pfade für das Software-iSCSI auf dem vSwitch konfigurieren (Multipathing) und möglichst Jumbo Frames einsetzen.

> ESXi ab der Version 6.0 unterstützt über TCP/IP auch die NFS-Version 4.

> 10-GBit-Ethernet wird ebenfalls für iSCSI und NFS unterstützt. Sie können aber auch bis zu acht 1-GBit-NICs zu einem Team zusammenschalten und auf iSCSI- oder NAS-Storages zugreifen.

Einrichten von VMkernel-Netzwerken

Die Einrichtung einer Portgruppe für den VMkernel läuft genauso ab, wie oben für die VMs beschrieben. Sie können einen neuen vSwitch erstellen oder auch einen vorhandenen auswählen und dort eine Portgruppe hinzufügen.

- Wenn Sie das Häkchen bei DIESE PORTGRUPPE FÜR VMOTION VERWENDEN setzen, meldet der Host diese Portgruppe als Broadcast den anderen Hosts im Cluster, sodass sie als die Netzwerkverbindung dienen kann, über die der Netzwerkverkehr für vMotion läuft.

> Auf jedem Host kann die Eigenschaft für eine vMotion- und IP-Speicher-Portgruppe auch mehrfach aktiviert werden. Damit haben Sie die Möglichkeit, auch unterschiedliche Subnetze nutzen zu können. Wenn diese Eigenschaft für keine der Portgruppen aktiviert wurde, ist eine vMotion-Migration auf diesen Host und von ihm weg nicht möglich.

> Da bei der Einrichtung von vMotion ein Broadcast an die anderen Hosts gesendet wird, muss diese Portgruppe im selben Subnetz wie das Management Network sein. Sie können auch ein zweites Management Network in einem beliebigen Subnetz erstellen und anschließend vMotion in diesem Netz konfigurieren. Das dann falsche Standardgateway spielt dabei keine Rolle.

- Wenn Sie das Häkchen bei DIESE PORTGRUPPE FÜR DIE FEHLERTOLERANZPROTOKOLLIERUNG VERWENDEN setzen, wird der Synchronisierungsdatenverkehr für den Arbeitsspeicher, CPU und Cache zwischen gespiegelten virtuellen Maschinen hierüber laufen (siehe Abbildung 6-11).
- Wenn Sie das Häkchen bei DIESE PORTGRUPPE FÜR VERWALTUNGSDATENVERKEHR VERWENDEN setzen, haben Sie eine redundante Zugriffsmöglichkeit über eine Remote-Verbindung auf den Host (siehe Abbildung 6-11). Diese Vorgehensweise empfehle ich für die Ausfallsicherheit; sie ist bei einem HA-Cluster Bedingung.

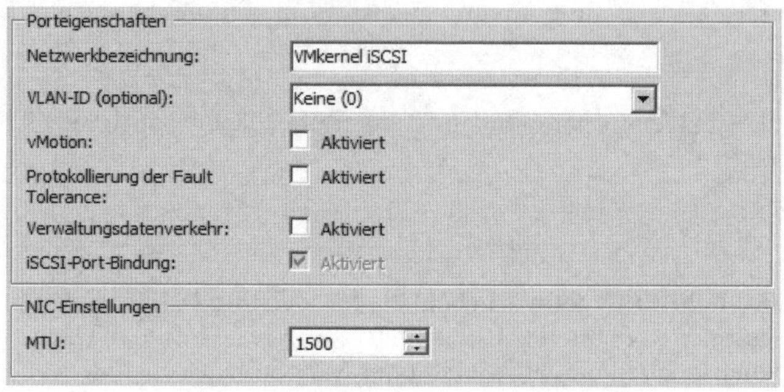

Abbildung 6-11: Portgruppe für den VMkernel auf dem ESXi-Server

Die benötigten Angaben für die IP-Adressinformationen können Sie im nächsten Fenster eingeben. Die IP-Adresse muss eine andere sein als für den Remote-Zugriff, sie können aber dasselbe Gateway benutzen. Bei ESXi haben Sie nicht die Möglichkeit, ein anderes Gateway für den VMkernel zu wählen, können aber trotzdem IP-Adressen aus anderen Subnetzen verwenden.

Haben Sie auf dem Host IPv6 aktiviert und ihn gegebenenfalls neu gestartet, bekommen Sie eine weitere optionale Auswahlmöglichkeit, um den Datenverkehr nur über IPv4 (IP Standardwert), nur über IPv6 oder über beides laufen zu lassen.

Routing-Informationen von VMkernel-Ports anzeigen lassen

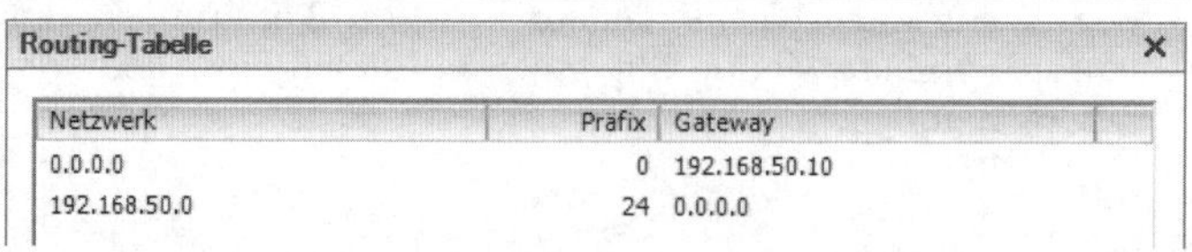

Abbildung 6-12: Routing-Tabelle auf dem ESXi-Server

Nach der Erstellung einer Portgruppe können Sie sich über die Eigenschaften des vSwitch die Routing-Tabelle anzeigen lassen (siehe Abbildung 6-12). Klicken Sie dazu auf den Port und dann auf den blauen Link ROUTING-TABELLE ANZEIGEN. Es öffnet sich ein neues Fenster mit drei Spalten: Die erste Spalte zeigt den Netzwerknamen (üblicherweise mit einer 0 am Ende) und in der zweiten steht die Subnetzmaske im gekürzten Format (die Zahl 24 bedeutet beispielsweise 24 Einsen für die Netz-ID und acht für die Host-ID – hier also 255.255.255.0). In Spalte drei steht die Adresse für das Standardgateway.

Konfiguration von Management Network

Auch das Management Network – also z. B. der Remote-Zugriff auf den ESXi-Server über den vSphere Client oder den vCenter Server – ist ein VMkernel-Port und verwendet virtuelle Ethernet-Adapter zur Anbindung an einen vSwitch, um darüber Zugriff auf Netzwerke zu bekommen.

Wenn Sie nur einen Management-Network-Port angelegt haben, können Sie dessen Netzwerkeinstellungen zwar über die grafische Oberfläche ändern – sind Sie aber aktuell darüber mit dem Client verbunden, bekommen Sie eine Fehlermeldung und verlieren den Zugriff. Schließen Sie dann das Fenster und melden Sie sich erneut mit der geänderten IP-Adresse an. Auf der Kommandozeile ist diese Änderung ebenfalls möglich. Wollen Sie die Änderungen grafisch durchführen, ohne die Verbindung unterwegs zu verlieren, erstellen Sie eine zweite Management-Portgruppe, verbinden sich mit dieser und stellen Sie die erste Verbindung neu ein oder löschen Sie diese.

Einrichten des Managementnetzwerks

Während des Installationsvorgangs des ESXi-Hosts wird bereits ein vSwitch mit Management Network und einem Netzwerk für die virtuellen Maschinen erstellt. Nachdem Sie sich mit dem ESXi-Server verbunden haben, können Sie auch zusätzliche Portgruppen hinzufügen, ändern oder löschen.

Die Vorgehensweise ist ähnlich wie bei einem VMkernel-Port mit anderen Aufgaben, daher wird sie hier nicht nochmals beschrieben.

> Es ist immer eine gute Idee, sich einen zweiten Management-Port einzurichten. Sollte mal eine NIC ausfallen, mit der Sie sich sonst verbunden haben, bleibt Ihnen nur noch der Weg in den Serverraum und das manuelle Erstellen einer neuen Verbindung auf der Kommandozeile oder über die direkte Konsole.
>
> Wenn Sie Ihren ESXi-Server über den vCenter Server in ein HA-Cluster aufnehmen wollen, ist ein zweiter Management-Port oder zwei NICs an dem ersten Pflicht.

Festlegen des Standardgateways

Für alle VMkernel-Portgruppen zusammen können Sie leider nur ein Standardgateway konfigurieren.

Beachten Sie dabei die folgenden wichtigen Punkte:

1. Stellen Sie sicher, dass Ihre Netzwerkeinstellungen richtig sind, bevor Sie Änderungen speichern. Wenn Sie Netzwerkeinstellungen falsch konfigurieren, kann die Konnektivität zwischen Benutzeroberfläche und Host verloren gehen. In diesem Fall muss der Host über die Kommandozeile (direkte Konsole/ESXi-Shell) oder mit dem Menü erneut konfiguriert werden.
2. Beim Management Network ist ein Gateway nur notwendig, wenn mindestens zwei Netzwerkadapter dasselbe Subnetz verwenden oder Sie HA einsetzen wollen. Das Gateway-Gerät bestimmt, welcher Netzwerkadapter für die Standardroute verwendet wird.
3. Da Management Network und VMkernel für andere Aufgaben beim ESXi-Server häufig nicht an dasselbe Netzwerk angeschlossen sind, müssen Sie die Gateway-Informationen für das Management Network belassen und das Gateway muss für HA (High Availability) auf einen `ping`-Befehl antworten (echo request und reply).
4. Wenn das zweite Management Network im selben Subnetz ist, verwendet dieses den vSwitch des ersten Management Network. Das heißt, sollte die erste Netzwerkkarte ausfallen, kommen Sie auch nicht mehr über die zweite dran, auch wenn das Bild auf der grafischen Oberfläche etwas anderes suggeriert! Das lässt sich nur auf der Kommandozeile beheben, indem Sie die Route manuell ändern.

So schaffen Sie Abhilfe:

1. Lassen Sie sich die Informationen zu den Portgruppen des VMkernels mit dem Befehl `esxcfg-vswitch -l` anzeigen.
2. Geben Sie in der Kommandozeile `esxcfg-route -l` ein, um sich die Routeninformationen anzeigen zu lassen.
3. Löschen Sie die falsch gesetzte Route, mit z. B. `esxcfg-route -d 192.168.50.0/24 192.168.50.10` (Kurzform) oder

   `esxcfg-route -d 192.168.50.0 255.255.255.0 192.168.50.10` (Langform).

Übersicht über die Portgruppen

Die zwei möglichen Portgruppen auf einem vSwitch beim ESXi-Host haben unterschiedliche Aufgaben zu bewältigen. Nicht immer ist es auf den ersten Blick eindeutig klar, welche Aktivität in einem Cluster über welche Portgruppe abgewickelt wird. In Tabelle 6-1 habe ich die wichtigsten Aufgaben der Portgruppen aufgelistet:

Tabelle 6-1: Aufgaben der Portgruppen

Portgruppe	Aufgabe
virtuelle Maschinen	• Anschluss der VMs an einen virtuellen Switch • ggf. mit »Outbound-Adapter« an das physische LAN angebunden

→

Tabelle 6-1: Aufgaben der Portgruppen (Fortsetzung)

Portgruppe	Aufgabe
VMkernel-Port: Management Network	• Zugriff über den vSphere Client an den ESXi-Server • Zugriff des vCenter Servers zum ESXi-Server • Heartbeat des ESXi HA Masters zum vCenter Server • High-Availability-Kommunikation (Heartbeat) der ESXi-Server untereinander • Storage vMotion auf andere Datenträger
Andere VMkernel-Ports	• vMotion (Migration) zwischen den ESXi-Servern • Zugriff auf IP-Storages wie NFS und iSCSI • Fault-Tolerance-Synchronisierung

Storage vMotion benötigt übrigens keinen aktivierten VMkernel-Port für vMotion, sondern läuft über das Management Network.

Eigenschaften der Standard-Switches

Die Standardeinstellungen eines vSwitch steuern alle Einstellungen für die Portgruppen. Durch die individuellen Portgruppeneinstellungen können Sie diese aber wieder außer Kraft setzen.

1. Klicken Sie auf den Link EIGENSCHAFTEN an dem Switch, den Sie konfigurieren wollen.
2. Klicken Sie auf VSWITCH und anschließend auf BEARBEITEN (siehe Abbildung 6-13). In dem nun folgenden Fenster können Sie auf vier Registerkarten Einstellungen vornehmen.

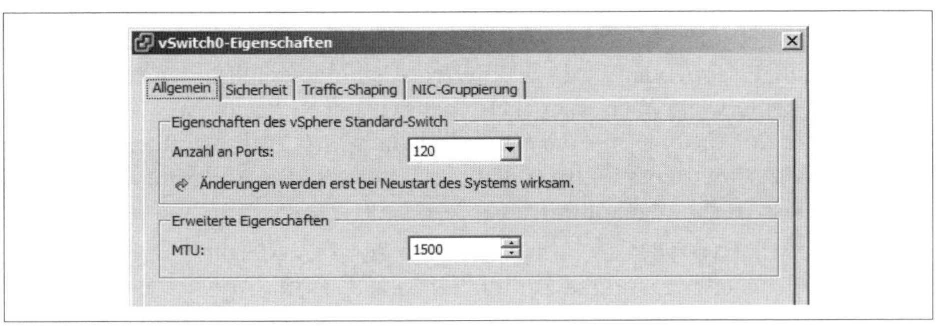

Abbildung 6-13: Eigenschaften des vSwitch

3. Wenn Sie die Anzahl der Ports in einem Bereich von 8 bis 4088 ändern, müssen Sie den Host anschließend neu starten, beim Erstellen oder Löschen eines vSwitch brauchen Sie das nicht. Da ab der Version 5.5 die Anzahl der notwendigen Ports automatisch geregelt wird, brauchen Sie hier nichts zu ändern.
4. Unter RICHTLINIENAUSNAHMEN können Sie drei sicherheitsrelevante Einstellungen vornehmen:

- Promiscuous-Modus – Der Promiscuous-Modus deaktiviert jegliche Empfangsfilterung, die der virtuelle Netzwerkadapter normalerweise ausführen würde, sodass das Gastbetriebssystem den gesamten Datenverkehr aus dem Netzwerk empfängt. Zwar kann der Promiscuous-Modus für die Beobachtung der Netzwerkaktivitäten nützlich sein, aber er ist ein unsicherer Betriebsmodus, da jeder Adapter im Promiscuous-Modus Zugriff auf alle Pakete hat, auch wenn manche Pakete nur für einen spezifischen Netzwerkadapter bestimmt sind. Das bedeutet, dass ein Administrator oder *root*-Anwender in einer virtuellen Maschine rein theoretisch den Datenverkehr, der für andere Gast- oder Hostbetriebssysteme bestimmt ist, einsehen kann.

> Unter bestimmten Umständen ist es notwendig, einen virtuellen Switch in den Promiscuous-Modus zu setzen – zum Beispiel wenn Sie eine Software zur Netzwerkeinbruchserkennung oder einen Paketmitschneider (Network-Sniffer, beispielsweise WireShark) verwenden wollen.

- MAC-Adressänderungen (*MAC Address Changes*) – In der Standardeinstellung ist diese Option auf Akzeptieren (Accept) gesetzt, d.h., dass der ESXi-Server Anfragen, die geltende MAC-Adresse in eine andere als die ursprünglich zugewiesene Adresse zu ändern, akzeptiert. Die Einstellungen der Option MAC-Adressänderung beeinflusst den Datenverkehr, den eine virtuelle Maschine empfängt. Zum Schutz gegen MAC-Imitation können Sie diese Option auf Ablehnen (Reject) setzen. In diesem Fall lehnt der ESXi-Host alle Anfragen, die geltende MAC-Adresse in eine andere als die ursprünglich zugewiesene Adresse zu ändern, ab. Stattdessen wird der Port, der von dem virtuellen Adapter zum Senden der Anfrage verwendet wird, deaktiviert. Als Folge erhält der virtuelle Adapter keine weiteren Datenpakete mehr, bis er die geltende MAC-Adresse ändert, sodass sie mit der ursprünglichen MAC-Adresse übereinstimmt. Das Gastbetriebssystem erkennt nicht, dass die Änderung der MAC-Adresse nicht angenommen wurde.
- Gefälschte Übertragungen (Forged Transmits) – In der Standardeinstellung ist diese Option auf Akzeptieren (Accept) gesetzt, d.h., der ESXi-Server vergleicht die Quelladresse und die geltende MAC-Adresse nicht. Die Einstellungen der Option Gefälschte Übertragungen ändert den Datenverkehr, der von einer virtuellen Maschine versandt wird. Zum Schutz gegen MAC-Imitation können Sie diese Option auf Ablehnen (Reject) setzen. In diesem Fall vergleicht der ESXi-Server die Quell-MAC-Adresse, die vom Betriebssystem übertragen wird, mit der geltenden MAC-Adresse des Adapters, um festzustellen, ob beide übereinstimmen. Wenn die Adressen nicht passen, verwirft der ESXi-Server

das Paket. Das Gastbetriebssystem erkennt nicht, dass der virtuelle Netzwerkadapter die Pakete mit der imitierten MAC-Adresse nicht senden kann. Der ESXi-Host fängt alle Pakete mit imitierten Adressen vor der Auslieferung ab. Das Gastbetriebssystem geht gegebenenfalls davon aus, dass die Pakete verworfen wurden.

> In bestimmten Situationen ist es tatsächlich notwendig, dass mehrere Adapter in einem Netzwerk dieselbe MAC-Adresse haben – zum Beispiel wenn Sie den Netzwerklastausgleich (NLB) von Microsoft im Unicast-Modus verwenden. Bei der Verwendung von Microsoft NLB im Standard-Multicast-Modus haben die Adapter nicht dieselbe MAC-Adresse.

5. Traffic-Shaping: Über die Einstellungen Durchschnittliche Bandbreite, Spitzenbandbreite und Burstgröße (höchstmögliche Datenübertragung) können Sie den ausgehenden Datenverkehr beschränken, wenn Sie den Status auf Aktiviert gesetzt haben. Den eingehenden Datenverkehr können Sie nur über den neuen verteilten vSwitch vornehmen. Beachten Sie dabei, dass sich der begrenzende Datenverkehr auf alle angeschlossenen physischen NICs bezieht.
6. NIC-Gruppierung: Sie können an einen vSwitch bis zu acht Netzwerkkarten hängen und diese als Team Daten übertragen lassen. Die Einstellungsmöglichkeiten sind dabei nicht ganz trivial und hängen natürlich auch von dem physischen Switch ab, der die Leitungen von diesem Team entgegennimmt. Beim Lastenausgleich sind vier Möglichkeiten gegeben:
   a. Anhand der Quelle der Port-ID routen (*Route based on the originating virtual port ID*): Hierbei werden die virtuellen Maschinen einfach auf die Netzwerkkarten aufgeteilt: VM1→NIC1, VM2→NIC2, VM3→NIC3, VM4→NIC1, VM5→NIC2 usw.
   b. Anhand des IP-Hashs routen (*Route based on ip hash*): Das nennt sich auch *Link Aggregation*, *EtherChannel* oder *IEEE 802.3ad*. Hierfür muss der physische Switch gesondert konfiguriert werden. Die Pakete werden anhand der IP-Adresse über die NICs verteilt. Diese Einstellung sollten Sie nicht bei einer Portgruppe, sondern immer nur über den gesamten Switch einstellen.
   c. Anhand des Quell-MAC-Hashs routen (*Route based on source MAC hash*): Hier wird ähnlich dem IEEE 802.3ad gearbeitet, jedoch auf Basis der MAC-Adresse. Das hat aber einen Nachteil: Wenn z.B. viele Clients über einen Router angeschlossen sind – die ja alle die gleiche MAC-Adresse haben –, werden sie hiermit schlechter verteilt.
   d. Ausdrückliche Failover-Reihenfolge verwenden (*Use explicit failover order*): Hier ist eine NIC aktiv, die anderen sind passiv.

Die weiteren Einstellungen auf der Registerkarte NIC-GRUPPIERUNG sind für Netzwerker (und nur die sollten hier etwas einstellen) selbsterklärend. Lediglich bei SWITCHES BENACHRICHTIGEN sollte man im Zusammenhang mit einem Cisco-Switch vorsichtig sein: Stellen Sie hier nur JA ein, wenn kein produktives LAN an diesem Switch angeschlossen ist, um es zu testen. In der Praxis habe ich diesbezüglich erhebliche Probleme beobachtet.

Die Signalprüfung kann übrigens auch für eine Fehlererkennung im LAN verwendet werden, wenn an dem vSwitch mindestens drei aktive physische Adapter hängen. Über Broadcasts kann so ein Verbindungsfehler vom ESXi erkannt werden.

Die Geschwindigkeit eines Uplink-Adapters ändern

Die Verbindungsgeschwindigkeit und die Duplexeinstellung (Vollduplex = Senden und Empfangen gleichzeitig, Halbduplex = nacheinander) eines physischen Netzwerkadapters lassen sich nur über die Anzeige eines vSwitch oder auf der Kommandozeile ändern.

Zum Ändern gehen Sie folgendermaßen vor:

1. Klicken Sie im Bestandslistenfenster auf den Host, dann auf die Registerkarte KONFIGURATION und anschließend auf NETZWERK.
2. Wählen Sie einen vSwitch aus und klicken Sie auf den Link EIGENSCHAFTEN.
3. Klicken Sie hier auf die Registerkarte NETZWERKADAPTER.
4. Um die eingestellte Geschwindigkeit und den Duplexwert eines Netzwerkadapters zu ändern, markieren Sie den Netzwerkadapter und klicken Sie auf BEARBEITEN.
5. Um die Verbindungsgeschwindigkeit manuell einzustellen, wählen Sie die Geschwindigkeits- und Duplexeinstellung im Drop-down-Menü aus. Die Verbindungsgeschwindigkeit muss manuell eingestellt werden, wenn die Netzwerkkarte oder ein physischer Switch die tatsächliche Verbindungsgeschwindigkeit nicht erkennt.

   Anzeichen für falsche Geschwindigkeit und Duplex sind niedrige Bandbreite und fehlende Konnektivität. Der Adapter und der physische Switch, an den der Adapter angeschlossen ist, müssen auf den gleichen Wert gesetzt werden, entweder AUTO/AUTO oder GK/DM (wobei DM für den Duplexmodus Halb oder Voll und GK für die Geschwindigkeit steht), nicht jedoch AUTO/DM.
6. Klicken Sie auf OK.

Warum man eine Netzwerkkarte, die an keinem Switch angeschlossen ist, nicht ändern kann, entzieht sich meiner Logik. Falls in Ihrem Netz Probleme mit falsch eingestellten physischen NICs bekannt sind, erstellen Sie sich einfach einen

Dummy-Switch, fügen alle freien Netzwerkkarten hinzu, konfigurieren diese und löschen den temporären Switch einfach wieder. Machen Sie das bei jedem vorhandenen ESXi-Server oder nutzen Sie die Hostprofilfunktion, die ich in Kapitel 13 beschreibe.

Hinzufügen von Uplink-Adaptern

Im selben Fenster wie oben können Sie einem einzelnen vSwitch mehrere Adapter zuweisen, um eine NIC-Gruppierung zu bewirken. Die Gruppe kann den Datenverkehr gemeinsam verarbeiten und/oder Ausfallsicherheit gewährleisten.

Klicken Sie auf HINZUFÜGEN, um den Assistenten zum Hinzufügen eines Adapters aufzurufen. Wählen Sie mindestens einen an das LAN angeschlossenen Adapter in der Liste aus und klicken Sie auf WEITER. Optional können Sie die Netzwerkkarten einer anderen Kategorie zuordnen (STANDBY oder AKTIVE ADAPTER). Der Abschnitt NETZWERK auf der Registerkarte KONFIGURATION zeigt dann die Netzwerkadapter in der von Ihnen festgelegten Reihenfolge und den gewählten Kategorien.

Beachten Sie auch die Hinweise am Ende des Kapitels zur bestmöglichen Wahl der virtuellen Switches bei zwei, drei und mehr physischen Netzwerkkarten.

Cisco Discovery Protocol

Mit dem Cisco Discovery Protocol (CDP) können Sie den Cisco-Switchport bestimmen, mit dem ein bestimmter vSwitch verbunden ist. Wenn CDP für einen bestimmten vSwitch aktiviert ist, können Sie im vSphere Client die Eigenschaften des Cisco-Switch anzeigen (z.B. Geräte-ID, Softwareversion und Zeitlimit).

CDP auf einem ESXi-Host aktivieren

vSwitches werden als Standard so eingestellt, dass sie Cisco-Portinformationen erkennen. Sie können auf der Kommandozeile des ESXi-Servers auch den CDP-Modus so einstellen, dass ein vSwitch dem Cisco-Switch-Administrator Informationen bereitstellt. Gehen Sie dafür folgendermaßen vor:

1. Melden Sie sich direkt an der Konsole Ihres ESXi-Hosts an.
2. Zeigen Sie den aktuellen CDP-Modus für den vSwitch an, indem Sie den Befehl `esxcfg-vswitch -b <vSwitch>` eingeben. Ist CDP deaktiviert, wird der Modus als `down` angezeigt.
3. Sie können den CDP-Modus ändern, indem Sie den Befehl `esxcfg-vswitch -B <mode> <vSwitch>` eingeben.

In Tabelle 6-2 werden die vier verschiedenen Modi aufgelistet und erklärt.

Tabelle 6-2: Modi des Cisco Discovery Protocol

Modus	Beschreibung
down	CDP ist deaktiviert.
Überwachen (`listen`)	ESXi erkennt und zeigt dem Administrator des Cisco-Switch Informationen zum verknüpften Cisco-Switchport an, jedoch stehen keine Informationen über den vSwitch zur Verfügung.
Werben (`advertise`)	ESXi stellt dem Cisco-Switch-Administrator Informationen zum vSwitch zur Verfügung, ohne jedoch Informationen zum Cisco-Switch zu erkennen bzw. anzuzeigen.
Beide (`both`)	ESXi erkennt und zeigt dem Administrator des Cisco-Switch Informationen zum verknüpften Cisco-Switchport an und gibt Informationen über den vSwitch an den Cisco-Port weiter.

Cisco-Switch-Informationen anzeigen

Wenn CDP auf *Überwachen* oder *Beide* festgelegt ist, können Sie Cisco-Switch-Informationen über die grafische Oberfläche folgendermaßen anzeigen lassen:

1. Melden Sie sich am vSphere Client an und klicken Sie im Bestandslistenfenster auf den Host.
2. Klicken Sie auf die Registerkarte KONFIGURATION und anschließend auf NETZWERK.
3. Klicken Sie auf das Infosymbol (blaue Sprechblase) rechts neben dem vSwitch, und Sie bekommen eine Anzeige, wie sie in Abbildung 6-14 ist.

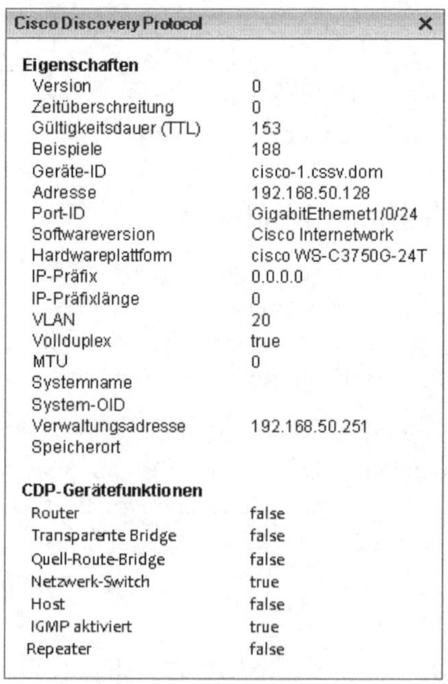

Abbildung 6-14: Cisco Discovery Protocol

> Da die CDP-Hinweise zu Cisco-Geräten in der Regel einmal pro Minute generiert werden, kann es zwischen der Aktivierung von CDP für ESXi und der Verfügbarkeit von CDP-Daten auf dem vSphere Client zu einer spürbaren Verzögerung kommen. Auch mit der Taste F5 (aktualisieren) bekommen Sie die Anzeige nicht eher.

Sollte das bei Ihnen angezeigte Fenster auf der rechten Seite keine Einträge zeigen, ist an dem vSwitch entweder kein Cisco-Gerät angeschlossen, oder der Protokollmodus ist auf `down` (deaktiviert) gesetzt.

vSwitches optimieren

Es gibt im Wesentlichen zwei Möglichkeiten, vSwitches noch leistungsfähiger zu machen:

- Wie bei einer normalen GBit-Netzwerkkarte können Sie auch für einen vSwitch sogenannte Jumbo Frames mit einer MTU-Größe (*Maximum Transmission Unit*) von bis zu 9.000 Byte erstellen. Standardmäßig sind alle Netzwerkkomponenten bei vSphere5 auf die Standard-Ethernet-Größe von 1.500 Byte gesetzt. Jumbo Frames beschleunigen nicht nur den Datentransfer, sondern entlasten auch die CPU.
- Weiterhin besteht die Möglichkeit, das sogenannte *TCP Segmentation Offload* (TSO) einzusetzen, das die CPU ebenfalls stark entlastet.

TCP Segmentation Offload aktivieren

Bei der Standard-Ethernet-Größe von 1.500 Byte müssen größere Pakete vor dem Versenden von der CPU in kleinere Stücke aufgeteilt und zur Netzwerkkarte geschickt werden. Beim TCP Segmentation Offload kann eine moderne NIC diese Arbeit selbst übernehmen. Wenn Sie einen VMkernel-Port erstellen, wird für diesen automatisch TSO eingerichtet. Auf der Kommandozeile können Sie das mit dem Befehl `esxcfg-vmknic -l` überprüfen. In der Spalte `TSO` steht dann ein Wert von 64 KByte also 65.535 Byte.

Auch von einigen anderen Betriebssystemen wird die TSO-Technik unterstützt. Microsoft rät bei Windows 2000 und XP allerdings davon ab. Als virtuelle Maschine muss das unterstützte Betriebssystem eine VMXNET 2 (ERWEITERT)- oder VMXNET 3-Karte haben. VMware gibt in seinen Unterlagen nur vier Betriebssysteme an, bei denen TSO dann automatisch aktiviert ist:

- Microsoft Windows 2003 Enterprise Edition SP2 (32 und 64 Bit) und höher
- Red Hat Enterprise Linux 4 (64 Bit)
- Red Hat Enterprise Linux 5 (32 und 64 Bit) und höher
- SUSE Linux Enterprise Server 10 (32 und 64 Bit) und höher

Überprüfen können Sie das im Betriebssystem der VM bei den Netzwerkkarteneinstellungen.

Jumbo Frames aktivieren

Voraussetzung für Jumbo Frames ist, dass *alle* beteiligten Komponenten (vom Sender bis zum Empfänger und zurück) die Rahmengröße (*Framesize*) unterstützen. Um diese bei einem vSwitch einzustellen, gehen Sie auf seine Eigenschaften und klicken Sie auf den Link BEARBEITEN. In dem nun folgenden Fenster können Sie bei den erweiterten Eigenschaften die MTU auf z.B. 9000 setzen, indem Sie den Wert dort eingeben. Damit ändern Sie die MTU für alle angeschlossenen Outbound-Adapter.

Das Gleiche geht auch über die Kommandozeile: Dafür erstellen Sie einen neuen vSwitch mit Portgruppe z.B. über die grafische Oberfläche, und anschließend setzen Sie die MTU mit dem Befehl `esxcfg-vswitch`.

Beispiel:

```
esxcfg-vswitch -l                         # zeigt die Switches an
esxcfg-vswitch -m 9000 vSwitch2           # MTU auf 9000 setzen
```

Die meisten `esxcfg`-Befehle können Sie mit einem kleinen `l` (list) aufrufen.

Übrigens: Auf den ESXi können Sie auch mit der Remote CLI (*Command Line Interface*) oder PowerCLI zugreifen. Dort lauten die Befehle allerdings meist ein wenig anders. Ein Beispiel: Der Befehl `esxcfg-vswitch` heißt über RemoteCLI `vicfg-vswitch`, die Parameter sind aber die gleichen.

> Die MTU für das Management Network und die VMs sollten Sie nicht unter 1.500 setzen, sonst kann die Konnektivität verloren gehen.

> Bei VMware ist der Maximalwert für die MTU 9000 Byte (9 KB).

Bei einer virtuellen Maschine können Sie natürlich auch Jumbo Frames einsetzen: Die virtuelle Maschine muss dafür eine VMXNET 2 (ERWEITERT)- oder VMXNET 3-Karte haben und an einen dafür konfigurierten vSwitch angeschlossen sein. Im Betriebssystem selbst können Sie dann die MTU auf z.B. 9.000 setzen.

Sollte der zugewiesene Adapter nicht VMXNET 2 (ERWEITERT) oder VMXNET 3 sein, so können Sie die Netzwerkkarte bei den Eigenschaften der VM löschen und ihm eine neue Karte hinzufügen. Achten Sie gegebenenfalls vor dem Löschen auf die MAC-Adresse. Kopieren Sie sich diese vorher und verwenden Sie die Zwischenablage, um der neuen Karte diese wieder zuzuweisen.

Jumbo Frames für VMkernel

Selbstverständlich kann auch die VMkernel-Schnittstelle mit Jumbo Frames arbeiten. Gerade wenn Sie auf NFS- oder iSCSI-Storages zugreifen wollen oder die Schnittstelle für vMotion nutzen möchten, macht das an der Performance einiges aus. Der vSwitch, an den der VMkernel angeschlossen ist, muss ebenfalls für Jumbo Frames eingerichtet sein und natürlich auch alle physischen Switches und gegebenenfalls Router sowie die Schnittstelle des Storage bzw. der Gegenseite.

Die Einrichtung erfolgt entweder über die Kommandozeile auf dem ESXi-Server, die RemoteCLI bzw. PowerCLI für den ESXi oder über die grafische Oberfläche. Über den Befehl `esxcfg-vmknic -l` (kleines l für *list*) können Sie sich die Liste der VMkernel-Netzwerkkarten mit deren Konfigurationen anzeigen lassen. Um nun die Jumbo Frames auf der gewünschten Schnittstelle zu aktivieren, müssen Sie die Portgruppe mit dem VMkernel löschen und neu anlegen. Geben Sie folgenden Befehl ein:

```
esxcfg-vmknic -d <Portgruppenname>
esxcfg-vmknic -a -i <IP-Adresse> -n <Subnetzmaske> -m <MTU-Wert> <Portgruppenname>
```

Mit dem Befehl `esxcfg-vmknic -l` können Sie überprüfen, ob alles richtig eingegeben wurde.

Um die Einstellungen über den vSphere oder Web Client vorzunehmen, gehen Sie wie oben bereits beschrieben vor.

NetQueue auf ESXi aktivieren

Durch die Unterstützung von NetQueue durch die Netzwerkadapter können eingehende Datenpakete aus dem Netzwerk von mehreren CPUs gleichzeitig abgearbeitet werden. Das erhöht die Performance aber nur bei eingehenden Paketen und entlastet einen einzelnen Prozessor. Diese Einstellung ist auf dem ESXi normalerweise automatisch aktiviert. Um das zu überprüfen, müssen Sie auf dem ESXi-Server ERWEITERTE EINSTELLUNGEN aufrufen:

1. Klicken Sie auf Ihren Host und dann auf die Registerkarte KONFIGURATION.
2. Wählen Sie unter der Rubrik SOFTWARE die ERWEITERTEN EINSTELLUNGEN aus. Es öffnet sich ein neues Fenster.
3. Suchen Sie in der Liste auf der linken Seite den Eintrag VMKERNEL.
4. Scrollen Sie auf der rechten Seite nach unten, bis Sie den Eintrag `VMkernel.Boot.netNetqueueEnabled` sehen (siehe Abbildung 6-15). Das Häkchen muss gesetzt sein.

> Die Einträge sind alphabetisch sortiert.

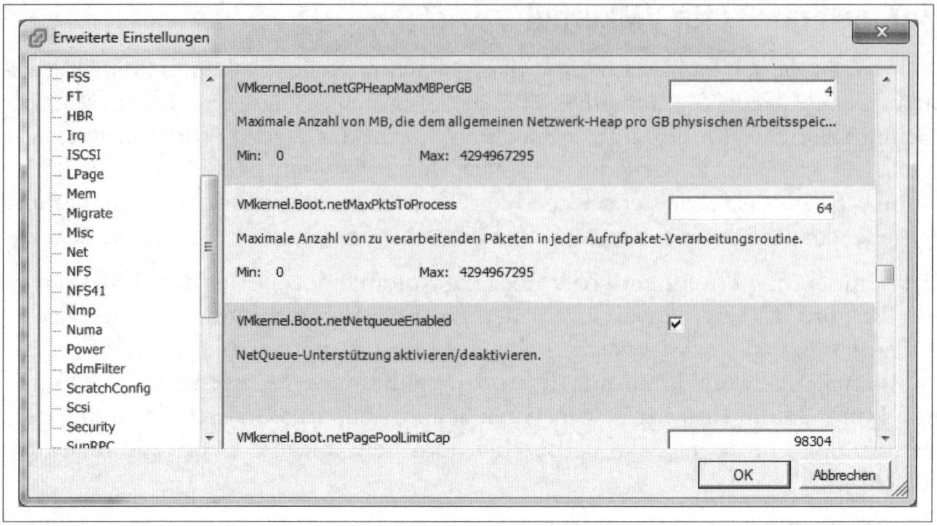

Abbildung 6-15: Erweiterte Einstellungen zum Netzwerk

Wenn Sie bei den erweiterten Einstellungen Änderungen vorgenommen haben, muss der Host meist für die Übernahme neu gestartet werden.

Empfehlungen zu Netzwerkoptimierungen

VMware empfiehlt in seinen Publikationen einige Vorgehensweisen zum Optimieren der Netzwerkleistung. In der Praxis hat sich das meiste davon als überaus sinnvoll erwiesen. Auch im Internet finden sich nach langem Suchen einige Seiten, die durchaus gute Empfehlungen hierfür bereithalten. Beachten Sie auch, dass einige Storage-Lösungen, wie iSCSI und NFS, ihre Daten über die Netzwerkkarten senden.

> Wer sich nicht scheut, englische Dokumentationen zu lesen, dem empfehle ich zu diesem Thema die Seite *http://blog.scottlowe.org*. Unter ARCHIVES → NETWORKING oder auch STORAGE finden Sie einige Beispiele und Hinweise für die optimierte Konfiguration. Scott Lowe hat sich mit den Erklärungen sehr viel Mühe gegeben und dringt sehr tief in diese Materie ein.

Für kleinere bis mittlere Umgebungen sollten aber die Schilderungen zur Optimierung des Netzwerks bezüglich Performance und Sicherheit, die VMware in seiner deutschsprachigen Dokumentation *vSphere-Netzwerk – vSphere 6.0.PDF* ab Seite 255 auflistet, genügen. Hier ein Ausschnitt aus der Datei:

Optimale Vorgehensweisen für Netzwerke

Ziehen Sie folgende optimale Vorgehensweisen für die Konfiguration Ihres Netzwerks in Betracht.

- Zur höheren Sicherheit und besseren Leistung isolieren Sie die Netzwerke für Hostverwaltung, vSphere vMotion, vSphere FT usw. voneinander.
- Reservieren Sie eine getrennte physische Netzwerkkarte für eine Gruppe virtueller Maschinen, oder verwenden Sie Network I/O Control und Traffic-Shaping, um Bandbreite für die virtuellen Maschinen zu garantieren. Durch diese Trennung kann auch ein Teil der gesamten Netzwerk-Arbeitslast über mehrere CPUs verteilt werden. Die isolierten virtuellen Maschinen sind dann beispielsweise besser in der Lage, den Anwendungsdatenverkehr von einem Webclient zu verarbeiten.
- Um Netzwerkdienste physisch zu trennen und eine bestimmte Gruppe von Netzwerkkarten einem bestimmten Netzwerkdienst zuzuweisen, erstellen Sie einen vSphere Standard-Switch oder vSphere Distributed Switch für jeden Dienst. Wenn das nicht möglich ist, können Netzwerkdienste auf einem einzelnen Switch voneinander getrennt werden, indem sie Portgruppen mit unterschiedlichen VLAN-IDs zugeordnet werden. In jedem Fall sollte der Netzwerkadministrator bestätigen, dass die gewählten Netzwerke oder VLANs vom Rest der Umgebung isoliert sind, d.h., dass keine Router daran angeschlossen sind.
- Richten Sie die vSphere vMotion-Verbindung auf einem separaten Netzwerk ein. Bei der Migration mit vMotion wird der Inhalt des Arbeitsspeichers des Gastbetriebssystems über das Netzwerk übertragen. Diese Empfehlungen können entweder durch die Verwendung von VLANs zur Aufteilung eines physischen Netzwerks in Segmente oder durch die Verwendung getrennter physischer Netzwerke umgesetzt werden (die zweite Variante ist dabei zu bevorzugen).

  Für die Migration über IP-Subnetze hinweg und zur Verwendung von getrennten Puffer- und Socket-Pools platzieren Sie Datenverkehr für vMotion in den vMotion TCP/IP-Stack und Datenverkehr für die Migration ausgeschalteter virtueller Maschinen und Klone auf den Bereitstellungs-TIPC/IP-Stack.
- Sie können Netzwerkkarten zu einem Standard-Switch oder Distributed Switch hinzufügen oder davon entfernen, ohne dass die virtuellen Maschinen oder die Netzwerkdienste hinter diesem Switch beeinflusst werden. Wenn Sie die gesamte ausgeführte Hardware entfernen, können die virtuellen Maschinen weiter untereinander kommunizieren. Wenn Sie eine Netzwerkkarte intakt lassen, können alle virtuellen Maschinen weiterhin auf das physische Netzwerk zugreifen.

→

- Um die empfindlichsten virtuellen Maschinen zu schützen, installieren Sie Firewalls auf virtuellen Maschinen, die den Datenverkehr zwischen virtuellen Netzwerken mit Uplinks zu physischen Netzwerken und reinen virtuellen Netzwerken ohne Uplinks weiterleiten.
- Verwenden Sie virtuelle VMXNET 3-Netzwerkkarten, um eine bestmögliche Leistung zu erzielen.
- Jede mit demselben vSphere Standard-Switch oder vSphere Distributed Switch verbundene physische Netzwerkkarte sollte ebenfalls mit demselben physischen Netzwerk verbunden sein.
- Konfigurieren Sie dieselbe MTU für alle VMkernel-Netzwerkadapter in einem vSphere Distributed Switch. Wenn mehrere VMkernel-Netzwerkadapter mit vSphere Distributed Switches verbunden sind, aber unterschiedliche MTUs konfiguriert wurden, treten möglicherweise Netzwerkverbindungsprobleme auf.

Fehlerbehebung auf der Konsole

Wenn bestimmte Teile der Netzwerkkonfiguration falsch eingestellt wurden oder ein Adapter ausgefallen ist, können Sie über den vSphere Client nicht mehr auf den ESXi-Server zugreifen. In diesem Fall können Sie versuchen, die Netzwerkeinstellungen im Menü direkt am Server neu zu konfigurieren, oder Sie gehen auf die erste Konsole mit der Tastenkombination Alt+F1 und verwenden die VMware-Befehle. Funktioniert der Zugriff über SSH, z.B. putty, gibt es die gleichen Befehle, wie direkt an der Konsole:

esxcfg-vswitch -l
: Gibt eine Liste der bestehenden Konfigurationen für die virtuellen Switches aus. Prüfen Sie, ob der Uplink-Adapter, der für das Management Network konfiguriert wurde, mit dem geeigneten physischen Netzwerk verbunden ist.

esxcfg-nics -l
: Gibt eine Liste der aktuellen Netzwerkadapter aus. Prüfen Sie, ob der Uplink-Adapter, der für das Management Network konfiguriert wurde, läuft und ob Geschwindigkeit und Duplex stimmen.

esxcfg-nics -s <speed> <nic>
: Ändert die Geschwindigkeit eines Netzwerkadapters.

esxcfg-nics -d <Duplex> <NIC>
: Ändert den Duplex eines Netzwerkadapters.

esxcfg-vmknic -i <neue IP-Adresse> -n <Subnetzmaske> <Portgruppenname>
: Ändert die IP-Adresse und die Subnetzmaske des Management Network.

esxcfg-vmknic -a -i <neue IP-Adresse> -n <Subnetzmaske> <Portgruppenname>
: Fügt einen Adapter mit IP-Adresse und Subnetzmaske dem Management Network hinzu.

esxcfg-vmknic -n <neue Subnetzmaske> <Portgruppenname>
: Ändert die Subnetzmaske des Management Network.

esxcfg-vswitch -U <alte vmnic> <vSwitch>
: Entfernt den Uplink für das Management Network.

esxcfg-vswitch -L <neue vmnic> <vSwitch>
: Ändert den Uplink für das Management Network.

> Wenn Sie bei esxcfg-*-Befehlen lange warten müssen, kann dies an einer falschen DNS-Einstellung liegen. Die esxcfg-*-Befehle setzen voraus, dass DNS so konfiguriert ist, dass die Namensauflösung des lokalen Servers ordnungsgemäß funktioniert. Dazu ist wiederum erforderlich, dass die */etc/hosts*-Datei einen Eintrag für die konfigurierte IP-Adresse und die Adresse 127.0.0.1 des lokalen Servers enthält.

Problemlösungen bei Netzwerkadaptern

Das Hinzufügen eines neuen Netzwerkadapters kann in bestimmten Fällen zum Verlust des Management Network und der Verwaltungs- und Wartungsfreundlichkeit mit dem vSphere Client führen, was daran liegt, dass die Netzwerkadapter neu benannt werden. Wenn das der Fall ist, müssen Sie die betroffenen Netzwerkadapter, die das Management Network nutzen, umbenennen.

Gehen Sie zum Umbenennen der Netzwerkadapter, die das Management Network verwenden, folgendermaßen vor:

1. Melden Sie sich direkt an Ihrer ESXi-Server-Konsole an.
2. Verwenden Sie den Befehl esxcfg-nics -l, um sich anzeigen zu lassen, welche Namen Ihren Netzwerkadaptern zugewiesen wurden.
3. Verwenden Sie den Befehl esxcfg-vswitch -l, um sich anzeigen zu lassen, welche vSwitches, sofern überhaupt, jetzt den Gerätenamen zugewiesen sind, die nicht mehr durch esxcfg-nics angezeigt werden.
4. Verwenden Sie den Befehl esxcfg-vswitch -U <old vmnic name> <vswitch>, um Netzwerkadapter zu entfernen, die umbenannt worden sind.
5. Verwenden Sie den Befehl esxcfg-vswitch -L <new vmnic name> <vswitch>, um die Netzwerkadapter wieder hinzuzufügen, und geben Sie ihnen dabei die richtigen Namen.

In Kapitel 9 gehe ich unter anderem auf die Erstellung und Änderung von vSwitches über RemoteCLI und PowerCLI ein.

Problemlösungen bei Portgruppen

Das Umbenennen einer Portgruppe bei bereits mit dieser Portgruppe verbundenen virtuellen Maschinen kann dazu führen, dass die Netzwerkkonfiguration der virtuellen Maschinen, die so konfiguriert sind, dass sie sich mit dieser Portgruppe verbinden, nicht mehr stimmt.

Die Verbindung von virtuellen Netzwerkadaptern mit den Portgruppen erfolgt über den Namen, und der Name wird in der Konfiguration der virtuellen Maschinen gespeichert. Das Ändern des Namens einer Portgruppe führt nicht zu einer automatischen Massen-Neukonfiguration aller virtuellen Maschinen, die mit dieser Portgruppe verbunden sind.

Virtuelle Maschinen, die bereits eingeschaltet sind, werden weiterhin funktionieren, bis sie ausgeschaltet werden, da ihre Verbindungen zum Netzwerk bereits hergestellt sind. Schalten Sie eine Maschine ein, die noch die veralteten Informationen hat, bekommen Sie keine Fehlermeldung über den vSphere oder Web Client.

Der optimale Ansatz besteht darin, ein Umbenennen der Netzwerke nach deren Verwendung zu vermeiden. Nach dem Umbenennen einer Portgruppe müssen Sie jede zugeordnete virtuelle Maschine, die die Portgruppe verwendet, neu konfigurieren, um den neuen Portgruppennamen entsprechend zu berücksichtigen.

Haben Sie einen vCenter Server, können Sie die beteiligten VMs in der Übersicht des Netzwerks sehen und anschließend konfigurieren. Arbeiten Sie direkt auf einem ESXi-Server ohne den vCenter Server, so müssen Sie jede virtuelle Maschine einzeln anklicken und sehen dann auf dem Kartenreiter ÜBERSICHT rechts unten unter NETZWERK den Namen der jeweils zugewiesenen Portgruppe.

Probleme bei der Namensauflösung

Auf der Registerkarte KONFIGURATION des ESXi-Hosts können Sie die DNS-KONFIGURATION über den vSphere Client ändern. Im Namensfeld ist standardmäßig der Hostname eingetragen. Auch die DNS-Serveradressen und die Domäne, die während der Installation angegeben wurden, werden automatisch eingetragen. Überprüfen Sie, ob es sich um einen korrekten Eintrag handelt, der auch ein DNS-Suffix benötigt. Der ESXi-Server benötigt einen FQDN für die korrekte Namensauflösung und für HA. Notfalls editieren Sie die Datei */etc/hosts* über die Kommandozeile des ESXi-Servers und geben dort die beteiligten anderen Server inklusive des vCenter Servers ein.

Netzwerkpakete tracen über vSwitch

Sowohl das Management Network als auch die anderen Funktionen des VMkernels verwenden virtuelle Ethernet-Adapter zur Anbindung an einen vSwitch und zum Zugriff auf Netzwerke über diesen vSwitch.

Es gibt zwei häufig auftretende notwendige Konfigurationsänderungen für das Management Network: die Änderung von Netzwerkkarten (NICs) und die Änderung von Einstellungen für eine bestehende, sich in Verwendung befindliche Netzwerkkarte.

Eine Änderung der Management-Network-Konfiguration ist nicht ratsam, wenn nur ein Management-Network-Anschluss vorhanden ist. Möchten Sie eine neue

Verbindung herstellen, sollten Sie die Netzwerkeinstellungen so ändern, dass eine weitere Netzwerkkarte verwendet wird. Nach der Überprüfung der Funktionsfähigkeit des neuen Anschlusses kann der alte Anschluss entfernt werden. Im Prinzip wird also die Netzwerkkarte gewechselt.

Wollen Sie beispielsweise die IP-Einstellungen des einzigen Management-Network-Ports über den vSphere oder Web Client ändern, bekommen Sie keine Warnmeldung. Unter KÜRZLICH BEARBEITETE AUFGABEN sehen Sie, dass die Änderung noch in Arbeit ist. Kurze Zeit später verlieren Sie den Kontakt über den Client. Sie können sich dann aber erneut mit den neuen IP-Informationen anmelden.

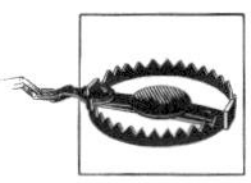

Es besteht das Risiko der Fehlkonfiguration, wodurch die Anwenderschnittstelle die Anbindung an den Host verlieren kann. In diesem Fall muss der Host über die Befehlszeileneingabe der Kommandozeile neu konfiguriert werden (wie auf Seite 184 beschrieben).

Wollen Sie die IP-Pakete über diese Schnittstelle mitprotokollieren, müssen Sie den PROMISCUOUS-MODUS auf AKZEPTIEREN einstellen, weil sich der Switch sonst wie ein Switch und nicht wie ein Hub verhält.

Das Ganze könnte dann zum Beispiel so aussehen:

```
esxcfg-vswitch -l                     # zum Anzeigen der Portgruppen
esxcfg-vswif --add --ip 192.168.50.12 -n 255.255.255.0 -p "VM Network" vswif1
                                      # zum Hinzufügen
tcpdump -i vswif1                     # zum Überprüfen
```

Abbildung 6-16 veranschaulicht diese Einstellungen:

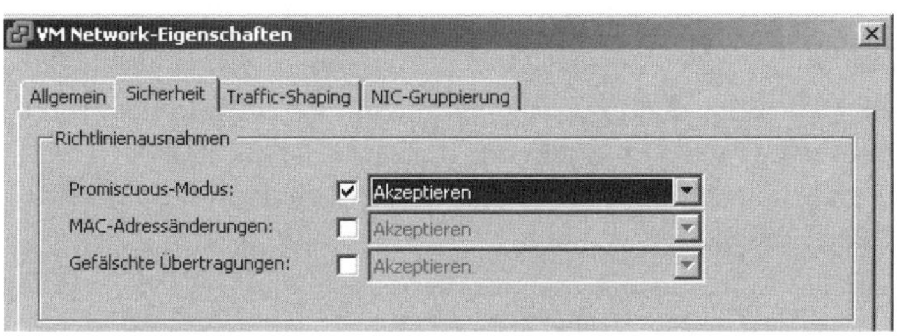

Abbildung 6-16: Die Portgruppe in den Hub-Modus setzen

Für das Mitprotokollieren eignet sich z.B. das Programm *WireShark*, ehemals *ethereal*.

Netzwerkkarten bestmöglich zuweisen

Die Mindestvoraussetzung für einen ESXi-Host sind unter anderem zwei Netzwerkadapter. Damit steht man dann vor dem Problem, wie die beiden Netzwerkkarten am besten auf die virtuellen Switches bzw. die notwendigen Portgruppen aufgeteilt werden können. Die Dokumentation von VMware lässt sich darüber leider nicht aus – es wird nur empfohlen, für verschiedene Aufgaben wie vMotion, Fault Tolerance, iSCSI- und NFS-Anschlüsse jeweils einen eigenen Adapter zu verwenden. Bei nur zwei oder drei Karten ist das nicht möglich. Was macht man also, um bestmögliche Sicherheit, Performance und Redundanz zu bekommen? Und wie sieht es bei mehr Netzwerkkarten aus? Soll man diese zu einem Team zusammenschalten oder doch lieber einzeln lassen? Damit beschäftigt sich dieser Abschnitt.

Nehmen wir an, dass Sie insgesamt vier Portgruppen brauchen: Management Network, vMotion, iSCSI- oder NFS-Speicher und natürlich eine für die virtuellen Maschinen. Haben Sie Ihre ESXi-Server in einem HA-Cluster, brauchen Sie noch eine Redundanz für das Management Network.

Zwei physische NICs

Bei der Mindestanzahl an Netzwerkkarten konfigurieren Sie einen einzigen virtuellen Switch mit allen notwendigen Portgruppen und fügen Sie diesem beide Adapter hinzu. Achten Sie darauf, dass beide Adapter beim vSwitch als aktiv gekennzeichnet sind, keiner nur als Standby.

Jetzt konfigurieren Sie die einzelnen Portgruppen und teilen die physischen Adapter folgendermaßen auf:

- *vmnic0* als aktiver Adapter und *vmnic1* als Standby-Adapter für das Management Network und vMotion
- Der Storage Zugriff für iSCSI darf keine Standby-Adapter haben. Konfigurieren Sie diese Portgruppe nur mit einer aktiven NIC.
- *vmnic1* als aktiver Adapter und *vmnic0* als Standby-Adapter für VM Network (Portgruppe der VMs)

Dabei löschen Sie nicht den jeweils zweiten Adapter, sondern setzen nur die Failover-Reihenfolge des vSwitch außer Kraft. Damit ist *vmnic1* der Standby-Adapter von *vmnic0* und umgekehrt. Abbildung 6-17 veranschaulicht das nochmals für die Portgruppe der virtuellen Maschinen.

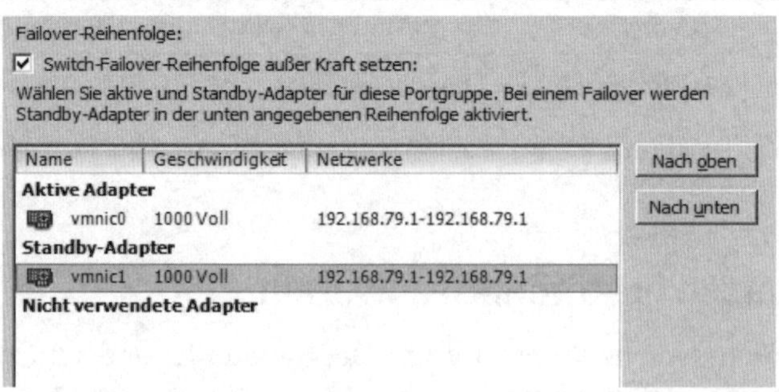

Abbildung 6-17: Die Failover-Reihenfolge außer Kraft setzen

Gerade wenn Sie VLANs nutzen wollen, empfehle ich genau diese Konstellation. Achten Sie bei einem möglichen Ausfall aber darauf, dass die noch arbeitende Karte auch auf die notwendigen VLANs Zugriff hat, z. B. über einen Trunkport.

Drei physische NICs

Wir gehen hier von den gleichen Voraussetzungen wie bei zwei Adaptern aus. Es werden also insgesamt vier Portgruppen gebraucht und es muss gegebenenfalls eine Redundanz für High Availability eingerichtet werden. Das geht entweder mit zwei Netzwerkkarten an einem vSwitch mit dem Management Network oder zwei Portgruppen auf zwei vSwitches verteilt.

Für dieses Szenario gibt es zwei Ansätze: Zum einen kann man drei vSwitches konfigurieren, zum anderen geht auch nur einer mit drei Adaptern.

Die Entscheidung zwischen einem oder drei Switches kann ich Ihnen nicht abnehmen. Das beruht auf dem jeweiligen Datendurchsatz, den die einzelnen Portgruppen benötigen und dem gewünschten Maß an Ausfallsicherheit.

Drei vSwitches

Möchte man lieber drei Netzwerkswitches einrichten oder muss man verschiedene getrennte Subnetze verwenden, ohne VLANs einsetzen zu wollen, geht man wie folgt vor:

- *vmnic0* wird an den ersten vSwitch0 gehängt und dort werden als Portgruppe ein Management Network und ein VM Network eingerichtet.
- *vmnic1* kommt an den zweiten Switch, dort richtet man den Zugriff auf den Storage ein.
- *vmnic2* schließt man an den dritten vSwitch an und richtet dort die Portgruppe für vMotion und eine für die zweite Management-Portgruppe, als HA-Failover, ein.

Wenn eine der Netzwerkkarten ausfällt, sieht es allerdings schlecht aus, weil keine Backup-Adapter mehr an dem jeweiligen vSwitch vorhanden sind. Die Gefahr, dass eine der NICs ausfällt, ist aber sehr gering.

Ein vSwitch

Bei diesem Vorgehen schließen wir alle drei Outbound-Adapter als aktive an einen vSwitch und konfigurieren alle vier Portgruppen nacheinander. Dann heben wir für die einzelne Portgruppe wieder die Failover-Reihenfolge des Switch auf und teilen diese wie folgt neu zu:

- *vmnic0* wird als aktiver Adapter an die Portgruppe des VM Network angeschlossen, die anderen beiden Adapter kommen als Failover zu dieser Portgruppe hinzu.

- *vmnic1* ist der aktive Adapter für den Storage-Zugriff und *vmnic0* und *vmnic2* sind nicht als Ausfallsicherheit gedacht. Der Storage-Zugriff für iSCSI darf keine Standby-Adapter haben. Konfigurieren Sie diese Portgruppe nur mit einer aktiven NIC.
- *vmnic2* wird als aktive NIC an die Portgruppe für vMotion angeschlossen, *vmnic0* und *vmnic1* sind hierfür als Failover gedacht (siehe Abbildung 6-18).

Falls Sie hier keine Netzwerkkarte für iSCSI oder NFS benötigen, weil Sie z.B. ein Fibre-Channel-SAN haben, teilen Sie die Portgruppen für vMotion und Management Network dementsprechend auf.

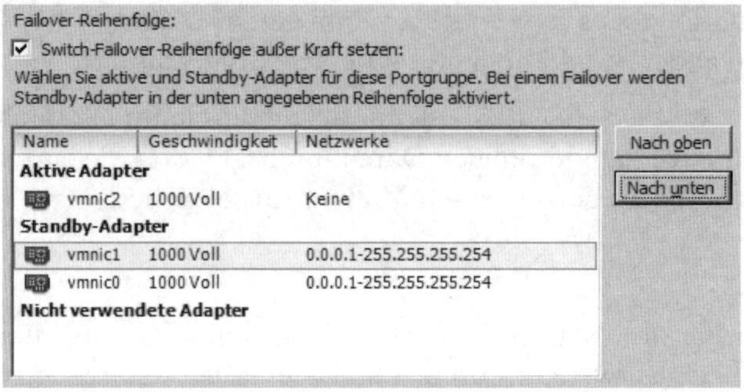

Abbildung 6-18: Die Failover-Reihenfolge außer Kraft setzen bei drei NICs

Sie haben außerdem die Möglichkeit, eine weitere Portgruppe für den Storage-Zugriff zu konfigurieren und diesen den Adapter der vMotion-Portgruppe zuzuweisen (siehe Abbildung 6-19).

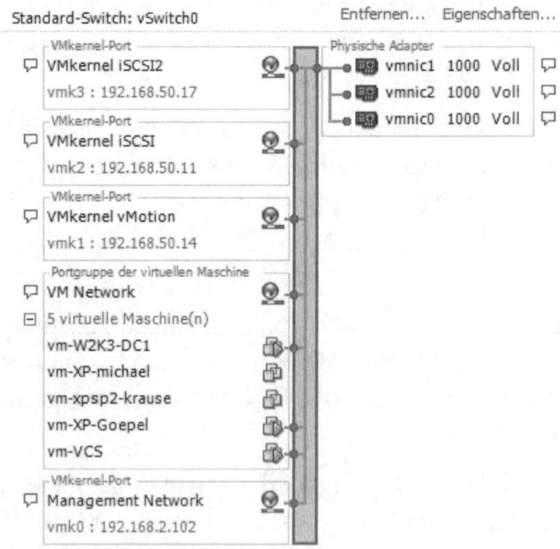

Abbildung 6-19: Die Portgruppen bei drei NICs

Vier physische NICs

Wir gehen hier von den gleichen Voraussetzungen wie bei zwei und drei Adaptern aus. Es werden also wieder vier Portgruppen gebraucht und es muss gegebenenfalls eine Management-Network-Redundanz für HA berücksichtigt werden.

Auch hier gibt es mehrere Möglichkeiten, eine Aufteilung zu machen. So kann man je eine Netzwerkkarte an einen vSwitch mit je einer Portgruppe hängen. Damit wäre aber keine Ausfallsicherheit gewährleistet und die Möglichkeiten des einen oder anderen Adapters nicht ausgeschöpft. Die dabei noch zu berücksichtigende HA-Redundanz könnte man erreichen, indem man einen zweiten Management-Network-Port auf demselben vSwitch erstellt, wo der vMotion-Port liegt. Die Datenübertragungsrate für den Heartbeat liegt bei nur wenigen Bits und vMotion wird ja eher selten gebraucht. Beim Zugriff auf einen Storage kommen hingegen ständig Datenpakete an und werden verschickt. Die Netzwerkkonektivität der virtuellen Maschinen darf man natürlich auch nicht außer Acht lassen.

Unter dieser Betrachtungsweise und wenn man zusätzliche Ausfallsicherheit haben möchte, gibt es eigentlich nur einen relevanten Ansatz: zwei vSwitches mit jeweils zwei Netzwerkkarten.

Dabei verwenden wir den ersten vSwitch für die Portgruppe der virtuellen Maschinen. Dann sind beide Adapter aktiv und wir lassen es bei den Einstellungen unter NIC-Gruppierung: ANHAND DER URSPRÜNGLICHEN ID DES VIRTUELLEN PORTS ROUTEN.

Beim zweiten vSwitch konfigurieren wir die Portgruppen für das Management Network, Storage-Zugriff und vMotion dann wie folgt:

- *vmnic2* ist aktiver Adapter für den Storage und *vmnic3* ist nicht sein Failover-Partner. Der Storage-Zugriff für iSCSI darf keine Standby-Adapter haben. Konfigurieren Sie diese Portgruppe nur mit einer aktiven NIC.
- *vmnic3* ist der aktive Adapter für vMotion und das Management Network und *vmnic2* ist sein Backup.

Überlegen Sie sich, ob Sie bei dieser Konstellation unterschiedliche Subnetze für vMotion und Management Network oder lieber VLANs einsetzen möchten.

Fünf physische NICs

In diesem Beispiel empfehle ich – wie bei vier Karten – zwei vSwitches zu erstellen. Der erste vSwitch wird mit zwei Adaptern und einer Portgruppe für die virtuellen Maschinen sowie einer weiteren Portgruppe fürs Management Network genommen. Die Einstellungen übernehmen wir von oben, wie bei vier Karten beschrieben.

Der zweite vSwitch bekommt drei Netzwerkkarten und wird über die Portgruppen wie folgt aufgeteilt:

- *vmnic2* ist aktiver Adapter für das Management Network und vMotion.
- *vmnic3* ist aktiver Adapter fürs Storage.
- *vmnic4* ist ebenfalls aktiver Adapter fürs Storage.

Die jeweils anderen Outbound-Adapter nehmen wir für das Failover. Das heißt, dass wir *vmnic3* und *vmnic4* als Backup für das Management Network und vMotion verwenden und so weiter. Der Storage-Zugriff für iSCSI darf keine Standby-Adapter haben, deshalb konfigurieren Sie diese Portgruppen jeweils nur mit einer aktiven NIC.

Auch hier sollten Sie unterschiedliche Subnetze oder VLANs einsetzen, um den Datenverkehr aufzuteilen, wie in Abbildung 6-20 zu sehen ist.

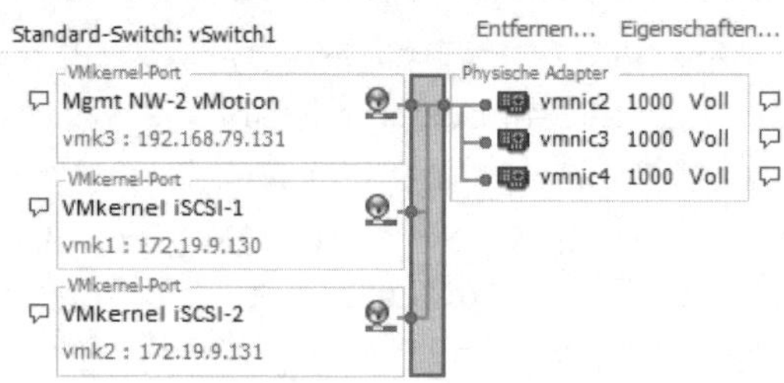

Abbildung 6-20: Der zweite vSwitch bei fünf NICs

Sechs physische NICs

In diesem Beispiel empfehle ich, drei vSwitches zu erstellen. Wir verwenden jeweils zwei physische Karten pro vSwitch und teilen die Portgruppen ähnlich wie bei fünf NICs auf:

Der erste vSwitch wird mit zwei Adaptern und einer Portgruppe für die virtuellen Maschinen verwendet. Dabei belassen wir beide NICs auf aktiv und nehmen wie oben die Einstellungen zum NIC-Teaming.

Das Gleiche machen wir mit dem zweiten vSwitch und erstellen dort eine VMkernel-Portgruppe für den Storage.

Bei beiden vSwitches ist das Failover durch die zweite Karte gegeben und die Last wird hier schön aufgeteilt.

Anders sieht es beim dritten vSwitch aus. Hier nehmen wir ebenfalls zwei Karten, haben aber zwei Portgruppen zu bedienen. Deshalb setzen wir die *vmnic4* als aktive Karte an die Portgruppe für vMotion und *vmnic5* als Standby. Umgekehrt beim Management Network: Hier ist *vmnic5* die aktive und *vmnic4* die Ausfallsicherheit.

Auch wenn hier viele physische Adapter auf die Portgruppen aufgeteilt werden können, empfehle ich, unterschiedliche Subnetze oder VLANs einzusetzen.

Hat man mehr als sechs Netzwerkkarten zur Verfügung, geht man wie in den obigen Beispielen vor. Überlegen Sie sich, welche Netzwerkdatenübertragungen zu erwarten sind, und teilen Sie die Karten dementsprechend logisch auf.

Beachten Sie dabei, dass das Management Network für High Availability zwar redundant vorhanden sein muss, dass aber hier nur sehr geringer Datenverkehr herrscht. vMotion wird in produktiven Umgebungen nicht sehr häufig vorkommen, sollte aber ebenfalls eine Redundanz haben. Am wichtigsten bleiben aber die Netzwerkverbindungen zu den virtuellen Maschinen. Fallen diese aus, können die User nicht mehr auf ihre Server zugreifen. Dasselbe gilt natürlich für den Zugriff der VMs auf ihre Festplatten. Ist diese Verbindung unterbrochen, hängen sich die meisten Betriebssysteme auf und lassen sich nur über einen harten Reset wieder reaktivieren.

Sehr wichtig ist natürlich auch der Heartbeat der ESXi-Server bei HA im Cluster untereinander und die richtige Einstellung dazu. Darüber erfahren Sie mehr in Kapitel 10.

KAPITEL 7

Storage-Konfiguration

Bevor Sie weitere virtuelle Maschinen auf den ESXi-Servern erstellen, sollten Sie die Storage-Zugriffe der Hosts konfigurieren. In diesem Kapitel gehe ich detailliert auf dieses wichtige Thema ein.

Insgesamt kann der ESXi-Server auf fünf verschiedene Storage-Lösungen für ein VMFS-Volume zugreifen:

- lokal angeschlossene SCSI-, SAS-, SSD- und SATA-Laufwerke
- iSCSI-SAN über Netzwerkkarten oder HBAs
- NFS ebenfalls über Netzwerkkarten
- Fibre-Channel-SAN über spezielle Adapter
- vSAN, lokaler Speicher von drei bis 64 ESXi-Servern

Auf alle fünf Möglichkeiten gehe ich hier mehr oder weniger detailliert ein und erkläre auch noch, wie man sich einen günstigen Storage anlegt und worauf man dabei besonders achten sollte. Die letzten vier Typen in der obigen Aufzählung sind Speichermöglichkeiten, auf die alle beteiligten Hosts zugreifen können. Über den vCenter Server hat man dann erst die Möglichkeiten, Technologien wie vMotion, High Availability, DRS (Load Balancing) und Fault Tolerance zu nutzen.

Auch das Thema Storage-Alignment darf natürlich nicht zu kurz kommen. Ohne eine Anpassung der Cluster auf einem Volume kann die Übertragungsgeschwindigkeit erheblich leiden.

Allgemeine Richtlinien

Bevor Sie eine weitere Festplatte lokal an den ESXi-Server anschließen oder die Verbindung zu einem externen Storage aufbauen, sollten Sie einige Überlegungen zu dem neuen Speicher anstellen. Im folgenden Absatz möchte ich Ihnen dabei helfen, die richtigen Entscheidungen bei Ihrer Wahl zu treffen.

Lokale Datenträger

Eine SATA- oder SCSI-Festplatte, Fibre-Channel-LUN oder RAID-LUN mit nicht partitioniertem, mindestens 5 GByte großem Bereich gelten als Mindestvoraussetzung für die Installation des ESXi-Servers.

> Natürlich können Sie die Installation auch auf einem USB-Stick oder einer SD-Karte durchführen. Einige Serverhersteller liefern vorkonfigurierte Hosts mit gespiegelten SD-Karten aus.

In diesem Laufwerk oder RAID-Verbund werden die Dateien für den Hypervisor und gegebenenfalls später die Dateien der virtuellen Maschinen abgelegt. Da Sie für die Installation nur eine kleine Platte brauchen, sollten Sie während der Installation auch nur diese benutzen. Nach der Installationsroutine hinzugefügte Laufwerke können sie über den vSphere Client konfigurieren – und dabei findet das Disk-Alignment an der 64-K-Grenze für das VMFS-Dateisystem automatisch statt.

Ein einziges Volume hätte den Nachteil, dass das ESXi-System gleichzeitig mit den virtuellen Maschinen denselben Plattenplatz nutzt und sich damit die Übertragungsleistung mit diesen teilt. Dieses zu trennen ist also sinnvoll. Leider verkaufen namhafte Serverhersteller ihre Geräte z. B. mit sechs 300-GB-Platten an einem RAID-Controller angeschlossen und konfigurieren damit ein RAID 6. Dabei geht nicht nur Performance verloren, sondern auch sehr viel Plattenplatz. Betrachtet man dagegen die Möglichkeiten, die man seit der Version vSphere 5 mit vSAN (siehe unten) hat, ergibt so eine Konfiguration gar keinen Sinn.

Beachten Sie auch die Namensgebung des lokalen Storage: Standardmäßig heißt er nach der Installation *datastore1*. Daran ist so lange nichts auszusetzen, wie der ESXi-Server nicht zu einem Cluster gehört. Der erste ins Cluster aufgenommene Host behält den Namen des Speichers, beim zweiten wird dieser zu *datastore1(1)*, beim dritten zu *datastore1(2)* usw. Hinterher ist es dann schwierig, den lokalen Speicherplatz einem ESXi-Server zuzuordnen. Benennen Sie ihn deshalb gleich in *esx1-datastore1* um.

Externe Platten

Ähnlich wie bei den lokalen Platten gelten natürlich auch hier die Überlegungen zur Namensgebung. Gerade wenn Sie mehrere unterschiedliche externe Systeme haben, ist es meist schwer zu sagen, ob es sich bei dem Volume nun um das Fibre-Channel- oder iSCSI-SAN handelt. Man sollte natürlich auch nicht übertreiben und sein Volume beispielsweise »NFS-Server-2008-R2-Storage-2-TB-Volume-001« nennen. Haben Sie davon z. B. drei Stück, können Sie in keiner Tabelle mehr das 001, 002 oder 003 erkennen, ohne mit dem Laufbalken zu scrollen.

Gedanken sollte man sich auch über die anzulegende Größe machen. Die Grenze von 2 TByte pro Volume ist seit der Version 5.0 nicht mehr relevant. Die neue

Obergrenze liegt jetzt bei 64 TByte. Wählen Sie das geeignete Maß für Ihre Anwendungen. Beachten Sie gegebenenfalls die Möglichkeit, in den externen Systemen mehrere unterschiedliche RAID-Levels für die Volumes zu nutzen und diese an Ihre VMs sinnvoll zu verteilen.

> Über den vSphere Client können Sie keine Volumes und keine .vmdk-Dateien in der maximalen Größe erstellen – dazu müssen Sie den Web Client verwenden.

Viele kleine LUNs schränken Sie bei der eventuell notwendigen Vergrößerung einer Datenfestplatte unnötig ein. Auch für Snapshots – zum Beispiel bei der Datensicherung – muss noch genügend Platz vorhanden sein. Weiterhin haben Sie dann eine sehr lange Liste mit Datenspeichernamen. Im Gegensatz dazu bieten kleinere Volumes den Vorteil, dass verschiedene RAID-Level für die Speicherplätze genutzt werden können und die Leistung höher ist als bei großen, gemeinsam von VMs genutzten Volumes.

> Beachten Sie beim Zugriff auf Volumes per SCSI-Protokoll, also bei Fibre-Channel, iSCSI und lokalen SCSI-Platten, dass dort maximal 16 VMs darauf liegen sollten, weil sonst die Latenzzeiten durch SCSI-Reservations extrem in die Höhe gehen können. Hohe Latenzzeiten machen sich negativ im Laufzeitverhalten der VMs bemerkbar.

Auf jeden Fall müssen Sie die LUNs (Nummern) im Auge behalten. Vergeben Sie für jede LUN pro Storage-Hardware eine eigene Nummer, am besten von 0 an aufsteigend.

Bei wichtigen virtuellen Maschinen können Sie eine Spiegelung einrichten. Diese muss nicht vom Hersteller des externen Speichers unterstützt werden. Einem Windows-Server können Sie beispielsweise zwei Festplatten auf unterschiedlichen Volumes zuweisen, diese im Betriebssystem auf »dynamischer Datenträger« setzen und eine Spiegelung (RAID-Level 1) dafür einrichten.

iSCSI-Speicher anschließen

Speicher, der über das Netzwerk mit dem SCSI-Protokoll angeschlossen wird, hat in der jüngeren Vergangenheit immer mehr Einsatz in kleinen und mittleren Umgebungen gefunden. Das liegt nicht nur am deutlich günstigeren Preis gegenüber einem Fibre-Channel-SAN, sondern auch an der mittlerweile recht hohen Performance. Bei einigen Linux-Distributionen gehört die Möglichkeit, einen vorhandenen Festplattenplatz als iSCSI-Target zur Verfügung zu stellen, schon länger zur Grundausstattung. Nicht immer wird diese Möglichkeit bei einer Standardinstallation schon zum Umfang gehören, aber sie lässt sich ohne große Probleme nachrüsten.

Wer sich mit Solaris auskennt, kann hier zusätzlich das Dateisystem ZFS nutzen, das in Zusammenhang mit iSCSI enorme Leistungswerte erzielt.

Es werden aber auch von einigen namhaften Herstellern günstige komplette Storage-Lösungen auf Basis von SCSI over IP angeboten. Meistens bekommt man für 2.000 bis 3.000 Euro schon eine stabile Plattform im 19-Zoll-Rahmen mit 5 TByte Speicherplatz und 4-GBit-Anbindung. Damit wäre eine Datenübertragung von bis zu 320 GB pro Sekunde möglich, was für ca. 10–15 VMs reichen kann.

Unter Windows gibt es bei den neueren Versionen lediglich eine Zugriffsmöglichkeit auf iSCSI-Speicher von Microsoft (iSCSI-Initiator), aber nicht das Bereitstellen von Platz über die Netzwerkkarte. Dafür gibt es aber diverse andere Softwarehersteller, die für Windows-Betriebssysteme einen solchen Zugriff zur Verfügung stellen.

Unter Server 2008 gibt es allerdings den sogenannten Storage-Server. Dieser kann iSCSI-Targets auch für die ESXi-Server zur Verfügung stellen – doch möchte man das wirklich? Um damit einen einigermaßen reibungslosen Zugriff zu bekommen, muss man den *User Name Mapping Service* von Microsoft installieren, damit wie in Abbildung 7-1 keine Fehlermeldungen die Logs vollschreiben.

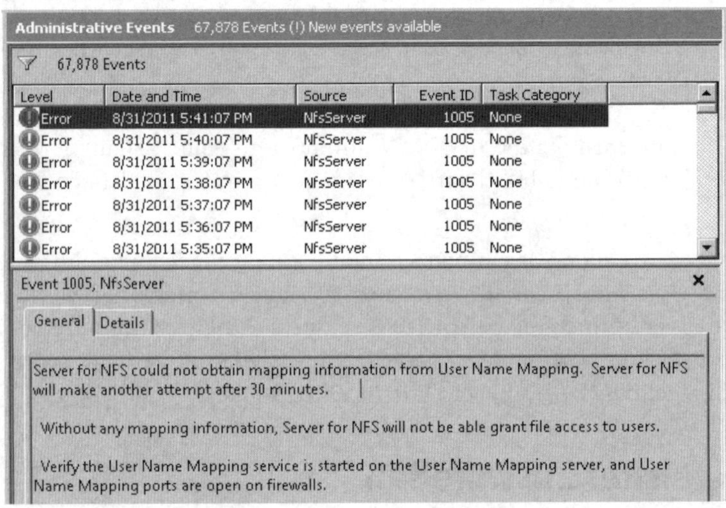

Abbildung 7-1: Fehlermeldungen in Logdateien unter Server 2008

Weiterhin möchte ein Windows-Server ständig aktualisiert werden und Patches sowie Updates bekommen. Dafür muss man den Server neu starten, was bedeutet, dass alle darauf liegenden VMs und alle ESXi-Server heruntergefahren sein müssen – wollen Sie das? Das Schlimme ist, dass einige Speicherhersteller so eine Konfiguration anbieten, ohne darauf hinzuweisen, dass es sich dabei um ein Microsoft-Betriebssystem handelt.

Auf Linux basierende Storage brauchen keine Aktivierung, keine Updates oder Servicepacks und auch weder Firewall noch Antivierensoftware. Ein Beispiel für die Einrichtung eines solchen Systems ist am Ende dieses Kapitels eingefügt.

Bei iSCSI werden also SCSI-Datenpakete in einen Ethernet-Frame gepackt und an den Empfänger geleitet. Vom Empfänger werden die Netzwerkinformationen entfernt und die eigentlichen Datenpakete an den Storage geliefert. Auf dem ESXi-Server erledigt das eine VMkernel-Schnittstelle in Zusammenarbeit mit einem iSCSI-Softwareadapter oder auch ein iSCSI-Hardwareadapter.

In ESXi steht softwareinitiiertes iSCSI auch über 10-GBit-Ethernet-Adapter zur Verfügung.

Beide SAN-Möglichkeiten, also FC und iSCSI, haben gegenüber dem Network Attached Storage den Nachteil, dass bei der gleichzeitigen Nutzung vieler virtueller Maschinen auf einem Datenspeicher, durch das LUN Locking Skalierbarkeitsprobleme auftreten können. Dies ist ein Punkt, der bei virtuellen Desktop-Umgebungen beachtet werden sollte, da hier eine hohe Anzahl von virtuellen Maschinen eingesetzt wird. Wichtig ist daher, dass nicht zu viele Maschinen auf der gleichen LUN platziert werden.

iSCSI-Konfiguration unter Windows

Trotz der oben aufgeführten Bedenken, kann ein iSCSI-Speicher unter Windows für kleine Umgebungen oder Tests recht einfach und kostengünstig eingerichtet werden. Wenn Sie Ihren Storage in einem Subnetz platzieren, das sonst nicht genutzt wird oder keine Verbindung ins Internet hat, entfallen auch die meisten der oben genannten Bedenken.

Gerade Benutzer von Windows haben oft erhebliche Berührungsängste mit Linux. Deshalb kommt nun zunächst ein Beispiel mit iSCSI-Targets unter Windows und später folgt dann eines für Linux.

Als beispielhafte Konfiguration für einen iSCSI-Speicher für mehrere ESXi-Server schildere ich den genauen Ablauf unter Windows (64 Bit empfohlen) mit der kostenlosen Software *Starwind* von Rocket Division. Auf der Internetseite *http://www.starwindsoftware.com* können Sie sich nach einer kurzen Registrierung das Programm herunterladen und bekommen einen Lizenzschlüssel für einen Host sowie eine ausführbare Datei zum Download. Diese kostenlose Version hat keine Beschränkung bezüglich der Größe oder Anzahl der Volumes und die maximale Anzahl gleichzeitiger Verbindungen und Netzwerkkarten ist ebenfalls unbeschränkt. Zu Testzwecken können Sie sogar einen deduplizierten Speicher erstellen. Auf der Website des Herstellers finden Sie aktuelle Beschreibungen der Software zur Einrichtung als PDF-Datei.

Voraussetzungen

Was brauchen wir nun als Mindestvoraussetzung für den Storage? Da wäre zunächst ein Windows-Rechner mit freiem Plattenplatz zu nennen. Als Betriebssystem sollten Sie ein aktuelles Windows mit 64 Bit einsetzen, ist aber nicht zwingend notwendig. Vista braucht allein schon zu viel Ressourcen und lässt sich nicht so gut konfigurieren. Bei XP und Server 2003 müssen Sie noch den iSCSI-Initiator von Microsoft installieren. Den bekommen Sie unter *http://www.microsoft.com/download/en/details.aspx?id=18986* (Dateigröße 2,3 MByte). Bei der freien Variante können Sie keine ganze Festplatte zur Verfügung stellen, sondern nur eine Imagedatei auf einem bereits formatierten Datenträger. Möchten Sie mehr Durchsatz erreichen, ist es hilfreich, die 64-Bit-Version des Betriebssystems mit viel RAM und mehrere 1-GBit- oder 10-GBit-Netzwerkadapter zu nutzen. Weiterhin kann ein RAID nicht schaden, um größere Datenmengen zu liefern.

Um die Konfiguration und den Anschluss der ESXi-Server zu testen, können Sie auch eine virtuelle Maschine dafür verwenden.

Auf der ESXi-Seite brauchen wir mindestens eine Netzwerkkarte für den VMkernel und müssen den Software-iSCSI-Adapter konfigurieren. Beachten Sie bei diesem Beispiel auch die Erläuterungen oben für die Einrichtung von Jumbo Frames und Teaming in Kapitel 6.

Sie können natürlich auch mehrere VMkernel-Portgruppen auf unterschiedlichen vSwitches erstellen, müssen dann aber auch unterschiedliche Subnetze verwenden – sonst kann es zu bösen Überraschungen kommen. Wenn Sie mehrere Portgruppen für iSCSI auf einem vSwitch konfigurieren, müssen Sie die Adapter-Teaming-Einstellungen auf Portebene wie oben unter Netzwerk beschrieben in aktive und passive *vmnics* aufteilen und sich innerhalb eines Subnetzes bewegen.

Installation auf der Windows-Seite

Starten Sie die Software, die Sie sich von der Internetseite heruntergeladen haben, und akzeptieren Sie die Lizenzvereinbarung. Suchen Sie sich den Installationspfad aus und wählen Sie anschließend FULL INSTALLATION. Lassen Sie sich bei Bedarf eine Verknüpfung im Startmenü und auf dem Desktop erstellen und klicken Sie auf NEXT. Nach kurzer Zeit ist die Installation erledigt, und Sie können die Software gleich vom Assistenten starten lassen: LAUNCH STARWIND. Klicken Sie auf FINISH. Neben der Uhr befindet sich jetzt ein neues Icon, das anzeigt, dass die StarWind-Software als Dienst läuft.

Konfiguration auf der Windows-Seite

Über das Icon im Tray oder auf dem Desktop können Sie die Management-Konsole starten und die Konfiguration beginnen.

Im Menü klicken Sie auf OPTIONS → LANGUAGE und stellen Deutsch als Sprache ein.

1. Als Erstes müssen Sie den lokalen Rechner zum Management hinzufügen. Das können Sie über den Link auf dieser Seite oder über das Menü HOST erledigen.
2. Im folgenden Fenster wird der lokale Host über die IP-Adresse 127.0.0.1 angezeigt (siehe Abbildung 7-2). Das bedeutet, dass alle vorhandenen Netzwerkadapter für iSCSI eingerichtet werden. Über ERWEITERT → AUTHENTIFIZIERUNG können Sie auch CHAP für die sichere Kommunikation benutzen. Ich empfehle aber, dieses erst nach erfolgreicher Einrichtung abzuändern, damit man eventuell auftauchende Fehler schneller eingrenzen kann.

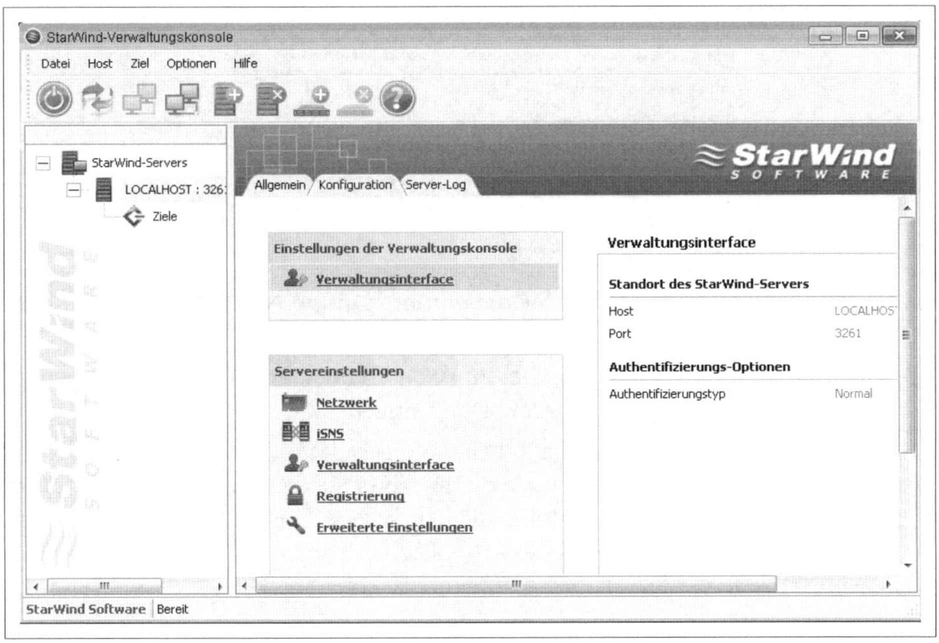

Abbildung 7-2: Starwind-Verwaltungskonsole

3. Als Nächstes müssen Sie sich mit dem eingerichteten Server LOCALHOST verbinden. Für die Standardanmeldedaten verwenden Sie als Username *root* und als Passwort *starwind*.
4. Klicken Sie anschließend auf der linken Seite des Fensters auf Ihren Server und in der rechten Hälfte auf KONFIGURATION, um die Registrierung mit der Lizenzdatei durchzuführen, die Sie per Mail bekommen haben.
5. Jetzt können Sie eine neue Imagedatei erstellen, die den ESXi-Servern dann über den Port 3260 (Standard-iSCSI-Port) auf allen lokalen Netzwerkkarten zur Verfügung stehen wird. Klicken Sie dazu mit der rechten Maustaste auf ZIELE und wählen Sie ZIEL HINZUFÜGEN aus.

6. Geben Sie eine Zeichenkette als Alias für das Image an und wählen Sie im nächsten Fenster Festplatte aus. In der freien Version ist es nicht möglich, eine ganze Festplatte zur Verfügung zu stellen, sondern nur eine Datei auf einem formatierten Datenträger. Auch die Optionen Optisches Laufwerk und Bandlaufwerk erlauben nur virtuelle Geräte.
7. Wählen Sie im nächsten Fenster Image-Laufwerk aus (siehe Abbildung 7-3) und klicken Sie auf Weiter.

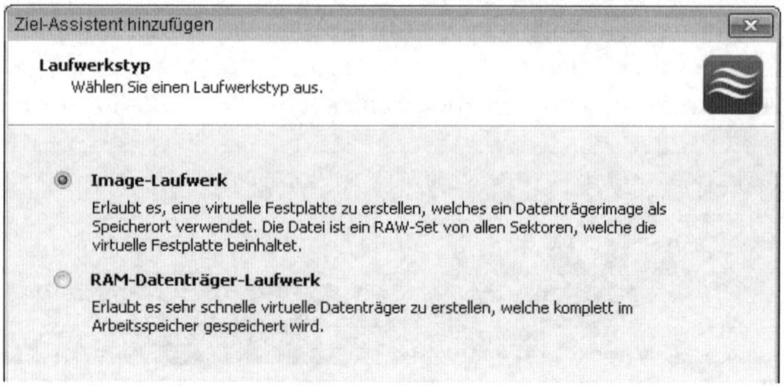

Abbildung 7-3: Image-Laufwerk erstellen

8. Im folgenden Fenster wählen Sie die mittlere Option Neues virtuelles Laufwerk anlegen und klicken auf Weiter.
9. Über die Schaltfläche mit den drei Punkten können Sie nun auf Ihren Rechner browsen und einen Namen für die Datei eingeben.
10. Als Nächstes müssen Sie die Optionen des Image-Laufwerks einstellen (siehe Abbildung 7-4). Achten Sie darauf, dass Sie das Häkchen bei Mehrere gleichzeitige iSCSI-Verbindungen zulassen (Clusterbildung) setzen, sonst kann immer nur ein beteiligter ESXi-Server auf das Image zugreifen, ansonsten sind es vier bei dieser Version.

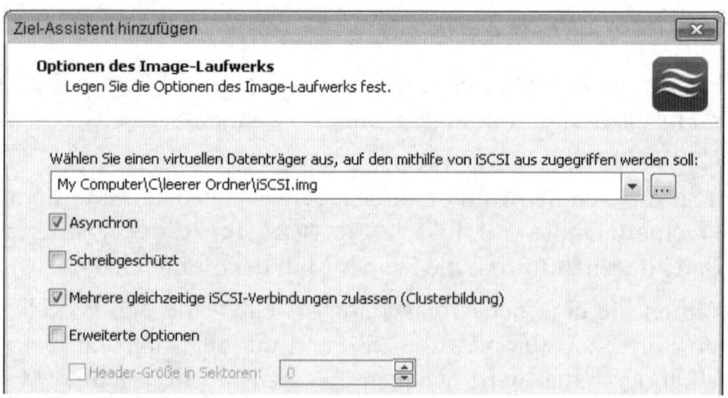

Abbildung 7-4: Optionen des Laufwerks

11. In den beiden nächsten Fenstern brauchen Sie nichts einzustellen, können aber gegebenenfalls das *write-through caching* ausprobieren – auf manchen Rechnern bringt es noch ein bisschen mehr Durchsatz. Nachträglich lässt sich dieser Punkt übrigens nur ändern, indem man das Image entfernt und neu hinzufügt. Die Daten bleiben dabei erhalten.

Auf der Windows-Seite sind wir damit so weit fertig. Lediglich die Einstellungen zu Ihrer Firewall sollten Sie überprüfen und gegebenenfalls die installierte Software zu den Ausnahmen hinzufügen bzw. den Port 3260 freigeben.

Konfiguration auf der ESXi-Seite

Überprüfen Sie zunächst, ob Ihr ESXi-Server bereits einen Software-iSCSI-Adapter hat:

1. Melden Sie sich mit vSphere Client an einem Host an und klicken Sie im BESTANDSLISTENFENSTER auf den ESXi-Server.
2. Klicken Sie auf die Registerkarte KONFIGURATION und anschließend auf SPEICHERADAPTER.
3. Klicken Sie auf den Link HINZUFÜGEN.
4. Wählen Sie SOFTWARE-ISCSI-ADAPTER HINZUFÜGEN aus (siehe Abbildung 7-5) und klicken Sie auf OK. Auf der Seite SPEICHERADAPTER erscheint der neue, softwarebasierte Adapter.

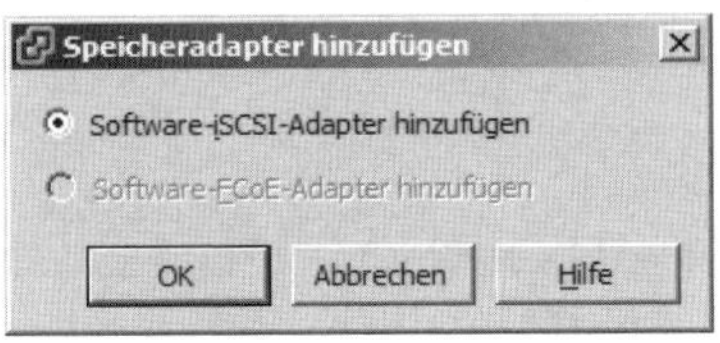

Abbildung 7-5: Software-iSCSI-Adapter hinzufügen

Wie schon erwähnt, brauchen Sie einen VMkernel-Port für die Datenübertragung, den Sie wie folgt einrichten:

1. Melden Sie sich mit vSphere Client an einem Host an (falls noch nicht geschehen) und klicken Sie im BESTANDSLISTENFENSTER auf den ESXi-Server.
2. Klicken Sie auf die Registerkarte KONFIGURATION und anschließend auf NETZWERK.
3. Klicken Sie auf den Link NETZWERK HINZUFÜGEN.
4. Wählen Sie VMKERNEL aus und klicken Sie auf WEITER. Auf der Seite NETZWERKZUGRIFF können Sie den VMkernel an das physische Netzwerk anschließen.
5. Wählen Sie den vSwitch aus, den Sie verwenden möchten (siehe Abbildung 7-6), oder klicken Sie auf EINEN VIRTUELLEN SWITCH ERSTELLEN.

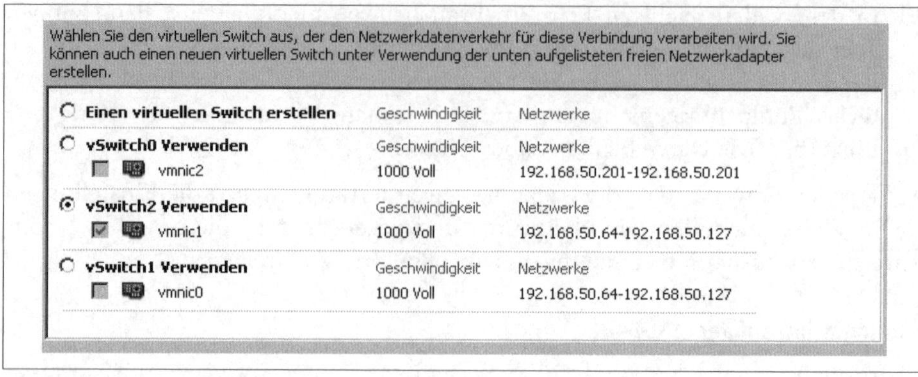

Abbildung 7-6: Netzwerkkonfiguration für iSCSI

Wenn unter EINEN VIRTUELLEN SWITCH ERSTELLEN keine Adapter angezeigt werden, bedeutet dies, dass alle Adapter von vorhandenen vSwitches verwendet werden. Die Auswahlmöglichkeiten werden im Bereich VORSCHAU angezeigt.

Verwenden Sie iSCSI aus Gründen der Performance nicht bei Netzwerkadaptern mit 100 MBit/s oder weniger. Adapter mit 10 GBit/s werden mittlerweile unterstützt. Pro iSCSI-Portgruppe darf jeweils nur ein aktiver Adapter und kein Standby-Adapter verwendet werden. Sie können aber mehrere VMkernel-Ports für iSCSI konfigurieren (siehe Kapitel 6).

6. Klicken Sie auf WEITER.
7. Wählen Sie unter PORTGRUPPENEIGENSCHAFTEN eine Netzwerkbezeichnung und optional eine VLAN-ID aus bzw. geben Sie diese ein. Klicken Sie auf WEITER.
8. Geben Sie eine noch nicht vergebene IP-Adresse und eine Subnetzmaske ein (empfohlen) oder lassen Sie sie automatisch vom DHCP-Server abrufen. Klicken Sie unter IP-EINSTELLUNGEN auf BEARBEITEN, um das optionale Standardgateway des VMkernels für iSCSI anzugeben. Das Management Network und der VMkernel-Port besitzen leider immer dasselbe Gateway. Ändern Sie es besser nicht, denn der iSCSI-Zugriff benötigt kein eigenes Gateway.
9. Klicken Sie auf OK und dann auf WEITER.
10. Klicken Sie gegebenenfalls auf ZURÜCK, um Änderungen vorzuverwenden.
11. Überprüfen Sie die Änderungen im Dialogfeld BEREIT ZUM ABSCHLIEẞEN und klicken Sie auf BEENDEN.

Nun geht es an die Software-iSCSI-Schnittstelle.

1. Klicken Sie unter HARDWARE auf derselben Seite auf SPEICHERADAPTER.

2. Wählen Sie auf der rechten oberen Seite ISCSI-SOFTWAREADAPTER aus und klicken Sie anschließend im unteren Teil des Fensters auf den Link EIGENSCHAFTEN. Ist der Adapter noch nicht vorhanden, klicken Sie auf den Link HINZUFÜGEN.
3. In dem neuen Fenster klicken Sie auf der Registerkarte ALLGEMEIN zunächst auf die Schaltfläche KONFIGURIEREN.
4. Setzen Sie beim STATUS das Häkchen bei AKTIVIERT (falls noch nicht automatisch geschehen) und klicken Sie dann auf OK.

> iSCSI-Namen und -Alias brauchen Sie nicht einzugeben, da das automatisch geschieht, nachdem Sie auf OK geklickt haben. Wenn Sie aber bereits feste Namen bei Ihrem Storage eingetragen haben, können Sie hier anschließend diese Namen auch manuell eintragen. Üblicherweise fängt der Name, den sich der ESXi-Server gibt, mit *iqn.1998-01.com.vmware:* an. Dann folgen der Kurzname des Rechners und anschließend eine ID – komplett also z.B. *iqn.1998-01.com.vmware:esx1-0cb64f32*.

> iSCSI-Namen fangen entweder mit *iqn* oder *eui* an. *iqn* steht dabei für iSCSI Qualified Name. Anschließend folgt das Jahr und der Monat, an dem die Registrierung des Domänennamens stattfand, bei VMware also Januar 1998, und die registrierte Domäne ist *vmware.com*. Die Teile werden jeweils in umgekehrter Reihenfolge angegeben. *eui* ist die andere Möglichkeit und steht für Extended Unique Identifier. Diese wird von der IEEE vergeben und sieht z.B. so aus: *eui.0102ba03ce04cdef*. Dabei wird der Registrierungsname – ähnlich wie bei einer MAC-Adresse – verschlüsselt hinterlegt.

5. Eventuell müssen Sie auf der Registerkarte NETZWERKKONFIGURATION noch die gerade erstellte iSCSI-Portgruppe(n) auswählen. Betätigen Sie dazu die Schaltfläche HINZUFÜGEN und wählen Sie die Portgruppe(n) und anschließend OK.

> Das Hinzufügen der Adapter bzw. Portgruppen darf nur bei gleichem Subnetz erfolgen (siehe weiter unten Abschnitt »iSCSI-Portbindung«).

6. Auf der Registerkarte DYNAMISCHE ERKENNUNG tragen Sie nun alle statischen IP-Adressen des konfigurierten iSCSI-Targets ein. Haben Sie mehrere Netzwerkkarten bzw. IP-Adressen des Storage dafür vorgesehen, können Sie diese z.B. unter den ESXi-Servern aufteilen oder besser noch: alle Hosts redundant auf alle IP-Adressen des Storage zugreifen lassen. Klicken Sie auf OK. Nach kurzer Zeit sollte der Eintrag in dem Fenster sichtbar werden. Über die eingetragene(n) IP-Adresse(n) fragt der Host den Storage ab und erkennt üblicherweise alle anderen IP-Adressen dynamisch.

7. Auf der letzten Registerkarte STATISCHE ERKENNUNG sollten die Volumes bereits angezeigt werden. Klicken Sie anschließend auf die Schaltfläche SCHLIEẞEN.

8. Sie werden aufgefordert, den iSCSI-Host-Bus-Adapter erneut prüfen zu lassen (siehe Abbildung 7-7). Das ist notwendig, damit eine Verbindung zum iSCSI-Target aufgebaut werden kann. Klicken Sie auf JA.

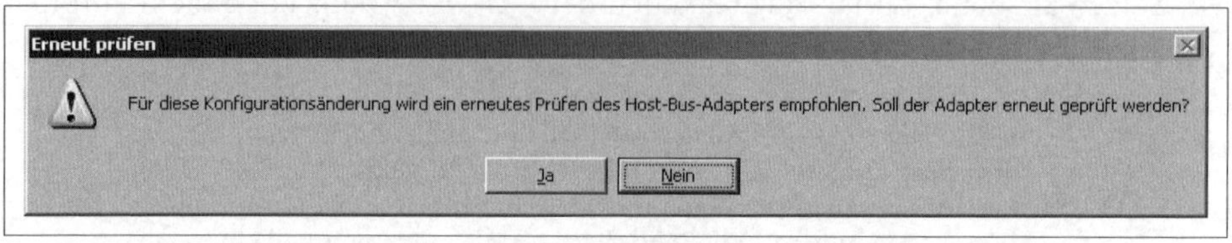

Abbildung 7-7: Prüfen der Verbindung bestätigen

9. Wenn Sie im oberen Teil des Fensters den Fokus auf den iSCSI-Adapter setzen, sollten Sie im unteren Teil bei Details die oder den eingerichteten Netzwerkspeicher sehen können (siehe Abbildung 7-8).

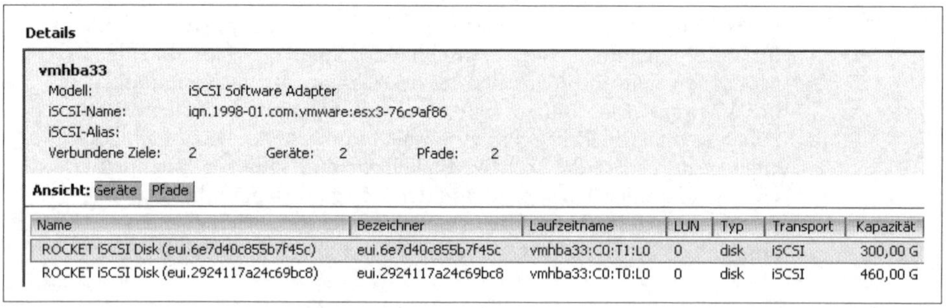

Abbildung 7-8: iSCSI-Ziele werden angezeigt.

10. Überprüfen Sie anschließend, ob die dafür vorgesehene Portgruppe das Häkchen bei iSCSI-Port-Bindung enthält, indem Sie nochmals in die Eigenschaften des vSwitch gehen und die Portgruppe für iSCSI überprüfen oder anklicken. Auf der rechten Seite müsste dann AKTIVIERT stehen. Überlegen Sie sich, ob Sie die MTU bei dieser Portgruppe auf 9.000 setzen wollen und können. Bedenken Sie, dass alle beteiligten Geräte zwischen Sender und Empfänger diese Jumbo Frames unterstützen müssen. Das Datenpaket bei normalen Frames ist 1.500 Byte groß und sein Header fasst 76 Byte. Bei Jumbo Frames sind es ebenfalls 76 Byte für die Informationen, aber der Rest sind reine Daten.

Damit haben Sie erst den vorletzten Schritt erledigt, denn das Volume (bzw. die Volumes) muss erst noch mit dem VMFS-Dateisystem formatiert werden, damit dort virtuelle Maschinen erstellt werden können.

iSCSI-Datenspeicher hinzufügen

Wenn die Konnektivität zwischen den ESXi-Servern und dem iSCSI-Target hergestellt ist und das Volume unter dem iSCSI Software Adapter angezeigt wird, muss dieses trotzdem noch zum ESXi-Server hinzugefügt und bei einem ESXi-Server formatiert werden.

1. Klicken Sie unter Hardware auf derselben Seite auf Speicher.
2. Wählen Sie auf der Seite rechts oben den Link Speicher hinzufügen aus.
3. Im folgenden Fenster klicken Sie Festplatte/LUN an (siehe Abbildung 7-9) und dann auf Weiter.

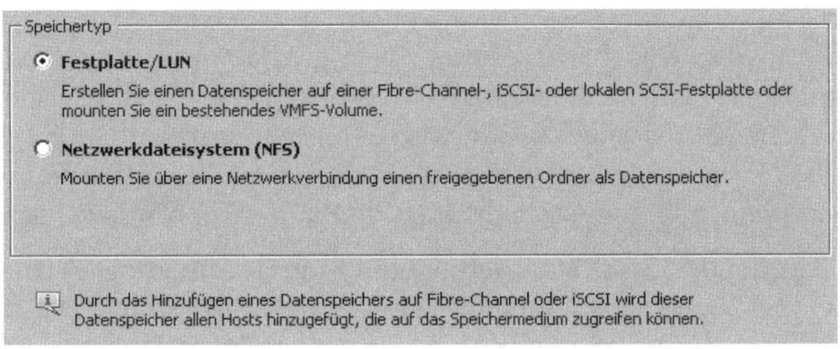

Abbildung 7-9: Speichertyp festlegen

4. Im nächsten Fenster sollten Sie das Volume sehen, das Sie zur Verfügung gestellt haben. Wählen Sie es aus und klicken Sie auf Weiter.
5. Überprüfen Sie das Festplattenlayout und klicken Sie auf Weiter.
6. Geben Sie einen Namen für den Datenträger ein. Dies kann ein beliebiger, noch nicht vergebener Name sein, da es sich nur um einen Alias handelt.
7. Klicken Sie auf Weiter und dann auf Beenden.

Kurze Zeit später sollte der neue Datenträger in Ihrer Liste auftauchen.

> Bei dem zweiten und allen weiteren ESXi-Servern sollten Sie beim Hinzufügen der Festplatte nicht dazu aufgefordert werden, einen Aliasnamen einzugeben oder das Volume zu formatieren. Wenn das dennoch geschieht, brechen Sie den Vorgang ab, warten einen Moment, bis der erste ESXi-Server mit dem Formatieren fertig ist, und wiederholen den Vorgang.

Probleme bei Software-iSCSI

ESX Server 3.x und neuer unterstützen die iSCSI-Technologie, die es dem Hostsystem ermöglicht, beim Zugriff auf entfernten Speicher ein IP-Netzwerk zu verwenden. Bei iSCSI werden die SCSI-Speicherbefehle, die die virtuelle Maschine an ihre virtuelle Festplatte ausgibt, in TCP/IP-Protokollpakete umgewandelt und an ein entferntes Gerät – das Ziel (iSCSI-Target) – übertragen, auf dem die virtuelle Festplatte gespeichert ist. Aus Sicht der virtuellen Maschine erscheint das Gerät als lokal angeschlossenes SCSI-Laufwerk.

Auf der Registerkarte ROUTING über den vSphere Client sind das Management Network und der VMkernel oft nicht an dasselbe Subnetz angeschlossen. Für iSCSI braucht der VMkernel-Port kein Gateway. Ein Gateway ist zur Anbindung an Computer notwendig, die sich nicht im selben IP-Subnetz wie das Management Network befinden. Speicherzugriffe sollten nicht geroutet werden.

Alle NAS- und iSCSI-Server sollten deshalb über dasselbe Übertragungsgebiet (Subnetz) wie die zugeordneten vSwitches zu erreichen sein.

Zum Zugriff auf entfernte Ziele verwendet der ESXi-Server iSCSI-Initiatoren. Die Initiatoren transportieren hardwarebasierte und softwarebasierte SCSI-Anfragen und -Antworten zwischen dem ESXi-Server-System und dem Zielspeichergerät über das IP-Netzwerk, deshalb müssen diese Einstellungen korrekt vorgenommen werden. Auch der vCenter Server muss über den oder die ESXi-Server auf das Target zugreifen können, aber nicht unbedingt direkt im selben Subnetz sein!

Im ersten Beispiel der iSCSI-Speicherkonfiguration in Abbildung 7-10, links, verwendet das ESXi-Server-System einen Hardware-iSCSI-Adapter. Dieser spezielle Adapter sendet iSCSI-Pakete über ein LAN an eine Festplatte.

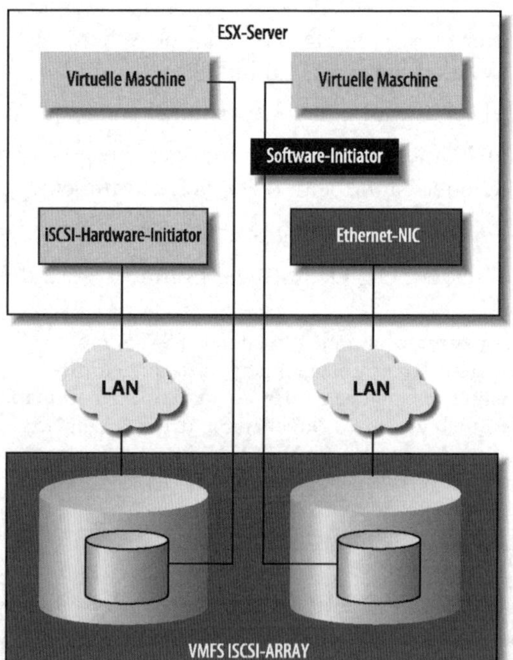

Abbildung 7-10: Varianten des iSCSI-Zugriffs

Im zweiten Beispiel, rechts, verfügt der ESXi-Server über einen iSCSI Software Adapter. Unter Verwendung des Softwareinitiators stellt der ESXi-Server die Verbindung zu einem LAN über eine vorhandene Netzwerkkarte her.

Steht eine neue LUN über einen Adapter zur Verfügung, registriert der ESXi-Host dieses neue virtuelle Gerät zur Verwendung durch die virtuellen Maschinen.

> Achten Sie bei der Zuweisung der Datenspeicher auf die fortlaufende Nummerierung der LUNs (Logical Unit Numbers). Der ESXi-Server sollte keine LUN-Nummer pro Gerät doppelt sehen. Bestenfalls sollten sie fortlaufend sein.

Wenn eine bestehende LUN nicht länger verwendet wird und nicht mehr da zu sein scheint, wird sie von der Liste der für die virtuellen Maschinen zur Verfügung stehenden Geräte entfernt.

Ein erneuter Scan wird in folgenden Fällen empfohlen:

- Wenn Änderungen an den Speicherfestplatten oder LUNs vorgenommen wurden, die dem ESXi-Server zur Verfügung stehen.
- Wenn Änderungen an den Speicheradaptern vorgenommen wurden.
- Wenn neue Datenspeicher erstellt wurden.
- Wenn bestehende Datenspeicher bearbeitet oder entfernt wurden.

Überprüfen Sie auf der Kommandozeile des ESXi-Servers mit dem Befehl `vmkping`, ob sich der VMkernel-TCP/IP-Stack meldet. Er wird genau so wie der normale `ping`-Befehl benutzt. Antwortet dieser, aber nicht das Management Network, kann ein Hardwarenetzwerkproblem bestehen. Versuchen Sie es auch mit einem `ping`-Befehl auf den iSCSI-Anschluss und untersuchen Sie gegebenenfalls die Firewall-Einstellungen des Targets.

iSCSI-Pfade überprüfen

Ich rate Ihnen dringend dazu, sich die Pfade zu den Volumes nochmals genauer anzusehen, wenn der iSCSI-Storage fertig eingerichtet und in der Liste der Datenspeicher aller ESXi-Server aufgelistet ist. In der Praxis hat sich herausgestellt, dass die eingetragenen IP-Adressen, die beim Host angegeben werden, von VMware teilweise ignoriert werden.

Dazu ein Beispiel:

In einer Umgebung für zwei ESXi-Server, die später auf vier Hosts ausgebaut werden sollte, wurde ein Storage mit vier 1-GBit-Ethernet-Anschlüssen angeschafft. Der VMkernel-iSCSI-Port wurde auf den ESXi-Servern mit den IP-Adressen 192.168.50.15 und 16 eingerichtet. Der Storage bekam die Adressen 192.168.50.201 bis 204, es wurden aber nur die Karten mit der 201 und der 202 mit dem Netzwerk verbunden.

Nach der Konfiguration des iSCSI-Adapters auf den Hosts schien alles in Ordnung – nur die Performance war nicht wie erwartet. Das Dilemma wurde deutlich, wenn man mit einem Rechtsklick auf das erste Volume klickte, dann EIGENSCHAFTEN auswählte und anschließend den Button PFADE VERWALTEN drückte: Beide Hosts benutzten für beide Volumes als bevorzugten Pfad die nicht angeschlossene IP-Adresse 192.168.50.204, wie in Abbildung 7-11 zu sehen ist.

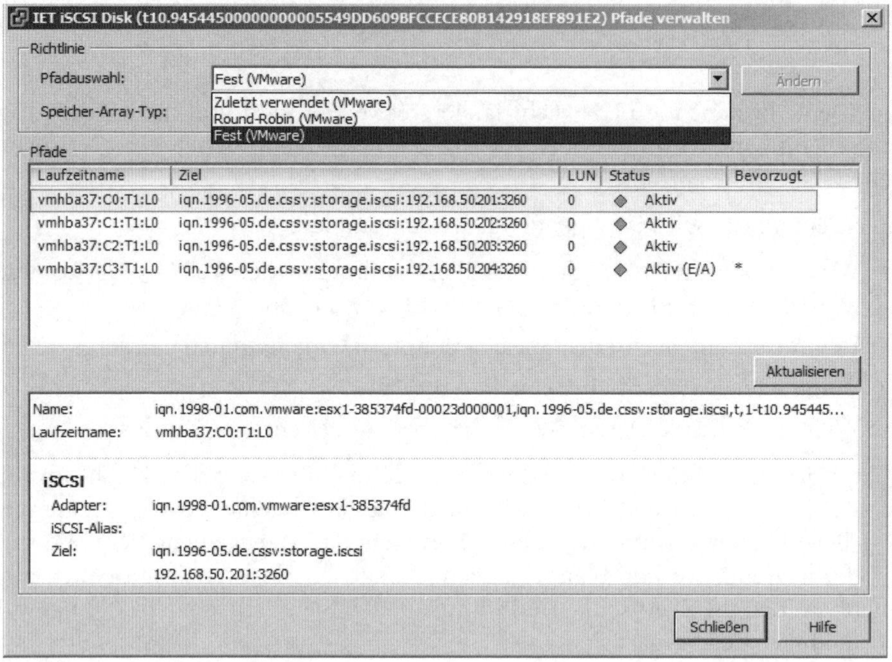

Abbildung 7-11: iSCSI-Pfade verwalten

Um ein derartiges Problem zu beheben, klicken Sie mit der rechten Maustaste auf den Eintrag mit der richtigen IP und wählen Sie aus dem Kontextmenü BEVORZUGT aus. Wiederholen Sie das für jedes Volume und jeden ESXi-Server, der auf einen iSCSI-Storage zugreift.

In Abbildung 7-11 sehen Sie außerdem, dass der Speicher-Array-Typ auf drei verschiedene Arten eingestellt werden kann. In der Praxis hat sich gezeigt, dass bei Fibre-Channel-Zugriffen der Eintrag ROUND-ROBIN meistens die beste Wahl ist. Bei iSCSI können Sie diese Einstellung ebenfalls ausprobieren – jedoch reagiert der eine Storage danach deutlich langsamer, während der andere (ggf. vom anderen Hersteller) eine deutliche Beschleunigung erfährt.

iSCSI-Portbindung

Die oben beschriebene Portbindung für iSCSI ist in den meisten Fällen so einzurichten, es gibt jedoch Ausnahmen: Wenn der Storage mehrere Subnetze abdeckt und nur eine virtuelle IP-Adresse als Ansprung-Punkt hat, sollte keine Portbindung eingetragen werden. Sie tragen dann beim iSCSI-Softwareadapter auch nur diese eine IP ein. Eine Portbindung wird auch dann nicht eingesetzt, wenn das iSCSI-Ziel über einen Router erreicht wird oder sich die VMkernel-Adapter auf verschiedenen virtuellen Switches befinden.

Beispiel Fall 1:

Alle ESXi-Hosts haben je drei VMkernel-Adapter an jeweils einem virtuellen Switch mit den IP-Adressen 192.168.100.11 bis 192.168.100.23 und der Subnetzmaske 255.255.255.0, d.h., alle IPs befinden sich in einem Subnetz. Der Storage hat vier Anschlüsse, denen die IP-Adressen 192.168.100.1 bis 192.168.100.4 und die Subnetzmaske 255.255.255.0 zugewiesen sind, also alle im selben Subnetz. In diesem Fall richten Sie je eine Portbindung beim iSCSI-Adapter ein, wählen jeweils alle drei VMkernel-Ports für die Bindung und tragen bei jedem Host auch die vier IP-Adressen des Storage unter DYNAMISCHE ERKENNUNG ein. Beachten Sie hier bitte: Wenn alle iSCSI-Adapter in einem Subnetz sind, darf nur ein vSwitch verwendet werden.

Beispiel Fall 2:

Alle ESXi-Hosts haben je drei VMkernel-Adapter an verschiedenen oder gleichen virtuellen Switches mit den IP-Adressen 192.168.100.11 bis 192.168.100.23 und die Subnetzmaske 255.255.255.0, d.h., alle IPs befinden sich in einem Subnetz. Der Storage hat vier Anschlüsse, denen die IP-Adressen 192.168.101.1 bis 192.168.104.1 und die Subnetzmaske 255.255.255.0 zugewiesen sind, also vier unterschiedliche Subnetze. In diesem Fall legen Sie keine Portbindung fest und tragen bei jedem Host nur die eine IP-Adresse 192.168.100.1 des Storage unter DYNAMISCHE ERKENNUNG ein.

Beachten Sie bitte vor der Einrichtung eines iSCSI-Storage Folgendes: Wenn sich die IP-Adressen des Storage in einem Subnetz (Broadcast-Domäne) mit anderen VMkernel-Adaptern (z.B. für vMotion, Management Network oder FT) befinden, haben Sie nur durch die Portbindung Einfluss darauf, welche Netzwerkkarte der Host nutzt. Bei einer Portbindung kann der Host nur die gebundene Karte für den Datentransfer nutzen, ansonsten jede in dem jeweiligen Subnetz.

NFS-Speicher anschließen

In mittelständischen und größeren Unterverwenden findet man zwar fast ausschließlich Fibre-Channel- oder iSCSI-Speicher, aber es gibt einige recht interessante Möglichkeiten bei NFS-Zugriffen (*Network File System*), die ich hier nicht unerwähnt lassen möchte – zumal der Zugriff aufseiten des ESXi-Servers noch einfacher geht, als ich es bei iSCSI geschildert habe.

Grundsätzlich kann jeder ESXi-Server über das NFS-Protokoll Version 3 oder 4.1 auf im Netzwerk verfügbaren Speicher zugreifen. Dafür benötigen wir wie bei Software-iSCSI für jeden beteiligten ESXi-Host eine VMkernel-Portgruppe. Ob Sie diese auf einem schon bestehenden Switch oder einem neuen anlegen, spielt nur für die zu erwartende Übertragungsgeschwindigkeit eine Rolle. Da ich die Vorgehensweise zum Erstellen einer VMkernel-Portgruppe oben schon ausgiebig beschrieben habe, gehe ich hier nur auf die Besonderheiten ein:

- Achten Sie beim Erstellen der VMkernel-Portgruppe auf den Namen. Dieser sollte bei allen beteiligten ESXi-Servern gleich sein.
- vMotion und NFS-Datenverkehr sollten nicht über dieselbe Portgruppe bzw. denselben Adapter gehen.
- Legen Sie die Portgruppe, wenn möglich, mit Jumbo Frames an.

> Wenn Sie auf NFS-Storage zugreifen wollen, macht eine MTU von 9.000 einiges an Performance aus. Der vSwitch, an den der VMkernel angeschlossen ist, muss ebenfalls für Jumbo Frames eingerichtet sein und natürlich auch alle physischen Switches und gegebenenfalls Router sowie die Schnittstelle des Storage bzw. der Gegenseite.

Haben Sie so weit alles erledigt, geht es an das Hinzufügen des im Netzwerk zur Verfügung stehenden Speicherplatzes. Dafür gehen Sie beim ESXi-Server auf die Registerkarte KONFIGURATION und wählen im Abschnitt HARDWARE den SPEICHER (STORAGE) aus. Klicken Sie oben rechts auf den blauen Link SPEICHER HINZUFÜGEN. Auf die Frage »Welcher Typ Speicher darf's denn sein?« wählen Sie nun den unteren Punkt NETZWERKDATEISYSTEM (NFS) aus.

Im nächsten Fenster NETZWERKDATEISYSTEM SUCHEN (siehe Abbildung 7-12) geben Sie die relevanten Daten ein. Achten Sie bitte darauf, dass der Datenspeichername (maximal 42 Zeichen) eindeutig ist und auch bei den anderen ESXi-Servern exakt so eingetragen wird, sonst gibt es später gegebenenfalls Fehler bei vMotion und Storage vMotion. Die Funktion der gespiegelten virtuellen Maschinen (FT = Fault Tolerance) wird bei NFS-Storage nicht unterstützt, wenn die Protokollversion 4.1 verwendet wird.

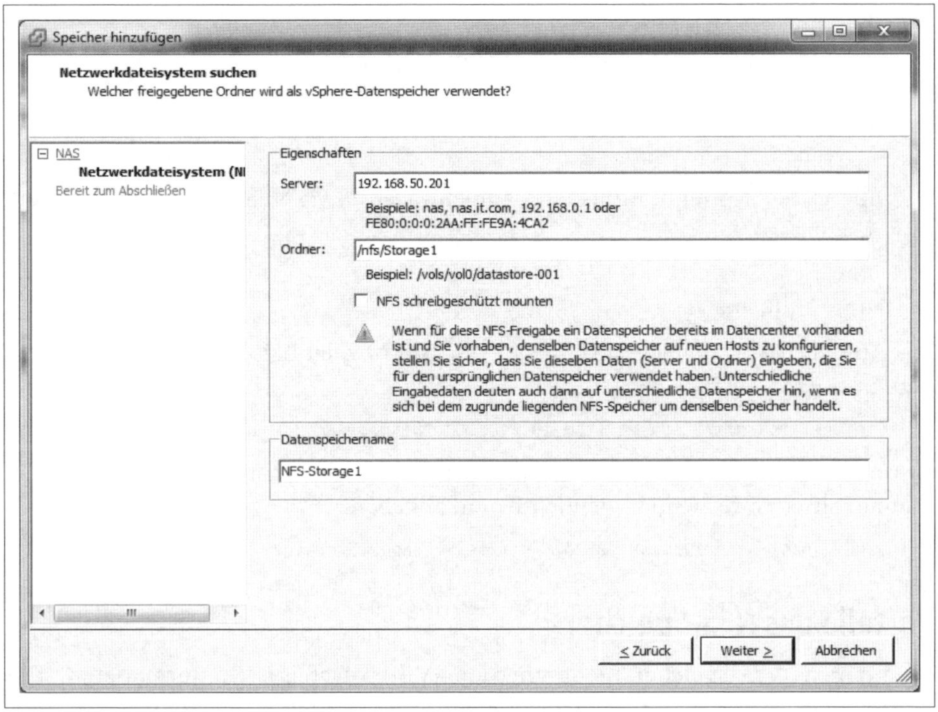

Abbildung 7-12: NFS-Speicher hinzufügen

NFS-Speicher auf der Kommandozeile anlegen

Auf der Kommandozeile des ESXi-Servers gibt es den VMware-Befehl `esxcfg-nas`, um einen NFS-Speicher anzuschließen. Über den Parameter `--h` bekommen Sie die Syntax und die möglichen Optionen für diesen Befehl angezeigt:

```
esxcfg-nas <options> [<label>]
```

-a|--add
: Ein neues NFS-Dateisystem zum Mountpoint /vmfs/volumes hinzufügen. Die Parameter `--host` und `--share` müssen mit angegeben werden. Zusätzlich können Sie die Option `--readonly` für den Nur-lesen-Modus angeben.

-o|--host <host>
: Angabe des Servernamens oder dessen IP-Adresse, auf dem der NFS-Speicher liegt

-s|--share <share>
: Name der Freigabe auf dem entfernten Server

-y|--readonly
: Den Speicher im Nur-lesen-Modus anfügen (dann kann man keine VMs darauf legen)

-d|--delete
: Abhängen und Löschen des angehängten Dateisystems

-l|--list
: Auflisten der gerade angeschlossenen NFS-Dateisysteme

-r|--restore
: Alle in der Konfigurationsdatei aufgeführten NAS/NFS-Dateisysteme erneut anschließen

-h|--help
: Diese Hilfe anzeigen

Die Ausgabe des Befehls `esxcfg-nas -l` (kleines L) zeigt beispielsweise den folgenden Eintrag:

```
Storage1 is /nfs/Storage1 from 192.168.50.201 mounted
```

Um einen neuen Speicher in das System über die Kommandozeile einzubinden, können Sie entsprechend folgenden Befehl angeben:

```
esxcfg-nas -a -o 192.168.50.202 -s /nfs/Storage2 Storage2
```

Vorteile des NFS-Speichers

Sie können NFS-Speicher nicht mit dem VMFS-Dateisystem formatieren. Der ESXi-Server greift also auf das vorhandene Dateisystem zu, das ext3, ext4, ntfs, zfs, btrfs oder irgendetwas anderes sein kann. Aus Sicht des ESXi-Servers erscheint dieses wie ein lokaler Speicher, der bereits formatiert ist (und das ist er ja auch). Dieser Umstand macht auch den Vorteil dieses Speichers aus:

- Sie können mit Ihrem Hostsystem, auf dem sich die Freigabe befindet, auf die Dateien direkt zugreifen.
- Auch für eine Datensicherung ergeben sich damit ganz neue Aspekte.
- Virtuelle Maschinen können so aufgesetzt werden, dass sie auf dem ESXi-Server virtuell laufen oder vom selben NFS-Speicher als physische Maschine booten.
- Das Vergrößern und Verkleinern der Netzwerkfreigabe ist deutlich einfacher als bei anderen Verfahren. Beim ESXi-Server müssen Sie lediglich die Ansicht aktualisieren.

Einschränkungen der neuen Protokollversion 4.1

Beim Speicher, der über NFS zur Verfügung gestellt werden soll, achten Sie bitte darauf, dass nicht beide Protokollversionen aktiv sind. Für die ESXi-Server darf nur entweder Version 3 oder Version 4.1 sichtbar sein. Außerdem bietet die neue Version keine Unterstützung für die Hardwarebeschleunigung, damit sind auch keine »Thick«-Festplatten mehr möglich und VMs mit Fault Tolerance werden nicht unterstützt. Der Zugriff und das Einrichten von NFS 4.1 geht nur über den

Web Client, nicht mit dem vSphere Client. Storage DRS, Storage I/O Control, Site Recovery und virtuelle Volumes sind mit der 4er-Version ebenfalls nicht möglich.

Vorteile der neuen Protokollversion 4.1

Endlich werden beim Zugriff auf ein NAS mehrere Pfade mit mehreren IP-Adressen unterstützt. Auch eine Authentifizierung mittels Kerberos-Protokoll ist jetzt möglich, jedoch nur über IPv4, nicht mit IPv6. Eine verschlüsselte Datenübertragung ist ebenfalls möglich, NFS 3 überträgt Daten unverschlüsselt, es sollte dann ein VLAN oder ein physisch getrenntes Netz verwendet werden.

Upgrade auf die neuen Protokollversion 4.1

Ein Upgrade auf die neue Protokollversion wird seitens des ESXi-Hosts nicht unterstützt. Gehen Sie also wie folgt vor:

- Verschieben Sie alle auf dem NAS liegenden VMs und Daten auf andere Volumes.
- Klicken Sie mit der rechten Maustaste auf jedem beteiligten Host auf den zu konvertierenden, leeren Storage und wählen Sie aus dem Kontextmenü den Befehl `Unmounten`.
- Konvertieren Sie den freigegebenen Datenträger nach den Vorgaben des Storage-Herstellers.
- Fügen Sie die Freigabe wie oben beschrieben den Hosts wieder hinzu und legen Sie Ihre VMs darauf.
- Bei Problemen suchen Sie zuerst bei der Firewall (Sicherheitsprofil) nach dem nfs41Client-Eintrag mit dem Port 2049 und setzen Sie dort das Häkchen und grenzen Sie gegebenenfalls das jeweilige Subnetz über die Schaltfläche `Firewall` ein.

Fibre-Channel-Storage

Bei mittleren bis großen Unterverwenden findet man vor allem diese Lösung eines gemeinsamen Storage für die ESXi-Hosts. Für die Realisierung eines solchen gemeinsamen Plattenplatzes bedarf es spezieller Fibre-Channel-Adapter (HBA, Host Bus Adapter) für die Hosts, entsprechender Anschlüsse am Storage und spezieller Kabel – meist aus Glasfaser. Um das Ganze redundant, also ausfallsicher, zu realisieren, sollte man besser zwei Adapter pro Host verwenden und diese an zwei unabhängige Fibre-Channel-Hubs oder -Switches anschließen, die wiederum über mindestens zwei Leitungen mit einem ausfallsicheren SAN-Speicher verbunden sind. Dabei spricht man dann von einer »Fibre-Channel-Fabric mit Multipathing«, also mehreren Pfaden zu den einzelnen Volumes oder LUNs. Pro Pfad wird eine serielle Datenübertragungsrate mit SCSI-Kommandos von bis zu 400 MByte/s erreicht. Neuere Technologien mit 16 GBit/s schaffen im Vollduplex-

Modus 1,6 GByte/s. Die Glasfaserstränge können auch für eine Spiegelung von Daten über eine Entfernung von bis zu 10 km genutzt werden und mit speziellen Kabeln können sogar Distanzen von bis zu 120 km erreicht werden.

Die Hersteller dieser Speichersysteme stellen mittlerweile nicht mehr nur Plattenplatz zur Verfügung, sondern bieten zusätzlich Redundanzen, Spiegelungen, Snapshots, Backups, deduplizierten Speicher und mehr an (siehe Abbildung 7-13).

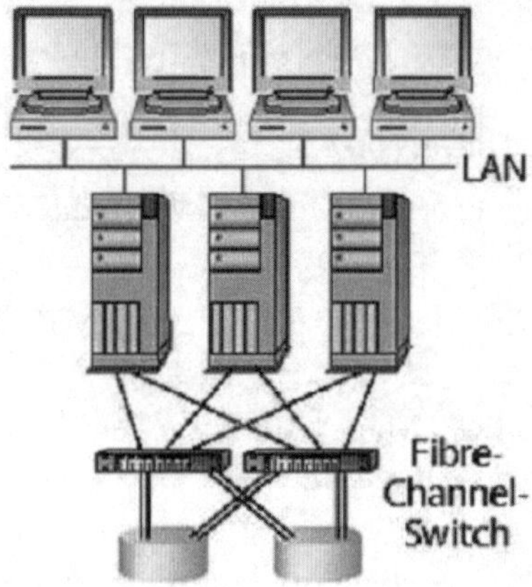

Abbildung 7-13: Redundanter SAN-Speicher

Bei der Einrichtung auf der SAN-Seite müssen meist Berechtigungen (Zoning oder LUN-Maskierung) für einzelne Hosts oder einer Gruppe davon angelegt werden. Wählen Sie auch den richtigen Speichertyp für Ihr System aus:

- *Aktiv-Aktiv* bedeutet, dass alle Pfade gleichzeitig genutzt werden.
- *Aktiv-Passiv* bedeutet, dass hier nur eine Verbindung genutzt wird, alle anderen stehen nur bei einem Ausfall zur Verfügung.
- *Asymmetrisch* (ALUA = Asymmetric Logical Unit Access) bedeutet, dass der Host die Pfade automatisch wählt. Davon können einige aktiv und andere passiv sein.

Ein Disk-Subsystem fasst seine physischen Festplatten mittels RAID zu virtuellen Festplatten zusammen und bietet so den gleichen Schutz vor Plattenfehlern wie ein im Server eingebauter RAID-Controller. In modernen Disk-Subsystemen sind darüber hinaus alle weiteren Komponenten redundant ausgelegt.

Bleibt das Speichernetz selbst als »single point of failure«, kann man eine sogenannte *Dual Fabric* einsetzen: Der Server wird über zwei getrennte I/O-Pfade mit dem Speicher verbunden. Bei einer *Dual Fabric* sind Fibre-Channel-Adapter, Switches und Kabel redundant ausgelegt, sodass der Datenzugriff auch bei Ausfall einer Komponente im I/O-Pfad gewährleistet ist. Durch die Redundanz der Festplattensysteme und die Redundanz des I/O-Pfads zu den Volumes sind die Daten und der Zugriff vom Host auf die Daten gut geschützt. Ist für eine Anwendung hohe Verfügbarkeit unverzichtbar, kommt man um den Einsatz einer *Dual Fabric* kaum herum.

Meistens bekommen Sie heutzutage ausführliche Handbücher der jeweiligen Systeme auf Papier oder einem optischen Datenträger mitgeliefert. Halten Sie sich möglichst an die dortigen Empfehlungen der Hersteller. Die Beschreibung in diesem Kapitel kann nur allgemein gehalten werden, weil sie sonst den Umfang des Buches sprengen würde.

Storage Alignment

Eines der wichtigsten Themen im Zusammenhang mit der korrekten Konfiguration des Speichers ist das Alignment. In Kapitel 3 habe ich schon kurz darüber geschrieben und in diesem Kapitel am Anfang ebenfalls. Die zu erwartende Performance hängt unweigerlich mit der richtigen Angleichung der Abschnitte auf den zur Verfügung gestellten Speichern ab.

Worum geht es dabei? Lassen Sie mich mit einem Beispiel aus der Praxis anfangen: Eine physische Festplatte ist in logische Blöcke aufgeteilt. Diese Blöcke haben bei Laufwerken unter 2 TByte eine Größe von 512 Byte und reihen sich bis zum Ende der Festplatte. Ab 2 TByte ist die Blockgröße 4 KByte. Windows XP legt seine Partition ab dem Sektor 126 mit 4096 Bytes (4 KByte) an. Damit das Betriebssystem einen Block lesen kann, muss die Festplatte bei dieser Überschneidung aber 2 Blöcke durchsuchen anstatt nur einen.

In einer virtuellen Umgebung kann es zu noch größeren Performance-Einbußen kommen, weil hier zunächst der Storage, darin das VMFS-Volume und darin wiederum die virtuelle Maschine mit z.B. dem NTFS-Dateisystem liegt. In der Abbildung 7-14 sehen Sie eine schematische Darstellung dafür.

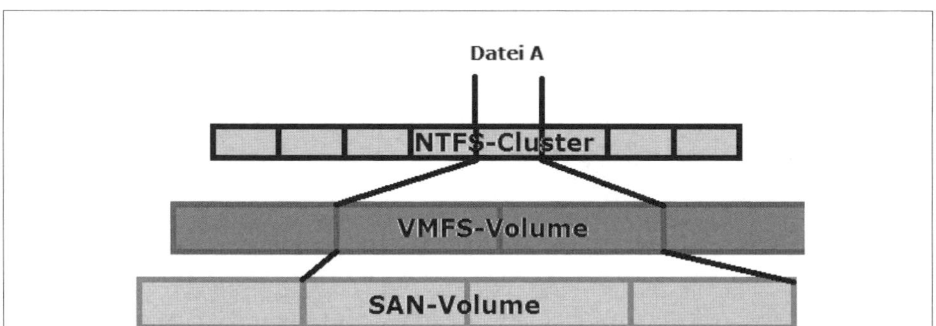

Abbildung 7-14: Storage Alignment

Die Clustergrößen vom SAN- und VMFS-Volume sind hier zwar gleich groß – ab vSphere 5 immer 1 MByte –, aber die Anfänge der Blöcke stimmen nicht überein. Bei NTFS handelt es sich meist um 4-KByte-Blöcke. Um in diesem Beispiel die Datei A zu lesen, werden zwei Blöcke à 1 MByte beim VMFS-Volume benötigt und sogar drei Blöcke auf dem Storage. Das SAN muss also dreimal mehr lesen als notwendig. Wären alle Systeme an einer Blockgrenze ausgerichtet, bräuchte der Storage nur 1 MByte zu lesen und zu liefern. Da aber meist mehrere Blöcke hintereinander gelesen werden müssen, liegt die Performance-Einbuße insgesamt hier bei ca. 10–15 %.

Wie bereits oben erwähnt, werden VMFS-Volumes am besten über den vSphere oder Web Client angelegt. Dieser beginnt den ersten Block bei 64 KByte und macht die Blöcke genau 1 MByte groß. Sie sollten in der Dokumentation des Herstellers Ihres Speichers nachschlagen, wie dort die Blöcke angelegt und wie sie verschoben werden können. Meistens fangen diese ebenfalls an der 64-KByte-Marke an.

Bei den virtuellen Maschinen müssen Sie sich ab Windows Vista, also auch bei Windows 7 und neuer oder 2008 und neuer, keine Gedanken mehr darüber machen. Diese Betriebssysteme fangen bei 1.024 KByte an, also an der gleichen Grenze wie das VMFS-Volume – nur später. Bei älteren Betriebssystemen von Microsoft sieht es aber leider anders aus, wie bereits oben geschildert. Haben Sie eine physische Maschine über den VMware Converter importiert, so brauchen Sie sich hier ebenfalls keine Gedanken zu machen, denn dieser erledigt das Alignment automatisch.

Bei allen anderen Systemen können Sie diverse Tools von Microsoft (DiskPart, wmci) oder Vizioncore/Quest Software (vOptimizer WasteFinder) einsetzen, um das Alignment zu untersuchen. Legen Sie eine neue VM z. B. unter Windows-Server 2003 an, können Sie ebenfalls DiskPart verwenden, um die Partitionsgrenze auf 64 KByte festzulegen. Bei bereits existierenden Maschinen können Sie den VMware Converter verwenden, der sogar in der Lage ist, zu kleine Partitionen zu vergrößern oder zu große zu verkleinern. Eine andere Möglichkeit bietet Quest Software mit der nicht freien Variante vOptimizer Pro.

Wenn Sie einen älteren Server auf 2008 updaten, sollten Sie darauf achten, dass das Alignment dann ebenfalls notwendig ist. Bei Linux-Distributionen brauchen Sie sich nur um das SAN-Storage und das VMFS-Volume zu kümmern. Innerhalb des Betriebssystems ist bereits alles okay.

Gegenüberstellung: NFS, iSCSI und Fibre Channel

Die Unterschiede zwischen den drei Möglichkeiten, einen externen Storage anzuschließen, möchte ich hier kurz erläutern, um Ihnen die Entscheidung für eines der drei Verfahren zu erleichtern. Rein vom Preis her gesehen sind wohl NFS und iSCSI die günstigeren Verfahren, weil die Preise für Fibre Channel noch sehr hoch sind. Die Leistungsfähigkeit bezüglich der Datenübertragungsgeschwindigkeit ist durch 10-GBit/s-Netzwerkkarten bei NFS und iSCSI mittlerweile schon sehr hoch, bei Fibre Channel aber doch noch besser. Fibre Channel und iSCSI übertragen die Daten blockweise, bei NFS wird je eine Datei übertragen, was insgesamt gesehen etwas langsamer ist. NFS ist dafür am einfachsten einzurichten, gefolgt von iSCSI und schließlich Fibre Channel mit seinen komplexen Konfigurationsmöglichkeiten. Ein ausfallsicherer Plattenplatz für den gemeinsamen Zugriff zur Verfügung zu stellen ist bei Fibre Channel durch redundante Switches und RAIDs eigentlich schon von Grund auf gegeben. Bei iSCSI und NFS v4.1 kann man das ebenfalls erreichen, wenn man manuell die entsprechende Einrichtung diesbezüglich vornimmt. Wie oben bereits erwähnt, kann hier sogar eine Spiegelung mit dem kostenlosen Tool DRBD (Distributed Replicated Block Device) unter Linux erreicht werden. NFS v3 kann nicht so einfach redundant ausgelegt werden, aber man kann zwei Storage zur Verfügung stellen und der jeweiligen VM eine zweite Platte auf dem anderen Volume zuweisen. Innerhalb des Betriebssystems kann man diese Platten dann spiegeln – und erreicht damit fast das Gleiche.

Fälschlicherweise werden NAS und SAN immer wieder als sich widersprechende Konzepte dargestellt. Tatsächlich handelt es sich jedoch um zwei Techniken, die für unterschiedliche Anforderungen gedacht sind und sich hervorragend miteinander kombinieren lassen. Speichernetze verbinden Server und Speichergeräte auf Blockebene, der Datenaustausch erfolgt über das SCSI-Protokoll. NAS-Server dagegen arbeiten auf Dateiebene: Sie stellen ihren Nutzern die Daten mit Protokollen wie NFS, CIFS (ehemals SMB) und HTTP bereit.

Vergleich von SAN und NAS

SAN und NAS unterscheiden sich bei einigen Details. Die Unterschiede sind in der Tabelle 7-1 aufgeführt.

Tabelle 7-1: Gegenüberstellung SAN und NAS

	SAN		
	Fibre Channel	**iSCSI**	**NAS**
verbindet	Server und Speichergerät	Server und Speichergerät	Client oder Anwendungsserver und NAS-Server
über	eigenes Speichernetz	eigenes Speichernetz	LAN
überträgt	Datenblöcke	Datenblöcke	Dateien
Netz	Fibre Channel / SCSI	TCP/IP / SCSI	TCP/IP
Protokoll	FCP	iSCSI	NFS, CIFS, HTTP
integriertes Dateisystem	nein	nein	ja
Eignung für Datenbanken	ja	ja	eher nein

Installation & Konfiguration eines Debian iSCSI-Storage

[Die folgenden Ausführungen hat mein Freund Christian Schneiker für dieses Buch geschrieben.]

Mit iSCSI ist es möglich, das herkömmliche SCSI-Protokoll zum direkten Ansprechen von Datenträgern und für die Übermittlung der Daten über ein Netzwerk zu nutzen. Im Folgenden werden wir ein Debian-Linux-System installieren und konfigurieren und daran angebundenen Speicher mit unserem ESXi-Server verbinden.

SCSI und iSCSI

Das Small Computer System Interface, kurz SCSI, wurde 1979 von Alan Shugart als parallele Schnittstelle für die Anbindung von Datenträgern eingeführt. Gegenüber anderen Technologien wie ATA/SATA stach es vor allem durch die Möglichkeit hervor, mehr als zwei Geräte gleichzeitig über einen einzelnen Controller zu betreiben. Die Kommunikation bei SCSI-Verbindungen erfolgt immer mithilfe eines Controllers, des sogenannten Initiators, der diese Kommunikationen zwischen den einzelnen Storage steuert, den Targets.

Die Spezifikation des Internet Small Computer System Interface, kurz iSCSI, verfolgt die gleichen Richtlinien, die auch bei der herkömmlichen SCSI-Spezifikation bekannt sind; die Übertragung und der Betrieb der Speicherprotokolle laufen allerdings nativ über das TCP/IP-Protokoll. Die SCSI-Daten werden in TCP/IP-Paketen verpackt und über IP-Netzwerke übertragen.

Installation eines Debian-Systems

Debian ist eine freie Linux-Distribution, die seit ihrem Erscheinen maßgeblich Wert auf Stabilität legt, wobei die Aktualität der verfügbaren Pakete stark in den Hintergrund gedrängt wird. Dieser entscheidende Faktor macht es natürlich zu einer hervorragenden Distribution vor allem von Serverbetriebssystemen, bei denen die Sicherheit ganz klar an erster Stelle stehen sollte. Ein weiterer großer Vorteil von Debian ist die hohe Verfügbarkeit auf den unterschiedlichen Rechnerarchitekturen, was es deutlich erleichtert, für ein Netzwerk mit virtuellen Maschinen eine Umgebung mit iSCSI-Festplatten zu erzeugen. Ein großer Nachteil lässt sich allerdings nicht so einfach verschweigen: Die Installation von Debian gehört nicht zu den einfachsten, wenn man sich im Dschungel der Distributionen einmal umsieht (auch wenn es sich im Laufe der Jahre sehr gebessert hat).

Mit dem Erscheinen dieses Buches liegt die Version 8.1 von Debian mit dem Spitznamen »Jessie« vor, die Sie über unterschiedliche Wege beziehen können. Die einfachste und wahrscheinlich auch schnellste Möglichkeit stellt bei den heutigen Bandbreiten natürlich das Herunterladen von den verschiedenen Mirror-Servern dar. Die Webseite *http://www.debian.org/CD/http-ftp/#stable* bietet eine Übersicht über einige verfügbare Server; um unnötige Überlastung vorzubeugen, ist es ratsam, sich einen zum Standort passenden Server auszusuchen – was auch Ihnen eventuell eine schnellere Verbindung bescheren kann.

Die Auswahl an verschiedenen Installationswegen ist groß. Sie können wählen zwischen einer minimalen Imagedatei, bei der während der Installation die restlichen benötigten Pakete geladen werden, einer kompletten DVD-Installation mit ca. 49 CDs und einer mit dem Programm Jigdo für Sie angepassten Imagedatei. Sogar eine Netzwerkinstallation ist möglich. Wir beziehen uns im Folgenden auf die Standardvariante von einer über den oben genannten Link geladenen CD.

Nachdem Sie also eine oder mehrere CDs passend für Ihre Architektur geladen (z. B. *ftp://ftp5.gwdg.de/pub/linux/debian/debian-cd/6.0.3/i386/iso-cd/debian-6.0.3-i386-netinst.iso*), gebrannt und in Ihr CD-Laufwerk eingelegt haben, passen Sie bitte Ihre BIOS-Einstellungen entsprechend an, um auch von dieser zu booten. Wenn Sie nun einen Startbildschirm von Debian sehen (siehe Abbildung 7-15), können Sie getrost weitermachen. Sollte es hier bereits zu Problemen kommen, kann es sein, dass in dieser frühen Phase der Installation Ihr Laufwerk von Linux nicht richtig erkannt wird. Versuchen Sie dann bitte, ein anderes Installationsmedium zu wählen und davon zu booten. Eventuell klappt es ja mit einem USB-Stick.

Abbildung 7-15: Startbildschirm zur Installation

Der Installer von Debian besteht aus einer Reihe von Komponenten, von denen jede für sich eine bestimmte Aufgabe bei der Installation übernimmt. Wenn Sie die Standardinstallation wählen, werden Sie nur bei Aufgaben mit hoher Priorität aufgefordert, eine Benutzereingabe durchzuführen. Bei allen anderen Aufgaben versucht Debian automatisch Standardwerte zu überverwenden. Welche Komponenten nun für Sie angezeigt werden, hängt in der Regel u.a. von Ihrer Hardware ab, sodass wir nicht genau vorhersagen können, welche Schritte nun genau durchgeführt werden müssen. Dafür geben wir Ihnen im Folgenden aber eine Übersicht aller verfügbaren Komponenten mit deren Aufgaben, die sie im Installationsprozess überverwenden können.

main-menu (Hauptmenü)

Zeigt die Liste der Komponenten während des Installationsvorgangs an und startet eine ausgewählte Komponente, wenn diese an der Reihe ist. Die Fragen des Hauptmenüs sind auf die Prioritätsstufe *medium* gesetzt, sodass Sie das Untermenü nicht sehen, wenn die Prioritätsstufe auf *high* oder *critical* steht (*high* ist der Standard). Wenn andererseits ein Fehler auftritt, der einen Eingriff von Ihnen verlangt, kann die Prioritätsstufe vorübergehend herabgesetzt werden, um Ihnen zu ermöglichen, das Problem zu lösen; in diesem Fall kann das Menü erscheinen.

Sie können zum Hauptmenü gelangen, indem Sie wiederholt den Zurück-Button drücken, um die derzeit laufende Komponente abzubrechen.

localechooser (Lokalisierungsauswahl)

In dieser Komponente können Sie Ihre Lokalisierungswünsche treffen. Das betrifft z.B. die Sprache, das Land und den sogenannten Locale-Code. Die Auswahl, die Sie hier treffen, beeinflusst sowohl die Sprachpakete, die bei der Installation der Pakete gewählt werden (z.B. Deutsch für Ihre Benutzeroberfläche), als auch die Sprache der weiteren Installationsschritte.

kbd-chooser (Tastatur-Auswahl)

Hier können Sie ein Tastaturmodell wählen (siehe Abbildung 7-16). Verwenden Sie Umlaute oder schreiben Sie mit einer englischen QWERTY-Tastatur? Auch das Keyboard eines Apple Mac sieht anders aus.

hw-detect (Hardwareerkennung)

Dies ist wohl eines der mächtigsten Komponenten für die Installation. Hier wird Ihre Hardware erkannt, solange es sich nicht um irgendwelche Exoten handelt. Hierzu gehören z.B. CD-ROM, Festplatten, Netzwerk- und Soundkarten. Nachjustieren können Sie nach der Installation immer, falls irgendetwas nicht richtig funktionieren sollte.

cdrom-detect (Suche nach einer Debian-CD)

Es wird lediglich nach einer Debian-CD gesucht und versucht, diese in den Verzeichnisbaum mit einzubinden. (Linux kennt nicht wie Windows verschiedene Laufwerksbuchstaben).

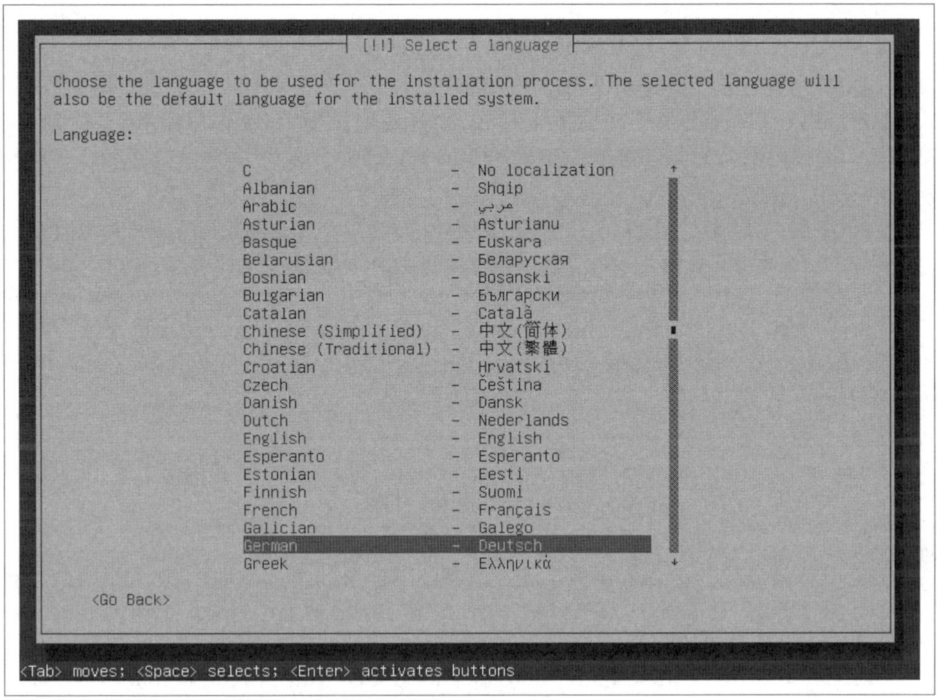

Abbildung 7-16: Auswahl des Tastaturlayouts

`netcfg (Netzwerkkonfiguration)`

Die Netzwerkkarte, die mit der automatischen Hardwareerkennung ermittelt wurde, wird in diesem Dialog konfiguriert. Vor allem bei der netzwerkabhängigen Installation ist es wichtig, dass dieser Schritt funktioniert, da ansonsten keine weiteren Pakete aus dem Internet geladen werden können.

`iso-scan (Suche nach ISO-Dateisystemen)`

Nicht nur auf CDs können sich weitere Installationsquellen befinden. Mit einem iso-scan lassen sich die vorhandenen Festplatten nach ISO-Dateien durchsuchen, in denen sich gegebenenfalls weitere Debian-Images befinden.

`choose-mirror (Auswahl eines Debian-Spiegelservers)`

Zeigt eine Liste von Debian-Archiv-Spiegelservern an. Hier kann der gewünschte Server für die Downloads der Paketarchive gewählt werden. Das benötigen wir später noch für das iSCSI-Target.

`cdrom-checker (Überprüfung der CD)`

Wem ist das noch nicht passiert? Die Installations-CD ist defekt und das Betriebssystem kann nicht mehr gebootet werden. *cdrom-checker* überprüft die Unversehrtheit des Installationsmediums.

`lowmem (Erkennung von zu wenig Arbeitsspeicher)`

Mit der *lowmem*-Komponente versucht Debian Systeme zu erkennen, auf denen sehr wenig Arbeitsspeicher vorhanden ist. Das System kann dann durch einige Kunstgriffe – allerdings auf Kosten von Funktionalität – unnötige Teile des Debian-Installers aus dem Speicher entfernen.

`anna (Ein Tool zur Paketinstallation)`
: *Anna's Not Nearly APT* (»Anna ist nicht wirklich APT«, ein APT-Ersatz für die Installation). Das ist das eigentliche Installationsprogramm für unsere Pakete.

`clock-setup (Uhr konfigurieren)`
: Legt fest, ob die Uhr auf UTC (Universal Coordinated Time, koordinierte Weltzeit) eingestellt werden soll oder nicht, und versucht über einen Zeitserver die Uhrzeit zu aktualisieren. Hier ist natürlich auch eine Internetverbindung notwendig, wenn die richtige Uhrzeit gesetzt werden soll. Ein PDC-Emulator in einer Active-Directory-Domäne kann dafür ebenfalls verwendet werden.

`tzsetup (Zeitzone einrichten)`
: Hier sollte man seinen Wohnort (besser gesagt Europe/Berlin für Deutschland) auswählen, um die Zeitzone einzustellen.

`partman (Festplattenpartitionierer)`
: Diese Komponente erlaubt es, die an das System angeschlossenen Festplatten zu partitionieren und den Mountpunkt für die einzelnen Partitionen zu bestimmen. Darüber hinaus ermöglicht sie es ebenso, LVM-Unterstützung zu aktivieren. Für nicht so ganz so versierte Benutzer empfiehlt sich auf alle Fälle der automatische Modus.

`partconf (Dateisysteme erstellen)`
: Mit partconf ist es möglich, die Dateisysteme für die entsprechenden Partitionen festzulegen.

`partman-lvm (Konfigurieren von LVM)`
: Unterstützt bei der Konfiguration des LVM (Logical Volume Manager).

`mdcfg (Software-RAID einrichten)`
: Mithilfe von *mdcfg* ist es möglich, ein Software-RAID (Redundant Array of Inexpensive Disks) einzurichten. Das Software-RAID ist auf alle Fälle vielen billigen IDE-Hardwarecontrollern vorzuziehen. Es bietet wesentlich mehr Stabilität bei einem größeren Funktionsumfang.

`base-installer (Basissystem installieren)`
: Die grundlegenden Programme, die zum minimalen Betrieb eines Debian-Systems notwendig sind, werden installiert.

`user-setup (Benutzer einrichten)`
: Hier wird lediglich ein normaler Benutzer angelegt sowie das Passwort für den *root*-Benutzer eingestellt.

`apt-setup (apt konfigurieren)`
: Die Komponente *apt-setup* läuft weitestgehend automatisch ab, je nachdem, welches Installationsmedium gewählt wurde. Hier können z.B. weitere Installationsquellen wie Repository-Server eingestellt werden.

pkgsel (Paketauswahl)
: Benutzt *tasksel*, um Auswahl und Installation zusätzlicher Software zu ermöglichen.

os-prober (Andere Betriebssysteme erkennen)
: Dies ist vor allem nützlich, wenn noch weitere Betriebssysteme auf dem Rechner installiert sind. Diese werden erkannt und an den Bootloader-Installer weitergereicht.

[bootloader]-installer (Installation des Bootloaders)
: Die Bootload-Installer unterscheiden sich geringfügig, je nachdem, welche Architektur verwendet wird. Sie installieren aber alle ein Bootloader-Programm auf der Festplatte, das zum Starten des Systems ohne CD-ROM oder Diskette notwendig ist.

shell (Starten einer Shell/Eingabeaufforderung)
: Wenn doch mal etwas schief läuft oder der automatische Installer nicht genau das tut, was man will, kann man mit der *shell*-Komponente auf ein zweites Terminal wechseln und versuchen, diverse Einstellungen von Hand vorzuverwenden. Das ist allerdings nur für versierte Benutzer zu empfehlen.

save-logs (Logdateien sichern)
: Zu guter Letzt kann man noch die verschiedenen Logdateien auf ein externes Medium sichern oder sie über das Netzwerk an ein entferntes Laufwerk senden. Fehler bei der Installation sind jetzt umso leichter aufzuspüren und können bei Bedarf den Debian-Entwicklern zur Behebung von Bugs zur Verfügung gestellt werden.

Wenn die einzelnen Schritte abgearbeitet sind, können wir uns an das machen, was wir Informatiker oft als »Smoke Test« bezeichnen. Wir legen einfach mal los und sehen dann nach, ob es qualmt. Nein mal im Ernst: Es kann hier nicht viel schiefgehen, außer dass der Rechner nicht bootet. Wir haben dann aber immer noch eine Installations-CD, von der wir erneut booten können. Kaputt kann dabei nichts gehen. Die erste Hürde haben Sie geschafft, wenn Sie nach dem POST (Power on Self Test) GRUB sehen, den Linux-Bootloader, Ihr Tor in die neue Welt. Hier sollten Sie nun in der Lage sein, Ihre neue Linux-Installation auszuwählen und zu booten. Wählen Sie nun also Ihr Linux mittels der Cursortasten aus und starten Sie das System, wie in Abbildung 7-17 gezeigt.

In der Regel sollte alles gut verlaufen, wenn die Installation bisher noch nicht abgebrochen ist. Sollten Sie trotzdem Ihr System nicht booten können: keine Panik. Hier handelt es sich im Normalfall dann nur um kleinere Fehler, die mithilfe des Rettungsmodus auf der Installations-CD behoben werden können. Sie müssen also nicht die komplette Prozedur wiederholen und das System neu installieren. Für weitere Hilfe, wie dieser Rettungsmodus funktioniert, schauen Sie bitte in der Debian-Hilfe unter *http://d-i.alioth.debian.org/tmp/de.i386/ch08s07.html* nach.

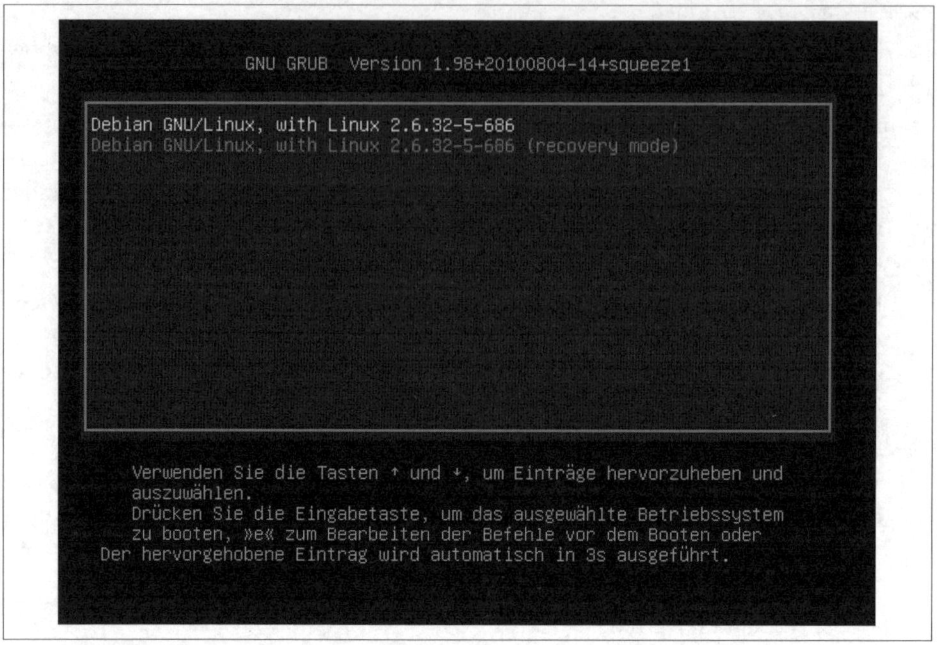

Abbildung 7-17: GRUB-Bootmenü

Geschafft! Sie sollten nun entweder eine grafische Oberfläche sehen (je nachdem, welche Installationsart bzw. welches Medium Sie gewählt haben), auf der Sie sich einloggen können, oder Sie befinden sich bereits im Textmodus. Alle weiteren Schritte werden wir nun im Textmodus durchführen. Falls Sie sich also unter der grafischen Oberfläche befinden, drücken Sie einfach Strg+Alt+F1, um in den Textmodus zu gelangen. Was Sie nun sehen, ist der Login für Ihr Linux-System. Als Benutzernamen geben Sie jetzt *root* ein, und dazu das Passwort, das Sie während der Installation gewählt haben.

iSCSI konfigurieren

Wir kommen nun zur eigentlichen Aufgabe, dem Einrichten von iSCSI-Targets, die wir danach mit unserem ESXi-Host für die virtuellen Maschinen verbinden wollen. Linux stellt hier spezielle Pakete bereit, die wir im ersten Schritt installieren müssen. Pakete – also zusätzliche Programme, die in einem speziellen Archivformat ausgeliefert werden – lassen sich mitsamt ihrer Abhängigkeit mit dem Befehl *apt-get* installieren. *apt-get* muss dafür aber alle verfügbaren Paketquellen finden, damit diese auch installiert werden können. Führen Sie dafür bitte zunächst den Befehl

```
apt-get update
```

aus. Dadurch bekommt der Paketmanager alle neuen Pakete und die URLs mitgeteilt, unter denen diese im Netz zu finden sind. Anschließend können Sie mit

```
apt-get install iscsitarget, iscsitarget-dkms
```

ein sogenanntes Kernel-Modul samt seinen Abhängigkeiten installieren (vergleichbar mit einem Treiber unter Windows). Die aktuelle Version von *iscsitarget-dkms* versucht nun, automatisch alle Abhängigkeiten zu erfüllen und zusätzlich u.a. die Pakete *iscsitarget* und *open-scsi* zu installieren, sowie verschiedene Pakete, die für das Kompilieren des Moduls notwendig sind. Nach der Bestätigung mit Return beginnen einige Skripte, das Kernel-Modul passend für Ihr System zu kompilieren und in das System zu integrieren.

Im nächsten Schritt versuchen wir nun, die virtuellen Laufwerke anzulegen. Unter Linux haben wir den Vorteil, dass zunächst alles als Dateien betrachtet werden kann. Das heißt, dass normale Geräte wie Festplatten normalerweise unter */dev* zu finden sind, z.B. */dev/sda* als erstes SCSI- oder SATA-Device und */dev/sda1* als erste Partition. Diesen Vorteil machen wir uns zunutze, indem wir eine Datei anlegen und sie initial mit 0 befüllen und anschließend ein Dateisystem darauf erstellen. Mit dem Befehl dd (Disk Dump) erstellen wir zunächst solch eine Datei im Verzeichnis <*Verzeichnisname*> mit einer Blockgröße von 1.048.576 Byte sowie 40.000 solcher Blöcke, sprich 40 GByte.

```
dd if=/dev/zero of=/<Verzeichnisname>/lun0 bs=1048576 count=40000
```

Der Parameter if steht hier für ein Input-File, in unserem Falle */dev/null*, also ein virtuelles Gerät, das als Daten nur Nullen enthält. Der Parameter of (Output-File) gibt unsere Zieldatei an. Nach einigen Minuten haben wir also unser virtuelles Laufwerk erstellt, natürlich immer in Abhängigkeit von Ihrer Festplattengeschwindigkeit. Die Parameter bei dd können Sie nach Ihren Bedürfnissen und der Größe Ihres Laufwerks anpassen. Beachten Sie aber, dass der ESXi-Server unter vSphere5 standardmäßig 1 MByte große Datenblöcke für das VMFS-Dateisystem anlegt und das iSCSI-Volume dem am besten entspricht.

Jetzt müssen wir nur noch in der Konfigurationsdatei

```
/etc/iet/ietd.conf
```

mit dem Editor unserer Wahl die virtuellen Geräte konfigurieren, z.B. mit vim. Dafür editieren wir diese mit folgendem Befehl

```
vim /etc/iet/ietd.conf
```

und geben nun nach dem Drücken der Taste i, um in den Eingabemodus zu springen, folgende Zeilen ein:

```
Target iqn.2011-12.de.cssv.storage:vm01-disk
        Lun 0 Path=/<Verzeichnisname>/lun0,Type=blockio
        IncomingUser vm01 geheim
        Alias vm01-disk
```

Der Eintrag TARGET definiert nun solch ein Speichergerät, von denen mehrere in beliebiger Größe in der Konfigurationsdatei eingetragen werden können. Als Adresse dient uns ein sogenannter iSCSI Qualified Name, kurz IQN. Dieser ist ähnlich einer MAC-Adresse für Netzwerkkarten und eigentlich nur einmal auf der ganzen Welt verfügbar und muss bei einer zuständigen Stelle beantragt werden. Für unsere Testzwecke können wir das aber getrost ignorieren und selbst einen Namen in folgender Form wählen:

```
iqn.<Aktivierungsdatum in JJJJ-MM>.<Rekursiver DNS Name>:[Freier Bezeichner]
```

also in unserem Fall z. B.

```
iqn.2011-12.de.cssv.storage:lvm.vm03-disk
```

Die Zeile

```
Lun 0 Path=/<Verzeichnisname>/lun0,Type=blockio
```

teilt dem Daemon nun mit, unter welcher Datei auf dem lokalen Verzeichnis unser Laufwerk, sei es auch virtuell, zu finden ist. *Type* gibt nun zusätzlich einen Typ für die Übertragung der Daten an. Nach eigener Erfahrung sollte man für kleine Blockgrößen mit weniger als 64 KByte den Typ *fileio* setzen, *blockio* eignet sich hingegen besser für große Blöcke ab 64 KByte. Sie erinnern sich, dass wir mit *dd* und dem Parameter *bs* eine Blockgröße von einem GByte gesetzt haben?

```
IncomingUser vm01 geheim
```

kann jetzt genutzt werden, um optional für einkommende Verbindungen mit dem Benutzernamen *vm01* das Passwort *geheim* zu verwenden, das dann von Clients für die Kommunikation genutzt werden muss.

Die letzte Zeile

```
Alias vm01-disk
```

vergibt nun einen alternativen Aliasnamen, unter dem die iSCSI-Geräte später unter VMware zu sehen sind.

Nachdem Sie das alles mit *vim* eingegeben haben, müssen Sie die Datei speichern und den Editor verlassen. Dafür drücken Sie bitte einmal die Esc-Taste gefolgt von der Zeichenkombination *:wq*. Ein Return bestätigt nun das Speichern und der Editor wird verlassen. Jetzt haben wir es fast geschafft. Die Geräte sind eingerichtet und iSCSI ist auf dem System installiert. Bevor wir unseren *iscsitarget*-Daemon starten können, müssen wir auf einem Debian-System noch die Datei */etc/default/iscsitarget* anlegen und dort einen Eintrag vorverwenden. Wir bedienen uns hier einmal schnell der Ausgabeumleitung unter Linux und führen Folgendes aus:

```
echo "ISCITARGET_ENABLE=true" > /etc/default/iscsitarget
```

Jetzt müssen wir alles nur noch starten. Der Befehl

```
/etc/init.d/iscsitarget start
```

hilft uns dabei und startet das Init-V-Skript für den *iscsitarget*-Dienst (siehe Abbildung 7-18).

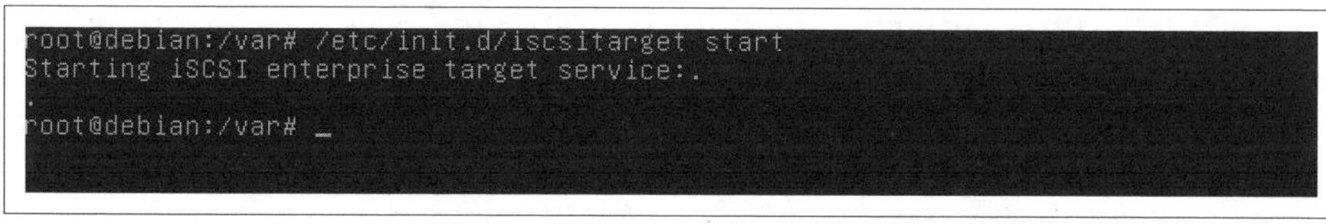

Abbildung 7-18: iSCSI-Target starten

[Ende der Ausführungen von Christian Schneiker]

Nun können Sie – wie bereits oben ausführlich beschrieben – die Konfiguration des oder der ESXi-Hosts vorverwenden und auf das neue iSCSI-Ziel zugreifen. Sollten Sie später Änderungen z.B. an dem Netzwerk des Storage vorverwenden wollen, so können Sie sich über die Kommandozeile, *putty* oder *WinSCP* die Datei */etc/network/interfaces* vorverwenden und dort Änderungen eintragen, wie im folgenden Beispiel eines Rechners mit vier Netzwerkkarten:

```
# This file describes the network interfaces available on your system
# and how to activate them. For more information, see interfaces(5).

# The loopback network interface
auto lo eth0 eth1 eth2 eth3
iface lo inet loopback

# The primary network interface
allow-hotplug eth0
iface eth0 inet static
   address 192.168.150.1
   netmask 255.255.255.0
   network 192.168.150.0
   broadcast 192.168.150.255
   gateway 192.168.150.10
   # dns-* options are implemented by the resolvconf package, if installed
   dns-nameservers 192.168.150.10
   dns-search gfu.dom
   mtu 9000

iface eth1 inet static
   address 192.168.150.2
   netmask 255.255.255.0
   network 192.168.150.0
   mtu 9000

iface eth2 inet static
   address 192.168.150.3
   netmask 255.255.255.0
   network 192.168.150.0
   mtu 9000

iface eth3 inet static
   address 192.168.150.4
   netmask 255.255.255.0
   network 192.168.150.0
   mtu 9000
```

Wer sich mit Solaris auskennt, kann hier zusätzlich das neue Dateisystem ZFS nutzen, das in Zusammenhang mit iSCSI enorme Leistungswerte erzielt. Auch die Erstellung eines RAID über eine Zeile in der Eingabeaufforderung ist möglich, wie in Abbildung 7-19 gezeigt wird.

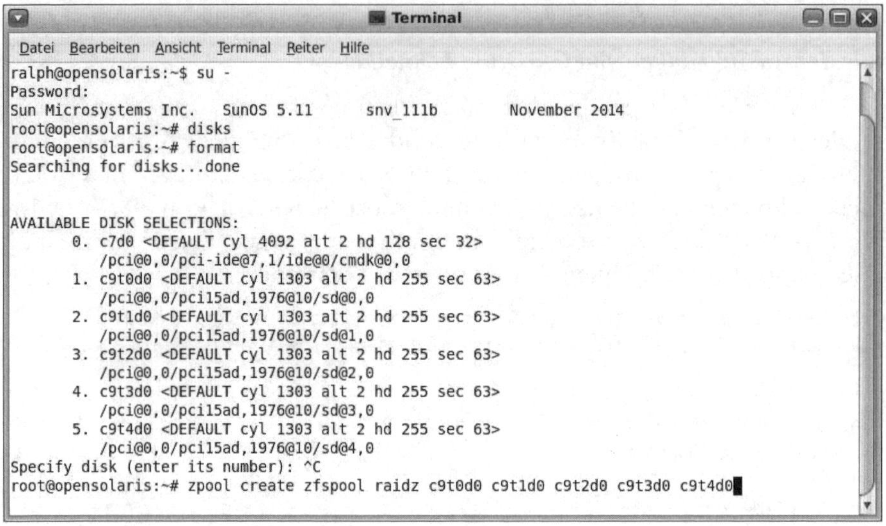

Abbildung 7-19: NFS- oder iSCSI-Storage unter Opensolaris mit ZFS

Bestehende Volumes vergrößern

Wenn Sie auf Ihrem Storage weitere LUNs erstellen, können Sie diese natürlich als neues Volume Ihrer bestehenden Umgebung über einen ESXi-Server hinzufügen. Eine weitere Möglichkeit ist, den freien Platz einem bereits bestehenden Volume hinzuzufügen und dieses damit zu vergrößern. Dieses wird häufig nötig, wenn das Volume zu wenig Platz bietet, um z. B. Snapshots einer VM zu erstellen.

Suchen Sie sich hierfür einen beliebigen ESXi-Server aus, der ein zu kleines Volume anzeigt. Klicken Sie auf die Registerkarte KONFIGURATION und anschließend auf SPEICHERADAPTER. Suchen Sie sich den zuständigen Host-Bus-Adapter (z. B. vmhba37 für iSCSI) aus, klicken Sie diesen mit der rechten Maustaste an und wählen Sie aus dem Kontextmenü ERNEUT PRÜFEN. Im unteren Abschnitt sollte das neue Volume erscheinen. Suchen Sie sich nun auf der linken Seite den Eintrag SPEICHER aus. Markieren Sie das Volume, das Sie vergrößern wollen, und wählen Sie den blauen Link EIGENSCHAFTEN. Es öffnet sich ein neues Fenster, in dem Sie oben links auf die Schaltfläche ERHÖHEN klicken können, um ein weiteres Fenster zu öffnen, das dann die neue LUN anzeigen sollte. Folgen Sie dem Assistenten, wie bereits oben in diesem Kapitel ausführlich beschrieben. Wenn Sie damit fertig sind, sollte der bereits vorhandene Speicher um das neue Volume vergrößert sein, wie dies beispielhaft in Abbildung 7-20 dargestellt ist.

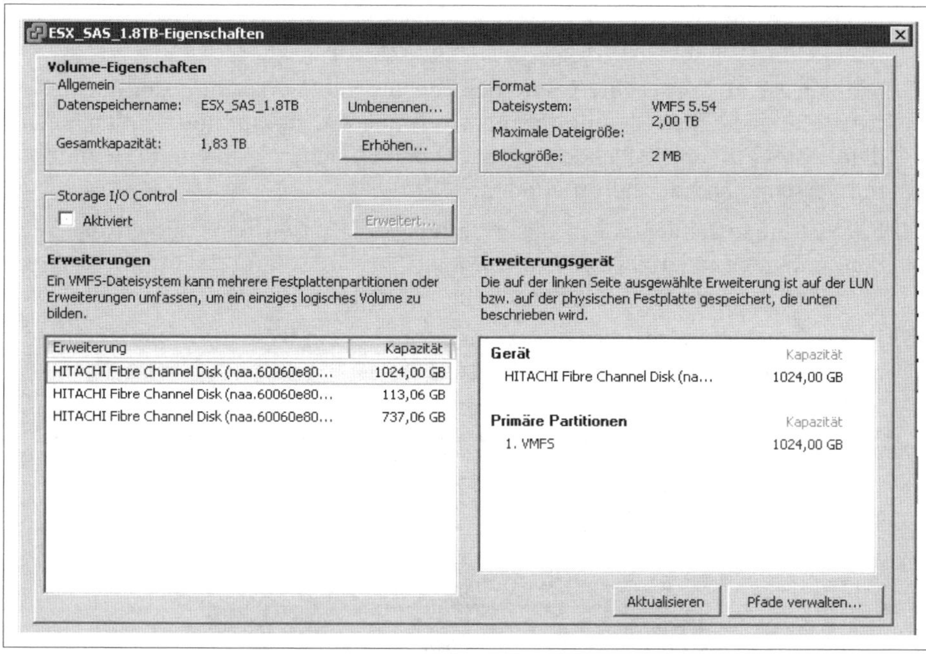

Abbildung 7-20: Volume mit zwei Erweiterungen

Hier wurden zu einem bestehenden Speicher von 1 TByte zwei weitere LUNs mit insgesamt 850 GByte hinzugefügt. Auch das Umbenennen des Volumes im laufenden Betrieb ist kein Problem, da es sich hierbei nur um einen Aliasnamen handelt. Der tatsächliche Name besteht aus einer Reihe von hexadezimalen Zeichen mit vier Blöcken (8-8-4-12) und einem Minuszeichen als Trenner der Blöcke – ähnlich wie bei einem Key fürs Betriebssystem. Die Daten auf dem »alten« Volume, das Sie so vergrößern, bleiben übrigens erhalten, und auch um die laufenden VMs auf diesem Storage brauchen Sie keine Angst zu haben.

Virtuelle Maschinen verschieben

Wenn Sie Ihren neuen Storage eingerichtet haben, auf den nun mehrere ESXi-Server zugreifen können, und noch keinen vCenter Server einsetzen, können Sie Ihre VMs über den Datenspeicherbrowser kopieren oder verschieben. Ich empfehle Ihnen, zunächst die Maschine zu kopieren, auszutesten und anschließend die lokal abgespeicherte zu löschen oder als Sicherungskopie zu behalten.

Gehen Sie zum Verschieben von VMs auf einen anderen Datenspeicher folgendermaßen vor:

1. Klicken Sie auf Ihre zu verschiebende, ausgeschaltete virtuelle Maschine. Der Datenträger wird in der rechten Hälfte des Fensters angezeigt.

2. Klicken Sie mit der rechten Maustaste auf den Datenträger und wählen Sie aus dem Kontextmenü DATENSPEICHER DURCHSUCHEN.
3. Wählen Sie auf der rechten Seite des Fensters das Verzeichnis der gewünschten VM aus, klicken Sie mit der rechten Maustaste darauf und wählen Sie aus dem Kontextmenü KOPIEREN. Über die Schaltflächen können Sie sie nämlich nur verschieben oder herunterladen.
4. Klicken Sie anschließend in der Bestandsliste auf den ESXi-Server, dann auf den Storage, auf den die Maschine kopiert werden soll, und dann im Kontextmenü wieder auf DATENSPEICHER DURCHSUCHEN.
5. In dem zweiten Browserfenster können Sie über ein weiteres Kontextmenü die Maschine einfügen (siehe Abbildung 7-21).

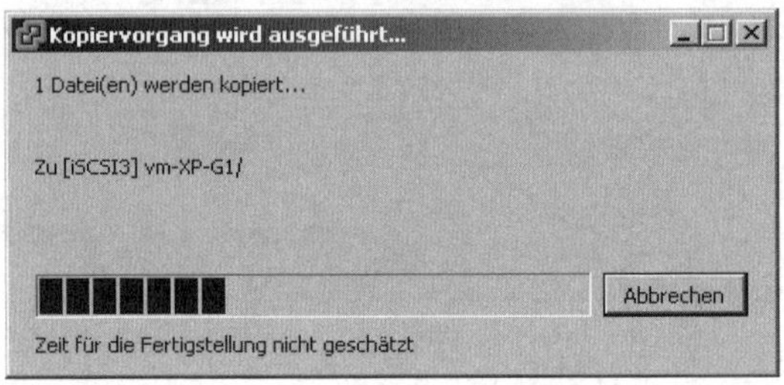

Abbildung 7-21: Die Datei wird kopiert.

6. Wenn der Kopiervorgang abgeschlossen ist, klicken Sie auf die Original-VM in der Bestandsliste und wählen aus dem Kontextmenü AUS BESTANDSLISTE ENTFERNEN aus. Damit wird diese Maschine nicht gelöscht, sondern nur nicht mehr als registrierte VM aufgelistet.
7. Im Datenspeicherbrowser des externen Speichers gehen Sie in das Verzeichnis der VM, klicken mit der rechten Maustaste die *.vmx*-Datei an und wählen ZUR BESTANDSLISTE HINZUFÜGEN.
8. Überverwenden Sie die Voreinstellungen und klicken Sie auf BEENDEN.

Nun können Sie Ihre kopierte virtuelle Maschine einschalten und testen. Wenn alles okay ist, löschen Sie das Ausgangsverzeichnis von der lokalen Platte.

Beim Einschalten bekommen Sie eine Meldung, dass die VM kopiert oder verschoben wurde und dass gegebenenfalls Probleme im Netzwerk und beim Management auftreten können. Wenn Sie die Originalmaschine nicht gleichzeitig starten oder sogar löschen wollen, wählen Sie hier I_MOVED IT. Damit behält sie ihre ID und auch ihre MAC-Adresse. Wollen Sie beide Maschinen behalten und aus der kopierten eine neue VM machen, wählen Sie I_COPIED IT (siehe Abbildung 7-22). Damit müssen Sie im Betriebssystem nur noch den Namen und gegebenenfalls die IP-Adresse anpassen.

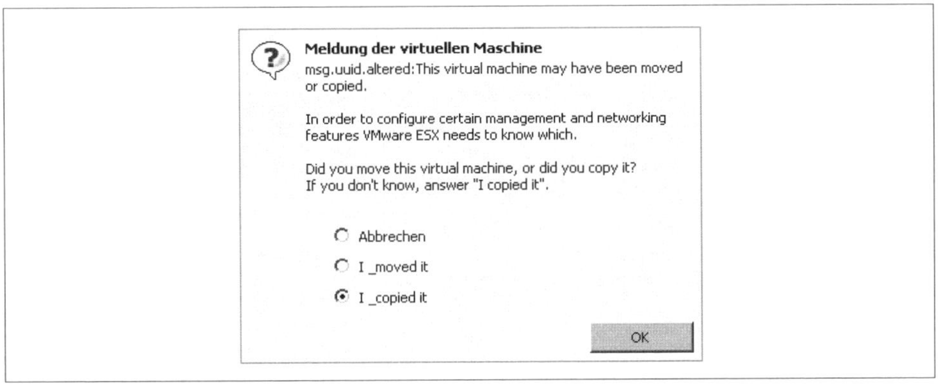

Abbildung 7-22: Meldung zur virtuellen Maschine

Vorsicht bei Microsoft-Betriebssystemen: Gegebenenfalls müssen Sie noch eine neue SID (*Security Identifier*) generieren – obwohl der Programmierer von NewSID, Mark Russinovich, am 03.11.2009 in seinem Blog geschrieben hat, dieses sei in den meisten Fällen gar nicht notwendig! (siehe auch *http://blogs.technet.com/markrussinovich/archive/2009/11/03/3291024.aspx*.)

SSD-Cache einsetzen

Seit der vSphere Version 5.1 kann man SSD-Datenträger als Host-Cache verwenden, der Einsatz von vFRC (vFlash Read Cache) ist erst mit der Version 5.5 auf den Markt gekommen. Empfehlungen für oder gegen den Einsatz dieser beiden Methoden sind sehr zwiespältig. Bestenfalls ist ein Performance-Gewinn von 14% für einige VMs zu erreichen. Der Host-Cache bringt nach meinen Erfahrungen eher wenig: Hier wird der SSD-Speicher für die *.vswp*-Datei der VM genutzt, wenn der Host nicht mehr genügend physischen RAM für die VMs hat – also hoffentlich nie.

Bei vFRC kann über den Web Client auf dem vCenter Server der Cache direkt einer VM zugewiesen werden. Die VMs, die es dann betrifft, müssen die Hardwareversion 10 oder höher haben. Das Ganze wird aber nur mit der Enterprise-Plus-Lizenz zur Verfügung gestellt.

Ob sich die Ausgabe für eine höhere Lizenz lohnt oder ob man gegebenenfalls weitere SSD-Festplatten dazukauft, um die VMs direkt darauf laufen zu lassen, ist ein Rechenbeispiel.

Setzt man allerdings VMware Horizon View ein, so kann man vorhandene SSD-Laufwerke sehr sinnvoll z.B. für Linked Clones nutzen.

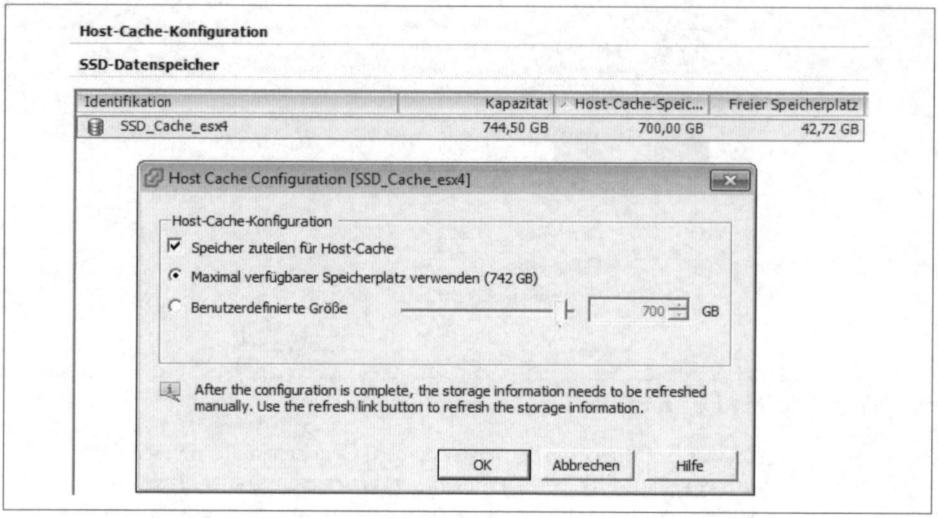

Abbildung 7-23: Host-Cache-Konfiguration

Sonstiges

Bevor Sie sich einen teuren, ausfallsicheren Storage zulegen, bedenken Sie, dass die meisten Betriebssysteme es auch ermöglichen, intern zwei Festplatten – oder mehr – zu spiegeln. So gibt es die Möglichkeit, zwei günstige Storage anzuschaffen, eine VM wie üblich zu erstellen und ihr anschließend eine oder mehrere zusätzliche Festplatten auf dem anderen Storage zuzuordnen und diese im Betriebssystem zu spiegeln. Fällt ein Storage aus, so läuft die VM auf dem anderen weiter.

Ebenfalls ist es möglich, eine kleine Anzahl ESXi-Hosts direkt an einen iSCSI-Speicher anzuschließen, also ohne zusätzlichen Switch, oder auch einen gemeinsam genutzten SAS-Speicher mit den Hosts zu verbinden.

Bis hierhin haben Sie jetzt eine komplette Umgebung mit virtuellen Maschinen und allein stehenden ESXi-Servern aufgebaut. Was man ohne vCenter Server noch so alles machen kann, folgt in den nächsten Kapiteln. Dazu gehört natürlich die Funktion der Snapshots, die im nächsten Kapitel besprochen wird.

KAPITEL 8

Snapshots

Mithilfe von *VMware Snapshots* können Sie den Status einer virtuellen Maschine »einfrieren« und diesen anschließend bei Bedarf wiederherstellen. Das geht auch mehrfach und verschachtelt – und auch ohne den vCenter Server.

Was ist ein Snapshot?

Ein Snapshot erfasst den gesamten Status einer virtuellen Maschine zum Zeitpunkt der Erstellung dieses Snapshots. Dies beinhaltet

- den Arbeitsspeicherinhalt der virtuellen Maschine,
- die Einstellungen der virtuellen Maschine sowie
- den Status aller virtuellen Festplatten der virtuellen Maschine.

> Snapshots von Raw-Festplatten (RDM, *Raw Device Mapping*) mit physischen Modi oder unabhängigen (dauerhaften und nicht dauerhaften) Festplatten werden nicht unterstützt.

Snapshots werden immer für eine einzelne virtuelle Maschine erstellt. In einer Gruppe von virtuellen Maschinen wird durch das Aufzeichnen eines Snapshots lediglich der Status der aktiven virtuellen Maschine festgehalten. Wenn Sie einen Snapshot wiederherstellen, versetzen Sie alle diese Objekte in den Zustand, in dem sie zum Zeitpunkt der Erstellung des Snapshots vorlagen. Wenn die virtuelle Maschine zum Zeitpunkt der Wiederherstellung angehalten, eingeschaltet oder ausgeschaltet sein soll, stellen Sie sicher, dass sich die VM beim Erstellen des Snapshots im gewünschten Zustand befindet.

Snapshots können Sie für viele Einsatzmöglichkeiten verwenden, z. B. wenn Sie ein Programm unter verschiedenen Bedingungen testen wollen und dafür nicht immer eine neue VM erstellen möchten oder wenn bei einer produktiven Maschine ein Update anliegt und Sie sich nicht sicher sind, ob jede Software anschließend noch läuft. Machen Sie einen Snapshot, installieren Sie das Update und testen Sie Ihr

System. Läuft alles, können Sie den Snapshot löschen – funktioniert das System anschließend aber nicht wie gewünscht, machen Sie einen Revert, und Ihre VM läuft wieder wie vor dem Update. Das ist vergleichbar mit den Wiederherstellungspunkten unter Windows, aber zuverlässiger, weil die Ausgangssituation komplett unangetastet bleibt.

Auch für Programmierer, die viele verschiedene Voraussetzungen testen wollen, lohnt es sich, einen oder mehrere Snapshots zu erstellen, z. B. mit verschiedenen Browsern, Softwareständen oder Servicepacks fürs Betriebssystem.

Wie funktioniert jetzt ein Snapshot?

Die Festplatte der virtuellen Maschine wird nur noch gewissermaßen lesend geöffnet. Alle Änderungen am Datenbestand und der Konfiguration der VM werden in einer neuen *.vmdk*-Datei (Deltadatei) abgespeichert. Wenn gewünscht, wird auch der Inhalt des Arbeitsspeichers mitgesichert. Bei einem weiteren Snapshot wird die alte und neue Festplattendatei schreibgeschützt, und weitere Änderungen laufen in eine neue Deltadatei usw. Sie können zu jedem Zeitpunkt zu jedem Zustand wechseln und dann auch einen neuen Snapshot machen – also geschachtelte Snapshots erstellen.

Die erste Snapshot-Deltafestplatte heißt z. B. *vm1-000001.vmdk*, die zweite dementsprechend *vm1-000002.vmdk* usw. Hat Ihre VM eine zweite Festplatte, so gibt es zusätzliche eine Festplatte namens *vm1_1.vmdk*, die als Snapshot dementsprechend *vm1_1-000001.vmdk* heißt.

Wenn Sie einen Snapshot löschen, werden die Inhalte aller aktiv beteiligten Deltadateien auf die Festplattendatei übernommen.

Beachten Sie, dass bei Snapshots auch die Konfigurationsdatei der VM mitgesichert wird. Haben Sie also einen Snapshot und ändern z. B. an der Hardware der VM etwas, ist dies nach einem Revert ebenfalls rückgängig gemacht. Nicht so jedoch bei Festplatten. Diese müssen Sie gegebenenfalls separat löschen, denn sie liegen noch auf dem Storage.

Die Ausgangsfestplatte der VM, die gewissermaßen schreibgeschützt geöffnet ist, können Sie nicht mit z. B. scp kopieren, dafür müssen Sie die VM anhalten oder herunterfahren.

Empfehlungen zu Snapshots

Grundsätzlich ist es das Beste, Snapshots dann zu erstellen, wenn gerade kein Datenaustausch zwischen einer Anwendung in der virtuellen Maschine und anderen Computern stattfindet. Vor allem in Produktionsumgebungen – wenn Datenaustausch z.B. während eines Updates erfolgt – ist die Wahrscheinlichkeit hoch, dass Probleme auftreten können.

Behalten Sie Snapshots nur so lange wie unbedingt nötig (außer in Testumgebungen) und dokumentieren Sie, was Sie getan haben – und am besten noch, warum Sie es getan haben. Sie kennen sicherlich den Fall, dass Sie etwas in einer Plastikbox einfrieren und nach zwei Wochen nicht mehr wissen, was drin ist!

Wenn Sie den Arbeitsspeicher der VM nicht mit abspeichern und WIEDERHERSTELLEN wählen, ist die VM in einem Zustand, als hätten Sie sie hart abgeschaltet, ohne herunterzufahren.

> Einige Datensicherungsprogramme und auch der Update Manager von VMware nutzen Snapshots, weil die Festplattendatei nur im Lesemodus geöffnet ist und somit kopiert oder gesichert werden kann. Snapshots sollten aber nicht zur Sicherung virtueller Maschinen eingesetzt werden, sondern nur die Ausgangsdatei. Den Snapshot von VM1 können Sie nicht bei VM2 einspielen.

> Beachten Sie bitte, dass Sie bei Snapshots dynamisch wachsende Dateien haben, die nicht so performant sind wie Dateien mit fester Größe, und dass der ESXi-Server dadurch mehr belastet wird.

> Bei Domänencontrollern von Microsoft ist besondere Vorsicht geboten: Wenn Sie einen Revert machen, befindet sich die VM in dem Zustand zum Zeitpunkt der Erstellung. Liegt der Zeitraum zu weit in der Vergangenheit, kann das Probleme mit der Active-Directory-Datenbank geben. Abhilfe schafft Folgendes: Isolieren Sie die VM auf einem ESXi, indem Sie alle anderen VMs verschieben. Nehmen Sie der Netzwerkportgruppe der VM auf dem ESXi alle aktiven Adapter weg und machen Sie einen Revert des Snapshots. Fahren Sie die Maschine anschließend herunter und schalten Sie sie aus. Bitte keinen Neustart machen, weil sich der Rechner das merkt! Ist die Maschine wieder gestartet, verbinden Sie die Netzwerkkarten wieder mit der Portgruppe.

Einen Snapshot erstellen

Snapshots können im eingeschalteten, ausgeschalteten oder angehaltenen Zustand der virtuellen Maschine erstellt werden. Wenn Sie eine virtuelle Maschine gerade anhalten, dann sollten Sie warten, bis dieser Vorgang abgeschlossen ist, bevor Sie einen Snapshot erstellen.

Wenn eine virtuelle Maschine über mehrere Festplatten in unterschiedlichen Festplattenmodi verfügt, müssen Sie die virtuelle Maschine vor dem Erstellen eines Snapshots ausschalten oder den Arbeitsspeicher vom Snapshot ausnehmen. Ist beispielsweise eine Konfiguration für einen bestimmten Zweck vorhanden, die die Verwendung einer unabhängigen Festplatte erforderlich macht, müssen Sie die virtuelle Maschine vor dem Erstellen eines Snapshots ausschalten oder das Häkchen bei Snapshot des Arbeitsspeichers der virtuellen Maschine erstellen wegklicken, ansonsten bekommen Sie eine Fehlermeldung und es wird kein Snapshot erstellt.

Vorgehensweise:

1. Wählen Sie Bestandsliste → Virtuelle Maschine → Snapshot → Snapshot erstellen (siehe Abbildung 8-1). Sie können auch mit der rechten Maustaste auf die virtuelle Maschine klicken und Snapshot → Snapshot erstellen wählen. Das Fenster Snapshot einer virtuellen Maschine erstellen wird angezeigt.

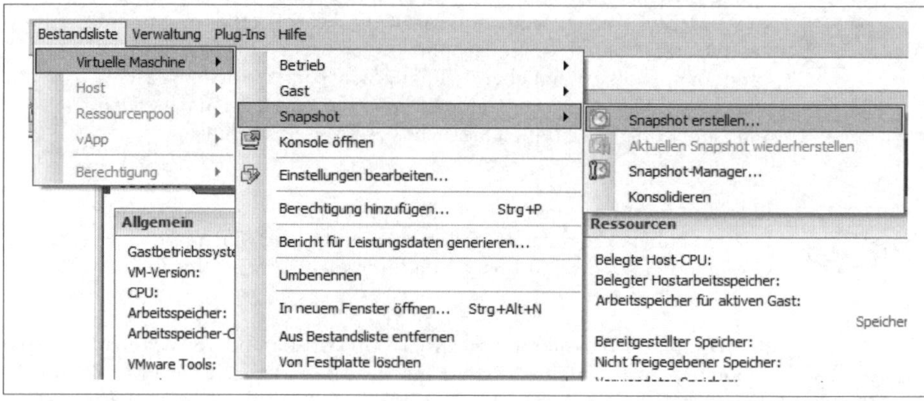

Abbildung 8-1: Snapshot-Menü

2. Geben Sie einen Namen für den Snapshot ein.
3. Wichtig: Geben Sie eine gute Beschreibung Ihres Snapshots, Ihren Namen und das aktuelle Datum sowie Uhrzeit ein.
4. Überlegen Sie, ob Sie das Kontrollkästchen Snapshot des Arbeitsspeichers der virtuellen Maschine Erstellen auswählen wollen, wenn Sie den Arbeitsspeicher der virtuellen Maschine mit einbeziehen möchten.
5. (Optional:) Aktivieren Sie das Kontrollkästchen Gast-Dateisystem stilllegen (VMware Tools müssen installiert sein), um laufende Prozesse auf dem Gastbetriebssystem anzuhalten, sodass Dateisysteminhalte einen bekannten, konsistenten Status besitzen, wenn der Snapshot erstellt wird. Dies gilt nur für eingeschaltete virtuelle Maschinen.
6. Klicken Sie auf OK. Wenn der Snapshot erfolgreich erstellt wurde, wird er im Feld Kürzlich bearbeitete Aufgaben im unteren Bereich des vSphere Client-Fensters aufgeführt.
7. Klicken Sie auf die virtuelle Zielmaschine, um Aufgaben und Ereignisse für die betreffende Maschine anzuzeigen, oder klicken Sie, während die virtuelle Maschine noch ausgewählt ist, auf die Registerkarte Aufgaben & Ereignisse.

Virtuelle Festplatten von Snapshots ausschließen

Festplatten der VM, die sich im unabhängigen Modus befinden, werden von Snapshots nicht berücksichtigt. Es gibt dabei zwei Zustände, die in Tabelle 8-1 beschrieben werden.

Tabelle 8-1: Optionen von unabhängigen Festplatten

Option	Beschreibung
Dauerhaft	Festplatten im dauerhaften Modus verhalten sich wie konventionelle Festplatten auf einem physischen Computer. Sämtliche Daten, die im dauerhaften Modus auf eine Festplatte geschrieben werden, werden permanent auf die Festplatte geschrieben.
Nicht dauerhaft	Änderungen, die im nicht dauerhaften Modus an Festplatten vorgenommen werden, werden beim Ausschalten oder Zurücksetzen der virtuellen Maschine verworfen. Der nicht dauerhafte Modus ermöglicht Ihnen, die virtuelle Maschine mit einer virtuellen Festplatte neu zu starten, die sich jedes Mal im selben Zustand befindet. Änderungen an der Festplatte werden dabei in eine Redo-Protokolldatei geschrieben und daraus gelesen, die beim Ausschalten oder Zurücksetzen gelöscht wird.

Sie können den Modus nur bei ausgeschalteten VMs ändern und alle vorhandenen Snapshots vorher löschen.

1. Wählen Sie BESTANDSLISTE → VIRTUELLE MASCHINE → EINSTELLUNGEN BEARBEITEN oder über das Kontextmenü auf der VM EINSTELLUNGEN BEARBEITEN.
2. Klicken Sie auf die Registerkarte HARDWARE und wählen Sie die auszuschließende Festplatte aus.
3. Wählen Sie unter MODUS die Option UNABHÄNGIG aus. Unabhängige Festplatten werden nicht in Snapshots einbezogen. Bei unabhängigen Festplatten stehen Ihnen die beiden oben beschriebenen Optionen zur Verfügung.
4. Klicken Sie auf OK.

Beachten Sie, dass unabhängige Festplatten im *nicht dauerhaften Modus* zur Laufzeit der VM nicht geändert werden. Alle Änderungen werden in einer Deltadatei festgehalten, die dynamisch wächst. Dynamisch wachsende Festplatten sind erstens langsamer, zweitens belasten sie das System mehr, und drittens sind alle Änderungen weg, wenn Sie die Maschine herunterfahren und ausschalten. Der Arbeitsspeicher von laufenden VMs kann dann nicht mehr in den Snapshot einbezogen werden (siehe oben).

> Während eine VM einen Snapshot hat, sollten Sie keine Defragmentierung im Betriebssystem der VM veranlassen, weil das die Deltadatei unnötig aufbläht.

Den Snapshot-Manager verwenden

Über den Snapshot-Manager können Sie alle Snapshots für die virtuellen Maschinen ansehen und behalten damit die Übersicht.

Im Fenster SNAPSHOT-MANAGER sehen Sie links die Hierarchie, unten die Befehlsschaltflächen und rechts den Detailbereich mit Namen und Beschreibung. In der Hierarchie erkennen Sie anhand des Eintrags SIE BEFINDEN SICH HIER, in welchem aktuellen Betriebszustand sich die VM gerade befindet. Diese Felder sind leer, wenn kein Snapshot ausgewählt wurde.

Das Symbol SIE BEFINDEN SICH HIER ist immer ausgewählt und sichtbar, wenn Sie den Snapshot-Manager öffnen. Der Status SIE BEFINDEN SICH HIER kann weder angesteuert noch markiert werden. Er repräsentiert stets den aktuellen und aktiven Status.

In Abbildung 8-2 sehen Sie das Fenster für die Erstellung eines Snapshots.

Abbildung 8-2: Erster Snapshot

Der Snapshot-Manager verfügt im linken Fenster über die drei Befehlsschaltflächen WECHSELN ZU, LÖSCHEN und ALLE LÖSCHEN. Diese Funktionen werden in den folgenden Abschnitten erläutert.

Zu einem Snapshot wechseln

Mithilfe der Schaltfläche WECHSELN ZU können Sie zu jedem Status eines beliebigen Snapshots springen und dort weiterarbeiten.

1. Wählen Sie BESTANDSLISTE → VIRTUELLE MASCHINE → SNAPSHOT → SNAPSHOT-MANAGER.
2. Klicken Sie im Snapshot-Manager auf einen Snapshot, um ihn auszuwählen.
3. Klicken Sie auf die Schaltfläche WECHSELN ZU, um den Status der virtuellen Maschine wiederherzustellen, der einem beliebigen Snapshot entspricht.

> Virtuelle Maschinen, die stark ausgelastet sind, benötigen unter Umständen mehrere Minuten, bevor sie wieder antworten, nachdem ein Snapshot wiederhergestellt wurde. Diese Verzögerung kann durch Vergrößern des Gastarbeitsspeichers reduziert werden.

4. Klicken Sie im Bestätigungsdialogfeld auf JA.

Einen Snapshot löschen

Sie können einen beliebigen Snapshot vollständig entfernen:

1. Wählen Sie BESTANDSLISTE → VIRTUELLE MASCHINE → SNAPSHOT → SNAPSHOT-MANAGER.
2. Navigieren Sie im Snapshot-Manager auf den gewünschten Snapshot, um ihn auszuwählen.
3. Klicken Sie auf LÖSCHEN, um einen Snapshot permanent zu löschen. Wenn Sie auf ALLE LÖSCHEN klicken, werden alle Snapshots dauerhaft von der virtuellen Maschine entfernt.

> Wenn Sie auf LÖSCHEN klicken, werden die Snapshot-Daten im übergeordneten Element festgeschrieben, und der ausgewählte Snapshot wird entfernt. Durch Auswahl von ALLE LÖSCHEN werden alle unmittelbar vor dem aktuellen Status SIE BEFINDEN SICH HIER liegenden Snapshots auf die Basisfestplatte übernommen, und alle vorhandenen Snapshots für die betreffende virtuelle Maschine werden entfernt.

4. Klicken Sie im Bestätigungsdialogfeld auf JA.

Einen Snapshot wiederherstellen

Sie können einen (nicht gelöschten) Snapshot wiederherstellen, um eine virtuelle Maschine in ihren ursprünglichen Zustand zu versetzen. Führen Sie einen der folgenden Schritte aus:

- Das Menü BESTANDSLISTE → VIRTUELLE MASCHINE → SNAPSHOT enthält den Befehl SNAPSHOT WIEDERHERSTELLEN.
- Der Snapshot-Manager enthält eine Schaltfläche WECHSELN ZU.

Übergeordneter Snapshot

Der übergeordnete Snapshot ist die zuletzt gespeicherte Version des aktuellen Status der virtuellen Maschine. Der letzte Snapshot entspricht dem gespeicherten Status des übergeordneten Snapshots (SIE BEFINDEN SICH HIER). Wenn Sie einen Snapshot wiederherstellen oder zu ihm wechseln, wird er zum übergeordneten Element des aktuellen Status und wird mit SIE BEFINDEN SICH HIER angezeigt.

> Der übergeordnete Snapshot ist immer der Snapshot, der im Snapshot-Manager direkt über dem SIE BEFINDEN SICH HIER -Symbol angezeigt wird.
>
> Der übergeordnete Snapshot ist nicht immer der Snapshot, den Sie zuletzt erstellt haben, je nachdem, zu welchem Sie gewechselt sind.

Snapshot wiederherstellen

SNAPSHOT WIEDERHERSTELLEN ist eine Verknüpfung zum übergeordneten Snapshot von SIE BEFINDEN SICH HIER. Dieser Befehl aktiviert sofort den übergeordneten Snapshot der virtuellen Maschine. Der aktuelle Festplatten- und gegebenenfalls der Arbeitsspeicherstatus werden aufgehoben, und der Zustand, in dem sich die Elemente zum Zeitpunkt der Aufnahme des Snapshots befanden, wird wiederhergestellt. Wenn der übergeordnete Snapshot erstellt wurde, während die virtuelle Maschine ausgeschaltet war, wird die eingeschaltete virtuelle Maschine durch Wählen der Option SNAPSHOT → SNAPSHOT WIEDERHERSTELLEN in diesen übergeordneten Status zurückversetzt, d. h. in den ausgeschalteten Zustand. War sie eingeschaltet und haben Sie den RAM mitgesichert, läuft sie wieder ab diesem Zeitpunkt weiter.

In Tabelle 8-2 sehen Sie Erstellung verschachtelter Snapshots einer Maschine. Sie können zu jedem Zeitpunkt zu jedem Zustand springen.

Tabelle 8-2: Snapshot-Manager mit verschachtelten Snapshots

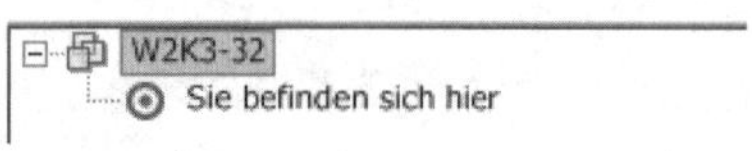	Virtuelle Maschine ohne Snapshot
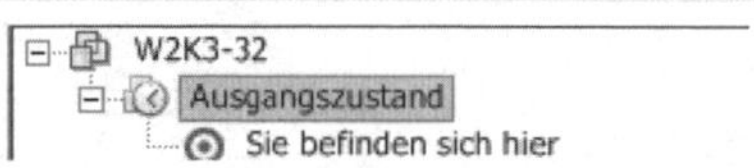	Der neue Snapshot *Ausgangszustand* ist jetzt der übergeordnete Snapshot des Status *Sie befinden sich hier*. Der übergeordnete Snapshot des *Sie befinden sich hier*-Status ist der übergeordnete Snapshot der VM.
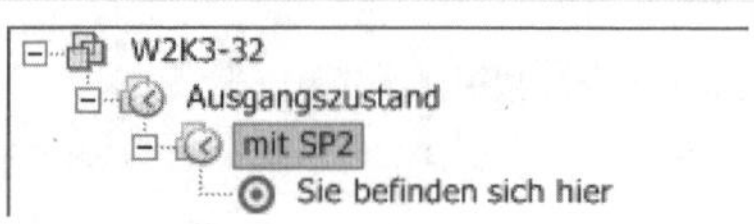	Wenn Sie einen Snapshot vom Status von *Ausgangszustand* erstellen, wird *Ausgangszustand* der übergeordnete Snapshot des neuen Snapshots *mit SP2* und *mit SP2* ist der übergeordnete Snapshot des *Sie befinden sich hier*-Status.
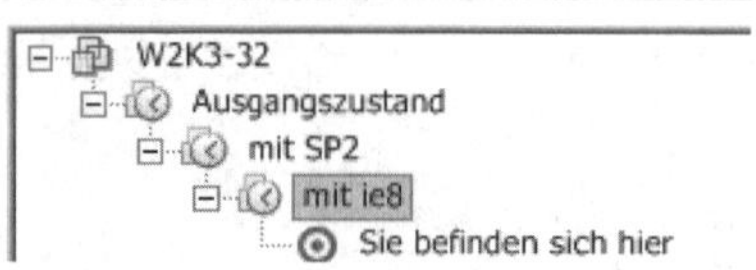	Wenn Sie einen weiteren Snapshot erstellen, basiert dieser auf dem Snapshot *mit SP2*, der dadurch auch zum übergeordneten Snapshot von *mit ie8* wird.
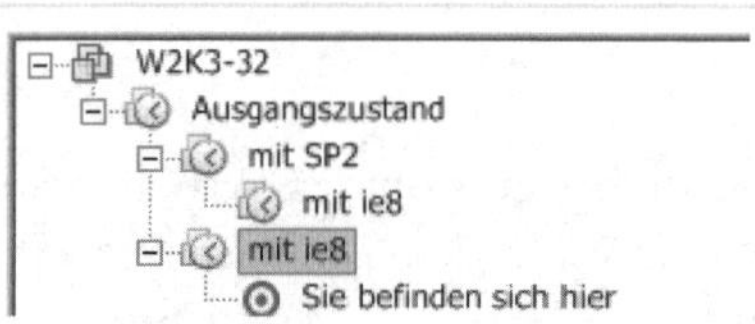	Wenn Sie zu *Ausgangszustand* wechseln, wird *Ausgangszustand* der übergeordnete Snapshot des *Sie befinden sich hier*-Status. Erstellen Sie hier einen neuen Snapshot, basiert dieser genauso wie der Snapshot *mit SP2* auf *Ausgangszustand*.
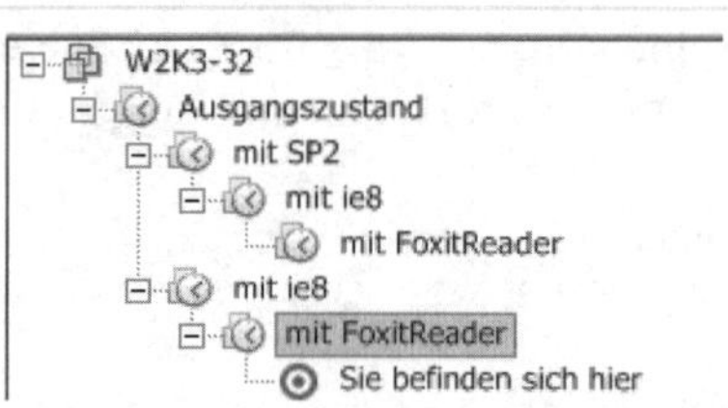	Sie können zu jederzeit zu jedem Snapshot wechseln und einen neuen erstellen. Wenn Sie wie in diesem Beispiel im Snapshot-Manager auf die Schaltfläche *Alle löschen* klicken, verlieren Sie *mit SP2*, übernehmen aber *mit ie8*, *mit FoxitReader* und *Ausgangszustand*.

- Wählen Sie BESTANDSLISTE → VIRTUELLE MASCHINE → SNAPSHOT → SNAPSHOT WIEDERHERSTELLEN aus.

Beachten Sie die Meldungen des Snapshot-Managers, bevor Sie eine Entscheidung treffen. Es gibt hier keinen Rückgängig-Befehl (siehe Abbildung 8-3).

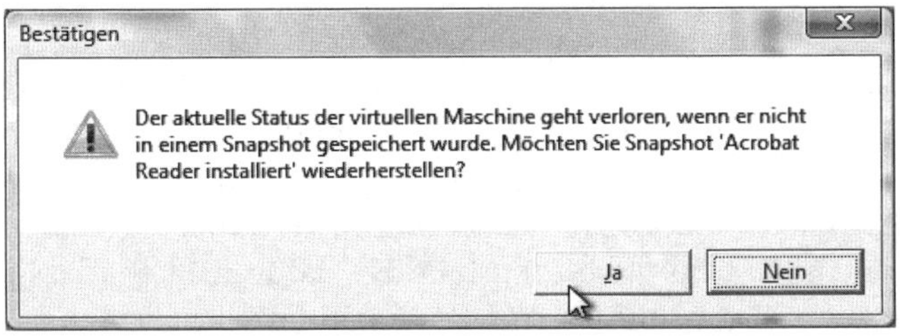

Abbildung 8-3: Meldung des Snapshot-Managers

Sie können insgesamt bis zu 32 Snapshots pro virtueller Maschine erstellen. Denken Sie dabei aber bitte an den enormen Speicherbedarf, der zusätzlich zu der gewählten Festplattengröße immer weiter anwächst.

Sollte durch einen Umstand (z.B. Datensicherung) mehr als 32 Snapshots bei einer VM anliegen, so können Sie den Snapshot-Manager nicht mehr für das Löschen der Snapshots verwenden. Im Internet kursieren Gerüchte über Kommandozeilen Tools, mit denen man dieses angeblich bewerkstelligen kann. Sehen Sie dazu in Kapitel 9 nach. Will man den aktuellen Zustand jedoch behalten, so klonen Sie die VM einfach, weil der Klon selbst keinen Snapshot hat. Sollte das nicht mehr gehen, verwenden Sie den Converter dafür (siehe Kapitel 14).

Fehlerbehebung bei Snapshots

Überprüfen Sie in regelmäßigen Abständen, ob Ihre Umgebung noch ungewollte Snapshots einzelner VMs enthält. Wie bereits oben erwähnt, muss ein Snapshot nicht manuell von einem Benutzer erstellt worden sein – auch Datensicherungsprogramme nutzen diese Möglichkeit, um die virtuelle Festplatte kopieren zu können. Leider hat die Praxis gezeigt, dass das Entfernen der Snapshots nicht immer bei jeder Software zuverlässig funktioniert.

Sollte es einer Datensicherungssoftware nicht möglich sein, einen Snapshot zu kreieren oder ihn zu übernehmen, liegt dies eventuell an den VMware Tools in Verbindung mit betriebssystemeigenen Diensten. Unter Windows-Betriebssystemen ab Vista erhalten Sie bei den VMware Tools zusätzlich einen Treiber für die VSS-Unterstützung. Dieser verursacht manchmal Probleme. Deinstallieren Sie ihn aber nur bei Maschinen, bei denen Sie auf Probleme stoßen. Gehen Sie dazu wie folgt vor:

1. Wählen Sie bei der eingeschalteten virtuellen Maschine aus dem Menü VMWARE TOOLS INSTALLIEREN / AKTUALISIEREN.

2. Nehmen Sie dafür das interaktive Update und klicken Sie auf OK.
3. Bestätigen Sie, dass Sie etwas ändern wollen, und nehmen Sie im nächsten Fenster das Häkchen bei VSS-UNTERSTÜTZUNG heraus.
4. Starten Sie nach Abschluss der Änderungen den Rechner neu.

Eine weitere mögliche Fehlerquelle ist ein Eintrag in der Konfigurationsdatei der VM. Gerade bei Windows Server 2008 (R2) und 2012 (R2) mit LSI Logic SAS Controller wird der Eintrag `disk.EnableUUID = "TRUE"` sowie ein Eintrag wie `scsi0.sasWWID = "50 05 05 6f ad f3 3d 90"` in die Datei geschrieben, der dazu führen kann, dass zwar das Datensicherungsprogramm einen Snapshot erstellen und die VM sichern kann, anschließend aber nicht in der Lage ist, den Snapshot zu löschen. Eigentlich sind die beiden Einträge dafür gedacht, dass innerhalb der VM ein konsistenter Snapshot für Applikationen (application quiesced snapshot) gemacht werden kann (siehe dazu auch den Artikel bei VMware KB2035736 (*http://kb.vmware.com/kb/2035736*) für Windows und KB2079220 (*http://kb.vmware.com/kb/2079220*) für Linux). Den Wert können Sie wie folgt ändern:

1. Wählen Sie bei der ausgeschalteten virtuellen Maschine aus dem Kontextmenü EINSTELLUNGEN BEARBEITEN.
2. Navigieren Sie zu der Registerkarte OPTIONEN und wählen Sie in dem Fenster den Punkt ALLGEMEIN.
3. Über die Schaltfläche KONFIGURATIONSPARAMETER ... sehen Sie einen Teil der *.vmx*-Datei. Suchen Sie nach dem Eintrag `disk.EnableUUID` und setzen Sie den Wert auf »FALSE«.
4. Starten Sie nach Abschluss der Änderungen den Rechner neu.

Snapshot-Dateien

Wie bereits erwähnt, werden im Verzeichnis der virtuellen Maschine Dateien für die Snapshots angelegt. Auch wenn für Ihre VM noch nie ein Snapshot erstellt wurde, existiert bereits eine Datei mit der Endung *.vmsd*, und zwar mit der Größe 0. Wurden schon einmal Snapshots erstellt und gegebenenfalls wieder gelöscht, so ist die Datei größer als 0. Wenn Sie diese Datei löschen und Ihre VM anschließend hochfahren, so wird diese mit der Größe 0 neu angelegt.

Solange Sie aber Snapshots der Maschine haben, sollten Sie diese Datei auf keinen Fall löschen, sonst können Sie die gemachten Snapshots nicht mehr löschen oder übernehmen. Haben Sie aus Versehen diese Datei gelöscht oder ist sie defekt, können Sie im Snapshot-Manager nur noch WECHSELN ZU anklicken – dann sind aber die Snapshot-Dateien immer noch aktiv und es wird nicht in die eigentliche Festplatte geschrieben.

Um diesen Missstand zu beheben, fahren Sie die VM herunter und schalten Sie sie aus. Gehen Sie anschließend in die Eigenschaften der virtuellen Maschine und wählen dort die Festplatte aus. Im rechten Teil des Fensters sehen Sie die Festplattendatei mit der Bezeichnung *00001.vmdk* (oder so ähnlich) am Ende. Löschen Sie diese Datei, aber nicht von der Festplatte, sondern trennen Sie sie nur von der VM, sonst wird auch die tatsächliche Festplatte gelöscht. Als Nächstes fügen Sie der VM eine vorhandene Festplatte hinzu. Navigieren Sie zu dem Verzeichnis der VM und wählen Sie die Datei ohne Endung *00001.vmdk* (oder so ähnlich).

Anschließend können Sie über den Datenspeicherbrowser alle Dateien mit den Endungen

- **`00001.vmdk`** (oder so ähnlich)
- **`SnapshotX.vmsn`** (X ist der x-te Snapshot) und
- **`.vmsd`**

löschen.

Möchten Sie aber den aktuellen Zustand der VM behalten und wollen die Snapshot-Dateien loswerden, so brauchen Sie die VM nur zu klonen. Das geht über den vCenter Server, wie in Kapitel 15 beschrieben, und ohne den vCenter Server mit dem kostenlosen VMware Converter, wie in Kapitel 14 ausgeführt.

Tabelle 8-3 enthält eine Auflistung aller zu einem Snapshot gehörenden Dateien mit einer kurzen Erklärung dazu.

Tabelle 8-3: Zu einem Snapshot gehörende Dateien

Datei	Bedeutung
VM1-Snapshot1.vmem	Hauptspeicherinhalt der VM zum Zeitpunkt des ersten Snapshots. Zu jedem Snapshot gibt es eine eigene Datei.
VM1-Snapshot1.vmsn	Nähere Informationen zu dem ersten Snapshot mit Hardwareeinstellungen
VM1.vmsd	Allgemeine Informationen zu Snapshots. Ohne Snapshot: Größe 0.
VM1-00001-delta.vmdk *	Neue Festplatte des ersten Snapshots. Hierin werden die Änderungen zur tatsächlichen .*vmdk*-Datei aufgezeichnet. Zu jedem Snapshot gibt es eine eigene Datei.
VM1-00001.vmdk *	Festplattenbeschreibungsdatei zur ersten Snapshot-Festplatte (*delta.vmdk*). Zu jedem Snapshot gibt es eine eigene Datei.

Im Datenspeicherbrowser werden die Festplattendateien als eine Einheit angezeigt, sodass Sie die Datei *VM1-00001-delta.vmdk* nicht sehen können – das geht nur über die Kommandozeile.

Snapshots auf vVols

Sollten Sie virtuelle Volumes (vVols) über einen vCenter Server einsetzen, so ändert sich die oben angesprochene Technologie der Snapshots ins Gegenteil: Alle Änderungen an dem Zustand der VM werden direkt in die dafür normalerweise vorgesehenen Dateien geschrieben und die vorherige Konfiguration und z.B. gelöschte oder geänderte Daten im Betriebssystem landen in der Deltadatei. Damit entfällt die zum Teil sehr lange Zeit, um den Snapshot zu übernehmen, es werden nur die Deltadateien gelöscht. Sollten Sie trotzdem einmal zu dem Ausgangszustand zurückkehren wollen, dauert das Konsolidieren aber hierbei umso länger. Da man aber meistens den aktuellen Zustand übernimmt, hat man mit Snapshots auf vVols einen deutlichen Geschwindigkeitsvorteil. Wann diese Vorgehensweise auch auf anderen Datenträgern zum Einsatz kommt, ist noch nicht bekannt.

Abschließend betrachtet ist ein Snapshot schon eine tolle Sache. Er lässt einen ohne großartige Umwege mal eben den gesamten Status einer VM einfrieren und man kann ohne Schweißperlen auf der Stirn Updates und Servicepacks einspielen und ausprobieren.

Beachten Sie aber unbedingt die oben erwähnten Vorsichtsmaßnahmen, damit Sie nicht das ein oder andere Problem bekommen.

Zusammenfassung

Hier nochmals in Stichpunkten, was Sie bei Snapshots beachten sollten:

- Ein Snapshot ist keine Datensicherung.
- Ein Snapshot beinhaltet immer auch die Konfiguration der VM.
- Alle Änderungen landen in der Deltadatei, ähnlich wie bei einem Makro.
- Jeder zusätzliche Snapshot verlangsamt die Ausführung der VM.
- Datum und Uhrzeit werden beim Zurückspielen wieder alt sein, gegebenenfalls verlieren Domänenmitglieder dadurch die Zugriffsberechtigung zur Domäne.
- Eine Defragmentierung einer Festplatte mit Snapshots sollte nicht gemacht werden.
- Es sollten möglichst keine Transaktionen beim Erstellen eines Snapshots anliegen.
- Es sind maximal 32 Snapshots über die grafische Oberfläche möglich, durch Skripte kann es noch mehr geben, was erhebliche Probleme mit sich bringt.
- Behalten Sie Snapshots nur so lange wie unbedingt nötig.
- Den Snapshot von VM1 können Sie nicht bei VM2 einspielen.
- Bei Domänencontrollern von Microsoft ist besondere Vorsicht geboten.
- Jeder Snapshot kann so groß werden wie die Ausgangsfestplatte(n).
- Jeder Snapshot belastet den Host und verbraucht Speicherplatz.

KAPITEL 9

Arbeiten auf der Kommandozeile

Egal ob man sich direkt an den Server setzt und dort Alt+F1 drückt, um auf der Kommandozeile zu arbeiten, oder ob man sich mittels Remotes-Software wie putty verbindet, einiges lässt sich nur hier erledigen. Gerade wenn Probleme mit dem Zugriff auf den ESXi-Server bestehen, muss man häufig den einen oder anderen Befehl dort ausführen.

Die Möglichkeiten, die man dabei auf der direkten Konsole hat, sind sehr eingeschränkt, da sich kein Betriebssystem unter der Virtualisierungsschicht befindet. Über die BusyBox können allerdings einige Befehle eingegeben werden, die manchmal die letzte Möglichkeit bieten, den Host wieder zum Laufen zu bringen, eine andere Konfiguration zu erzwingen, einen Port in der Firewall frei zu bekommen oder auch eine hängende VM abzuschießen.

Für viele Arbeiten in den Konfigurationsdateien des Hosts braucht man einen Editor. Beim ESXi gibt es dafür über die direkte Konsole nur den vi. Alternativ kann man aber auch per Remote-Software über die grafische Oberfläche des Betriebssystems mit integrierten Editoren arbeiten, wie z.B. unter Windows mit WinSCP oder skriptgesteuert mit vCLI (vSphere Command-Line Interface) und PowerCLI (Erweiterung für die Windows PowerShell).

Möchten Sie beim ESXi direkt auf der Kommandozeile arbeiten, müssen Sie diese Funktion meist erst freischalten:

1. Drücken Sie am Host die Funktionstaste F2 (Customize System) und melden Sie sich als *root* dort an.
2. Gehen Sie mit den Pfeiltasten zu dem Text `Troubleshooting Options` und drücken Sie Enter.
3. Wenn der erste Eintrag DISABLE ESXI SHELL heißt, können Sie sich bereits auf der Kommandozeile anmelden. Heißt der erste Eintrag aber ENABLE ESXI SHELL, dann wählen Sie ihn aus und drücken auf Enter, um umzuschalten.
4. Drücken Sie zweimal Esc, um zum Ausgangsbildschirm zurückzugelangen.

Jetzt können Sie sich per Remote mit einem Tool oder über die Tastenfunktion Alt+F1 mit der Shell (Kommandozeileninterpreter) verbinden. Über den vSphere Client können Sie diese Funktion ebenfalls einschalten:

1. Klicken Sie auf den Host und anschließend auf die Registerkarte KONFIGURATION.
2. Gehen Sie unter SOFTWARE auf den Punkt SICHERHEITSPROFIL und klicken Sie auf den blauen Link oben rechts namens EIGENSCHAFTEN.
3. Suchen Sie in dem neuen Fenster den Eintrag SSH und klicken Sie auf die Schaltfläche OPTIONEN, um den Dienst (Daemon) zu starten. Darüber wird der Port 22 in der Firewall automatisch geöffnet.

Für alle Linux-Fans: Eine echte Shell gibt es hier nicht! Die eingetragene Shell */bin/sh* ist in Wirklichkeit die BusyBox (*/bin/busybox*).

Der Standardeditor vi

Der Editor *vi* ist klein und sehr schwer zu bedienen; dennoch erfreut er sich großer Popularität, da er auf nahezu jedem Unix- und Linux-System zu finden ist und in jedem Terminal läuft (ähnlich wie damals EDLIN von DOS). Meist ist der vi über die Umgebungsvariable `$EDITOR` als Default-Editor eingetragen. Daher begegnet man ihm immer wieder, zumal es im Allgemeinen heißt: »Wenn nichts mehr geht – vi geht immer«. Der *vi* wird von Linux-Distributionen aus lizenzrechtlichen Gründen nicht sehr häufig verwendet, stattdessen nutzt man *vim (Vi IMproved)*, der alle Eigenschaften des *vi* besitzt und ihn unter anderem durch wertvolle Verbesserungen wie Tabbing erweitert.

vi ist ein Texteditor, der unter anderem folgende Optionen bietet: mehrfaches Rückgängigmachen von Eingaben, mehrere Fenster und Buffer, automatische Vervollständigung von Dateinamen, Onlinehilfen, visuelle Hervorhebung von markierten Texten, Speicherung und Abruf von eingegebenen Befehlen und Kommandos, Editieren von binären Dateien usw. Für weitere Informationen empfehle ich Ihnen das Buch von Arnold Robbins: »vi-Editor – kurz & gut«, ISBN 978-3-89721-213-8, ebenfalls erschienen im O'Reilly Verlag.

Der bei unserem System eingesetzte Editor ist allerdings nicht der echte *vi*, sondern auch nur wieder ein Verweis auf */bin/busybox*. Deshalb funktioniert hier auch nicht alles so, wie man es eventuell gewohnt ist. Ich bleibe der Einfachheit halber trotzdem bei der Bezeichnung *vi*.

Befehle von vi

Dieser Editor lässt sich nicht intuitiv bedienen, ohne Kenntnis der Tastenkürzel ist man hoffnungslos verloren. Zunächst muss man wissen, dass der normale vi drei verschiedene Modi kennt:

1. Im Befehlsmodus (*command mode*) wird jede Eingabe als Befehl bzw. Kommando interpretiert. Dieses ist der Standardmodus beim Starten. Durch den Befehl c (command) gelangt man in diesen Befehlsmodus.
2. Der Einfügemodus (*insert mode*) lässt Texteingaben zu.
3. Der Komplexbefehlsmodus (*last line mode*) stellt den Befehlsmodus zur Verfügung, damit in der letzten Zeile die Befehle editiert werden können

Die wichtigsten Tastenkürzel sind in Tabelle 9-1 dargestellt:

Tabelle 9-1: Nützliche Kurzbefehle des vi-Editors

Taste	Funktion
`i, Einfg`	wechselt in den Einfügemodus (insert)
`Esc`	beendet den Einfügemodus
`h`	Cursorbewegung links
`l (L)`	Cursorbewegung rechts
`j`	Cursorbewegung nach unten
`k`	Cursorbewegung nach oben
`x`	löscht ein Zeichen
`dd`	löscht die aktuelle Zeile
`p`	gelöschte Zeile an der Cursorposition einfügen (paste)
`u`	Rückgängig machen (undo)
`:`	wechselt in den Komplexbefehlsmodus

Im Komplexbefehlsmodus hat man wiederum u.a. die in Tabelle 9-2 zusammengefassten Tasten zur Auswahl:

Tabelle 9-2: Wichtige Befehle, um zum Beispiel den vi wieder zu verlassen

`:w Name`	speichert die Datei unter dem Namen *Name*
`:wq`	speichert die Änderungen und beendet den vi
`:q!`	beendet den vi, ohne zu speichern
`:help`	startet eine Onlinehilfe

Im Texteditor vi kann man auch die normalen Cursortasten sowie Pos1, Ende und Tab benutzen. Mit der Taste Einfg kann man – wie bei DOS-Editoren auch – zwischen dem Einfüge- und dem Überschreibmodus wechseln. Der aktuelle Modus wird dabei in der letzten Zeile vor dem Dateinamen angezeigt: I = Einfügemodus, R = Überschreibmodus. Die Entf-Taste können Sie nicht benutzen, Sie müssen also mit der Pfeiltaste nach rechts und anschließend die Backspace-Taste drücken. Bild oben und Bild unten funktionieren nicht wie unter anderen Editoren.

Aus der Hilfestellung und dem Editor kommt man übrigens mit folgender Tastenkombination wieder heraus: Esc, :, q, !, Enter.

Dienste und Konfigurationsdateien

Auf der Kommandozeile des Hosts kann man Einfluss auf einige Dienste nehmen, die üblicherweise durch Konfigurationsdateien festgelegt sind. Dazu gehören:

- Namensauflösung
- Login-Konfigurationen
- VMkernel-Konfigurationen
- Logfile-Einstellungen
- Zeiteinstellungen z. B. für NTP

Da die Konfigurationen der Dienste jeweils aus Dateien nur beim Start des Diensts abgerufen werden, muss der jeweilige Daemon hinterher neu gestartet werden, um die Änderungen zu übernehmen und in der grafischen Oberfläche angezeigt zu bekommen. Auch das lässt sich einfach auf der Kommandozeile mit dem Befehl `<Dienst> restart` bewerkstelligen. Manchmal ist dafür die gesamte Pfadangabe zum Dienst notwendig.

Namensauflösung

Viele Einstellungen im vCenter Server funktionieren nur, wenn sich die ESXi-Server untereinander finden und der VCS ebenfalls darauf Zugriff hat. Eines der wichtigsten Dinge für DRS, HA und vMotion ist die Namensauflösung, die nur bei korrekt eingestelltem DNS oder konfigurierter Hosts-Datei funktioniert. Auf DNS kann man sich hier leider nicht immer verlassen, da es sich bei den Hosts ja nicht um Windows-Maschinen handelt, die Mitglied einer AD-Domäne sind!

Die Datei */etc/nsswitch.conf* ist unter anderem für die IP- und Namensauflösung verantwortlich. Dort finden Sie als Standardeintrag die Zeile `hosts: files dns`.

Das bedeutet, dass zunächst in einer lokalen Datei namens */etc/hosts* nach Einträgen gesucht werden soll. Wird dort nichts gefunden, versucht der ESXi-Server als Nächstes, in DNS eine Auflösung vorzunehmen. Die Konfigurationsdatei für DNS wiederum ist */etc/resolv.conf*, die bei der Installation nach Ihren Angaben erstellt wird. Darin steht z. B. die Arbeitsgruppe oder Domäne als Suchsuffix und die Information darüber, welcher DNS-Server für diesen Bereich zuständig ist:

```
[root@esx1]# less /etc/resolv.conf
nameserver 192.168.50.10
search cssv.dom
```

Die Datei */etc/hosts* sollte Namen und IP-Adressen der beteiligten ESXi-Server und des vCenter Servers enthalten, um sicherzugehen, dass DNS-Probleme nicht zu einer Fehlermeldung oder zum Abbruch von DRS, HA und vMotion führt:

```
[root@esx1]# less /etc/hosts
127.0.0.1     localhost
::1
192.168.50.51     esx1.cssv.dom  esx1
```

```
192.168.50.52      esx2.cssv.dom  esx2
192.168.50.53      esx3.cssv.dom  esx3
192.168.50.54      esx4.cssv.dom  esx4
192.168.50.50      vcs.cssv.dom   vcs
```

Gegebenenfalls kann über VMware HA noch ein Eintrag hinzugefügt werden, falls die bestehenden Einträge nicht ausreichen.

> Per Konvention sollten die Namen kleingeschrieben werden. Beachten Sie, dass unter Unix und Linux zwischen Klein- und Großschreibung unterschieden wird! Allerdings ist es in der *hosts*-Datei tatsächlich egal.

User-Login

Es gibt viele Möglichkeiten, sich auf einem ESXi-Server anzumelden: über den vSphere Client, über die direkte Konsole und über einen SSH-Client wie putty oder WinSCP.

Der direkte Zugriff über den vSphere Client wird über einen *TCP Wrapper* zur Verfügung gestellt, SSH benutzt den sshd-Daemon, der wiederum über die Datei */etc/ssh/sshd_config* konfiguriert ist. Dort sind allerdings einige Zeilen auskommentiert. Das ist ein Hinweis darauf, dass die Standardeinstellungen verwendet werden. Beispielsweise ist der Port, über den auf ssh gelauscht wird, üblicherweise Port 22. In der Datei ist die Zeile aber nicht aktiv: # Port 2200. Nur wenn man sich über einen anderen Port verbinden möchte, muss man hier die Einstellung z.B. auf Port 23 ändern und den sshd-Dienst neu starten.

```
[root@esx1]# /etc/init.d/SSH restart
SSH login disabled
SSH login enabled
```

Die User-Accounts findet man in der Datei */etc/passwd*, deren Passwörter verschlüsselt in */etc/shadow* abgelegt sind. Die Einstellungen für das notwendige Passwort befinden sich in der Datei *passwd* im Verzeichnis */etc/pam.d*. In der dritten Zeile steht am Ende u.a. der Eintrag `min=8,8,8,7,6`. Dabei bedeutet der erste Eintrag die Minimallänge des Passworts, wenn nur eine Zeichenart verwendet wird. Die zweite Zahl ist die minimale Länge bei Verwendung von zwei der Möglichkeiten, wobei der erste Großbuchstabe nicht zählt (`Passwort` weist also nur eine Zeichenart auf, `PassWort` zwei). Der dritte Wert gibt die Minimallänge einer Passphrase aus mindestens drei Wörtern an; der vierte und der fünfte Eintrag beschreiben die Mindestlänge bei drei bzw. vier verwendeten Zeichencodes. Die angegebenen fünf Werte müssen absteigend oder gleich sein.

Um die Passwortlänge zu reduzieren, kann man also z.B. den Eintrag auf `min=6,6,6,6,6` ändern. Zum Ausschalten der Komplexität können Sie zusätzlich noch den folgenden Eintrag anhängen: `min=6,6,6,6,6 enforce=none`. Die Änderungen können auch hier mit dem Editor *vi* vorgenommen werden. Ein anderer Editor wird auf der i-Version nicht angeboten.

Vorgehensweise:

1. Um sich auf der Konsole anmelden zu können, müssen Sie zunächst bei der Konfiguration die »Troubleshooting Mode Options« ändern. Wollen Sie sich direkt an dem ESXi-Server anmelden, wählen Sie mit den Pfeiltasten den Eintrag ENABLE ESXI SHELL aus und drücken Sie Enter-Taste.
2. Drücken Sie die Tastenkombination Alt+F1, um auf die erste Konsole zu kommen.
3. Geben Sie das Passwort des Users *root* ein und drücken Sie erneut die Enter-Taste.
4. Da es hier nur den Editor *vi* gibt, geben Sie an der Position, an der Sie sich befinden, `vi /etc/pam.d/passwd` ein und drücken Sie die Enter-Taste.
5. Gehen Sie mit den Pfeiltasten in die dritte Zeile und dann nach rechts, bis Sie den Eintrag `... retry=3 min= ...` sehen. Drücken Sie Einfg und ergänzen Sie den Eintrag wie oben beschrieben oder ändern ihn entsprechend ab.
6. Drücken Sie Esc und anschließend `:wq` zum Speichern und Verlassen des Editors.
7. Sie brauchen weiter nichts zu veranlassen, denn diese Änderung wirkt bei der nächsten Anmeldung auf der Konsole sofort.

Die Kernel-Konfigurationsdatei

Die hauptsächliche Konfiguration für den VMware Kernel findet man in der Datei */etc/vmware/esx.conf*. Mit einem normalen Texteditor können Sie sich diese Datei ansehen und bearbeiten. Auch die Geräte, auf die der Kernel zugreift, sind dort aufgelistet. Sie beinhaltet also Einstellungen für die Hardware, die zu ladenden Module (ähnlich wie die DLLs für Windows) sowie die Boot-, Laufwerk- und Netzwerkkonfiguration. In Version 2.x gab es dazu noch mehrere einzelne Dateien, die ab Version 3 hier zusammengefasst wurden. Über den vSphere Client können ebenfalls Einstellungen zu dieser Datei indirekt verändert werden.

Da hier das Herzstück des ESXi-Kernels liegt, ist es sicher eine gute Idee, diese Datei vor Änderungen woanders abzuspeichern.

Für Änderungen über die Kommandozeile empfiehlt sich das Tool *esxcfg-advcfg*. Die wichtigsten Schalter dieser Anwendung sind -g für »get« und -s für »set«.

```
[root@esx5]# esxcfg-advcfg  -g  Wert
Beispiel: esxcfg-advcfg  -g  /Misc/HostName
Ausgabe: Value of HostName is esx5.cssv.de
[root@esx5]# esxcfg-advcfg  -s  Wert
```

Änderungen, die Sie über den vSphere Client in den erweiterten Einstellungen des Hosts machen, werden typischerweise am Anfang dieser Datei aufgelistet. Sie brauchen diese Zeilen nur komplett zu löschen und den Host neu zu starten, dann haben Sie wieder die Standardeinstellungen geladen.

Logdatei-Protokollierung

Zuständig für die Protokollierung ist der Daemon *vmsyslogd*, über den auch der Speicherort, die Größe der Dateien und die Angabe, wie viele aufgehoben werden sollen, eingestellt werden kann. Das können Sie über den vSphere Client unter KONFIGURATION → ERWEITERTE EINSTELLUNGEN → SYSLOG einrichten. Die Änderungen, die Sie hier vornehmen, landen in der Datei */etc/vmsyslog.conf.d/vpxa.conf*.

Nachdem der Host zum vCenter Server hinzugefügt wurde, werden zusätzliche Dateien für die Fehlersuche angelegt: Diese finden Sie z. B. unter */scratch/log/*, wobei das wiederum (meistens) ein Link auf ein VMFS-Volume ist. Die dortigen Logdateien entsprechen dem obigen Beispiel. Die Datei */var/log/vpxa.log*, die auch schon vorher existiert, zeigt als Link immer auf die aktuelle Logdatei im Ordner */scratch/log/*, diese entspricht auf der Windows-Seite ungefähr der Datei *vpx-index*. Die Logdateien heißen auf dem ESXi-Server *vpxa-n.log*, wobei *n* wieder fortlaufende Zahlen sein können.

Des Weiteren existieren auf dem ESXi-Server im selben Ordner wie die Datei */etc/vmsyslog.conf.d/vpxa.conf*, in der man die Einstellungen für das Protokollieren vornehmen kann, auch einige weitere *.conf*-Dateien für die Protokollierung, die ähnlich aufgebaut sind wie z. B. die des VMkernels.

Eine HTML-basierte Datei finden Sie ebenfalls unter */etc/vmware/vpxa/*, schauen Sie sich den Inhalt an. Dort ist z. B. festgelegt, welche Informationen (Level) abgespeichert werden. Statt des Standardwertes `verbose` können auch folgende Werte stehen: `trivia`, `info`, `warning`, `error` oder `none`.

Der Wert `maxFileSize` liegt üblicherweise bei 1048576, was einem MByte entspricht, der Wert für `maxFileNum` liegt normalerweise bei 10. Das muss aber nicht unbedingt in der Datei stehen, da es sich hierbei um Standardwerte handelt.

Die Informationen zum Host werden in verschiedenen Logdateien auf dem System selbst im Verzeichnis */var/log* abgespeichert. Sehen Sie sich die Dateien *vmkeventd*, *vmkernel*, *vmkwarning* und die Datei *hostd.log* z. B. mit dem Programm less an:

```
less /var/log/vmkernel
```

Der NTP-Client

Wie bereits in Kapitel 4 ausführlich beschrieben, empfehle ich, die Zeit und das Datum auf den ESXi-Servern aktuell zu halten. Ansonsten haben die VMs beim Starten eine falsche Zeit oder ein falsches Datum, und die Informationen in den Logdateien lassen sich nur schwer einordnen. Eine gute Möglichkeit zur korrekten Einstellung der Zeit ist die Konfiguration des *Network Time Protocol* (NTP), die über den vSphere Client (siehe Abbildung 9-1) oder die Kommandozeile erfolgen kann.

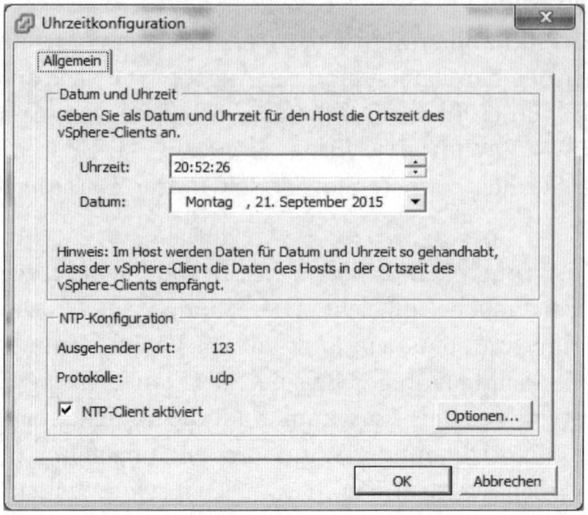

Abbildung 9-1: NTP-Zeiteinstellungen

Den aktuellen Status sehen Sie auf der ESXi-Registerkarte KONFIGURATION: Klicken Sie im Abschnitt SOFTWARE auf UHRZEITKONFIGURATION. Ist der Dienst nicht eingerichtet oder fehlerhaft, zeigt Abbildung 9-2, woran Sie das erkennen können.

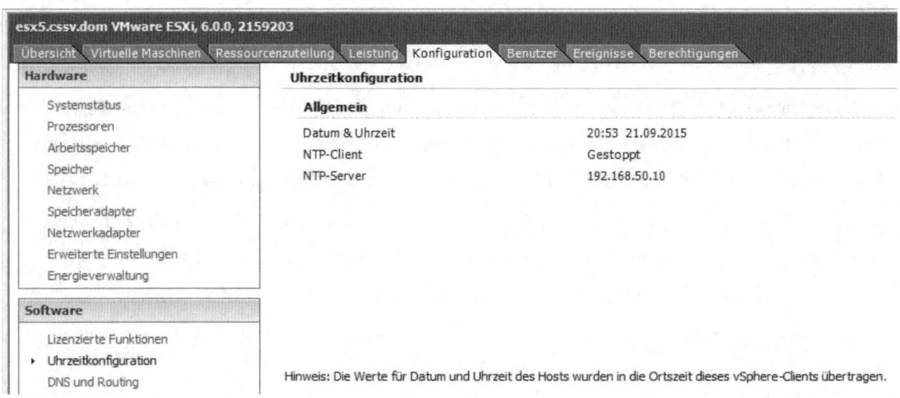

Abbildung 9-2: NTP-Konfiguration

Beachten Sie dabei, dass die Firewall den UDP-Port 123 geöffnet haben muss, was normalerweise automatisch abläuft. Falls nicht, öffnen Sie den UDP-Port 123, und üblicherweise wird der NTP-Client automatisch gestartet (ab Version 3.5).

Über die Eingabeaufforderung können Firewall-Einstellungen in der Datei */etc/vmware/firewall/service.xml* konfiguriert werden. Dabei können vordefinierte Dienste, wie z.B. ntpClient, verändert oder auch beliebige andere definiert werden. Die Einstellungen zu diesem Dienst finden Sie bei der ID 0007. Folgende Zeilen sind dort standardmäßig enthalten:

```
<service id='0007'>
    <id>ntpClient</id>
    <rule>
      <direction>outbound</direction>
      <protocol>udp</protocol>
      <porttype>dst</porttype>
      <port>123</port>
    </rule>
    <enabled>false</enabled>
    <required>false</required>
  </service>
```

Sind Sie mit den Änderungen fertig, müssen Sie noch die Firewall aktualisieren. Das können Sie auf der Kommandozeile mit folgendem Befehl erreichen:

```
esxcli network firewall refresh
```

Über den vSphere Client sehen Sie die Änderungen anschließend erst, nachdem Sie auch hier auf den Link AKTUALISIEREN geklickt haben.

Sollte der NTP-Dienst nicht automatisch starten, erreichen Sie das über folgende Eingabe:

```
/etc/init.d/ntpd start
```

Die eigentliche Konfiguration des NTP-Clients befindet sich in der Datei */etc/ntp.conf*. Diese können Sie mit dem vi ganz normal editieren und den Dienst anschließend neu starten über

```
/etc/init.d/ntpd restart
```

Die Änderungen sehen Sie hinterher auch über den vSphere Client.

Ansichten der GUI aktualisieren

Bei Änderungen auf der Kommandozeile eines ESXi-Hosts spiegelt sich die Aktualisierung im vCenter Server nicht (bzw. nicht immer sofort) wider. Man kann in der grafischen Oberfläche den REFRESH-Button anklicken oder sich neu mit dem vSC (vSphere Client) anmelden. Helfen beide Vorgehensweisen nicht, muss man den Servicedienst neu starten:

```
[root@esx1]# /etc/init.d/vpxa restart
watchdog-vpxa: Terminating watchdog process with PID 3041
vpxa stopped.
vpxa is running
```

und

```
[root@esx1]# /etc/init.d/hostd restart
watchdog-vpxa: Terminating watchdog process with PID 2848
hostd stopped.
hostd started.
```

Der erste Befehl startet den vCenter Server-Agenten, der zweite den VMware-Daemon *hostd* neu. Anschließend werden die jeweiligen aktuellen Daten angezeigt. Dabei ist es normal, dass der vSphere Client kurzfristig den Server verliert.

Updates und Patches manuell einspielen

VMware stellt auf seiner Internetseite in unregelmäßigen Abständen Patches und Updates für die Aktualisierung ihrer Produkte bereit. Die Vorgehensweisen zum Einspielen dieser beiden Aktualisierungen sind jedoch unterschiedlich.

Sie können sich bei VMware über die Internetseite auch per Mail benachrichtigen lassen, wenn neue Patches und Updates zur Verfügung stehen:

http://support.vmware.com/selfsupport/subscription/

Patches

Die zum Download angebotenen Patches vom selben Datum werden nach ihrer Art und Verwendung nochmals unterschieden in Patches für den ESXi-Server (*Critical*, *Security* und *General*) sowie für den vCenter Server.

Über die Internetseite *http://www.vmware.com/patchmgr/download.portal/* können Sie die Dateien für Ihr System heraussuchen, herunterladen und anschließend einspielen.

Für das vCenter werden nach dem Anklicken des blauen Links weitere Informationen (auf Englisch) angezeigt. Dabei ist zu beachten, dass gegebenenfalls vor der Installierung noch einige vorbereitende Schritte nötig sein können, z.B. für den Anschluss an eine Datenbank.

Für den ESXi-Server werden Patches als *.zip*-Dateien angeboten. Nach dem Herunterladen von einem Windows-PC aus müssen diese zunächst ausgepackt und dem ESXi-Server zur Verfügung gestellt werden. Das kann man z.B. mit dem Datenspeicherbrowser oder WinSCP machen. Es wird empfohlen, die Patches und Updates zentral in einem Unterverzeichnis *updates* in dem Verzeichnis */var* abzulegen, mit `md5sum` zu überprüfen und diese von dort aus auszupacken und zu installieren.

Im folgenden Beispiel verwende ich ein neues Verzeichnis auf dem VMFS-Datastore und portiere die Dateien dort hin. Ich wähle extra diesen Weg, weil auf dem Volume meist mehr Platz ist als im Verzeichnis */var* und weil dieses einfacher von einem anderen Rechner aus zu steuern ist. Anschließend muss auf der Kommandozeile folgender Befehl ausgeführt werden:

```
esxcli software vib update -d <Pfad zur index.xml Datei>
```

Also zum Beispiel:

```
esxcli software vib update -d /vmfs/volumes/esx5-datastore1/Updates/
```

Danach sollten Sie diese Meldung bekommen:

```
Message: The update completed successfully, but the system needs to be rebooted
for the changes to be effective.
```

Starten Sie den Host neu, indem Sie auf der Kommandozeile `reboot` eingeben.

Anschließend werden noch einige Linux- und VMware-Befehle einschließlich Handhabung und Beispielen aufgeführt.

> Seien Sie auf der Kommandozeile mit den *root*-Rechten besonders vorsichtig. Teilweise wird ohne Warnung der (vielleicht falsch) eingegebene Befehl ausgeführt!

Die Kommandozeile, wichtige Dateien und Befehle

Da der ESXi-Server auf der sogenannten BusyBox aufbaut, sind hier einige wenige Linux-Kommandos möglich. Die für die Arbeit wichtigen habe ich im Folgenden zusammengestellt.

Kommandozeilenbefehle der ESXi Shell

Die folgenden Befehle sind direkt auf der Kommandozeile ausführbar. Ihr Ergebnis spiegelt nur die Standardbefehle wider. Im nächsten Abschnitt finden Sie die Befehle für den VMkernel, dem eigentlichen Kern von VMware ESXi.

Beachten Sie bitte, dass viele Befehle nur vom *root*-Benutzer ausgeführt werden können und dass bei Linux-Systemen zwischen Klein- und Großbuchstaben unterschieden wird. Die Liste habe ich alphabetisch sortiert.

`alias`
: Zeigt alle Aliase an. Beispielsweise kann `cls` in `clear` umgewandelt werden: `alias cls=clear`. Anschließend können Sie die kürzere Schreibweise `cls` verwenden. Ein anderes Beispiel wäre `cdd="cd /vmfs/volumes/esx5-datastore1"`. Damit brauchen Sie nur noch `cdd` einzugeben und landen anschließend im VMFS-Volume des Rechners.

`cat` `Datei`
: Zeigt den Inhalt einer Datei an, ähnlich wie `type` in der DOS-Welt.

`cd` `Verzeichnis`
: Wechselt zum Verzeichnis. `cd /` wechselt zum root-Mountpoint, `cd ..` wechselt in das nächsthöhere Verzeichnis (achten Sie auf das Leerzeichen).

`chgrp` `Gruppe Datei`
: Ändert die Eigentümergruppe der Datei. Verzeichnisse werden wie bei `chown` abgeändert.

chmod Benutzer +-Berechtigung Datei
: Ändert die Berechtigung an einer Datei oder einem Verzeichnis. Mit `chmod -R` kann man wiederum ein Verzeichnis mit allen Unterverzeichnissen und Dateien ändern. Die Berechtigung wird entweder oktal (`1` = ausführen, `2` = schreiben, `4` = lesen) oder als Buchstabe (`r` = lesen, `w` = schreiben, `x` = ausführen) angegeben. Diese Berechtigung ist dreigeteilt in Eigner, Eignergruppe und andere. `chmod +rwxrxx Datei` bedeutet beispielsweise Folgendes: Eigner darf alles, Eignergruppe darf lesen und ausführen, und andere dürfen nur ausführen. Oktal lautete der Befehl `chmod 751 Datei`.

chown Benutzer *:* Gruppe Datei
: Ändert den Eigentümer der Datei. `chown -r root /root/vmware` ändert alle Dateien im Verzeichnis auf den Eigner `root`.

clear
: Dieser Befehl löscht den gerade sichtbaren Bildschirminhalt.

cp Quelle Ziel
: Kopiert eine oder mehrere Dateien. Dieser Befehl kann nicht zum Kopieren auf oder von einer VMFS-Partition genutzt werden. Dafür ist `vmkfstools` zuständig (siehe unten).

date -u MMDDhhmmYY
: Datum des Rechners einstellen. `-u` bedeutet UTC (koordinierte Weltzeit), `MM` Monat, `DD` Tag, `hh` Stunde, `mm` Minute, `YY` Jahr. Denken Sie daran, alle Zeitangaben zweistellig anzugeben, also für Januar `01`.

*dd if=/dev/cdrom of=/*Verzeichnis/Datei *.iso bs=32k*
: Dieser Befehl erstellt ein ISO-CD-Image aus der eingelegten CD und speichert es im angegebenen Verzeichnis unter dem angegebenen Dateinamen. Dies ist besonders nützlich, da Sie mit ISO-Images besser arbeiten können als mit physischen CDs. Allerdings sollten Sie dabei beachten, dass keine Überprüfung des Image auf Richtigkeit stattfindet.

df
: Zeigt die Speicherbelegung der Partitionen an. Mit `df -h` werden MByte und GByte statt Byte angezeigt, um die Lesbarkeit zu verbessern.

du Verzeichnis
: Zeigt die Plattenbelegung des aktuellen Verzeichnisses an.

find Pfadname Dateiname
: Sucht im Pfad nach Dateien mit dem angegebenen Dateinamen. `-size` als Parameter sucht nach Dateien mit bestimmter Größe, `-mtime` nach Dateien mit einem bestimmten Erstellungsdatum.

grep String
: Durchsucht einen Text nach einem Muster (String). Beispielsweise zeigt der Befehl `cat /etc/vmware/pcitable | grep Dell` die unterstützten PCI-Geräte von Dell an. Im Beispiel wird der Inhalt der Datei *pcitable* an `grep` weitergegeben, `grep` durchsucht diesen Inhalt nach `Dell` und gibt die gefundenen Zeilen aus.

groupadd `Gruppe`
: Legt eine neue Gruppe an. Dieser Befehl ist veraltet, es sollte lieber `vim-cmd` dafür genutzt werden. Ab Version 5.1 wird dieser Befehl nicht mehr unterstützt.

gunzip `Datei`
: Entpackt die angegebene Datei.

gzip `Datei` *-best*
: Packt eine Datei mit dem *gzip*-Verfahren. Nach dem Packen wird die Endung *.gz* an den Dateinamen angehängt.

halt
: Dieser Befehl fährt das System herunter.

head `Datei`
: Zeigt Ihnen die ersten zehn Zeilen einer Datei an. Mit `head -20 Datei` werden die ersten 20 Zeilen angezeigt.

hostname
: Zeigt den Rechnernamen an. `hostname neuer Rechnername` ändert den Rechnernamen des Systems, allerdings nur zur Laufzeit. Nach einem Reboot ist der alte Name wieder eingetragen.

kill `Prozess ID`
: Beendet einen Prozess. `kill -9` beendet auch hartnäckigste Prozesse.

less `Datei`
: Zeigt den Inhalt einer Datei an und verbleibt an deren Ende. Man kann mit BILD-HOCH und BILD-RUNTER die Seiten wechseln.

ls -la `Pfad`
: Dieser Befehl listet alle Dateien im Pfad auf. Falls keine Pfadangabe gemacht wird, gilt das aktuelle Verzeichnis. Der Parameter `l` zeigt die Dateien mit Details an, a zeigt auch die versteckten Dateien an. `ls -la | more` oder `ls -la | less` führt dazu, dass die Dateien seitenweise angezeigt werden. `ls -ltr` zeigt Dateien und Verzeichnisse nach Datum und Uhrzeit sortiert an.

lsof
: Listet alle durch Prozesse geöffneten Dateien auf. `lsof -i` listet nur alle aktiven IP-Prozesse auf. Mit `lsof -i | grep vm1.vmx` bekommt man die Prozess-ID der VM vm1 heraus. Mittels kill <ID> kann man die VM hart abschalten, wenn dies über die grafische Oberfläche mit dem vSphere Client nicht mehr möglich ist.

lspci
: Zeigt die PCI-Geräte des Hosts an.

md5sum
: Erstellt einen Hashwert mithilfe des md5-Algorithmus. Dieser Wert ist einmalig für eine Datei, d.h., jede Veränderung der Datei selbst hat eine Änderung des Hashwerts zur Folge. Bei jedem Download und beim Kopieren von sen-

siblen Dateien von oder zu einem Rechner sollten Sie die Hashwerte beider Dateien überprüfen, um sich vor Veränderungen zu schützen. Veränderungen können entweder durch einen fehlerhaften Kopierprozess entstehen, oder die Datei wurde absichtlich manipuliert.

mkdir `Verzeichnis`
: Erstellt ein Verzeichnis.

mv `Quelle Ziel`
: Verschiebt eine Datei oder ein Verzeichnis bzw. benennt sie bzw. es um.

passwd `Benutzer`
: Ändert das Passwort des angegebenen Benutzers. Wird kein Benutzer angegeben, wird das Passwort des aktuellen Benutzers geändert.

ps
: Zeigt die Prozesse eines Systems mit ihrem Aufruf und der Prozess-ID an. `ps -t` listet alle Prozesse mit zugehörigem Typ auf. `ps -c` zeigt alle Prozesse detailliert an.

pwd
: Dieser Befehl zeigt das aktuelle Verzeichnis an. Mit `export PS1='[\u@\h \w]\$'` bekommt man auch den ganzen Pfad angezeigt. Diese Einstellung gilt nur für die aktuelle Sitzung. Möchten Sie den Pfad immer haben, muss er in die »Konfigurationsanmeldedatei« *profile* im Verzeichnis */etc/* eingetragen werden (achten Sie auf die Kleinschreibung des Buchstabens »w«). Hier können Sie auch Aliase eintragen, die dann beim nächsten Anmelden wieder gültig sind.

reboot
: Neustart des Systems. Unter VMware ESX 2.5 werden standardmäßig alle laufenden virtuellen Maschinen automatisch durch die VMware Tools heruntergefahren, ab Version 3 geschieht das nur, wenn Sie es explizit eingestellt haben.

rm `Datei`
: Löscht eine Datei. `rm -r Verzeichnis` löscht ein Verzeichnis mit allen darin enthaltenen Dateien. Da bei VMware ESX `rm` ein Alias auf `rm -i` ist, wird bei jeder Datei nachgefragt, ob Sie diese wirklich löschen wollen. Bei Verzeichnissen mit vielen Dateien oder Unterverzeichnissen kann das lästig sein. In diesem Fall können Sie einfach `/bin/rm -r Verzeichnis` eingeben, und Sie werden nicht mehr gefragt. Verwenden Sie diesen Befehl bitte nur, wenn Sie sich über Ihr Tun im Klaren sind, da man gelöschte Dateien nicht mehr so ohne Weiteres wieder herbeizaubern kann.

rmdir `Verzeichnis`
: Löscht ein leeres Verzeichnis.

scp `Quelle Benutzer@Host:Pfad`
: Kopiert eine oder mehrere Dateien auf einen anderen Server über ssh. Dies wird benötigt, wenn die ESXi-Server auf höchste Sicherheit eingestellt sind.

Hier ein Beispiel: `scp /etc/inittab root@esxserver.testnetz.local:/root/` kopiert die Datei */etc/inittab* auf den ESX-Server `esxserver.testnetz.local` ins Verzeichnis */root* unter Verwendung des *root*-Benutzers zum Verbindungsaufbau über das Netzwerk.

set

Zeigt alle Systemvariablen an.

su

Umschalten zum *root*-Benutzer. Es ist gängige Praxis, sich als normaler Benutzer ohne besondere Rechte anzumelden und mit su in die Root-Shell zu wechseln. Diese Shell wird mit `exit` verlassen. Mit `su -c Befehl` kann ein beliebiger Befehl mit Root-Rechten ausgeführt werden. Um als *root*-Benutzer zu einer Shell mit normalen Benutzerrechten zu gelangen, muss einfach `su Benutzername` eingegeben werden. Möchte man sich z. B. über ssh (putty) direkt anmelden, ohne den Umweg über einen anderen User zu gehen, muss man die Datei */etc/ssh/sshd_config* editieren, indem man in der Zeile mit `PermitRootLogin` yes einträgt und abspeichert. Das ist allerdings ein Sicherheitsrisiko! Um die Änderungen wirksam zu machen, muss der ssh-Dienst neu gestartet werden: `service sshd restart`.

tail `Datei`

Zeigt Ihnen die letzten zehn Zeilen einer Datei an. Mit `tail -20 Datei` werden die letzten 20 Zeilen angezeigt.

tar -czvf `Zieldatei Quelle`

Fasst die Quelldatei oder das Quellverzeichnis zu einer *.tar*-Datei zusammen und packt sie anschließend mit `gzip` c = create (erstellen), z = mit gzip packen, v = verbose (detaillierte Ausgabe), f = file.

tar -xzvf `Quelldatei`

Entpackt die Datei in das aktuelle Verzeichnis, x = extract (entpacken).

touch `Datei`

Verändert das Zugriffsdatum einer Datei, ohne den Inhalt zu verändern. Falls die Datei nicht existiert, wird sie neu erstellt.

useradd `Benutzer` *(-g* `Gruppe` *-d* `Heimatverzeichnis`*)*

Legt einen neuen Benutzer an. Wenn keine Gruppe und kein Heimatverzeichnis angegeben werden, wird eine neue Gruppe mit dem Benutzernamen erstellt, in der er Mitglied wird, und ein Heimatverzeichnis mit dem Benutzernamen unter */home*. Dieser Befehl ist veraltet, es sollte lieber `vim-cmd` dafür genutzt werden.

userdel `Benutzer`

Löscht den Benutzer vom System. Das Heimatverzeichnis wird allerdings nur gelöscht, wenn der Parameter `-r` mitgegeben wird. Dieser Befehl ist veraltet, es sollte lieber `vim-cmd` dafür genutzt werden.

usermod Optionen Benutzer
: Ändert das Benutzerkonto. -l sperrt den Benutzer, -g ändert die primäre Gruppenzugehörigkeit und -d das Heimatverzeichnis. Dieser Befehl ist veraltet, es sollte lieber vim-cmd dafür genutzt werden.

which Befehl
: Zeigt den Speicherort des angegebenen Befehls an.

who
: Zeigt alle aktuell angemeldeten Benutzer des Systems an.

whoami
: Zeigt den angemeldeten Benutzer an.

Kommandozeilenbefehle des VMkernels

Diese Befehle werden auf der direkten Konsole ausgeführt, betreffen aber nur den VMware Kernel. Auch hier folgen die Befehle in alphabetischer Reihenfolge:

esxtop
: Wie top, allerdings mit allen Informationen zum VMkernel.

vdf
: Wie df, zeigt allerdings auch die VMFS-Partitionen an. vdf -h macht das Ganze übersichtlicher. Sie sehen allerdings die wirklichen physischen Pfade zu den SCSI- oder Fibre-Channel-Platten und nicht den Friendly Name.

vmkload_mod
: Verwaltet die geladenen Module des VMkernels. vmkload_mod -l zeigt die geladenen Kernel-Module an. vmkload_mod -u Modulname entlädt das Modul. vmkload_mod Modulpfad /Modulname.o lädt das entsprechende Kernel-Modul.

vm-support
: Bei Problemen mit dem VMware ESXi-Server kann man mit diesem Befehl die Datei *esx-<Datum>.id.tgz* erstellen, um sie anschließend dem VMware-Support zur Verfügung zu stellen. In dieser Datei stehen alle wichtigen Informationen des VMware ESXi-Servers. Unter Umständen ist es empfehlenswert, diesen Befehl monatlich auszuführen und die ausgegebene Datei zu sichern.

vmware-cmd

Mit dem folgenden Programm können Sie nur über die VCLI arbeiten. Dieser Befehl ist auf der direkten Konsole nicht vorhanden. Ein Ersatz, der hier verfügbar ist, ist das Tool esxcli, auf das ich weiter unten eingehe.

Mit vmware-cmd können Sie über die VCLI sämtliche virtuellen Maschinen steuern! Ich gehe hier auf alle wichtigen Parameter ein. Einer der Parameter ist fast immer die Konfigurationsdatei, also die VMware-*.vmx*-Datei, z.B. */vmfs/volumes/storage1/Server1/server1.vmx*.

vmware-cmd -l
: Gibt eine Liste aller registrierten virtuellen Maschinen aus.

vmware-cmd -s register `Konfig-Pfad/.vmx Datei`
: Registriert eine virtuelle Maschine.

vmware-cmd -s unregister `Konfig-Pfad/.vmx Datei`
: Löscht die Registrierung der virtuellen Maschine.

vmware-cmd `Konfig-Pfad/.vmx Datei` *getstate*
: Zeigt den Status der virtuellen Maschine an.

vmware-cmd `Konfig-Pfad/.vmx Datei` *getpid*
: Zeigt die Prozess-ID der virtuellen Maschine an.

vmware-cmd `Konfig-Pfad/.vmx Datei` *getid*
: Zeigt die World-ID der virtuellen Maschine an.

vmware-cmd `Konfig-Pfad/.vmx Datei` *getuptime*
: Zeigt die Laufzeit der virtuellen Maschine an. In diesem Zeitraum wurde diese virtuelle Maschine nicht abgeschaltet.

vmware-cmd `Konfig-Pfad/.vmx Datei` *getheartbeat*
: Wenn Sie diesen Befehl zweimal hintereinander ausführen und das Ergebnis gleich ist, können Sie davon ausgehen, dass die virtuelle Maschine nicht mehr läuft.

vmware-cmd `Konfig-Pfad/.vmx Datei` *getremoteconnections*
: Zeigt die Anzahl aller derzeitigen Remote-Console-Verbindungen an.

vmware-cmd `Konfig-Pfad/.vmx Datei` *answer*
: Falls unbeantwortete Fragen anstehen, können sie mit diesem Befehl beantwortet werden. Beispiel: Sie haben eine virtuelle Maschine mit einer Festplatte im nicht dauerhaften Modus und beim Abschalten dieser VM werden Sie (wie immer) gefragt, ob alle Änderungen zurückgeschrieben werden sollen. Diese Frage könnten Sie dann mit dem Befehl beantworten.

vmware-cmd `Konfig-Pfad/.vmx Datei` *[start | stop | reset | suspend] {soft | trysoft | hard]*
: Damit wird die virtuelle Maschine gestartet, beendet, neu gestartet oder vorübergehend stillgelegt. Der zweite Parameter gibt an, dass zunächst versucht wird, die Maschine über die VMware Tools normal herunterzufahren. Wenn das nicht möglich ist, wird sie hart abgeschaltet. Der Mittelweg ist `trysoft`, d. h., es wird erst versucht, die Maschine normal herunterzufahren. Sollte dies innerhalb einer gewissen Zeit nicht funktionieren, wird einfach ausgeschaltet.

vmware-cmd `Konfig-Pfad/.vmx Datei` *addredo* `Festplatte`
: Schaltet die Festplatte in den nicht dauerhaften Modus, d. h., alle Änderungen werden nicht direkt auf die Festplatte, sondern in eine andere Datei namens REDO-Log geschrieben. Diese Festplatte muss mit ihrem physischen Namen

und nicht mit dem Dateinamen der Festplattendatei angegeben werden. Dieser Name steht in der Konfigurationsdatei bzw. kann über die MUI ausgelesen werden.

Beispiel: `vmware-cmd /home/vmware/Server1/server1.vmx addredo scsi0:0.`

vmware-cmd `Konfig-Pfad/.vmx Datei` *commit* `Festplatte`

Schreibt alle Änderungen aus dem REDO-Log auf die Festplatte zurück und schaltet die Festplatte wieder in den ursprünglichen Modus. Darüber hinaus werden diese Änderungen beim Ausschalten der virtuellen Maschine zurückgeschrieben.

vmkfstools

Dieser Befehl dient der Verwaltung der Festplattendateien virtueller Maschinen.

vmkfstools -c #[gGmMkK] `Festplattendatei`

Es wird eine neue Festplattendatei angelegt, die Sie in einer virtuellen Maschine nutzen können. `vmkfstools -c 10G /vmfs/local/server1.vmdk` legt eine Festplatte mit einer Größe von 10 GByte an. Denken Sie daran, dass diese Datei nur vom *root*-Benutzer eingerichtet werden kann. Soll der Zugriff auf diese Festplattendatei für andere freigegeben werden, müssen Sie später die Berechtigung mit `chown` abändern.

vmkfstools -C [vmfs3|vmfs5] -n ## `vmhba`*C:T:L:P*

Formatiert eine Partition mit dem VMFS3-Dateisystem (mit VMFS kann auch noch das alte Dateisystemformat genutzt werden). `vmhba` steht für den SCSI-/Fibre-Channel-Adapter des VMkernels, `C` = Controller, `T` = SCSI-Target, `L` = LUN-Number, `P` = Partition. Beispiel: `vmkfstools -C vmfs3 vmhba0:0:0:1`. Mit dem Parameter `-n` kann zusätzlich die maximale Anzahl der möglichen Dateien festgelegt werden. Statt maximal 256 Dateien (Maximum über die MUI) kann die Formatierung hier mit bis zu 1.024 Dateien konfiguriert werden. Der letzte Wert ist vor allem in Verbindung mit der Template-Ablage des vCenter Servers sinnvoll. Auch kann die Größe der Blöcke mit `-b` angegeben werden: `vmkfstools -C vmfs3 -b 2m vmhba1:3:0:1`.

vmkfstools -e `Ziel Quelle`

Exportiert eine VMware ESX-Festplattendatei in ein für VMware Server und VMware Workstation lesbares Format. Die Quelldatei muss auch im VMFS-Dateisystem liegen. Zudem wird die Quelldatei wieder in kleinere Dateien aufgesplittet.

vmkfstools -E `oldName newName`

Eine Virtual Disk wird mit diesem Befehl umbenannt.

vmkfstools -g `Festplattendatei`

Zeigt die Festplattengeometrie an, die unter Umständen für den Export wichtig sein kann.

vmkfstools -i Quelle Ziel

Importiert eine Festplattendatei von VMware Server oder VMware Workstation in eine VMware ESX-Festplattendatei. Ziel ist eine VMFS-Partition: `vmkfstools -i /vmimages/serverl.vmdk /vmfs/local/serverl.dsk`. Da die Quellfestplattendateien meist aus mehreren GByte Dateien bestehen, müssen Sie daran denken, nur die erste *.vmdk*-Datei anzugeben. Der Importvorgang fasst alle Dateien zu einer *.dsk*-Datei zusammen. Dieser Befehl kann auch zum Vervielfältigen von Festplattendateien (jeweils auf VMFS) genommen werden. Beachten Sie, dass heute standardmäßig die *.vmdk*-Datei und nicht die *.dsk*-Datei genutzt wird.

vmkfstools -K | --punchzero Festplattendatei

Um eine »Thick-Provision Eager-Zeroed« in eine »Thin-Bereitstellung« Festplatte zu verwandeln, werden hier alle Nullen auf der Platte gelöscht. Die vom Betriebssystem beschriebenen Daten gehen dabei nicht verloren.

vmkfstools -L reserve | release | targetreset | lunreset | busreset vmhbaC:T:L:P

Dieser Befehl gilt hauptsächlich für Clusterszenarien. Angenommen, einer der Clustermitglieder stürzt ab und sperrt die LUN, dann können Sie mit `vmkfstools -L release vmhba0:0:0:1` die Sperre wieder aufheben.

vmkfstools -P vmhbaC:T:L:P

Zeigt detaillierte Informationen über die angegebene Partition an.

vmkfstools -B Festplattendatei

Sollte eine virtuelle Maschine abstürzen, kann es passieren, dass die Festplattendatei gesperrt ist. Mit diesem Befehl können Sie die Sperre aufheben.

vmkfstools -S Label *vmhbaC:T:L:P*

Um nicht immer mit den physischen Namen der Festplatten arbeiten zu müssen, können Sie mit diesem Befehl einen sogenannten »Friendly Name« vergeben. Beispiel: `vmkfstools -S VMFS-1 vmhba0:0:0:1`.

vmkfstools -U /vmfs/local/serverl.dsk

Löscht die Dateien mit dem Namen der virtuellen Festplatte.

vmkfstools -X #[gGmMkK] Festplattendatei

Vergrößert eine Festplattendatei auf die angegebene (nicht zusätzliche) Größe. Danach wäre Ihre Festplattendatei mit hoher Wahrscheinlichkeit unbrauchbar. `vmkfstools -X 20G /vmfs/local/serverl.vmdk` würde die Festplatte von Serverl auf 20 GByte vergrößern. Diese Vergrößerung hilft allerdings dem Betriebssystem erst einmal überhaupt nicht. Sie müssen trotzdem mit einem Partitionstool an die Festplatte herangehen, um dieses Mehr an Speicherplatz nutzen zu können. Wird eine geringere Größe angegeben als die wirkliche Festplattengröße, kann sie durch die Angabe des Parameters `-force` auch verkleinert werden. Denken Sie daran, dass Sie Snapshots der VM hinterher nicht mehr nutzen können! Eine bessere Möglichkeit zum Vergrößern und Verkleinern der Platten bietet der VMware Converter (siehe Kapitel 13).

vmkfstools -Z `Erweiterungsgerät existierendes_VMFS-Volume`

Hiermit kann man ein Volume vergrößern. Die Daten auf dem hinzuzufügenden Volume werden dabei gelöscht, das bereits bestehende bleibt erhalten. Beispiel: `vmkfstools -Z /vmfs/devices/disks/vmhba0:1:2:1 /vmfs/devices/disk /vmhba1:3:0:1`.

Diese Auflistung beinhaltet nur die wichtigsten Optionen des Befehls vmkfstools. Weitere mögliche Parameter können Sie ab Seite 289 der deutschen PDF-Datei (*vsphere-esxi-vcenter-server-60-storage-guide.pdf*) von VMware entnehmen.

esxcfg-tools

Über die Eingabe von `esxcfg-` und dem anschließenden zweimaligen Drücken der Tab-Taste können noch weitere Konfigurationstools angezeigt werden. Diese können meist mit dem Parameter `-h` oder `--help` aufgerufen werden.

> Wenn die `esxcfg-*`-Befehle verwendet werden, sollten anschließend die Befehle `/etc/init.d/vpxa restart` und `/etc/init.d/hostd restart` ausgeführt werden, um den *vmware-hostd*-Prozess neu zu starten und Management-Tools wie dem vSphere Client mitzuteilen, dass sich die Konfiguration geändert hat.

esxcfg-advcfg

Konfiguriert erweiterte Optionen für ESXi-Server.

Um die erweiterten Optionen im vSphere Client zu konfigurieren, klicken Sie auf Erweiterte Einstellungen. Wenn das Dialogfeld Erweiterte Einstellungen geöffnet wird, verwenden Sie die Liste auf der linken Seite, um den Gerätetyp oder die Aktivität auszuwählen, mit dem/der Sie arbeiten möchten, und nehmen die entsprechenden Einstellungen vor.

Beispiel: Um einen Neustart nach dem »Purple Screen« binnen 2 Minuten zu veranlassen:

```
esxcfg-advcfg -s 120 /Misc/BlueScreenTimeout
```

esxcfg-dumppart

Konfiguriert eine Diagnosepartition oder sucht nach bestehenden Diagnosepartitionen.

Bei der Installation von ESXi-Server wird eine Diagnosepartition zur Speicherung von Informationen zur Fehlersuche erstellt, für den Fall, dass ein Systemfehler auftritt. Sie müssen diese Partition nicht manuell anlegen, es sei denn, Sie stellen fest, dass es keine Diagnosepartition für den Host gibt. Für Diagnosepartitionen stehen im vSphere Client folgende Verwaltungsvorgänge zur Verfügung:

- *Vorhandensein einer Diagnosepartition* – Klicken Sie auf Storage (Speicher) → Hinzufügen und überprüfen Sie auf der ersten Seite des Assistenten zum Hinzufügen von Speicher, ob dort die Option Diagnose aufgeführt wird. Wenn DIAGNOSE nicht zu den Optionen zählt, verfügt ESXi-Server bereits über eine Diagnosepartition.

- *Konfiguration einer Diagnosepartition* – Klicken Sie auf SPEICHER → HINZUFÜGEN → DIAGNOSE und folgen Sie den Anweisungen des Assistenten.

esxcfg-info

Druckt Informationen zum Status der Servicekonsole, des VMkernels, verschiedener Untersysteme im virtuellen Netzwerk und zur Speicherressourcenhardware aus.

Mit dem vSphere Client können diese Informationen nicht ausgedruckt werden, die meisten davon können jedoch über verschiedene Registerkarten und Funktionen in der Benutzeroberfläche eingesehen werden. So können Sie zum Beispiel den Status der virtuellen Maschinen auf der Registerkarte VIRTUELLE MASCHINEN überprüfen.

esxcfg-init

Führt interne Initialisierungsroutinen aus.

Dieser Befehl wird für den Bootstrap-Prozess verwendet, und Sie sollten ihn unter keinen Umständen ausführen. Dieser Befehl kann zu Problemen mit dem ESXi-Server-Host führen. Es gibt keine vSphere Client-Entsprechung für diesen Befehl.

esxcfg-module

Legt die Treiberparameter fest und ändert die Einstellung, welche Treiber während des Hochfahrens geladen werden.

Dieser Befehl wird für den Bootstrap-Prozess verwendet und ist nur für die technische Unterstützung von VMware vorgesehen. Geben Sie diesen Befehl nur auf ausdrückliche Anweisung eines Vertreters des technischen Supports von VMware ein. Es gibt keine vSphere Client-Entsprechung für diesen Befehl.

esxcfg-mpath

Konfiguriert die Multipath-Einstellungen für Fibre-Channel- oder iSCSI-Festplatten.

Klicken Sie zur Konfiguration der Multipath-Einstellungen für den Speicher im vSphere Client auf SPEICHER. Wählen Sie einen Datastore oder eine zugeordnete LUN aus und klicken Sie auf EIGENSCHAFTEN. Wählen Sie gegebenenfalls im Dialogfeld EIGENSCHAFTEN die gewünschte Erweiterung aus. Klicken Sie dann auf BEREICHSGERÄT → PFADE VERWALTEN und konfigurieren Sie die Pfade über das Dialogfeld PFAD VERWALTEN.

esxcfg-nas

Verwaltet die NAS-Einbindung.

Mit diesem Befehl können Sie NAS-Geräte hinzufügen, löschen, auflisten oder auch ihre Attribute ändern. Klicken Sie zur Anzeige der NAS-Geräte im vSphere Client auf SPEICHER und blättern Sie durch das Speicherverzeichnis. In der SPEICHER-Ansicht können Sie außerdem folgende Vorgänge ausführen:

- *Attribute eines NAS-Geräts anzeigen* – Markieren Sie das Gerät. Sie erhalten die Daten unter DETAILS.
- *Hinzufügen eines NAS-Geräts* – Klicken Sie auf SPEICHER HINZUFÜGEN.
- *Löschen eines NAS-Geräts* – Klicken Sie auf ENTFERNEN.
- *Änderung der Attribute eines NAS-Geräts* – Klicken Sie auf das Gerät und dann auf DETAILS → EIGENSCHAFTEN.

esxcfg-nics

Druckt ein Verzeichnis der physischen Netzwerkadapter sowie Informationen zum Treiber, dem PCI-Gerät und dem Verbindungsstatus jeder NIC.

Sie können diesen Befehl auch verwenden, um die Geschwindigkeit und den Duplexmodus eines physischen Netzwerkadapters zu steuern. Die Informationen zu den physischen Netzwerkadaptern des Hosts können Sie im vSphere Client anzeigen, indem Sie auf NETWORK ADAPTERS (NETZWERKADAPTER) klicken. Klicken Sie zur Änderung der Geschwindigkeit und des Duplexmodus für einen physischen Netzwerkadapter im vSphere Client bei einem virtuellen Switch, der dem physischen Netzwerkadapter zugeordnet wurde, auf NETZWERK → EIGENSCHAFTEN. Klicken Sie dann im Dialogfeld EIGENSCHAFTEN auf NETWORK ADAPTERS (NETZWERKADAPTER) → BEARBEITEN und wählen Sie Geschwindigkeit/Duplex aus.

esxcfg-resgrp

Stellt die Ressourcengruppeneinstellungen wieder her und ermöglicht die Ausführung grundlegender Verwaltungsaufgaben für Ressourcengruppen.

Wählen Sie einen Ressourcenpool aus dem Inventarfenster aus und klicken Sie auf EINSTELLUNGEN BEARBEITEN in der ÜBERSICHT-Registerkarte, um die Einstellungen der Ressourcengruppe zu ändern.

esxcfg-route

Legt die Standardgateway-Route des VMkernels fest oder ändert sie.

Um die Standardgateway-Route des VMkernels im vSphere Client festzulegen, klicken Sie auf DNS UND ROUTING. Wenn Sie die Standardroute ändern möchten, klicken Sie auf EIGENSCHAFTEN und aktualisieren die Daten auf beiden Registerkarten im Dialogfeld DNS- UND ROUTING-KONFIGURATION.

esxcfg-swiscsi

Konfiguriert den iSCSI-Softwareadapter.

Klicken Sie zur Konfiguration des Software-iSCSI-Systems im vSphere Client auf SPEICHERADAPTER, markieren Sie den iSCSI-Adapter, den Sie konfigurieren möchten, und klicken Sie auf EIGENSCHAFTEN. Konfigurieren Sie den Adapter über das Dialogfeld EIGENSCHAFTEN DES ISCSI-INITIATORS.

esxcfg-vmknic
: Erstellt und aktualisiert VMkernel-TCP/IP-Einstellungen für vMotion, NAS und iSCSI.

  Klicken Sie zur Einrichtung von Netzwerkverbindungen von vMotion, NFS oder iSCSI im vSphere Client auf NETZWERK → VERWALTEN. Wählen Sie VMKERNEL aus und folgen Sie den Anweisungen des Assistenten zum Hinzufügen von Netzwerken. Definieren Sie IP-Adresse, Subnetzmaske und das VMkernel-Standardgateway im Schritt VERBINDUNGSEINSTELLUNGEN.

  Wenn Sie die Einstellungen überprüfen möchten, klicken Sie auf das blaue Symbol links neben dem vMotion-, iSCSI- oder NFS-Port. Möchten Sie eine der Einstellungen bearbeiten, klicken Sie für den entsprechenden Switch auf EIGENSCHAFTEN. Wählen Sie den Port aus dem Verzeichnis im Dialogfeld EIGENSCHAFTEN aus und klicken Sie auf EIGENSCHAFTEN, um das EIGENSCHAFTEN-Dialogfeld zum Port zu öffnen und die Einstellungen für den Port zu ändern.

esxcfg-vswitch
: Erstellt und aktualisiert die Netzwerkeinstellungen für virtuelle Maschinen.

  Klicken Sie zur Einrichtung von Netzwerkverbindungen für eine virtuelle Maschine im vSphere Client auf NETZWERK → VERWALTEN. Wählen Sie VIRTUELLE MASCHINE aus und folgen Sie den Anweisungen des Assistenten zum Hinzufügen von Netzwerken. Wenn Sie die Einstellungen überprüfen möchten, klicken Sie auf das Sprechblasensymbol links von der gewünschten Portgruppe der virtuellen Maschine. Möchten Sie eine der Einstellungen bearbeiten, klicken Sie für den entsprechenden Switch auf EIGENSCHAFTEN. Wählen Sie den Port der virtuellen Maschine aus dem Verzeichnis im Dialogfeld EIGENSCHAFTEN aus und klicken Sie auf BEARBEITEN, um das Dialogfeld PORT EIGENSCHAFTEN zu öffnen und dessen Einstellungen zu ändern.

Folgende weitere *esxcfg*-Befehle gibt es auf der Kommandozeile:

esxcfg-fcoe
: Mit diesem Befehl kann Fibre Channel over Ethernet konfiguriert werden.

esxcfg-hwiscsi
: Mit diesem Befehl können Hardware-iSCSI-Karten konfiguriert werden.

esxcfg-ipsec
: Hiermit wird IPSec inklusive eventueller Zertifikate eingerichtet.

esxcfg-rescan
: Um Host-Bus-Adapter nach neuen Storages zu überprüfen, kann dieser Befehl genutzt werden.

esxcfg-scsidevs
: Dieser Befehl kann für Listen der Beziehungen zwischen HBAs und Storages benutzt werden.

esxcfg-volume
: Hiermit kann eine VMFS3- in eine VMFS5-Partition aktualisiert sowie Snapshots und Replicas bearbeitet werden.

Skripte

Die folgenden Skripte liegen alle im Verzeichnis */etc/init.d*. Die meisten davon kennen als Parameter `start`, `stop`, `restart`, `status` und `reload`. Die ersten vier Parameter bedürfen keiner Erklärung, `reload` bewirkt, dass der Prozess die Konfigurationsdateien neu einliest und mit den geänderten Parametern weiterläuft. Sie werden diese Skripte sehr selten benötigen, aber falls Sie mal versehentlich einen Prozess beenden oder einer der Prozesse abstürzt, können Sie an dieser Stelle nachsehen, wie das Skript heißt, das Sie dann mit dem Parameter `start` einfach neu aufrufen müssen.

Ich habe hier nicht alle vorhandenen Skripte aufgeführt, weil einige bereits hier im Buch besprochen wurden oder noch werden oder weil diese nicht so wichtig sind.

`ESXShell`
: Dieses Skript steuert die Anzeige des Login-Screens.

`cdp`
: Dieses Skript aktiviert/deaktiviert das Cisco Discovery-Protokoll.

`dcbd`
: Gehört ebenfalls zum Cisco Discovery-Protokoll.

`lbtd`
: Startet/stoppt ein netzwerkbasiertes Debugging-Tool (Load-Based Teaming Feature).

`lsassd, lwiod, netlogond`
: Skripte von Likewise für das Netzwerk: Likewise Identity and Authentication Service, IO Manager Service und Site Affinity Service.

`/sbin/services.sh`
: Ein Skript, das alle Dienste des ESXi-Servers neu startet (Ausnahme: Firewall wird nur aktualisiert).

Wichtige Dateien und Verzeichnisse

Für den direkten Eingriff in das Verhalten des ESXi-Servers gibt es einige wichtige Dateien in unterschiedlichen Ordnern. Hier werden nur die wichtigsten behandelt.

`/etc/inittab`
: Diese Datei kann zum Ausführen von Programmen beim Systemstart benutzt werden (z.B. von Backup-Clients).

`/var/log/`
: Hier werden standardmäßig alle Protokolldateien abgelegt. VMware-Protokolldateien starten mit der Zeichenfolge *vm*. Die Hauptprotokolldatei liegt

ebenfalls in diesem Verzeichnis und heißt *vmkernel.log*. Beachten Sie auch die Hinweise in diesem Kapitel unter Logdateien.

`/etc/ntp.conf`
: Diese Datei dient der Konfiguration des NTP-Daemons, d.h., man könnte manuell Zeitserver zur Zeitsynchronisation angeben.

VMware ESXi-Konfiguration

Fast die gesamte Konfiguration des ESXi-Hosts befindet sich in der Datei *esx.conf* im Verzeichnis */etc/vmware*. Diese Datei wurde im Laufe des Buches schon häufiger angesprochen, deshalb erwähne ich sie hier nur der Vollständigkeit halber.

Konfigurationsdatei der virtuellen Maschinen

Wie Sie sicher noch wissen, finden Sie diese Konfigurationsdatei namens *Servername.vmx* im Heimatverzeichnis der virtuellen Maschine. Ich gehe im Folgenden alphabetisch auf die wichtigsten Parameter innerhalb dieser Datei ein.

`checkpoint.cptconfigname`
: Name der Suspend-Datei, falls die virtuelle Maschine vorübergehend angehalten wird.

`displayName`
: Es erscheint der Anzeigename der virtuellen Maschine.

`ethernet0.generatedaddress`
: Die MAC-Adresse des ersten Netzwerkadapters. Die ID wird bei mehreren Adaptern hochgezählt. Es kann durchaus nützlich sein, sich diese Adresse zu notieren, falls man bei Neuanlage der virtuellen Maschine dieselbe MAC-Adresse wiederverwenden will.

`ethernet0.networkname`
: Name des virtuellen Switch, mit dem der entsprechende virtuelle Netzwerkadapter verbunden ist.

`ethernet0.present = "TRUE"`
: Angabe, ob ein Netzwerkadapter vorhanden ist. Bei mehreren Adaptern wird die ID hochgezählt.

`ethernet0.virtualDev`
: Art der Netzwerkkarte: E1000, vmxnet oder andere

`floppy0.filename`
: Name des Disketten-Images oder des physischen Pfads zum Laufwerk

`floppy0.present`
: Angabe, ob ein Diskettenlaufwerk vorhanden ist. Bei mehreren Laufwerken wird die ID hochgezählt.

`floppy0.startconnected`
: Angabe, ob das Diskettenlaufwerk beim Starten angeschlossen sein soll.

`guestOS`
: Betriebssystem innerhalb der virtuellen Maschine

`ide0:0.deviceType`
: Art des IDE-Geräts. Da von VMware ESX ab Version 4 nicht nur die CD-ROM-Laufwerke unterstützt werden, können die Werte sich auf CD-ROM-Image, physisches CD-Laufwerk oder Festplatten beziehen.

`ide0:0.fileName`
: Name der CD-ROM-Imagedatei oder des physischen Pfads zum Laufwerk

`ide0:0.present`
: Angabe, ob ein IDE-Controller vorhanden ist.

`ide0:0.startConnected`
: Angabe, ob das CD-Laufwerk beim Starten »angeschlossen« sein soll.

`memSize`
: Zugewiesener Hauptspeicher in MByte

`sched.cpu.shares`
: Zugeteilte Shares (Anteile) für den Prozessor

`sched.mem.shares`
: Zugeteilte Shares (Anteile) für den Arbeitsspeicher

`scsi0.present`
: Angabe, ob ein SCSI-Controller in der virtuelle Maschine steckt. Bei mehreren Controllern wird die SCSI-ID hochgezählt.

`scsi0.virtualDev`
: Art des SCSI-Bus-Adapters. Werte sind BusLogic, LSI Logic, Paravituell oder SAS.

`tools.syncTime`
: Angabe, ob die VMware Tools die Zeit mit dem Host abgleichen.

`usb.present`
: Angabe, ob USB-Anschlüsse innerhalb der virtuellen Maschine vorhanden sind.

`virtualhw.version`
: Angabe, welche virtuelle Hardwareversion in der virtuellen Maschine vorhanden ist.

Weitere Tools

Zusätzlich zu den bisher vorgestellten Kommandozeilenbefehlen gibt es noch weitere, wobei ich hier nur die wichtigsten detaillierter beschreibe. Dazu gehören *localcli*, *esxcli*, *vmkvsitools* und *vim-cmd*, wobei *localcli* und *esxcli* fast identisch sind. Die weiteren vorhandenen Befehle und Kommandos – auch die, die bisher nicht in diesem Kapitel aufgeführt wurden – will ich hier zusammenfassend auflisten.

Folgende alphabetisch geordnete Befehle sind auf das Kommando */bin/busybox* (BusyBox) umgeleitet, haben aber fast immer die gleiche Bedeutung, wie unter einem normalen Linux:

ash	fdisk	mktemp	su
awk	fgrep	more	sum
basename	find	mv	sync
cat	getty	nohup	tail
chgrp	grep	nslookup	tar
chmod	gunzip	od	tee
chown	gzip	passwd	test
chvt	halt	poweroff	time
cksum	head	printf	touch
clear	hexdump	readlink	true
cp	hostname	reboot	uname
crond	id	reset	uniq
cut	inetd	resize	unzip
date	init	rm	usleep
dd	kill	rmdir	vi
diff	ln	sed	watch
dirname	lockfile	seq	wc
du	logger	setsid	wget
echo	login	sh	which
egrep	ls	sha1sum	who
eject	md5sum	sleep	whoami
env	mkdir	sort	xargs
expr	mkfifo	stat	zcat
false	mknod	stty	

Folgende Befehle sind auf das Kommando */sbin/vmkvsitools* umgeleitet:

amldump	hwinfo	pidof	vdf
bootOption	lsof	pkill	vdu
hwclock	lspci	ps	vmware

Folgende Befehle für Benutzer und Gruppen sind »deprecated« (also veraltet), funktionieren aber noch:

addgroup	deluser	groups	usermod
adduser	groupadd	useradd	
delgroup	groupdel	userdel	

Folgende Befehle gibt es tatsächlich – also ohne Umleitungen – im Verzeichnis */usr/bin*:

busybox	host_shutdown.sh	openssl	vmware-vimdump
cim_host_powerops	kdestroy	prop_of_instances	vmx
cim-diagnostic.sh	kinit	python	vmx-buildtype
cimslp	klist	sfcb-config.py	vmx-debug
enum_instances	less	strace	vmx-stats
gdbserver	lw-lsa	tcpdump-uw	
host_reboot.sh	nc	ticket	

Folgende Befehle gibt es tatsächlich – also ohne Umleitungen – im Verzeichnis */usr/sbin* (Link auf */sbin*):

BootModuleConfig.sh	generate-certificates	partedUtil	vmkdevmgr
Formatters.py	grabCIMData	powerOffVms	vmkdump_extract
InstallHelper.sh	hbrfilterctl	randomSeed	vmkerrcode
Session.py	host-ind	remoteDeviceConnect	vmkeventd
apply-host-profiles	hostd	scantools	vmkfstools
applyHostProfile	iked	secpolicytools	vmkiscsi-tool
authd	init-launcher	sensord	vmkiscsid
auto-backup.sh	initterm.sh	services.sh	vmkload_mod
backup.sh	jumpstart	sfcbd	vmkmicrocode
ls	localcli	shutdown.sh	vmkmkdev
chkconfig	logchannellogger	slpd	vmkperf
dcbd	lsassd	smbiosDump	vmkping
dcui	lsusb	spmd	vmkramdisk
dcuiweasel	lwiod	spmdctl	vmkvsitools
df	memstats	statedumper	vmtar
dhclient-uw	net-cdp	storageRM	vmware-autostart.sh
dmesg	net-dvs	summarize-dvfilter	vmware-usbarbitrator
doat	net-fence	techsupport.sh	vprobe
dosfsck	net-lbt	tmpwatch.py	vprobed
emmett	netlogond	traceroute	vscsiStats
esxcli.py	nologin	uptime	vsi_traverse
esxtop	ntp-keygen	vmcp	vsish
esxupdate	ntpd	vmdumper	watchdog.sh
ethtool	ntpdc	vmfs-support	
firmwareConfig.sh	ntpq	vmkbacktrace	
ft-stats	openwsmand	vmkchdev	

Die Befehle *ping* und *ping6* sind auf */sbin/vmkping* umgeleitet.

Der Befehl *vim-cmd* löst den Befehl */sbin/hostd* aus.

Die Befehle *scp* und *ssh* verweisen auf die gleichnamigen Programme unter */usr/lib/vmware/openssh/bin/*.

Eine Umleitung auf */sbin/vmkvsitools* existiert für folgende Kommandos:

amldump, *bootOption*, *hwclock*, *hwinfo*, *lsof*, *lspci*, *pidof* und *vmksystemswap*

Das Tool **`localcli`**

Das Kommando *localcli* ist wie das Tool *esxcli* neu ab der Version 5 von VMware vSphere. Diese beiden Utilities sind, wie oben schon erwähnt, fast identisch, mit der Ausnahme, dass *localcli* die Befehle an den lokalen *hostd*-Prozess weiterleitet. Damit kann man es noch benutzen, wenn der *hostd*-Daemon nicht mehr reagiert. Dieses Tool greift also ziemlich tief in das Geschehen ein und sollte nur in Notfällen oder wenn der VMware-Support Sie dazu auffordert, verwendet werden

Das Tool **`esxcli`**

Das Werkzeug *esxcli* kann für sehr verschiedene Einsatzzwecke verwendet werden: Fibre Channel over Ethernet, Hardware, iSCSI, Netzwerk, Software, Storage, System und Prozesse von virtuellen Maschinen. Eine ausführliche Übersicht über alle Möglichkeiten erhalten Sie, indem Sie an der Eingabeaufforderung folgenden Befehl eingeben (zweimal hintereinander »esxcli« ist richtig!):

```
esxcli esxcli command list
```

In der Spalte Command sehen Sie die Möglichkeiten, die Sie mit diesem Befehl haben. Das beinhaltet das Hinzufügen (*add*), das Auslesen und Setzen (*get/set*), das Deaktivieren/Aktivieren (*disable*, *enable*), das Auflisten (*list*), das Entfernen (*remove*) und weitere Möglichkeiten.

Einiges, was in den Vorgängerversionen noch über *esxcfg*-Befehle erreicht werden konnte, wird nunmehr mit diesem Tool erledigt. So können Sie zwar weiterhin z.B. *esxcfg-vswitch* benutzen, erreichen aber mit *esxcli* das Gleiche. Um z.B. einem vSwitch eine Portgruppe hinzuzufügen, können Sie den Befehl

```
esxcfg-vswitch -A <Portgruppenname> <vSwitchname>
```

angeben. Bei *esxcli* würden Sie das Gleiche mit folgendem Befehl erreichen.

```
esxcli network vswitch standard portgroup add --portgroup-name="Goepel"
--vswitch-name="vSwitch0"
```

Um eine VM hart abzuschalten, wenn diese über den vSphere Client nicht abgeschaltet werden kann, können Sie folgenden Befehl nutzen um die »World ID« herauszufinden:

```
esxcli vm process list
```

und dann mit

```
esxcli vm process kill --type force --world-id 77301
```

oder kurz

```
esxcli vm process kill -t force -w 77301
```

die VM abschalten.

Es ist bei VMware angedacht, die noch vorhandenen *esxcfg*-Befehle (siehe oben) in Zukunft gänzlich durch *esxcli* zu ersetzen. Weiter oben habe ich schon ein Beispiel des Befehls für das manuelle Updaten eines Hosts angegeben.

Das Tool **`vmkvsitools`**

Auch bei diesem Befehl sollten Sie vorsichtig sein – benutzen Sie ihn nur in Zusammenarbeit mit dem VMware-Support. Wie bereits oben erwähnt, sind einige der »normalen« Befehle auf dieses Tool umgeleitet.

Das Tool **`vim-cmd`**

Über dieses Werkzeug können einige Befehle für die virtuellen Maschinen eingegeben werden. Dabei ist die Syntax etwas gewöhnungsbedürftig, da die Hilfestellung auf der Kommandozeile etwas anders aussieht, als die tatsächliche Syntax ist. Möchten Sie sich z. B. alle auf dem Host registrierten VMs in Listenform ansehen, nehmen Sie folgenden Befehl:

```
vim-cmd vmsvc/getallvms
```

Möchten Sie wissen, ob eine VM einen Snapshot hat, geben Sie Folgendes ein:

```
vim-cmd vmsvc/get.snapshotinfo <vmid>
```

oder

```
vim-cmd vmsvc/snapshot.get <vmid>
```

Die *vmid* können Sie aus dem obigen Befehl (*getallvms*) auslesen. Der erste Befehl ist ausführlicher, die zweite Ausgabe lässt sich leichter lesen. Geben Sie eine falsche ID an, so ist die Ausgabe nur »Get Snapshot:«. Dieser Befehl lässt sich also auch in einer Schleife gut nutzen,

Auch Befehle für den ESXi-Host können hiermit angegeben werden. Dazu gehören z. B. das Aktivieren des Wartungsmodus mit

```
vim-cmd hostsvc/maintenance_mode_enter
```

und sein Verlassen mit

```
vim-cmd hostsvc/maintenance_mode_exit
```

Weitere Möglichkeiten des Befehls bekommen Sie angezeigt, indem Sie nur seinen Namen auf der Shell angeben. Hilfe zu einem Untermenü bekommen Sie über die Angabe des Befehls, des gewünschten Untermenüs und der Angabe von *help*:

```
vim-cmd vmsvc help
```

Nach den obigen Beispielen können Sie sich dann das Gewünschte heraussuchen.

Eigene Skripte schreiben

In diesem Abschnitt soll nicht versucht werden, Ihnen die Skriptsprache von Linux beizubringen. Es sollen Ihnen lediglich ein paar Beispiele aufgezeigt werden, wie man die eine oder andere Aufgabe skriptgesteuert erledigen kann. Mehr Informationen über das Erstellen von Shell-Skripte finden Sie unter *http://tldp.org/guides.html*.

> Wenn Sie das *Remote Command Line Interface* (VCLI) für den ESXi einsetzen, sind die Befehle ein wenig anders. VMware hat darüber eine sehr ausführliche Dokumentation herausgebracht, die Sie sich auch von der Website zum Buch herunterladen können. Beachten Sie aber, dass seit der Version 3.5 U3 die kostenlose i-Version nur einen schreibgeschützten Zugriff gestattet.

Ein einfaches Beispiel:

Erstellen Sie eine Textdatei mit dem Namen *Test* mittels vi:

```
#!/bin/sh                    # über die sh-Shell ausführen
# Das ist ein Testskript     # nur eine Bemerkung
cd /vmfs/volumes             # gehe zum Verzeichnis
ls -al                       # listet den Inhalt auf
```

Speichern Sie die Datei unter dem Namen *Test* und führen Sie den Befehl

```
chmod +x Test
```

aus, um die Textdatei in ein ausführbares Skript zu ändern. Anschließend können Sie das Skript ausprobieren, indem Sie es wie folgt aufrufen:

```
./Test
```

Es sollte Ihnen jetzt den Inhalt des Verzeichnisses */vmfs/volumes* anzeigen, also üblicherweise die Verzeichnisse der virtuellen Maschinen.

Variablen in Skripten benutzen

Variablen, die in Skripten verwendet werden, nennt man lokale Variablen, weil sie und ihr Inhalt nach der Ausführung verloren gehen. Variablen können in Groß- und Kleinbuchstaben angegeben und mit dem Befehl `echo` ausgegeben werden, also z.B. so:

```
echo $VARIABLE
echo $variable
```

Das Setzen eines Werts einer Variablen kann auf zwei verschiedenen Wegen erfolgen:

```
set VARIABLE=wert
VARIABLE=wert
export VARIABLE
```

Eine Variable zu exportieren, heißt in diesem Zusammenhang, dass sie nach der Beendigung des Skripts weiterhin als Umgebungsvariable deklariert ist.

Nützliche Skriptbefehle

Die folgende Liste ist nicht ausführlich, sondern soll Ihnen lediglich eine Anregung für Ihre Skripte geben, die Sie auf dem ESXi-Server benutzen können. Beachten Sie auch den Anfang dieses Kapitels, der sehr viele mögliche Befehle für die Kommandozeile und somit auch für Ihre Skripte enthält.

`esxcfg-vswitch`	Hinzufügen, entfernen und modifizieren von virtuellen Switches und Einstellungen
`esxcfg-nics`	Informationen über physische Netzwerkkarten
`esxcfg-info`	Informationen über das System
`esxcli software vib list`	Alle VIB-Pakete auf dem Server anzeigen
`vmware -v`	ESX-Server-Versionshinweise anzeigen
`who`	Anzeige, wer angemeldet ist
`date`	Datum und die Uhrzeit anzeigen

Beispiel:

```
#!/bin/sh
# Dieses Skript zeigt einige Beispiele und Informationen auf
PATH=/bin:/usr/bin:/usr/sbin
LOGFILE=/tmp/esx-report.txt
date > $LOGFILE
echo "ESXi-Server Version: " >> $LOGFILE
    vmware -v >> $LOGFILE
echo "Virtual Switch-Konfiguration: " >> $LOGFILE
    esxcfg-vswitch -l  >> $LOGFILE
echo "Verfuegbare Pakete: ">> $LOGFILE
    esxcli software vib list  >> $LOGFILE
    who >> $LOGFILE
EOF
```

In diesem Skript wurden zwei Variablen definiert: eine namens `PATH`, die dem Skript anzeigt, wo es welche Befehle findet, und die Variable LOGFILE. Dieses Skript wird also eine kleine Datei erstellen, die Folgendes beinhaltet:

- Datum und Uhrzeit der Ausführung dieses Skripts,
- die Version des ESXi-Servers, auf dem es ausgeführt wird,
- eine Liste der virtuellen Switches,
- eine Liste der verfügbaren ESXi-Pakete und
- welche User gerade angemeldet sind.

Umgang mit Leerzeichen im Pfad

Werden Leerzeichen im Verzeichnis- oder Dateinamen verwendet, kommt es bei der Ausführung von Linux-Befehlen und -Skripten oft zu Problemen, da nach dem Leerzeichen abgebrochen wird.

Will man eine virtuelle Maschine mit Leerzeichen im Namen einschalten, muss man entweder den Pfad mit Hochkommata versehen oder vor dem Leerzeichen einen Backslash (\) platzieren, um die Leerzeichen nutzen zu können, also:

```
vim-cmd vmsvc/power.on /vmfs/volumes/datastore/VM\ Name/VM\ Name.vmx
```

oder

```
vim-cmd vmsvc/power.on "/vmfs/volumes/datastore/VM Name/VM Name.vmx"
```

Nun haben Sie das Handwerkszeug parat, um weitere eigene Skripte zu erstellen.

Beachten Sie aber dabei, dass Dateien auf dem ESXi-Server in fast allen Verzeichnissen beim Neustart gelöscht werden – mit Ausnahme der Dateien auf dem VMFS-Volume.

Ich möchte abschließend nochmals betonen, was ich schon am Anfang geschrieben habe: Für fast alles, was Sie am ESXi-Server machen müssen, gibt es die Möglichkeit, es über den vSphere Client über die grafische Oberfläche zu tun. In Verbindung mit dem vCenter Server können Sie noch mehr erledigen und vieles sogar über die geplanten Tasks.

PowerCLI

Bei PowerCLI handelt es sich um eine Sammlung von mehreren Hundert Commandlets (Cmdlets) für PowerShell, mit denen sich ESXi-Hosts, vCenter Server oder aber auch vCloud-APIs und der Site Recovery Manager ansprechen lassen. Dieser Werkzeugkasten zur Automatisierung von Aufgaben umfasst zudem zahlreiche Beispielskripte und Bibliotheken mit vordefinierten Funktionen.

Eine wichtige Neuerung besteht darin, dass Administratoren per PowerShell die Regeln für vSphere Standard Switch und Port Groups auslesen und bei Bedarf verändern können.

PowerCLI kann kostenlos von der Website des Herstellers VMware heruntergeladen werden. Dieser bietet zusätzlich ein Benutzerhandbuch und eine Kommandoreferenz an.

Voraussetzungen

Für das VMware vSphere PowerCLI (Command Line Interface) wird die Microsoft PowerShell und Microsoft .NET vorausgesetzt und genutzt. Mit PowerCLI kann man über sogenannte Cmdlets sowohl Objekte und Komponenten der vSphere-Umgebung als auch vCloud Director managen und automatisieren. Des Weiteren kann man über die PowerShell Skripte und .NET-Anwendungen erstellen, die auch in andere Applikationen integriert werden können. Dabei werden die Standardsyntax und Konzepte der PowerShell genutzt.

PowerShell-Syntax

Die Syntax auf der Kommandozeile ist recht einfach: Es wird immer erst der Befehl und dann das gewünschte Objekt angegeben. Alle Befehle können mit Parametern und Argumenten ergänzt werden, wobei jedem Parameter ein Minuszeichen »-« vorangestellt wird, einem Argument aber nicht.

Beispiel:

```
befehl -parameter1 argument1
```

Pipelines

Einige aufeinanderfolgende Befehle können mit Pipelines »|« in einer Zeile geschrieben werden. Dabei bekommt der vorhergehende Befehl ein Objekt des nachfolgenden übergeben, bearbeitet es und übergibt es an den nächsten Befehl in der Schlange. Diese Objekte sind Ausgaben der Pipeline, sobald sie zur Verfügung stehen.

Wildcards

Für gleiche Operatoren können sogenannte Wildcards, ähnlich wie auf der DOS-Kommandozeile, verwendet werden. So kann z.B. das Sternchen »*« verwendet werden, um alle *.vbs*-Dateien zu suchen: **.vbs*.

Auch eine einschränkende Benutzung ist mit eckigen Klammern »*[]*« möglich: *[ab]*.vbs* listet alle *.vbs*-Dateien auf, die mit *a* oder *b* anfangen.

Auch das Fragezeichen »*?*« kann verwendet werden, um einzelne unbekannte Buchstaben zu kennzeichnen: **.xl?* listet alle Dateien mit der Endung *.xla* bis *.xlz* auf.

Allgemeine Parameter

Die Windows PowerShell kennt einige allgemeine Parameter wie *Verbose*, *Debug*, *ErrorAction*, *ErrorVariable*, *OutVariable* und *OutBuffer*.

Um alle Möglichkeiten angezeigt zu bekommen, kann man den Befehl *Get-Help about_CommonParameters* eingeben.

Zwei »entschärfende« Parameter machen einem die Arbeit leichter:

- *WhatIf* Zeigt das Ergebnis eines Kommandos an, ohne es auszuführen.
- *Confirm* Wartet auf eine Bestätigung, bevor der Befehl ausgeführt wird.

PowerCLI-Konzepte

Die Cmdlets von vSphere PowerCLI wurden erstellt, um VMware-Umgebungen zu automatisieren und einige spezielle Features in die Microsoft PowerShell zu integrieren.

Je nach der Umgebung und den Wünschen kann man zwei verschiedene PowerCLI-Komponenten installieren: vSphere- und vCloud Director-Umgebungen.

Uns interessieren nur die PowerCLI für eine vSphere-Umgebung mit und ohne vCenter Server und die dazugehörigen fünf Snap-ins:

- *VMware.VimAutomation.Core*
  `Cmdlets für automatisierte Administration der vSphere-Umgebung`
- *VMware.VimAutomation.VDS*
  `Cmdlets zum Managen von vSphere Distributed Switches und Distributed Port Groups`
- *VMware.VimAutomation.License*
  `bietet das GetLicenseDataManager-Cmdlet für das Management der Lizenzkomponenten`
- *VMware.ImageBuilder*
  `bietet Cmdlets für das Management von Depots, Imageprofilen und VIBs`
- *VMware.DeployAutomation*
  `Interface Cmdlets für das Auto Deploy und die Anpassung von physischen Hosts mit ESXi-Software`

Wie bereits oben erwähnt können Text und Wildcards als Parameter übergeben werden. Das gilt für Bestandslistenobjekte, Storages, spezielle Betriebssystemeigenschaften (OSCustomizationSpec objects) und physische Server (VIServer objects). Dieser PowerCLI-Ansatz wird »*Object-by-Name* (OBN)« genannt.

Anstelle eines Objektnamens als Parameter kann man eine Pipeline oder eine Variable nutzen. Beispiel: Die folgenden drei Kommandos sind austauschbar:

- `Remove-VM -VM "Win7-Test"`
- `Get-VM -Name "Win7-Test" | Remove-VM`
- `Remove-VM -VM (Get-VM -Name "Win7-Test")`

> Ein Text wird nicht als Eingabe in einer Pipeline unterstützt, nur als Ausgabe.

Wenn Sie ein nicht vorhandenes Objekt angeben, gibt es einen OBN-Fehler, der allerdings nicht zum Abbruch der Anweisung führt, sondern ignoriert wird. Dazu ein Beispiel:

```
Set-VM -VM "VM1", "VM2", "VM3" -Server $server1, $server2 -MemoryGB 4
```

Falls die zweite Maschine (VM2) auf keinem der angegebenen Server existiert oder nicht gefunden werden kann, wird die Anweisung trotzdem mit VM1 und VM3 ausgeführt.

Mit dem Befehl `help about_OBN` bekommt man auf der Kommandozeile weitere Informationen angezeigt.

Spezielle Login-Angaben

Wenn man in einem Skript oder auf der Kommandozeile Login-Angaben mit Sonderzeichen eingeben möchte, so muss man diese in einfache Hochkommata setzen.

Beispiel: Anmeldung an dem vCenter Server *vm-vcs.cssv.dom* als User Adm!n mit dem Passwort Pa$$wor!

```
Connect-VIServer -Server vm-vcs.cssv.dom -Protocol https -Username 'Adm!n'
-Password 'Pa$$wor!'
```

Standard-Server-Verbindung

Gibt man keine Verbindungsserver als Parameter an, wird vom lokalen Rechner ausgegangen. Starten Sie also Skripte auf dem vCenter Server, so müssen Sie diese Angaben auch nicht machen.

Hat man einmal den Befehl `Connect-VIServer -Server` angegeben, so wird dieser Wert in der Array-Variablen `$DefaultVIServers` gespeichert. Ändert man diese Angabe hinterher innerhalb einer Session, so wird der neue Wert ebenfalls gespeichert. Möchte man alle Verbindungen aus der Variablen löschen, so führt der Befehl `Disconnect-VIServer` zum Erfolg. Man kann die Array-Variable `$DefaultVIServers` aber auch manuell anpassen.

esxcli und PowerCLI

Der Kommandozeilenbefehl `esxcli` wird auch in der vCLI und der PowerCLI unterstützt. Dabei gibt es zwei Möglichkeiten:

1. Man benutzt das Cmdlet `Get-ESXCLI`, das direkten Zugriff zu den Anwendungen, Kommandos und Namensgebung des Befehls bietet.
2. Man verwendet .NET-Methoden, um Objekte für spezielle ESXCLI-Anwendungen zu nutzen.

Um eine Methode für ein ESXCLI-Objekt zu nutzen, muss man alle Parameter angeben. Will man einen überspringen, so darf man diesen nicht weglassen, sondern muss den Parameter `$null` als Argument mitgeben.

PowerCLI Inventory Provider

Der sogenannte Inventory Provider gibt den ungefilterten Inhalt eines ausgewählten Servers zurück. Er ermöglicht eine Navigation und einen dateibasierten Überblick über das vSphere-Inventar. Wenn man ein PowerShell-Laufwerk z.B. über ein Datacenter erstellt, bekommt man eine Auflistung aller Inhalte und Beziehungen zwischen ihnen. Außerdem können Sie den Inhalt nutzen, um Objekte zu verschieben, umzubenennen oder zu löschen, indem Sie die Konsole verwenden.

Wenn Sie sich über den Befehl `Connect-VIServer` verbinden, werden zwei Standardlaufwerke erstellt: `vi` und `vis`. `vi` zeigt den Inhalt des letzten verbundenen Servers an, `vis` alle bisher in dieser Session genutzten Serververbindungen.

Es können eigene Inhaltslaufwerke oder die Standards verwendet werden.

PowerCLI Datastore Provider

Der Datastore Provider bietet Zugriff auf den Inhalt eines oder mehrerer Datenspeicher. Das beinhaltet Konfigurationsdateien, virtuelle Festplatten und andere zu einer VM gehörenden Dateien.

Verbinden Sie sich über den Befehl `Connect-VIServer`, werden wieder zwei Standardlaufwerke erstellt: `vmstore` und `vmstores`. Ähnlich wie beim Inventory Provider liefert `vmstore` Inhalte des letzten verbundenen Servers und `vmstores` Inhalte aller bisher in dieser Session genutzten Serververbindungen.

Es können auch hier eigene Inhaltslaufwerke oder die oben genannten Standardlaufwerke genutzt werden.

Installation der PowerCLI

Zur Installation der Anwendung wird einfach die heruntergeladene ausführbare **.exe*-Datei auf einem beliebigen Rechner ausgeführt. Üblicherweise erhält man auf dem Desktop dann 2 Icons für 32 und 64 Bit.

Nach der Installation muss man gegebenenfalls noch die Verarbeitung von Skripten zulassen (rote Meldung):

mehr Infos mit:	`Get-Help about_signing`
Einstellung überprüfen:	`Get-ExecutionPolicy`

Einstellung ändern:

32- und 64-Bit-Session jeweils als Administrator öffnen und folgenden Befehl eingeben:

```
Set-ExecutionPolicy -ExecutionPolicy RemoteSigned
```

Im Fenster wird der »Quick Edit-Modus« mit einem Haken versehen und auf der Registerkarte »Layout« die Breite der Fensterpuffergröße auf 120 (oder mehr) erhöht.

Am ESX-Server anmelden:

```
Connect-VIServer [-server 192.168.150.11]
```

Es wird ein Anmeldefenster angezeigt, in dem man Benutzername und Passwort eingeben kann.

Am ESX-Server wiederholt anmelden:

```
Connect-VIServer -Menu
```

Es wird nach dem Server (Auswahl) gefragt und anschließend ein Anmeldefenster angezeigt, in dem man Benutzername und Passwort eingeben kann.

Zertifikatswarnung unterdrücken:

```
Set-PowerCLIConfiguration -InvalidCertificateAction Ignore
```

Warnmeldung »Veraltet« unterdrücken:

```
Set-PowerCLIConfiguration -DisplayDeprecationWarnings $false -Scope User
```

Beispielbefehle für virtuelle Maschinen

Liste aller VMs holen:

```
Get-VM
```

VM1 einschalten:

```
Get-VM VM1 | Start-VM
```

VM1 herunterfahren:

```
Shutdown-VMGuest VM1
```

VM1 ausschalten:

```
Stop-VM VM1
```

VM1 von esx1 auf esx2 verschieben (migrieren):

```
Get-VM -Name VM1 -Location esx1 | Move-VM -Destination esx2
```

Anderes Beispiel für das Verschieben:

```
Get-VM VM1 | Move-VM -Destination (Get-VMHost esx2)
```

Eine VM auf einen anderen Storage verschieben:

```
Get-VM VM1 | Move-VM -Datastore iSCSI2
```

Details einer VM bekommen:

```
Get-VM -Name vm-dc1 | Format-List -Property *
```

Details des Betriebssystems der VM anzeigen:

```
Get-VMGuest VM | fc
```

Details aller VMs holen:

```
Get-VM | Format-List -Property *
```

Liste aller VMs in ein Array speichern:

```
$Reihe = Get-VM
```

Erstes Element aus der Reihe holen:

```
$Reihe[0]
```

Letztes Element aus der Reihe holen:

```
$Reihe[-1]
```

Anzahl der Elemente anzeigen:

```
$Reihe.length
```

Zugriff auf Teilelement aus der Reihe:

```
$Reihe[2].PowerState
```

FOR-Schleife für die Anzeige aller Details aller VMs:

siehe .\VM-Details.ps1

siehe .\VM-Details-An.ps1 Anzeige nur eingeschaltete VMs

Grafisches Anzeigen der Informationen (GridView):

```
Get-VM | Out-GridView
```

Zählen aller VMs in einem Cluster mit Namenssuche:

```
get-cluster "Cluster" | get-vm | where {$_.name -match "Win7"} | measure-object
```

Alle VMs mit alter Hardwareversion anzeigen:

```
Get-Cluster "Cluster" | Get-VM | Get-View | Where {$_.Config.Version -ne "vmx-09"}
| Select Name | Sort Name
```

Allgemeine Beispielbefehle

Tabelle der Abkürzungen (Aliase) anzeigen lassen:

```
Get-Alias
```

Dieser Befehl sollte aus Gründen der Lesbarkeit nicht in Skripten verwendet werden.

Eigenen Alias anlegen:

```
New-Alias -Name Kind -Value Get-ChildItem
```

Liste der Kommandos anzeigen lassen:

```
Get-Command  oder  Get-VICommand
```

Informationen zu Kommandos anzeigen lassen:

```
Get-Command -Name Get-VM  oder  Get-VICommand -Name Get-VM
```

Details zu Kommandos anzeigen lassen:

```
Get-Command -Name Get-VM | Format-List *
```

Liste der Kommandos für »Host« anzeigen lassen:

```
Get-Command -Name *VMHost*
```

Liste der Kommandos fürs »Netzwerk« anzeigen lassen:

```
Get-Command -Name *Network*
```

Hilfe zu Kommandos anzeigen lassen:

```
Get-Help Get-VM
```

Weitere mögliche Parameter sind `-examples`, `-detailed` und `full`

Details und Hilfe zu Kommandos grafisch anzeigen lassen:

```
Get-PowerCLIHelp
```

Hilfe zu Kommandos in der VMTN-Community über Browser anzeigen lassen:

```
Get-PowerCLICommunity
```

Beispielbefehle für ESX-Hosts

Liste aller Hosts holen:

```
Get-VMHost
```

Details eines Hosts bekommen:

```
Get-VMHost | Format-List -Property *
```

Grafisches Anzeigen der Informationen (GridView):

```
Get-VMHost | Out-GridView
```

Beispiel: Alle Netzwerkadapter des Hosts anzeigen lassen:

```
Get-VMHostNetworkAdapter
Get-VMHostNetworkAdapter | Out-GridView
```

Alle Hosts mit spezieller Version auflisten:

```
get-vmhost | where-object { $_.version -eq "4.1.0" } | select name,version
```

Alle Volumes für alle Hosts im Cluster:

```
ForEach ($esxhost in (Get-Cluster "Cluster" | Get-VMHost)) {Get-VmHostStorage
$esxhost -RescanAllHba}
```

MPIO-Einstellungen für alle Hosts im Cluster:

```
ForEach ($esxhost in (Get-Cluster "Cluster" | Get-VMHost)) {D:\tools\plink
-ssh $esxhost -l root -pw <fillinpw> /opt/ontap/santools/config_mpath --primary
--loadbalance --policy fixed}
```

Einen Host neu starten:

```
$vmhostView = Get-VMHost -Name esx4 | Get-View
$vmhostView.RebootHost()
```

Beispielbefehle für Storages

Alle Datenspeicher auflisten:

```
Get-Datastore
```

Alle VMs auf einem bestimmten Datenspeicher auflisten:

```
Get-VM -Datastore esx5-datastore1
```

Alle Volumes und belegter Platz für VMs innerhalb eines Cluster:

```
Get-Cluster "Cluster" | Get-VM | Select Name, @{N="Datastore";E={Get-Datastore -vm
$_}}, UsedSpaceGB, ProvisionedSpaceGB  | sort Name | Export-Csv F:\Scripts\Output\
datastores-Cluster.csv
```

Alle Volumes und belegter Platz für alle Cluster:

```
ForEach ($cluster in get-cluster){get-cluster "$cluster" | Get-VMHost |
select -first 1 | get-datastore | where {$_.name -like "?_*"} | Select
Name,FreeSpaceMB,CapacityMB,@{N="Number of VMs";E={@($_ | Get-VM).
Count}},@{N="VMs";E={@($_ | Get-VM | ForEach-Object {$_.Name})}},
@{N="VM Size";E={@($_ | Get-VM | ForEach-Object {$_.UsedSpaceGB})}} |
Export-Csv D:\sjoerd\datastore-$cluster-overview.csv}
```

Anzahl der Pfade pro Host innerhalb eines Clusters:

```
Get-Cluster "Cluster" | Get-VMHost | where {$_.State -eq "Connected"} | Select
Name, @{N="TotalPaths";E={($_ | Get-ScsiLun | Get-ScsiLunPath | Measure-Object).
Count}}
```

Alle verwaisten Pfade im Datacenter auflisten:

```
ForEach ($vmhost in (Get-Datacenter "The Netherlands" | Get-Vmhost | Sort)){
$deadpaths = Get-ScsiLun -vmhost $vmhost | Get-ScsiLunPath | where {$_.State
-eq "Dead"} | Select ScsiLun,State; Write-Host $vmhost $deadpaths}
```

Alle LUN-IDs, die bei ESX-Servern in Benutzung sind:

```
Get-ScsiLun -vmhost esx01 -luntype disk | select runtimename | sort runtimename
```

Alle LUN-IDs auf einem NetApp Filer:

```
Get-NaLun | get-nalunmap | select Path,LunId | Sort LunId
```

Anzahl der VMs pro Datenspeicher im Datacenter:

```
Get-Datastore | where {$_.datacenter -match "Datacenter"} | Select Name,
@{N="Number of VMs";E={@($_ | Get-VM).Count}} | Sort "Number of VMs"
```

Mit esxcli arbeiten

In der Datei *esxcli.txt*, die Sie auf der Webseite zum Buch finden, sind alle möglichen Befehle aufgelistet. Hier folgen nur ein paar Beispiele zum Umgang mit dem Cmdlet.

Verbindung mit einem ESXi-Host in eine Variable speichern:

```
$esxcli = Get-EsxCli -VMHost 192.168.50.15
```

Informationen über die Möglichkeiten abrufen:

```
$esxcli
```

Informationen über die Möglichkeiten der Untergruppe (Elemente) abrufen:

```
$esxcli.hardware
```

Informationen über die Möglichkeiten der Untergruppe (Elemente) abrufen:

```
$esxcli.hardware.cpu
```

Informationen über den Inhalt der Untergruppe (Elemente) abrufen:

```
$esxcli.hardware.cpu.list()
```

Anzeige der laufenden VMs mit deren Prozess-Details:

```
$esxcli.vm.process.list()
```

Anzeige der vorhandenen Netzwerkkarten-Details:

```
$esxcli.network.nic.list()
```

VMs erstellen und damit arbeiten

Erstellen von VMs

Eine Standard-VM erstellen:

```
New-VM -Name VM-XP-1
```

Die Standard-VM: XP Prof, 1 vCPU, 256MB RAM, Hardwareversion vmx-10, ohne Floppy, BusLogic SCSI-Festplatte, Netzwerkadapter Flexibel

Eine angepasste VM erstellen:

```
New-VM -Name VM-W7-1 -DiskGB 30 -DiskStorageFormat Thin -MemoryGB 4 -NumCPU 2
-GuestID "windows7_64Guest" -Version v9
```

Bei der Erstellung kann noch das Betriebssystem, der Host, der Storage etc. angegeben werden. An Hardware zusätzlich nur Floppy und CD/DVD, Einstellungen zu HA und DRS, Ressourcenpool etc. Für Details sehen Sie sich auch die Datei **New-VM.txt** an, die alle möglichen Optionen und die dazugehörige Syntax auflistet.

Liste der GuestIDs: *http://pubs.vmware.com/vsphere-55/index.jsp?topic=%2Fcom.vmware.wssdk.apiref.doc%2Fvim.vm.GuestOsDescriptor.GuestOsIdentifier.html* und in der Datei **VirtualMachineGuestOsIdentifier.doc**.

Eine VM mithilfe einer XML-Datei erstellen

Beispiel: MeineVM.xml

```
<CreateVM>
<VM>
<Name>VM1</Name>
<HDDCapacity>60</HDDCapacity>
</VM>
<VM>
<Name>VM2</Name>
<HDDCapacity>100</HDDCapacity>
</VM>
</CreateVM>
```

Vorgehensweise:

1. Die Informationen aus der XML-Datei lesen

   ```
   [xml]$s = Get-Content MeineVM.xml
   ```

2. Die Maschine erstellen

```
$s.CreateVM.VM | foreach {New-VM -VMHost $vmHost1 -Name $_.Name -DiskGB
$_.HDDCapacity}
```

Dieses Beispiel lässt sich natürlich noch weiter ausbauen.

Arbeiten mit VMs

Liste aller VMs holen:

```
Get-VM
```

VM einschalten:

```
Start-VM -VM vm-dc1
```

VM herunterfahren mit Sicherheitsabfrage:

```
Shutdown-VMGuest -VM vm-dc1
```

VM herunterfahren ohne Sicherheitsabfrage:

```
Shutdown-VMGuest -VM vm-dc1 -Confirm:$false
```

VM hart ausschalten:

```
Stop-VM -VM vm-dc1
```

Einstellungen der VM ändern

VM in der Bestandsliste umbenennen:

```
Set-VM -VM vm-vcs -Name vcs-alt
```

RAM und CPUs bei der VM ändern:

```
Set-VM -VM vm-vcs -NumCPU 4 -MemoryGB 8 -Confirm:$false
```

Anmerkungen eintragen:

```
Set-VM -VM vm-vcs -Notes "vCenter Server"
```

Anmerkungen ändern:

```
Set-VM -VM vm-vcs -Notes "Soll der vCenter Server werden"
```

Geräte zur VM hinzufügen:

VM eine Festplatte in ihrem Ordner hinzufügen:

```
Get-VM -Name VM1 | New-HardDisk -CapacityGB 20 -StorageFormat Thin
```

VM eine Festplatte an neuem SCSI-Adapter in ihrem Ordner hinzufügen:

```
Get-VM -Name VM1 | New-HardDisk -CapacityGB 20 -StorageFormat Thin |
New-SCSIController -Type ParaVirtual
```

VM eine Netzwerkkarte hinzufügen:

```
Get-VM -Name VM1 | New-NetworkAdapter -NetworkName "VM Network" -StartConnected
-Type e1000
```

Die Route im Gastbetriebssystem ändern

Die bisherige Route anzeigen lassen:

```
Get-VMGuestRoute -VM $vm1 -GuestUser user -GuestPassword pass2 -ToolsWaitSecs 50
Get-VMGuestRoute -VMGuest $guest -GuestUser user -GuestPassword pass2
```

Die Route ändern:

```
$route = New-VMGuestRoute -VM $vmWin -GuestUser user -GuestPassword pass2
-Destination 192.168.100.10 -Netmask 255.255.255.255 -Gateway 10.23.112.58
-Interface $interface.RouteInterfaceId -ToolsWaitSecs 50
```

Details der VM anzeigen lassen:

```
Get-VM -Name VM1 | Format-List -Property *
```

Geräte einer VM ändern

Festplatte einer VM vergrößern:

```
Get-VM -Name VM1 | Get-HardDisk | Where-Object {$_.Name -eq "Hard Disk 1"} |
Set-HardDisk -CapacityGB 30 -Confirm:$false
```

Festplatte einer VM verschieben und deren Format ändern:

```
Get-VM -Name VM1 | Get-HardDisk | Where-Object {$_.Name -eq "Hard Disk 1"} |
Move-HardDisk -Datastore esx6-datastore2 -StorageFormat Thick -Confirm:$false
```

Zweite Netzwerkkarte einer VM verändern:

```
Get-VM -Name VM1 | Get-NetworkAdapter | Where-Object {$_.Name -eq "Network Adapter
2"} | Set-NetworkAdapter -MACAddress 00:50:56:00:11:22 -Type vmxnet3 -Confirm:
$false
```

Geräte einer VM löschen/entfernen

Festplatte einer VM entfernen:

```
Get-VM -Name VM1 | Get-HardDisk | Where-Object {$_.Name -eq "Hard Disk 3"} |
Remove-HardDisk -DeletePermanently -Confirm:$false
```

Netzwerkkarte einer VM entfernen:

```
Get-VM -Name VM1 | Get-NetworkAdapter | Where-Object {$_.Name -eq "Network Adapter
2"} | Remove-NetworkAdapter -Confirm:$false
```

VMware Tools aktualisieren:

```
Get-VM -Name VM1 | Update-Tools
```

Befehle im Betriebssystem der VM ausführen

Beispiel: ipconfig /all

```
$GC = Get-Credential
Invoke-VMScript -VM vm-dc1 -ScriptText "ipconfig /all" -GuestCredential $GC
```

Konsole einer VM im Browser anzeigen:

```
Open-VMConsoleWindow -VM vm-dc1
```

Alle möglichen Werte eines Objektes bekommen

Beispiel: Netzwerkadapter

```
Get-NetworkAdapter -vm VM1 | select *
```

Allgemeines zu Skripten

Die oben gelisteten und die hier noch folgenden Beispieltexte braucht man nur in einem Texteditor zu kopieren und die Endung der Datei auf *.ps1* zu ändern.

Abfragen bestimmter Eigenschaften

VM mit CPU Reservation

```
Get-VM | Get-VMResourceConfiguration | where {$_.CPUReservationMhz -ne '0'}
```

und CPU-Reservierung auf 0 setzen:

```
Get-VM | Get-VMResourceConfiguration | where {$_.CPUReservationMhz -ne '0'} |
Set-VMResourceConfiguration -CPUReservationMhz 0
```

VM mit CPU Limit

```
Get-VM | Get-VMResourceConfiguration | where {$_.CPULimitMhz -ne '-1'}
```

und CPU-Limit auf unlimitiert setzen:

```
Get-VM | Get-VMResourceConfiguration | where {$_.CPULimitMhz -ne '-1'} |
Set-VMResourceConfiguration -CPULimitMhz $null
```

VM mit Memory Reservation

```
Get-VM | Get-VMResourceConfiguration | where {$_.MemReservationMB -ne '0'}
```

und RAM-Reservierung auf 0 setzen:

```
Get-VM | Get-VMResourceConfiguration | where {$_.MemReservationMB -ne '0'} |
Set-VMResourceConfiguration -MemReservationMB 0
```

Wenn Sie die Memory Reservation aufheben und es ist später nicht genügend Platz auf dem Storage, dann kann die VM nicht eingeschaltet werden. Um das zu verhindern, können Sie den folgenden Befehl nutzen:

```
ForEach ($vm in (Get-VM | Get-VMResourceConfiguration | where {$_.MemReservationMB
-ne '0'} | ForEach {$_.VM})){Get-VM $vm | Select Name,PowerState,
@{N="Reservation";E={Get-VMResourceConfiguration -VM $_ | ForEach
{$_.MemReservationMB}}},@{N="Datastore";E={Get-Datastore -VM $_}},
@{N="Datastore Free Space";E={Get-Datastore -VM $_ | ForEach {$_.FreeSpaceMB}}}}
```

Falls der Storage genug freien Platz hat, kann man das folgende Skript verwenden, um alle Reservierungen zu löschen:

```
ForEach ($vm in (Get-VM | Get-VMResourceConfiguration | where {$_.MemReservationMB
-ne '0'} | ForEach {$_.VM})){
  # $name = (Get-VM $vm | ForEach {$_.Name})
  $powerstate = (Get-VM $vm | ForEach {$_.PowerState})
```

```
  [int]$reservation = (Get-VMResourceConfiguration -VM $vm | ForEach
{$_.MemReservationMB})
  $datastore = (Get-Datastore -VM $vm )
  [int]$dsfreespace = $datastore.FreeSpaceMB
  [int]$numberofds = (Get-Datastore -VM $vm |Measure-object).Count
  write-host "VM = $vm `n`t PowerState = $powerstate `n`t Memory Reservation
= $reservation `n`t DataStore VM = $datastore `n`t Free Space on datastore
= $dsfreespace `n`t Number of Datastores is $numberofds"
  if ((($dsfreespace - $reservation) -gt "0") -and ($numberofds -eq "1")){
     Write-Host "Now removing the memory reservation $reservation for VM $vm"
-ForegroundColor Green
     Get-VMResourceConfiguration -VM $vm | Set-VMResourceConfiguration
-MemReservationMB 0
  }
  else {
     Write-Host "Memory reservation ($reservation) cannot be removed because there
is not enough free space on the datastore, or because the VM has multiple
datastores." -ForegroundColor Red
  }
}
```

Um nur die VMs gelistet zu bekommen, bei denen die Reservierung nicht aufgehoben werden kann, kann man die »Write-Host«-Zeilen auskommentieren.

VM mit Memory Limit

```
Get-VM | Get-VMResourceConfiguration | where {$_.MemLimitMB -ne '-1'}
```

und das Limit aufheben:

```
Get-VM | Get-VMResourceConfiguration | where {$_.MemLimitMB -ne '-1'} |
Set-VMResourceConfiguration -MemLimitMB $null
```

Alle CPU und RAM-Werte anzeigen

```
$startdir = "C:\Temp"
$csvfile = "$startdir\memlimits.csv"

$myCol = @()

foreach ($VM in (Get-VM | Get-VMResourceConfiguration | where {$_.MemLimitMB
-ne '-1'})){

$vmview = Get-VM $VM | Get-View

$VMInfo = "" |select-Object
VMName,CPUReservation,CPULimit,CPUShares,NumCPU,MEMSize,MEMReservation,MEMLimit,
MEMShares
$VMInfo.VMName = $vmview.Name
$VMInfo.CPUReservation = $vmview.Config.CpuAllocation.Reservation
If ($vmview.Config.CpuAllocation.Limit-eq "-1"){$VMInfo.CPULimit = "Unlimited"}
Else{$VMInfo.CPULimit = $vmview.Config.CpuAllocation.Limit}
$VMInfo.CPUShares = $vmview.Config.CpuAllocation.Shares.Shares
$VMInfo.NumCPU = $VM.NumCPU
$VMInfo.MEMSize = $vmview.Config.Hardware.MemoryMB
```

```
$VMInfo.MEMReservation = $vmview.Config.MemoryAllocation.Reservation
If ($vmview.Config.MemoryAllocation.Limit-eq "-1"){$VMInfo.MEMLimit = "Unlimited"}
Else{$VMInfo.MEMLimit = $vmview.Config.MemoryAllocation.Limit}

$myCol += $VMInfo
}

$myCol |Export-csv -NoTypeInformation $csvfile
```

Version der VMware Tools abfragen

```
get-vm |% { get-view $_.id } | select Name, @{ Name="ToolsVersion";;
Expression={$_.config.tools.toolsVersion}}
```

Beschreibungen bei VMs setzen

Das Einzige was man braucht, ist eine einfache CSV-Datei:

```
VMName, Description
vm-DC01, Domänencontroller
vm-SQL, Datenbankserver
```

Mit dem folgenden Kommando wird eine gegebenenfalls vorhandene Beschreibung überschrieben:

```
Import-Csv "C:\Temp\Beschreibung.csv" | % { Set-VM $_.VMName -Description
$_.Description -Confirm:$false}
```

Eine Anpassungsspezifikation an eine geklonte VM setzen (nur 32-Bit-PowerShell)

Eine vorhandene Anpassungsspezifikation temporär kopieren:

```
Get-OSCustomizationSpec Spec | New-OSCustomizationSpec -Type NonPersistent -Name
ClientSpec
```

Der Kopie einen anderen Namen geben:

```
Set-OSCustomizationSpec -Spec ClientSpec -NamingPrefix VM1
```

Die Netzwerkkarteneinstellungen in der temporären Anpassungsspezifikation ändern:

```
Get-OSCustomizationNicMapping -Spec ClientSpec | Set-OSCustomizationNicMapping
-IpMode UseStaticIP -IpAddress 192.168.150.130 -SubnetMask 255.255.255.0
-DefaultGateway 192.168.150.10 -Dns 192.168.150.10
```

Eine VM namens VM1 von einer bestehenden VM erstellen:

```
Get-VM VM | New-VM -VMHost esx3 -Datastore iSCSI1 -OSCustomizationSpec ClientSpec
-Name VM1
```

Es ist auch möglich, mehrere VMs mit statischen IPs aus einer Spec zu generieren. Dazu kann man wiederum eine CSV-Datei (*C:\Temp\StaticIPs.csv*) erstellen:

Eine Namenskonvention für die VMs setzen:

```
$vmNameTemplate = "VM-{0:D3}"
```

Das Cluster in eine Variable speichern:

```
$cluster = Get-Cluster CSSV-Cluster
```

Das Template ebenfalls in eine Variable speichern:

```
$template = Get-Template VM1Template
```

Die virtuellen Maschinen erstellen:

```
$vmList = @()

for ($i = 1; $i -le 100; $i++) {
    $vmName = $vmNameTemplate -f $i
    $vmList += New-VM -Name $vmName -ResourcePool $cluster -Template $template
}
```

Die statischen IP-Adressen aus der CSV-Datei in eine Variable speichern:

```
$staticIpList = Import-CSV C:\Temp\StaticIPs.csv
```

Die Anpassungsspezifikation erstellen:

```
$linuxSpec = New-OSCustomizationSpec -Name LinuxCustomization -Domain cssv.dom
-DnsServer "192.168.150.10", "192.168.150.20" -NamingScheme VM -OSType Linux
```

Die Anpassungsspezifikation temporär klonen:

```
$specClone = New-OSCustomizationSpec -Spec $linuxSpec -Type NonPersistent
```

Die neuen Anpassungsspezifikation an die VMs binden:

```
for ($i = 0; $i -lt $vmList.Count; $i++) {
    # Acquire a new static IP from the list
    $ip = $staticIpList[$i].IP
    # The specification has a default NIC mapping – retrieve it and update it with
the static IP
    $nicMapping = Get-OSCustomizationNicMapping -OSCustomizationSpec $specClone
    $nicMapping | Set-OSCustomizationNicMapping -IpMode UseStaticIP -IpAddress $ip
-SubnetMask "255.255.252.0" -DefaultGateway "192.168.0.1"
    # Apply the customization
    Set-VM -VM $vmList[$i] -OSCustomizationSpec $specClone -Confirm:$false
}
```

Resource Pools mit Ballooning und Swapping

```
$myCol = @()
foreach($clus in (Get-Cluster)){
 foreach($rp in (Get-ResourcePool -Location $clus | Get-View | Where-Object `
  {$_.Name -ne "Resources" -and `
   $_.Summary.QuickStats.BalloonedMemory -ne "0"})){
   $Details = "" | Select-Object Cluster, ResourcePool, `
   SwappedMemory ,BalloonedMemory

    $Details.Cluster = $clus.Name
    $Details.ResourcePool = $rp.Name
    $Details.SwappedMemory = $rp.Summary.QuickStats.SwappedMemory
    $Details.BalloonedMemory = $rp.Summary.QuickStats.BalloonedMemory
```

```
        $myCol += $Details
    }
}
$myCol
```

VMs mit Ballooning und Swapping

```
$myCol = @()
foreach($vm in (Get-View -ViewType VirtualMachine | Where-Object `
  {$_.Summary.QuickStats.BalloonedMemory -ne "0"})){
   $Details = "" | Select-Object VM, `
   SwappedMemory ,BalloonedMemory

    $Details.VM = $vm.Name
    $Details.SwappedMemory = $vm.Summary.QuickStats.SwappedMemory
    $Details.BalloonedMemory = $vm.Summary.QuickStats.BalloonedMemory

    $myCol += $Details
  }
$myCol
```

Netzwerkinformationen zu VMs

```
(get-vm) | %{
  $vm = $_
  echo $vm.name----
  $vm.Guest.Nics | %{
    $vminfo = $_
    echo $vminfo.NetworkName $vminfo.IPAddress $vminfo.MacAddress
    echo ";`n";
  }
}
VMs Boot Time
$LastBootProp = @{
  Name = 'LastBootTime'
    Expression = {
      ( Get-Date ) - ( New-TimeSpan -Seconds $_.Summary.QuickStats.UptimeSeconds )
    }
}

Get-View -ViewType VirtualMachine -Property Name, Summary.QuickStats.UptimeSeconds
| Select Name, $LastBootProp
```

Werte für Eigenschaften aus einer CSV-Datei lesen

Hier wird als Beispiel die Memory-Reservierung für spezielle VMs gesetzt. Das ist auch für das Rückgängigmachen von Einstellungen sehr hilfreich. Sie können als Eingabe sowohl eine separate *vms.txt*-Datei als auch die *vmsinput.txt* mit den Reservierungseinstellungen nutzen.

vms.txt:

```
WINXP-TESTVM2
WINXP-TESTVM3
WINXP-TESTVM4
```

vmsinput.txt:

```
VMName,MEMReservation
WINXP-TESTVM2,128
WINXP-TESTVM3,256
WINXP-TESTVM4,128
$sourcevms = "C:\Temp\PowerCLI scripts\vms.txt"
$sourcememory = "C:\Temp\PowerCLI scripts\vmsinput.txt"
$list = Get-Content $sourcevms | Foreach-Object {Get-VM $_ }

foreach($item in $list){
                $vm = $item.Name
        # Die nächste Zeile gibt alle Informationen in @= format. Dieses ist
nicht direkt verwendbar.
        $memres = import-csv $sourcememory | where-object {$_.vmname -eq "$vm"}
        # Hiermit bekommen Sie nur den Wert aus der Variable.
        $memresvm = $memres.MEMReservation
        Get-VM $vm | Get-VMResourceConfiguration | where {$_.MemReservationMB
-eq '0'} | Set-VMResourceConfiguration -MemReservationMB $memresvm
        }
```

Name der VM entspricht nicht dem Namen des Ordners

Dieses Skript vergleicht die Namen der VMs mit den Namen der Ordner, in denen sie liegen.

Beispiel Ausgabe:

VM	Path
Neue VM 1	[storage1] Neue VM
vm-AB12	[storage1] Der Test
vm-SQL1	[SAN11] Neue VMSQL
vm-127	[SAN11] Windows Server 2003

Skript:

```
# Connect-VIServer MYVISERVER
$VMFolder = @()
Foreach ($VM in (Get-VM |Get-View)){
$Details = "" |Select-Object VM,Path
$Folder = ((($VM.Summary.Config.VmPathName).Split(']')[1]).Split('/'))[0].
TrimStart(' ')
$Path = ($VM.Summary.Config.VmPathName).Split('/')[0]
If ($VM.Name-ne $Folder){
$Details.VM= $VM.Name
$Details.Path= $Path
$VMFolder += $Details
}
}
$VMFolder |Export-Csv -NoTypeInformation C:\temp\Path-Name.csv
```

Skript für die Überwachung von VMs

Dieses Skript gibt für alle VMs die Anzahl der CPUs, RAM, CPU-Nutzung über x Tage und RAM-Nutzung über x Tage aus:

```
Get-VM | Where {$_.PowerState -eq "PoweredOn"} |
Select Name, Host, NumCpu, MemoryMB, @{N="Cpu.UsageMhz.Average";E={[Math]::
Round((($_ |
Get-Stat -Stat cpu.usagemhz.average -Start (Get-Date).AddHours(-24)-IntervalMins 5
-MaxSamples (12) |
Measure-Object Value -Average).Average),2)}}, @{N="Mem.Usage.Average";E={[Math]::
Round((($_ |
Get-Stat -Stat mem.usage.average -Start (Get-Date).AddHours(-24)-IntervalMins 5
-MaxSamples (12) |
Measure-Object Value -Average).Average),2)}} |
Export-Csv c:\Temp\stats.csv
```

Anmeldedaten speichern und holen

Über den Befehl *New-VICredentialStoreItem* kann man eine *.xml*-Datei erstellen, in der der Username und das Passwort für bestimmte Verbindungen (vCenter Server und Hosts) abgelegt werden. Das Passwort wird verschlüsselt gespeichert, ist aber nicht besonders sicher.

Anschließend kann auf den »Credstore« auch in Skripten zugegriffen werden.

Eine neue *.xml* -Datei erstellen:

```
Connect-VIServer -Server vm-vcs.cssv.dom -User cssv\Goepel -password GanzGeheim
-SaveCredentials
```

Damit wird die Datei im Standardordner des Users abgelegt, also z. B.: *C:\Users\Goepel\AppData\Roaming\VMware\credstore\vicredentials.xml*

Möchte man die Datei lieber im Arbeitsverzeichnis liegen haben, z. B. in *C:\Temp*, so kann man auch den Befehl *New-VICredentialStoreItem* nutzen und einen Pfad mit angeben.

Den Zugriff auf die abgespeicherten Daten erhält man dann z. B. mit:

```
$Creds = Get-VICredentialStoreItem -User 'cssv\goepel' -Host 'vm-vcs55.cssv.dom'
-File 'C:\Users\user1\AppData\Roaming\VMware\credstore\vicredentials.xml'
Connect-VIServer vm-vcs55.cssv.dom -User $Creds.User -Password $Creds.Password
```

Alle Beispiele zu PowerCLI können von der Webseite zum Buch heruntergeladen werden. Dabei habe ich dort noch weitere Skripte hinterlegt, z. B. wie eine Ausgabe von Informationen zu VMs in eine Excel-Tabelle exportiert werden kann.

Viel Spaß damit.

KAPITEL 10

Der vCenter Server

Wir haben nun unsere Umgebung mit mehreren ESXi-Servern aufgebaut und einen gemeinsamen Speicherplatz eingerichtet. Unsere virtuellen Maschinen laufen auf den Hosts ohne Probleme. Was noch fehlt, ist eine zentrale Instanz, die wir dazu nutzen wollen, alle Server und Gäste in einem Fenster zu überblicken, sie von dort aus zu konfigurieren und viele weitere Funktionen einzusetzen. Dafür gibt es, wie bereits in Kapitel 2 beschrieben und schon oft erwähnt, den vCenter Server.

Ein vCenter Server ist eine Anwendung, die üblicherweise auf einem 64-Bit-Windows-Server installiert wird und anschließend als Dienst im Hintergrund läuft. Eine Installation auf einer Workstation-Version ist nicht mehr möglich. Im vCenter Server werden die Hosts mit dem *vpxuser*-Account angeschlossen, sodass über den Windows-Rechner die Zugriffe an die ESXi-Hosts durchgereicht werden. Des Weiteren wird eine Datenbank auf diesem Computer installiert oder ein Zugriff auf eine bereits bestehende Datenbank abgefragt, damit z. B. die Performance-Daten der Hosts und VMs dort abgelegt werden können.

> Da der Zugriff des vCenter Servers über den User *vpxuser* und nicht mit dem User *root* durchgeführt wird, dürfen Sie auf keinen Fall das Passwort dieses Benutzers ändern.

Noch einfacher und ohne Windows kann man die vorgefertigte vCenter Server Appliance importieren. Diese basiert auf SuSE Linux Enterprise Server und ist von VMware auf die Aufgaben speziell vorbereitet.

Der Benutzer kann wie vorher mit dem vSphere Client arbeiten und verbindet sich jetzt mit dem Management-Server. Auch der Zugriff über einen Browser auf den vCenter Server ist jetzt möglich und für einige Befehle leider unabdingbar, da diese nur über den sogenannten Web Client zur Verfügung gestellt werden.

Funktionen des vCenter Servers

Was bietet dieser Server uns alles als zusätzliche Funktionen, die wir beim allein stehenden ESXi-Server nicht haben? Zunächst gibt die folgende Auflistung eine grobe Übersicht über die Möglichkeiten, die natürlich abhängig von der eingesetzten Lizenz sind:

- *vMotion*: Virtuelle Maschinen im laufenden Betrieb von einem ESXi-Server auf einen anderen verschieben.
- *Storage vMotion*: Dateien der virtuellen Maschinen von einem Storage auf einen anderen verschieben, ohne die VM herunterzufahren.
- *Distributed Resource Scheduler (DRS)*: Ein automatisches Load Balancing zwischen den Hosts bezüglich RAM- und CPU-Last.
- *High Availability (HA)*: Automatischer Neustart ausgefallener VMs auf den verbliebenen Hosts.
- *Fault Tolerance (FT)*: Gespiegelte virtuelle Maschinen als Ausfallsicherheit.
- *Hostprofile*: Vergleichen der ESXi-Server in ihrer Konfiguration.
- *Data Protection*: Zeitgesteuertes Backup der VM-Dateien.
- *Data Replication*: Zeitgesteuertes Replizieren ganzer VMs.
- *Distributed vSwitches*: ESXi-übergreifende Netzwerk-Switches mit mehr Funktionen als Standard-vSwitches.
- *Alarme*: Sendet Informationen auf die Oberfläche, per E-Mail, SNMP oder andere Wege.
- *vApp*: Zusammenfassung von VMs zu Gruppen für leichtere Bedienbarkeit.
- *Distributed Power Management (DPM)*: Power-Management für ESXi-Hosts zum Stromsparen.
- *Geplante Tasks*: Zeitgesteuertes Ausführen von Aktionen.
- *Sitzungen*: Überwachen und Beenden von Zugriffen einzelner User.
- *Ordner*: Erstellen von Ordnern für das Zusammenfassen oder Gliedern von Objekten.
- *Update Manager*: Automatisches, zeitgesteuertes Aktualisieren der Host- und Gastsysteme.
- *Lizenzen*: Vereinfachtes Management aller erworbenen Lizenzen.
- *Leistung*: Ressourcendiagramme über Tage, Monate und Jahre.

- *Zuordnungen*: Grafische Zusammenhänge zwischen VMs, Hosts, Storages und Netzwerken.
- *Vorlagen*: Erstellen von Templates.
- *Klonen*: Duplizieren von VMs.
- *Zugriffsrechte*: Rechtevergabe über Windows-(Domänen-)User und -Gruppen.
- *vSphere Web Client*: Zugriff mittels eines Browsers anstelle des vSphere Clients
- *vSphere Auto Deploy*: Automatisiertes Bereitstellen von mehreren ESXi-Hosts
- *vSphere Storage Appliance (VSA)*: Gemeinsamer Storage über lokale ESXi-Platten

Die einzelnen Funktionen werden im Laufe des Buches noch detaillierter besprochen.

Um die oben genannten Funktionen, wie das Verschieben von VMs zur Laufzeit (vMotion), das Load Balancing über die Auslastung von Prozessor und Arbeitsspeicher der Hosts (DRS) oder den automatischen Neustart der VMs beim Ausfall einer Hosthardware (HA) zu erreichen, ist ein gemeinsamer Speicher (NFS-, iSCSI-SAN- oder FC-SAN-Speicher), notwendig (siehe Abbildung 10-1).

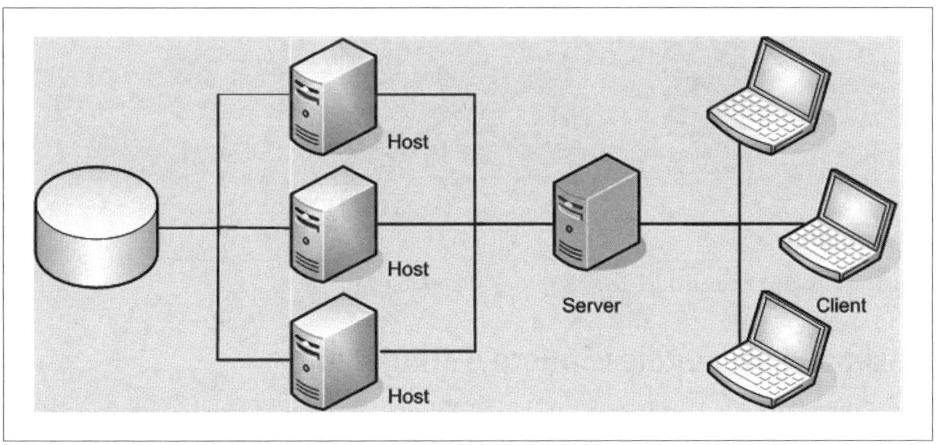

Abbildung 10-1: vSphere-Umgebung mit SAN

Nur wenn auf dem gemeinsamen Speicher alle Dateien der virtuellen Maschine abgelegt und von allen beteiligten ESXi-Servern erreichbar sind, lassen sich diese Funktionen einsetzen.

Die angesprochenen Komponenten werden im weiteren Verlauf noch ausführlich besprochen.

Die schematische Darstellung der Kernkomponenten einer vSphere-6-Umgebung, die Sie in Abbildung 10-2 sehen, stammt aus der deutschen Dokumentation von VMware zu diesem Thema.

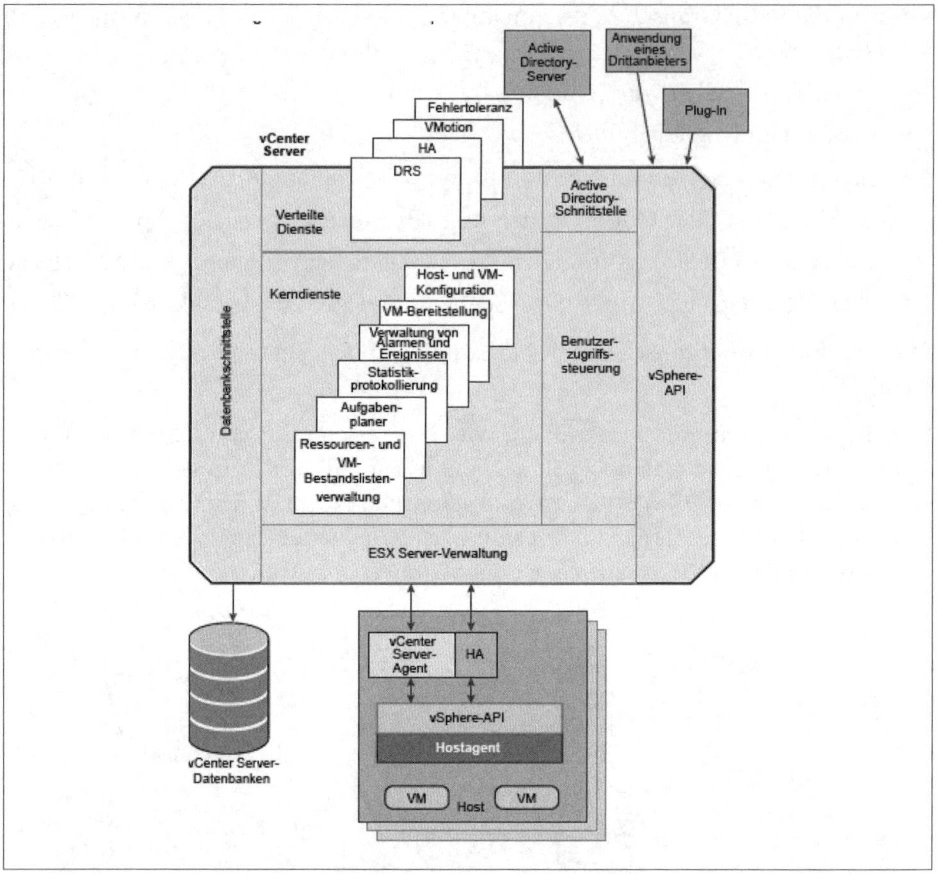

Abbildung 10-2: Komponenten einer vSphere-Umgebung

Maximalwerte für die vSphere-6-Umgebung

Die maximal möglichen Werte für den ESXi-Host und die virtuelle Maschine habe ich in den jeweiligen Kapiteln schon angesprochen. Die mögliche Ausbaustufe mit dem vCenter Server weist Unterschiede dazu auf, und es werden zusätzliche Komponenten zur Verfügung gestellt. Auf der Internetseite von VMware kann man sich die PDF-Datei *vsphere-60-configuration-maximums.pdf* in Deutsch ansehen oder auch herunterladen. Diese wird immer aktuell gehalten, denn manchmal ändern sich z.B. durch Updates ein paar Details.

Maximalwerte für virtuelle Maschinen

In Tabelle 10-1 sind die maximal möglichen Ressourcen für die virtuellen Maschinen unter vSphere 6 aufgelistet, sie stammen aus der oben genannten PDF-Datei. Beachten Sie bitte, dass einige der maximal möglichen Einstellungen nur über den Web Client möglich sind.

Tabelle 10-1: Maximalwerte für VMs

Element	Maximalwert
Rechenressourcen	
Virtuelle CPUs pro virtuelle Maschine (Virtual SMP)	128
Arbeitsspeicher	
RAM pro virtuelle Maschine	4 TByte (4080 GByte)
Größe der Auslagerungsdatei für die virtuelle Maschine	4 TByte (4080 GByte)
Virtuelle Speicheradapter und -geräte	
Virtuelle SCSI-Adapter pro virtuelle Maschine	4
Virtuelle SCSI-Ziele pro virtuellen SCSI-Adapter	15
Virtuelle SCSI-Ziele pro virtuelle Maschine	60
Festplattengröße	62 TByte
IDE-Controller pro virtuelle Maschine	1 (Primary + Secondary)
IDE-Geräte pro virtuelle Maschine	4
Diskettencontroller pro virtuelle Maschine	1
Diskettenlaufwerke pro virtuelle Maschine	2
Virtuelle SATA-Adapter	4
Virtuelle SATA-Geräte (pro Adapter)	30 (CD/DVD-Laufwerk oder Festplatte)
Virtuelle Netzwerkgeräte	
Virtuelle Netzwerkkarten pro virtuelle Maschine	10
Virtuelle Peripherieschnittstellen	
Parallele Schnittstellen pro virtuelle Maschine	3
Serielle Schnittstellen pro virtuelle Maschine	32
USB-Controller pro virtuelle Maschine	1
USB-1.0-, -2.0- oder -3.0-Geräte pro virtuelle Maschine	20
Grafikkarte	
Videoarbeitsspeicher pro virtuelle Maschine	512 MByte
Verschiedenes	
Gleichzeitige Remote-Console-Verbindungen zu einer virtuellen Maschine	40

Maximalwerte für ESXi-Hosts

Die folgenden Tabellen enthalten die Maximalwerte für die Konfiguration von ESXi-Hosts.

Tabelle 10-2: Maximalwerte für den Speicher

Element	Maximalwert
Virtuelle Festplatten	
Virtuelle Festplatten pro Host	2048

→

Tabelle 10-2: Maximalwerte für den Speicher (Fortsetzung)

Element	Maximalwert
iSCSI physisch	
LUNs pro Server	256
Qlogic 1-GByte-iSCSI-HBA-Initiator-Ports pro Server	4
Broadcom 1-GByte-iSCSI-HBA-Initiator-Ports pro Server	4
Broadcom 10-GByte-iSCSI-HBA-Initiator-Ports pro Server	4
Netzwerkkarten, die dem Software-iSCSI-Stack pro Server zugewiesen oder an den Port gebunden werden können	8
Anzahl aller Pfade auf einem Server	1024
Anzahl der Pfade zu einer LUN (Software-iSCSI und Hardware-iSCSI)	8
Qlogic-iSCSI: dynamische Ziele pro Adapterport	64
Qlogic-iSCSI: statische Ziele pro Adapterport	62
Broadcom 1-GByte-iSCSI-HBA-Ziele pro Adapterport	64
Broadcom 10-GByte-iSCSI-HBA-Ziele pro Adapterport	128
Software-iSCSI-Ziele	256
NAS	
NFS-Mounts pro Host	256
Fibre Channel	
LUNs pro Host	256
LUN-Größe	64 TByte
LUN-ID	255
Anzahl der Pfade zu einer LUN	32
Anzahl aller Pfade auf einem Server	1024
Anzahl an HBAs beliebigen Typs	8
HBA-Ports	16
Ziele pro HBA	256
FCoE	
Software-FCoE-Adapter	4
VMFS	
Volumes pro Host	256
Hosts pro Volume	64
Eingeschaltete virtuelle Maschinen pro VMFS-Volume	2048
VMFS3	
Volumegröße	2 TByte minus 512 Byte
Größe der Raw-Gerätezuordnung (virtuelle Kompatibilität)	2 TByte minus 512 Byte
Größe der Raw-Gerätezuordnung (physische Kompatibilität)	2 TByte minus 512 Byte
Blockgröße	8 MByte
Dateigröße (1 MByte Blockgröße)	256 GByte

→

Tabelle 10-2: Maximalwerte für den Speicher (Fortsetzung)

Element	Maximalwert
Dateigröße (2 MByte Blockgröße)	512 GByte
Dateigröße (4 MByte Blockgröße)	1 TByte
Dateigröße (8 MByte Blockgröße)	2 TByte minus 512 Byte
Dateien pro Volume	ca. 30.720
VMFS5	
Volumegröße	64 TByte
Größe der Raw-Gerätezuordnung (virtuelle Kompatibilität)	62 TByte
Größe der Raw-Gerätezuordnung (physische Kompatibilität)	64 TByte

Tabelle 10-3: Maximalwerte für Rechenressourcen

Element	Maximalwert
Virtuelle CPUs pro Host	4096
Virtuelle Maschinen pro Host	1024
Logische Prozessoren pro Host	480
Virtuelle CPUs pro physischen Kern	32
NUMA-Knoten pro Host	16
Fehlertoleranz Maximalwerte	
Virtuelle Festplatten	16
Virtuelle CPUs pro virtueller Maschine	4
RAM pro FT VM	64 GByte
Virtuelle Maschinen pro Host	4
Virtuelle CPUs pro Host	8

Tabelle 10-4: Maximalwerte für den Arbeitsspeicher

Element	Maximalwert
Größe des RAM pro Host	6 TByte (auf mancher Hardware bis 12 TByte)
Auslagerungsdateien	1 pro virtuelle Maschine
Größe der Auslagerungsdatei	entspricht der maximalen Größe des RAM der virtuellen Maschine

Maximalwerte für das Netzwerk

Die folgenden Grenzwerte stellen erreichbare maximale Grenzwerte für die Netzwerkkonfiguration in Umgebungen dar, in denen keine restriktiveren Grenzwerte gelten (z. B. vCenter Server-Grenzwerte, von Funktionen wie HA oder DRS auferlegte Grenzwerte sowie andere Konfigurationen, die beim Bereitstellen großer Systeme zu berücksichtigende Einschränkungen beinhalten).

Tabelle 10-5: Maximalwerte für das Netzwerk

Element	Maximalwert
Physische Netzwerkkarten	
E1000e NICs Ethernet-Ports (Intel PCI-e NIC)	24
igb 1-GBit-Ethernet-Ports (Intel)	16
tg3 1-GBit-Ethernet-Ports (Broadcom)	32
bnx2 1-GBit-Ethernet-Ports (Broadcom)	16
nx_nic 10-GBit-Ethernet-Ports (NetXen)	8
elxnet 10-GBit-Ethernet port (Emulex)	8
ixgbe 10-GBit-Ethernet-Ports (Intel)	16
bnx2x 10-GBit-Ethernet-Ports (QLogic)	8
Kombination aus 10-GBit und 1-GBit-Ethernet-Ports	16 10-GBit- und vier 1-GBit-Ports
Infiniband-Ports (an VMware Community Support wenden)	nicht bekannt[1]
PCI VMDirectPath-Grenzwerte	
PCI/PCIe VMDirectPath-Geräte pro Host	8
PCI/PCIe VMDirectPath-Geräte pro virtueller Maschine	4
vSphere Standard und Distributed Switch	
Gesamtzahl der virtuellen Netzwerkswitch-Ports pro Host (vDS- und vSS-Ports)	4.096
Maximal aktive Ports pro Host (vDS und VSS)	1.016
Virtuelle Netzwerkswitch-Ports pro Standardswitch	4.088
Portgruppen pro Standardswitch	512
Verteilte virtuelle Netzwerkswitch-Ports pro vCenter	60.000
Statische Portgruppen pro vCenter	10.000
Flüchtige Portgruppen pro vCenter	1.016
Hosts pro verteiltem Switch	1.000
Verteilte Switches pro vCenter	128
Gleichzeitige Vorgänge	
Gleichzeitige vMotion-Vorgänge pro Host (1-GBit/s-Netzwerk)	4
Gleichzeitige vMotion-Vorgänge pro Host (10-GBit/s-Netzwerk)	8

1. Mellanox Technologies InfiniBand HCA-Gerätetreiber werden direkt von Mellanox Technologies zur Verfügung gestellt. Wenden Sie sich bitte an Mellanox, wenn Sie mehr über die Unterstützung von InfiniBand HCAs mit ESXi erfahren möchten. *http://www.mellanox.com*.

Tabelle 10-6: Maximalwerte für Ressourcenpools und Cluster

Element	Maximalwert
HA- und DRS-Cluster	
Hosts pro HA-Cluster	64
Virtuelle Maschinen pro Cluster	8.000

→

Tabelle 10-6: Maximalwerte für Ressourcenpools und Cluster (Fortsetzung)

Element	Maximalwert
Virtuelle Maschinen pro Host im Cluster	1.024
Ressourcenpool	
Ressourcenpools pro Cluster	1.600
Ressourcenpools pro Host	1.600
Untergeordnete Elemente pro Ressourcenpool	1.100
Strukturtiefe Ressourcenpool	8[1]

1. Vier zusätzliche Ressourcenpools werden von internen Systemkomponenten verwendet.

Verwendung von Maximalwerten für mehrere Konfigurationsoptionen

Wenn eine der in den obigen Tabellen aufgeführten Konfigurationsoptionen mit dem Maximalwert verwendet wird, sollten ESXi-Host und vCenter Server diese Werte mit der jeweiligen Standardkonfiguration verarbeiten können.

Wenn mehrere Konfigurationsoptionen (z.B. Anzahl an virtuellen Maschinen, Anzahl an LUNs und Anzahl an vDS-Ports) mit dem Maximalwert verwendet werden, kann es passieren, dass der Arbeitsspeicher für einige der auf dem Host ausgeführten Prozesse nicht mehr ausreicht. Dies kann dazu führen, dass der Host die Verbindung zum vCenter Server immer wieder trennt. In diesem Fall müssen Sie den verfügbaren Arbeitsspeicher für diese Hostprozesse erhöhen, sodass der Host der geplanten Arbeitslast standhalten kann. Sie müssen die Menge an Arbeitsspeicher in Relation zur Anzahl der mit dem Maximalwert verwendeten Konfigurationsoptionen erhöhen.

Tabelle 10-7: Maximalwerte für vCenter Server

Element	Maximalwert
vCenter Server-Skalierbarkeit	
Hosts pro vCenter Server	1.000
Eingeschaltete virtuelle Maschinen pro vCenter Server	10.000
Registrierte virtuelle Maschinen pro vCenter Server	15.000
Verknüpfte vCenter Server-Systeme	10
Hosts im verknüpften Modus	4.000
Eingeschaltete virtuelle Maschinen im verknüpften Modus	30.000
Registrierte virtuelle Maschine im verknüpften Modus	50.000
Gleichzeitige vSphere Web Client-Verbindungen	180
Hosts pro Datacenter	500
MAC-Adressen pro vCenter Server	65.536
Benutzeroberfläche	
An den vSphere Client angeschlossene USB-Geräte	20

→

Wenn Sie den vCenter Server unter Windows installieren und die mitgebrachte vPostgres Datenbank nutzen, verringern sich die oben genannten Werte. Dann liegen z. B. das Maximum der Hosts bei 20 und das der virtuellen Maschinen bei 200.

vCenter Server-Erweiterungen

Die Maximalwerte für die Erweiterungen zum vCenter Server folgen in den Tabellen 10-8 bis 10-11, damit Sie sich vor der Installation der einzelnen Komponenten die notwendigen Informationen hier holen können. Beachten Sie, dass Sie z.B. den Update Manager nicht unbedingt auf demselben Server wie den vCenter Server installieren müssen. Gerade in großen Umgebungen kann es sinnvoll sein, diesen auf einem anderen Server zu positionieren.

Tabelle 10-8: Maximalwerte für vCenter Update Manager (VUM)

Element	Maximalwert
vCenter Update Manager gleichzeitige Vorgänge	
Prüfungen der VMware Tools pro ESXi-Host	90
Upgrade der VMware Tools pro ESXi-Host	24
Hardwareprüfungen einer virtuellen Maschine pro Host	90
Hardware-Upgrades einer virtuellen Maschine pro Host	24
Prüfungen der VMware Tools pro VUM-Server	90
Upgrades der VMware Tools pro VUM-Server	75
Hardwareprüfungen einer virtuellen Maschine pro VUM-Server	90
Hardware-Upgrades einer virtuellen Maschine pro VUM-Server	75
ESXi-Host-Prüfung pro VUM-Server	75
ESXi-Host-Standardisierung pro VUM-Server	71
ESXi-Host-Upgrade pro VUM-Server	71

Tabelle 10-9: Maximalwerte für vCenter Orchestrator

Element	Maximalwert
Verbundene vCenter Server-Systeme	20
Verbundene ESXi-Instanzen	1.280
Verbundene virtuelle Maschinen	35.000
Verbundene virtuelle Maschinen pro Clusterknoten	15.000
Gleichzeitig ausgeführte Workflows	300

Tabelle 10-10: Maximalwerte für Speicher-DRS

Element	Maximalwert
Virtuelle Festplatten pro Datenspeicher-Cluster	9.000
Datenspeicher pro Datenspeicher-Cluster	64
Datenspeicher-Cluster pro vCenter	256

→

Tabelle 10-11: Maximalwerte für Flash-Lese-Cache

Element	Maximalwert
Virtueller Flashspeicher pro Host	1
Maximaler Cache pro virtuelle Festplatte	400 GByte
Maximaler Cache pro Host	2 TByte
Größe der virtuellen Festplatte	16 TByte
Größe des virtuellen Host-Cache	4 TByte
Flash-Geräte pro virtueller Flash-Ressource	8

Die technischen Voraussetzungen für einen vCenter Server

VMware gibt in der Dokumentation als minimale Hardwareanforderungen unter anderem zwei CPUs (mit 64 Bit, aber kein Itanium IA64) und 8 GByte Arbeitsspeicher an. Das reicht dann für bis zu 100 Hosts und 1.000 laufende VMs. Bei kleinen Umgebungen mit z.B. vier ESXi-Servern und bis zu 30 virtuellen Maschinen kommt man aber auch mit weniger Ressourcen aus, also z.B. einem Prozessor und 6 GByte RAM.

Wichtig sind bei der Dimensionierung auch Überlegungen zu den Funktionen, die der vCenter Server unterstützen soll. So sollte der Update Manager eine eigene Datenbank haben, der Converter/Importer belastet den Rechner, viele gleichzeitige Verbindungen mit dem vSphere Client ebenfalls, und jede weitere Funktion, wie etwa vSphere Webservices, die implementiert wird, macht dem Server auch zu schaffen. Kalkulieren Sie mit Augenmaß die hardwareseitig richtige Beschaffenheit Ihres Servers.

Beachten Sie bitte, dass die Anforderungen für die vCenter Server Appliance andere Werte voraussetzen, weil dort alle Dienste auf nur einem Rechner laufen. Auf die Details gehe ich weiter unten in diesem Abschnitt ausführlich ein.

Auf der Festplatte müssen zunächst für die vCenter Server-Installation 17 GByte frei sein. Für die Datenbank des Servers und gegebenenfalls für den Update Manager müssen ebenfalls jeweils mindestens 4 GByte während der Installation zur Verfügung stehen, falls die mitgelieferte, kostenlose PostgreSQL-Datenbank (vPostgres) genutzt wird (ist im Lieferumfang des DVD/ISO-Image dabei und reicht für ca. 20 ESXi-Server und 200 VMs). Sie können aber auch eine externe Datenbank verwenden – auch auf einem dedizierten Rechner. Dafür müssen Sie vor der Installation einen 64-Bit-System-DSN für den Zugriff erstellen. Eine Installation auf einem USB-Stick oder einer Netzwerkfreigabe wird nicht unterstützt.

Als Netzwerkkarten sollten es GBit-Ethernet-Adapter sein. Wie viele Sie brauchen, hängt auch hier von Ihrer Umgebung ab – z.B. davon, ob Sie getrennte Subnetze verwenden wollen –, sonst reicht meist eine, und Sie sollten eine statische IP-

Adresse verwenden. Sie können natürlich auch hier IPv6 einsetzen, aber eine gemischte IPv4- und IPv6-Umgebung wird nicht unterstützt.

Als Betriebssystem für den vCenter Server 6.0 brauchen Sie einen Windows-Rechner mit 64-Bit-OS. Das kann ein Microsoft Server 2008 SP1, 2008 R2 (mit und ohne SP1) oder ein 2012 (mit und ohne R2) oder höher sein. Ich empfehle – wenn möglich – einen 2012R2-Server einzusetzen, weil es damit am wenigsten Komplikationen gibt.

Stellen Sie sicher, dass zwischen dem vCenter Server und den ESXi-Hosts keine Netzwerkadressübersetzung (NAT, *Network Address Translation*) stattfindet.

Wenn Berechtigungen für Domänenmitglieder gesetzt werden sollen, muss der vCenter Server Mitglied der Domäne sein. Die Verbindung muss dann vor der Installation hergestellt werden, und er darf selbst kein Domänencontroller sein.

Wenn Sie Active Directory nutzen wollen, müssen Sie Mitglied der Administratoren oder Domänen-Admins sein. Während der Installation wird automatisch *Anmelden als Dienst* und *Teil des Betriebssystems* eingerichtet. Die Probleme, die bei der Vorgängerversion noch diesbezüglich auftraten, sind mittlerweile bereinigt.

Als Softwarevoraussetzung wird unter anderem Microsoft DotNet 3.5 SP1 Framework gewünscht, ist dieses und die anderen Softwarevoraussetzungen noch nicht installiert, geschieht es während der Installation – das dauert aber sehr lange und braucht gegebenenfalls eine Verbindung zur Microsoft-Website.

> Wenn Sie ein Betriebssystem einsetzen, das nicht englischsprachig ist, sollten Sie nach der Installation des DotNet-Frameworks auch das dazugehörige Language Pack installieren. Auf dem DVD /ISO-Image ist nur die englische Version enthalten.

vCenter Server Appliance

Statt einen vCenter Server als Anwendung auf einem Windows 64-Bit-Server-Betriebssystem zu installieren, kann man auch eine vorgefertigte Appliance (fertige virtuelle Maschine) dafür nehmen. Gerade in kleinen Umgebungen wird man die Einschränkungen gegenüber der erstgenannten Variante kaum bemerken: mindestens ein ESXi-Host der Version 5.1, mindestens 120 GByte auf dem ESXi Storage (oder SAN) verfügbar.

Die Bereitstellung der vCenter Server Appliance werde ich im Anschluss an die Standardinstallation der vSphere-Komponenten erläutern (siehe unten).

Erforderliche Ports

Der vCenter Server benötigt bestimmte Ports zum Senden und Empfangen von Daten zwischen den verwalteten Hosts und von jedem vSphere Client aus. Die

Quell- und Zielhosts müssen Daten untereinander austauschen können, um Migrations- und Bereitstellungsaktivitäten zwischen verwalteten Hosts zu ermöglichen.

Für die Kommunikation aller beteiligten Komponenten verwendet VMware bestimmte Ports im TCP/IP-Protokoll. Die beteiligten Hosts überwachen mithilfe von Agenten und Daemonen (Diensten) einige Ports, die darüber Daten vom vCenter Server empfangen sollen. Falls sich zwischen den Hosts oder zwischen den Hosts und dem vCenter Server eine zusätzliche Firewall befindet, müssen Sie dafür Sorge tragen, dass die in der Tabelle 10-11 aufgelisteten Ports offen sind. Während der Installation auf dem vCenter Server wird das Installationsprogramm die Ports der Windows-Firewall normalerweise automatisch öffnen.

Für benutzerdefinierte Firewalls auf dem vCenter Server müssen Sie die erforderlichen Ports gegebenenfalls manuell öffnen.

Die folgende Tabelle 10-12 beinhaltet die für die Installation aller Komponenten (eingebetteter Plattformcontroller) erforderlichen Netzwerkports, die frei sein müssen:

Tabelle 10-12: Erforderliche Ports zur Kommunikation zwischen vSphere-Komponenten

Port	Beschreibung
80	Wenn Sie eine lokale Microsoft SQL-Datenbank verwenden (die nicht im Lieferumfang des vCenter Servers enthalten ist), die auf demselben Rechner wie der vCenter Server gespeichert ist, wird Port 80 vom SQL Reporting Service verwendet. Bei der Installation von vCenter Server werden Sie vom Installationsprogramm aufgefordert, den HTTP-Port für den vCenter Server zu ändern. Ändern Sie den HTTP-Port auf einen unbenutzten Wert, um mit der Installation fortfahren zu können. Microsoft Internet Information Services (IIS) verwendet ebenfalls den Port 80 für HTTP.
88	Dieses ist der Standardport für Kerberos Version 5, also zur Anmeldung an eine Domäne. Dieser Port kann nicht verändert werden.
389	Sowohl auf der lokalen als auch auf allen Remote-Instanzen von vCenter Server muss dieser Port geöffnet sein. Dies ist die LDAP-Portnummer für die Verzeichnisdienste der vCenter Server-Gruppe. Das vCenter Server-System benötigt auch dann eine Bindung mit Port 389, wenn Sie diese vCenter Server-Instanz nicht mit einer Gruppe im verknüpften Modus verbinden. Wenn auf diesem Port ein anderer Dienst ausgeführt wird, ist es in manchen Fällen empfehlenswert, diesen zu löschen oder einen anderen Port zuzuweisen. Sie können den LDAP-Dienst auf jedem Port zwischen 1025 und 65535 ausführen.
443	Der Standardport für sichere http-Verbindungen (HTTPS), den der vCenter Server für Verbindungen vom vSphere- und Web Client verwendet. Ein manuelles Öffnen des Ports 443 in der Firewall ist ab Windows Server 2008 nicht notwendig, da dieses während der Installation automatisch erfolgt. Bei der Datenübertragung zwischen SDK-Clients, vCLI oder PowerCLI wird ebenfalls der Port 443 genutzt. Wenn Sie eine andere Portnummer während der Installation eingeben, müssen Sie bei der Anmeldung am vCenter Server-System das Format IP-Adresse:<neuer Port> verwenden.
514	Falls Sie einen Syslog-Server einsetzen, muss dieser Port dafür frei sein.
636	Für den verknüpften Modus von mehreren vCenter Servern wird dieser Port benötigt. Sie können den SSL-Dienst auf keinen anderen Port ändern.

→

Tabelle 10-12: Erforderliche Ports zur Kommunikation zwischen vSphere-Komponenten

Port	Beschreibung
902	Der Standardport, den der vCenter Server zum Senden von Daten an beteiligte Hosts verwendet. Die zum vCenter Server gehörenden ESXi-Server senden außerdem regelmäßig Taktsignale über den UDP-Port 902 an den Management-Server. Dieser Port darf nicht durch Firewalls zwischen dem Server und den Hosts bzw. zwischen den Hosts blockiert werden. Der Port 902 wird auch vom vSphere Client zu den Hosts genutzt, um die Remote-Konsolen von virtuellen Maschinen zu erreichen.
1514	Der TLS-Port für den Syslog-Server muss zusätzlich zum Port 514 erreichbar sein.
2012	RPC des Schnittstellen-Steuerelements für vCenter Single Sign-On (kann nicht geändert werden)
2014	RPC-Port für alle APIs von VMCA (VMware-Zertifizierungsstelle)
2020	Verwaltung des Authentifizierungsframeworks
6500	ESXi Dump Collector Port
6501	Port für Auto-Deploy-Dienst
6502	Auto Deploy Management Port
7444	Port für sicheren Token-Dienst (kann nicht geändert werden)
9443	vSphere Web Client Port (kann nicht geändert werden)
11711	LDAP von vCenter Single Sign-On (kann nicht geändert werden)
11712	LDAPS von vCenter Single Sign-On (kann nicht geändert werden)

Bereitstellungstypen

Während der Installation des vCenter Servers werden Sie nach dem geplanten Bereitstellungstyp der Umgebung gefragt. Dabei können Sie sich zwischen einer eingebetteten oder zentralen Architektur entscheiden. Bei einer eingebetteten Architektur werden der vCenter Server und die Platform Service Controller (PSC) auf einem einzigen System installiert. Zu den PSC gehören der Dienst Single Sign-On mit einer zusätzlichen Domäne namens *vsphere.local*, der Lizenzierungsdienst, VMware Lookup Service und der VMware-Verzeichnisdienst mit dem Management von Zertifikaten. Bei sehr großen Umgebungen können die PSC auch unabhängig vom vCenter Server auf verschiedenen Systemen installiert werden.

vCenter Single Sign-On ist für die Authentifizierung der Benutzer und Gruppen beim Zugriff auf den vCenter Server zuständig. Nach der Installation hat nur der User *administrator@vsphere.local* vollen Zugriff auf die Umgebung. Sie können sich mit diesem Benutzer anmelden und weiteren lokalen oder Domänenbenutzern und Gruppen Rechte vergeben.

Checkliste für die Installation des vCenter Servers

Damit Sie nicht ein neues System für die Installation des vCenter Servers nach seiner Installation aufsetzen müssen, habe ich hier eine Checkliste zusammengestellt, die Sie vorher berücksichtigen sollten:

- Mindesthardwareanforderungen erfüllt
- Mindestsoftwareanforderungen erfüllt
- Name im Betriebssystem schlüssig und max. 15 Zeichen
- Name über DNS vom vSphere Client und auch von den ESXi-Hosts erreichbar (FQDN)
- Eintrag in DNS (Forward- und Reverse-Lookup-Zone) korrekt
- IP-Adresse statisch zugewiesen (möglichst)
- Installationsuser hat lokale administrative Berechtigungen
- Rechner ist kein Domänencontroller
- Rechner erreicht mindestens einen Domänencontroller
- Rechner ist Mitglied einer Domäne (optional, aber empfohlen)
- Vorhandenes Datenbanksystem und Anmeldeinformationen dafür bekannt und DSN angelegt (optional, wenn PostgreSQL verwendet wird)
- Kein NAT (Network Address Translation) zu den ESXi-Servern
- Gegebenenfalls Firewall-Ports offen

Den vCenter Server installieren

Die Meinungen gehen bei der Frage, ob der vCenter Server nun als eigenständige physische oder als virtuelle Maschine installiert werden soll, ziemlich auseinander.

Was spricht dagegen, ihn virtuell zu betreiben? Sind die Daten auf einem Storage, auf den alle beteiligten ESXi-Server zugreifen können, kann der vCenter Server schnell wieder reaktiviert werden, falls es zu einem Ausfall kam. Über HA (*High Availability*) würde dieser beim Ausfall eines ESXi-Servers auf einem anderen Host automatisch neu starten und seine Funktionen wieder aufnehmen. Bei einem Hardwareserver ist das nicht so einfach. Dann wäre es wohl leichter, ihn neu auf einer anderen Maschine zu erstellen (falls man noch eine übrig hat).

Alle Vorteile, die die Virtualisierung mit sich bringt, sind hier ebenfalls vorhanden! Sie können Snapshots der Maschine erstellen, diese mit vMotion verschieben und jeden anderen Vorteil einer VM nutzen. Legen Sie einfach ein Backup des Servers (oder nur die **.vmx*-, die **.vmxf*- und beide **.vmdk*-Dateien) auf einen weiteren Datenträger, z.B. Software-iSCSI. Dann können Sie ihn direkt neu starten und mittels Storage vMotion wieder auf einen schnelleren Datenträger überspielen. Warum also ein erhöhtes Risiko eingehen?

Selbst über Data Protection gibt es die Möglichkeit, den vCenter Server wiederherzustellen, falls er nicht mehr läuft (siehe Kapitel 17).

Übrigens gibt es in der VMware Community eine heiße Diskussion darüber, ob er nun virtuell oder physisch laufen soll. VMware äußert sich in seinen Dokumenten dazu folgendermaßen: Warum soll man auf die Vorteile einer VM verzichten?

Legen Sie die DVD in das Laufwerk oder binden Sie das ISO-Image an die VM, um mit der Installation zu beginnen. Falls das in Abbildung 10-3 gezeigte Fenster nicht durch den Autostart erscheint, klicken Sie auf Ihr DVD-Laufwerk und starten die Datei *autorun.exe*.

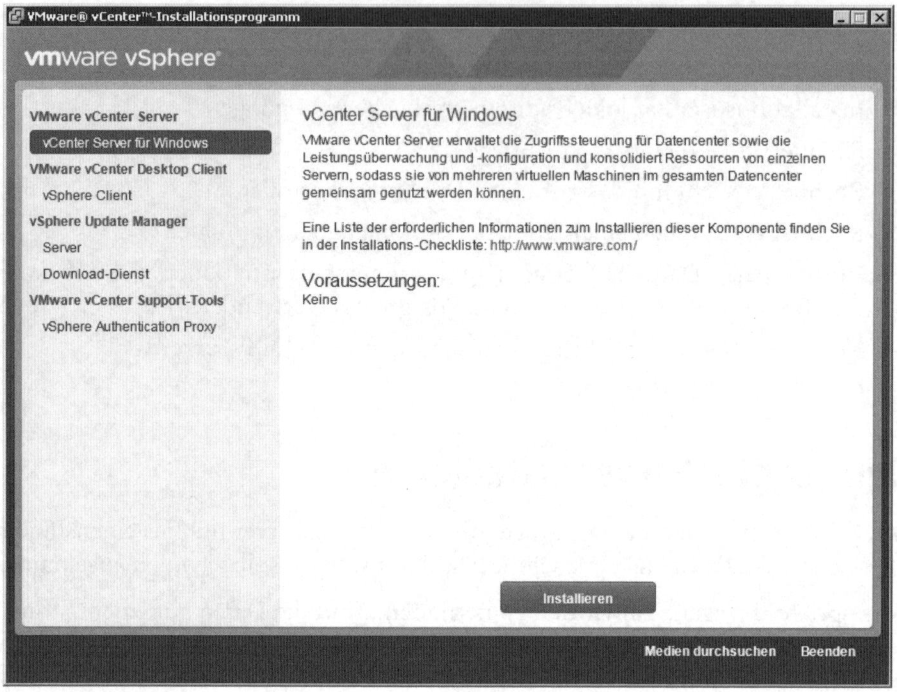

Abbildung 10-3: Startbild zur Installation

Überlegen Sie sich, ob Sie den vSphere Client auf dem vCenter Server benötigen. Wenn Sie remote über RDP zugreifen, ist das sinnvoll, ansonsten können Sie natürlich über Ihren lokalen vSphere Client oder über den Web Client auf den Server zugreifen.

1. Klicken Sie auf den Link vCenter Server für Windows.
2. Nack kurzer Zeit wird der Willkommensbildschirm angezeigt. Klicken Sie auf Weiter.
3. Akzeptieren Sie die Lizenzvereinbarung (EULA) und klicken Sie auf Weiter.
4. Im darauf folgenden Fenster können Sie zwischen einer eingebetteten oder zentralen Architektur wählen. Diese Auswahl lässt sich später nicht mehr ändern. Wir behandeln hier die Architektur mit eingebetteten Platform Service Controller.

5. Der vollqualifizierte Domänenname des zukünftigen vCenter Servers sollte in dem Feld unter Systemname eingetragen sein. Falls Sie keine Namensauflösung über IPv6 eingerichtet haben, bekommen Sie anschließend eine Fehlermeldung. Brauchen Sie IPv6 nicht, können Sie diese ignorieren.

> Sollten Sie eine Fehlermeldung bekommen, dass der Name (FQDN) auch nicht über IPv4 aufgelöst werden kann, brechen Sie die Installation ab und beseitigen Sie zuerst diesen Fehler, sonst kann es anschließend zu gravierenden Problemen kommen. Überprüfen Sie z.B. mit *nslookup*, ob der DNS-Server antwortet.

6. Jetzt wird die oben angesprochene lokale Domäne *vsphere.local* erstellt und Sie müssen ein Passwort für deren Administrator eingeben. Das Passwort muss mindestens acht Zeichen haben und einen Kleinbuchstaben, einen Großbuchstaben, eine Zahl sowie ein Sonderzeichen enthalten. Vermeiden Sie dabei Zeichenfolgen aus einem Wörterbuch und schreiben Sie sich das Passwort auf. Später können Sie nur über diesen User auf das System zugreifen und gegebenenfalls weitere Benutzer und Gruppen zum Zugriff berechtigen.
7. Im nächsten Fenster können Sie für die notwendigen Dienste die Anmeldeinformationen angeben. Standard ist hierbei »lokales Systemkonto«, was aber geändert werden kann (dann werden aber administrative Berechtigungen für dieses Konto erforderlich sein).
8. Im darauffolgenden Fenster müssen Sie eine Entscheidung bezüglich der Datenbank treffen. Für kleine Umgebungen mit bis zu 20 ESXi-Servern und ca. 200 VMs reicht die mitgelieferte freie PostgreSQL-Version aus. Sie können aber auch einen bereits vorhandenen SQL- oder Oracle-Datenbankserver dafür verwenden, dann müssen Sie aber einen 64-Bit-System-DSN erstellen.
9. Im nächsten Fenster (siehe Abbildung 10-4) werden einige der in Tabelle 10-11 beschriebenen Portnummern abgefragt. Ziehen Sie die Tabelle zurate, wenn Probleme wie Doppelbelegungen mit einem Port genannt werden.
10. Suchen Sie sich einen Speicherort für die Programme und die Datenbank aus. Meist wird dieser wohl in *C:\Programme* oder *C:\Program Files* liegen.

> Ändern Sie die Vorgaben nicht, da sonst die Installation fehlschlägt.

11. Nachdem Sie auf WEITER geklickt haben, wird Ihnen für die Installation noch eine Zusammenfassung angezeigt. Ein erneutes Klicken auf INSTALLIEREN startet die Installation, wobei einige Laufbalken angezeigt werden. Je nachdem, was Sie vorher schon auf Ihrem System installiert hatten und welche Datenbank Sie verwenden, kann schon der eine oder andere Kaffee getrunken werden.

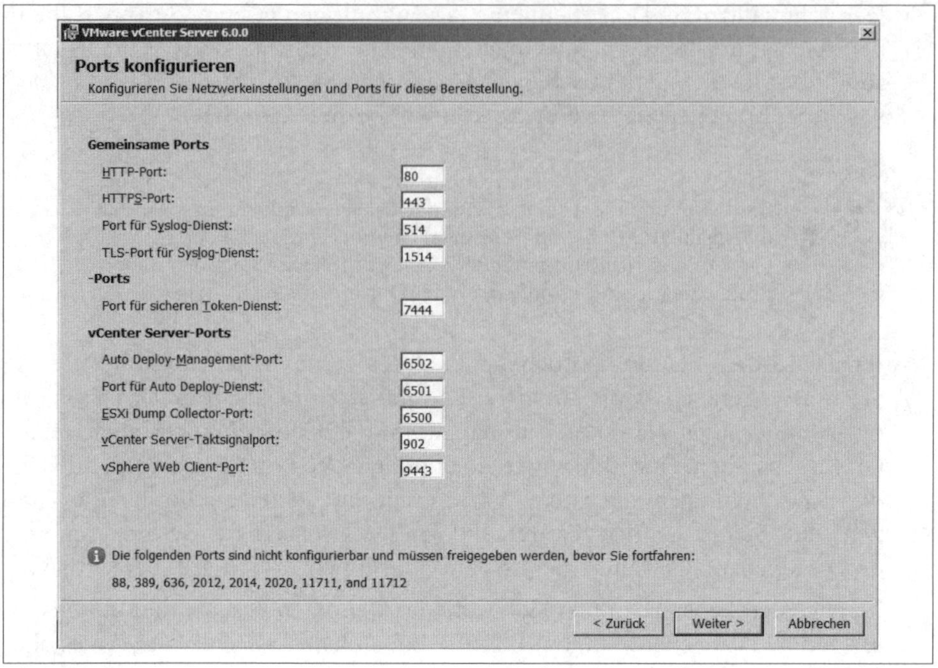

Abbildung 10-4: Auswahl der Ports

Wenn die Installation beendet ist, lesen Sie den Text im sich öffnenden Fenster genau durch. Achten Sie darauf, ob dort ERFOLGREICH INSTALLIERT oder NICHT ERFOLGREICH INSTALLIERT steht.

Denken Sie daran, den notwendigen Lizenzschlüssel vor Ablauf der 60-Tage-Frist einzugeben. Solange der Testmodus läuft, haben Sie alle Features der Umgebung zur Verfügung – also wie bei Enterprise Plus.

Installation von vCenter Orchestrator

Die Installation von vCenter Orchestrator geschieht gänzlich unbemerkt im Hintergrund. Lediglich nach der Installation des vCenter Servers sieht man einen zusätzlichen Dienst mit Namen *VMware vCenter Orchestrator Configuration* und im Startmenü unter Programme drei neue Einträge hierzu. Der Orchestrator ist eine Workflow-Engine (Automatisierung von Prozessen), also ein Modul mit einem umfangreichen Satz von Tools zur Verwaltung der virtuellen IT-Umgebung, die noch durch Plug-ins erweitert werden können. Einige Drittanbieter haben weitere Applikationen für den Orchestrator im Angebot. VMware Orchestrator koordiniert nicht nur Automatisierungsaufgaben über mehrere VMware-Produkte, sondern auch einige Management- und Verwaltungslösungen von anderen Anbietern. Außerdem bietet er eine Bibliothek von Tools für den Zugriff auf die vCenter Server-API (*Application Programming Interface*).

Die im ersten Fenster (bei *autorun.exe* in Abbildung 10-3) angezeigten Komponenten, die Sie jetzt ebenfalls installieren können bzw. die automatisch installiert werden, werden nachfolgend besprochen und dann installiert.

Installierte Komponenten

Während der Installation des vCenter Servers werden außer dem oben schon erwähnten Orchestrator noch ein Inventory Service, vSphere Auto Deploy, vSphere ESXi Dump Collector und der vSphere Syslog Collector installiert. Der Inventory Service wird in sehr großen Umgebungen mit mehreren verknüpften vCenter Server für das Durchsuchen nach Objekten in der gesamten Umgebung genutzt.

VMware ESXi Dump Collector

Dieses Tool wird zum Sammeln von Arbeitsspeicherinformationen auf einem Netzwerklaufwerk bei einem möglichen Absturz gegebenenfalls benötigt. Hat der ESXi-Server nicht genügend eigenen freien lokalen Speicher zur Verfügung oder wurde ein Auto Deployment genutzt, sollte man den Dump Collector einsetzen. Dieser muss zwar nicht auf dem vCenter Server installiert werden, benötigt aber Zugriff über das Netzwerk auf diesen. Auch dieser Dienst bietet keine Unterstützung von IPv6, muss also über IPv4 auf den vCenter Server zugreifen können.

Während der Installation wird man aufgefordert, eine Portadresse und den Speicherort im Netzwerk anzugeben, an dem sich die Informationen der beteiligten Hosts befinden.

VMware Syslog Collector

Mit dem Syslog Collector können Sie System- und Netzwerkprotokolle mehrerer ESXi-Server an einen beliebigen Netzwerkspeicherort (Repository) umleiten. Er muss ebenfalls nicht auf dem vCenter Server installiert werden, benötigt aber Zugriff über das Netzwerk auf diesen. Auch dieser Dienst bietet keine Unterstützung von IPv6, muss also über IPv4 auf den vCenter Server zugreifen können.

Während der Installation werden der Port, das Protokoll (TCP oder UDP) und die Anzahl der beizubehaltenden Austauschprotokolle abgefragt. Beachten Sie dabei den dafür notwendigen Speicherplatz auf der Netzwerkfreigabe.

VMware vSphere Auto Deploy

Mit dem vSphere Auto Deploy haben Sie die Möglichkeit, ESXi-Server in Ihrer Netzwerkumgebung zu installieren und anzupassen. Dafür benötigen Sie das Image des ESXi-Servers, das direkt in den Arbeitsspeicher geladen wird. In großen Umgebungen kann diese Anwendung binnen kurzer Zeit etliche neue ESXi-Server bereitstellen. Dieser Dienst unterstützt, im Gegensatz zu den zwei erstgenannten, sowohl IPv4 als auch IPv6.

Während der Installation müssen Sie wiederum eine Portnummer und das Auto Deploy Repository angeben. Dieses muss mindestens 350 MByte freien Platz haben und darf nicht auf einer Netzwerkfreigabe liegen.

VMware vCenter Web Client

Der vCenter Web Client, der ebenfalls nach der Installation zur Verfügung steht, ist eine 64-Bit-Erweiterung für den vCenter Server. Er ermöglicht Ihnen auf die über den vCenter Server verwalteten Hosts und VMs per Browser zuzugreifen. Möchten Sie lokal vom vCenter Server darauf zugreifen, empfehle ich die verstärkte Sicherheitskonfiguration des Internet Explorer dafür abzuschalten. Für den Zugriff benötigen Sie Adobe Flash Player (11.5 oder höher). Als Browser werden der Internet Explorer 10.0.19 oder höher sowie Firefox Version 34 und höher und Google Chrome ab Version 39 unterstützt. Dafür sind die HTTP- und HTTPS-Ports 9090 und 9443 notwendig.

Nach der Installation wird der Standardbrowser automatisch gestartet, wenn Sie auf die Schaltfläche dafür klicken und die Webseite *https://<vCenter Server Name>/ vsphere-client/* aufgerufen. Haben Sie den Adobe Flash Player noch nicht installiert, erhalten Sie einen entsprechenden Hinweis. Anschließend müssen Sie noch das Zertifikat abnicken (ignorieren).

Nach der Anmeldung als *administrator@vsphere.local* erhalten Sie eine fast leere Seite, da der (lokale) vCenter Server erst noch konfiguriert werden muss und die Hosts eingebunden werden müssen. Die Abmeldung befindet sich übrigens etwas versteckt unter Ihrem Anmeldenamen in der obigen blauen Leiste.

Wenn unsere Umgebung fertig eingerichtet ist, alle ESXi-Server in einem Cluster stecken und die virtuellen Maschinen laufen, kommen wir zu diesem Punkt in Kapitel 11 nochmals zurück, weil einige der Funktionen der Umgebung nur über den Web Client realisiert und genutzt werden können.

Installation des vSphere Clients

Die Installation und Konfiguration des vSphere Clients habe ich bereits in Kapitel 4 ausführlich besprochen, deshalb wiederhole ich sie hier nicht. Überlegen Sie sich, ob es nicht sinnvoll sein kann, den Client auch auf dem vCenter Server zu installieren, damit Sie z.B. mit Remote Desktop von überall her (lokales LAN, VPN-Verbindung von zu Hause etc.) die Umgebung bearbeiten können, falls Ihnen der Web Client nicht zusagt oder Sie kein Flash auf dem Server installieren wollen.

Den Update Manager installieren

Der vCenter Update Manager ist für Umgebungen mit dem vCenter Server gedacht. Über diesen können Sie die einzelnen Hosts, Appliances und virtuelle

Maschinen auf eine neuere Version bringen aber die z.B. bei VMware, Linux und Microsoft regelmäßig erscheinenden Updates und Patches nicht einspielen.

Der Update Manager darf erst nach der Installation des vCenter Servers installiert werden, weil während seiner Installation die Zugangsdaten zum vCenter Server überprüft werden. Installieren Sie das Paket auf der Maschine des vCenter Servers oder auf einer Maschine, die ihn über das Netzwerk erreicht. Sie müssen sich für die Konfiguration und Bedienung des Update Managers anschließend noch das Plug-in für Clientkomponenten herunterladen und installieren.

Der Update Manager braucht .NET 3.5, das zwar im Paket mitgeliefert wird, aber bisher noch nicht bei der vCenter Server-Installation benötigt wurde. Wie beim vCenter Server wird hier ebenfalls eine Datenbank für die Informationen, die er über das Internet bezieht, benötigt. Die Datenbankanforderungen sind nicht mit denen des vCenter Servers identisch, da dieser ein 64-Bit-DSN nutzt und nicht wie der Update Manager ein 32-Bit-DSN. Sie können, wie vorher beim vCenter Server eine vorhandene Microsoft SQL- oder Oracle-Datenbank verwenden oder eine neue Microsoft SQL 2012 Express-Datenbank installieren, die mit dem Paket mitgeliefert wird. Nehmen Sie aus Performance-Gründen nicht die gleiche Datenbank wie für den vCenter Server. Der VUM (vSphere Update Manager) kann auf dem vCenter Server oder auch auf einem anderen Rechner installiert werden. Haben Sie die Linux Appliance gewählt, müssen Sie für die Installation einen anderen 64-Bit-Windows-Server auswählen (keinen Domänencontroller), obwohl es sich hierbei um eine 32-Bit-Anwendung handelt.

Der Update Manager Downloadservice wird nur benötigt, wenn der VUM keine Verbindung zum Internet hat.

Die Installation unterscheidet sich kaum von den vorherigen Schilderungen, deshalb gehe ich hier nur auf die Besonderheiten ein:

Möchten Sie die mitgelieferte Microsoft SQL 2012 Express-Datenbank nutzen, so klicken Sie das dafür vorgesehene Kästchen an und dann auf die Schaltfläche INSTALLIEREN.

Die Verbindungsinformationen für das vCenter Server-System müssen, wie in Abbildung 10-5 dargestellt, eingegeben werden, weil der Update Manager hier als Erweiterung hinzugefügt wird. Haben Sie noch keinen zusätzlichen Benutzern Berechtigungen eingeräumt, kann nur der *administrator@vsphere.local* hierfür genutzt werden.

Sie können die Option JA, ICH VERFÜGE ÜBER EINE INTERNETVERBINDUNG UND MÖCHTE DIE PROXY-EINSTELLUNGEN JETZT KONFIGURIEREN auswählen oder die Informationen später über den vCenter Server eingeben, wenn Sie sich das Plug-in auf Ihrem Rechner installiert haben.

Sie brauchen dafür den Namen des Proxy-Servers und seine Portnummer. Wenn auf der lokalen Maschine Proxy-Einstellungen konfiguriert sind, verwendet das

Installationsprogramm standardmäßig diese Konfiguration. Gegebenenfalls können Sie PROXY ANHAND DER NACHFOLGENDEN ANMELDEDATEN AUTHENTIFIZIEREN auswählen und den Benutzernamen und das Kennwort für die Authentifizierung eingeben. Diese Informationen benötigt der Update Manager, um Definitionen, Patches und Updates von VMware herunterladen zu können.

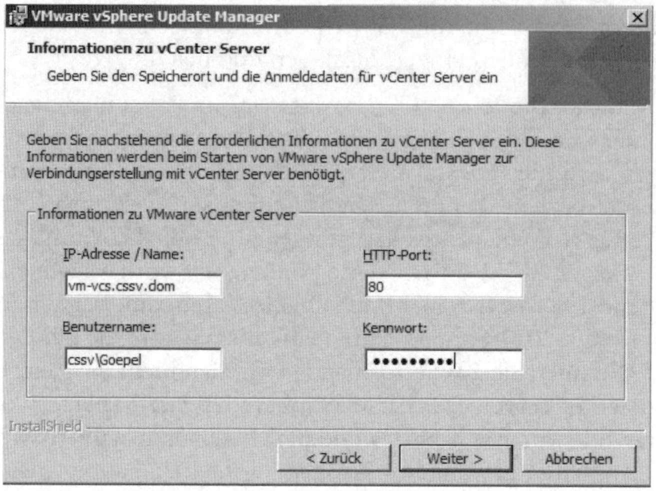

Abbildung 10-5: Informationen für den Update Manager

Der Standardspeicherort für die Patch-Downloads ist meistens ungünstig gewählt, nehmen Sie lieber einen anderen Speicherort, an dem mindestens 20 GByte freier Platz vorhanden sind. Die nachfolgende Warnmeldung bekommen Sie nicht, wenn Ihr Laufwerk mehr als 120 GByte freien Speicher hat. Wenn Sie später im Update Manager die sogenannten Baselines (Grundeinstellungen für Updates) bearbeiten, können Sie sich z.B. dafür entscheiden, alle ESXi-Updates und -Patches herunterzuladen und die Updates und Patches für die Appliances über einen anderen Weg zu verteilen, dann reichen die oben angegebenen 20 GByte für lange Zeit aus.

Haben Sie eine neue Festplatte für die Updates an die VM gehängt, so können Sie diese bei Bedarf zur Laufzeit des Servers erweitern, um den Speicherplatz nachträglich anzupassen. Um die eigentliche Konfiguration des Update Managers kümmern wir uns in Kapitel 14.

VMware vSphere Authentication Proxy

Der Authentication Proxy erlaubt den ESXi-Servern den Beitritt zu einer Active-Directory-Domäne, ohne dass der Host die Anmeldeinformationen des AD kennen muss. Dieses Sicherheitsfeature kann zum Beispiel für Hosts genutzt werden, die über Auto Deploy installiert werden. Damit müssen die Anmeldeinformationen in keinem Installationsskript auftauchen.

Als Voraussetzung müssen vorher das vSphere Auto Deploy und der vCenter Server installiert sein, aber nicht notwendigerweise auf derselben Maschine, wohl aber in der gleichen Domäne. Des Weiteren wird .NET 3.5 sowie der Microsoft Information Service (IIS) gebraucht. Wollen Sie diesen Dienst unter Windows Server 2008 R2 installieren, sollten Sie vorher den Knowledgebase-Artikel 981506 beachten und den dort erwähnten Hotfix installieren (falls noch nicht geschehen). Über eine Google-Suche nach »VMware kb 981506« finden Sie die Beschreibung.

Während der Installation wird ein zusätzliches Domänenkonto für den Dienst erstellt. Der Name beginnt mit CAM- und es wird ein 32-stelliges zufälliges Kennwort erzeugt, das nie abläuft. Ändern Sie dieses Kennwort und die Einstellungen nicht manuell.

Nach der Installation

Der vCenter Server ist ein Dienst. Um zu überprüfen, ob er korrekt läuft, rufen Sie die Liste der Windows-Dienste auf und überprüfen Sie, ob der Dienst gestartet wurde. Im Hintergrund ist noch die alte Bezeichnung »VirtualCenter Server« zu sehen. Auch bei anderen Gelegenheiten sieht man noch Begriffe von VMware Infrastructure 3.

Name	Beschreibung	Status	Starttyp	Anmelden als
VMware afd Service	VMware afd ...	Gestartet	Automat...	Lokales System
VMware Alias Manager and Ticket Service	Alias Manage...	Gestartet	Automat...	Lokales System
VMware Certificate Service	VMware Certi...	Gestartet	Automat...	Lokales System
VMware Component Manager	VMware Com...	Gestartet	Automat...	NT SERVICE\...
VMware Directory Service	VMware Direc...	Gestartet	Automat...	Lokales System
VMware ESX Agent Manager	VMware ESX ...	Gestartet	Automat...	NT SERVICE\...
VMware ESXi Dump Collector WebService	Serves the c...	Gestartet	Automat...	Lokales System
VMware HTTP Reverse Proxy	VMware HTT...	Gestartet	Automat...	Lokales System
VMware Identity Management Service	VMware Iden...	Gestartet	Automat...	Lokales System
VMware Inventory Service	Provides cent...	Gestartet	Automat...	Lokales System
VMware License Service	Provides licen...	Gestartet	Automat...	Lokales System
VMware Message Bus Config Service	VMware Mess...		Deaktiviert	NT SERVICE\...
VMware Performance Charts	Supports vie...	Gestartet	Automat...	NT SERVICE\...
VMware Postgres	VMware Post...	Gestartet	Automat...	NT SERVICE\...
VMware Security Token Service	VMware Singl...	Gestartet	Automat...	Lokales System
VMware Service Control Agent	Provides serv...	Gestartet	Automat...	Lokales System
VMware Snapshot Provider	VMware Snap...	Gestartet	Manuell	Lokales System
VMware Syslog Collector	Collects and ...	Gestartet	Automat...	Lokales System
VMware System and Hardware Health M...	Polls ESX and...	Gestartet	Automat...	Lokales System
VMware Tools	Bietet Unters...	Gestartet	Automat...	Lokales System
VMware vAPI Endpoint	Exposes a co...	Gestartet	Automat...	NT SERVICE\...
VMware vCenter API Proxy	API Proxy for...	Gestartet	Automat...	NT SERVICE\...
VMware vCenter Configuration Service	VMware vCe...	Gestartet	Automat...	Lokales System
VMware vCenter workflow manager	VMware vCe...	Gestartet	Automat...	NT SERVICE\...
VMware Virtual Datacenter Service	Includes Virtu...	Gestartet	Automat...	NT SERVICE\...
VMware VirtualCenter Server	VMware Virtu...	Gestartet	Automat...	Lokales System
VMware vService Manager	VMware vSer...	Gestartet	Automat...	NT SERVICE\...
VMware vSphere Auto Deploy Waiter	Provides boo...		Deaktiviert	NT SERVICE\...
VMware vSphere ESXi Dump Collector	Enables supp...		Manuell	Lokales System
VMware vSphere Profile-Driven Storage...	VMware vSph...	Gestartet	Automat...	Lokales System
VMware vSphere Update Manager UFA-...	Der VMware ...		Manuell	Lokales System
VMware vSphere Update Manager-Dienst	VMware vSph...	Gestartet	Automat...	Lokales System
VMware vSphere Web Client	VMware vSph...	Gestartet	Automat...	NT SERVICE\...

Abbildung 10-6: Liste der Dienste auf dem vCenter Server

Nachfolgend möchte ich nur die wichtigsten Dienste (siehe Abbildung 10-6), die bei einer vollständigen Installation aller Komponenten des vSphere auf dem vCenter Server laufen, erklären:

- *vCenter Inventory Service*: Java Service Wrapper. Von diesem Dienst ist der vSphere Profil-Driven Storage Service abhängig.
- *VMware vSphere Web Client*: Web Access auf VMs und Hosts über den vCenter Server (Tomcat).
- *VMware VirtualCenter Server*: Zentrale Verwaltung der gesamten Umgebung.
- *VMware vSphere Profil-Driven Storage Service*: Dienst, der das VM-Speicherprofil ermöglicht.
- *VMware vCenter Update Manager UFA-Dienst*: Wird für das Anschließen von VM-Festplatten zur Überprüfung benötigt.
- *VMware vCenter Update Manager-Dienst*: Wird für Updates von VMs und Hosts benötigt.
- *VMware Directory Services*: Ermöglicht Zugriff über LDAP auf Active Directory.

Wenn Sie den vCenter Server als virtuelle Maschine aufgesetzt haben, laufen folgende Dienste von VMware Tools zusätzlich auf dem Rechner:

- *VMware Snapshot Provider*: Unterstützt Snapshots der VM z.B. zur Datensicherung.
- *VMware Tools-Dienst*: Service für die VMware Tools, u.a. Unterstützung von Maus, Tastatur, Heartbeat usw.
- *VMware USB Arbitration Service*: Ermöglicht einer VM, USB-Geräte über den vSphere Client anzuschließen.

Sollten Sie die vCenter Support-Tools ebenfalls installiert haben, kommen folgende Dienste von VMware dazu:

- *vSphere ESXi Dump Collector Web Server*: Stellt die Konfiguration und die Dateninformation für vSphere ESXi Dump Collector Server bereit.
- *VMware Syslog Collector*: Unterstützt das Erfassen von Systemprotokollen von Remote-Hosts.
- *VMware vSphere Auto Deploy Waiter*: Komponente für das Installieren von ESXi-Hosts über PXE und deren Startkonfiguration
- *VMware vSphere Authentication Proxy (bedingt IIS)*: Dienst für Auto Deploy und den Zutritt der Hosts zur AD-Domäne.

Erste Anmeldung am vCenter Server

Da bisher auf dem vCenter Server nur der *administrator@vsphere.local* Berechtigungen besitzt, müssen wir uns zunächst mit diesem Account über den Web Client dort anmelden, um weitere Berechtigungen zu vergeben:

1. Klicken Sie auf der Startseite auf VERWALTUNG und anschließend unter SINGLE SIGN-ON auf KONFIGURATION.
2. Auf der Registerkarte IDENTITÄTSQUELLEN klicken Sie auf das grüne »+«, um Ihre Domäne zu der Liste hinzuzufügen. Das Feld Domänenname sollte automatisch ausgefüllt werden. Klicken Sie auf OK.
3. Ist Ihre Domäne in der Liste enthalten, so klicken Sie diese an und machen Sie sie zur Standard-Identitätsquelle, indem Sie auf die blaue Kugel klicken.
4. Wählen Sie als Nächstes den Punkt BENUTZER UND GRUPPEN unter SINGLE SIGN-ON. Hier haben Sie die Möglichkeit, Benutzer oder Gruppen aus dem AD zu einer bestehenden Gruppe in *vsphere.local* hinzuzufügen. Dabei hat die Gruppe Administrators die höchsten Berechtigungen, gefolgt von CAAdmins und DCAdmins bis herunter zu ActAsUser. Die Gruppen ExternalPIDUsers (nur vCloud), DCClient (nur Zertifikate), ComponentManager.Administrators (Dienstregistrierung), SystemConfiguration.Administrators (Systemkonfiguration) und LicenseService.Administrators (nur Lizenzierung) sollten für den Benutzerzugriff nicht genutzt werden.

> Empfehlung: Fügen Sie eine vertrauenswürdige Gruppe (z. B. vCenter Admins) oder auch nur einen User aus dem AD zur Gruppe der Adminstrators hinzu und geben Sie Benutzern lieber Rechte über den vSphere Client (siehe Kapitel 5).

Anschließend können Sie über den vSphere oder Web Client auf den Server zugreifen. Wurde beispielsweise auf Ihrem Rechner mit dem Namen *vm-vcs.cssv.dom* der Server installiert – dann lautet der Aufruf lokal wie in Abbildung 10-7 gezeigt:

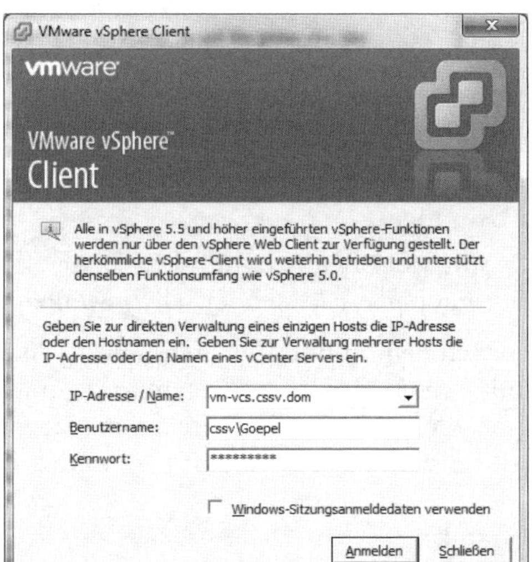

Abbildung 10-7: vSphere Client-Aufruf

Sie können hierüber alle ESXi-Server konfigurieren. Natürlich ist es mit dem vSphere Client auch möglich, einen einzelnen Server aufzurufen und nur diesen zu konfigurieren oder neue virtuelle Maschinen zu erstellen.

Einige Funktionen werden im vSphere Client nicht zur Verfügung stehen, andere nicht im Webbrowser. Im Folgenden bespreche ich in erster Linie die Funktionen über den vSphere Client, weil er schneller, übersichtlicher und intuitiver zu bedienen ist, und wenn Funktionen des Web Client nötig werden, stelle ich dieses besonders heraus (siehe dazu auch Kapitel 11).

vCenter Server Appliance bereitstellen

Wie bereits erwähnt, gibt es von VMware eine auf SuSE Linux 11 basierende fertige virtuelle Maschine, die man sich von deren Webseite als ISO-Datei herunterladen kann. Diese kann anstelle des auf einem 64-Bit-Windows-Server zu installierende Applikation genutzt werden, hat allerdings ein paar Einschränkungen gegenüber der Windows-Variante:

- Keine Unterstützung von Datenbanken von Microsoft (SQL)
- Keine Unterstützung von IPv6 und IPv4 gleichzeitig. Nur eines ist möglich.
- Keine Installation auf einer physischen Maschine
- Keine Installation des Update Managers möglich

Diese virtuelle Maschine wurde von VMware für den Gebrauch als vCenter Server optimiert und beinhaltet alle notwendigen Komponenten (vCenter Converter, Orchestrator, vCenter Guided Consolidation und den vSphere Client). Auf der ISO-Datei befindet sich auch das VMware Client-Integrations-Plug-in, über das die Appliance auf dem Host hinzugefügt werden muss. Beim Importieren in Ihre Umgebung wird über das Plug-in eine anfängliche Konfiguration, ähnlich wie bei der Installation der Anwendung für Windows, abgefragt:

- Externer oder integrierter Platform Service Controller
- Die vCenter Single Sign-On-Domäne
- Passwort für den User *root*
- Den vCenter Single Sign-On-Benutzer mit dem Passwort und dem Domänennamen (*administrator@vsphere.local* oder selbst wählbare »Scheindomäne«)

Um die Einstellungen nach dem Import der Maschine zu ändern, können Sie sich über einen Browser mit dem Web Client (Systemkonfiguration), über die Appliance Shell auf einer Konsole oder über das Direct Console User Interface (DCUI) verbinden. Die meisten Einstellungen bekommt man mittels des Web Client.

Appliance zur Verfügung stellen

Auf der ISO-Datei, die Sie lokal mit z.B. dem Programm *7zip* auspacken können, befindet sich im Ordner *\VCSA* die ausführbare Datei *VMware-ClientIntegrati-*

onPlugin-6.0.0.exe, die zunächst installiert werden muss. Sie können das ISO-Image auch an eine VM anschließen, um die Installation von dort aus zu starten. Hierbei handelt es sich um eine typische Installation unter Windows, auf die ich nicht näher eingehe.

Nach der Installation rufen Sie auf dem Rechner die Datei *vcsa-setup.html* auf, die sich im Root-Verzeichnis befindet. Damit wird der Standardbrowser gestartet und es wird nach dem gerade installierten Plug-in gesucht. Nachdem gegebenenfalls eine Sicherheitswarnung abgenickt wurde, haben Sie die zwei im folgenden Fenster gezeigten Optionen (siehe Abbildung 10-8).

Abbildung 10-8: vCenter Server Appliance 6.0

Nach einem Klick auf die Schaltfläche INSTALLIEREN öffnet sich ein Fenster, in dem Sie die oben bereits erwähnten Fragen beantworten müssen. Dazu zählen:

1. Akzeptieren der Bedingungen der Lizenzvereinbarung
2. Name oder die IP-Adresse des ESXi-Hosts sowie der Benutzername (üblicherweise *root*) und sein Passwort
3. Name der (zukünftigen) virtuellen Maschine und das Passwort des Benutzers *root* (mindestens 8 Zeichen, mindestens ein Klein- und ein Großbuchstaben sowie einem Sonderzeichen)
4. Die Auswahl bezüglich des Platform Service Controllers (eingebettet oder separat)
5. Eine neue SSO-Domäne erstellen oder einer vorhandenen beitreten, ein Wunsch-Domänenname (nicht die vorhandene Domäne wählen) und ein Standortname
6. Auswahl der Größe der geplanten Umgebung bezüglich Hosts und VMs (siehe Tabelle 10-10)

Die empfohlene Hardwareausstattung für die Appliance kann aus Tabelle 10-13 entnommen werden:

Tabelle 10-13: Empfohlene Hardwareausstattung für vCenter Server Appliance

Größe	Arbeitsspeicher	vCPUs	Festplatte	Vswp-Datei
10 ESXi-Server und 100 VMs	8 GByte	2	120	8 GByte
100 Hosts und 1.000 VMs	16 GByte	4	150	16 GByte
400 ESXi-Server und 4.000 VMs	24 GByte	8	300	24 GByte
1.000 Hosts und 10.000 VMs	32 GByte	16	450 GB	32 GByte

1. Auswahl des Volumes, auf dem die VM platziert werden soll
2. Die Auswahl der notwendigen Datenbank (vPostgres oder externe Oracle-Datenbank)
3. Die kompletten Netzwerkeinstellungen (Beispiel siehe Abbildung 10-9)
4. Auf der letzten Seite wird eine Zusammenfassung dargestellt

Nachdem Sie im letzten Fenster BEREIT ZUM ABSCHLIEßEN auf die Schaltfläche BEENDEN geklickt haben, wird die neue VM auf dem gewähltem ESXi-Host in der gewünschten Ausstattung zur Verfügung gestellt.

Abbildung 10-9: Netzwerkeinstellungen für die vCenter Server Appliance

Sie können sich anschließend an der Appliance als Standardbenutzer *root* mit dem zuvor eingegebenen Passwort anmelden oder besser: sich über den Web Client nach der Bereitstellung auf einem ESXi-Host mit der Version 5.1 oder neuer mit dem gewählten Administrator verbinden.

Der Aufruf für den Web Client sieht beispielsweise so aus:

```
http://vCenter-Appliance.cssv.dom/vsphere-client
```

Fügen Sie zunächst Ihre Active-Directory-Domäne hinzu, wie oben im Abschnitt *Erste Anmeldung am vCenter Server* beschrieben, und anschließend die Benutzer, die Zugriff erlangen sollen.

Das weitere Vorgehen entspricht der obigen Schilderung (wie bei der Windows-Maschine), deshalb gehe ich hier nicht näher darauf ein.

vCenter Server-Lizenzen

In der Version 3 (VMware Infrastructure) gab es noch Lizenzdateien und einen Lizenzmanager eines Drittherstellers (LMTools), der damals mit Infrastructure ausgeliefert wurde. Das hat sich seit vSphere 4 geändert: Im vCenter oder auch beim ESXi-Server werden 25 Zeichen umfassende Lizenzschlüssel eingetragen, in denen alle gekauften Funktionen enthalten sind (siehe Abbildung 10-10). Sollten Sie auf eine andere Version aufrüsten, wird der alte Schlüssel durch einen neuen ersetzt. Dies und das Zusammenfassen mehrerer einzelner Schlüssel geschieht gegebenenfalls über das Lizenzportal von VMware.

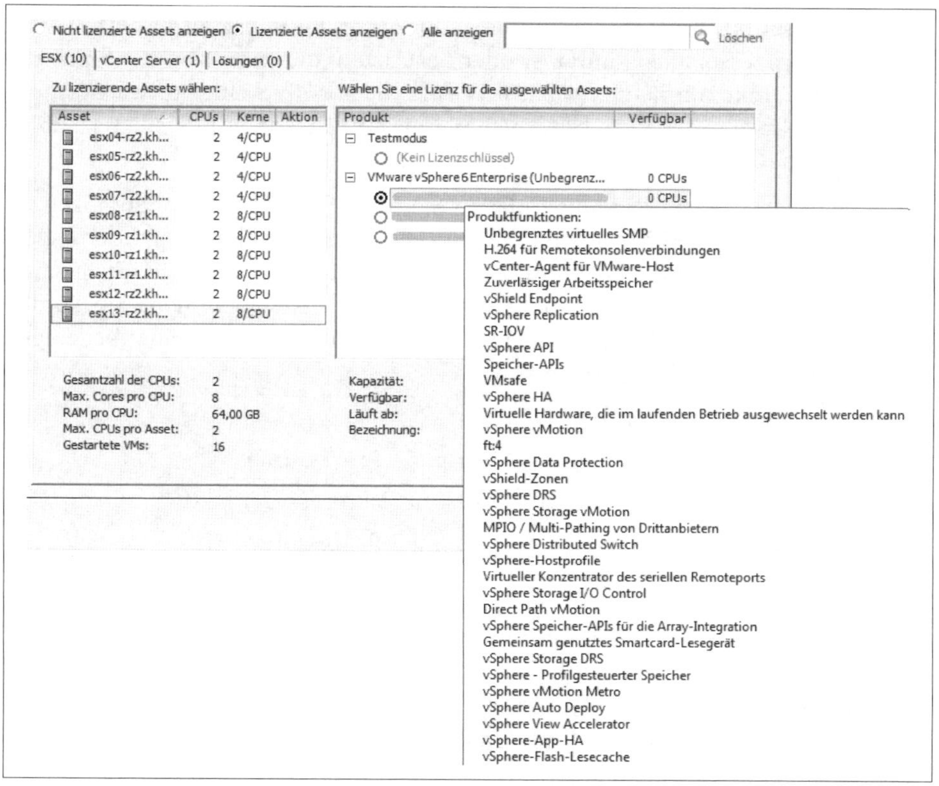

Abbildung 10-10: Lizenzen auf dem vCenter Server

Achten Sie unbedingt vor dem Kauf der Lizenzen auf Ihre Erfordernisse. Es werden sogenannte Bundles oder Kits angeboten, die nicht erweiterbar sind. Diese sind meistens auf sechs CPU-Sockel und maximal drei Hosts beschränkt. Eine Erweiterung dazu gibt es nicht – Sie können aber zu einem nächsthöheren Produkt (gegen Geld) aufstocken. Das lohnt sich jedoch gegenüber einer normal erweiterbaren Struktur meistens finanziell nicht.

Informieren Sie sich vorher über die möglichen Funktionen (die z.B. am Anfang dieses Buches behandelt wurden) und welche Sie davon brauchen. Gehen Sie dabei am besten die einzelnen zu virtualisierenden Rechner anhand von Worst-Case-Szenarien durch. Fragen Sie sich, für welchen Rechner Sie HA, DRS, vMotion, Storage vMotion, Fault Tolerance, verteilte vSwitches und Ähnliches einsetzen würden. Dann erst suchen Sie sich das passende Produkt heraus.

Schauen Sie sich vor dem Kauf neuer Lizenzen Ihre jetzigen an. Wenn Sie einen noch laufenden Supportvertrag haben, können Sie meist kostenlos auf eine neuere Version updaten.

Grundlegendes zur Kapazität von Lizenzschlüsseln

Lizenzschlüssel besitzen eine bestimmte Kapazität. Die Kapazität basiert auf der Anzahl der Prozessorsockel im Host oder der Anzahl der Instanzen des Software-Assets (Softwarekomponente, wie z.B. vCenter Server). Für eine Softwarekomponente, Asset-Instanz genannt, brauchen Sie nur eine Lizenz pro beteiligtem ESXi-Host – unabhängig von seiner CPU-Sockelanzahl.

Für die meisten vSphere-Produkte müssen Sie beim Erwerb der vSphere-Lizenzen die gesamte Anzahl der Prozessoren berücksichtigen, nicht die Anzahl der Hosts, auf denen die Produkte ausgeführt werden. Sie können die Prozessorkapazität einer beliebigen Kombination von Hosts zuweisen. Angenommen, Sie kaufen einen vSphere-Lizenzschlüssel für 12 Prozessoren, können Sie ihn einer beliebigen der folgenden Hostkombinationen zuweisen:

- 6 Hosts mit je 2 Prozessoren
- 4 Hosts mit 2 Prozessoren und 1 Host mit 4 Prozessoren
- 2 Hosts mit 4 Prozessoren und 2 Hosts mit 2 Prozessoren
- 1 Host mit 8 Prozessoren und 2 Hosts mit 2 Prozessoren

Beachten Sie dabei Folgendes:

- Prozessoren mit zwei oder mehr Kernen, z.B. Intel-Prozessoren, die zwei oder mehr unabhängige CPUs auf einem einzigen Chip kombinieren, gelten als ein Prozessor.
- Ein Host mit mehreren Prozessoren kann nicht teilweise lizenziert werden. Beispielsweise benötigt ein Host mit vier CPUs auch vier Prozessorlizenzen.

Aus Sicht der ESXi-Lizenz ist eine CPU ein Prozessor, der auf einem Prozessorsockel steckt. Und: Jede Lizenz unterstützt beliebig viele Kerne pro CPU!

Die ehemalige Lizenzierungsart mit dem vRAM bei der Version 5.0 hatte damals einiges an Gegenwind für VMware ausgelöst. Dabei wurde je nach Lizenz ein Maximum an vRAM für die VMs begrenzt. Kurz nach dem Sturm der Entrüstung wurde dann ein wenig nachgebessert und die Werte erhöht. Seit der Version 5.1 (und natürlich auch bei 6.0) sieht es so aus, dass eine VM so viel Speicher bekommen kann, wie sie braucht. Es ist kein Maximalwert mehr festgelegt, d.h., es ist unerheblich, wie viel RAM den VMs zugewiesen wird.

Lizenzierung der Betriebssysteme

Die Frage, wie es mit den Lizenzkosten in den virtuellen Maschinen aussieht, kann man sehr leicht beantworten. Betrachten Sie alle Server wie physische Maschinen. Sie benötigen für jede lizenzpflichtige Software innerhalb einer virtuellen Maschine eine Lizenz. Auch jedes Hostsystem benötigt je nach Produkt eine Lizenz.

Reden Sie mit den Herstellern Ihrer Betriebssysteme oder Anwendungen. Die Erfahrung hat gezeigt, dass sich viele auf einen Kompromiss einlassen, also z.B. zehn Server, aber nur sieben Lizenzen. In Deutschland gilt nicht nur das »Buchprinzip« (d.h., dass Sie eine Software oder ein Betriebssystem auf zwei Rechnern installieren können, wenn sichergestellt ist, dass nicht beide gleichzeitig in Betrieb sein können), sondern auch das Prinzip ein Betriebssystem pro Rechner! Beachten Sie diese Regelung auch bei Clonen und Vorlagen (Templates).

Für Windows Server lohnt sich häufig die Anschaffung einer Datacenter-Lizenz. Dann darf man so viele Server pro Host installieren, wie man möchte. Allerdings ist dieser Lizenztyp auch sehr kostspielig.

Ein weiterer Streitpunkt kann die Lizenzierung bei der Anzahl der Prozessoren sein, da manche Hersteller nicht die Prozessoren innerhalb der virtuellen Maschine lizenzieren wollen, sondern das Hostsystem. Hier hilft ein klärendes Gespräch mit dem jeweiligen Hersteller. Es empfiehlt sich darüber hinaus, mit dem Hersteller hinsichtlich seiner Preisvorstellung zu verhandeln, um so vielleicht die Kosten zu drücken.

Logdateien des vCenter Servers

Da die Logdateien beim vCenter Server relativ zu seinen Umgebungsvariablen gespeichert werden, müssen diese Einstellungen zunächst überprüft werden. Auf der Kommandozeile kann der Befehl `set` dafür verwendet werden, sich die Informationen anzeigen zu lassen. Eine weitere Möglichkeit ist SYSTEMSTEUERUNG → SYSTEM → ERWEITERT → UMGEBUNGSVARIABLEN.

Die zweite Möglichkeit hat den Vorteil, dass man dort auch gleich Einstellungen verändern kann, die beim Neustart wieder vorhanden sind!

Tabelle 10-14: Wichtige Einträge zu Umgebungsvariablen bis Server 2003

Variable	Typischer User-Wert	Typischer Systemwert
`%SystemRoot%`	C:\Windows	C:\Windows
`%AllUsersProfile%`	C:\Dokumente und Einstellungen\All Users	C:\Dokumente und Einstellungen\ All Users
`%UserProfile%`	C:\Dokumente und Einstellungen \%Username%	C:\Dokumente und Einstellungen\ Default User
`%Tmp% %Temp%`	%UserProfile%\Lokale Einstellungen \Tmp\ %UserProfile%\Lokale Einstellungen \Temp\	%SystemRoot%\Temp

Tabelle 10-15: Wichtige Einträge zu Umgebungsvariablen ab Server 2008

Variable	Typischer User-Wert	Typischer Systemwert
`%SystemRoot%`	C:\Windows	C:\Windows
`%AllUsersProfile%`	C:\ProgramData	C:\ ProgramData
`%UserProfile%`	C:\Users\%Username%	C:\Users\Public
`%Tmp% %Temp%`	%UserProfile%\AppData\Local\Tmp\ %UserProfile%\ AppData\Local \Temp\	%SystemRoot%\Temp

Die so gesammelten Einträge in den textbasierten Dateien können über den vSphere Client oder einen Texteditor angezeigt werden.

Logdateien zur Installation

Die Logdateien zur Installation des vCenter Servers können im Temp-Verzeichnis des Users gefunden werden, der die Installation durchgeführt hat, also z.B. *C:\Dokumente und Einstellungen\Ralph\Lokale Einstellungen\Temp* oder *C:\Users\Goepel\AppData\Local\Temp*.

Hat hingegen der Administrator die Installation durchgeführt, befinden sich die Dateien in *C:\Windows\Temp*, jedoch nur in der englischen Version. Beim deutschen Windows sind auch dann die Logdateien unter dem User-Verzeichnis abgespeichert.

Tabelle 10-16: Mögliche Dateinamen der jeweiligen Logdateien

Name der Logdatei	Beschreibung
vim-vcs-msi.log	Installations-Logdatei des vCenter Servers und Unterprozessen
vminst.log	VMware Enterprise-Erweiterungen wie WebAccess
vmware-vci-vciInstallUtils-log4cpp.log	Installations-Logdatei zur Vorbereitung des Update Managers
vim-vmosql.log + SqlSetup.log	Installation der MSSQL-Datenbank

→

Tabelle 10-16: Mögliche Dateinamen der jeweiligen Logdateien (Fortsetzung)

Name der Logdatei	Beschreibung
vim-vci-msi.log	vSphere Client-Installation
vim-ngc-msi.log	VMware vSphere Web Client-Installation
vim-qs-msi.log	vCenter Inventory Service
vim-um-msi.log	Installations-Logdatei des Update Manager-msi-Pakets
vmceservermsi.log	VMware vCenter Converter-Installation

Im User-Temp-Verzeichnis befindet sich noch eine Logdatei für die Installation von VMware Orchestrator, und bei `C:\Dokumente und Einstellungen\<Benutzername> \Lokale Einstellungen\Anwendungsdaten\vpx\viclient-n.log` oder `C:\Users\<Benutzername>\AppData\Local\VMware\vpx\viclient-n.log` gibt es bis zu zehn Logdateien des vSphere Clients. Dabei werden diese Dateien fortlaufend von 0 bis 9 durchnummeriert. Die aktuelle Datei ist also die mit der höchsten Nummer. Ist man mehrfach angemeldet, kann die Datei `viclient-n-000x.log` auch mehrfach vorkommen.

Ist die höchste Nummer erreicht, wird wieder von vorne begonnen. Dann braucht man nur in die XML-Datei *viclient-index.xml* zu sehen, die die jeweilige Nummer der aktuellen Datei und die maximale Anzahl der Logdateien enthält.

vCenter Agent Logs

Über die Logdateien nach der Installation des ESXi-Hosts habe ich in Kapitel 3 ja schon einiges gesagt. Zuständig für die Protokollierung ist der Daemon *vmsyslogd*, über den auch der Speicherort, die Größe der Dateien und wieviele aufgehoben werden sollen eingestellt werden kann. Das können Sie über den vSphere Client unter KONFIGURATION → ERWEITERTE EINSTELLUNGEN → SYSLOG einrichten (siehe Abbildung 10-11).

Die Änderungen, die Sie hier vornehmen, landen in der Datei */etc/vmsyslog.conf.d/vpxa.conf*.

Nachdem der Host zum vCenter Server hinzugefügt wurde, werden zusätzliche Dateien für die Fehlersuche angelegt: Diese finden Sie z.B. unter */scratch/log/* (oder dem von Ihnen geänderten Pfad), wobei das wiederum (meistens) ein Link auf ein VMFS-Volume ist. Die dortigen Logdateien entsprechen dem obigen Beispiel. Die Datei */var/log/vpxa.log*, die auch schon vorher existiert, zeigt als Link immer auf die aktuelle Logdatei im Ordner */scratch/log/*, diese entspricht auf der Windows-Seite ungefähr der Datei *vpx-index*. Die Logdateien heißen auf dem ESXi-Server *vpxa-n.log*, wobei *n* wieder fortlaufende Zahlen sein können.

Des Weiteren existieren auf dem ESXi-Server im gleichen Ordner wie die Datei */etc/vmsyslog.conf.d/vpxa.conf*, in der man die Einstellungen für das Protokollieren vornehmen kann, auch einige weitere *.conf*-Dateien für die Protokollierung, die ähnlich aufgebaut sind.

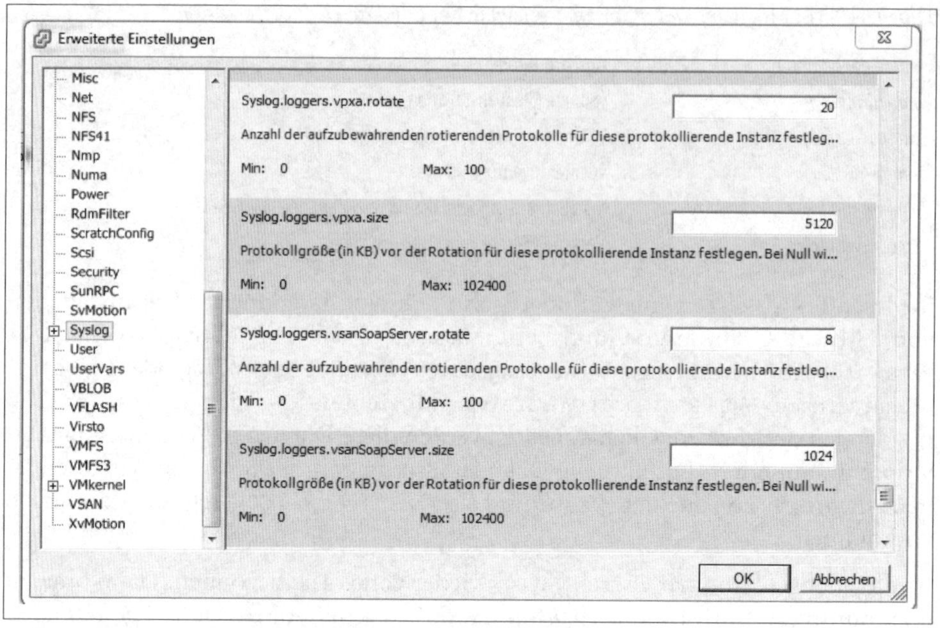

Abbildung 10-11: Erweiterte Einstellungen des ESXi-Hosts

Eine HTML-basierte Datei (*vpxa.cfg*) finden Sie ebenfalls unter */etc/vmware/vpxa/*, schauen Sie sich den Inhalt an. Dort ist z.B. festgelegt, welche Informationen (Level) abgespeichert werden. Statt des Standardwerts `verbose` können auch folgende Werte stehen: `trivia`, `info`, `warning`, `error` oder `none`.

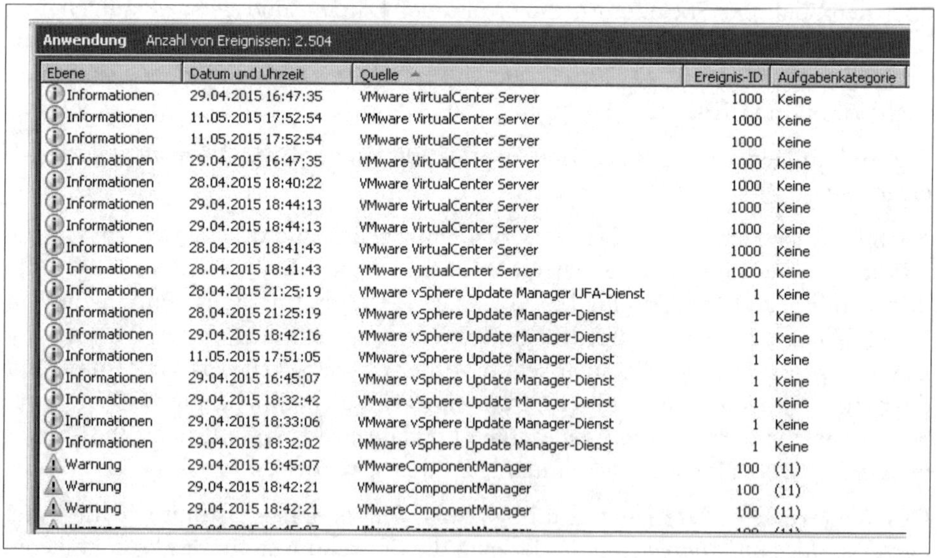

Abbildung 10-12: Ereignisanzeige auf dem vCenter Server

Der Wert maxFileSize liegt üblicherweise bei 1048576, was einem MByte entspricht, der Wert für maxFileNum liegt normalerweise bei 10. Das muss aber nicht unbedingt in der Datei stehen, da es sich hierbei um Standardwerte handelt.

Beachten Sie auch, dass in der lokalen Ereignisanzeige des vCenter Servers Informationen zu VMware abgespeichert werden (siehe Abbildung 10-12).

Abbildung 10-13:

vCenter Server-Startprobleme beheben

Zunächst sollten Sie in der Ereignisanzeige des vCenter Servers die Einträge überprüfen und anschließend schauen, ob die notwendigen Dienste für VMware alle korrekt gestartet wurden:

Falls ein Dienst nicht wie im Starttyp angegeben läuft, überprüfen Sie die Abhängigkeiten dieses Diensts, indem Sie sich die Eigenschaften anzeigen lassen und dann auf die Registerkarte ABHÄNGIGKEITEN klicken (siehe Abbildung 10-14). Läuft ein Dienst nicht, zu dem eine Abhängigkeit gegeben ist, versuchen Sie, diesen erneut manuell zu starten. Hinterher aktualisieren Sie die Anzeige, um den aktuellen Status sehen zu können, und starten dann den VMware-Dienst.

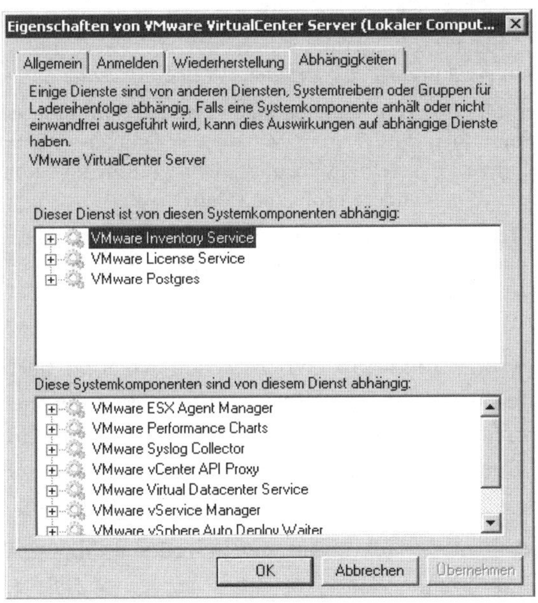

Abbildung 10-14: Abhängigkeiten des vCenter Server-Diensts

Der Virtual Center Server-Dienst ist abhängig vom VMware Postgres-Dienst (Datenbank), wenn dieser auf demselben Rechner läuft. Die Abhängigkeit wird aber oft von VMware während der Installation nicht eingetragen. Das können Sie in der Registry nachholen: Fügen Sie bei DependOnService den vPostgres-Dienst mit hinzu:

vPostgres (siehe Abbildung 10-15).

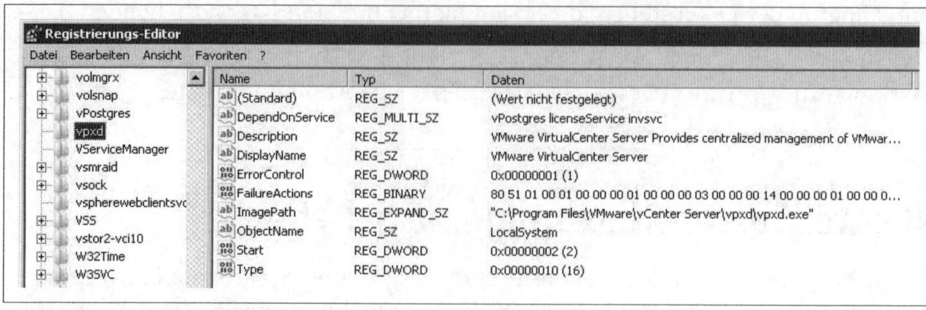

Abbildung 10-15: Virtual Center Server-Dienst – Abhängigkeiten

Sollte es wiederum zu Problemen kommen, schauen Sie in der Ereignisanzeige nach, ob dort hilfreiche Informationen zu finden sind. Außerdem können Sie auf der Registerkarte WIEDERHERSTELLEN zu dem jeweiligen Dienst auswählen, was bei einem aufgetretenen Fehler passieren soll. Vielleicht möchten Sie ja einstellen, dass der Dienst bei einmaligem Ausfall automatisch wieder gestartet wird.

Sollten Sie keinen Eintrag in der Ereignisanzeige finden, kann es sein, dass versucht wurde, die VMware-Komponenten zu starten, bevor die Protokollierung eingesetzt hat. Dafür gibt es das Programm *vpxd* unter *C:\Programme\VMware\vCenter Server\vpxd*.

Rufen Sie *vpxd* mit dem Parameter `-s` auf, um eine Ausgabe der Informationen zu erhalten. Mit dem Parameter `-?` bekommen Sie eine kurze Hilfestellung zu diesem Programm und können damit vielleicht noch andere Probleme lösen.

Die Protokolldateien finden Sie über den vSphere Client unter VERWALTUNG → SYSTEMPROTOKOLLE oder im Verzeichnis *C:\Users\All Users\VMware\CIS\logs\vmware-vpx*.

Probleme bei der Kommunikation zwischen dem vCenter Server und den ESXi-Server-Hosts können auch an der Netzwerkumgebung liegen. Beachten Sie die Ausgabe von `netstat -a`, um die offenen und verbundenen Ports auf den beteiligten Rechnern zu überprüfen. Achten Sie immer auch auf DNS-Einträge oder Hosts-Dateien.

Mittels des Befehls `netstat -ab` können Sie auch die beteiligten Programme für die Ports ermitteln. Auf einem Windows 2008 Server sollten Sie das Programm `netstat` z.B. mit dem Parameter `-ab` aufrufen, um die aktiven Verbindungen zu VMware-hostd (*vpxd.exe*) zu überprüfen. Die Portnummern sehen Sie ebenfalls unter den Firewall-Einstellungen.

Anmeldung am vCenter Server

Beim ersten Anmelden am vCenter Server landen Sie im Fenster HOME. Wenn Sie sich das nächste Mal mit ihm verbinden, werden Sie üblicherweise zu dem letzten aktuellen Fenster geleitet. Das HOME-Fenster unterteilt sich zunächst in die drei Bereiche BESTANDSLISTE, VERWALTUNG und MANAGEMENT (siehe Abbildung 10-16). Welche Symbole angezeigt werden, hängt von der erworbenen Lizenz und der Installation von möglichen zusätzlichen Komponenten ab. Wenn Sie über die Menüleiste PLUG-INS hinzufügen, kommt ein vierter Bereich (Lösungen und Anwendungen) dazu, in dem Sie die installierten Zusätze, wie den Update Manager, finden.

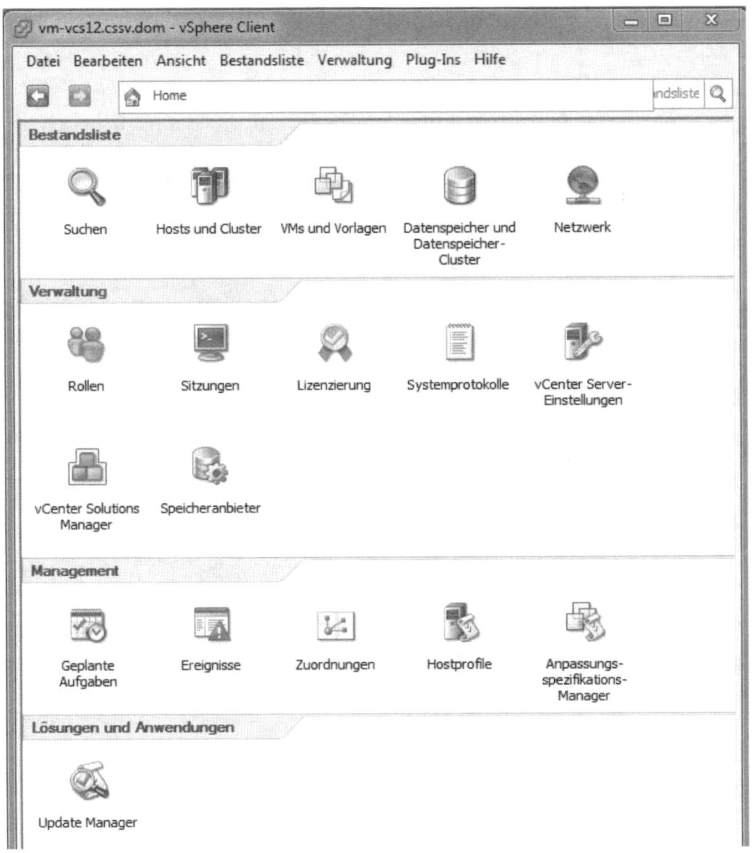

Abbildung 10-16: Startseite bei der ersten Anmeldung

Hosts hinzufügen

Sobald Sie sich mit dem vCenter Server verbunden haben, besteht der nächste Schritt darin, die ESXi-Server mit ihren virtuellen Maschinen und Storages sowie

Netzwerk-Switches in ihn zu integrieren, um von hier aus alle weiteren Einstellungen vornehmen zu können.

Die Voraussetzung dafür, dass die Hosts hinzugefügt werden können, ist allerdings ein Datacenter, eine Art Container für Hosts und VMs. Klicken Sie im HOME-Bereich auf das Symbol HOSTS UND CLUSTER, dann mit der rechten Maustaste auf Ihren vCenter Server und wählen Sie NEUES DATACENTER. Vergeben Sie einen aussagekräftigen Namen, z.B. den Namen Ihrer Firma.

Zum Datacenter können Sie jetzt Ihre ESXi-Server aus dem Kontextmenü der Reihe nach hinzufügen. Funktioniert DNS oder wurden die Hosts-Dateien ergänzt, können Sie den Namen des Servers eingeben, wenn nicht, erscheinen hinterher in der Bestandsliste auch nur die IP-Adressen anstelle der Namen. Das lässt sich nachträglich nur ändern, indem der Host entfernt und wieder hinzugefügt wird.

> Wenn das Hinzufügen mit dem Namen nicht klappt, beheben Sie zuerst diesen Missstand. Fügen Sie die Hosts möglichst nicht mit der IP-Adresse hinzu, weil Fehler bei der Namensauflösung weitere Komplikationen nach sich ziehen und ein Cluster gar nicht funktionieren wird.

Als Benutzernamen geben Sie hier `root` ein sowie das Passwort, das Sie bei der Installation für diesen User vergeben haben. Die folgende Sicherheitswarnung bezüglich des Fingerabdrucks (SHA-Footprint, Zertifikat) kann ignoriert werden, also klicken Sie auf JA.

In dem dann folgenden Fenster wird eine Kurzbeschreibung des Hosts mit den darauf registrierten virtuellen Maschinen aufgeführt, wie in Abbildung 10-17 beispielhaft gezeigt ist. Klicken Sie auf WEITER.

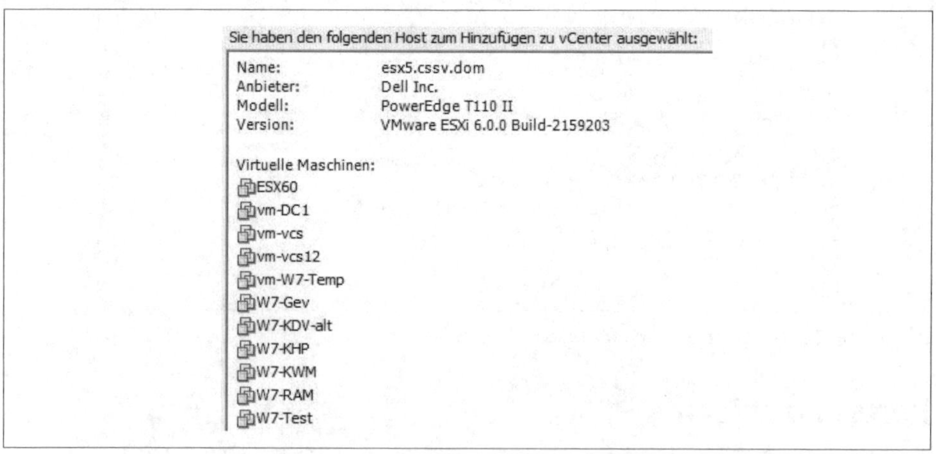

Abbildung 10-17: Hosts hinzufügen

Jetzt kann – falls notwendig – der Lizenzschlüssel eingegeben oder der vorher eingegebene übernommen werden. Im Übersichtsfenster klicken Sie auf BEENDEN. Jetzt können Sie die weiteren Hosts in die neue Umgebung hinzufügen.

> Ein ESXi-Server kann immer nur zu einem vCenter Server, einem Datacenter und einem Cluster gehören. Bei dem Versuch, ihn einem weiteren vCenter Server, Datacenter oder Cluster hinzuzufügen, bekommen Sie eine Warnmeldung (siehe Abbildung 10-18).

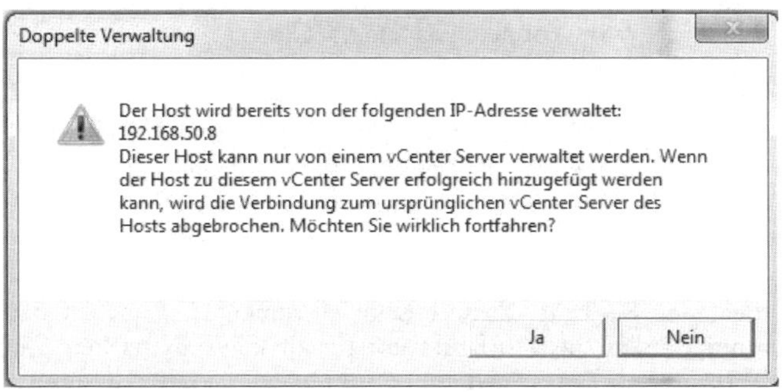

Abbildung 10-18: Das Hinzufügen zu mehreren Containern ist nicht zulässig.

Im Datacenter werden anschließend die Summen für die Hosts, die virtuellen Maschinen und Vorlagen, die verfügbaren Netzwerkswitches für die VMs und die Anzahl der Storages angezeigt.

Einen Cluster erstellen

Der nächste logische Schritt ist die Erstellung eines Clusters, das Hinzufügen der Hosts und die Konfiguration der Clusterumgebung.

Ein Cluster ist eine Gruppe von Hosts, deren Ressourcen (CPU, RAM usw.) vom vCenter Server gemeinsam verwaltet werden, ähnlich einem alles umfassenden Ressourcenpool. Nur im Cluster können Funktionen wie vMotion, Fault Tolerance, DRS und HA genutzt werden.

Bei den meisten VMs funktionieren die bei der Erstellung zugewiesenen Standardressourceneinstellungen (NORMAL) ohne weiteren Eingriff. Diese können bei Bedarf später verändert werden, um Prioritäten, also einen anteilsabhängigen Prozentsatz für CPU, Arbeitsspeicher, Festplattenspeicherzugriff und Netzwerkgeschwindigkeit, oder eine garantierte CPU- und Arbeitsspeicherzuteilung zuzuweisen (siehe dazu Kapitel 19). Beim Einschalten der virtuellen Maschine überprüft der vCenter Server, ob ausreichende Ressourcen verfügbar sind, und ermöglicht dann gegebenenfalls das Einschalten oder auch nicht. Dieser Vorgang, den man auch außer Kraft setzen kann, wird als Zugangssteuerung bzw. Admission Control bezeichnet.

Aus dem Kontextmenü des Datacenters lässt sich der Assistent für das Erstellen eines Clusters aufrufen. Sie können auch mehrere Cluster erstellen und Ihre Hosts und VMs dann aufteilen. Haben Sie sehr unterschiedliche CPUs in Ihren Servern, sollten Sie sich überlegen, eventuell mehrere Cluster anzulegen, anstatt den EVC-Modus zu nutzen.

Wenn Sie einen weiteren Cluster erstellen, können Hosts im Wartungsmodus vom einen zum anderen Cluster mit der Maus verschoben werden. Die auf diesem Host ausgeschalteten oder im Suspend-Modus befindlichen Maschinen werden mit verschoben. Laufende VMs können von einem Cluster zum anderen migriert werden, wenn die sonstigen Voraussetzungen (gleicher Storage, gleiche CPU usw.) gegeben sind. Beim Entfernen des Clusters werden auch die Hosts und VMs entfernt, laufen aber weiter und müssen dann wieder manuell dem anderen hinzugefügt werden – oder Sie verschieben vorher alle Objekte und löschen den leeren Cluster.

Beachten Sie bitte, dass es beim einzelnen Host im Cluster zwar immer noch die Konfiguration für den automatischen Start der VMs gibt und dass Sie diesen Punkt wieder aktivieren können, aber nach dem nächsten Neustart wird dieser wieder deaktiviert.

Wie funktioniert HA?

VMware High Availability (HA), also Hochverfügbarkeit, ist eine Funktion, bei der der Ausfall einer Hosthardware erkannt wird und die darauf ehemals laufenden VMs auf einem oder mehreren verbliebenen ESXi-Servern neu gestartet werden. Beim Ausfall der Hardware ist der Inhalt des Arbeitsspeichers der VM natürlich weg. Die Maschine wird auf einem anderen Host neu gestartet, und aus ihrer Sicht sieht es so aus, als hätten Sie sie hart ausgeschaltet.

Um den Ausfall des ESXi-Servers erkennen zu können, wird regelmäßig ein Signal (Heartbeat) über das Management Network (am besten zwei davon in unterschiedlichen Subnetzen) an andere Hosts und das Standardgateway gesendet. Bleibt dieses Signal aus, schaut der andere beteiligte Host auf den gemeinsamen Storage, um den »Lock« der VM-Festplatten zu überprüfen. Wenn dort keine Sperrung mehr gesetzt ist, müsste in der Konfigurationsdatei (*.vmx*, CleanShutdown) ein Hinweis über das Herunterfahren, das Anhalten oder Abschalten der VM stehen. Ist das nicht der Fall (`CleanShutdown="FALSE"`), wird versucht, die Maschine neu zu starten. Weitere Details finden Sie weiter unten beim Einrichten von HA.

Wie funktioniert vMotion?

In der Terminologie von VMware wird das Verschieben einer virtuellen Maschine von einem ESXi-Server zu einem anderen *Migration* genannt. Die Verlagerung von

Dateien der VM auf einen anderen Datenträger (natürlich mit VMFS) heißt *Storage Migration* oder auch *Storage vMotion*. Vereinfacht gesagt: Bei vMotion wird zunächst der Arbeitsspeicher der VM von einem Host zum anderen übertragen. Während dieser Zeit landen die Änderungen innerhalb des Arbeitsspeichers der VM in einer Deltadatei. Ist das RAM übertragen, wird die erste Deltadatei kopiert und Änderungen landen in einer neuen Datei. Der Vorgang wird so lange fortgeführt, bis das letzte Delta im Bruchteil einer Sekunde übertragen werden kann. Im Prozessor der VM wird eine Ausnahmebedingung (Exception) ausgelöst, um den Cache zu leeren. Anschließend wird die virtuelle CPU auf dem anderen Host aktiviert – die Maschine läuft jetzt dort weiter.

Beim Verschieben kann ein Ping-Signal verloren gehen, aber die User bleiben angemeldet und Daten bleiben konsistent.

Bei Storage vMotion ist der Vorgang ähnlich, nur dass hier der Inhalt der Festplatte und alle Konfigurationsdateien verschoben werden.

> Wenn Sie eine virtuelle Maschine in der Bestandsliste vor dem Verschieben umbenennen, werden auf dem Ziel das Verzeichnis der VM und alle betroffenen Dateien umbenannt. Innerhalb der Konfigurationsdateien findet die Umbenennung ebenfalls statt. Die Funktionalität der VM wird dadurch nicht beeinträchtigt.

Neu in der Version 6 von vSphere ist das Verschieben von VMs zu anderen vCenter Servern und sogar in andere Netzwerke. Durch die Erhöhung der erlaubten Latenzzeit beim Verschieben auf 100ms sind also fast keine Grenzen mehr gesetzt. Nachteilig kann das bei der Lizenzierung von Oracle-Datenbanken sein, weil schlimmstenfalls alle möglichen Rechenzentren für einen Server lizenziert werden müssten.

Wie funktioniert DRS?

Das Planungsprogramm *Distributed Resource Scheduling* (DRS) steuert die Arbeitslast der laufenden virtuellen Maschinen und die Ressourcenauslastung der Hosts, um Ressourcen automatisch zuweisen zu können und VMs mittels vMotion nach Last zu verteilen. Der vCenter Server schaut also jeweils bei den Hosts die Auslastung bezüglich CPU und RAM an und vergleicht die Abweichung zu den anderen. Ist ein ESXi-Server durch die auf ihm laufenden VMs stärker ausgelastet als ein anderer, werden die Maschinen automatisch anders verteilt (siehe Abbildung 10-19).

Dabei wird auch die kurzfristige Last einer VM berücksichtigt und diese nicht sofort verschoben.

Weitere Details finden Sie weiter unten beim Einrichten von DRS im Abschnitt *Clusterkonfiguration für DRS*.

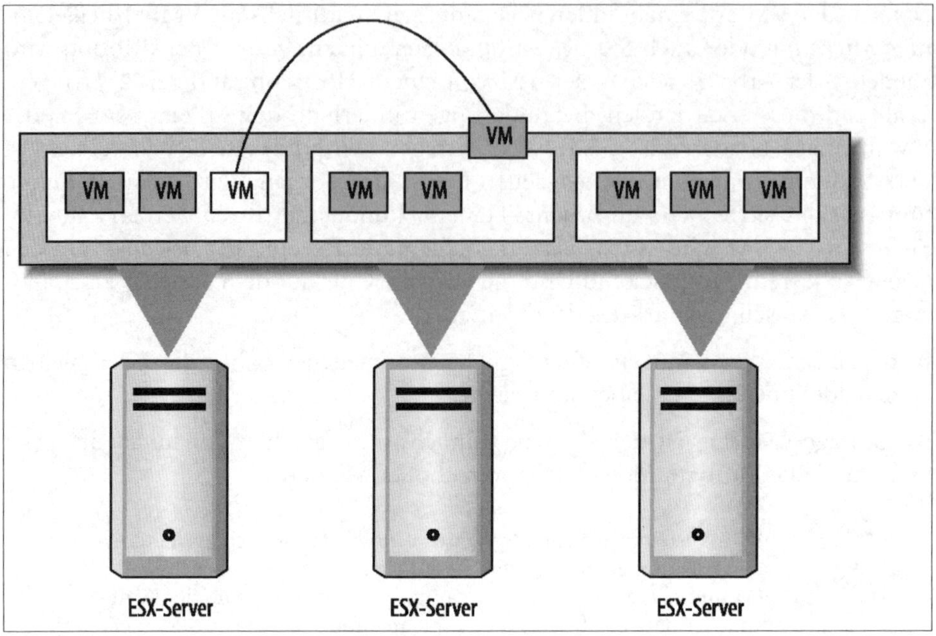

Abbildung 10-19: Funktionsprinzip von DRS

Wie funktioniert DPM?

Das DPM (*Distributed Power Management*) ist eine Energieverwaltung für den Cluster. Über die eingerichtete Funktionsweise des DRS werden bei Bedarf laufende virtuelle Maschinen auf andere Hosts verschoben, und anschließend wird ein freier Host in den Suspend-Modus versetzt. Dieses wird so lange fortgesetzt, wie genügend freie Ressourcen auf den verbleibenden Hosts zur Verfügung stehen. Das kann auch bedeuten, dass die Failover-Kapazität des HA außer Kraft gesetzt wird und nur noch ein Host aktiv läuft (siehe Abbildung 10-20).

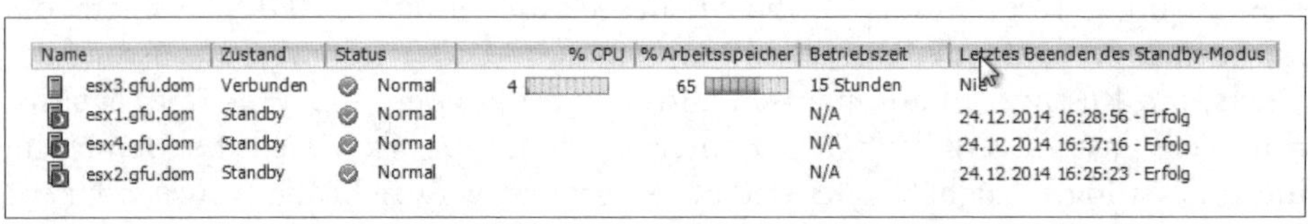

Name	Zustand	Status	% CPU	% Arbeitsspeicher	Betriebszeit	Letztes Beenden des Standby-Modus
esx3.gfu.dom	Verbunden	Normal	4	65	15 Stunden	Nie
esx1.gfu.dom	Standby	Normal			N/A	24.12.2014 16:28:56 - Erfolg
esx4.gfu.dom	Standby	Normal			N/A	24.12.2014 16:37:16 - Erfolg
esx2.gfu.dom	Standby	Normal			N/A	24.12.2014 16:25:23 - Erfolg

Abbildung 10-20: Drei ESXi-Server im Standby-Modus

Sollten die Kapazitäten nicht mehr ausreichen, werden so viele Hosts neu gestartet, bis allen VMs genügend CPU-Leistung und Arbeitsspeicher zur Verfügung steht. Voraussetzung ist dabei die richtige Konfiguration der Umgebung.

Bei Tests habe ich Folgendes festgestellt:

Von vier zur Verfügung stehenden ESXi-Servern mit insgesamt 25 laufenden virtuellen Maschinen, die keine große Auslastung hatten, wurden nach und nach alle VMs nach der Einrichtung von DPM auf nur noch einen ESXi-Server verschoben. Die anderen drei gingen in den Suspend-Modus.

Als ich durch ein Programm auf jeder VM eine hohe Last erzeugte und der verbliebene ESXi-Server bei 100% Auslastung war, dauerte es weitere zwei Minuten, bis der vCenter Server einen der schlafenden Server reanimierte. Es wurde ein Neustart durchgeführt, und nach sechs Minuten war der Server wieder vorhanden. Nach weiteren vier Minuten begann der vCenter Server, die erste VM zu verschieben. Wenn Sie diese Funktion nutzen wollen, testen Sie sie vorher also unbedingt aus!

Weitere Details finden Sie wiederum weiter unten im Abschnitt *DPM einrichten*.

Wie funktioniert FT?

Bei FT (*Fault Tolerance*) wird eine wichtige VM auf einem anderen ESXi-Server nach dem Einrichten gespiegelt. Beide Maschinen, die primäre und die sekundäre, greifen auf denselben Datenbestand auf dem Storage zu, wobei die sekundäre nicht schreiben darf. Ihre Schreibanforderungen laufen ins Leere. Richtet man FT über den Web Client ein, können die Festplatten auch auf verschiedenen Storages liegen – sogar auf lokalen. Der Inhalt der Arbeitsspeicher und der Cache der Prozessoren werden durch einen zusätzlichen Agenten auf beiden VMs ständig synchronisiert. Anfragen aus dem Netz bekommen beide gleichzeitig zugesandt, somit müsste bei der gleichen Aufgabe auch das gleiche Ergebnis herauskommen. Auch direkte Eingaben an der Konsole werden zur sekundären VM geschickt.

Kommt es zum Ausfall des Hosts mit der primären Maschine, was durch ein Taktsignal erkannt werden kann, übernimmt die sekundäre sofort deren Aufgaben. User bleiben angemeldet und alle Daten bleiben vorhanden.

Weitere Details gibt es im Abschnitt *Fault Tolerance einrichten*.

Wie funktioniert EVC?

Bei EVC (*Enhanced vMotion Compatibility*) werden alle im Cluster vorhandenen Prozessoren – wenn möglich – auf einen gemeinsamen Nenner gebracht. Haben Sie nur identische CPUs in Ihren Hosts verbaut, sollten Sie diesen Modus nicht einschalten. Liegen aber Unterschiede vor, so kann es sein, dass eine VM Funktionen eines Prozessors nutzt, die die andere CPU auf dem anderen ESXi-Host nicht hat. Somit kann die virtuelle Maschine natürlich nicht zur Laufzeit auf den anderen Host verschoben werden. Beim Einschalten von EVC versucht der vCenter Server, die Funktionen auszublenden, die nicht bei allen Host-CPUs vorhanden sind, damit diese von den VMs gar nicht erst gesehen werden.

Weitere Details finden Sie weiter unten im Abschnitt *VMware EVC*.

Clusterkonfiguration für HA

Im Assistenten für das Erstellen eines Clusters können Sie sowohl HA als auch DRS sofort mit anwählen und konfigurieren. Sobald das jeweilige Kontrollkästchen aktiviert ist, erweitert sich im linken Teil des Fensters die Liste der möglichen Einstellungen.

HA (intern immer noch als »DAS« bezeichnet) ist die erste zu konfigurierende Komponente. Hierbei gibt es in einem Cluster nur einen Master und gegebenenfalls mehrere Slave Hosts. Die Anzahl der Knoten ist in einem Cluster auf 64 beschränkt, es können auch nur maximal 31 Hostausfälle ignoriert werden. Derjenige Host, der die meisten Zugriffe auf gemeinsame Storages hat, oder der erste, wenn alle Storage-Zugriffe gleich sind, wird als Master initialisiert. Fällt der Master aus, so wird ein anderer ESXi-Server als Master von den verbliebenen Hosts ausgewählt. Das passiert ebenfalls, wenn der Master heruntergefahren, im Wartungsmodus oder im Standby-Modus ist oder aus dem Cluster entfernt wird.

Der Master ist für die Überwachung der Slave-Knoten und der Zugriffe auf die Storages sowie für die Meldungen an den vCenter Server zuständig. Die Slaves senden ihre Statusinformationen und die ihrer VMs sowie die sekündlichen Heartbeats nur an den Master. Nur dieser kann darüber entscheiden, welche ausgefallene VM wo neu gestartet wird.

1. Nachdem Sie das Häkchen bei HA gesetzt haben, können folgende Einstellungen für High Availability (HA), die Sie in Abbildung 10-21 sehen, konfiguriert werden.
   - Der HOSTÜBERWACHUNGSSTATUS ist für kurzfristige Netzwerkarbeiten gedacht, wenn die Konnektivität zwischen den Hosts gefährdet ist, z.B. beim Tauschen eines Switch oder Kabels. Der HA-Agent auf dem ESXi-Server nutzt für die Kommunikation den Management-Network-Port, nicht einen anderen VMkernel-Port.
   - Die ZUGANGSSTEUERUNG regelt das Neustarten der VMs nach einem Ausfall auf anderen Servern. Überlegen Sie sich, ob lieber alle Maschinen ein bisschen langsamer laufen sollen (Deaktivieren) oder gar nicht erst gestartet werden, wenn nicht mehr genügend Ressourcen vorhanden sind (Aktivieren). Normalerweise werden z.B. in einem Vierercluster 25% der Ressourcen reserviert, im Dreiercluster 33% usw.
   - Bei der ZUGANGSSTEUERUNGSRICHTLINIE wählen Sie die Anzahl der zu tolerierenden Hostfehler (maximal 31) oder den Prozentsatz der für HA zu reservierenden Ressourcen aus. Bei einem tolerierten Hostfehler würden die VMs nicht neu gestartet, wenn zwei Hosts ausfallen. Die für HA reservierten Ressourcen stehen keiner VM zur Verfügung, es sei denn, ein Host ist ausgefallen.
   - FAILOVER-HOST ist der Server, der keine virtuellen Maschinen besitzt. Erst im HA-Fall wird dieser zum Pool mit hinzugenommen, und die VMs

werden dann auf alle verbliebenen ESXi-Server verteilt. Über den Link 0 HOSTS ANGEGEBEN... bekommen Sie eine Liste aller im Cluster befindlichen ESXi-Server und können sich dann auf der linken Seite einen oder mehrere Hosts als Failover aussuchen.

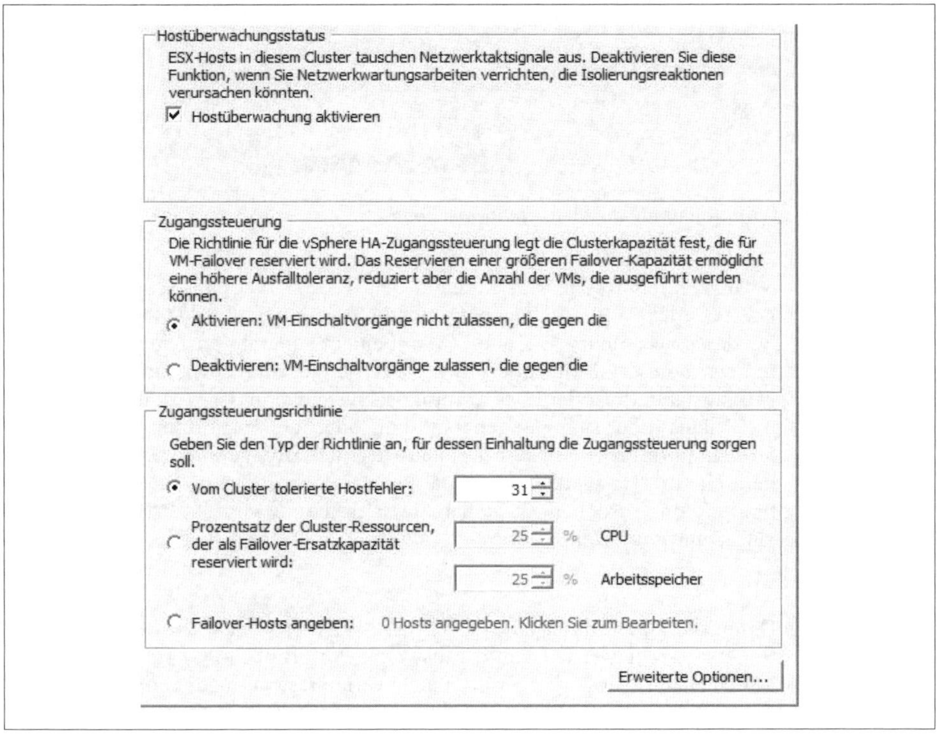

Abbildung 10-21: Weitere Einstellungen zu HA

Wenn Sie bei der Zugangssteuerung den oberen Punkt (AKTIVIEREN) gewählt haben, werden die Ressourcen für die virtuellen Maschinen im Cluster sofort eingeschränkt. Haben Sie nur zwei Hosts, können Ihre VMs maximal 50% der gesamten CPU-Leistung und des Arbeitsspeichers bekommen. Wollen Sie Updates für die ESXi-Server einspielen, muss die Zugangssteuerung (Admission Control) jeweils deaktiviert werden.

2. Allgemeine OPTIONEN FÜR VIRTUELLE MASCHINEN können im nächsten Fenster gesetzt werden.
   - Die VM-NEUSTARTPRIORITÄT steht zunächst auf MITTEL. Da Sie im nächsten Schritt jede einzelne VM anders einstellen können, sollten Sie hier das für die meisten VMs Richtige auswählen.
   - Was ist, wenn eine HOSTISOLIERUNGSREAKTION auftritt, wenn also ein Host die anderen ESXi-Server und sein Standardgateway nicht mehr

erreicht? Soll dieser versuchen, die noch auf ihm laufenden VMs herunterzufahren, diese auszuschalten, oder sollen die VMs eingeschaltet bleiben (siehe Abbildung 10-22)?

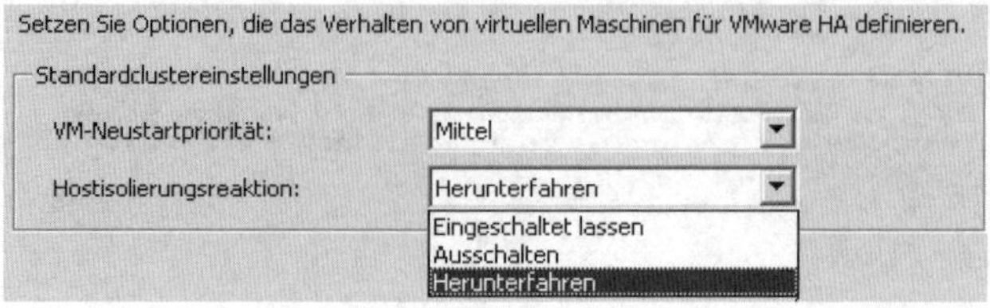

Abbildung 10-22: Optionen für die virtuellen Maschinen

Solange eine virtuelle Maschine auf dem ESXi-Server eingeschaltet ist, befindet sich ihre Festplattendatei im aktiven Lock-Modus. Bevor also versucht wird, eine VM auf einem anderen Host zu starten, wird dieser Modus überprüft. Da es sich hier um einen aktiven Modus handelt, ist der Lock automatisch weg, wenn der Host nicht mehr läuft (oder sich »aufgehängt« hat) oder die Verbindung zum Storage unterbrochen ist. Bei einem externen Storage kann es mit dem HERUNTERFAHREN manchmal Probleme geben, wenn die Verbindung unterbrochen ist. Stellen Sie dann die VMs auf AUSSCHALTEN (siehe auch weiter unten).

Damit der Zustand der HOSTISOLIERUNGSREAKTION auch einwandfrei festgestellt werden kann, muss eine Portgruppe (PG) für das Management Network über zwei Netzwerkkarten verfügen, oder es muss über eine weitere Netzwerkkarte eine zweite PG eingerichtet worden sein. Fehlt diese bei der Erstellung des Clusters, wird eine Warnmeldung vom vCenter Server beim Host angezeigt (siehe Abbildung 10-23 und Abschnitt *Hostisolierungsreaktion richtig einstellen*). Haben Sie das Problem behoben, klicken Sie auf dem Kontextmenü des ESXi-Hosts NEU KONFIGURIEREN FÜR VSPHERE HA an.

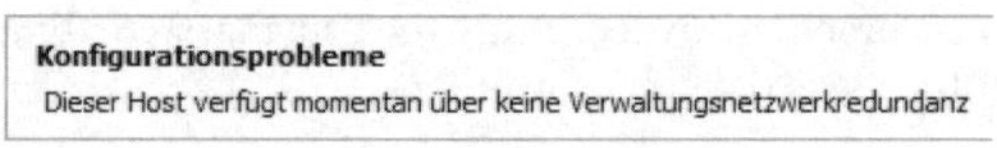

Abbildung 10-23: Meldung über HA-Konfigurationsprobleme

3. Im nächsten Fenster kann für die VMs eine Überwachung eingestellt werden, die auf den Heartbeat der Agenten der VMware Tools angewiesen ist. Kommt das Signal nicht in einem festzulegenden Zeitraum, wird ein Zähler inkrementiert. Passiert dieses mehrmals in einem bestimmten Zeitraum, wird die Maschine zurückgesetzt, also ein harter Reset gemacht. Sie können zwischen NIEDRIG, MITTEL, HOCH und BENUTZERDEFINIERT wählen.

Hostisolierungsreaktion richtig einstellen

Viele meiner Kunden hatten große Verständnisprobleme mit der korrekten Einstellung der Hostisolierungsreaktion in ihrem Umfeld. Deshalb gehe ich auf die drei möglichen Einstellungen an dieser Stelle nochmals detailliert ein.

Das Wichtigste vorweg: Eine Empfehlung zum Ausschalten, Laufenlassen oder Herunterfahren der virtuellen Maschinen kann man ohne genaue Kenntnis der Verkabelung des Netzwerks und der Storages nicht treffen.

Die folgenden Schilderungen sollen Ihnen dabei helfen, für Ihre Umgebung die richtige Einstellung zu finden.

Der ESXi-Server stellt fest, dass er isoliert ist, indem er keine Heartbeats mehr von anderen Hosts im HA-Cluster bekommt und sein Standardgateway nicht mehr auf einen *ping*-Befehl antwortet. Das ist auch der Grund, warum man in so einem Cluster eine Redundanz für das Management Network haben muss. Wichtig ist hierbei auch, ob die laufenden VMs auf dem Server noch eine Verbindung zu Ihrem Storage haben. Haben Sie beispielsweise ein SAN über Fibre Channel oder iSCSI angeschlossen, so können die virtuellen Maschinen meistens ohne Probleme des Weiteren auf ihre Festplatten zugreifen. In Abbildung 10-24 sehen Sie ein Beispiel dafür.

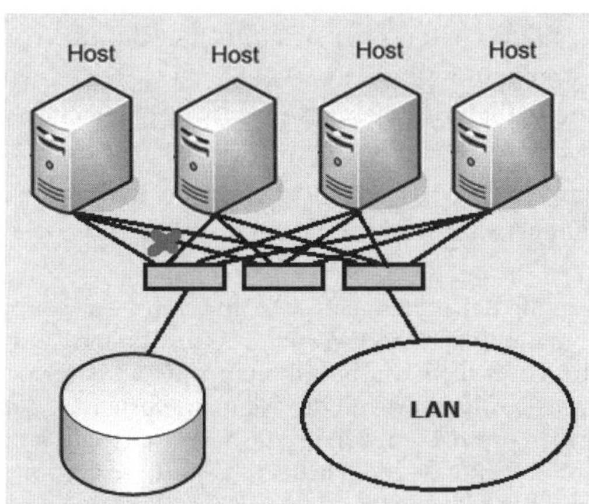

Abbildung 10-24: HA-Hostisolierungsreaktion: Eingeschaltet lassen

Hier ist lediglich die Kommunikation zwischen den Hosts gestört, die User können aber des Weiteren auf die VMs zugreifen, da diese über einen zusätzlichen Switch eine Verbindung zu ihren Daten haben und die Verbindung zu deren Festplatten noch besteht. Die richtige Einstellung für den Hostisolierungsmodus wäre also in diesem Fall: EINGESCHALTET LASSEN.

Anders sieht es im zweiten Beispiel aus: In der vereinfachten Darstellung in Abbildung 10-25 sehen Sie, dass nicht nur die Kommunikation der Hosts untereinander gestört ist, sondern dass auch keine Verbindung mehr zum LAN besteht und die Benutzer nicht mehr an die auf den Servern liegenden Daten herankommen.

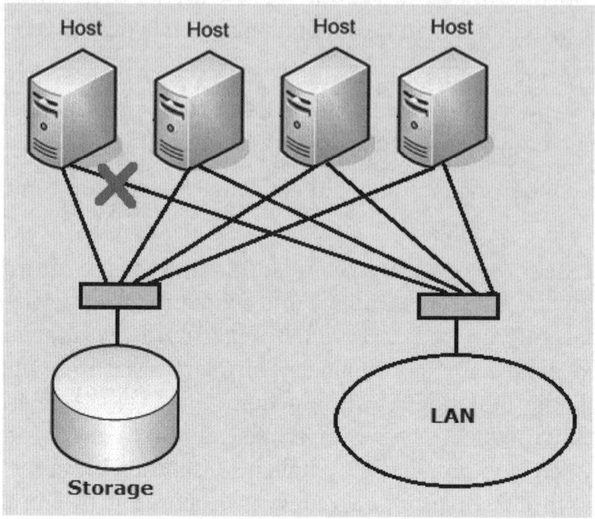

Abbildung 10-25: HA-Hostisolierungsreaktion: Herunterfahren

Die VMs laufen zwar noch weiter, aber das hilft den Benutzern nicht. Die korrekte Einstellung wäre in so einem Fall: HERUNTERFAHREN. Dabei wird aber in der Konfigurationsdatei der jeweiligen Maschine ein Hinweis gegeben, damit die anderen ESXi-Hosts diese VMs neu starten können (`CleanShutdown = "FALSE"`). Nach kurzer Zeit werden die auf dem isolierten Host ehemals laufenden VMs auf den anderen ESXi-Servern neu gestartet und die Benutzer können weiterarbeiten.

> Beachten Sie dabei, dass eine VM nur vom Host heruntergefahren werden kann, wenn die VMware Tools installiert sind und laufen. Sind die Tools nicht auf bestimmten VMs vorhanden, müssen Sie diese VMs abweichend von der Standardeinstellung auf »Ausschalten« stellen, ansonsten werden die VMs innerhalb von 5 Minuten ausgeschaltet (konfigurierbar über »Erweiterte Optionen«: das.isolationShutdownTimeout).

Sollte durch die Isolierung auch der Zugriff auf die Festplatte der VMs verloren gehen, können die Maschinen nicht heruntergefahren werden. Üblicherweise hängen sich die Betriebssysteme auf, wenn sie nicht mehr an ihre Festplatten herankommen, oder laufen mit 100% Netzwerk- und CPU-Last weiter. Der Lock der VMDK-Dateien geht verloren, da der ESXi-Server ebenfalls keinen Zugriff mehr hat, und die beteiligten Rechner werden auf anderen Hosts neu gestartet. Nun laufen diese doppelt im System, was im Fachjargon »Split Brain« genannt wird. Um Konflikte in so einer Umgebung zu vermeiden, müssen die VMs auf dem isolierten

Host ausgeschaltet werden – eine andere Möglichkeit besteht nicht. Hier ist also die richtige Wahl: AUSSCHALTEN. Dieser Zustand wird in der stark vereinfachten Abbildung 10-26 nochmals verdeutlicht.

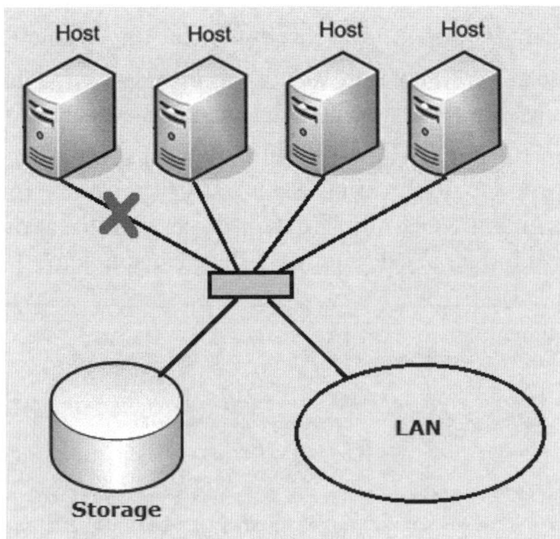

Abbildung 10-26: HA-Hostisolierungsreaktion: Ausschalten

Wenn im letzten Fall der Fehler behoben wird, bevor die isolierten VMs abgeschaltet wurden, bekommen Sie in Ihrem Netzwerk ein heilloses Chaos! Nicht nur weil die »Zombie«-VMs extreme Last im LAN verursachen, sondern weil diese im Gesamtsystem nun doppelt vorhanden sind. Das ist auf alle Fälle zu vermeiden – ein Ausschalten der betroffenen VMs und dadurch ein eventueller Datenverlust ist bei Weitem nicht so schlimm wie dieses Szenario.

Sollten durch diese Isolierung ein oder mehrere Domänencontroller betroffen sein, können Sie sich durch eine falsche Einstellung das Active Directory »zerschießen«! Wählen Sie hier unbedingt »Ausschalten«.

VM-Komponentenschutz

Eine neue Funktion von HA mit dem Namen VM-Komponentenschutz (VM Component Protection) kann das oben beschriebene »Split Brain« verhindern. Hierbei überwacht HA die Verbindungen von eingeschalteten VMs auf deren Storage. Sollte die Verbindung zur Festplatte der virtuellen Maschine unterbrochen sein, wird die VM ausgeschaltet und auf einem anderen Host, der noch eine Verbindung zu dem Laufwerk hat, neu gestartet. Dabei wird zwischen PDL (Permanent Device Lost, dauerhafter Geräteausfall) und APD (All Paths Down, keine Pfade verfügbar) unterschieden.

Diese Funktion lässt sich nur über den Web Client sowohl allgemein als auch für einzelne VMs aktivieren:

1. Melden Sie sich mit administrativen Berechtigungen über den Browser am vCenter Server an.
2. Navigieren Sie in der Struktur zu Ihrem Cluster und wählen Sie dieses aus.
3. Klicken Sie auf der rechten Seite auf den Eintrag vSphere HA, dann auf Verwalten und anschließend auf die Schaltfläche Bearbeiten (oben rechts).
4. In dem neuen Fenster (siehe Abbildung 10-27) setzen Sie das Häkchen bei Schutz vor dem Verlust der Speicherverbindung und Bestätigen die Änderung mit einem Klick auf OK. Um diesen Schutz aktivieren zu können, dürfen nur ESXi 6.0 Host oder neuer in dem Cluster sein.

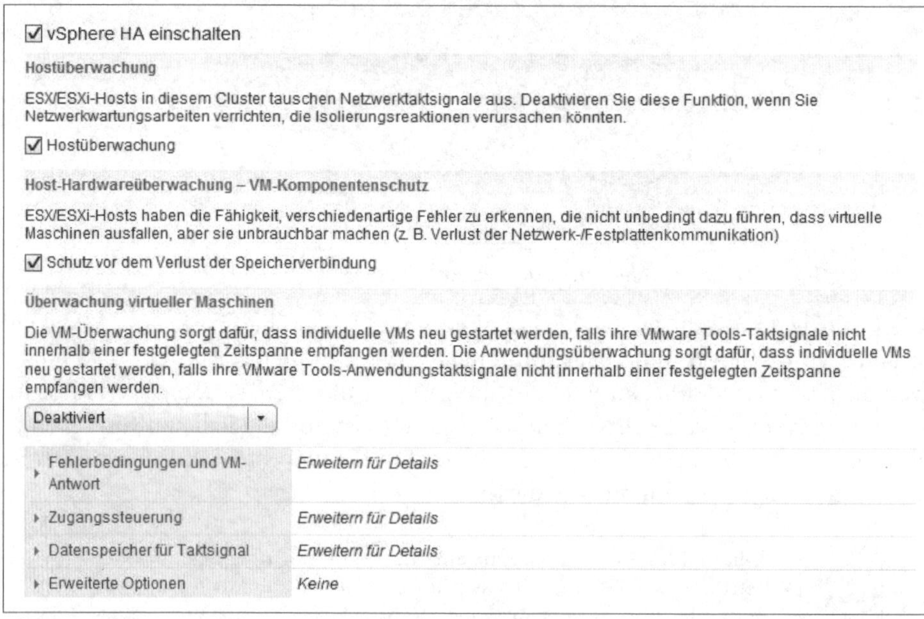

Abbildung 10-27: VM-Komponentenschutz aktivieren

Über den Web Client lassen sich noch sehr detaillierte Vorgehensweisen des Hosts bei bestimmten Fehlerbedingungen und VM-Antworten einstellen. Dazu gehören Fehler des Hosts, des Netzwerks und des Storage. Die Texte sind selbsterklärend und zusammen mit den oben bereits gemachten Erklärungen eindeutig, sodass ich hier nicht detaillierter darauf eingehe.

HA-Einstellungen der VM

Bei Optionen für virtuelle Maschinen kann für jede einzelne Maschine das Verhalten bezüglich HA sehr übersichtlich im vSphere Client und detailliert pro VM im Web Client gewählt werden. Im Web Client finden Sie dieses über VM-

AUßERKRAFTSETZUNGEN. Die wichtigsten Maschinen oder die, die zuerst neu gestartet werden sollen, stellen Sie bei VM-NEUSTARTPRIORITÄT auf HOCH, weniger wichtige lassen Sie auf MITTEL oder CLUSTEREINSTELLUNGEN VERWENDEN und weniger wichtige auf NIEDRIG (siehe Abbildung 10-28). Auch DEAKTIVIERT, also kein Neustart, kann hier ausgewählt werden.

Abbildung 10-28: Virtuelle Maschinen individuell einstellen

Im Fenster VM-ÜBERWACHUNG können Sie jetzt für jede VM einzeln eine Überwachung – auch benutzerdefiniert – zum Laufzeitverhalten einstellen.

Klicken Sie dazu in dem Fenster die gewünschte Maschine an und wählen Sie bei VM-ÜBERWACHUNG BENUTZERDEFINIERT aus. Es erscheint das in Abbildung 10-29 gezeigte Fenster, in dem Sie Ihre Konfiguration auswählen können.

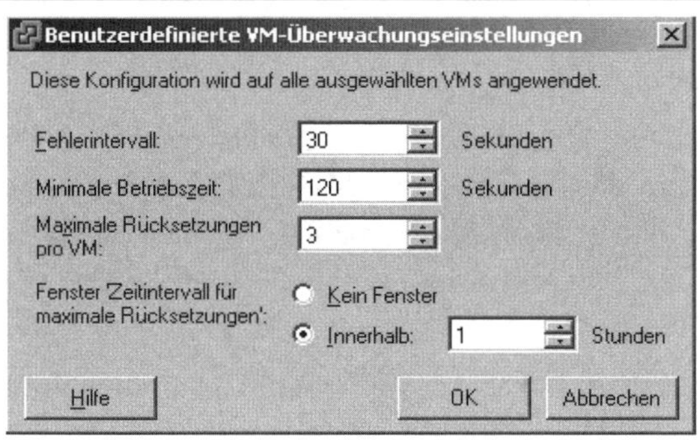

Abbildung 10-29: VM-Überwachungseinstellungen

Die MINIMALE BETRIEBSZEIT sollte nicht zu kurz gewählt werden, weil die VMware Tools ja erst geladen sein müssen. Das dreimalige Zurücksetzen innerhalb einer Stunde soll vermeiden, dass die VM in dem gewähltem Zeitfenster öfter als drei Mal neu gestartet wird.

Bei der Überwachung werden nicht nur die VMware Tools, sondern auch die Aktivität der VM auf dem Storage und im Netzwerk überprüft. Können die Tools keine Heartbeats mehr senden, ist aber die I/O-Aktivität im Zeitintervall von 120 Sekunden des Weiteren feststellbar, so wird die VM nicht neu gestartet.

Die Anwendungsüberwachung funktioniert nur über das Software Development Kit (SDK) mithilfe von VMware Application Monitoring (VAM) und für spezielle Standardanwendungen, die VAM unterstützen. Damit kann dann eine Anwendung auf der Maschine wie bei der VM-Überwachung überprüft und die VM gegebenenfalls neu gestartet (Reset) werden.

Datenspeicher-Taktsignale

Eine weitere neue Funktion, die mit der Version 5.0 von vSphere eingeführt wurde, sind die Taktsignale, die über Datenspeicher ausgetauscht werden. Diese Komponente soll die Hostisolierung eindeutig feststellen und Maßnahmen zum Neustart von ausgefallenen VMs veranlassen. Die Datenspeicher-Taktsignale kommen erst in Betracht, wenn der Host mit der Master-HA-Rolle nicht mehr mit einem Slave-HA-Host über das Management Network kommunizieren kann. Wird über den Storage ebenfalls kein Taktsignal mehr empfangen, gilt der jeweilige ESXi-Server als isoliert oder ausgefallen. Dann erst werden die VMs neu gestartet.

Der vCenter Server stellt nur Datenspeicher für diese Funktion zur Verfügung, der von mindestens zwei im Cluster vorhandenen Hosts erreicht wird. Welche zwei bis maximal fünf Volumes der vCenter Server selbst gewählt hat, sieht man über das Fenster STATUS DES VSPHERE HA-CLUSTERS auf der Registerkarte TAKTSIGNAL-DATENSPEICHER. Diese müssen nicht denen entsprechen, die manuell in den Cluster-Eigenschaften angeklickt wurden, weil letztendlich der vCenter Server selbst entscheidet, welche er wählt.

Auf diesem Storage wird dann pro Cluster ein verstecktes Verzeichnis mit Namen *.vSphere-HA* angelegt, das meist unter VMFS5 ca. 3 MByte und unter VMFS3 bis zu 2 GByte Platz beansprucht. Da dieselben Volumes auch von einem anderen Cluster verwendet werden können, befindet sich in dem o.a. Ordner noch ein eindeutiger Unterordner pro Cluster.

In dem Unterordner befinden sich pro Host zwei Textdateien mit dem Namen wie z.B. *host-10-hb* für den Heartbeat und *host-10-poweron*, in der die eingeschalteten Maschinen aufgelistet sind. In der gemeinsamen binären Datei *protectedlist* sind alle durch HA geschützte VMs gelistet.

Wenn Sie bei der HA-Hostisolierungsreaktion AUSSCHALTEN gewählt haben, ergeben Datenspeicher-Taktsignale keinen Sinn – schalten Sie diese dann besser ab und: Ein Virtual SAN unterstützt keine Datenspeicher-Taktsignale.

Clusterkonfiguration für DRS

Nach der Konfiguration von HA können Sie direkt mit dem Einstellen von DRS (Distributed Resource Scheduler) weitermachen. Erscheinen die Details zu DRS nicht, müssen Sie unter CLUSTERFUNKTIONEN erst das Häkchen bei DRS setzen.

1. Lesen Sie sich den angezeigten Text durch und wählen Sie die Automatisierungsebene.
2. Bei DISTRIBUTED RESOURCE SCHEDULER haben Sie folgende Möglichkeiten:
   - MANUELL: Der vCenter Server gibt Empfehlungen dafür, wie das Load Balancing zwischen den Hosts bezüglich CPU- und Arbeitsspeicherlast am besten verteilt werden sollte. Es werden keine VMs verschoben.
   - TEILAUTOMATISIERT: Es werden keine laufenden VMs verschoben. Beim Einschalten (nicht beim Neustart) einer VM schaut der vCenter Server nach den Ressourcen und wählt den Host aus, der am wenigsten belastet ist.
   - VOLLAUTOMATISCH: Beim Einschalten einer VM nimmt der vCenter Server den Host, der am wenigsten belastet ist. Laufende virtuelle Maschinen werden auf andere ESXi-Server migriert, wenn die Last nicht ausgeglichen ist. Wie konservativ oder aggressiv das geschehen soll, wird über den Schieberegler bei MIGRATIONSSCHWELLENWERT eingestellt.

Im produktiven Einsatz hat sich die mittlere Einstellung (1, 2 und 3), wie in Abbildung 10-30 gezeigt, am besten bewährt. VMs werden dann beim Hochfahren, oder wenn Sie kurzfristig viel Last brauchen, nicht unnötig verschoben. Erst wenn die Balance einige Minuten im Ungleichgewicht ist, werden Migrationen durchgeführt. DRS überprüft nur alle fünf Minuten die Lasten.

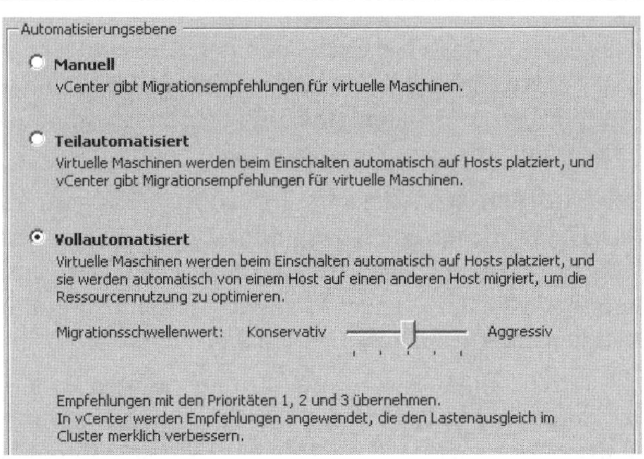

Abbildung 10-30: DRS-Automatisierungsebene

In Tabelle 10-17 sind die verfügbaren Migrationsschwellenwerte aufgelistet.

Tabelle 10-17: Migrationsschwellenwerte

Schwellenwert	Anwendung
Stufe 1, sehr konservativ	Nur Empfehlungen mit Priorität 1. Wendet Empfehlungen an, die befolgt werden müssen, um Clusterbedingungen zu erfüllen, zum Beispiel Affinitätsregeln und Hostwartung.
Ebene 2	Empfehlungen mit Priorität 2 oder höher. Umfasst sowohl Empfehlungen der Ebene 1 als auch Empfehlungen, die bei einer erheblichen Abweichung der Lastverteilung des Clusters einsetzen.
Ebene 3	Empfehlungen mit Priorität 3 oder höher. Umfasst sowohl Empfehlungen der Ebenen 1 und 2 als auch Empfehlungen, die bei einer deutlichen Abweichung der Lastverteilung des Clusters einsetzen.
Ebene 4	Empfehlungen mit Priorität 4 oder höher. Umfasst sowohl Empfehlungen der Ebenen 1 bis 3 als auch Empfehlungen, die bei einer mäßigen Abweichung der Lastverteilung des Clusters einsetzen.
Ebene 5, sehr aggressiv	Alle Empfehlungen. Umfasst sowohl Empfehlungen der Ebenen 1 bis 4 als auch Empfehlungen, die bei einer leichten Abweichung der Lastverteilung des Clusters einsetzen.

DRS-Regeln und -Gruppen

Wenn Sie DRS in Ihrem Unternehmen einsetzen können, haben Sie auch die Möglichkeit, Regeln für virtuelle Maschinen und Gruppen für ESXi-Hosts einzurichten. Gerade wenn sich mehrere Hosts in einem Cluster befinden, ist es oft sinnvoll, die VMs nach Bedarf anders zu verteilen, als es vom vCenter Server rein über die Last gesteuert wird.

Haben Sie zwei örtlich getrennte Rechenzentren, garantiert eine Gruppenbildung über mehrere Hosts, dass die VMs zum Beispiel regional getrennt laufen können. Das ist z.B. nützlich, wenn Sie mehrere Domänencontroller (DC) haben und diese auf unterschiedlichen ESXi-Servern, Rechenzentren oder sogar Standorten laufen sollen.

Die Regeln für die VMs umfassen das Zusammenhalten und das Separieren. Für DCs wäre also das Separieren sinnvoll, aber für einen Anwendungsserver, der über das Netzwerk auf eine externe Datenbank zugreift, das Zusammenhalten, damit der Netzwerkverkehr nur über den virtuellen vSwitch läuft.

- VIRTUELLE MASCHINEN ZUSAMMENHALTEN ist für VMs gedacht, die sich z.B. viel über das Netzwerk unterhalten. Sind diese auf demselben Host, ist die Datenübertragung deutlich höher, weil die Pakete die Netzwerkkarte gar nicht erst erreichen. Beim VMCI (Virtual Machine Communication Interface) müssen die beteiligten VMs auf demselben Host bleiben.
- SEPARATE VIRTUELLE MASCHINEN laufen immer (außer eventuell bei einem HA-Fall) auf unterschiedlichen Hosts. Das ist sinnvoll, wenn man z.B. einen Microsoft-Cluster aufbauen möchte. Fällt ein Host aus, sind nicht gleich beide Maschinen betroffen.

Lassen Sie mich das an einem einfachen Beispiel verdeutlichen:

Einer meiner Kunden hat zwei Serverräume, die durch eine Feuerschutzwand voneinander getrennt sind. Die insgesamt zehn ESXi-Server haben Zugriff auf einen gemeinsamen Storage, auf dem sich alle VMs befinden. Fünf der Hosts laufen links, die anderen fünf rechts. Er möchte seine Domänencontroller separieren und seinen Datenbank- und Anwendungsserver auf einem Host zusammenhalten. Außerdem sollen alle Windows-7-Clients nur im linken Serverraum laufen, weil dort die beste Anbindung über VMware View (Virtual Desktops) für die Thin-Clients besteht.

Zuerst erstellen wir zwei Gruppen für die ESXi-Server:

1. Wählen Sie auf der linken Hälfte des Fensters den DRS-GRUPPENMANAGER an.
2. Klicken Sie im unteren Teil, unter HOST-DRS-GRUPPEN auf HINZUFÜGEN und Tippen Sie bei NAME: *Links* ein. Übernehmen Sie die fünf Hosts für diese Gruppe. Wenn Sie auf OK klicken, kehren Sie automatisch zurück.
3. Wiederholen Sie den Vorgang für die Gruppe *Rechts*.
4. Unter VM-DRS-GRUPPEN können wir jetzt die Gruppe der virtuellen Maschinen für VMware View erstellen. Klicken Sie auf den Button HINZUFÜGEN im oberen Teil des Fensters.
5. Tippen Sie bei NAME »View Clients« ein. Übernehmen Sie die gewünschten VMs für diese Gruppe (das geht auch mit einem Doppelklick). Wenn Sie auf OK klicken, kehren Sie automatisch zurück.
6. Nun wählen wir REGELN aus und klicken auf HINZUFÜGEN.
7. Geben Sie den Namen *View Links* ein, wählen Sie unter Typ VIRTUELLE MASCHINEN ZU HOSTS. Bei CLUSTER-VM-GRUPPE steht die angelegte Gruppe bereits drin. Überlegen Sie sich, ob die Windows-7-Maschinen links laufen müssen oder sollten, und klicken Sie auf OK.
8. Zurückgekehrt klicken wir wieder auf HINZUFÜGEN. Geben Sie den Namen DATENBANKSERVER ein und wählen Sie unter Typ VIRTUELLE MASCHINEN ZUSAMMENHALTEN. Anschließend wählen Sie HINZUFÜGEN und aktivieren die Kästchen für Ihre beiden Datenbank- und Anwendungsserver. Da wir hier nicht festlegen müssen, ob diese links oder rechts laufen, brauchen wir nichts weiter zu tun.
9. Die Regel für die Domänencontroller können wir mit SEPARATE VIRTUELLE MASCHINEN allein leider nicht erschlagen, denn einer soll ja links und der andere rechts laufen. Dafür müssen wir für jeden DC wieder eine Gruppe erstellen und diese dann aufteilen. Der Vorgang ist ähnlich wie bei der View-Gruppe, deshalb wiederhole ich es nicht extra.

Haben Sie alle Regeln eingetragen, bekommen Sie das Bild, das in Abbildung 10-31 zu sehen ist.

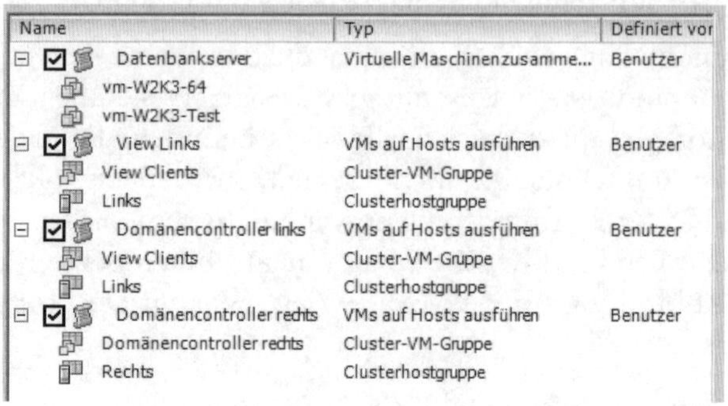

Abbildung 10-31: DRS-Gruppen

Die Gruppe *Rechts* hätte nicht extra für die DCs erstellt werden müssen, denn Sie können für den zweiten DC im Gruppenmanager auch wählen DARF NICHT AUF HOSTS IN DER GRUPPE AUSGEFÜHRT WERDEN. Das geht zwar, ist aber unübersichtlich.

> Beachten Sie dabei, dass sowohl bei DARF NICHT AUF ... als auch bei MUSS AUF ... die Regel bestimmt, dass bei einem HA-Fall diese Rechner nicht auf den anderen ESXi-Host neu gestartet werden. Umgekehrt, wenn Sie SOLLTE wählen, kann der Lastausgleich bei DRS dafür sorgen, dass die VMs trotzdem gegen diese Regeln verstoßen.

Haben Sie Regeln erstellt, die sich widersprechen oder nicht erfüllt werden können, so wird dies meist bereits in diesem Fenster angezeigt. Zur Sicherheit können Sie aber auch auf der Registerkarte DRS auf die Schaltfläche FEHLER klicken. Dort werden auch Fehler angezeigt, die erst zur Laufzeit aufgetreten sind oder erkannt wurden. Grundsätzlich gilt, dass bei gegensätzlichen Regeln die zuerst erstellte gültig ist und die jüngere ungültig.

> Durch falsche Regeln können Sie verhindern, dass DRS korrekt funktioniert. Können VMs nicht verschoben werden, funktioniert auch das DPM nicht und der Host kann nicht in den Wartungsmodus versetzt werden. Somit scheitert auch der Update Manager!

Optionen für virtuelle Maschinen

An diesem Punkt kann die Automatisierungsebene für die einzelnen VMs außer Kraft gesetzt werden. Bestimmen Sie, ob eine einzelne VM verschoben werden soll (VOLLAUTOMATISCH), nur beim Einschalten automatisch platziert wird (TEILAUTOMATISIERT) oder immer auf demselben Host läuft (DEAKTIVIERT oder MANUELL). Die möglichen Einstellungen hierzu sind im Web Client und im vSphere Client gleich. Über den Browser können Sie aber zentral bei VM-AUßERKRAFTSETZUNG für einzelne VMs sowohl die HA- als auch die DRS-Optionen gleichzeitig konfigurieren, wie in Abbildung 10-32 gezeigt wird.

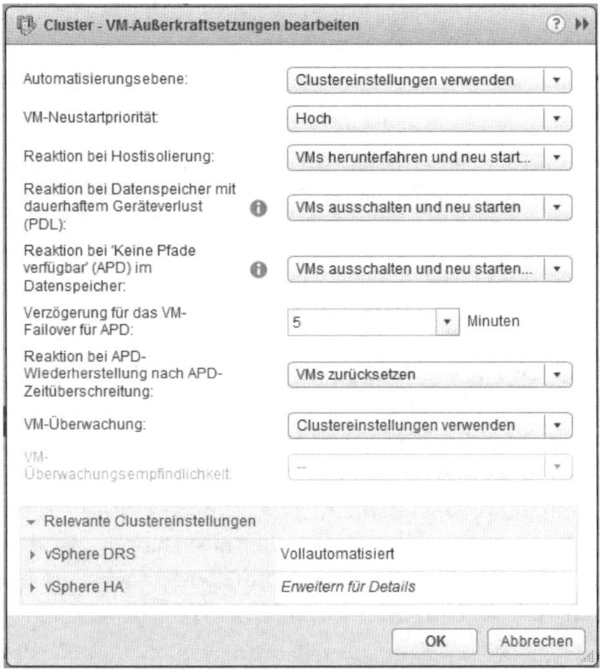

Abbildung 10-32: VM-Optionen für HA und DRS

Energieverwaltung

Ob Sie die Energieverwaltung (DPM, Distributed Power Management) verwenden wollen, bleibt Ihnen überlassen. Standardmäßig ist sie deaktiviert. Reichen für die laufenden VMs, z.B. nachts, die Ressourcen von nur einem Teil der Hosts aus, wird ein Host freigeräumt und anschließend in den Schlafmodus gesetzt. Gegebenenfalls wird das Prozedere wiederholt, bis nur noch ein ESXi-Server alle VMs hostet. Über Wake on LAN (WOL), IPMI oder ein iLO-Board werden bei Bedarf ein oder mehrere Hosts reaktiviert.

Sie können gegebenenfalls unter DRS → ENERGIEVERWALTUNG → HOSTOPTIONEN einzelne ESXi-Server auswählen, die nicht in den Suspend-Modus gehen oder nur manuell dort hingeschickt werden sollen (siehe Abbildung 10-33).

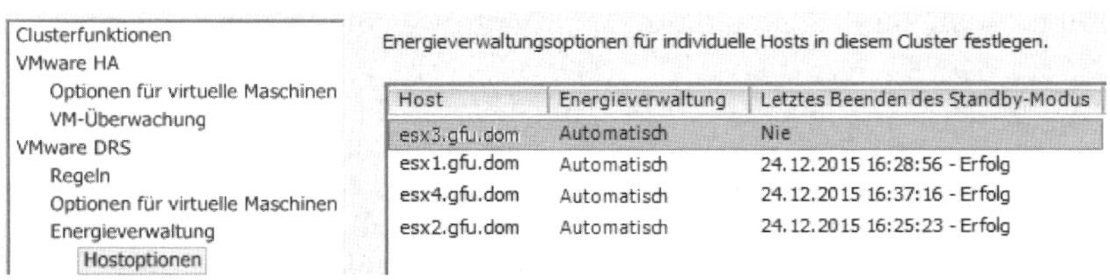

Abbildung 10-33: Hostoptionen für die Energieverwaltung

Die Automatisierungsebene von DPM entspricht nicht der von DRS. So wird z. B. bei MANUELL nur eine Empfehlung gegeben.

Wenn das oben erwähnte Szenario in Ihrem Betrieb sinnvoll ist, testen Sie die Funktionalität und den Zeitbedarf des Wiedererweckens vorher aus. Wollen morgens um acht Uhr alle Mitarbeiter gleichzeitig auf Ihre Server zugreifen, müssen die Hosts aus dem Suspend-Modus kommen, neu gestartet werden, und die VMs müssen alle wieder verteilt (migriert) werden.

Seit der Version 4.1 von VMware vSphere gibt es die Möglichkeit, einen geplanten Task zu erstellen, der die DPM-Einstellungen zu einem bestimmten Zeitpunkt ändert. Sie können also z. B. den DPM-Modus jeden Abend nach der Datensicherung automatisch einschalten. Der erste Host fährt erst in den Suspend-Modus, wenn die Last dementsprechend niedrig ist. Für den Morgen können Sie dann DPM ca. eine Stunde vor Dienstbeginn wieder ausschalten, damit die ESXi-Server bis zum Dienstantritt alle gestartet sind und die VMs nach Last über DRS verteilt haben (siehe auch »DPM« einrichten, weiter unten).

Zum Sinn einer solchen Einstellung (Green IT) kann man sich z. B. folgendes Rechenbeispiel vorstellen:

Ein ESXi-Server, der nur wenig ausgelastet ist, verbraucht ca. 200 Watt Strom pro Stunde. Wenn man diesen 365-mal im Jahr für 5 Stunden in den Suspend-Modus schaltet, spart man im Jahr 365*5*200/1000= 365kWh. Bei 0,20 € pro kWh ergäbe das eine Ersparnis von 73,00 € im Jahr pro Server. Dabei sollte man bedenken, dass Server für das Durchlaufen konzipiert sind und dass diese nach fünf Stunden einen Kaltstart machen müssen. Bei einem Kaltstart pro Tag kann die Hardware enorm leiden – und macht die Energieersparnis gegebenenfalls zunichte.

VMware EVC

EVC (*Enhanced vMotion Compatibility*) steht für den Kompatibilitätsmodus der beteiligten Prozessoren aller Hosts, die beim Migrieren der VMs beteiligt sind. So kann verhindert werden, das Hosts zum Cluster hinzugefügt werden, die nicht kompatibel sind. Außerdem werden für alle beteiligten VMs die Masken für die CPU-Funktionen angeglichen, damit bei vMotion keine Fehler passieren.

Die in Abbildung 10-34 dargestellte Meldung sollte von Ihnen genau gelesen werden. Bei der angezeigten Meldung handelt es sich um VMs, die Funktionen nutzen, die die anderen beteiligten Hostprozessoren nicht haben. Die Meldung über nicht kompatible ESXi-Server-Prozessoren im Cluster sieht genauso aus!

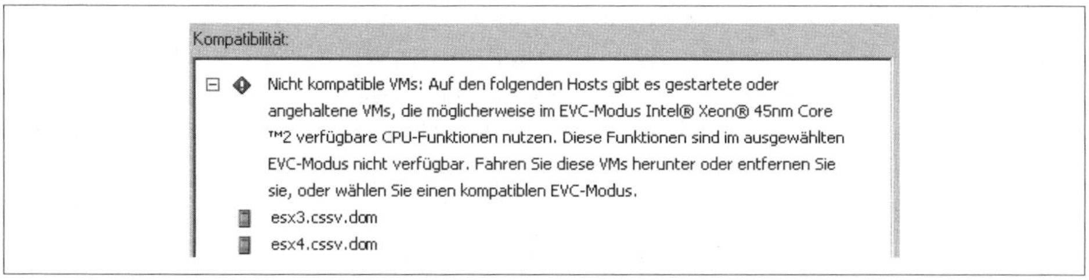

Abbildung 10-34: EVC-Modus-Meldung: nicht kompatible virtuelle Maschinen

Speicherort der Auslagerungsdatei

Für alle im Cluster befindlichen VMs kann hier der Ort der Auslagerungsdatei festgelegt werden. Diese Einstellung überschreibt keine anderen explizit gewählten Optionen, z.B. in den Einstellungen der VM. Beachten Sie aber, dass die *.vswp*-Datei der virtuellen Maschine auf einem anderen Storage die Performance negativ beeinflussen kann.

Wenn Sie alle Einstellungen vorgenommen haben und das Assistentenfenster geschlossen wurde, werden auf den Hosts die HA-Agenten aktiviert und für das Cluster konfiguriert. Im unteren Teil des Bildschirms bei KÜRZLICH BEARBEITETE AUFGABEN sehen Sie die Fortschrittsbalken der einzelnen Hosts.

Sind alle ESXi-Server mit dem Vorgang fertig und werden des Weiteren gelbe Dreiecke für Warnungen oder rote Rauten für Fehlermeldungen angezeigt, stimmt meist etwas nicht mit dem Netzwerk. Entweder funktioniert DNS nicht (Sie müssen die Hosts manuell hinzufügen), die IP-Adresse wurde einem anderen Rechner zugewiesen, oder die Hosts-Datei enthält einen Schreibfehler. Sobald der Fehler behoben ist, klicken Sie mit der rechten Maustaste auf den Host und wählen im Kontextmenü NEU KONFIGURIEREN FÜR VMWARE HA.

Cluster-Übersicht

Bei der Registerkarte ÜBERSICHT wird eine Anzeige mit den vier Teilen ALLGEMEIN, VMWARE HA, VMWARE DRS und SPEICHER des Clusters mit Ihren Einstellungen gefüllt. Bei HA und DRS gibt es nochmals Links, über die weitere Infos in einem separaten Fenster angezeigt werden. Die weiteren Registerkarten bieten eine gute Zusammenfassung, die folgende Punkte betreffen:

- VIRTUELLE MASCHINEN: alle laufenden virtuellen Maschinen
- HOSTS: die Ressourcenauslastung aller Hosts
- DRS: EMPFEHLUNGEN, FEHLER und VERLAUF von Load Balancing
- RESSOURCENZUTEILUNGEN für RAM, CPU und Storage-IO der VMs mit ihren prozentualen Anteilen

- Leistung: die zweigeteilte Übersicht mit Leistungsdiagrammen (nur über den Web Client, über den vSphere Client nur noch die »Erweiterte« Darstellung); sehr schön auch der Überblick über die Hosts und virtuellen Maschinen (häufig mehrere Seiten, die man über die Schaltflächen ganz rechts aufruft, siehe Abbildung 10-35)

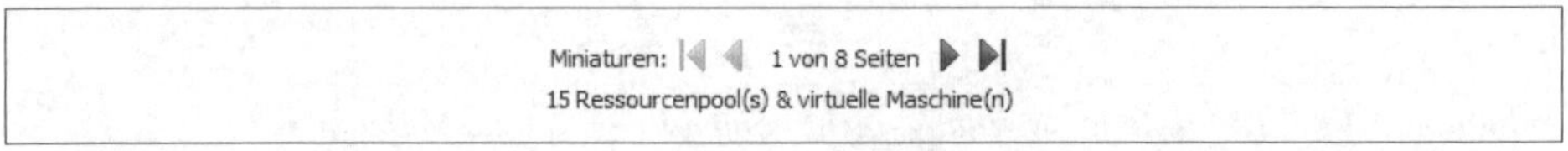

Abbildung 10-35: Weitere Seiten zur Performance anwählen

- Aufgaben und Ereignisse von allen untergeordneten Objekten, also Cluster, Hosts und VMs
- Alarme: Ausgelöste Alarme und ihre Definitionen (alles dazu in Kapitel 16)
- Berechtigungen, die von hier auf alle untergeordneten Objekte vererbt werden
- Zuordnungen: eine grafische Darstellung der Beziehungen zwischen Host, VMs, Datenspeicher und VM-Netzwerkswitches
- Profil-Übereinstimmung: Hostprofile (Details in Kapitel 13)

DPM einrichten

Voraussetzung für *Distributed Power Management* ist zunächst ein Cluster, der über einen vCenter Server ausgeführt wird. Nur so können ESXi-Hosts in den Suspend-Modus geschickt und auch neu gestartet werden. Für das Erwachen bzw. den Neustart benötigen die Hosts eines von drei Energieverwaltungsprotokollen mit unterstützter Hardware:

- IPMI – Intelligent Platform Management Interface
- iLO – Hewlett-Packard Integrated Lights-Out
- WOL – Wake on LAN

Hat ein Host mehrere der drei obigen Möglichkeiten, wird eine feste Reihenfolge von VMware definiert: IPMI, iLO, WOL.

Beachten Sie bei der Konfiguration die Hinweise des Hardwareherstellers und die Einstellungen im BIOS jedes Systems, damit das Aufwecken auch erfolgreich ist. Bei IPMI unterstützt VMware nur die MD5- und textbasierte Authentifizierung. Die notwendigen Informationen für das Aufwecken können Sie am Host über die Registerkarte Konfiguration → Energieverwaltung → Eigenschaften einrichten.

Einrichten von WOL für DPM

Zunächst sollten Sie überprüfen, welche von Ihren Netzwerkkarten überhaupt WOL (*Wake on LAN*) unterstützen. Das finden Sie beim Host über die Registerkarte KONFIGURATION → NETZWERKADAPTER heraus (siehe Abbildung 10-36). Merken Sie sich die Adapter und schauen Sie nach, ob die VMkernel-Portgruppe für vMotion eine unterstützte Karte angeschlossen hat, sonst funktioniert es nicht.

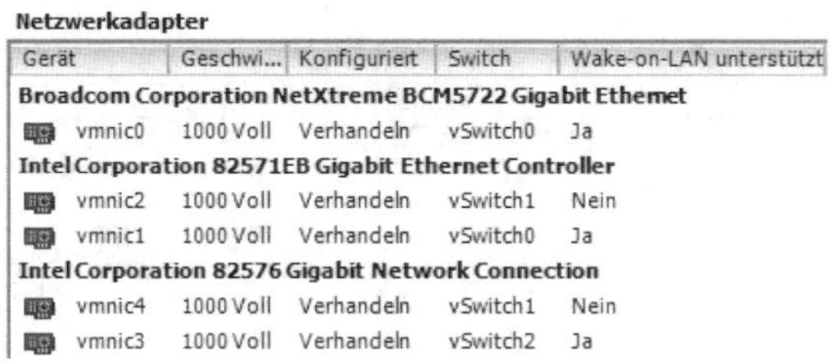

Netzwerkadapter

Gerät	Geschwi...	Konfiguriert	Switch	Wake-on-LAN unterstützt
Broadcom Corporation NetXtreme BCM5722 Gigabit Ethernet				
vmnic0	1000 Voll	Verhandeln	vSwitch0	Ja
Intel Corporation 82571EB Gigabit Ethernet Controller				
vmnic2	1000 Voll	Verhandeln	vSwitch1	Nein
vmnic1	1000 Voll	Verhandeln	vSwitch0	Ja
Intel Corporation 82576 Gigabit Network Connection				
vmnic4	1000 Voll	Verhandeln	vSwitch1	Nein
vmnic3	1000 Voll	Verhandeln	vSwitch2	Ja

Abbildung 10-36: Ansicht der Netzwerkkarten, die WOL unterstützen

Des Weiteren müssen Sie im Cluster mindestens zwei unterstützte Hosts ab Version 3.5 haben, und der vMotion-Netzwerkverkehr darf nicht geroutet werden, muss sich also im selben Subnetz befinden.

Beachten Sie, dass manche NICs WOL nur dann unterstützen, wenn sie auf die automatische Geschwindigkeit und den automatischen Duplexmodus gestellt sind, also nicht auf z.B. 1000/Voll.

Überprüfen Sie unbedingt die korrekte Funktionalität anhand eines manuellen Suspend-Modus für jeden beteiligten Host, sonst kann es passieren, dass ein nicht unterstützter Server bei Bedarf nicht wieder automatisch startet. Außerdem sollten Sie den vordefinierten Alarm *Fehler bei Standby-Beendigung* unbedingt für eine Meldung einrichten.

Beachten Sie auch andere installierte Überwachungssoftware, z.B. SNMP, sonst bekommen Sie unnötige Meldungen, wenn ein Host in den Standby-Modus geht.

Fault Tolerance einrichten

Wie bereits oben erwähnt, kann man wichtige laufende VMs auf einen anderen Host »spiegeln«, damit bei einem Ausfall der Hardware diese VMs weiterlaufen und alle Daten konsistent bleiben (siehe Abbildung 10-37). Die angemeldeten Benutzer merken von einem möglichen Ausfall dann nichts. Der Ressourcenverbrauch ist durch zwei Maschinen zwar doppelt so hoch, da die sekundäre Maschine aber keine Anfragen aus dem Netz beantwortet, ist die Performance der VM nicht höher.

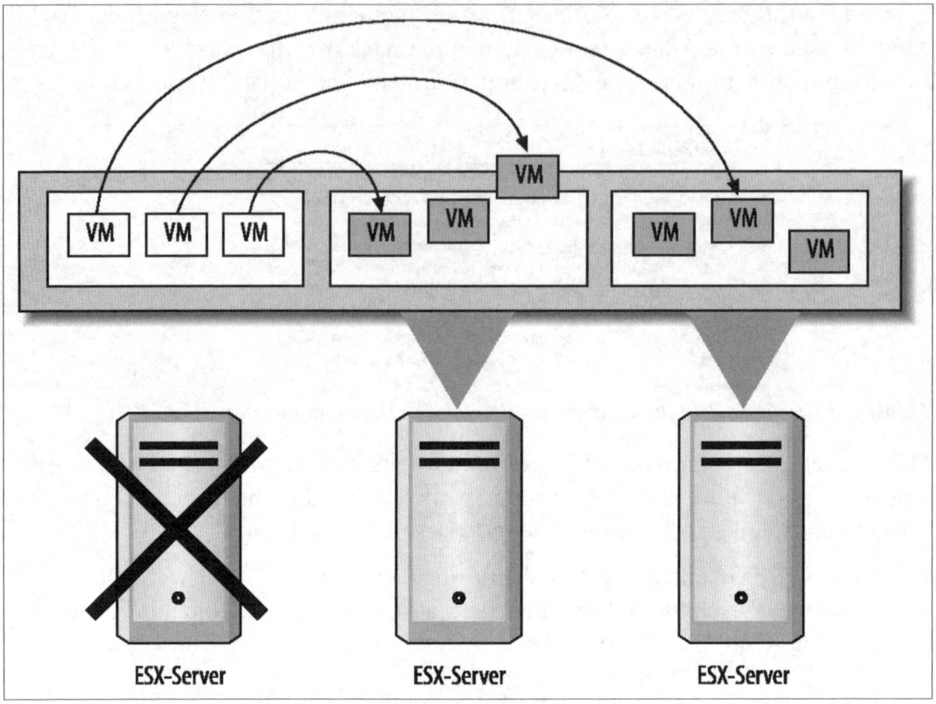

Abbildung 10-37: Funktionsprinzip von Fault Tolerance

Als Voraussetzung für den Einsatz von FT ist einiges mitzubringen:

1. Sie müssen einen laufenden, funktionierenden HA-Cluster mit mindestens zwei Hosts haben, die als FT-tauglich ausgewiesen sind (siehe *http://www.vmware.com/resources/compatibility/search.php*).
2. Mindestens zwei Hosts im Cluster müssen die gleichen und von FT unterstützten Prozessoren haben, die die Hardware MMU-Virtualisierung über Intel EPT oder AMD RVI besitzen. Dazu gehören z. B. Intel Xeon-Prozessoren der Serien ab Intel Sandy Bridge sowie dementsprechende AMD-Prozessoren (AMD Bulldozer oder höher). Je nach Prozessor und Gastbetriebssystem muss die VM ausgeschaltet sein, damit FT aktiviert werden kann (siehe auch *http://kb.vmware.com/kb/1008027*).
3. Im BIOS des ESXi-Servers muss die Hardwarevirtualisierung (HV, Intel VT oder AMD-V) eingeschaltet sein und alle Hosts sollten die gleiche Prozessorfrequenz haben. VMware empfiehlt zudem bei den beteiligten Hosts im BIOS die Energiesparoption abzuschalten bzw. maximale Leistung zu wählen.
4. Es muss jeweils ein VMkernel-Port für FT (Protokollierung der Fehlertoleranz) eingerichtet sein, der wegen der Bandbreite nicht gleichzeitig für vMotion oder iSCSI-Zugriff genutzt werden sollte. Hier werden 10-GBit-Ethernet und Jumbo-Frames empfohlen, bei vier vCPUs wird das vorausgesetzt. vMo-

tion wird zusätzlich gebraucht. Des Weiteren sollten Sie für die beteiligten Portgruppen der VMs denselben Namen benutzen und aus Datensicherheitsgründen ein getrenntes Netz oder VLAN verwenden. Alle Daten werden von VMware bei der Synchronisation ohne Verschlüsselung übertragen.

5. vMotion und FT sollten in unterschiedlichen Subnetzen betrieben werden und wenn die Einrichtung über den vSphere Client erfolgt, kann kein Zugriff über IPv6 erfolgen.
6. Über den vSphere Client können nur VMs mit einem Prozessor, über den Web Client VMs mit 2 vCPUs bei Standard- und Enterprise-Lizenz und 4 vCPUs mit Enterprise-Plus-Lizenz eingerichtet werden. Bis Version 5.5 des ESXi-Hosts kann nur 1 vCPU zugeteilt sein.
7. Die maximale Anzahl der FT-VMs pro ESXi-Host ist vier (primäre und sekundäre VMs zählen jeweils extra) und insgesamt dürfen alle FT-Maschinen nicht mehr als acht vCPUs pro Host bekommen.
8. Es wird kein virtuelles SAN, keine virtuellen Volumes (vVol), keine Speicherrichtlinien und kein I/O-Filter unterstützt.
9. Linked Clones (verknüpfte Klone, z.B. über VMware Horizon View) werden nicht unterstützt.
10. Der VM-Komponentenschutz (siehe oben) wird für die FT-Maschinen automatisch deaktiviert.
11. Die Hostzertifikatsüberprüfung muss für alle Hosts aktiviert sein.
12. Alle Hosts müssen dieselbe Version und dasselbe Patch-Level haben, erkennbar auf der ESXi-Seite über den Registern.
13. Die VMs dürfen keine Bindung von CD oder Floppy am Host oder Client haben.
14. Es sollten nicht mehr als 16 virtuelle Festplatten zur VM gehören und keine davon darf größer als 2 TByte sein.
15. Ein Raw Device Mapping (RDM) wird nicht unterstützt, ebenfalls darf die virtuelle Maschine keine N_Port-ID-Virtualisierung (NPIV) nutzen.
16. Das Hinzufügen von USB und Soundkarten wird hier nicht unterstützt.
17. Die VM muss ein BIOS haben, EFI wird nicht unterstützt.
18. VMCI (Virtual Machine Communication Interface) kann nicht genutzt und muss gegebenenfalls ausgeschaltet werden.
19. Über den Web Client kann man die Festplatten der primären und der sekundären VM auf unterschiedliche Volumes legen – sogar auf lokale Platten der ESXi-Hosts. Ein gemeinsamer Storage muss trotzdem für Datentransfers (Tie-Breaker-File) vorhanden sein, um ein sogenanntes Split Brain auszuschließen, die Konfigurationsdatei (*.*vmx*) und die FT-Konfigurationsdatei müssen sich dort befinden.

20. Die NIC-Passthrough-Funktion wird von der Fehlertoleranz nicht unterstützt und muss daher ausgeschaltet werden.
21. Netzwerkschnittstellen für Legacy-Netzwerkhardware, also veraltete Netzwerkkarten, sind nicht möglich. Verwenden Sie möglichst eine vmxnet3- oder E1000(e)-Karte.
22. Es kann keine Hardware im laufenden Betrieb hinzugefügt werden.
23. Die virtuelle Maschine darf nicht die Paravirtualisierung (VMI) verwenden, da sie sonst nicht ordnungsgemäß eingeschaltet wird.
24. Der zugewiesene RAM der VM (wie bisher maximal 64 GByte) wird als Reservierung gesetzt und muss komplett auf beiden ESXi-Servern vorhanden sein. Weiterhin wird EPT/RVI (*Extended Page Table / Rapid Virtualization Indexing*) automatisch deaktiviert.
25. Einige der Dateien der VM müssen von beiden beteiligten Hosts erreichbar sein. Zu den akzeptierten, gemeinsam genutzten Speicherlösungen gehören Fibre Channel, iSCSI (Hardware und Software), NFS und NAS.
26. VMware DRS ist für die gespiegelten Maschinen nicht verfügbar, sie können also nicht auf einen anderen Server automatisch verschoben werden.
27. Vorhandene Snapshots müssen vorher entfernt werden, und während der Spiegelung können keine manuell erstellt werden. Damit sind auch keine Datensicherungen über die meisten Sicherungsprogramme möglich. Lediglich bei dem VADP-Verfahren (vStorage APIs for Data Protection) kann ein Programm hier Datensicherungen mithilfe von Snapshots machen.
28. Storage vMotion ist für virtuelle Maschinen mit aktivierter Fehlertoleranz nicht möglich. Wenn Sie es dennoch benötigen, sollten Sie die Fehlertoleranz vorübergehend deaktivieren und die Storage vMotion-Aktion durchführen. Danach können Sie die Fehlertoleranz wieder aktivieren.
29. Die VM darf keine serielle oder parallele Schnittstelle verwenden. Achten Sie auch auf die BIOS-Einstellungen
30. Bei der Grafikkarte wird 3D nicht unterstützt.

Als Gastbetriebssystem kann man fast alles wählen, was vSphere als VM-Betriebssystem in der Auswahlliste bereitstellt. Übrigens müssen in der neuen Version 6 die Festplatten der VM nicht mehr auf `eagerzeroedthick` konvertiert werden, es werden sogar `thin provisioning`-Festplatten unterstützt.

Fehlertoleranz einschalten

Über die rechte Maustaste auf einer VM können Sie die Fehlertoleranz einschalten. Wenn Ihr Versuch, die Fehlertoleranz für eine virtuelle Maschine einzuschalten, die Validierungsprüfungen besteht, wird die sekundäre virtuelle Maschine erstellt, und der gesamte Zustand der primären virtuellen Maschine wird kopiert. Die Platzierung und der sofortige Status der sekundären virtuellen Maschine sind davon abhängig, ob die primäre virtuelle Maschine eingeschaltet oder ausgeschaltet war, als Sie die Fehlertoleranz eingeschaltet haben.

Wenn die primäre virtuelle Maschine eingeschaltet ist, ...

- ... wird die sekundäre virtuelle Maschine auf einem separaten kompatiblen Host erstellt und eingeschaltet, sofern die freien Ressourcen das zulassen.
- ... lautet der im vSphere Client auf der Registerkarte ÜBERSICHT für die virtuelle Maschine angezeigte Fehlertoleranzstatus GESCHÜTZT.

Wenn die primäre virtuelle Maschine ausgeschaltet ist, ...

- ... wird die sekundäre virtuelle Maschine sofort erstellt und bei einem Host im Cluster registriert (sie wird möglicherweise auf einen besser geeigneten Host verschoben, wenn sie eingeschaltet wird).
- ... wird die sekundäre virtuelle Maschine erst eingeschaltet, wenn die primäre virtuelle Maschine eingeschaltet wurde.
- ... lautet der im vSphere Client auf der Registerkarte ÜBERSICHT für die virtuelle Maschine angezeigte Fehlertoleranzstatus NICHT GESCHÜTZT, VM WIRD NICHT AUSGEFÜHRT (siehe Abbildung 10-38).

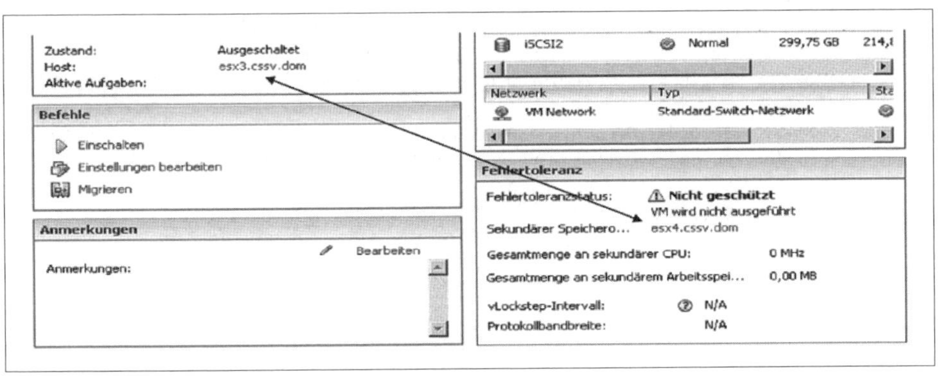

Abbildung 10-38: Fehlertoleranzstatus

- ... werden die oben aufgeführten zusätzlichen Überprüfungen durchgeführt, wenn Sie versuchen, die primäre virtuelle Maschine einzuschalten, nachdem die Fehlertoleranz eingeschaltet wurde.
- ... werden die primäre und die sekundäre virtuelle Maschine eingeschaltet und auf separaten, kompatiblen Hosts platziert, wenn diese Tests bestanden wurden. Der im Client auf der Registerkarte ÜBERSICHT für die virtuelle Maschine angezeigte Fehlertoleranzstatus lautet dann GESCHÜTZT (siehe Abbildung 10-39).

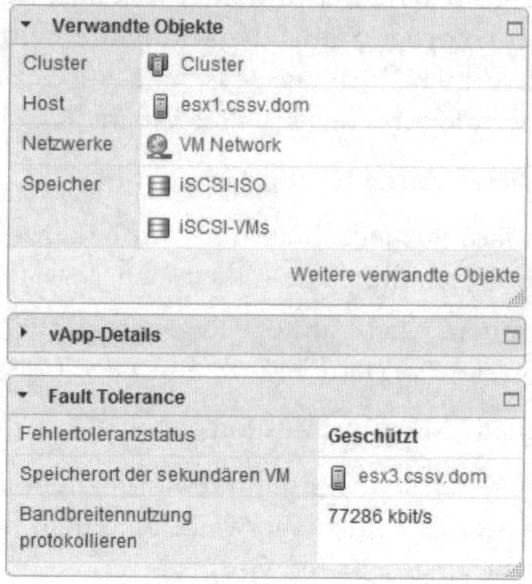

Abbildung 10-39: Meldung über geschützten FT-Status

Nach dem Erstellen der Fault Tolerance befinden sich im Ordner der sekundären virtuellen Maschine mehrere neue Dateien:

- *shared.vmft* sieht beispielsweise so aus:

```
.encoding = "UTF-8"
uuid = "50 01 5b 53 a9 01 a9 9c-d9 6d d1 c7 1d 8e 8c 58"
primary.uuid = "50 25 80 39 65 a1 f8 e3-d2 24 7a 65 de 1a 5c d6"
primary.vmxFilePath = "/vmfs/volumes/53282041-26266377-5c62-001517ccc33e/
vm-vcs60/vm-vcs60.vmx"
secondary.secondary0.uuid = "50 01 5b 53 a9 01 a9 9c-d9 6d d1 c7 1d 8e 8c 58"
secondary.secondary0.vmxFilePath = "/vmfs/volumes/4fab649b-85f4f22d-5126-
001b2161d518/vm-Daten2/vm-Daten2.vmx"
secondary.secondary0.enabled = "1"
secondary.secondary0.valid = "1"
```

- *VM1.vmx* ist fast identisch mit der Originaldatei der primären VM.
- *VM1.vmxf* ist fast identisch mit dem Original – bei neuen VMs entfällt die Datei.
- Nach dem Einschalten bekommt die sekundäre VM noch eine BIOS-Datei namens *VM1.nvram*.
- Die Logdateien und Festplatten werden ebenfalls für beide Maschinen separat gehalten. Auch die Auslagerungsdatei der VMs gibt es jetzt doppelt, allerdings ist sie jeweils 0 Byte groß, weil der RAM vollständig reserviert ist.
- Wenn Sie direkt auf der Kommandozeile und nicht mit dem Datenspeicherbrowser nachschauen, sehen Sie noch eine oder zwei versteckte leere Dateien mit Namen *.ft-generation*.

Haben Sie an alles gedacht und hat alles funktioniert, sollten Sie den Status bei der primären VM sehen können, der in Abbildung 10-40 dargestellt ist.

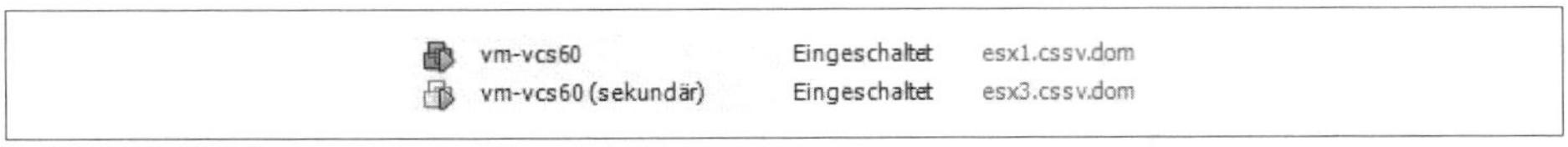

Abbildung 10-40: Anzeige der primären und sekundären VM

Sollten Sie Probleme mit der Aktivierung von Fault Tolerance bei Ihrem Gast haben, empfehle ich Ihnen das kostenlose Tool *SiteSurvey* von VMware, das Sie unter

http://www.vmware.com/download/shared_utilities.html herunterladen können.

Nur wenige Sekunden nach der Installation zeigt das Programm über den Standardbrowser die Ergebnisse an. Achten Sie auf die kompatiblen Hosts und vor allem auf die roten Kästchen bei den VMs, die die Begründung für das erfolglose Einschalten von FT anzeigen.

> In der normalen Bestandsliste sehen Sie anschließend nur die primäre Maschine. Auf dem ESXi-Server oder auf dem Cluster können Sie aber das Register VIRTUELLE MASCHINEN anklicken, dann sehen Sie beide (siehe Abbildung 10-40). Die in kräftigem Blau ist die primäre, die mit dem fast weißen Symbol die sekundäre VM.

Sollten trotz aller Maßnahmen Fehler bei den gespiegelten VMs auftreten, hilft Ihnen die deutsche PDF-Datei *vsphere-esxi-vcenter-server-60-availability-guide.pfd* ab Seite 47 weiter, die Sie sich von Website von VMware herunterladen können.

Übrigens sollten Sie die HA-Funktion nicht ausschalten, wenn Fault Tolerance aktiv ist, wie man in Abbildung 10-41 sieht.

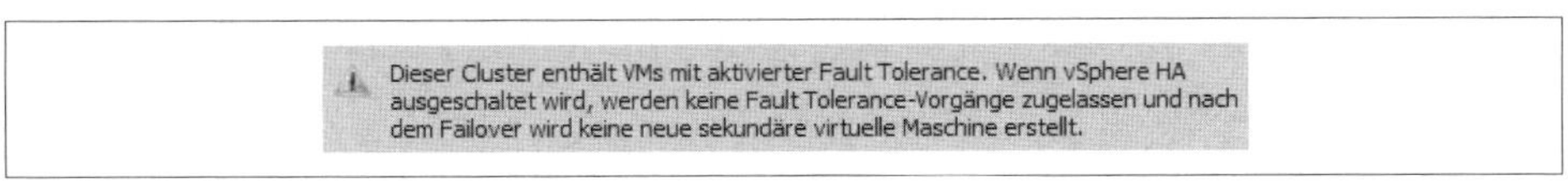

Abbildung 10-41: Fault Tolerance bedingt High Availability

Jetzt kennen Sie die wichtigsten Komponenten und Funktionen des vCenter Servers. Was es sonst noch alles gibt und welche Möglichkeiten Sie damit jeweils haben, schildere ich in den folgenden Kapiteln.

KAPITEL 11

vSphere Web Client und Fernzugriff auf virtuelle Maschinen

Nach der Installation des vCenter Servers kann man sowohl den vSphere als auch den Web Client für den Zugriff auf die Umgebung nutzen. Bisher haben wir in erster Linie den vSphere Client verwendet, weil man nur damit auf den einzelnen ESXi-Host zugreifen kann, was mit dem Web Client nicht geht. Für Benutzer, die auf den Desktop der VMs zugreifen sollen, möchte man aber vielleicht nicht den vSphere Client installieren, da zu viele Informationen angezeigt werden sowie viele Optionen, die der Benutzer nicht sehen oder ändern soll. Sicherlich lässt sich einiges über die Rechte und Rollenvergabe erledigen, aber es gibt auch andere Möglichkeiten, sich den Desktop der VM zu holen, die nicht nur einige Geschwindigkeitsvorteile bieten.

Die wichtigsten alternativen Möglichkeiten möchte ich Ihnen im zweiten Teil dieses Kapitels näherbringen.

vSphere Web Client

VMware wollte den bisher für die Virtualisierungsinfrastruktur vorwiegend benutzten vSphere Client in der neuen Version nur noch für den Zugriff auf den einzelnen Host und nicht mehr für das Anmelden am vCenter Server konzipieren. Nachdem sich in der Betaphase fast alle Betatester dagegen ausgesprochen hatten, wurde dieser wieder implementiert, jedoch im Funktionsumfang deutlich eingeschränkt, sodass einige neue Funktionen, die mit der Version 5.1 und später eingeführt wurden, damit nicht durchführbar sind. Der Web Client ist bei einigen unter anderem auch deshalb so unbeliebt, weil als Plattform Java und Flash benötigt wird, die beide als sehr unsicher gelten, andere finden ihn unübersichtlich und langsam. Bilden Sie sich bitte Ihr eigenes Urteil.

Auf dem vCenter Server wird für den Zugriff mittels Browser das Programm vSphere Web Client installiert und der dazugehörige Dienst normalerweise automatisch gestartet. Sollte dieser nicht laufen, überprüfen Sie zuerst, ob der VIRTUAL CENTER SERVER-Dienst läuft (der Dienst wurde nicht auf vCenter Server umbenannt). Der Webdienst ist vom VIRTUAL CENTER SERVER-Dienst abhängig.

Folgende Browser werden unterstützt und sind für die Verwendung von VMware für die Remote Console (vmrc) zertifiziert:

- Microsofts Internet Explorer ab Version 10.0.19
- Mozilla Firefox ab Version 34 für Windows und Linux
- Google Chrome ab Version 39
- Adobe Flash Player Version 11.5 oder neuer muss installiert sein

Anmeldung über den Web Client

Melden Sie sich über einen der oben genannten Browser am Server über folgende Adresse an: *https://<IP-Adresse oder Name>/vsphere-client/*. Haben Sie den Adobe Flash Player noch nicht installiert oder ist Ihre Version nicht aktuell, wird Ihnen eine Seite mit dem entsprechenden Hinweis angezeigt. Anschließend müssen Sie gegebenenfalls noch das Zertifikat bestätigen. Sollten Sie keine Berechtigung für die Anmeldung haben, so verwenden Sie als Benutzer zunächst *administrator@vsphere.local* mit dem während der Installation vergebenen komplexen Passwort. Legen Sie anschließend die notwendigen Berechtigungen, wie in Kapitel 10 beschrieben, an.

Nach der Anmeldung am vCenter Server (siehe Abbildung 11-1), wird ein zweigeteiltes Fenster angezeigt, wobei auf der linken Seite die Bestandsliste und auf der rechten die Details zum links Ausgewählten angezeigt werden.

Abbildung 11-1: Anmeldung über Web Client

Beim ersten Aufruf landen Sie üblicherweise – wie beim vSphere Client – auf dem »Home«-Bildschirm. Nun können Sie über die angezeigten Icons oder über die Liste auf der linken Seite navigieren. Falls Sie hier die Erste-Schritte-Seiten ausblenden möchten, finden Sie das unter dem Menüpunkt Hilfe (siehe Abbildung 11-2).

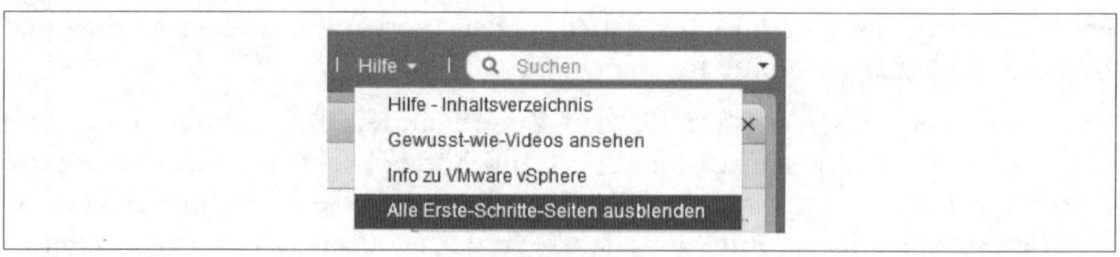

Abbildung 11-2: Erste-Schritte-Seiten ausblenden

Klicken Sie sich am Anfang erst einmal durch die einzelnen Seiten und machen Sie sich mit der Oberfläche vertraut.

In den vorherigen Kapiteln habe ich schon mehrfach auf die Unterschiede zwischen den beiden Zugriffsmöglichkeiten hingewiesen, auch darauf, dass einiges nur mit dem Web Client möglich ist und anderes nur mit dem vSphere Client (manchmal auch C#- oder Fat-Client genannt). Das wird sich auch in den Folgekapiteln so fortsetzen, weil z.B. die Backup-Lösung Data Protection nur über den Web Client und die Konfiguration des Update Managers nur über den vSphere Client möglich ist.

Die meisten täglichen Arbeiten kann man mit beiden Varianten erledigen, auch wenn die Kontextmenüs auf den ersten Blick recht unterschiedlich aussehen. Wollen Sie z.B. die Hardwareversion einer VM aktualisieren, finden Sie diesen Vorgang in beiden Kontextmenüs an verschiedenen Stellen und auch unterschiedlich benannt, wie Abbildung 11-3 zeigt.

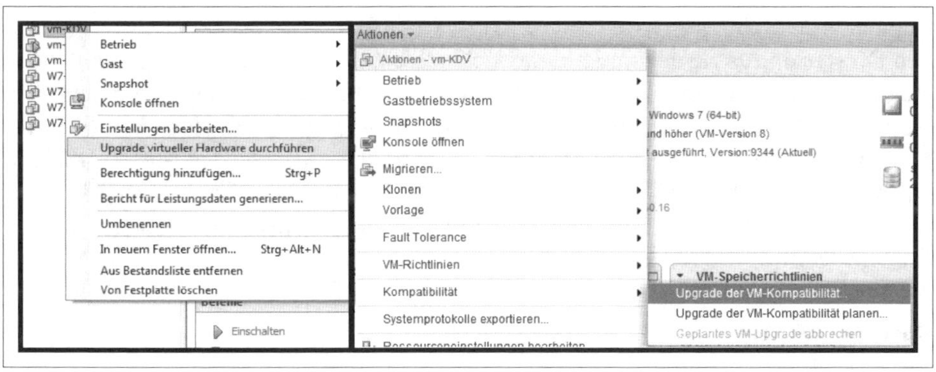

Abbildung 11-3: Hardwareversion upgraden, links vSphere Client, rechts Web Client

Beachten Sie auch, dass der Web Client häufig nicht automatisch aktualisiert wird.

Bei den folgenden Beschreibungen werde ich weiterhin auf die Besonderheiten und Abweichungen der beiden zur Verfügung stehenden Clients hinweisen, wenn das notwendig ist, also wenn z.B. gravierende Unterschiede bestehen oder zusätzliche Funktionen nur bei einer der Varianten möglich sind.

Zugriffsrechte für Web Client

Wenn Sie über den vCenter Server auf die Webseite zugreifen, müssen dort die jeweiligen Rechte gesetzt und die Benutzer oder Gruppen angelegt sein.

Der Zugriff auf die Einstellungen und Optionen einer virtuellen Maschine ist von den Benutzerberechtigungen für den Zugriff auf die Konfigurationsdatei der virtuellen Maschine abhängig. Die Berechtigungen legen fest, ob Sie eine virtuelle Maschine durchsuchen, mit ihr interagieren, sie konfigurieren und/oder administrieren können und ob Sie nur eine, mehrere oder alle VMs sehen können.

Der Zugriff und die Konfiguration des ESXi-Servers ist auch möglich. Der vCenter Server kann dagegen auch mit administrativen Rechten nicht geändert werden.

Nutzen Sie am besten die jeweiligen Rollen, die sowohl auf dem ESXi als auch auf dem vCenter Server zur Verfügung stehen. Schauen Sie in den Kapiteln 5 und 10 über die Rollen auf dem ESXi und vCenter Server nach den Möglichkeiten und Einschränkungen nochmals nach, wenn Sie sich unsicher sind. Probieren Sie die Einstellungen erst selbst aus, bevor Sie z.B. einem Benutzer eine Webverknüpfung auf seinen Desktop legen.

Tastenkombinationen für Web Client

Sie haben die Möglichkeit, den Remote-Bildschirm in den Vollbildmodus zu bringen, indem Sie die Tastenkombination Strg+Alt+Enter drücken. Um wieder in den Fenstermodus zurückzukehren, drücken Sie erneut die Tasten Strg+Alt+Enter. Die Windows-Anmelde-Tastenfunktion Strg+Alt+Entf sollten Sie vermeiden, weil das durch das Betriebssystem Ihres Rechners abgefangen wird. Nehmen Sie statt Strg+Alt+Entf alternativ Strg+Alt+Einfg oder klicken Sie mit der Maus im Menü auf die Schaltfläche STRG+ALT+ENTF SENDEN. Über die Funktionstaste F11 können Sie auf der Remote Console die obere Leiste des Browsers ausblenden, auf der Seite des vCenter Servers geht das nicht.

Fehlerbehebung

Oben habe ich schon etwas über den automatischen Start des Dienstes (vCenter Server) geschrieben. Der Fehlercode ist dabei üblicherweise 503 DIENST NICHT VERFÜGBAR. Es können aber noch weitere Fehlfunktionen auftreten, die ich hier kurz erwähne:

1. Falls Sie mit dem Internet Explorer arbeiten, sollten Sie immer zunächst alle IE-Sitzungen beenden und es anschließend erneut versuchen – das hilft oft.
2. Um die Remote Console zu bekommen, muss ein Plug-in installiert sein. Haben Sie es installiert, so muss gegebenenfalls noch eine Bestätigung beim erneuten Aufruf des Browsers erfolgen. Sollten Sie noch eine ältere Version haben (vor 2.5.0), installieren Sie das Plug-in einfach erneut, nachdem Sie die ältere Version unter SYSTEMSTEUERUNG → SOFTWARE deinstalliert haben. Die erneute Installation erfolgt wie vorher: Gehen Sie im Browserfenster auf die virtuelle Maschine, klicken Sie auf den Link CONSOLE STARTEN und installieren Sie wieder das Plug-in.
3. Falls Sie mit Firefox arbeiten, erkennen Sie die ältere Version unter EXTRAS → ADD-ONS. Gegebenenfalls sollten Sie eine neuere Version installieren. Auch

wenn die Installation beim ersten Mal fehlgeschlagen ist, empfehle ich die erneute Installation.

4. Unter Linux ist der Firefox-Browser häufig schon bei der Installation des Betriebssystems dabei. Falls bei Ihnen Fehler auftreten, sollten Sie die neueste Version herunterladen und installieren.
5. Konfigurieren Sie eventuell den Proxy erneut, damit dieser die Verbindung nicht falsch weiterleitet oder die Verbindung untersagt.
6. Falls die Anmeldung mit der IP-Adresse nicht funktioniert, versuchen Sie es mit dem DNS-Namen. Tragen Sie sich die Kombination in die *Hosts*-Datei auf Ihrem Rechner ein. Auch der Port 9443 muss manchmal zusätzlich angegeben werden, also z.B. *https://vm-vcs.cssv.dom:9443/vsphere-client*.

Abschließend ist anzumerken, dass die Browseroberfläche von VMware nicht nur deutlich übersichtlicher und intuitiver zu bedienen ist, sondern auch die Geschwindigkeit deutlich gesteigert wurde.

Wann der neue Client auf HTML5-Basis erscheint, ist noch nicht klar. Es wurde lediglich bekannt, dass VMware daran arbeitet. Ob damit dann der Zugriff auf den allein stehenden ESXi-Host und den vCenter Server mit allen Optionen und Funktionen zur Verfügung steht, ist ebenso wenig klar.

Fernzugriff auf VMs

Um einzelnen Benutzern nur den Zugriff auf die Oberfläche einer VM zu geben, muss dazu nicht unbedingt auf deren Rechnern der vSphere Client eingerichtet werden. Es gibt mehrere Möglichkeiten dafür, die nachfolgend beschrieben werden.

VMRC – VM Remote Console

Da es bei einigen neuen Browsern Probleme mit dem NPAPI (Netscape Plugin Application Programming Interface) gab und diese aus den meisten Anwendungen verbannt wurden, hat VMware ein neues Programm für die Remote Console der VMs in den Web Client eingepflegt. Diese Anwendung kann auch direkt von der Webseite von VMware unter *www.vmwar.com/go/download-vmrc* heruntergeladen und installiert werden.

Nach der Installation kann man die Konsole einer VM mit folgendem Befehl aufrufen, wenn der ESXi-Host bekannt ist:

```
"C:\Program Files (x86)\VMware\VMware Remote Console\vmrc.exe"
vmrc://root@esx5.cssv.dom/?moid=27
```

Anschließend wird nach dem Passwort des Benutzers *root* oder einem anderen angelegten Benutzer gefragt und Sie werden auf den Bildschirm der VM durchgereicht.

Da Sie die interne ID der VM für den Zugriff brauchen, muss diese zunächst ermittelt werden. Dazu können Sie das Werkzeug RVTools von Rob de Veij nutzen, das ich in Kapitel 19 näher vorstelle, oder auch PowerCLI (siehe Kapitel 9). Über die Weboberfläche lässt sich die ID ermitteln, indem Sie einmal die Remote Console der VM starten und anschließend im Adressfeld die ID auslesen.

Außerdem gibt es die Möglichkeit, den Link von der Standard Remote Console zu kopieren (sehr lang) und diesen einem Benutzer zur Verfügung zu stellen. Dieser braucht sich nur noch über den Browser anzumelden und bekommt dann die Konsole der VM. In dieser Konsole gibt es lediglich drei Schaltflächen: eine, über die Strg+Alt+Entf gesendet werden kann, eine, um das Fenster auf Vollbild zu vergrößern, und die Schaltfläche Toggle Keyboard, die das Tastaturlayout verändert.

Über den Web Client kann man noch die Anzahl der gleichzeitigen Zugriffe reduzieren (siehe Abbildung 11-4).

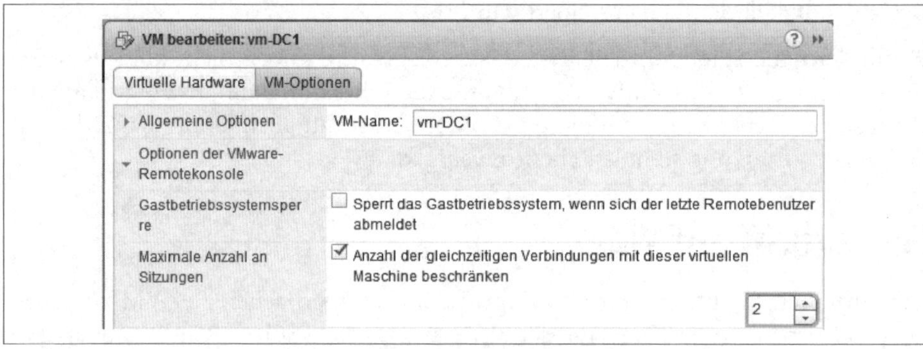

Abbildung 11-4: VM-Optionen für die Verknüpfung einrichten

Mit dem neuen Programm *vmrc.exe* hat der Benutzer je nach Berechtigungen deutlich mehr Einfluss – sogar auf die Hardwareeinstellungen der VM.

Alte Version vmware-vmrc

Eine weitere Möglichkeit bietet die ausführbare Datei *vmware-vmrc.exe*, die Sie im Pfad zum vSphere Client 4.x oder 5.0 finden. Auch diese Variante können Sie mit Parametern als Desktop-Symbol abspeichern oder einem Benutzer zur Verfügung stellen. Wichtig sind dabei lediglich die **.dll*-Dateien in dem Verzeichnis, eine Installation ist dann nicht mehr notwendig.

Das Programm wird zusammen mit dem vSphere Client sowohl bei Linux als auch bei Windows installiert. Bei Windows finden Sie das Programm unter *C:\Programme\VMware\Infrastructure\Virtual Infrastructure Client\5.0*, bei neueren Windows-Versionen unter *C:\Program Files (x86)\Common Files\VMware\VMware VMRC Plug-in\<Browser>* und bei Linux hängt es von der jeweiligen Distribution und eventuell auch vom eingesetzten Browser ab. Suchen Sie am einfachsten nach der Datei (ohne exe) auf Ihrem Linux-System.

Die ausführbare Datei *vmware-vmrc.exe* müssen Sie mit einigen Parametern aufrufen, damit Sie Ihre VM erreichen können. Ohne Parameter gibt es nur das leere VMRC-Fenster und eine Fehlermeldung über fehlende Angaben. Die anzugebenden Parameter sind für Linux und Windows gleich und setzen sich üblicherweise aus der Angabe des Hosts, Benutzername und Passwort (optional) sowie der gewünschten virtuellen Maschine zusammen. Geben Sie das Passwort und den Benutzernamen nicht mit an, so wird es vor der Verbindung abgefragt. Bei der virtuellen Maschine gibt es zwei Möglichkeiten: Entweder geben Sie die ID der VM oder den Pfad zur **.vmx*-Datei an. Die ID der Maschine ist schwierig über den ESXi-Server herauszubekommen, der Pfad zur Konfigurationsdatei ist dagegen einfach beim Datenspeicherbrowser zu sehen.

Über die Kommandozeile des ESXi-Servers können Sie für die MOID (Managed Object ID) den Befehl `vim-cmd vmsvc/getallvms` nutzen. Dieser zeigt Ihnen zu jeder registrierten VM die zugehörige VMID an. Alternativ können Sie das Tool *RVTools* einsetzen, das ich in Kapitel 19 erkläre, oder Sie schlagen in Kapitel 9 unter PowerCLI nach.

In Tabelle 11-1 sind die wichtigsten Parameter jeweils mit Beispiel und Funktion aufgelistet:

Tabelle 11-1: Wichtige Parameter für VMware Remote Console

Parameter	Beispiel	Funktion
`-h <hostname>`	`-h esx4` oder `-h 192.168.50.54`	Angabe des ESXi-Servers, auf dem sich die VM befindet
`-u <Benutzername>`	`-u Administrator` oder `-u goepel`	Name des Benutzers mit Zugriffsrechten auf die Maschine
`-p <passwort>`	`-p Geheim2010`	Passwort des Benutzers im Klartext (optional)
`-M <moid>`	`-M 4711`	Die sogenannte »*Managed Object ID*« der VM
`-d <path to vmx>`	`-d "[datastore1] vm-XP-G/vm-XP-G.vmx"`	Angabe des Speicherorts und des Pfads zur **.vmx-Datei*
`-X`	`-X`	Vollbildschirm der VM

Gehen wir davon aus, dass der Speicherort der Datei *vmware-vmrc.exe* Standard ist, würde der Aufruf mit allen Parametern unter Windows folgendermaßen aussehen:

```
"C:\Programme\VMware\Infrastructure\Virtual Infrastructure Client\5.0\vmware-vmrc.
exe" -h 192.168.50.54 -u root -p Geheim2010 -X -d "[datastore1] vm-1/vm-1.vmx"
```

Lassen Sie den Benutzer und das Passwort weg, dann bekommen Sie eine Anmeldemaske ähnlich wie beim Web Client. Der Aufruf könnte dann so aussehen:

```
vmware-vmrc.exe" -h 192.168.50.54 -d "[datastore1] vm-1/vm-1.vmx"
```

Hiermit haben Sie eine einfache Möglichkeit, den fehlenden Webserver des ESXi-Servers durch einen anderen Zugriff zu nutzen. Der Zugriff über den vCenter Server funktioniert so leider nicht – aber dort haben Sie ja die Möglichkeit, den Web Client oder auch *vmrc.exe* zu nutzen.

Wollen Sie den Zugriff für andere Benutzer einrichten, müssen Sie den vSphere Client nicht installieren. Kopieren Sie einfach den gesamten Inhalt des Verzeichnisses, z.B. *C:\Program Files (x86)\Common Files\VMware\VMware VMRC Plug-in\Internet Explorer* (oder ähnlich, bei anderen Browsern), auf eine Netzwerkfreigabe und erstellen Sie für den jeweiligen Benutzer eine Verknüpfung zu der ausführbaren Datei (*vmware-vmrc.exe*) mit den gewünschten Parametern.

Bei einem Neustart des Betriebssystems der VM bleibt das Fenster geöffnet, sodass man sogar in das BIOS wechseln könnte. Beim Herunterfahren und Ausschalten wird das Fenster automatisch geschlossen. Ist die Maschine ausgeschaltet, so wird zwar eine Verbindung aufgebaut, aber das Betriebssystem der VM nicht automatisch gestartet. Falls diese Maschine immer laufen soll, können Sie eine Alarmaktion dafür einrichten (siehe Kapitel 16).

Über das Menü am oberen Rand des Fensters haben Sie die Möglichkeit, über DEVICES ein CD/DVD- oder Diskettenlaufwerk mit einem Datenträger zu verbinden und die Netzwerkkarte zu konfigurieren. Verbundene Geräte werden dann am unteren Rand des Fensters angezeigt, wobei ein abgeblendetes Symbol bedeutet, dass das Gerät nicht verbunden ist. Neue Geräte können nicht hinzugefügt und die Einstellungen der VM nicht bearbeitet werden. Fügen Sie über den ESXi-Host oder den vCenter Server ein Gerät hinzu, wie z.B. eine neue Festplatte, wird es am unteren Rand sofort angezeigt (siehe Abbildung 11-5).

Abbildung 11-5: Geräte der VM bei vmware-vmrc.exe

Das Diskettenlaufwerk ist in der Abbildung nicht verbunden, deshalb wird es abgeblendet dargestellt.

Über die Schaltfläche VMWARE REMOTE CONSOLE am oberen Rand des Fensters haben Sie folgende Optionen:

- ABOUT VMWARE REMOTE CONSOLE: Zeigt Produktinformationen und erweiterte Informationen zu dem Rechner, der die Verbindung aufgebaut hat.
- SEND CTRL+ALT+DEL: Sendet die Tastenkombination Strg+Alt+Entf an das Betriebssystem, z.B. um sich anzumelden oder den Computer zu sperren.
- RESTART GUEST: Gibt dem Benutzer die Möglichkeit, das Gastbetriebssystem neu zu starten – das Fenster wird dabei nicht geschlossen.
- SUSPEND AND EXIT: Minimiert das Fenster, fährt die VM in den Supend-Modus und schließt dann das Fenster. Die VM wird aus dem Suspend-Modus

nicht automatisch herausgeholt und gestartet, wenn die Verknüpfung zur VM erneut geladen wird.

- SHUTDOWN GUEST AND EXIT: Gibt dem Benutzer die Möglichkeit, das Gastbetriebssystem herunterzufahren – das Fenster wird dabei geschlossen.
- DISCONNECT AND EXIT: Schließt das Fenster – die VM läuft weiter.

VMware-VMRC nutzt nicht das herkömmliche RDP-Protokoll. Es ist daher auch möglich, Zugriff auf die Oberfläche einer VM zu bekommen, die keine Netzwerkkarte hat oder sich in einem anderen Subnetz befindet.

Remote Desktop Protocol

Über das Remote Desktop Protocol (RDP) auf einen entfernten Rechner zuzugreifen, ist keine Besonderheit mehr. Diese Technologie, die schon bei den mittlerweile veralteten Betriebssystemen von Microsoft Standard war, ist in Unternehmen heute sehr häufig anzutreffen. Warum sollte also darüber in diesem Buch geschrieben werden? Weil man damit einige Funktionen erreichen kann, die unter vSphere 6 nicht laufen.

Mehrere Monitore

Wie bereits ausführlich in Kapitel 4 beschrieben, kann man in den Einstellungen der virtuellen Maschine mehrere Monitore auswählen. Diese Option wird nur leider nicht für den Aufruf der VM über irgendeine Möglichkeit dargestellt.

Wenn Sie RDP verwenden, können Sie unabhängig davon, ob es sich um eine virtuelle oder physische Maschine handelt, den Parameter `/span` angeben. Rufen Sie also das Programm *mstsc.exe* mit dieser Option auf, so wird der Desktop des Zielrechners über alle angeschlossenen Bildschirme »gespannt«.

USB in der VM

Bei einer virtuellen Maschine ab der Version 8 können Sie einen USB-Hostcontroller zur Hardwareliste hinzufügen. Innerhalb des Betriebssystems der VM steht dann ein USB-Adapter mit maximal 20 Anschlüssen zur Verfügung (siehe Abbildung 11-6). Dieser lässt sich übrigens auch im laufenden Betrieb hinzufügen und die Geräte sollten automatisch verbunden werden.

Abbildung 11-6: USB in der VM

Mittlerweile muss das USB-Gerät nicht mehr unbedingt mit dem Host verbunden sein, sondern ein Durchreichen vom lokalen Arbeitsplatz über den vSphere oder Web Client in die VM ist ebenfalls möglich. Dafür wird am lokalen PC ein VMware USB Device installiert und angesteckte Geräte kann man über ein zusätzliches Icon in der Symbolleiste mit der VM verbinden. Das funktioniert auch mit den meisten Dongles, Websticks, USB-Festplatten etc. Rufen Sie anschließend die Eigenschaften der VM auf, steht das verbundene USB-Gerät ebenfalls in der Liste.

Über eine Remote-Desktop-Verbindung können Sie ebenfalls lokale USB-Sticks mit der Remote-Maschine verbinden. Wenn Sie die Remote-Desktop-Verbindung aufgerufen haben, klicken Sie auf die Schaltfläche OPTIONEN und anschließend auf die Registerkarte LOKALE RESSOURCEN. Im unteren Bereich des Fensters klicken Sie auf die Schaltfläche WEITERE. Im folgenden Fenster (siehe Abbildung 11-7) können Sie sowohl *Laufwerke, die später angeschlossen werden,* als auch *Geräte, die später angeschlossen werden*, an die entfernte Maschine durchreichen.

Abbildung 11-7: USB-Geräte in der VM über RDP

USB-Dongles, Scanner, Drucker und andere Geräte können auch über einen USB-Device-Server angebunden werden – da gibt es z.B. den Digitus DN-13009, einen 4-Port-USB-Hub mit 100-MBit-Ethernetanbindung oder den »myUTN-50« von SEH mit 2 Ports; die Firma SILEX bietet sogar GBit-Verbindungen für USB im LAN an und AnywhereUSB stellt ebenfalls eine Netzwerklösung für USB bereit.

Das Programm *mstsc.exe* können Sie auch noch mit einer Reihe anderer Parameter aufrufen. Wählen Sie beispielsweise START → AUSFÜHREN → MSTSC /?, dann bekommen Sie einige Möglichkeiten angezeigt, die in Abbildung 11-8 aufgelistet sind. Die Parameter unterscheiden sich übrigens bei unterschiedlichen Versionen. So gibt es bei älteren Softwareständen den Befehl */admin* und bei den neueren */console*, die beide die gleiche Funktionalität haben. Hiermit kann man die Remote-Verbindung so aufbauen, als säße man direkt am Rechner. Der Unterschied fällt meist erst auf, wenn zum Beispiel versucht wird, eine etwas kompliziertere Software zu installieren. Mit dem Parameter geht es, ohne nicht.

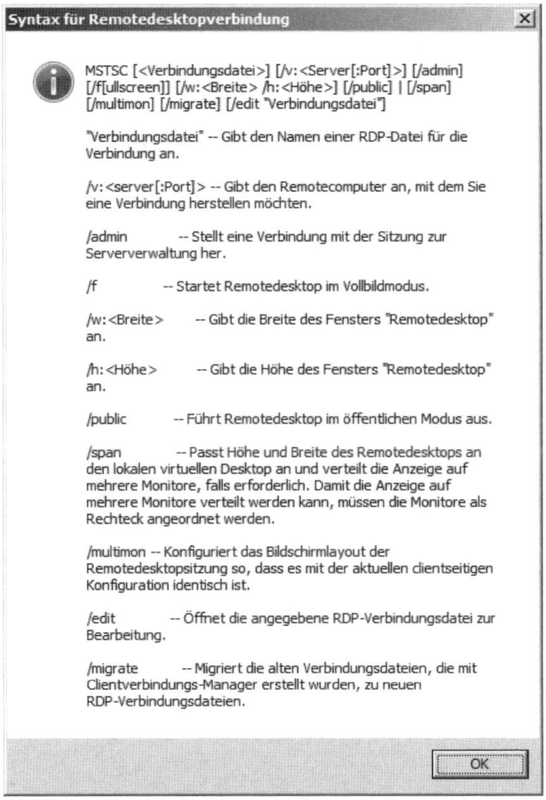

Abbildung 11-8: Informationen über Parameter von RDP

KAPITEL 12

VMware Distributed Switches und vApp

Das Gruppieren von VMs mit eigenem Switch, eigener Startreihenfolge und weiteren Angaben – die sogenannte vApp – wird im zweiten Teil dieses Kapitels besprochen. Im ersten Teil soll es zunächst um die Besonderheiten des verteilten Switch gehen.

vSphere Distributed vSwitch

Bei der teuersten Variante des vSphere-Lizenzmodells, Enterprise Plus, kann man sogenannte verteilte vSwitches erstellen. Diese Distributed vSwitches (dvSwitch) werden über den vCenter Server mit dem vSphere oder Web Client angelegt und auf alle beteiligten ESXi-Hosts verteilt. Man muss also nicht auf jedem Host diese einzeln konfigurieren, was in großen Umgebungen Vorteile bietet.

Da bei den Portgruppen der VMs die Schreibweise des Namens entscheidend ist, kann es hier auch nicht zu Fehleingaben kommen. Außerdem geht bei einem vMotion Vorgang kein ping (echo request und echo reply) verloren, was bei manchen Anwendungen sehr wichtig ist.

Distributed Switch anlegen

Hier folgt nun eine detaillierte Vorgehensweise bei Erstellen eine dvSwitch:

1. Melden Sie sich am vCenter Server mit administrativer Netzwerkberechtigung an, navigieren Sie über Home zu den Netzwerken und erweitern Sie die Baumstruktur. Von den Standard vSwitches werden hier nur die vorher erstellten Portgruppen der VMs angezeigt.
2. Klicken Sie auf das DATACENTER mit der rechten Maustaste und wählen Sie aus dem Kontextmenü NEUER DISTRIBUTED SWITCH aus.
3. Übernehmen Sie den generierten Namen oder geben Sie einen neuen, zutreffenderen für die gewünschte Bestimmung ein.
4. Haben Sie nur aktuelle Hosts der Version 6, können Sie bei der Abfrage der Version auf WEITER klicken, sind noch ältere ESXi-Server im Cluster, wählen Sie entsprechend eine ältere Version aus.

5. Auf der nächsten Seite können mehrere Einstellungen für den neuen Switch bearbeitet werden (siehe Abbildung 12-1). Wählen Sie die Anzahl der Uplinks (physische NICs pro Host) aus. Beim Anlegen eines dvSwitch wird von jedem Host die gleiche Anzahl an physischen Netzwerkkarten benötigt und diese sollten nicht schon mit anderen Funktionen belegt sein.

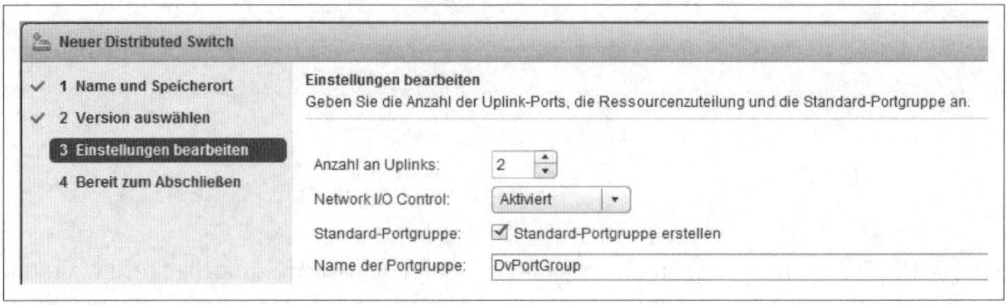

Abbildung 12-1: Einstellungen des dvSwitch

6. Im gleichen Fenster kann Network I/O Control aktiviert werden. Darüber kann unter anderem der Datenverkehr priorisiert werden.
7. Über das Kästchen Standard-Portgruppe erstellen wird eine dvPortgruppe mit Standardeinstellungen angelegt und diese hinterher auf alle Hosts verteilt. Spezielle Portgruppen können erst nach dem Anlegen des dvSwitch erstellt werden. Wollen Sie also nur VMkernel-Portgruppen erstellen, so nehmen Sie das Häkchen raus.
8. Wählen Sie bei der Portgruppe einen sprechenden Namen oder übernehmen Sie den Vorschlag. Klicken Sie anschließend auf BEENDEN, um den Distributed Switch zu erstellen.

   Ist der Vorgang abgeschlossen, so müssen noch die beteiligten Hosts zu dem neuen Switch hinzugefügt werden. Klicken Sie dazu im Kontextmenü auf dem Switch auf den Eintrag HOSTS HINZUFÜGEN UND VERWALTEN.
9. Lesen Sie sich die vier Möglichkeiten in dem neuen Fenster durch und wählen Sie das Zutreffende. Beim ersten dvSwitch nehmen Sie die erste Auswahl: Hosts hinzufügen und klicken Sie auf WEITER.
10. Klicken Sie auf das grüne Pluszeichen Neue Hosts und setzen Sie die Häkchen bei allen beteiligten ESXi-Servern.

    Im unteren Teil des Fensters kann ein Häkchen gesetzt werden, über das dann ein Host als Vorlage für eine weitere Konfiguration gewählt werden kann – das ist hier aber nicht gewollt.
11. Nachdem Sie auf WEITER geklickt haben, sind standardmäßig zwei Häkchen für die physischen Adapter und für VMkernel-Adapter gesetzt. Wollen Sie nur für die VMs das Netzwerk darüber laufen lassen, nehmen Sie die Auswahl bei VMkernel heraus oder setzen Sie Ihre gewünschten Häkchen.

12. Wählen Sie jetzt die freien physischen Netzwerkadapter einzeln aus (eine Mehrfachauswahl wird nicht unterstützt) und klicken Sie jeweils auf Uplink zuweisen (siehe Abbildung 12-2). Achten Sie darauf, dass Sie für jeden Host die gleiche Anzahl Uplinks wählen.

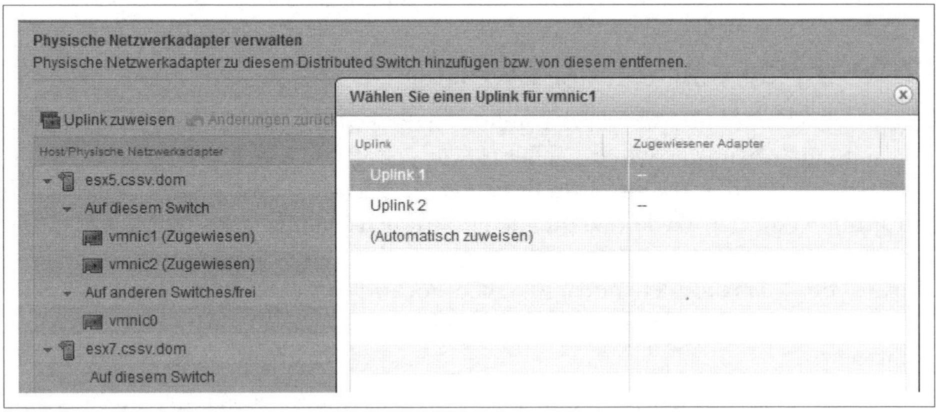

Abbildung 12-2: Uplinks auf dvSwitch zuweisen

13. Überprüfen Sie auf der nächsten Seite die Analyse der Auswirkungen Ihrer Änderungen und klicken Sie auf WEITER und anschließend auf BEENDEN.

Eine Standardportgruppe für die VMs wird selbstständig zum dvSwitch hinzugefügt und Sie können jetzt die dafür vorgesehenen VMs unter den Einstellungen zur Netzwerkkarte dort positionieren.

Klicken Sie im vSphere Client auf einen Host, anschließend auf die Registerkarte KONFIGURATION und dann auf NETZWERK. Um das Ergebnis zu sehen, müssen Sie in der rechten oberen Hälfte des Fensters auf die Schaltfläche VSPHERE DISTRIBUTED SWITCH klicken. Erweitern Sie links vom Switch die Portgruppe und rechts davon die Uplinkadapter, so sehen Sie die grafische Zusammengehörigkeit (siehe Abbildung 12-3).

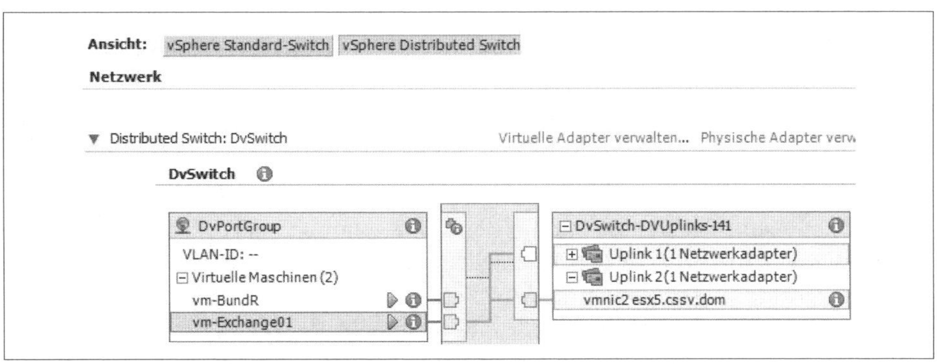

Abbildung 12-3: Zuordnung der VMs auf dvSwitch

Jetzt können Sie weitere VMs zu dieser Portgruppe zuordnen, weitere Hosts mit physischen Adaptern hinzufügen, weitere Portgruppen für VMs oder den VMkernel erstellen und etliche Einstellungen vornehmen – ähnlich wie bei einem gut konfigurierbaren physischen Switch. Eine detaillierte Beschreibung würde aber den Rahmen dieses Buches sprengen, deshalb im Folgenden nur das Wichtigste.

Unterschiede zum Standardswitch

Alle Eigenschaften des Standardswitches, die ich in Kapitel 6 erläutert habe, finden sich auch beim dvSwitch wieder. Dazu gehört auch die MTU sowie Sicherheits- und Datenverkehrseinstellungen. Natürlich kann man hier auch Portgruppen für den VMkernel für alle Funktionen konfigurieren, Netzwerkkarten hinzufügen, entfernen und einstellen sowie Hosts hinzufügen und entfernen. VLANs für VMs können auch in einer Portgruppe mehrfach, durch Komma getrennt angegeben werden (VLAN Trunking), was über den Standardswitch nicht geht.

Da die Vorgehensweisen fast identisch mit einem Standard-vSwitch sind und die Funktionen meist selbsterklärend sind und über Assistenten vorgenommen werden, gehe ich dazu nicht detaillierter ein.

Zusätzlich gibt es hier noch Folgendes:

- MULTICAST-FILTERMODUS: Multicast wird häufig für Videokonferenzen genutzt, bei denen eine bestimmte Gruppe von Rechnern teilnehmen soll. Dafür nutzt man meist das Internet Group Management Protocol (IGMP) oder das Multicast Listener Discovery Protocol (MLDP). Beides wird hier unterstützt.
- DISCOVERY PROTOCOL: Hiermit ist das Cisco Discovery Protocol, sowie das Link-Layer Discovery Protocol (LLDP) gemeint, was ebenfalls in Kapitel 6 erklärt wurde.
- ADMINISTRATORKONTAKT: Hier können Kontaktdaten des zuständigen Bearbeiters angegeben werden.

Darüber hinaus kann man Ressourcenpools erstellen, VMs einzelnen Ports zuweisen, diese überwachen und Leistungsdaten aufzeichnen. Beim Traffic Shaping lassen sich sowohl der eingehende wie auch der ausgehende Datenverkehr beschränken. Bei NIC Teaming kann zusätzlich zu den bereits beschrieben Einstellungen ein Lastausgleich der physischen Adapter eingestellt werden.

Sehr schön sind auch die grafischen Darstellungen (Topologiediagramme genannt), die man sich über den Web Client anzeigen lassen kann. Darüber lassen sich sogar Änderungen durchführen. Wählen Sie dafür z.B. auf dem dvSwitch VERWALTEN, dann EINSTELLUNGEN und anschließend TOPOLOGIE. Standardmäßig ist ein Filter gesetzt, der nur maximal 1.000 VMs, 32 Portgruppen sowie 32 Hosts anzeigt. In größeren Umgebungen kann der Filter deaktiviert werden.

Klickt man auf der linken Seite eine VM an, so werden auf der rechten Seite die zugehörigen Adapter hervorgehoben.

Fast alle der bisher erwähnten Einstellungen und Änderungen lassen sich auch hierüber erledigen.

Sichern und Wiederherstellen von dvSwitch

Über den Web Client lassen sich die dvSwitch sichern und im Bedarfsfall wieder herstellen. Das ist ab der Version 5.1 möglich und lässt sich auch für ein Upgrade auf 6.0 nutzen.

Über das Kontextmenü des dvSwitch wählt man EINSTELLUNGEN → KONFIGURATION EXPORTIEREN. Die Zuordnung der physischen Adapter wird dabei nicht berücksichtigt, muss also anschließend manuell wieder hergestellt werden. Bei einer Neuinstallation eines ESXi-Hosts muss dieser manuell wieder zum dvSwitch hinzugefügt werden. Der vCenter Server speichert sich in seiner Datenbank die IDs der jeweiligen Adapter und diese sind nach der Neuinstallation natürlich anders. Lediglich bei einem Upgrade bleiben sie erhalten.

VM-Portgruppe auf dvSwitch konvertieren

Über das Kontextmenü des dvSwitch wählt man HOSTS HINZUFÜGEN UND VERWALTEN aus, klickt anschließend auf HOSTNETZWERK VERWALTEN und wählt diese aus. Danach bekommt man die Auswahl NETZWERK VON VIRTUELLEN MASCHINEN MIGRIEREN. In dem Assistenten wählt man nun die gewünschten VMs mit deren Netzwerkverbindungen aus und verbindet diese mit der Portgruppe auf dem dvSwitch. Hier ist eine Mehrfachauswahl durch Drücken der Strg-Taste möglich.

Es lassen sich auch ganze vSwitches mit physischen Adaptern in dvSwitch migrieren und die jeweiligen Portgruppen mitnehmen. Beachten Sie dabei aber eventuelle Schwierigkeiten, z.B. mit iSCSI-Ports. Diese dürfen nur einen aktiven und keinen Standby-Adapter haben.

Migrieren von dvSwitch zu vSwitches

Natürlich kann man auch den umgekehrten Weg gehen. Will man die zusätzlichen Funktionen des Distributed vSwitch nicht nutzen, findet sie zu unübersichtlich oder kauft eine neue Lizenz, die diese nicht beinhaltet, muss man nicht alles neu installieren.

Problematisch wird es nur, wenn man auf den Hosts keine freien Netzwerkkarten mehr zur Verfügung hat. Dann sollte man zunächst so viele wie möglich von den dvSwitch trennen und diese an neue Standard-vSwitches anhängen. Anschließend können die VMkernel-Portgruppen und die Portgruppen der VMs Schritt für Schritt migriert werden.

Über den Web Client können Sie einen vSwitch auswählen und eine VMkernel-Portgruppe migrieren. Beachten Sie dabei die notwendigen Einstellungen und gegebenenfalls auch die VLAN-ID. Ziehen Sie dazu auch das Kapitel 6 zurate.

Wenn Sie Ihren vCenter Server neu installieren möchten, z.B. weil Sie kein Upgrade auf die neue Version machen möchten, sollten Sie ebenfalls diesen Weg bevorzugen.

VMware vApp

Eine Funktion, die mit Version 4 von vSphere eingeführt wurde, ist die sogenannte vApp. Mit einer vApp können virtuelle Maschinen ähnlich wie in einem Ressourcenpool zusammengefasst und gemeinsam verwaltet werden. Auf einem einzelnen ESXi-Host haben Sie diese Möglichkeit nicht – sie wird also über den vCenter Server bereitgestellt, der die Informationen in einer Datenbank speichert. Eine vApp kann eine oder mehrere virtuelle Maschinen enthalten, sie kann ein- und ausgeschaltet sowie geklont werden und läuft unabhängig von einem ESXi-Host im Cluster.

Sie können eine vApp nutzen, um zum Beispiel mehrere voneinander abhängige virtuelle Maschinen mit einem Applikationsservice-Level zusammenzufassen. Wenn Sie eine Datenbankanwendung auf dem einen und die eigentlichen Daten auf einer anderen VM haben, können Sie diese in einer vApp zusammenfassen und Ressourcen sowie Regeln für die vApp erstellen.

Ähnlich wie bei einer einzelnen virtuellen Maschine kann eine gesamte vApp in das OVF-Format exportiert werden, um z.B. eine Sicherung mit allen Metadaten davon zu erstellen oder die gesamte vApp inklusive aller Einstellungen und virtuellen Maschinen anderen als Demoversion zur Verfügung zu stellen.

Eine vApp wird über beide Clients sowohl in der Ansicht HOSTS UND CLUSTER als auch in der Ansicht VMS UND VORLAGEN auf einem Cluster angezeigt oder erstellt. Die Ansichten aller Registerkarten sind dabei gleich: Die Übersichtsseite mit dem aktuellen Status und die relevanten zusammengefassten Informationen geben z.B. alle genutzten Storages der VMs wieder.

Eine vApp erstellen

Über das Kontextmenü auf dem Cluster oder über das Menü DATEI → NEU → VAPP können Sie eine neue vApp erstellen. Über den Web Client wählen Sie das Cluster aus, klicken auf Aktionen und wählen danach NEUE VAPP → NEUE VAPP ... oder NEUE VAPP AUS BIBLIOTHEK ... Das geht übrigens auch im Ressourcenpool, je nach Konfiguration in einem Ordner und auf einem Host und auch in einer vApp.

Geben Sie einen treffenden Namen für diese Zusammenfassung an und teilen Sie ihr auf der Seite RESSOURCENZUTEILUNG CPU- und Arbeitsspeicherressourcen zu. Klicken Sie auf BEENDEN, um sie zu erstellen.

Jetzt können Sie in diesem Objekt neue virtuelle Maschinen erstellen oder auch bereits konfigurierte mit der Maus (per Drag & Drop) dort hineinschieben. Falls Sie dabei eine Warnmeldung erhalten (siehe Abbildung 12-4), sollten Sie gegebenenfalls die Ressourcen nochmals anpassen.

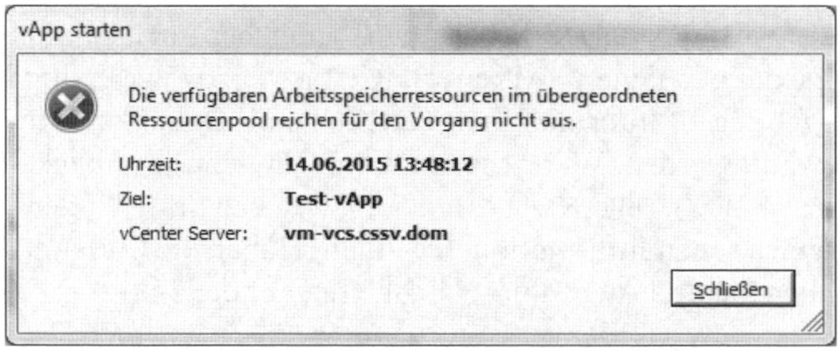

Abbildung 12-4: Warnhinweis zu den Ressourceneinstellungen

Nach der Erstellung einer vApp haben Sie einige Einstellungsmöglichkeiten, die vorher nicht auswählbar waren – ähnlich wie beim Erzeugen eines Clusters.

vApp-Einstellungen

Jetzt können mehrere Aspekte der vApp bearbeitet und konfiguriert werden, wie z.B. Startreihenfolge, Ressourcen und benutzerdefinierte Eigenschaften (siehe Abbildung 12-5).

- RESSOURCEN: Wie bei der virtuellen Maschine werden hier CPU-Zeit und RAM verteilt. Das Maximale, das vom Cluster angeboten wird, wird dabei angezeigt.
- EIGENSCHAFTEN: Dieses Fenster ist zunächst leer. Erst wenn benutzerdefinierte Felder unter ERWEITERT festgelegt wurden, erscheint hier etwas.

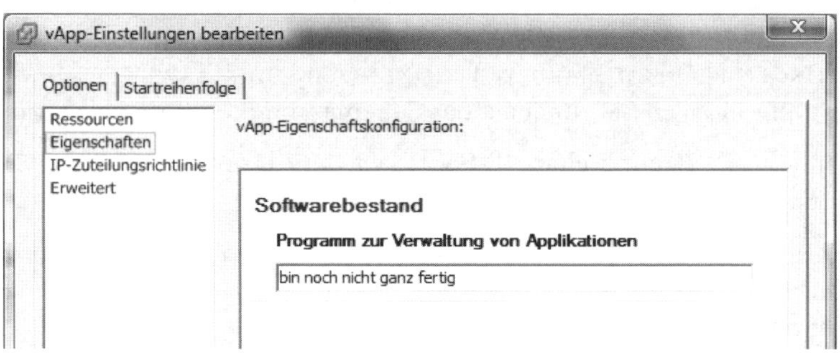

Abbildung 12-5: Konfiguration der Eigenschaften von vApp

- IP-ZUTEILUNGSRICHTLINIE: Hier kann ebenfalls zunächst nichts ausgewählt werden.

- ERWEITERT: Hier können zunächst Informationen zur vApp eingetragen werden. Ist das Feld PRODUKT-URL ausgefüllt, wird über den Link ANZEIGEN diese Seite mit dem Standardbrowser geöffnet.
- ERWEITERT → EIGENSCHAFTEN: Ist für benutzerdefinierte Zusatzinformationen gedacht.
- ERWEITERT → IP-ZUTEILUNG: Hier wird zunächst nur eingestellt, ob an der Portgruppe der beteiligten VMs ein DHCP-Server zur Verfügung steht oder die OVF-Umgebung IP-Informationen verteilen soll. Dabei kann IPv4, IPv6 oder beides gewählt werden. Wenn Sie hier OVF-Umgebung anklicken, können Sie hinterher bei IP-ZUTEILUNGSRICHTLINIE zwischen festen oder vom vCenter Server zugewiesenen Informationen wählen. Haben Sie OVF und DHCP angeklickt, haben Sie drei Auswahlmöglichkeiten auf der Seite.

> Beachten Sie, dass die vApp-Optionen in den Einstellungen der VM, Registerkarte OPTIONEN, auf AKTIVIEREN gesetzt sein müssen, damit das funktioniert. Diese Auswahl haben Sie bei der VM erst, wenn diese in einem Cluster über den vCenter Server gemanagt wird.

- STARTREIHENFOLGE: Ähnlich wie bei den VMs auf einem einzelnen Host kann man über die Reihenfolge Verzögerungen usw. beim Starten und Herunterfahren der untergeordneten Objekte erreichen. Dabei können auch Gruppen zusammengefasst werden.

> Eine Festlegung der Startreihenfolge für alle Maschinen unter dem vCenter Server gibt es leider nicht. Lediglich über die Priorisierung bei HA kann man bedingt etwas Ähnliches erreichen.

IP-Pools konfigurieren

Damit die VMs in der vApp IP-Adressinformationen über den vCenter Server erhalten, kann ein IP-Pool angelegt werden. Dazu wählen Sie auf der Seite VAPP-EINSTELLUNGEN BEARBEITEN unter OPTIONEN den Punkt ERWEITERT und dann IP-ZUTEILUNG. Dort legen Sie zunächst das Schema und die Protocolversion fest.

Die eigentliche Festlegung eines IP-Pools mit den dazugehörigen Optionen erledigt man über das Datacenter.

Auf der Registerkarte IP-POOLS können neue DHCP-Optionen und -Bereiche entfernt, bearbeitet und hinzugefügt werden. Dazu klicken Sie auf den Link HINZUFÜGEN auf der Seite oben links.

Die Angabe des IP-Bereichs ist ein wenig gewöhnungsbedürftig. Die Adressbereiche werden angegeben, indem man die erste zu verteilende IP-Adresse angibt, danach ein # setzt und die Anzahl der zu vergebenen Adressen anfügt. Nach einem Komma kann man weitere Bereiche oder auch einzelne Adressen anführen.

Die Einstellung /24, die als Standard dort erscheint, legt die Subnetzmaske fest, hier also 255.255.255.0, denn das sind binär gesehen 24 Bit, und es bleiben 8 Bit für die IP-Adressen übrig (von 1 bis 254). Sie können anhand der Subnetzmaske auch größere oder kleinere Netze einrichten, indem Sie die Zahl verringern oder erhöhen. Die zur Verfügung gestellten IP-Adressen sehen Sie nach einem Klick auf ANZEIGEN (siehe Abbildung 12-6).

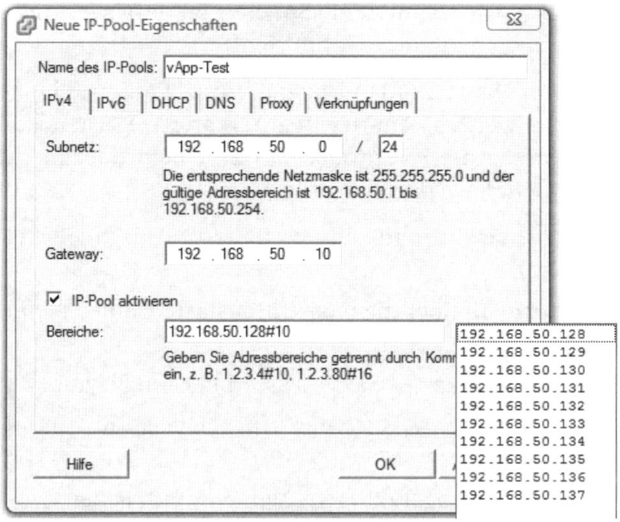

Abbildung 12-6: IP-Pool-Zuweisungen

Die Einstellungen auf den anderen Registerkarten entsprechen der normalen Funktionsweise eines DHCP-Servers mit Bereichsoptionen.

Einem IP-Pool kann mindestens eine Portgruppe der virtuellen Maschinen zugewiesen werden, die im Register VERKNÜPFUNGEN aufgelistet werden (siehe Abbildung 12-7).

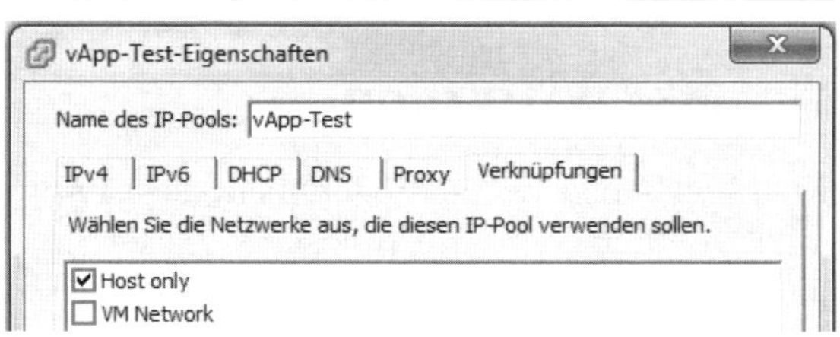

Abbildung 12-7: Verknüpfung auf bestehende Portgruppe für die vApp

Umgekehrt kann einer Netzwerkportgruppe nur ein IP-Pool auf einmal zugewiesen werden.

vServices für vApps

vServices sind eine Art abhängige Dienste oder Funktionserweiterungen für VMs und vApps, die meist von VMware oder Drittanbietern als Appliance oder fertige vApp angeboten werden. Bei Computern im Netzwerk kann beispielsweise ein DHCP-Server so eine Abhängigkeit darstellen.

Über das SDK von VMware können eigene vServices programmiert werden. Außerdem gibt es im Portfolio auf dem vSphere Marketplace einige fertige Lösungen – schauen Sie sich da mal um, es lohnt sich.

Die Konfiguration von vServices für VMs und vApps kann nur im ausgeschalteten Zustand durchgeführt werden. Auf der Registerkarte vServices können anschließend die Abhängigkeiten der vApp oder VM zu einem oder mehreren Diensten hergestellt werden. Gehen Sie dazu wie folgt vor:

1. Klicken Sie auf die gewünschte, ausgeschaltete vApp (alle VMs darin müssen ausgeschaltet sein).
2. Aus dem Kontextmenü über die rechte Maustaste wählen Sie Einstellungen bearbeiten aus.
3. Wählen Sie die Registerkarte vServices und klicken Sie auf Hinzufügen.
4. Suchen Sie sich über den Assistenten einen Dienst aus und klicken Sie auf Weiter.
5. Wählen Sie einen aussagekräftigen Namen und geben Sie optional eine Beschreibung (empfohlen) dazu ein. Wenn eine Abhängigkeit von diesem Dienst erforderlich ist, klicken Sie die dafür vorgesehene Schaltfläche an. Sie können diese Informationen aber auch nachträglich bearbeiten und sie erscheinen hinterher auf einer zusätzlichen Registerkarte bei der vApp.
6. Ihre Eingaben werden anschließend überprüft. Klicken Sie zum Abschluss auf Beenden.

Fertige vApps können Sie auch über das Kontextmenü mittels eines Assistenten klonen oder auch komplett mit allen Abhängigkeiten im OVF-Format exportieren.

vApps löschen oder entfernen

Im Kontextmenü der vApp haben Sie die Möglichkeit, diese vApp aus der Bestandsliste zu entfernen oder von der Festplatte zu löschen. Seien Sie beim Löschen von vApps vorsichtig! Lesen Sie den Hinweis, der beim Löschen erscheint:

> Die enthaltenen virtuellen Maschinen werden nicht nur aus der Bestandsliste entfernt, sondern tatsächlich alle Dateien der VMs gelöscht, daher die Warnmeldung, die Sie in Abbildung 12-8 sehen können. Wenn Sie Ihre VMs behalten wollen, sollten Sie diese vorher aus dem Pool herausnehmen und dann erst die leere vApp löschen.

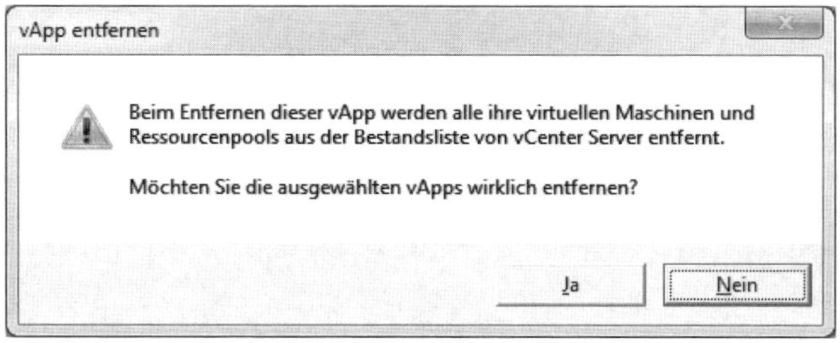

Abbildung 12-8: Warnmeldung beim Entfernen einer vApp

Wählen Sie aus dem Kontextmenü AUS BESTANDSLISTE ENTFERNEN, sieht das Fenster fast genauso aus (siehe Abbildung 12-9), jedoch werden Ihre VMs nicht von der Festplatte gelöscht.

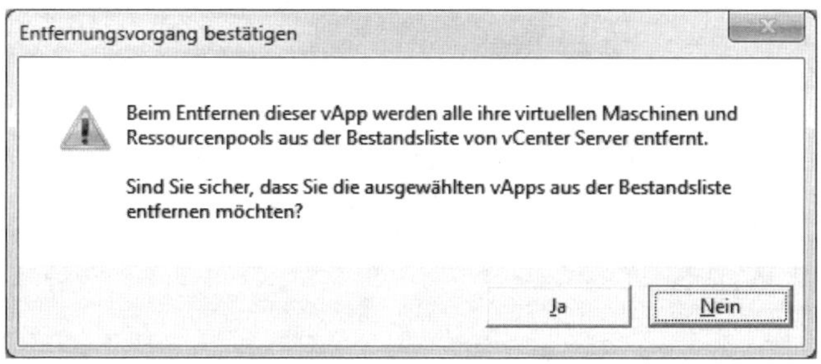

Abbildung 12-9: Warnmeldung beim Entfernen einer vApp aus der Bestandsliste

Nehmen Sie am besten vorher die VMs aus der vApp heraus, wenn Sie diese behalten wollen. Haben Sie die vApp aus der Bestandsliste entfernt, so können Sie die vorher darin befindlichen VMs über den Datenspeicherbrowser aus dem Kontextmenü auf der **.vmx*-Datei wieder zur Bestandsliste hinzufügen.

KAPITEL 13

vVol, vSAN und Hostprofile

Mit der bis zur Version 5.5 vorhandenen Lösung mit dem Namen vSphere Storage Appliance (VSA), die seit April 2014 nicht mehr gepflegt wird, war es möglich, lokale Platten von bis zu drei ESXi-Hosts über das Netzwerk in Form eines NFS-Laufwerkes als gemeinsamen Storage (mit vMotion, HA usw.) zu nutzen. Dafür hat man seit 2014 die Möglichkeit, ein virtuelles SAN (vSAN) mit virtuellen Volumes einzurichten, das Software Defined Storage genannt wird. Wenn Sie viele ESXi-Server der Version 6 haben, können Sie Hostprofile nutzen, um Unterschiede in der Konfiguration der Hosts festzustellen. Wollen Sie eine sehr große Anzahl von ESXi-Servern schnell bereitstellen, verwenden Sie vSphere Auto Deploy.

Bei den Hostprofilen können Sie sich einen Referenzhost aussuchen, von diesem ein Profil erstellen und damit die anderen Server vergleichen. Sie müssen auch nicht jeden Host einzeln über die grafische Oberfläche oder die Kommandozeile manuell einstellen. Die Funktionen Hostprofile und Auto Deploy sind nur in der Enterprise-Plus-Version verfügbar oder auch, solange Sie Ihre Lizenz noch nicht eingespielt haben – im Evaluierungsmodus stehen Ihnen alle Funktionen bis zu 60 Tage zur Verfügung.

Von einem Referenzhost werden die Netzwerkeinstellungen, Storages (bedingt), das Sicherheitsprofil (Firewall), NTP-Einstellungen und noch einiges mehr in einem Hostprofil abgespeichert. Das erstellte Profil kann auch auf einen Cluster angewendet werden, damit alle darin befindlichen Server überprüft werden.

Hostprofil erstellen

Richten Sie sich einen Host vollständig nach Ihren Bedürfnissen und Erfordernissen ein und erstellen Sie anschließend von ihm ein Hostprofil. Achten Sie auf die genauen Einstellungen Ihres Referenzhosts (siehe auch Kapitel 5), denn folgende Konfigurationen werden dabei berücksichtigt:

Arbeitsspeicher
: Die Reservierung für den Arbeitsspeicher sollte auf einen festen Wert eingestellt sein.

Speicherkonfiguration
: Die hinterlegten Werte für NFS, FCoE (Fibre Channel over Ethernet), Multipathing und iSCSI

Netzwerk
: Die Anzahl der virtuellen Netzwerkswitches, deren Portgruppen, Einstellungen zum Standardgateway, Duplexmodus und Geschwindigkeit der Netzwerkkarten, Sicherheitseinstellungen beim vSwitch und dessen untergeordneten Portgruppen und gegebenenfalls Gruppierungsrichtlinien (NIC-Teaming)

Datum und Zeit
: Die NTP-Konfiguration mit der Serverzeitzone und NTP-Servereinträgen

Dienste und Firewall
: Die Einstellungen zur Firewall mit geöffneten oder geschlossenen Ports (nicht die Einstellungen, die gegebenenfalls auf der Kommandozeile vorgenommen wurden) und den zugehörigen Diensten bzw. Daemons

Sicherheitskonfiguration
: Passwort des Users root und SSH-Schlüssel für ihn

Erweiterte Konfiguration
: Eingestellte Werte in der erweiterten Konfiguration des ESXi-Servers. Falls Sie hier Änderungen vorgenommen haben, weil Sie der VMware-Support dazu veranlasst hat, werden diese auch in das Profil übernommen.

Benutzer und Gruppen
: Die erstellten Benutzer und Gruppen

Weiterte Optionen
: Dazu gehören Ressourcenpools, Energierichtlinien, Host-Cache-Einstellungen etc.

Haben Sie an alles gedacht und alle Einstellungen vorgenommen, klicken Sie mit der rechten Maustaste auf den fertigen ESXi-Server und wählen aus dem Kontextmenü HOSTPROFIL → PROFIL VOM HOST ERSTELLEN.

Geben Sie einen Namen und eine Beschreibung für das Profil an (siehe Abbildung 13-1). Es ist von Vorteil, den Namen des Hosts mit anzugeben, damit später eine Identifikation einfacher ist.

Klicken Sie auf WEITER und anschließend auf BEENDEN – und kurze Zeit später ist das Profil erstellt.

Über HOME → HOSTPROFILE können Sie Ihr Werk begutachten. Dort haben Sie auch die Möglichkeit, die Angaben zu bearbeiten (PROFIL BEARBEITEN) und abzuspeichern (PROFIL EXPORTIEREN). Letzteres speichert die Datei im VMware-Profilformat (*.vpf*).

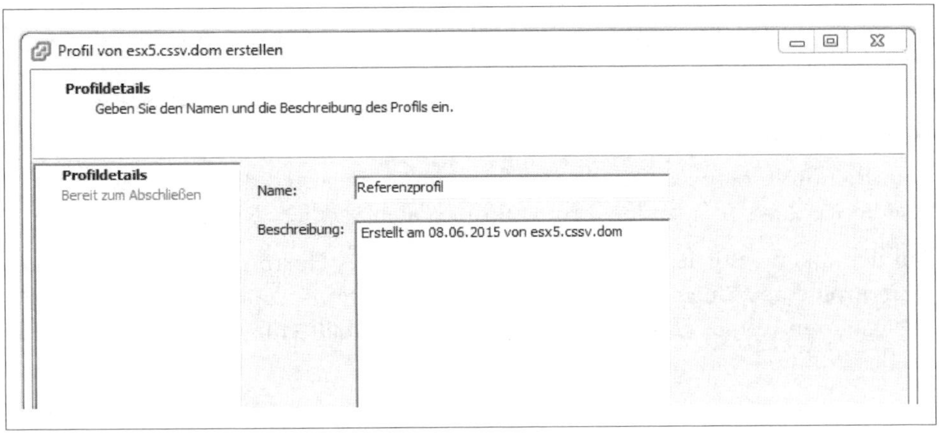

Abbildung 13-1: Referenzprofil von einem Host erstellen

Überprüfen Sie das Profil und nehmen Sie gegebenenfalls die Einstellungen zum iSCSI heraus. Sie sehen die Probleme nach der Übernahme nicht sofort, sondern erst, wenn der Host neu gestartet wurde. Dann kann der Hosts eventuell keine VM mehr starten oder per vMotion bekommen, die auf einem iSCSI-Volume residiert.

In diesem Menü können Sie übrigens auch ein neues PROFIL ERSTELLEN. Über den Assistenten können Sie hier ebenfalls einen ESXi-Server auswählen, der als Referenzhost gelten soll.

Möchten Sie sich die Einstellungen für später aufheben oder einen anderen Cluster damit konfigurieren, können Sie das Profil im VMware-Profilformat **.vpf* exportieren und z.B. im Netzwerk oder auf einem USB-Stick abspeichern. Zum Importieren gehen Sie wieder den gleichen Weg wie vorher: Über HOME → HOSTPROFILE klicken Sie auf das Symbol PROFIL ERSTELLEN. Im Assistenten wählen Sie die Option zum Importieren eines Profils, geben Speicherort und Dateiname an und klicken auf WEITER. Wählen Sie einen aussagekräftigen Namen und gegebenenfalls eine Beschreibung und klicken Sie auf WEITER. Nachdem Sie auf BEENDEN geklickt haben, müsste das importierte Profil in der Liste erscheinen.

Hostprofil bearbeiten

Wenn Sie sich ein Profil erstellt haben, können Sie es natürlich nachträglich noch bearbeiten oder ändern. Manchmal fällt einem erst nach einer gewissen Zeit auf, dass die eine oder andere gewählte Einstellung oder Richtlinie vielleicht doch nicht so toll war.

Über HOME → HOSTPROFILE wählen Sie das zu bearbeitende Profil aus und klicken auf HOSTPROFIL BEARBEITEN. Jetzt können Sie den Namen oder die Beschreibung ändern und die Richtlinie bearbeiten oder deaktivieren. Aktivieren Sie anschließend die Übereinstimmungsprüfung für die Richtlinie und klicken Sie auf OK, um den Profileditor zu schließen.

Eine Richtlinie bearbeiten

Eine Richtlinie beschreibt, wie eine bestimmte eingestellte Konfiguration angewendet werden soll. Mit dem Profileditor können Sie diese Richtlinien bearbeiten.

Auf der linken Seite des Profileditors können Sie das Hostprofil erweitern, um die Unterprofile anwählen zu können, die nach Funktionsgruppen und Konfigurationsinstanzen festgelegt sind. Jedes Unterprofil enthält einige Richtlinien, die die für das Profil relevanten Konfigurationen beschreiben.

Wenn Sie sich bis zu der zu ändernden Einstellung durchgehangelt haben, wählen Sie auf der rechten Seite die Registerkarte KONFIGURATIONSDETAILS. Jetzt können Sie über das Drop-down-Menü eine Richtlinienoption auswählen und den gewünschten Parameter festlegen.

Deaktivieren von Richtlinien

Bei den Hostprofilrichtlinien können Sie festlegen, ob eine Übereinstimmungsprüfung für jede Richtlinie durchgeführt werden soll. Im Profileditor navigieren Sie zu der gewünschten Richtlinie und wählen auf der rechten Seite des Fensters die Registerkarte ÜBEREINSTIMMUNGSDETAILS aus. Soll diese Richtlinie ausgenommen werden, deaktivieren Sie einfach das Kontrollkästchen. Alle anderen Richtlinien werden weiterhin geprüft.

Hostprofil anhängen

Nachdem Sie ein Profil einer beispielhaften Konfiguration erstellt haben, können Sie den zweiten ESXi-Server auswählen und – wie oben – über das Kontextmenü ein Profil anhängen. Sie haben ebenfalls die Möglichkeit, die gesamten im Cluster befindlichen Hosts gemäß dem erstellten Profil zu überprüfen und auch das Referenzprofil allen Hosts im Cluster gleichzeitig zuzuweisen.

> Vom Übernehmen eines Profils auf Clusterebene rate ich im Produktivbereich dringend ab, weil der jeweilige Host in den Wartungsmodus gesetzt werden muss. Sollten Probleme bei der Übernahme auftreten, befinden sich die Hosts gegebenenfalls in einem Zustand, in dem keine VM mehr gestartet werden kann. Wenn Änderungen an den Netzwerkeinstellungen vorgenommen werden müssen, bekommen Sie unnötig viele Alarmmeldungen.

Es gibt insgesamt vier Möglichkeiten, einem Host oder Cluster ein Profil anzuhängen:

1. Über die Hauptansicht HOSTPROFILE
2. Über das Kontextmenü eines Hosts
3. Über das Kontextmenü eines Clusters
4. Über die Registerkarte PROFIL-ÜBEREINSTIMMUNG des Clusters

Wählen Sie jetzt aus dem Kontextmenü auf dem Host HOSTPROFIL → PROFIL VERWALTEN aus. In der Übersicht des ESXi-Servers erscheint das angehängte Profil. Der nächste Schritt ist die Überprüfung auf Übereinstimmung der Konfiguration.

Klicken Sie im Kontextmenü auf HOSTPROFIL → ÜBEREINSTIMMUNG PRÜFEN. In der Registerkarte ÜBERSICHT sehen Sie das Ergebnis der Überprüfung. Falls dort eine Unstimmigkeit aufgetaucht ist, können Sie über den Link ein weiteres Meldungsfenster öffnen und den Text begutachten. Ein Beispiel sehen Sie in Abbildung 13-2.

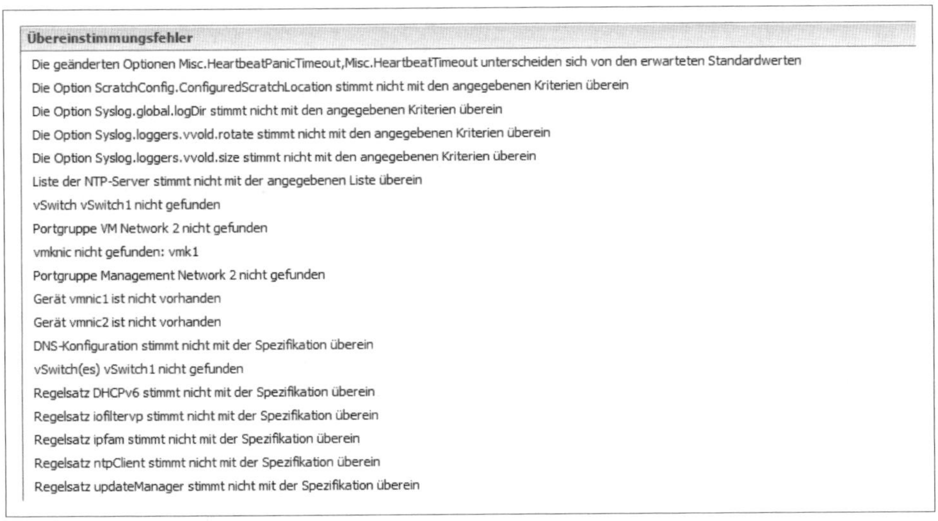

Abbildung 13-2: Meldung der Differenzen zum Referenzprofil

Sie können jetzt manuell die einzelnen Punkte durchgehen und verändern oder den ESXi-Server in den Wartungsmodus versetzen und das Profil dann übernehmen, wie in Abbildung 13-3 beispielhaft gezeigt.

Klicken Sie auf die Schaltfläche BEENDEN, damit die Übernahme erfolgt.

> Wenn der Vorgang abgeschlossen ist, wird die Meldung mit den Übereinstimmungsfehlern nicht automatisch zurückgesetzt. Klicken Sie erneut auf HOSTPROFIL → ÜBEREINSTIMMUNG PRÜFEN, bevor Sie nach möglichen Fehlern suchen. Als Ergebnis sollten Sie etwas Ähnliches wie in Abbildung 13-4 sehen.

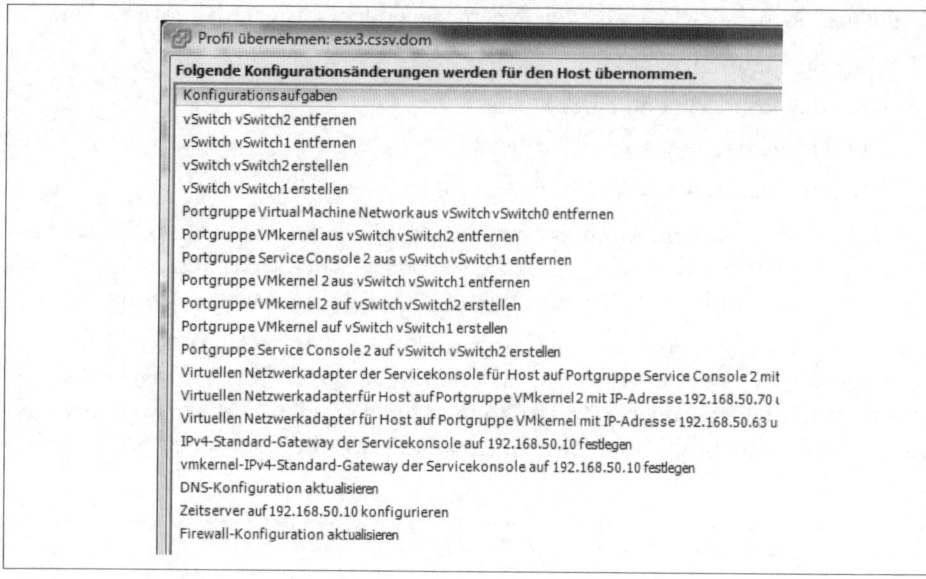

Abbildung 13-3: Fenster Profil übernehmen (Ausschnitt)

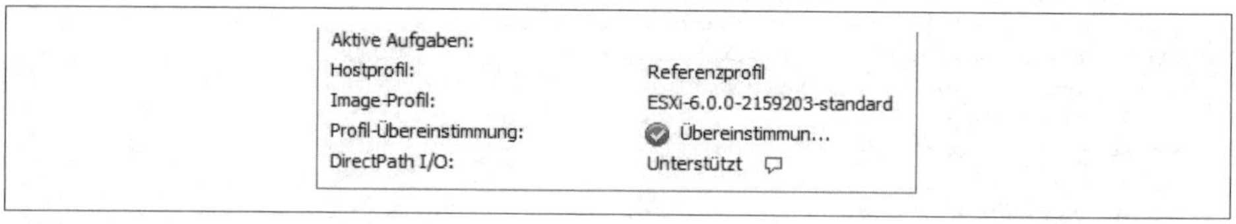

Abbildung 13-4: Meldung zur Übereinstimmung des Profils

Sollte bei Ihnen keine Übereinstimmung mit dem Referenzprofil zustande kommen, klicken Sie auf den blauen Link, neben Profil-Übereinstimmung, um Details zu sehen. Eventuell ist ein Neustart des Hosts nötig, damit er die Änderungen an seiner Konfiguration übernehmen kann. Wenn Sie in Ihrer Konfiguration auch unterschiedliche Management-Network-Switches hatten, wird der Switch oder die Portgruppe gelöscht und anschließend neu mit der vorgegebenen Konfiguration erstellt. Dabei ist die Verbindung zum vCenter Server natürlich kurz unterbrochen. Sie werden also auf der Registerkarte ALARME → AUSGELÖSTE ALARME einen Eintrag finden, der besagt, dass die Netzwerkverbindung unterbrochen ist bzw. war.

Überprüfen Sie dann in den Einstellungen unter KONFIGURATION → NETZWERK, ob alles richtig geändert wurde und die Netzwerkkarten korrekt wieder verbunden sind, also die Verbindung wieder steht. Schauen Sie ebenfalls nach der richtigen Übertragungsrate der NICs, also z.B. 1000/Voll. Wenn alles in Ordnung ist, setzen Sie den Alarm dann auf grün, indem Sie ihn über das Kontextmenü löschen (rechte Maustaste).

Leider ist diese sehr hilfreiche Funktion nur in der teuersten Edition der Lizenzmodi von VMware enthalten, in vSphere Enterprise Plus. Da man die Konfiguration der ESXi-Server aber immer am Anfang der Einrichtung der virtuellen Welt vornimmt, kann man diese Funktion im nicht lizenzierten 60-Tage-Modus fast zwei Monate lang ausprobieren.

Auch wenn Sie ein Upgrade von vSphere 5 auf vSphere 6 planen, sind die Hostprofile ein sehr nützliches Tool. Da ich in Umgebungen mit bis zu zehn ESXi-Servern und bis zu 300 virtuellen Maschinen ein etwas anderes Vorgehen bevorzuge, als VMware empfiehlt, habe ich für meine Kunden dieses Tool schon häufiger eingesetzt.

Dazu ein Beispiel:

Sie haben drei ESXi-Server, mehrere virtuelle Maschinen und einen vCenter Server. Sie greifen üblicherweise mit dem vSphere Client auf den vCenter Server zu. VMware empfiehlt, als Erstes den vCenter Server auf den neuesten Stand zu bringen. Dann können Sie aber nicht mehr mit dem bisherigen vSphere Client, wohl aber über RDP (Remote Desktop Protocol, falls aktiviert) und gegebenenfalls per Webbrowser (Web Client) darauf zugreifen. Auf der DVD zum vCenter Server befindet sich der neue vSphere Client (6.0), der auch üblicherweise beim Autostart der DVD zur Installation angeboten wird. Außerdem können Sie diesen einzeln von der Webseite des Unternehmens herunterladen.

Nach der Installation des Clients und des vCenter Servers können Sie den *Update Manager* installieren, um hinterher Ihre Hosts auf den neuesten Stand zu bringen. Sie müssen sich anschließend nur unter den Plug-ins auf dem vCenter Server die Erweiterung für Ihren vSphere Client installieren (*Update Manager Plug-In*).

Den alten vCenter Server können Sie gegebenenfalls nicht updaten, da er mittlerweile ein 64-Bit-Betriebssystem benötigt, was vorher nicht möglich oder nötig war. Besser installieren Sie den vCenter Server neu und binden die »alten ESXi-Hosts« wieder an. Sie können die Daten aus der Datenbank des alten vCenter Servers exportieren und in den neuen vCenter Server importieren – wenn Sie das für notwendig erachten. Sie können aber auch den alten Server herunterfahren und später gegebenenfalls auf diesem die alten Daten nachsehen.

Haben Sie bereits eine vSphere-5.5-Umgebung, können Sie den vCenter Server natürlich updaten, ohne ihn neu installieren zu müssen. Die Details zum Upgraden einer alten auf die neue Version werden in Kapitel 14 ausführlich beschrieben.

Haben Sie mehrere Hosts in der Vorgängerversion und möchten lieber eine »saubere« Neuinstallation durchführen, sind die Hostprofile allerdings eine nützliche Sache. Nehmen Sie sich einen ESXi-Server heraus, bringen Sie diesen auf den neuesten Stand, konfigurieren Sie ihn anschließend wie gewünscht – falls notwendig – und erstellen Sie ein Hostprofil von ihm. Der nächste neu installierte Host kann dann dieses Profil übernehmen usw.

vSphere Auto Deploy

In großen Umgebungen kann man die Installation der gewünschten ESXi-Hosts mithilfe von Skripten deutlich vereinfachen und beschleunigen (siehe Kapitel 3). Ein standardmäßig installierter Host kann, wie bereits erwähnt, durch Hostprofile an die Clusterumgebung angepasst werden. vSphere Auto Deploy bietet eine weitere Möglichkeit, eine große Anzahl von ESXi-Servern in kürzester Zeit an den Start zu bringen. Auch hier werden Skripte und Hostprofile eingesetzt.

Die heutige Hardware für die ESXi-Server besitzt Netzwerkkarten, die beim Starten Informationen über PXE (Preboot Execution Environment) aus dem Netzwerk ziehen können. Dabei muss eine gewisse Infrastruktur vorliegen, die in Abbildung 13-5 schematisch dargestellt ist.

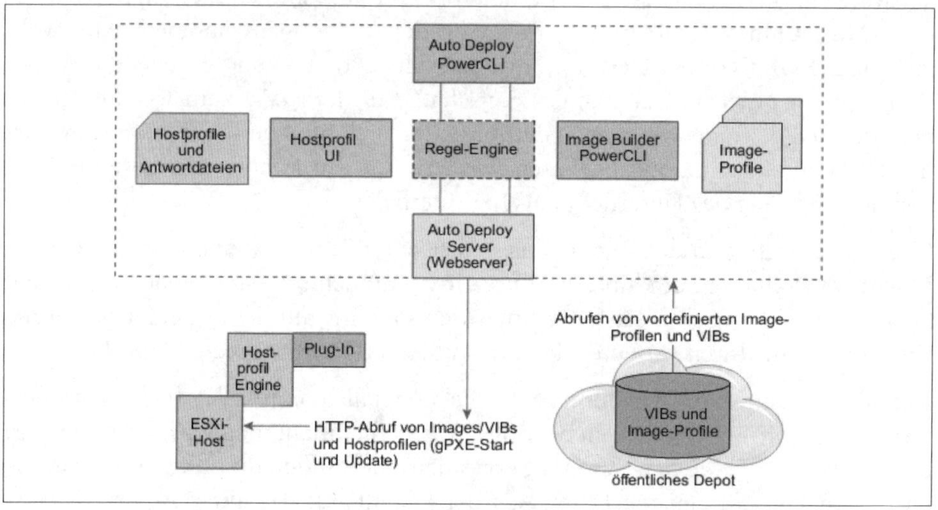

Abbildung 13-5: Komponenten von vSphere Auto Deploy

Sie brauchen also zunächst einen korrekt eingerichteten vCenter Server. Die vCenter Server Appliance auf Basis von SuSE Linux kann dafür ebenfalls genutzt werden, aber ESXi Auto Deploy muss auf ihr gegebenenfalls separat gestartet werden. Außerdem benötigen Sie

- die Installation des ESXi Dump Collectors,
- (optional, aber empfohlen) den Syslog Collector,
- das Paket vSphere Auto Deploy,
- das Image des ESXi-Servers, das direkt in den Arbeitsspeicher des Hosts geladen wird,
- ein Auto Deploy Repository,
- gegebenenfalls einen vSphere Authentication Proxy und
- eine oder mehrere Antwortdateien.

Zu den Einzelheiten gibt es ein teilweise auf Deutsch und Englisch verfasstes PDF-Dokument von VMware namens *vsphere-esxi-vcenter-server-60-installation-setup-guide.pdf*. Dort wird ab Seite 76 detailliert die Vorgehensweise beschrieben, weshalb ich sie hier nicht wiederholen möchte. Einzelheiten zum Hostprofil können Sie diesem Dokument entnehmen, Installationsskripte sind in diesem Buch dafür ausreichend in Kapitel 3 beschrieben.

VSA Storage

Mit der vSphere Storage Appliance (VSA) wurde in Version 5 von VMware vSphere eine neue Technologie für ein gemeinsames Storage eingeführt. Das Besondere daran war die gemeinsame Nutzung von lokalen Platten der beteiligten ESXi-Server. Diese Möglichkeit hat VMware nicht weitergeführt, sondern zum April 2014 zugunsten von vSAN (Virtual SAN) und vVOL (Virtual Volumes) eingestellt. Von anderen Herstellern gibt es aber die Möglichkeit der Nutzung von lokalem Speicher als »gemeinsamen« Storage immer noch.

Wie funktionierte das nun bei VMware oder funktioniert noch heute bei den anderen Herstellern? Der Name »Appliance« sagt aus, dass es sich um eine vorgefertigte virtuelle Maschine handelt. Diese wird auf jedem Host (zwei oder drei) installiert bzw. als OVF-Vorlage bereitgestellt. Diese VM nimmt sich den gesamten lokalen VMFS-Speicher und teilt ihn in zwei Bereiche auf. Das sogenannte *VSA Storage Cluster* repliziert einen Bereich jeweils auf den Nachbarhost und stellt damit ein gespiegeltes NFS-Storage dem jeweils anderen Host zur Verfügung (siehe Abbildung 13-6). Bei einem Ausfall eines ESXi-Servers steht der gespiegelte Bereich dem anderem Host zur Verfügung, sodass HA weiterhin funktioniert.

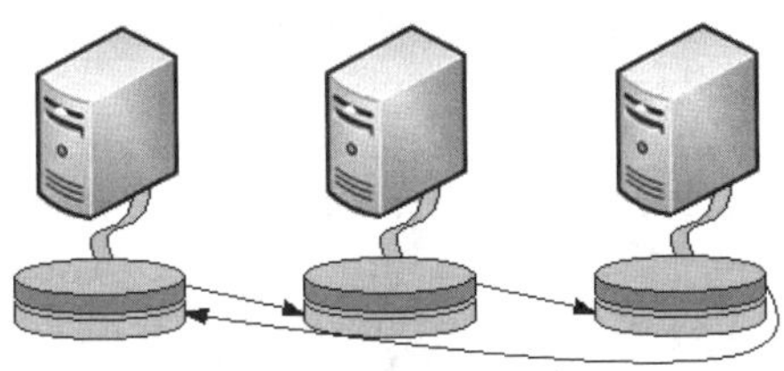

Abbildung 13-6: Funktionsprinzip eines VSA Storage

Virtuelle Volumes und vSAN

Eine ähnliche Strategie wie oben beschrieben verfolgt VMware mit virtuellen Volumes und vSAN seit der Version 5.5. Innerhalb eines Clusters können die lokalen Platten der minimal drei und maximal 64 Hosts zu einem Pool zusammengeschlossen und als sogenannter *Shared Storage* genutzt werden (siehe beispielhaft Abbildung 13-7). VMware spricht hier von Speichervirtualisierung für das *Software Defined Datacenter*, allerdings ist das kein Ersatz für ein herkömmliches

SAN. In einem Cluster kann man alle leeren Datenträger der ESXi-Server zu einem vSAN-Cluster automatisch oder manuell zu dem Pool hinzufügen. Externe Festplatten können in der aktuellen Version 6 des vSAN ebenfalls eingeschränkt verwendet werden. Der ESXi-Kernel hat dafür die Erweiterung bereits implementiert, sodass eine zusätzliche Appliance als VM entfällt. Jedoch braucht jeder Host mindestens eine zusätzliche SSD-Festplatte für den Pool, womit die Leistungsfähigkeit nochmals erhöht wird. Ein vSAN nur mit Flash-Speicher ist ebenfalls möglich, lässt sich aber nur über die Kommandozeile mit dem Befehl »esxcli« einrichten.

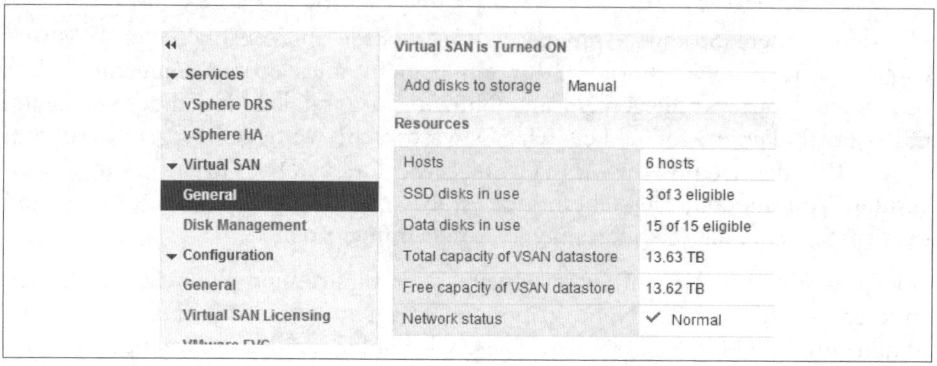

Abbildung 13-7: Virtual SAN mit 6 Hosts

Da die Anbindung der Laufwerke zwischen den Hosts über ein Netzwerk realisiert wird, empfiehlt VMware 10-GBit-Netzwerkkarten, wenn möglich sogar mehrere und gegebenenfalls zu einem Team zusammengefasst. Darüber könnten dann auch Hosts auf den Storage Pool zugreifen und diesen nutzen, ohne selbst an dem Shared Storage beteiligt zu sein.

Das herkömmliche Anlegen von Volumes im SAN hat gegenüber dem virtuellen SAN (vSAN) bzw. virtuellen Volumes (vVol) Nachteile, die sich auf die Leistung der VMs negativ auswirken können. Einige Speicherhersteller bieten für vSphere angepasste Lösungen an, die vordefinierte Softwareschnittstellen (VMware API for Storage Awareness, VASA) für den Zugriff bieten. Auf der Speicherseite können Definitionen für SLAs (Service Level Agreements) und Performance eingerichtet werden, die dann transparent an die vSphere-Umgebung weitergegeben werden.

Bietet der Datenspeicher beispielsweise verschiedene RAID-Gruppen mit unterschiedlichen Geschwindigkeiten und verschiedenen Datenträgern (SATA, SAS und SSD) an, so kann man Gruppen bzw. Speichercontainer für verschiedene Bedürfnisse erstellen. Diese Container stehen dann auch im vCenter Server zur Verfügung und können über den Web Client für VMs genutzt werden.

Einer VM wird dann keine *.vmdk* Datei auf einem VMFS-Volumes, sondern ein Speicherplatz in einer vorher definierten Gruppe (langsam, mittel oder schnell) zugeordnet. Damit werden die Verwaltung und das Layout an den Datenspeicher übertragen und nicht mehr vom ESXi-Server gehandhabt. Dieser hat keinen direkten Zugriff auf das virtuelle Volume.

Ein virtuelles Volume wird nicht wie ein Standardvolume im Voraus erstellt, sondern z. B. beim Anlegen oder Klonen einer VM dynamisch auf dem Storage erzeugt. Auch Snapshots einer VM können davon profitieren oder werden direkt vom Speicheranbieter unterstützt. Innerhalb der VM bemerkt man davon nichts, das Betriebssystem sieht wie üblich ihren SCSI-Datenträger mit einer maximalen Kapazität von 62 TByte. Eine VM kann auch mehrere virtuelle Volumes belegen. Deren Ausdehnung entspricht dann der jeweiligen Festplattendatei, wobei für die Startfestplatte auch eine andere Gruppe als für die Datenplatten ausgewählt werden kann. In der früheren Version sprach VMware deshalb auch von einem *VM Granular Storage*.

Für die Konfigurations- und Logdateien der VM wird ein Konfigurationsvolume mit VMFS (nicht bei NFS) angelegt. Dabei handelt es sich ebenfalls um ein virtuelles Volume. Für die RAM-Auslagerungsdatei (*.vswp*) und die Snapshot-RAM-Datei (*.vmsn*) werden vom System dynamisch weitere vVols angelegt. Das heißt also mindestens drei vVols pro VM. Achten Sie auf die Begrenzungen bei Ihrem Storage: gegebenenfalls können dort nur 200 dieser Volumes angelegt werden, andere Hersteller bieten bis zu 1.000.000 Volumes. Da die bisherige maximale Anzahl an Volumes von 256 (LUNs) nicht gestiegen ist, bedient man sich eines Tricks: Ähnlich wie damals bei der analogen Telefonie, wo nur vier Leitungen mittels eines Primärmultiplexers auf bis zu 30 Leitungen vervielfacht wurden, setzt man auf spezielle *Demultiplexer LUNs*, die die Vielzahl der notwendigen Volumes quasi als Proxy zur Verfügung stellen. Diese nennen sich bei VMware *Protocol Endpoint* (PE) und werden vom Speicherhersteller implementiert.

Damit die Kommunikation zwischen den beiden Welten funktioniert, muss auf dem vCenter Server eine zusätzliche Software des Speicherherstellers installiert bzw. registriert werden. Nur dann kann die Verbindung zwischen den Komponenten von vSphere und dem Speicheranbieter über den in vSphere enthaltenen Speicherüberwachungsdienst (Storage Monitoring Service, SMS) zustande kommen und die Speichercontainer genutzt werden.

Die Einrichtung für eine VM erfolgt nur über den Web Client, über den vSphere Client kann man keine virtuellen Volumes einrichten. Beim Erstellen einer neuen VM werden Sie nach einer VM-Speicherrichtlinie gefragt. Das Kontextmenü, welches in Abbildung 13-8 dargestellt ist, zeigt dabei alle konfigurierten Möglichkeiten:

Abbildung 13-8: Möglichkeiten bei der VM-Speicherrichtlinie

- Erstellung der VM auf einem vorhandenen VMFS-Datenträger
- Virtuelles Volume ohne weitere Einstellungen
- Virtuelles SAN mit Standard-Konfiguration

In der erworbenen Lizenz von vSphere ist die Technik von virtuellen Volumes zwar enthalten, vom vSAN jedoch nicht, diese muss pro CPU-Sockel der beteiligten Hosts zusätzlich erworben werden (siehe Warnmeldung in Abbildung 13-9).

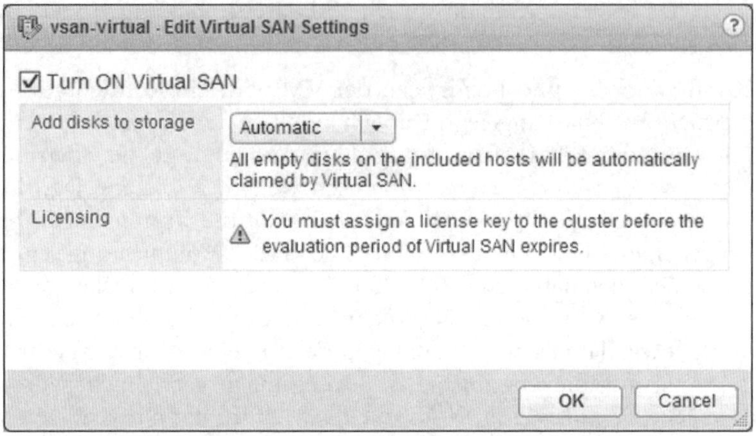

Abbildung 13-9: Warnmeldung bezüglich vSAN-Lizenz

Eine zusätzliche Besonderheit, die zurzeit nur bei vVols durchgeführt wird, sind *reverse Snapshots*. Dabei werden die Änderungen nach einem Snapshot nicht in die Deltadatei sondern direkt auf die Festplatte geschrieben. Sollten Blöcke geändert, gelöscht oder überschrieben werden, landen diese Daten in der Redo-Datei. Durch dieses Verfahren ist die Übernahme des aktuellen Zustandes der VM so schnell wie vorher das Zurückkehren zum Snapshot. Da das Übernehmen des aktuellen Zustandes deutlich häufiger vorkommt, hat man erhebliche Zeit gespart. Muss man doch einmal zu dem vorherigen Zustand zurückkehren, dauert es allerdings so lange wie vorher das Übernehmen.

Fault Tolerance ist bei vSAN und vVols zurzeit nicht möglich.

Mit NFS 4.1 und IPv6 können virtuelle Volumes nicht verwendet werden und als Lizenz benötigen Sie Enterprise Plus.

Da es bei der detaillierten Konfiguration sehr stark auf den Speicher und den Speicheranbieter ankommt und es dabei erhebliche Unterschiede gibt, kann ich hier aus Platzgründen nicht weiter darauf eingehen.

Jetzt können Sie Ihre virtuellen Maschinen in den neuen gemeinsamen Storage legen oder dort neue erstellen.

KAPITEL 14

VMware Update Manager, Upgrade und Converter

Wenn Sie mit dem vCenter Server auch die Installation des Update Managers vorgenommen haben, hat dieser sicherlich schon Informationen aus dem Internet heruntergeladen, um potenzielle Patches, Updates und Benachrichtigungen anzeigen zu können, die sogenannten »Baselines« (Grundeinstellungen für Updates) zugeordnet werden. Zu diesem Zeitpunkt können Sie aber außer auf der Festplatte des Servers keinerlei Einstellungsmöglichkeiten sehen. Das liegt gegebenenfalls daran, dass das Plug-in für den vSphere Client noch nicht auf Ihrem Rechner installiert ist. Die notwendige Vorgehensweise und die komplette Konfiguration des VUM (vSphere Update Manager) besprechen wir im zweiten Teil dieses Kapitels.

Der in vSphere integrierte vCenter Server Converter, wie man ihn aus den vorigen Versionen her kennt, ist nicht mehr Bestandteil des Installationsmediums des vCenter Servers. Als Stand-alone-Variante kann man ihn in der Version 6.0 allerdings herunterladen und auf jedem Windows-Rechner nutzen.

Konsolidieren

Eines der wichtigsten Themen bei der Virtualisierung in einer produktiven Umgebung ist die Übernahme bereits vorhandener physischer Rechner in die virtuelle Welt. Man spricht hier von einer *Konsolidierung*, weil meist mehrere Computer auf nur wenig Hardware zusammengefasst werden.

Da der Zugriff auf die Datenträger beim Booten des physischen und virtuellen Servers meistens unterschiedlich ist, kommt es in erster Linie auf die Anpassung des zukünftigen Gastbetriebssystems vor dem ersten Start in der virtuellen Welt an. Schlägt die Anpassung fehl, startet die VM später nicht.

Für die Virtualisierung von physischen Rechnern gibt es mehrere Möglichkeiten. Die einfachste Methode, die auch meistens funktioniert, ist der Import durch den VMware Converter, der nachfolgend besprochen wird. Hat man keine vSphere-Umgebung mit dem Management-Server, kann man trotzdem den VMware Converter Standalone als unabhängiges Produkt von der VMware-Webseite (nach Registrierung) herunterladen.

Neben dem VMware Converter gibt es noch einige weitere Produkte, die ebenfalls für die Konvertierung genutzt werden können. Als Erstes ist der vConverter von Vizioncore (jetzt Dell) zu nennen, weil er die zuverlässigste Alternative zum VMware-Produkt darstellt. Nach einer kurzen Registrierung kann das kostenlose Testprodukt über den zugesandten Link heruntergeladen und eingesetzt werden. Gerade bei nicht standardmäßigen Bootloadern oder mehreren Betriebssystemen auf einem Rechner ist dieses Produkt die richtige Wahl.

Acronis Backup & Recovery ist ebenfalls in der Lage, physische Maschinen in die virtuelle Welt zu holen. Dabei erstellt man ein Image des laufenden oder ausgeschalteten Rechners und spielt es in eine bereits vorhandene VM ein. Dieses Produkt und der vConverter sind auch in der Lage, den umgekehrten Weg zu gehen, also den Export einer VM in eine physische Maschine. Der VMware Converter kann auch die entstandenen *.tib*-Dateien von Acronis in VMs konvertieren und anpassen.

VMware Converter Standalone

Ob der Converter wie bei früheren Versionen als Plug-in im vCenter Server oder als unabhängiges Produkt eingesetzt wird, spielt beim Import auf einen ESXi- oder vCenter Server keine Rolle. Es ist auch egal, ob eine Windows- oder Linux-Maschine virtualisiert werden soll, ob Sie nur ein Backup oder Image von der zukünftigen VM haben oder ob es bereits eine laufende virtuelle Maschine auf einem anderen Produkt ist, z.B. Microsoft Virtual Server.

Folgende Importmöglichkeiten stehen zur Verfügung:

- Ein laufender Rechner über das Netzwerk (administrativer Zugriff vorausgesetzt)
- Ein Image von Acronis 9.1, 9.5, 10 und 11 (*.tib*-Datei)
- Ein Image von StorageCraft Shadow Protect (*.spf*-Datei) der Versionen 2.0, 2. 5, 3.0 bis 3.2
- Ein Image von Norton Ghost 10.0, 12.0 und 14.0
- Parallels Desktop 2.5, 3.0 und 4.0 sowie Parallels Workstation 2.x (keine komprimierten Festplatten)
- Ein Image von Symantec LiveState Recovery 3.0 und 6.0 (nur *.sv2i*-Datei)
- Ein Image von Symantec Backup Exec System Recovery 6.5, 7.0, 8.0 und 8.5
- Ein Backup von VMware Consolidated Backup (VCB)
- Eine ausgeschaltete VM von allen VMware-Produkten, Microsofts Virtual PC und Server und auch von Hyper-V

Die Konvertierung eines Rechners mit EFI statt BIOS und umgekehrt ist nicht möglich.

Der VMware Converter Standalone kümmert sich automatisch um das Alignment der Festplatte der virtuellen Maschine!

Installation des Converters

Der vCenter Converter Standalone automatisiert und vereinfacht die Konvertierung physischer in virtuelle Maschinen, anderer virtueller Maschinen in ESXi-VMs oder vorher gemachter Images in VMs. Eine Konvertierung zurück in das physische Format ist hiermit nicht möglich. Der Converter wird üblicherweise auf einem Rechner im Netzwerk installiert, der Zugriff auf die zu klonende Maschine und den Zielrechner, z. B. ESXi-Server oder vCenter Server, hat.

Sollte es doch einmal notwendig sein, eine virtuelle wieder in eine physische Maschine zu konvertieren, können Sie sich dabei wohl am ehesten auf *Acronis Backup & Recovery* verlassen. In allen bisherigen Fällen ging der Umzug zwischen verschiedenen Hardwareplattformen (virtuell oder physisch) meist ohne Probleme vonstatten.

Die Installation des Converter Standalone kann auf fast jeder Windows-Plattform durchgeführt werden:

- Windows Server 2003 R2 32 und 64 Bit mit SP2
- Windows Vista 32 und 64 Bit mit SP2
- Windows 7, 8 und 8.1 mit 32 und 64 Bit
- Windows Server 2008 32 und 64 Bit mit SP2
- Windows Server 2008 R2 64 Bit sowie 2012 und 2012R2

Alle diese Maschinen können als Converter-Client und als Converter-Server dienen und auch vom Converter selbst als physische oder virtuelle Maschine in die virtuelle Welt importiert werden. Es muss nicht unbedingt eine vSphere-Umgebung für die neue virtuelle Maschine angegeben werden – man hat auch die Möglichkeit, eine andere Virtualisierungssoftware von VMware dafür zu nutzen.

Umwandeln kann der Converter zusätzlich fast alle Red Hat-, SuSE- und Ubuntu-Maschinen, nur kann er dort nicht als Server oder Client installiert werden.

Der vCenter Converter Standalone kann von der VMware-Webseite kostenlos (nach einmaliger Anmeldung) heruntergeladen und installiert werden (*VMware-converter-en-6.0.0-2716716.exe*). Nutzen Sie für die Installation das benutzerdefinierte Setup und wählen Sie, wie in Abbildung 14-1 beispielhaft gezeigt, die Komponenten aus, die Sie benötigen.

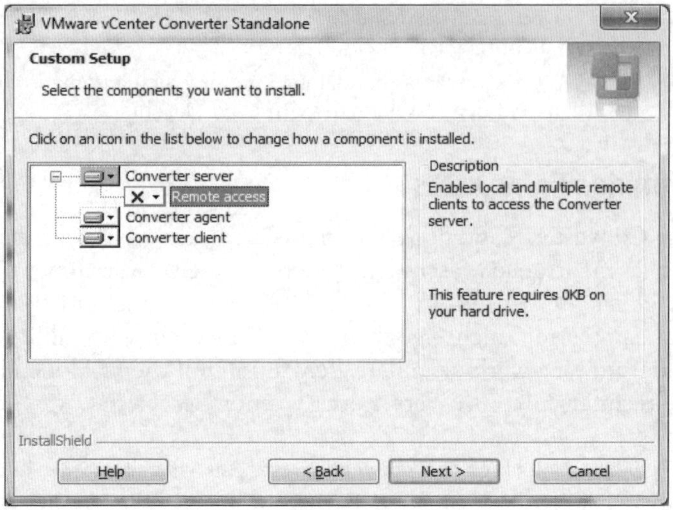

Abbildung 14-1: Installation des vCenter Converter Standalone

Wenn der Begrüßungsbildschirm angezeigt wird, klicken Sie auf WEITER.

Wählen Sie aus den folgenden Möglichkeiten das Passende aus:

- CONVERTER-SERVER: Dieser kann zentral auf einem Computer installiert werden, auf dem dann die eigentliche Arbeit verrichtet wird.
- CONVERTER-SERVER REMOTE ACCESS: Hiermit kann ein Zugriff von externen Rechnern auf den Server ermöglicht werden.
- CONVERTER-AGENT: Ist nur notwendig, wenn der lokale Rechner konvertiert werden soll.
- CONVERTER-CLIENT: Mit dem Client kann über eine grafische Oberfläche auf den Converter-Server zugegriffen werden. Dafür wird der Port 9089 benötigt.

Sie brauchen die Portnummer für HTTP und HTTPS, standardmäßig verwendet vCenter Server dafür die Ports 80 und 443 sowie den Port 9089 für einen Remote-Zugriff.

Eine physische Maschine konvertieren

Die häufigste Anwendung für den Converter ist wohl das Migrieren eines eingeschalteten Rechners im laufenden Betrieb über das Netzwerk. Diese Vorgehensweise (Hot Clone) hat den Vorteil, dass der Ausgangsrechner ohne Unterbrechung zur Verfügung steht und man den Vorgang ohne Probleme auch jede Nacht laufen lassen kann, um z. B. eine VM als Sicherheit bei einem Ausfall des physischen Rechners zu haben. Dabei werden folgende Phasen durchlaufen, die ich nachfolgend schildere:

1. Der Computer, an dem die Aufgabe gestartet wird, nimmt über den Namen oder die IP-Adresse Kontakt zum Quellrechner auf (ADMIN$ Freigabe).

2. Auf dem Quellrechner wird ein Agent installiert und mit administrativen Berechtigungen ausgeführt.
3. Der Agent überprüft die Quellmaschine und meldet die gesammelten Informationen über Betriebssystem und Hardware an den Converter.
4. Anhand der vorliegenden Informationen wird auf dem Zielrechner (ESXi-Server) eine neue VM erstellt, die möglichst die gleiche Hardware (Festplattengröße, Anzahl der CPUs und RAM usw.) hat.
5. Der Agent auf dem Ausgangs-PC macht einen Snapshot der beteiligten Volumes und übergibt die Daten dem ESXi-Server. Dieser speichert die Daten in der *.vmdk*-Datei.
6. Die erforderlichen Treiber werden in die *.vmdk*-Datei kopiert, und das Betriebssystem wird entsprechend geimpft (Registry-Änderungen).
7. Auf dem Quellrechner wird der Agent deinstalliert.
8. Beim ersten Start wird die MAC-Adresse der Netzwerkkarte der VM angepasst.

Wie Sie in Abbildung 14-2 sehen, kann die Festplattengröße vor der Konvertierung noch angepasst werden. Zu große Volumes können verkleinert und zu kleine vergrößert werden. Das funktioniert auch bei bereits bestehenden virtuellen Maschinen, indem Sie die VM über den Converter in eine VM klonen. Außerdem können Sie hier Partitionen in Laufwerke konvertieren und nicht benötigte Volumes aussparen. Brauchen Sie eine zusätzliche Partition, können Sie das ebenfalls jetzt oder nachträglich bei der VM erledigen.

Abbildung 14-2: Festplattenanpassung mit vCenter Converter

Des Weiteren haben Sie die Möglichkeit

- die Anzahl der Prozessoren zu ändern,
- die Menge an Arbeitsspeicher anzupassen,
- die Netzwerkkarte zu konfigurieren,
- laufende Dienste mit ihrer Startart anzupassen,
- eine Synchronisation nach dem Klonen anzustoßen,
- das Gastbetriebssystem in der VM benutzerdefiniert anzupassen (z. B. *Sysprep* bei Windows) und
- Wiederherstellungspunkte bei Windows zu entfernen (empfohlen).

> Wenn Sie in der fertigen VM einen Wiederherstellungspunkt von vor der Konvertierung auswählen, startet die Maschine wahrscheinlich nicht mehr.

Nachdem der Converter das Quellsystem in eine virtuelle Maschine migriert hat, sollten Sie noch ein paar weitere Arbeiten durchführen:

1. Vor dem Start der konvertierten VM schauen Sie sich zuerst die Einstellungen zur Hardware an. Entfernen Sie alles, was Sie in der VM nicht brauchen, z. B. serielle und parallele Schnittstellen, USB (funktioniert mittlerweile), Diskettenlaufwerke usw.
2. Ist die physische Maschine noch eingeschaltet, nehmen Sie in der VM den Link zur Netzwerkkarte heraus, um doppelte Namen oder IP-Adressen im Netzwerk zu vermeiden. Am besten entfernen Sie die NIC ganz und fügen eine neue hinzu, die besser zur virtuellen Maschine passt (siehe Kapitel 4).
3. Fährt die VM ohne Probleme hoch und laufen alle benötigten Anwendungen zu Ihrer Zufriedenheit, sollten Sie die VMware Tools installieren und gegebenenfalls die Auslagerungsdatei sowie Bildschirmauflösung und -farbtiefe usw. anpassen.
4. Nach dem Neustart sollten Sie die nicht mehr vorhandene Hardware entfernen. Gerade Windows merkt sich in der Registry alle jemals angeschlossenen Geräte und bekommt dadurch schon mal Probleme.

   Geben Sie in einer DOS-Box Folgendes ein:

   ```
   set devmgr_show_nonpresent_devices=1
   devmgmt.msc
   ```

   Schalten Sie anschließend unter ANSICHT die ausgeblendeten Geräte ein und deinstallieren Sie die nicht mehr vorhandenen (abgeblendet dargestellt) – mit Ausnahme des RAS-ADAPTERS und des gesamten Zweigs NICHT-PNP-GERÄTE.
5. Beachten Sie, dass die Security-ID die gleiche ist wie bei der physischen Maschine. Meistens ist das gewollt, da die VM ja die Hardware ablösen soll.

6. Ist eine Anwendung an die MAC-Adresse der Maschine gebunden und lässt sich diese nicht durch eine Neueingabe im Treiber der NIC austricksen, können Sie diese in den Einstellungen der VM unter NETZWERKKARTE frei wählen.

   Wenn Sie alles richtig gemacht haben, sollte Ihre VM nun die neue MAC-Adresse haben und damit auch starten können.

Probleme bei der Konvertierung

Nicht immer geht die Migration einer physischen in eine virtuelle Maschine ohne Weiteres vonstatten. Bei der Arbeit mit dem VMware Converter werden über die Schaltfläche PROTOKOLLINFORMATIONEN die Speicherorte der Logdateien auf beiden beteiligten Rechnern angezeigt. Diese Logdateien sind die erste Anlaufstelle, wenn es zu Komplikationen kommt. Die Lösungen zu Meldungen am Ende der Datei können auch bei VMware online abgefragt werden unter *http://kb.vmware.com*.

Beachten Sie, dass Fehler häufig aus einer nicht funktionierenden Namensauflösung resultieren. Wenn Sie diese Problem nicht in den Griff bekommen, weil die ESXi-Server in einem anderen Subnetz liegen, können Sie die physische Maschine zunächst in eine VMware Workstation-Maschine konvertieren und anschließend von dort in eine Infrastruktur-VM. Das sollte fast immer funktionieren.

Gerade bei älteren Windows-Versionen kann es zu Problemen bei dem Festplattenzugriff kommen. Microsoft hat im Artikel 314082 einen Workaround dafür festgehalten (siehe *http://support.microsoft.com/kb/314082/de*). Weitere Probleme mit dem Bootsektor können meist durch das Starten von CD in die Wiederherstellungskonsole behoben werden, indem auf der Kommandozeile die Befehle `fixmbr` und `fixboot` eingegeben werden. Ein weiteres mögliches Problem besteht in der falschen Sortierung der Festplatten und damit falschen Einträgen in der *Boot.ini*. Dieses Problem lässt sich meist durch den Befehl `bootcfg /rebuild` ebenfalls in der Wiederherstellungskonsole beheben.

Sollte bei dem importierten Windows alle obigen Schilderungen scheitern, importieren Sie nochmals und wählen beim Festplattenadapter IDE aus. Damit sollte die VM anschließend starten. Da eine IDE-Festplatte aber in der virtuellen Welt sehr langsam ist, sollten Sie diese kurzfristig in z.B. LSI Logic ändern. Wie das geht, erfahren Sie in Kapitel 19.

Bei Windows Vista und 7 ist die Vorgehensweise ähnlich: Starten Sie den Rechner von der CD und wählen Sie COMPUTERREPARATUROPTIONEN. Damit müsste alles automatisch repariert werden. Falls das nicht fruchtet, versuchen Sie es bei Vista mal mit einer Windows-7-CD – meist klappt es damit.

Wenn Sie einen Domänencontroller (DC) virtualisieren wollen, müssen Sie dabei sehr vorsichtig sein. Beachten Sie, dass der importierte DC wie ein Klon ist – mit gleichem Namen und gegebenenfalls gleicher IP-Adresse. Sollten Fehler beim oder nach dem Migrieren auftreten, lesen Sie den KB-Artikel 1006996 von VMware. Dort wird eine Vorgehensweise erklärt, die bei meinen Kunden mehrfach problemlos funktionierte. Ich empfehle aber, eine neue VM zu erstellen und die FSMO-Rollen (Flexible Single Master Operations) auf den neuen DC zu verschieben. Das funktioniert immer und ist eine saubere Vorgehensweise.

Einen Windows NT-Domänencontroller sollten Sie nicht konvertieren. Erstellen Sie besser eine VM als Backup-Domänencontroller, stufen Sie diesen (nach zwei bis drei Tagen) anschließend hoch, machen Sie einen Snapshot und aktualisieren Sie diesen auf die neue Version.

Datenbankserver und Exchange-Server sollten ebenfalls vorsichtig behandelt werden. Beenden Sie vor dem Import die jeweiligen Dienste und versuchen Sie es erst dann.

Falls Sie den Rechner direkt auf einen ESXi-Server migrieren wollen, beachten Sie Folgendes:

- Sie brauchen zur Anmeldung den User *root* und sein Passwort.
- Verwenden Sie lieber die IP-Adresse des ESXi-Servers anstelle des DNS-Namens.
- Stellen Sie sicher, dass die Ports 443 und 902 zugänglich und nicht blockiert sind.
- Denken Sie an die Größe der Volumes bei VMFS-Versionen vor Version 5: Bei 1 MByte Clustergröße können nur maximal 256 GByte große Dateien angelegt werden.
- Nutzen Sie einen eindeutigen Namen für Ihre VM, der noch nicht vergeben ist.

Update Manager

Haben Sie bei der Installation des vCenter Servers auch gleich den Update Manager installiert, versucht dieser bereits im Hintergrund, Informationen über potenzielle Updates und Patches von VMware herunterzuladen. Des Weiteren versucht er, jede Stunde einmal Benachrichtigungen über zurückgezogene Updates und Patches von VMware zu bekommen. Die Meldungen darüber sehen Sie auch ohne installiertes Plug-in am unteren Bildschirmrand bei *Kürzlich bearbeitete Aufgaben*. Einstellungen und Informationen zum Update Manager sehen Sie aber erst mit installiertem Plug-in und nur über den vSphere Client.

vSphere Client-Plug-in installieren

Klicken Sie auf der grafischen Oberfläche im Menü auf PLUG-INS → PLUG-INS VERWALTEN. Es öffnet sich ein neues Fenster, in dem Sie den Link (HERUNTERLADEN

UND INSTALLIEREN) beim Update Manager auswählen können. Wenn der Fortschrittsbalken bei 100% angelangt ist, können Sie eine Sprache für die Installation auswählen.

Sollten Sie damit Probleme haben, finden Sie die ausführbare Datei (*VMware-UMClient.exe*) auch auf dem vCenter Server unter *C:\Programme (x86)\VMware\Infrastructure\Update Manager\docroot\vci\downloads*. Falls die Schwierigkeiten an der Namensauflösung liegen, sollten Sie lieber dieses Problem zuerst lösen.

Akzeptieren Sie die Lizenzvereinbarung und klicken Sie auf WEITER. Die Installation braucht nur ein paar Sekunden, und anschließend bekommen Sie einen Hinweis, dass ein Zertifikat erforderlich ist. Wenn nicht, warten Sie, bis das *Update Manager Plug-in* in der Liste nach oben gerutscht ist. Passiert weiterhin nichts, beenden Sie den vSphere Client und melden Sie sich neu an – dann sollte es funktionieren. Bekommen Sie aber eine Fehlermeldung, so kann es am Anmeldenamen liegen: Er darf ausschließlich aus ASCII-Zeichen bestehen.

Im Fenster des Plug-in-Managers müsste kurze Zeit später die installierte Komponente im oberen Bereich der Liste auftauchen.

Abbildung 14-3: Symbol des Update Managers

Durch diese Clienterweiterung wird jeweils bei dem vCenter Server, dem Datacenter, dem Cluster, den Hosts und den vApps eine neue Registerkarte UPDATE MANAGER hinzugefügt. Bei der VM bekommen Sie jedoch nur den Hinweis, dass Sie nicht über die Bestandsliste *Hosts und Cluster*, sondern nur über *VMs und Vorlagen* darauf zugreifen können (seltsam).

Im Home-Bereich wurde ein neuer Abschnitt LÖSUNGEN UND ANWENDUNGEN erstellt, über den Sie jetzt die Konfiguration des Update Managers vornehmen können (siehe Abbildung 14-3).

Den Update Manager konfigurieren

Sie können den Update Manager als zentrale Instanz für Patches und Updates der Hosts, der virtuellen Appliances und der virtuellen Maschinen ansehen. Sie können aber für Ihre VMs keine Microsoft- oder Shavlik-Updates installieren, sondern lediglich die VMware Tools oder ein Hardware-Upgrade durchführen. Für Appliances werden jedoch Patches und Updates angeboten. Haben Sie also z.B. einen WSUS-Server (Windows Server Update Service), sollten Sie die VMs auch damit bestücken. Umgekehrt geht es übrigens nicht: Der Update Manager versorgt nur die virtuelle Welt. Bei den VMware Tools handelt es sich natürlich um eine Ausnahme, denn die bekommen Sie sonst nirgendwo, wären aber auch in einer physischen Maschine nicht besonders sinnvoll.

> Die Konfiguration des VUM ist nur über den vSphere Client und nicht über den Web Client möglich.

Haben Sie das Symbol für den Update Manager angeklickt, erhalten Sie einen Abschnitt mit sieben Registerkarten, die teilweise wiederum unterteilt sind. Auf der ersten Karte BASELINES UND GRUPPEN wird zunächst zwischen Hosts und VMs unterschieden. Bei beiden gibt es PATCH-BASELINE und UPGRADE-BASELINE. Haben Sie nur ESXi-Version 6 in Ihrer Zusammenstellung, dürfte zunächst lediglich die erste Möglichkeit, also PATCH-BASELINE, interessant sein. Patches für ältere Server, also ESX und ESXi 4.x, sowie ESXi-5.x-Hosts werden nur heruntergeladen, wenn Sie einen solchen Host Ihrer Umgebung hinzugefügt haben. In der Liste sehen Sie normalerweise zwei Zeilen für kritische und nicht kritische Patches und eine Anzahl möglicher Patches. Diese Zahl ist wieder ein Link, über den ein Fenster (siehe Abbildung 14-4) mit weiteren Informationen zu den Patches angezeigt wird.

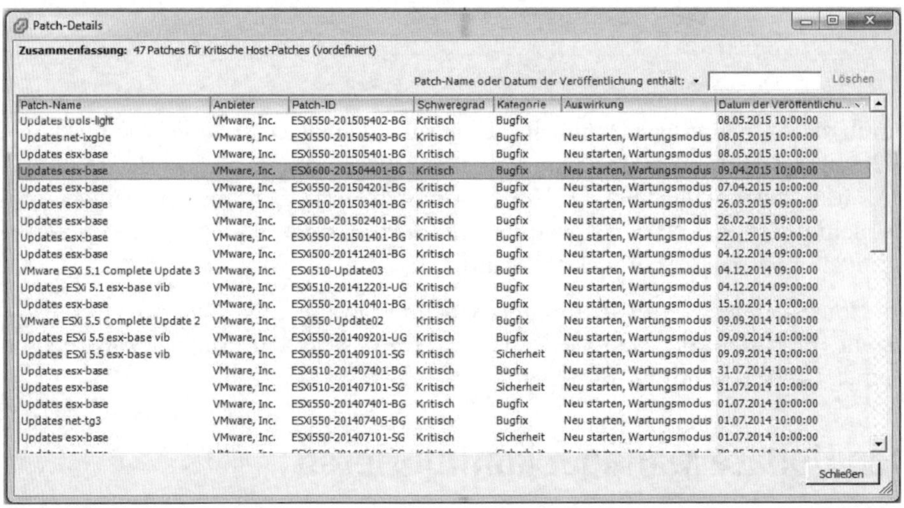

Abbildung 14-4: Patch-Details

Für große Umgebungen ist das Gruppieren von Baselines gedacht. Sie können sich auch eigene Baselines mit einem Assistenten erstellen und nach Ihren Wünschen konfigurieren.

Die eigentliche Konfiguration des Update Managers erfolgt auf der zweiten Registerkarte KONFIGURATION. Bei NETZWERKKONNEKTIVITÄT können zunächst der Port für die Client- und Hostkommunikation sowie der zuständige Server festgelegt bzw. geändert werden.

Die PATCH-DOWNLOAD-EINSTELLUNGEN sollten Sie prüfen und die Häkchen nur dort setzen, wo es für Sie Sinn ergibt. Die Quellen, von denen die Updates geholt werden, können Sie über den Link DOWNLOAD-QUELLE HINZUFÜGEN erweitern. Ein GEMEINSAMES REPOSITORY ist für manche Firmen mit großem Sicherheitsbedürfnis eine Möglichkeit, Daten zwischen Firewalls bereitzustellen. Im unteren Teil des Fensters befinden sich die Proxy-Einstellungen, die Sie hier auch gleich testen können.

Den DOWNLOAD-ZEITPLAN zum Herunterladen der Informationen können Sie hier nur einsehen. Möchten Sie ihn bearbeiten, verwenden Sie den Link DOWNLOAD-ZEITPLAN BEARBEITEN rechts oben oder gehen im Home-Bereich auf GEPLANTE AUFGABEN.

Der ZEITPLAN FÜR DAS PRÜFEN VON BENACHRICHTIGUNGEN ist ebenfalls eine vordefinierte Aufgabe, die Sie über GEPLANTE AUFGABEN finden können. Hier wird stündlich auf der Webseite von VMware nachgeschaut, ob es bei anderen Kunden zu Problemen mit Patches oder Updates gekommen ist. Wenn ja, wird der Patch gesperrt. Sie können sich auch eine E-Mail zusenden lassen, wenn dieser Fall eintritt.

Unter EINSTELLUNGEN DER VM können Sie festlegen, ob Snapshots vor einem Update gemacht und wie lange sie aufbewahrt werden, bevor sie automatisch übernommen werden.

Unter den ESX-HOST-/CLUSTEREINSTELLUNGEN kann ähnlich wie bei Diensten die Wiederholung mit Zeitverzögerung eingeräumt werden. In einem DRS-Cluster werden die VMs zunächst auf andere ESXi-Server verteilt, dann wird der Host in den Wartungsmodus versetzt und schließlich upgedatet. Funktioniert das nicht sofort, wird der Vorgang standardmäßig dreimal wiederholt. Überlegen Sie sich, ob es nicht sinnvoll sein könnte, die Wechselmedien von den VMs zu trennen, damit diese verschoben werden können. Dafür müssen Sie das erste Kästchen anklicken.

Unter CLUSTEREINSTELLUNGEN kann nach Bedarf oder tatsächlicher Umgebung noch eingestellt werden, dass z. B. DPM (Distributed Power Management) für den Updatevorgang deaktiviert wird. Je nachdem, wie viele Hosts Sie haben, kann das angebracht sein. Das Gleiche trifft auf HA und FT zu. Haben Sie im Cluster die Zugangssteuerung aktiv (siehe Kapitel 19), müssen Sie zum STANDARDISIEREN den Punkt ADMISSION CONTROL anhaken, sonst schlägt der Updatevorgang fehl. Ausgeschaltete oder angehaltene VMs müssen eigentlich nicht auf einen anderen Host übertragen werden. Der letzte Punkt betrifft das Updaten von Hosts, die über

Auto Deploy erstellt wurden. Entscheiden Sie, ob Sie diese auch auf dem neuesten Stand haben oder lieber bei Bedarf neu installieren wollen.

Die Einstellungen unter VAPP sind selbsterklärend – auch in der deutschen Übersetzung.

Auf der Registerkarte EREIGNISSE erscheinen alle Vorgänge, die mit dem Update Manager zu tun haben, also auch das Prüfen eines Hosts auf Updates.

Die Anzeige auf der Karte BENACHRICHTIGUNGEN ist üblicherweise leer. Hier wird im Falle eines Falles ein Hinweis auf zurückgezogene Patches oder Updates angezeigt, erstmalig am 05.05.2015 (siehe Abbildung 14-5).

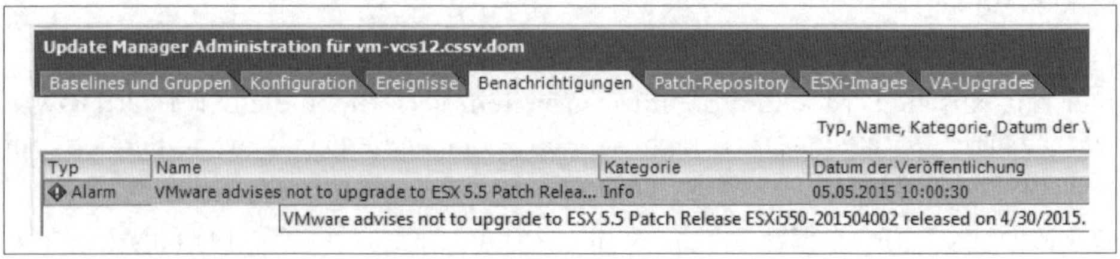

Abbildung 14-5: Benachrichtigungen – Details

Das PATCH-REPOSITORY zeigt Informationen zu den bisher erlangten Informationen über Downloads an. Diese Liste kann natürlich nach jeder beliebigen Spalte sortiert werden.

ESXI-IMAGES ist die sechste oder vorletzte Karte in dem Register. Hier kann man ISO-Dateien zum Upgraden von Hosts zur Verfügung stellen. Über den Link ESXI-IMAGE IMPORTIEREN gelangen Sie in einen Browser zum Suchen der Vorlagen. Diese Images werden anschließend im Update Manager zur Verfügung gestellt, damit darüber ein Upgrade von einer älteren Hostversion auf 6.0 erreicht werden kann. Lesen Sie dazu den Abschnitt *Upgrade der Umgebung* durch.

Die letzte Registerkarte kann Updates für VA (Virtual Appliances) enthalten, denn auch für diese vorgefertigten VMs werden Aktualisierungen zur Verfügung gestellt, so z. B. für den VMware Data Director Management und DB Server.

Einen Host updaten

Wie Sie einen allein stehenden ESXi-Host updaten, steht in Kapitel 9. Da es in diesem Fall keinen Update Manager gibt, wird das über die Kommandozeile erledigt.

Klicken Sie auf den Host, den Sie auf den neuesten Stand bringen wollen, und navigieren Sie zum Register UPDATE MANAGER. Zuerst muss eine Baseline an den Host gehängt werden.

Klicken Sie dazu auf den Link ANHÄNGEN. Im folgenden Fenster wählen Sie die Baseline oder alle Baselines aus und klicken Sie auf ANHÄNGEN (siehe Abbildung 14-6).

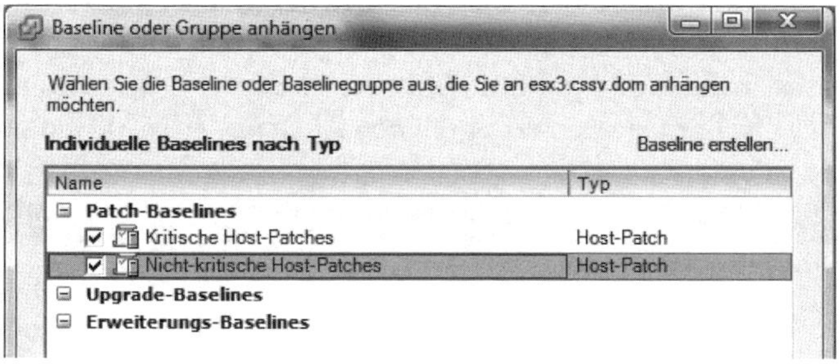

Abbildung 14-6: Baseline oder Baselinegruppe anhängen

Welche von den Neuerungen vermutlich auf den Host zutreffen, erfahren Sie, wenn Sie auf den Link PRÜFEN klicken. Die Schaltfläche im unteren Teil des Fensters BEREITSTELLEN übernimmt anschließend die Aufgabe, dem Host die Neuerungen anzubieten. Über diesen Assistenten wird die zu überprüfende Anzahl von Patches angezeigt. Das BEREITSTELLEN kann einige Zeit dauern. Beachten Sie die Hinweise unter KÜRZLICH BEARBEITETE AUFGABEN.

Erst wenn einem Host Patches bereitgestellt werden, lädt der Update Manager diese Daten aus dem Internet. Je nach Internetverbindung kann das ein Weilchen dauern.

Sobald der Vorgang abgeschlossen ist, sehen Sie das Ergebnis in der Übersicht. Sollte ein großer roter Kreis angezeigt werden, gibt es Neuerungen, die Sie dem Host zuteilen sollten. Klicken Sie dafür auf STANDARDISIEREN (besser ausgedrückt: auf den neuesten Stand bringen), bestätigen Sie die Auswahl zweimal mit WEITER und setzen Sie den Termin fest. Haben Sie SOFORT ausgewählt und auf BEENDEN geklickt, wird der Host in den Wartungsmodus gefahren und die Updates werden installiert. Das lässt sich unter AUFGABEN UND EREIGNISSE detailliert betrachten.

Sollte auf dem ESXi-Server der vCenter Server laufen, kann der Vorgang eventuell fehlschlagen. Verschieben Sie ihn besser vorher auf einen anderen Host mittels vMotion, weil der ESXi-Server sonst gegebenenfalls nicht den Wartungsmodus einleiten kann und somit keine Updates bekommt.

Auch wenn für einen Patch das Neustarten des Hosts festgelegt ist, muss dieser eventuell nicht neu gestartet werden. Dabei können Sie sich auf den Update Manager verlassen.

Sollten Sie eine Fehlermeldung erhalten wie »der Host kann nicht aktualisiert werden, weil er Teil eines Clusters mit aktivierter Zugangssteuerung ist«, müssen Sie das Häkchen bei »Admission Control« setzen, um das kurzfristig auszuschalten.

Haben Sie kein DRS aktiviert oder bei einer oder mehreren VMs das Migrieren untersagt (manuell oder deaktiviert), müssen Sie die auf dem Host laufenden VMs manuell auf andere Hosts verschieben.

Wenn alles installiert ist, wird der Host meistens neu gestartet. Das kann in seltenen Fällen auch mehrfach notwendig sein. Ist er fertig, kehrt er automatisch aus dem Wartungsmodus zurück, und per DRS können wieder VMs aufgenommen werden. Unter EREIGNISSE sollten Sie den erfolgreichen Abschluss der Aktion sehen können.

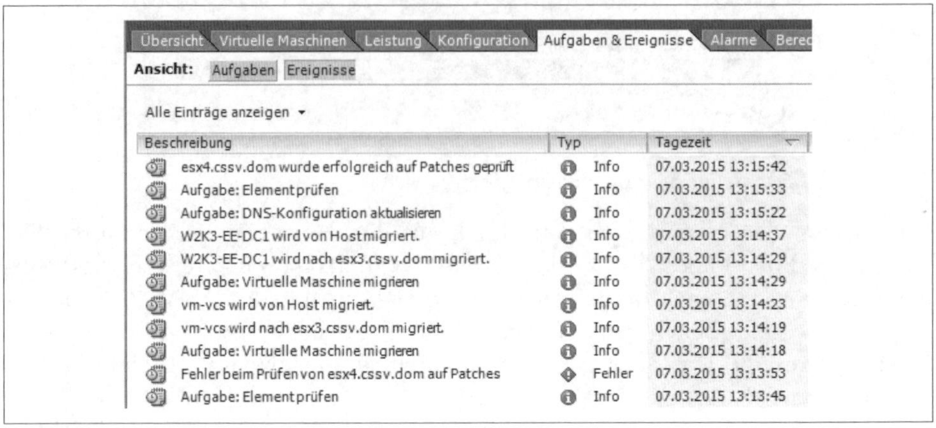

Abbildung 14-7: Ereignisse des Updates

> Sollten Sie beim Prüfen auf Updates Fehlermeldungen bekommen, kann es an einer falschen DNS-Einstellung liegen (siehe Abbildung 14-7).

Vorgehensweise beim Patchen

Die Erfahrungen der letzten Jahre haben gezeigt, dass das Aktualisieren der Hosts in einer vSphere-Umgebung fast immer ohne Probleme vonstattengeht. Trotzdem kann auch die beste Firma nicht alle Eventualitäten vorher durchprobieren. Meine Empfehlung lautet also: Wenn neue Patches für Ihre ESXi-Server vorliegen, warten Sie noch ein paar Tage. Nehmen Sie sich dann zuerst einen Host vor und bringen Sie ihn auf den neuesten Stand. Erst wenn dieser ohne Probleme einige Zeit läuft, nehmen Sie sich die anderen der Reihe nach vor.

Haben Sie einen oder mehrere große Cluster (mit bis zu 64 Hosts), können Sie das PRÜFEN, BEREITSTELLEN und STANDARDISIEREN auch auf dem Cluster ausführen. Ist zusätzlich noch DRS aktiviert, wählen Sie beim Standardisieren des Clusters den Punkt PARALLELE STANDARDISIERUNG, dann kümmert sich der VUM um den gesamten Vorgang automatisch: Er versetzt einen oder zwei Hosts in den Wartungsmodus, verschiebt alle VMs, installiert die Patches und startet den oder die Hosts neu. Sind sie wieder zurück, holt er sie aus dem Wartungsmodus heraus und nimmt sich den nächsten vor – bis er alle auf dem neuesten Stand hat.

Die ESXi-Server können in einem Subnetz installiert und betrieben werden, das keine Verbindung zum eigentlichen LAN oder gar dem Internet hat. Auch wenn sicherheitskritische Updates vorliegen, brauchen Sie sich dann keine Gedanken zu machen. Der vCenter Server kann mit zwei Netzwerkkarten in unterschiedlichen Subnetzen oder VLANs betrieben werden, und nur er braucht Zugriff auf das Management Network der Hosts. vMotion- oder Storage-Zugriff kann ebenfalls über VLANs oder separate Subnetze betrieben werden. Nur wenn Treiber oder Firmware von Geräten auf den neuesten Stand gebracht werden müssen, ist ein schnelles Eingreifen in so einer gesicherten Umgebung unabdingbar.

Sollte wirklich mal ein Gau entstehen, haben Sie nach obigen Schilderungen höchstens einen ESXi-Server, der nicht mehr korrekt funktioniert. Dieser lässt sich schnell wieder installieren und neu einrichten.

Upgrade der Umgebung

Da die Verbreitung von vSphere 5 schon sehr weit fortgeschritten ist, ist die Wahrscheinlichkeit eines Upgrades auf die aktuelle Version sehr hoch. Und wenn der Wartungsvertrag (Support and Subscription) noch Bestand hat, können die Lizenzen meist kostenlos gegen eine Lizenz der neuen Version getauscht werden.

VMware wirbt mit einigen neuen Features und Funktionen sowie mit deutlich verbesserter Performance. Einige der Neuigkeiten habe ich in den vorangegangenen Kapiteln ja schon beschrieben, andere folgen in den nächsten Kapiteln. Hier nur in Kürze das Wichtigste:

- Den vCenter Server gibt es mit wenigen Funktionseinschränkungen auch als fertige VM im OVF-Format (siehe Kapitel 10).
- Der ESX-Server wird in der aktuellen Version nicht mehr unterstützt, sondern nur noch der ESXi, der jetzt allgemein als Hypervisor bezeichnet wird (siehe Kapitel 3 und 5).
- Lokale ESXi-Platten können zu einem gemeinsamen Storage (vSAN, siehe Kapitel 13) zusammengeschlossen werden.
- Der vCenter Converter ist nicht mehr Bestandteil der vSphere-Umgebung, sondern nur noch als Standalone verfügbar (siehe dieses Kapitel).
- VMs können bis zu 128 virtuelle Prozessoren und 4 TByte RAM nutzen (siehe Kapitel 4).
- Die Lizenzierung nach Prozessorsockel ist geblieben und viele Features sind von einer höheren in eine niedrigere Lizenz übernommen worden (siehe Kapitel 2 und 10).
- vSphere Auto Deploy ermöglicht das Einrichten vieler neuer physischer Hostsysteme in kurzer Zeit (siehe Kapitel 13).
- Auch neue Funktionen für Festplattenzugriffe und -größe sind hinzugekommen (siehe Kapitel 13 und 19).

Wenn Sie eine komplette vSphere-5.x-Umgebung mit vCenter Server und externen Storages haben, können Sie zuerst den vSphere Client und dann den vCenter

Server updaten. Als Nächstes nehmen Sie sich die Hosts vor. Haben Sie allerdings nur eine kleine Umgebung mit lokalen Festplatten auf Ihrem ESXi-Host, müssen Sie zunächst alle VMs auf einen anderen Storage verlagern oder im OVF-Format exportieren, bevor Sie eine Neuinstallation oder ein Upgrade versuchen.

Grundsätzlich ist der vSphere Client abwärtskompatibel, d.h., dass in Wirklichkeit nur wenige zusätzliche Dateien auf der lokalen Festplatte landen, wenn Sie ihn erneuern. Mit einem neuen Client können Sie also auch noch auf die alte Umgebung zugreifen. Ähnlich gelagert ist es beim vCenter Server: In der Version 5.5 haben Sie Zugriff auf ESXi-Hosts der Version 5.5 und älter – aber nicht neuer. Bei der 6er-Version des Servers können Sie also auf die 6er-Hosts und die älteren zugreifen. Auch ein gemischter Modus ist kein Problem. Das Gleiche gilt für die virtuellen Maschinen: Eine ältere VM mit Hardwareversion 7 oder 8 läuft auch auf einem 6er-Host, der üblicherweise die aktuelle Version 11 der virtuellen Hardware nutzt.

Alle möglichen Updateszenarien hier detailliert aufzulisten, würde den Umfang des Buches sprengen, deshalb beschränke ich mich im Folgenden auf das Wesentliche.

> Achten Sie vor dem Upgrade unbedingt auf die Kompatibilität Ihrer Hardware zur neuen Version und besorgen Sie sich rechtzeitig die neuen Lizenzschlüssel, spätestens nach 60 Tagen.

Upgrade eines ESXi-Hosts

Liegt nur ein allein stehender ESXi-Server vor, können Sie diesen, nachdem alle VMs heruntergefahren wurden, mit der neuen CD oder einem USB-Stick starten. Überlegen Sie sich, ob Sie – wie oben bereits erwähnt – Ihre VMs nicht doch lieber vorher sichern oder anderweitig kurzfristig auslagern wollen. Auch externe Storages sollten Sie vorher trennen, wenn nicht darauf die Bootpartition liegt. Beachten Sie die Hinweise bezüglich der BIOS-Einstellungen des Servers, die ich in Kapitel 3 beschrieben habe, zumal Sie hier meistens sowieso die Bootreihenfolge kurzfristig ändern müssen.

Meistens geht der Upgradeprozess ohne Probleme vonstatten und die bisherige VMFS-Partition wird dabei nicht angetastet. Meine Empfehlung lautet aber eindeutig: Neuinstallation ist in den meisten Fällen besser. Ein Upgrade auf die neue Version ist immer unumkehrbar.

> Ein direktes Upgrade von Version 4.x auf 6.0 ist nicht möglich – hier müssen Sie zunächst auf Version 5.x und anschließend dann auf Version 6 upgraden. Installieren Sie erst alle Updates der 5er-Version vor dem Upgrade auf 6 oder installieren Sie besser gleich neu.

Booten Sie Ihren alten ESXi-Server mit der neuen Version, sollten Sie eine Meldung wie in Abbildung 14-8 erhalten, die Ihnen maximal drei von vier Möglichkeiten bietet:

- UPGRADE ESXI, PRESERVE VMFS DATASTORE: Hier wird das Upgrade von ESXi durchgeführt unter Beibehaltung der VMFS-Partition.
- INSTALL ESXI, PRESERVE VMFS DATASTORE: ESXi wird neu installiert, nicht aktualisiert und die Daten auf dem VMFS-Volume bleiben erhalten.
- INSTALL ESXI, OVERWRITE VMFS DATASTORE: ESXi wird installiert, nicht aktualisiert und die Daten auf dem VMFS-Volume werden überschrieben.

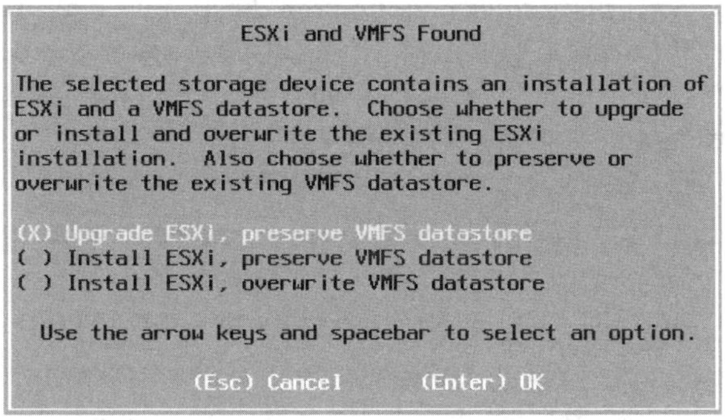

Abbildung 14-8: Meldung beim Upgrade eines Hosts

Nach kurzer Zeit ist der Vorgang erledigt und Sie können die Bootreihenfolge wieder umstellen, um den Host mit der neuen Version zu starten.

> Seien Sie nicht ungeduldig, wenn die Anzeige lange bei 28% stehen bleibt. Jetzt werden alle möglichen Treiber für die Storage-Adapter geladen.

Bei einem Upgrade auf ESXi 6.0 werden anschließend natürlich nicht alle vorigen Funktionen aktualisiert. Auch werden z.B. manuelle Änderungen zur Authentifizierung im Ordner */etc/pam.d/* auf Standardwerte zurückgesetzt und die Einstellungen zum SSH-Zugriff deaktiviert.

Überprüfen Sie anschließend über den vSphere Client die Netzwerkeinstellungen. Die zugewiesenen Netzwerkkarten werden manchmal in einer anderen Reihenfolge erkannt, also ist jetzt vielleicht die vmnic0 die vmnic3 oder ähnlich. Notieren Sie sich vorher die MAC-Adressen der Karten. Die vSwitches mit 64 Ports werden in solche mit 128 Anschlüssen gewandelt. Schauen Sie nach, ob Sie das so wollen oder lieber manuell zurück ändern möchten. Beachten Sie dabei, dass die Anzahl der Ports auf dem virtuellen Switch automatisch nach oben – aber nicht unter 128 Ports – angepasst werden. Achten Sie auch darauf, ob eventuelle DHCP-Adressen noch denselben Wert haben. Da es bei dem neuen Hypervisor nur noch ein Standardgateway gibt, müssen Sie dieses eventuell anpassen. Beachten Sie dabei die Hinweise in Kapitel 6 zur Netzwerktechnik und in Kapitel 10 zur Einstellung für HA. Bei Problemen mit HA ziehen Sie bitte auch Kapitel 19 zurate. Dort werden die meisten zusätzlich möglichen Optionen dazu besprochen. Sollten Sie einen ausfallsicheren vSwitch mit passiven und aktiven Adaptern installiert haben (wie in Kapitel 6 empfohlen wurde), müssen Sie einen Teil der Konfiguration manuell wiederherstellen – das kann der Upgradeprozess meist nicht richtig.

Kontrollieren Sie ebenfalls die Storage-Zugriffe (NFS-Einstellungen werden meistens übernommen, iSCSI-Zugriffe nicht), Uhrzeit- und DNS-Einstellungen, die Startreihenfolge der VMs sowie gegebenenfalls die Authentifizierungsdienste. Hatten Sie vorher weitere manuelle Konfigurationen geändert, also z. B. bei der Firewall oder den *Erweiterten Einstellungen*, sollten Sie diese auch überprüfen. Kontrollieren Sie auch die angelegten User und deren Zugehörigkeiten zu Gruppen sowie deren Passwörter. Beim User *root* funktioniert die Migration üblicherweise problemlos – es sei denn, sein Passwort ist länger als acht Zeichen (siehe unten). In der neuen Version werden übrigens keine Gruppen mehr auf dem ESXi unterstützt.

Ressourcenpools müssen nach einem Upgrade ebenfalls überprüft werden. Hatten Sie fast alle Ressourcen an VMs verteilt, kann es sein, dass die neuen Funktionen von ESXi 6 einen Start der beteiligten virtuellen Maschinen verhindern.

Bei einer Neuinstallation der 6er-Version wird das GPT-Partitionsprinzip angewendet, bei einem Upgrade bleibt es bei der herkömmlichen Art und wird nicht neu geschrieben. Manuell erstellte zusätzliche Laufwerke sind nach dem Upgrade nicht mehr vorhanden, die alten Daten fehlen ebenfalls. Das Gleiche passiert mit dem Bootlaufwerk, wenn dieses nicht zusätzlich eine VMFS-Partition enthält.

War Ihr Passwort für den User *root* länger als acht Zeichen, so wird es abgeschnitten. Sie können es über die *Direkte Konsole* (DCUI) wieder neu setzen. Achten Sie aber dabei auf die Tastatureinstellungen, die gegebenenfalls auch nicht übernommen wurden.

Nach dem Upgrade durch Neuinstallation haben Sie eine erneute Testphase von 60 Tagen. Bei einem direkten Upgrade nicht. Vergessen Sie nicht, vor Ablauf dieser Frist die Lizenz einzugeben.

Upgrade einer vSphere-Umgebung

Besitzen Sie eine komplette Umgebung mit mehreren ESXi-Hosts und einem vCenter Server, dann können Sie auch den Update Manager für das Upgraden Ihrer Umgebung verwenden. Der Manager kann aber keinen vCenter Server oder die auf ihm laufenden zusätzlichen Dienste upgraden. Ein manuelles Erneuern der Umgebung ist natürlich auch möglich.

Um eine komplette Umgebung auf den neuesten Stand zu bringen, empfehle ich erst den vSphere Client, dann den vCenter Server und anschließend die Hosts upzugraden.

Den vSphere Client auf die neue Version zu hieven ist recht simpel: Holen Sie sich die ausführbare Datei von der Seite von VMware und führen Sie diese aus. Alle Einstellungen werden üblicherweise von der Version 5.x übernommen, nicht aber von vorigen Versionen. Die ausführbare Datei finden Sie auch auf der CD oder dem ISO-Image vom vCenter Server.

Ein Upgrade vom Virtual Infrastructure Server ist nicht möglich, da dieser nur auf einem 32-Bit-Betriebssystem lief und der neue nur auf einem 64-Bit-Betriebssystem. Liegt die Version 5.x vor, ist ein Upgrade fast immer möglich, es muss nur ein in der neuen Version unterstütztes Windows sein (keine Windows Workstation mehr). Aber vielleicht entscheiden Sie sich ja auch für die vCenter Server Appliance auf Linux-Basis?

> Meine Empfehlung zum Upgrade ist folgende: Die Version 5.5 kann ohne Probleme aktualisiert werden. Vorherige Versionen, also 5.0 und 5.1, installiere ich lieber neu, da es dort schon teilweise Probleme beim Upgrade auf 5.5 gegeben hat.

Ein Management-Server der Versionen vor 5.0 muss also neu installiert werden. Die Daten der Datenbank können aber anschließend bei Bedarf auf den neuen migriert werden, egal ob eine externe oder die zum Lieferumfang gehörende Datenbank genutzt wurde.

Da der Upgradeprozess genauso vonstatten geht wie die Installation, die ich in Kapitel 10 detailliert beschrieben habe, verzichte ich hier auf weitere Angaben. Der Assistent leitet Sie durch alle Optionen und gibt genug Hinweise zum Gelingen.

> Beachten Sie aber, dass das Load Balancing über DRS (Distributed Resource Scheduler) während dieser Zeit nicht funktioniert. HA läuft allein zwischen den ESXi-Servern und wird durch den Upgradeprozess nicht behindert. Auch die VMs bekommen von dem Prozess nichts mit.
>
> Haben Sie Guided Consolidation installiert, muss es vor dem Upgrade manuell deinstalliert werden.

Haben Sie den vCenter Server auf die neue Version aktualisiert, müssen Sie gegebenenfalls noch die weiteren Dienste wie den Update Manager aktualisieren. Nachdem Sie damit fertig sind, können Sie sich um die Hosts kümmern: Diese können nach dem obigen Schema »Upgrade eines ESXi-Hosts« oder mit dem neuen Update Manager auf die neue Version gebracht werden. Beachten Sie, dass auch Hosts der Version 5 und 6 in einem Cluster laufen können.

> Vergessen Sie nicht das neue Plug-in für den Update Manager auf dem vSphere Client zu installieren.

Da Sie jetzt auch für den vCenter Server bei Neuinstallation 60 Tage lang den Evaluierungsmodus einsetzen dürfen, können Sie z. B. einen Host mit Version 5.0 neu installieren, diesen so konfigurieren wie gewünscht und dann die in Kapitel 13 beschriebenen Hostprofile für die weiteren Server nutzen. Damit haben Sie sauber installierte ESXi-Hosts und können bei Bedarf Ihre bisherige Konfiguration neu überdenken und in das Profil einfließen lassen. Haben Sie beim vCenter Server ein »Inplace Update« gemacht, müssen Sie die neue Lizenz einspielen, da die alte dann abgelaufen ist. Je nach eingespielter Lizenz können Sie dann keine Hostprofile nutzen.

ESXi-Upgrade mit Update Manger

Um einen ESXi-Host der Version 5.x mit dem Update Manager 6.0 auf die neue Version zu aktualisieren, benötigen Sie zunächst das ISO-Image des ESXi-6.0-Servers. Dieses kann von der Website von VMware heruntergeladen werden und trägt den Namen VMWARE-VMVISOR-INSTALLER-6.0.0-<BUILD-NUMMER>.X86_64.ISO.

1. Klicken Sie im vSphere Client (mit aktiviertem Update Manger-Plug-in) unter Home auf den UPDATE MANAGER. Der Web Client wird hier nicht unterstützt.
2. Wählen Sie die Registerkarte ESXI-IMAGES aus.
3. Oben rechts befindet sich der Link (in Blau) mit dem Namen ESXI-IMAGES IMPORTIEREN. Klicken Sie auf diesen Link.
4. Über die Schaltfläche DURCHSUCHEN können Sie im folgenden Browser das ISO-Image auswählen und hochladen. Sie können jetzt schon eine neue Baseline erstellen oder im Anschluss (siehe Punkt 6).
5. Wenn das Image in der Liste der importierten Images erscheint, klicken Sie auf die Registerkarte BASELINES UND GRUPPEN.
6. Haben Sie bereits beim Importieren eine Baseline für das Upgrade erstellt, sollte diese hier erscheinen – wenn nicht, klicken Sie links auf den blauen Link ERSTELLEN.
7. Vergeben Sie in dem Fenster einen aussagekräftigen Namen für die Upgrade-Baseline und klicken Sie im unteren Teil den Kreis bei HOST-UPGRADE an.
8. Wählen Sie im nächsten Fenster das importierte Image aus und klicken Sie auf WEITER und anschließend auf BEENDEN.

Die gerade erstellte Baseline können wir nun einem alten ESXi-Host anhängen, um diesen auf die aktuelle Version zu bringen. Gehen Sie dazu über HOME → HOSTS UND CLUSTER auf den ersten Host, den Sie aktualisieren wollen.

1. Wählen Sie die Registerkarte UPDATE MANAGER aus und klicken Sie auf den blauen Link ANHÄNGEN.
2. Wählen Sie die gerade erstellte Upgrade-Baseline aus und klicken Sie auf ANHÄNGEN.
3. In dem Fenster unter ANGEHÄNGTE BASELINES sollte diese jetzt zu sehen sein.

   Der Host wird beim Aktualisieren automatisch in den Wartungsmodus versetzt. Wenn Sie die auf ihm laufenden VMs manuell verschieben oder herunterfahren müssen, sollten Sie das jetzt zuerst tun und anschließend bei Punkt 4 weitermachen.

4. Beim ersten zu aktualisierenden Host sollten Sie zunächst den Link PRÜFEN verwenden. Wählen Sie beim Assistenten die Schaltfläche UPGRADES aus und deaktivieren Sie gegebenenfalls die Schaltfläche PATCHES UND ERWEITERUNGEN (siehe Abbildung 14-9).
5. Nachdem Sie im Fenster auf die Schaltfläche PRÜFEN geklickt haben, schließt es sich und der Host wird bezüglich des Upgrades geprüft.

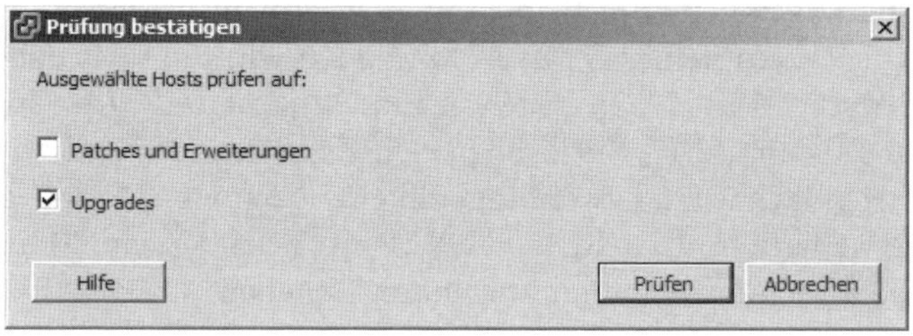

Abbildung 14-9: Prüfen auf Upgrades

6. Wenn im unteren Teil des Bildschirms unter KÜRZLICH BEARBEITETE AUFGABEN der Job erledigt ist, sollten Sie auf der Registerkarte UPDATE MANAGER die Ergebnisse sehen.
7. Nun können Sie auf die Schaltfläche STANDARDISIEREN (auf den neuesten Stand bringen) klicken. Füllen Sie in den jetzt folgenden Fenstern alles Nötige aus oder klicken Sie das Gewünschte an. Überlegen Sie sich, ob der Vorgang sofort starten soll oder ob Sie eine geplante Aufgabe daraus machen möchten.
8. Deaktivieren Sie gegebenenfalls die Funktionen in Ihrem Cluster, die eine Störung oder einen Alarm auslösen könnten (wie DPM, HA, FT usw.).
9. Klicken Sie auf BEENDEN.

Wenn die Standardisierung anfängt, wird der Server zunächst in den Wartungsmodus gefahren und gegebenenfalls alle VMs auf die anderen Hosts mittels DRS verschoben. Haben Sie kein DRS, müssen Sie das manuell erledigen. Dann beginnt die Installation, der ESXi-Server wird neu gestartet, überprüft die Aktualisierung und kommt automatisch aus dem Wartungsmodus heraus. Gegebenenfalls müssen Sie den neuen ESXi-Server mit dem vCenter Server (über das Kontextmenü auf dem Host) neu verbinden.

Anschließend sollten Sie die bereits oben unter »Upgrade eines ESXi-Host« geschilderten Funktionen und Einstellungen überprüfen.

Ist alles so, wie Sie es brauchen, können Sie den nächsten Server freiräumen, diesem die erstellte Upgrade-Baseline anhängen, prüfen und dann STANDARDISIEREN wählen. Haben Sie alle Hosts auf den neuesten Stand gebracht, können Sie gegebenenfalls die Storages auf die neue VMFS-Version aktualisieren und sich mit den neuen Funktionen vertraut machen. Denken Sie daran, Ihre Lizenzen rechtzeitig einzuspielen und die VMs bei Gelegenheit ebenfalls zu aktualisieren, wie im nachfolgenden Abschnitt beschrieben.

Überprüfen Sie nach dem Upgrade die Ressourceneinstellungen der VMs. Gerade beim Arbeitsspeicher tauchen plötzlich etliche ungewollte Begrenzungen auf!

Upgrade der VMs

Um die virtuellen Maschinen kompatibel mit dem neuen ESXi-Server zu machen und alle neuen Funktionen nutzen zu können, z. B. mehr Prozessoren und Arbeitsspeicher als vorher, empfehlen VMware und auch ich, die VMs ebenfalls auf die aktuelle Hardwareversion 11 zu bringen. Eine ältere Hardwareversion als 11 ist kein kritischer Zustand, d. h., Sie können sich Zeit damit lassen und dies in Ruhe planen. Hierbei gibt es wieder zwei Möglichkeiten: erstens, die VMs manuell nach und nach zu erneuern, und zweitens, die VMs über den Update Manager zu aktualisieren. Auf beides möchte ich im Folgenden eingehen.

Upgrade einer einzelnen VM

Es ist sehr wichtig, dass vor dem Upgrade der Hardwareversion die aktuellen VMware Tools in der virtuellen Maschine installiert wurden. Das können Sie überprüfen, indem Sie in der Bestandsliste auf eine VM klicken und auf der Registerkarte ÜBERSICHT der VM den Status der Tools ansehen. Mit dem ESXi 6.0 werden gleichzeitig neue VMware Tools zur Verfügung gestellt. Sind diese installiert, so steht in der Anzeige WIRD AUSGEFÜHRT (AKTUELL). Ist das nicht der Fall, wird auf eine veraltete Version mit WIRD AUSGEFÜHRT (VERALTET) hingewiesen oder der Eintrag lautet LÄUFT NICHT (NICHT INSTALLIERT).

Um bei vielen VMs eine Übersicht über den Status der VMware Tools zu bekommen, können Sie im Cluster auf die Registerkarte VIRTUELLE MASCHINEN klicken und dort über das Kontextmenü auf einen Spaltenkopf die Spalten für VM-VERSION und VERSIONSSTATUS DER VMWARE TOOLS einblenden (siehe Abbildung 14-10). Die Liste können Sie mit einem Klick auf den jeweiligen Spaltenkopf nach dem gewünschten Eintrag sortieren.

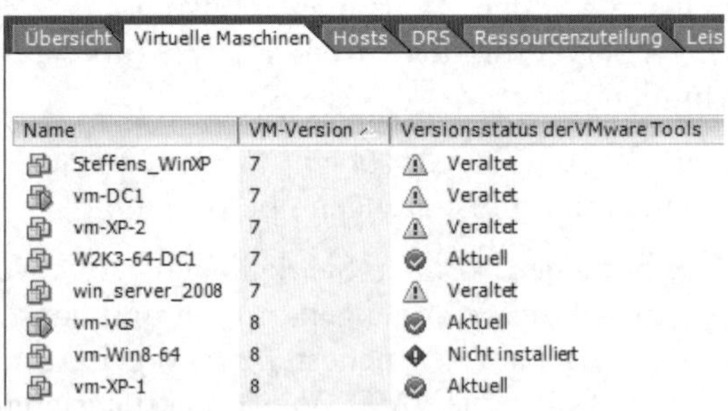

Abbildung 14-10: Status und Version der VMware Tools

Das Updaten der Tools und Treiber geht genauso vonstatten wie die Erstinstallation, die ich in Kapitel 4 ausführlich beschrieben habe. Denken Sie daran, dass die VM nach der Aktualisierung gegebenenfalls neu gestartet werden muss. Führen Sie den Neustart aus und warten Sie, bis die neue Version der Tools neben der Uhr (bei Windows-Systemen) korrekt angezeigt wird. Fahren Sie den Rechner anschließend herunter und schalten Sie ihn aus.

> Ein Massen-Upgrade der VMware Tools erreichen Sie, indem Sie wie in Abbildung 14-10 alle laufenden VMs mit veralteten Tools mit gedrückter Strg-Taste markieren und dann über das Kontextmenü Gast → VMware Tools installieren / aktualisieren anklicken.

Sollten Sie ein Linux-System mit den VMware Tools aktualisieren, werden neue Netzwerkmodule zur Verfügung gestellt. Diese können aber erst nach dem Neustart verwendet werden. Sie haben natürlich auch die Möglichkeit, die alten Netzwerkmodule von VMware manuell zu entladen und dann die aktuellen zu laden. Aber für das Upgraden der Hardware muss die Maschine trotzdem ausgeschaltet werden. Beachten Sie auch die Hinweise zu den VMware Tools unter Linux in Kapitel 4.

Klicken Sie mit der rechten Maustaste auf den ausgeschalteten Computer und wählen Sie aus dem Kontextmenü den Eintrag Upgrade der virtuellen Hardware durchführen. Auf Host- oder Clusterebene können Sie auch mehrere VMs mit der Strg-Taste für das Upgrade auswählen.

> Die Hardwareversion 11 wird nicht auf Hosts der Version 5.x unterstützt, die aktualisierte Version der VMware Tools aber sehr wohl.

Hardware-Upgrade über den Update Manager

Mit dem Update Manager haben Sie die Möglichkeit, viele VMs mit der aktuellen Version der VMware Tools zu bestücken und anschließend das Hardware-Upgrade durchführen zu lassen. Der Vorgang ähnelt dem Upgrade des ESXi-Hosts, welches ich oben in diesem Kapitel besprochen habe, deshalb hier nur die Kurzform für die VMs.

1. Klicken Sie auf der Registerkarte Baselines und Gruppen beim Update Manager auf die Schaltfläche VMs/VAs. Dort sind bereits drei vordefinierte Baselines für die virtuellen Maschinen und Appliances angelegt. Diese können Sie nicht verändern.
2. Im rechten Fenster kann eine Gruppe für die vordefinierten Baselines erstellt werden. Dazu wählt man rechts den Link Erstellen aus.
3. Im folgenden Fenster wird zunächst ein Name für die Gruppe vergeben.
4. Anschließend sollten die Einträge für VM-Hardware-Upgrades und Upgrades von VMware Tools ausgewählt werden.

5. Nachdem auf BEENDEN geklickt wurde, erscheint die Baselinegruppe im rechten Fenster.
6. Navigieren Sie über HOME zu VMS UND VORLAGEN und wählen Sie dort das Datacenter aus.
7. Auf der Registerkarte UPDATE MANAGER kann die neue Baselinegruppe angehängt werden.
8. Im unteren Teil des Fensters erscheinen alle VMs, die anschließend überprüft und bei Bedarf auf den neuesten Stand gebracht werden können.

Sie haben mit diesem Werkzeug die Möglichkeit, eine einzelne oder viele VMs gleichzeitig upzudaten, wie in Abbildung 14-11 gezeigt wird. Für dieses Vorhaben sollten Sie sich aber ein Zeitfenster aussuchen, in dem die virtuellen Maschinen nicht zur Verfügung stehen müssen. Planen Sie deshalb sorgfältig. Eine einzelne Windows-VM muss bei diesem Vorgehen dreimal neu gestartet werden, Linux-Maschinen nur einmal.

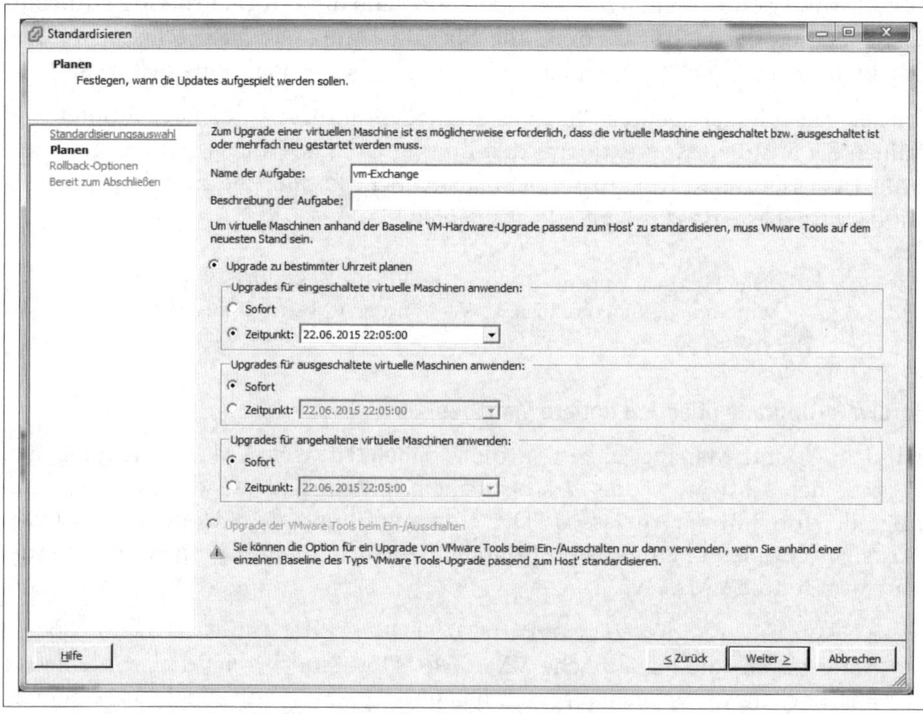

Abbildung 14-11: HW-Upgrade der VMs

Jetzt fehlen nur noch die korrekte Konfiguration der Umgebung, die ich in Kapitel 16 ausführlich beschreibe und eine vernünftige Datensicherung (siehe Kapitel 17). Im folgenden Kapitel geht es aber zunächst um die Templates (Vorlagen von VMs) und zum Schluss nochmals um die Optimierung.

KAPITEL 15

Templates (Vorlagen für virtuelle Maschinen)

Mit Vorlagen, sogenannten Templates, kann man schnell neue virtuelle Maschinen erstellen und diese automatisch mit einer Anpassungsspezifikation multiplizieren. Dabei bekommt die VM über die Anpassung eine neue SID, einen neuen Namen und Sie können gegebenenfalls weitere individuelle Einstellungen übergeben. Auch wenn eine produktive VM durch Viren, Trojaner oder Ähnliches geschädigt ist, kann eine neue VM durch ein Template bereitgestellt und die Datensicherung zurückgespielt werden. Diese Funktion ist im vCenter Server für jede virtuelle Maschine bereits enthalten, Sie brauchen also keine weitere Software eines anderen Anbieters.

Templates und ihr Nutzen

Templates sind Vorlagen von virtuellen Maschinen, aus denen man neue VMs sehr zeitsparend erstellen kann. Diese können nicht gestartet oder geändert werden – Sie müssen sie erst wieder in eine VM konvertieren, um z.B. ein Update oder Servicepack einzuspielen. Sie können natürlich auch andere fertige VMs mit einer Anpassungsspezifikation klonen, der Vorgang ist gleich, aber diese VMs könnten versehentlich geändert werden.

Bei so einer Vorlage sollte man sich große Mühe geben, um Fehler zu vermeiden, die sich dann auf jede daraus erstellte Maschine auswirken.

Vorgehensweise:

- Anpassen der Hardware der VM wie in Kapitel 4 und 19 beschrieben
- Installation des Betriebssystems
- Installation aller notwendigen Treiber und VMware Tools
- Installation von Servicepacks, Patches und Hotfixes
- Eventuell Löschen der Auslagerungsdatei, Defragmentieren der Festplatte und Setzen der Auslagerungsdatei auf einen festen Wert
- Gegebenenfalls Installieren der Anwendungen

- Anonymisierung durch *Sysprep* oder *NewSid* bzw. durch die Anpassungsspezifikation
- Herunterfahren des Systems

> Wenn Sie DHCP für die Netzwerkkennung einsetzen, sollten Sie vor dem Herunterfahren die IP-Adresse wieder freigeben. Gehen Sie auf die Kommandozeile und tippen Sie »ipconfig /release« ein.

- Konvertieren der VM in ein Template

Bei physischen Systemen kann man den Vorgang mit Symantec Ghost oder Acronis Backup & Recovery durchführen. Um individuelle Einstellungen für den Klon zu bekommen, kann bei Microsoft-Betriebssystemen das Tool *Sysprep* (System-Preparation) genutzt werden. Auch das ehemals aus dem Hause Sysinternals, jetzt Microsoft, bekannte *NewSID* ist für solche Duplizierungen geeignet. Nachteilig bei diesem Verfahren ist die Hardwareabhängigkeit des Image: Nur bei identischer Hardware kann man sicher sein, das der Rechner hinterher auch startet. Eine virtuelle Maschine sieht aber immer die gleiche Hardware, deshalb ist es in der virtuellen Welt ohne Probleme oder vorheriges Impfen mit allen erdenklichen Treibern möglich, VMs beliebig oft zu duplizieren.

Wenn Sie einen Snapshot einer VM erstellt haben, können Sie sogar im laufenden Betrieb die Festplattendatei der Maschine über den Datenspeicherbrowser an einen anderen Ort kopieren und damit eine neu VM generieren – die oben erwähnten Tools sollten Sie anschließend jedoch zum Einsatz bringen.

> Trennen Sie möglichst die System- und Datenpartition einer VM, um hier flexibler zu sein. Damit könnten Sie auch viele verschiedene Betriebssystemvorlagen besser nutzen. Dieser Vorgang lässt sich sogar noch mithilfe von GEPLANTEN TASKS automatisieren und z.B. nachts erledigen.

Auch für ein Desaster Recovery kann man vorgefertigte Disks oder ganze VM-Vorlagen nutzen, um schnell wieder den gewünschten Zustand der Maschine zu erhalten. Das ist bei physischen Systemen meistens nicht möglich.

Wenn Sie Microsoft-Betriebssysteme vor Windows Vista einsetzen, also bis einschließlich Server 2003, können Sie die *Sysprep*-Tools beim vCenter Server hinterlegen und die VMs damit anonymisieren. Nachdem *Sysprep* den Rechner heruntergefahren hat, können Sie daraus eine Vorlage erstellen.

Auch auf einem Linux-System können Sie derartige Vorgänge durchführen, wie Abbildung 15-1 zeigt. Die dazu notwendigen Dateien bringt der vCenter Server bereits für die gängigsten Distributionen mit. Falls Sie ein System einsetzen, das nicht unterstützt wird, achten Sie auf die Netzwerkeinstellungen (die MAC-Adresse ändert sich automatisch) und den Namen, der im Netzwerk vielleicht schon bekannt ist.

Abbildung 15-1: Linux-Gastanpassung

Damit ist die Erstellung schon abgeschlossen, und Ihnen steht ein funktionstüchtiges Template zur Verfügung. Die meisten manuellen Eingriffe nimmt Ihnen der VMware vCenter Server ab bzw. er führt Sie mittels eines Assistenten sehr einfach durch die notwendigen Schritte. Ein weiterer Vorteil des vCenter Servers zeigt sich darin, dass Sie sich nicht um das Format der Festplattendateien kümmern müssen, was bei einem manuellen Eingriff sehr wohl der Fall sein kann.

Format der Festplattendateien

Unter VMware ESXi können Festplattendateien einer virtuellen Maschine nur auf VMFS-Partitionen und damit im monolithischen Format genutzt werden. Dieses monolithische Dateisystem ist für große Dateien und für mehrere konkurrierende Zugriffe optimiert und eignet sich daher ideal als Grundlage für schnelle virtuelle Maschinen. Die Festplatte liegt in einem Stück vor, und es existiert dafür eine Beschreibungsdatei, die Sie allerdings nur auf der Kommandozeile des ESXi-Hosts sehen können. Über den Datenspeicherbrowser werden diese Dateien als eine Einheit angezeigt. Beim Verschieben oder Kopieren einer Festplatte über diesen Browser werden automatisch beide Dateien verschoben oder kopiert.

Die Festplatten in diesem Format werden entweder mit der maximal möglichen Größe oder im Thin-Format dynamisch wachsend angelegt. Die Größenbegrenzung einer Festplattendatei unter VMware ESXi im monolithischen Format liegt zurzeit bei 63 TByte.

Wenn Sie sich so eine Festplatte angelegt haben, brauchen Sie nur eine virtuelle Maschine ohne Festplatte zu erstellen, kopieren anschließend die beiden *.vmdk*-Dateien über den Datenspeicherbrowser oder die Kommandozeile mit `cp` oder `scp` in den Ordner und fügen die Festplatte der neuen VM hinzu. Verwenden Sie nicht die Originalfestplattendatei, weil Sie ja sonst keine Vorlage mehr wäre.

Viel einfacher geht es aber über den vCenter Server: Wie schon oben erwähnt, können Sie eine bereits fertige Linux- oder Windows-VM über die Sysprep-Dateien wie gewünscht klonen.

Benutzerdefinierte Anpassung des Gastbetriebssystems

Wenn Sie eine neue virtuelle Maschine aus einem Template bereitstellen oder eine vorhandene virtuelle Maschine klonen, können Sie das neue Gastbetriebssystem benutzerdefiniert anpassen. Der Assistent zur benutzerdefinierten Anpassung des Gastbetriebssystems führt Sie durch die Konfigurationsoptionen.

Wenn Sie ein Windows-Gastbetriebssystem vor Windows Vista anpassen wollen, müssen Sie die erforderlichen Komponenten, also die Sysprep-Dateien, auf dem vCenter Server hinterlegen.

> Nach dem Bereitstellen und benutzerdefinierten Anpassen nicht volumenlizenzierter Versionen von Windows oder auch Office müssen Sie das Microsoft-Betriebssystem bzw. Microsoft-Anwendung auf der neuen virtuellen Maschine möglicherweise erneut aktivieren. Denken Sie auch über einen KMS-Server (Key Management Service) von Microsoft nach.

Ein Windows-Gastbetriebssystem anpassen

Der Prozess der benutzerdefinierten Anpassung ist je nach Gastbetriebssystem, das auf der neuen virtuellen Maschine verwendet werden soll, unterschiedlich. Ob Sie ein Template bereitstellen oder eine virtuelle Maschine klonen wollen, ist dabei der gleiche Vorgang.

Microsoft bietet die Sysprep-Tools auf den Installations-CD-ROMs für Windows 2000, Windows XP und Windows 2003 an. Beachten Sie, dass es jeweils unterschiedliche Tools für jede Version und gegebenenfalls auch für 32 und 64 Bit gibt. Darüber hinaus kann Sysprep 1.1 für Windows 2000 von der Microsoft-Website bezogen werden.

> Die Sysprep-Tools für Vista sowie für Windows 7 und neuer und für Server 2008 sowie für 2008 R2 und neuer befinden sich im Betriebssystem und müssen nicht extra auf dem vCenter Server installiert werden.

Während der benutzerdefinierten Anpassung sucht der vCenter Server nach dem Sysprep-Paket, das dem betreffenden Gastbetriebssystem entspricht. Wenn die Sysprep-Tools im entsprechenden Betriebssystemverzeichnis nicht gefunden werden, wird vom vCenter Server im unten angegebenen Verzeichnis gesucht. Findet der vCenter Server keine Sysprep-Tools, wird die benutzerdefinierte Anpassung der virtuellen Windows-Maschine nicht fortgesetzt.

Installation der Sysprep-Tools von Microsoft

1. Laden Sie das Sysprep-Paket für Windows 2000 von der folgenden Website herunter:

   http://www.microsoft.com/downloads/details.aspx?FamilyID=0c4bfb06-2824-4d2b-abc1-0e2223133afb

2. Klicken Sie zum Fortfahren auf NEXT (WEITER).
3. Klicken Sie auf I AGREE TO ACCEPT THE TERMS AND CONDITIONS (Ich stimme den allgemeinen Bedingungen zu).
4. Klicken Sie auf DOWNLOAD.
5. Speichern Sie die Datei auf der lokalen Festplatte.
6. Führen Sie den Microsoft Installer *Q257813_w2k_spl_x86_en.exe* aus.
7. Extrahieren Sie die Dateien in das angegebene Verzeichnis, gegebenenfalls mit dem Parameter /x.

   Die folgenden leeren Sysprep-Verzeichnisse wurden während des vCenter-Installationsvorgangs auf einem Windows Server 2003 hier erstellt:

   ```
   C:\<PROFILFÜRALLEBENUTZER>\Anwendungsdaten\VMware\VMware VirtualCenter\
   sysprep
   ...\1.1\
   ...\2k\
   ...\xp\
   ...\xp-64\
   ...\svr2003\
   ...\svr2003-64\
   ```

   Dabei steht `<PROFILFÜRALLEBENUTZER>` normalerweise für *\Dokumente und Einstellungen\Alle Anwender*. Unter Server 2008 findet man die Unterordner bei *C:\ProgramData\VMware\VMware VirtualCenter\sysprep*.

8. Wählen Sie das entsprechende Unterverzeichnis aus.
9. Klicken Sie auf OK, um die Dateien zu erweitern.

Nachdem Sie die Dateien in das richtige Verzeichnis extrahiert haben, muss z.B. Folgendes angezeigt werden:

```
...\1.1\docs\
...\1.1\samples\
...\1.1\tools\
...\1.1\contents.txt
```

Von einer Windows-Betriebssystem-CD installieren Sie die Sysprep-Tools von Microsoft folgendermaßen:

1. Legen Sie die Windows-Betriebssystem-CD in das CD-ROM-Laufwerk ein (meistens Laufwerk D:).
2. Suchen Sie im CD-Verzeichnis *\Support\Tools* nach der Datei *DEPLOY.CAB*.
3. Öffnen und erweitern Sie die Datei *DEPLOY.CAB* mithilfe eines Tools wie Windows Explorer oder *Winzip.exe* bzw. mit einem anderen Tool, das Microsoft-CAB-Dateien unterstützt.
4. Extrahieren Sie die Dateien in das entsprechende Verzeichnis für das Sysprep-Gastbetriebssystem.
5. Klicken Sie auf OK, um die Dateien zu erweitern.

   Nach dem Extrahieren der Dateien aus *DEPLOY.CAB* wird Folgendes angezeigt:

   ```
   ...\<Gast>\deptool.chm
   ...\<Gast>\readme.txt
   ...\<Gast>\setupcl.exe
   ...\<Gast>\setupmgr.exe
   ...\<Gast>\setupmgx.dll
   ...\<Gast>\sysprep.exe
   ...\<Gast>\unattend.doc
   ```

   Dabei ist `<Gast>` entweder `2k`, `xp` oder `svr2003`, gegebenenfalls mit jeweils 32 oder 64 Bit.
6. Wiederholen Sie diesen Vorgang, um Sysprep-Dateien für jedes der Windows-Gastbetriebssysteme (Windows 2000, Windows XP oder Windows 2003) zu extrahieren, das mithilfe von vCenter Server benutzerdefiniert angepasst werden soll.

Sie können nun eine neue virtuelle Maschine mit einem unterstützten Windows-Gastbetriebssystem anpassen, wenn Sie eine vorhandene virtuelle Maschine klonen.

Folgende Angaben von benutzerspezifischen Daten sind möglich:

- Endbenutzer-Lizenzvertrag
- Produkt-ID
- Ländereinstellungen
- Benutzername
- Firmenbezeichnung
- Netzwerkkonfiguration
- Angaben, ob der Rechner zu einer Arbeitsgruppe oder Domäne gehört
- Auswahl einer Zeitzone

> Mit dem Setup-Assistenten erstellte Konfigurationen können abgespeichert und öfter benutzt werden. Achten Sie darauf, das jeweilige Betriebssystem mit anzugeben.

Integrierter Assistent

Sie können den Assistenten zur benutzerdefinierten Anpassung des Gastbetriebssystems nicht über ein Menü oder eine Symbolleistenoption starten, sondern nur indirekt über den Assistenten zum Bereitstellen von Templates oder den Assistenten zum Klonen einer virtuellen Maschine.

1. Starten Sie den Assistenten zur benutzerdefinierten Anpassung des Gastbetriebssystems (KLONEN ALS NEUE VIRTUELLE MASCHINE).
2. Geben Sie auf der Seite NAME UND SPEICHERORT den Namen und den Speicherort der virtuellen Maschine ein. Klicken Sie auf WEITER (siehe Abbildung 15-2).

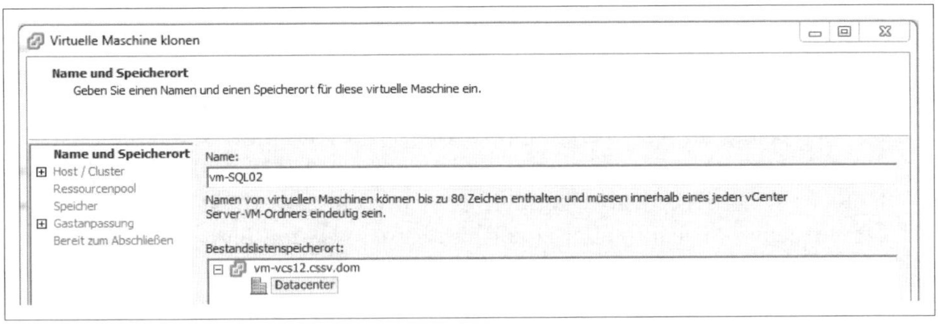

Abbildung 15-2: Assistent zur benutzerdefinierten Anpassung des Gastbetriebssystems

3. Nach der Wahl der Datenablage für die neue Maschine kann nun die Konfiguration des Anpassungsspezifikations-Assistenten gestartet werden. Sollten Sie das Bild aus Abbildung 15-3 sehen, haben Sie die Sysprep-Dateien nicht im richtigen Ordner platziert.

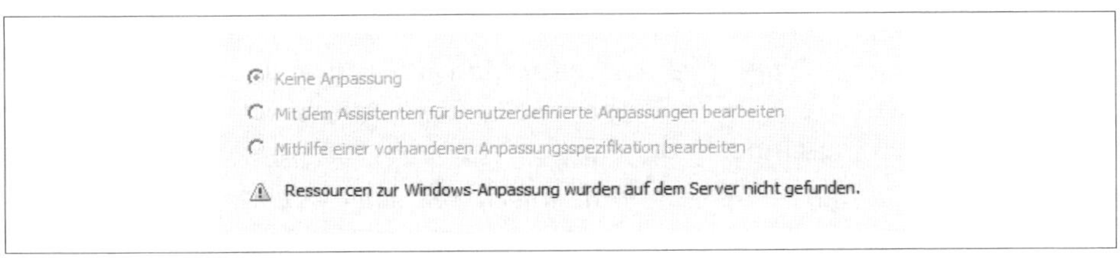

Abbildung 15-3: Keine Sysprep-Dateien für das ausgewählte OS vorhanden

4. Geben Sie auf der Seite REGISTRIERUNGSINFORMATIONEN den Namen und das Unternehmen der virtuellen Maschine ein. Klicken Sie auf WEITER.

   Diese Angaben sind rein informativ. Sie haben keinen Einfluss auf die Funktionen der virtuellen Maschine. Im Feld NAME (siehe Abbildung 15-4) können Sie den Namen einer Person, eines Anwenders oder einer Anwendergruppe eingeben.

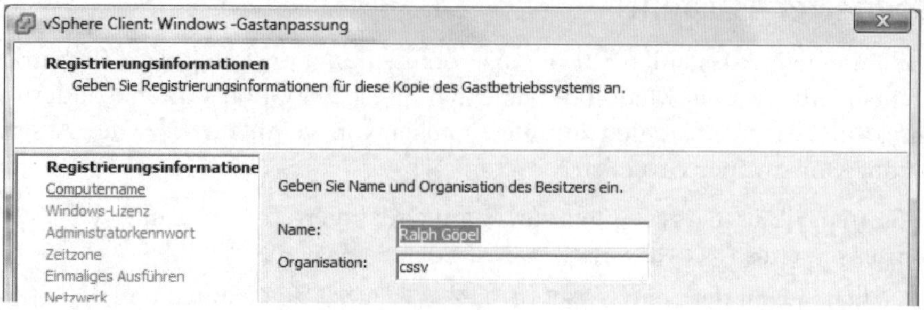

Abbildung 15-4: Individuelle Gastbetriebssystemeinstellungen

5. Geben Sie auf der Seite COMPUTERNAME den Computernamen für die virtuelle Maschine an. Klicken Sie auf WEITER.

   Der Computername ist der Name, der an eine bestimmte Instanz eines Gastbetriebssystems vergeben wird. Das Betriebssystem verwendet diesen Namen, um sich selbst im Netzwerk zu identifizieren. In Windows-Systemen wird er als Computername bezeichnet, in den meisten anderen Betriebssystemen heißt er Hostname. Dabei handelt es sich nicht unbedingt um den Namen der virtuellen Maschine, der zuvor im *Assistenten zum Bereitstellen von Templates* oder im *Assistenten zum Klonen einer virtuellen Maschine* angegeben wurde. Sie können den Computernamen folgendermaßen angeben:

   - *Indem Sie einen bestimmten Namen zuweisen:* Der Name darf alphanumerische Zeichen, Unterstriche (_) und Bindestriche (-) enthalten. Er darf keine Punkte (.) oder Leerzeichen enthalten und nicht ausschließlich aus Ziffern bestehen. Um einen mit Sicherheit eindeutigen Namen zu erstellen und somit das Auftreten von Konflikten zu vermeiden, markieren Sie EINEN NUMERISCHEN WERT ANFÜGEN, UM EINDEUTIGKEIT ZU GEWÄHRLEISTEN.
   - *Indem Sie den Namen der virtuellen Maschine verwenden:* Der Computername, den der vCenter Server erstellt, ist identisch mit dem Namen der virtuellen Maschine, in der das Gastbetriebssystem ausgeführt wird.
   - *Indem Sie auf Eingabeaufforderungen für einen Namen reagieren:* Der vSphere Client übernimmt für den *Assistenten zum Bereitstellen von virtuellen Maschinen* eine Eingabeaufforderung für den Computernamen, nachdem Sie alle Schritte im Assistenten abgeschlossen haben.
   - *Indem Sie eine benutzerdefinierte Anwendung zum Erstellen eines Namens verwenden:* Der vSphere Client ruft eine benutzerdefinierte Anwendung auf, die auf dem vCenter Server gespeichert ist, um einen Namen zu erstellen. Wenn Sie diese Option auswählen, müssen Sie den absoluten Pfad der benutzerdefinierten Anwendung im zugehörigen Textfeld eingeben.

6. Geben Sie auf der Seite WINDOWS-LIZENZ den Windows-Lizenzschlüssel für das neue Gastbetriebssystem an (siehe Abbildung 15-5). Klicken Sie auf WEITER.

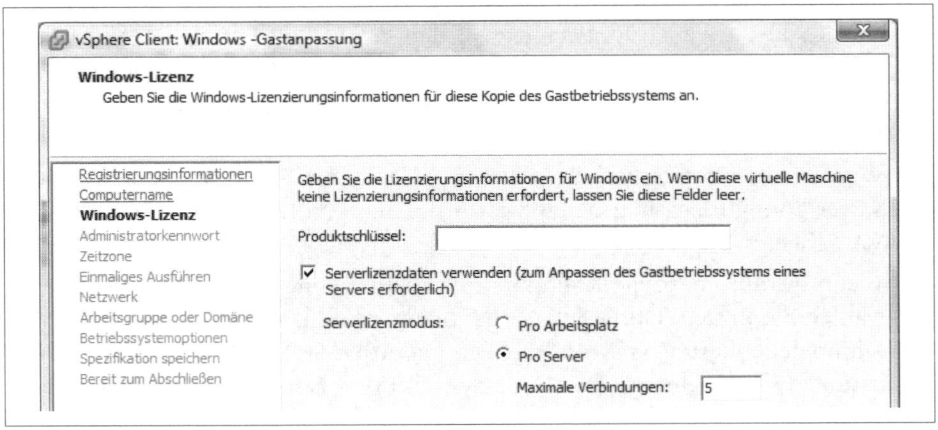

Abbildung 15-5: Eingabe der Produkt-ID und des Lizenzmodus

Wenn Sie ein Windows-Server-Betriebssystem benutzerdefiniert anpassen, markieren Sie den entsprechenden Lizenzmodus: PRO ARBEITSPLATZ oder PRO SERVER. Wenn Sie PRO SERVER auswählen, geben Sie die maximale Anzahl gleichzeitiger Verbindungen an, die der Server akzeptieren soll. Beachten Sie dabei die erworbenen Lizenzen.

7. Geben Sie auf der Seite ADMINISTRATORKENNWORT das Administratorkennwort für die virtuelle Maschine ein (komplex) und bestätigen Sie dieses durch nochmalige Eingabe. Klicken Sie auf WEITER.

   Geben Sie kein Kennwort ein, fordert Sie der vSphere Client auf, zu bestätigen, dass Administratorbenutzer kein Kennwort eingeben müssen.

> Wenn Sie ein neues Administratorkennwort angeben und die Quelle, also das Template oder die virtuelle Maschine unter Windows, bereits über eines verfügt, müssen Sie in Schritt 13 die Option ALLE ANWENDERKONTEN LÖSCHEN markieren. Andernfalls wird das alte Administratorkennwort nicht geändert (nicht immer vorhanden).

Wenn Sie sich beim Booten der virtuellen Maschine automatisch als Administrator anmelden möchten, wählen Sie AUTOMATISCH ALS ADMINISTRATOR ANMELDEN und geben an, wie oft die automatische Anmeldung ausgeführt werden soll. Das ist hilfreich, wenn Sie wissen, dass Sie mehrere Neustarts durchführen werden, bevor sich andere Anwender normal auf der virtuellen Maschine anmelden können.

8. Geben Sie auf der Seite ZEITZONE die Zeitzone für die virtuelle Maschine an. Klicken Sie auf WEITER.
9. Geben Sie auf der Seite EINMALIGES AUSFÜHREN sämtliche Befehle ein, die Sie im Rahmen des ersten Starts für die neue virtuelle Maschine ausführen möchten. Klicken Sie nach Eingabe eines jeden Befehls auf HINZUFÜGEN. Mit den Optionen LÖSCHEN und VERSCHIEBEN können Sie die Ausführungsreihenfolge für die Befehle erstellen. Wenn die Befehlsliste vollständig ist, klicken Sie auf WEITER.
10. Werden alle Netzwerkschnittstellen der VM automatisch über einen DHCP-Server konfiguriert, markieren Sie auf der Seite NETZWERK die Option NORMAL. Klicken Sie auf WEITER.
11. Wenn die automatische Konfiguration für Ihre Umgebung nicht geeignet ist, wählen Sie BENUTZERDEFINIERT aus, markieren die anzupassende Netzwerkschnittstellenkarte (NIC) und klicken auf ANPASSEN, um zusätzliche Spezifikationen vorzunehmen. Das Dialogfeld mit den Netzwerkeigenschaften wird geöffnet.

    Nehmen Sie im Dialogfeld mit den NETZWERKEIGENSCHAFTEN die folgenden Schritte vor:

    - Wählen Sie auf der Registerkarte ALLGEMEIN aus, ob Sie automatisch eine IP-Adresse über DHCP erhalten möchten, oder geben Sie die IP-Adressen manuell ein. Wählen Sie ebenfalls aus, ob Sie automatisch eine DNS-Serveradresse über DHCP erhalten möchten, oder geben Sie die DNS-Serveradresse(n) manuell ein.
    - Geben Sie auf der Registerkarte DNS die DNS-Verbindungen an, indem Sie DNS-Suffixe eingeben. Klicken Sie für jedes DNS-Suffix, das Sie eingeben, auf HINZUFÜGEN. Wenn Sie mehrere DNS-Verbindungen hinzufügen, können Sie die Reihenfolge, in der eine virtuelle Maschine die Verbindungen verwenden soll, mit NACH OBEN bzw. NACH UNTEN bestimmen.
    - Geben Sie auf der WINS-Registerkarte die primäre und sekundäre WINS-Adresse an, indem Sie die IP-Adressen manuell in die Eingabefelder eingeben.
    - Klicken Sie auf OK, um zum vorhergehenden Dialogfeld zurückzukehren. Klicken Sie im Dialogfeld BENUTZERDEFINIERTE ANPASSUNGEN DES NETZWERKS auf WEITER.
12. Führen Sie auf der Seite ARBEITSGRUPPE ODER DOMÄNE folgende Schritte durch:

    - Wenn Sie einer Arbeitsgruppe beitreten möchten, wählen Sie ARBEITSGRUPPE aus, geben den Namen der Arbeitsgruppe ein und klicken auf WEITER.

- Möchten Sie einer Domäne beitreten, wählen Sie WINDOWS-SERVER-DOMÄNE aus, geben den Anwendernamen eines Anwenders an, der Computer zur Windows-Domäne hinzufügen darf, und geben das Kennwort des Anwenders an (meistens des Administrators). Klicken Sie auf WEITER.

13. Wählen Sie auf der Seite BETRIEBSSYSTEMOPTIONEN die folgenden Optionen für das Gastbetriebssystem aus:
    - NEUE SICHERHEITS-ID (SID) ERZEUGEN – Erzeugt eine neue Sicherheits-ID für die virtuelle Maschine (siehe Abbildung 15-6).

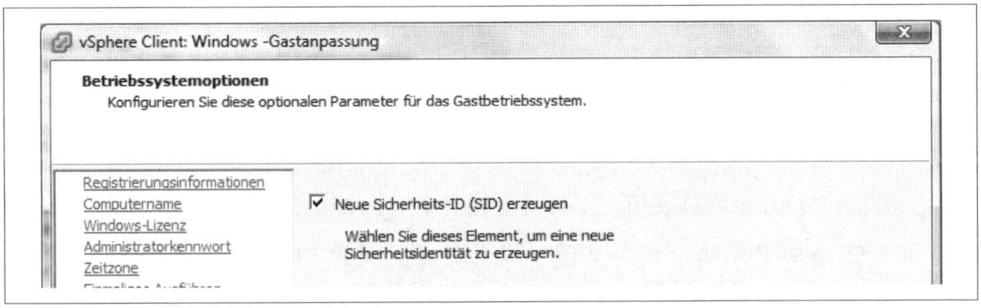

Abbildung 15-6: Neue Sicherheits-ID erzeugen

- ALLE ANWENDERKONTEN LÖSCHEN – Löscht alle alten Anwenderkonten, die im System gefunden werden. Wenn Sie in Schritt 7 ein neues Administratorkennwort angegeben haben und die Quelle, also das Template oder die virtuelle Maschine unter Windows bereits über eines verfügt, müssen Sie jetzt die Option ALLE ANWENDERKONTEN LÖSCHEN markieren. Andernfalls wird das alte Administratorkennwort nicht geändert. Klicken Sie auf WEITER.

Der Punkt ALLE ANWENDERKONTEN LÖSCHEN ist nicht in allen Sysprep-Varianten vorhanden.

14. Optional: Führen Sie die folgenden Schritte aus, um auf der Seite SPEZIFIKATION SPEICHERN die benutzerdefinierten Optionen als XML-Datei zu speichern.
    - Wählen Sie DIESE SPEZIFIKATIONEN DER BENUTZERSPEZIFISCHEN ANPASSUNG ZUR SPÄTEREN VERWENDUNG SPEICHERN aus.
    - Geben Sie den Pfad und den Dateinamen für die Spezifikation an und klicken Sie auf WEITER.

Der vCenter Server speichert die benutzerdefinierten Konfigurationsparameter in einer XML-Datei. Später können Sie diese vordefinierten benutzerspezifischen Parameter importieren, wenn Sie ein Template bereitstellen oder eine vorhandene virtuelle Maschine klonen. Wenn die benutzerspezifischen Einstellungen in einer Datei gespeichert sind, werden das Administratorkennwort der virtuellen Maschine unter Windows und das Kennwort des Administrators der Domäne gegebenenfalls in verschlüsseltem Format in der XML-Datei gespeichert. Die gespeicherten Dateien für die benutzerdefinierte Anpassung sind wegen der Verschlüsselung für jeden vCenter Server und für jede Version von vSphere 6 eindeutig. Sie müssen die Dateien für die benutzerdefinierte Anpassung für jede vCenter Server-Version neu erstellen. Die Verschlüsselung wird zwischen Upgrade-Versionen auf demselben vCenter Server beibehalten. Das heißt, Sie können nach dem Upgrade des vCenter Servers dieselben Dateien verwenden, müssen aber gegebenenfalls die Passwörter neu eingeben.

15. Klicken Sie auf BEENDEN.

    Das schließt den Assistenten zur benutzerdefinierten Anpassung des Gastbetriebssystems und kehrt zurück zum Assistenten zum Bereitstellen von Templates oder zum Assistenten zum Klonen einer virtuellen Maschine.

16. Klicken Sie auf BEENDEN, um die virtuelle Maschine aus einem Template bereitzustellen oder den Klon zu erstellen.

> Wenn Sie den Klon das erste Mal starten, fährt die Maschine zunächst ganz normal hoch und der Anmeldebildschirm wird angezeigt. Erst nach einer kurzen Zeit beginnt im Hintergrund die Arbeit: Die VM wird neu gestartet und die Gastanpassung wird durchgeführt. Haben Sie also Geduld und melden Sie sich nicht sofort an, sonst unterbrechen Sie den Anpassungsvorgang.

KAPITEL 16

vCenter Server Konfiguration und Alarme

Die Konfiguration des vCenter Servers ist eine wichtige Angelegenheit, bei der einige Einstellungen zum Verhalten der gesamten Umgebung angepasst oder neu konfiguriert werden müssen. In diesem Kapitel gehe ich auf die Besonderheiten und die damit verbundenen Möglichkeiten ein. In verschiedenen Gruppen von Dialogfeldern mit Eigenschaften und Einstellungen können Sie Anpassungen vornehmen.

Die Alarme des Systems hängen logisch von den Einstellungen des vCenter Servers ab, z.B. wenn E-Mails verschickt werden sollen. Die Alarme werden im zweiten Teil dieses Kapitels behandelt.

Einstellungen des vCenter Servers

Über HOME → VCENTER SERVER EINSTELLUNGEN gelangen Sie zu der Konfiguration der vCenter-Umgebung, die zentral in einem Fenster angeboten wird.

Änderungen an diesen Einstellungen werden nur auf den aktuellen vCenter Server angewendet. Wenn Sie sich abmelden und bei einem anderen vCenter Server anmelden, gelten diese Einstellungen nicht für diesen Server, auch nicht für Server im verknüpften Modus.

Auf den im Dialogfeld angezeigten Registerkarten können Sie folgende Konfigurationen vornehmen:

- *Lizenzierung* – Wie bereits in Kapitel 10 beschrieben, können hier die Lizenzen eingetragen werden. Sollten Sie bei dem Versuch eine Fehlermeldung bekommen, kann dies an genutzten Features liegen, die in Ihrer Lizenz nicht enthalten sind. Im Testmodus stehen Ihnen alle Optionen der Version Enterprise Plus zur Verfügung. Haben Sie also z.B. vMotion getestet und in Ihrer Lizenz ist das nicht enthalten, müssen Sie alle Einstellungen diesbezüglich rückgängig machen, bevor Sie Ihre Lizenz eintragen können. Im unteren Teil des Fensters sehen Sie die aktuell installierte Lizenz mit weiteren Angaben zum Produkt, der Kapazität (Anzahl), verfügbare Kapazitäten, Ablaufdatum und eine von Ihnen optional eingegebene Bezeichnung.

- *Statistik* – Geben Sie die Erfassungsintervalle, die Aufbewahrungszeit für Statistikerfassung und die Statistikerfassungsstufe an. Die Auswirkungen der Statistikerfassung auf Ihre vCenter-Datenbank hängen vom aktuellen vCenter und der Bestandslistengröße ab. Wenn Sie die Anzahl der physischen Hosts und deren virtuelle Maschinen ändern, wird auch der geschätzte erforderliche Speicherplatz der Datenbank aktualisiert (siehe Abbildung 16-1). Damit reduzieren Sie nicht die Größe der Datenbank – das können Sie beim Eintrag *Datenbankaufbewahrungsrichtlinie* erledigen (siehe weiter unten). Bei den Statistikintervallen können drei Werte verändert werden. Das beeinflusst natürlich auch die Größe der Datenbank. Bei den Tagesstatistiken können Sie z.B. die Werte für das Intervall auf eine Minute einstellen und damit fünfmal mehr Daten abspeichern als üblich. Setzen Sie gleichzeitig die Anzahl der Tage auf fünf, werden 25-mal mehr Werte anfallen, und bei der Statistikebene können Sie diesen Wert nochmals mit vier multiplizieren, was dann zum 100-fachen Datenvolumen führt. Wenn Sie beispielsweise die Latenzzeiten der Storages über einen ganzen Tag haben wollen, müssen Sie die Statistikebene anheben, sonst sehen Sie nur »Echtzeit«, also nur eine Stunde.

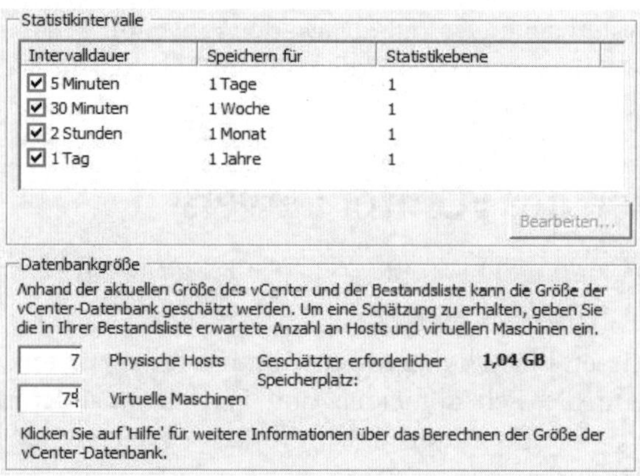

Abbildung 16-1: Geschätzte Datenbankgröße

> Bei der Tagesstatistik ist eine Intervalldauer von 5 Minuten Standard. Das bedeutet, dass gegenüber der Echtzeit (ein Punkt alle 20 Sekunden) 15 Werte interpoliert werden. Bei der Wochen-, Monats- und Jahresstatistik verlieren Sie weiter an Genauigkeit.

- *Laufzeiteinstellungen* – Sehen Sie sich die Laufzeiteinstellungen für die vCenter Server-Installation an. Die eindeutige vCenter Server-ID liegt im Zahlenbereich von 0 bis 63. Eine Änderung ist nur notwendig, wenn Sie mehrere vCenter Server im verknüpften Modus betreiben und hier eine ID vom System doppelt vergeben wurde. Die ID des vCenter Server-Systems kennzeichnet jeden Server in einer gemeinsamen Umgebung eindeutig. Standardmäßig wird ein willkürlicher ID-Wert generiert. Die verwaltete IP-Adresse muss nicht eingetragen werden, selbst wenn der vCenter Server mit mehreren Netzwerkkarten in unterschiedlichen Subnetzen liegt. Sollte es doch einmal zu Problemen kommen, gehört hier die IP hinein, die die Hosts sehen können. Benennen Sie den vCenter Server um, muss diese Änderung im letzten Feld eingetragen werden. Nehmen Sie dafür den FQDN (Full Qualified Domain Name). Nur bei Änderungen des ersten Punktes auf dieser Seite muss der vCenter Server neu gestartet werden. Der bloße Neustart der Dienste reicht hier meist nicht aus.

- *Active Directory* – Sie können hier zunächst das Zeitlimit für Active-Directory-Abfragen einstellen. Der Wert von 60 Sekunden reicht üblicherweise aus. Befindet sich der nächstgelegene Domänencontroller nicht im selben Netz wie der vCenter Server, so kann dieser Wert nach oben auf maximal 180 Sekunden angepasst werden. Die maximale Anzahl von Anwendern und Gruppen, die im Dialogfeld *Berechtigungen hinzufügen* angezeigt werden können, wird im zweiten Block eingestellt. *Abfragegrenze aktivieren* gibt die maximale Anzahl von Anwendern und Anwendergruppen aus der markierten Domäne an, die von vCenter gespeichert werden. Geben Sie 0 (null) ein, um keine Obergrenze anzugeben. Die Häufigkeit, mit der die Synchronisierung und Validierung der dem vCenter Server bekannten Anwender und Anwendergruppen durchgeführt wird, lässt sich im *Validierungszeitraum* angeben. 1440 Minuten entsprechen einem Tag und sind ein üblicher Wert. Hier wird in Sekunden angegeben, wie lange das Durchsuchen der markierten Domäne im vCenter Server höchstens dauern darf. Das Durchsuchen von sehr großen Domänen kann viel Zeit in Anspruch nehmen.

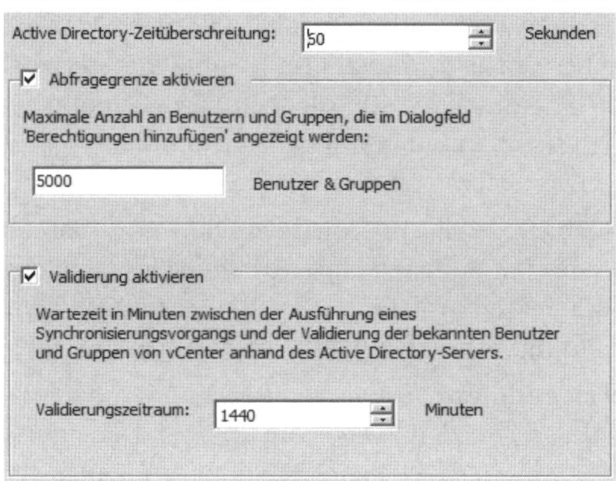

Abbildung 16-2: Einstellungen zu Active Directory

> Wenn Sie kein Microsoft Active Directory haben, kann es beim Abholen der Daten zu Zeitüberschreitungen kommen. Setzen Sie die Grenze bei *Benutzer & Gruppen* auf etwas über 1.000 fest, damit Sie überhaupt etwas bekommen (siehe Abbildung 16-2). Mit MS AD brauchen Sie üblicherweise keine Grenze.

- *E-Mail* – Geben Sie den SMTP-Server und das E-Mail-Konto an, über das Sie Benachrichtigungen z. B. bei Alarmen oder neuen Updates erhalten wollen. Das funktioniert nur mit eigenen E-Mail-Servern, nicht aber mit z. B. POP3-Konten im Internet. Möchten Sie eine Mail, z. B. bei Alarmen, nach Hause oder zum EDV-Support der Firma bekommen, können Sie Ihren E-Mail-Server entsprechend einstellen.
- *SNMP* – Geben Sie die SNMP-Internetadressen der Empfänger, die Ports und Community-Zeichenfolgen an, wenn Sie das Simple Network Management Protocol für die vSphere-Umgebung nutzen wollen. Hiermit können dann aktiv SNMP-Traps geschickt werden. Eine Abfrage über SNMP ist standardmäßig möglich. Bis zu vier Empfänger können hier Nachrichten vom vCenter Server erhalten – üblicherweise bei Störungen oder Alarmen.
- *Webservice (Ports)* – Das Ändern der HTTP- und HTTPS-Ports für den Webservice kann hier nur eingesehen werden. Eigentlich sollte die Einstellung schon bei der Installation des vCenter Servers richtig gesetzt werden.
- *Zeitüberschreitungs-Einstellungen* – Geben Sie die Timeout-Einstellungen für die Verbindung des vSphere Clients für normale Vorgänge und lange Vorgänge an. Das normale Zeitlimit gibt an, wie lange (in Sekunden) der vSphere Client auf eine Antwort des vCenter Servers wartet, bis das Zeitlimit überschritten wird. Die Standardeinstellung lautet 30 Sekunden. Das lange Zeitlimit, z. B. bei externen VPN-Verbindungen, gibt an, wie lange (in Sekunden) der vSphere Client hier auf eine Antwort des vCenter Servers wartet. Die Standardeinstellung lautet 120 Sekunden.
- *Protokollierungsoptionen* – Geben Sie den Detaillierungsgrad und den Protokollumfang an, die während des normalen Betriebs vom vCenter erfasst werden sollen. Die sechste Einstellung gibt die erweiterte ausführliche Protokollierung an und wird für die Fehlerbeseitigung und Problemlösung verwendet. Achten Sie unbedingt auf die Größe der abgespeicherten Dateien, wenn Sie hier etwas geändert haben.
- *Datenbank* – Geben Sie die maximale Anzahl von Datenbankverbindungen an, die erstellt werden sollen (standardmäßig 50). Ändern Sie diesen Wert, muss der vCenter Server zur Übernahme neu gestartet werden. Dieser Wert ist keine Einschränkung, sondern nur für die Performance interessant.
- *Datenbankaufbewahrungsrichtlinie* – Hier kann die Größe der Datenbank erheblich beeinflusst werden. Die Aufgaben und Ereignisse können einigen Speicherbedarf benötigen. Die statistischen Leistungswerte der VMs und Hosts werden ebenfalls in der Datenbank gehalten (siehe oben: Statistik). Achten Sie darauf, dass hier üblicherweise keine Löschungen vorgenommen werden, wenn das Häkchen nicht gesetzt ist. Überlegen Sie sich, ob es sinnvoll ist, die Leistungsdaten von mehr als einem halben Jahr (ca. 180 Tage) aufzubewahren – wenn nicht, aktivieren Sie das Kästchen bei *Aufgaben beibehalten für* und das Kästchen bei *Ereignisse beibehalten für*. Nachträgliche Änderungen in

diesem Abschnitt veranlassen kein Löschen von alten Daten. Alle Daten, die nach dem Setzen der Häkchen in die Datenbank geschrieben werden, bekommen eine Löschmarkierung. Standardmäßig sind die Häkchen mittlerweile gesetzt und ein Zeitraum von 30 Tagen vorgesehen. Achten Sie bei einem Upgrade auf Ihre Einstellungen und ob diese übernommen wurden.

- *Erweiterte Einstellungen* – Auf der Seite *Erweiterte Einstellungen* können Sie die vCenter Server-Konfigurationsdatei *vpxd.cfg* ändern. Auf dieser Seite können Sie bestehende Einträge jedoch nicht bearbeiten oder löschen. VMware empfiehlt, dass Sie nur dann Änderungen an diesen Einstellungen vornehmen, wenn Sie vom technischen Support von VMware dazu aufgefordert werden oder wenn Sie die entsprechenden Anweisungen in der VMware-Dokumentation befolgen. Die meisten der hier angezeigten Felder sind identisch mit den oben beschriebenen Einträgen. Wenn Sie beispielsweise den ersten Eintrag in der Liste mit dem Namen *ads.checkIntervall* nehmen, ist dies das 24-Stunden-Intervall für die Active-Directory-Validierung.

Alarme

Sowohl auf dem ESXi-Server (nicht dem allein stehenden) als auch dem vCenter Server gibt es nach der Installation einige vordefinierte Alarmfunktionen, die bei bestimmten Gegebenheiten ausgelöst werden. Diese konfigurierbaren Alarme werden bei eingestellten Ereignissen, bei erfüllten Bedingungen oder beim Erreichen eines bestimmten Status ausgelöst. Hiermit können Sie fast alle Komponenten Ihrer Umgebung überwachen:

- ESXi-Server (Hosts)
- Virtuelle Maschinen
- vCenter Server
- Datenspeicher und Datenspeicher-Cluster
- Netzwerke (auch verteilte Switches und Portgruppen)
- Cluster und Datacenter
- Lizenzierung und vCenter Server
- Update Manager (nur neue Updatemeldungen und Benachrichtigungen)

Für jedes dieser Objekte gibt es eine oder mehrere eingerichtete Alarmfunktionen, die auch nur für diese Komponente gegebenenfalls eine Aktion auslösen. Zu den möglichen Aktionen gehört das Senden einer E-Mail, eines SNMP-Traps, das Ausführen eines Skripts oder Befehls, die Anzeige auf der Oberfläche des vSphere Clients, das Starten oder Herunterfahren einer VM oder eines Hosts und weitere.

So gibt es zum Beispiel den vordefinierten Alarm für die Überwachung der CPU-Auslastung der virtuellen Maschine. Dieser ist von VMware so eingestellt, dass bei mehr als 75% eine gelbe Warnmeldung und bei mehr als 90% eine rote Alarmmeldung über den vSphere Client auf der Oberfläche angezeigt wird. Weitere mögliche Farben sind grün, wenn die CPU-Nutzung unter 75% liegt, und grau, wenn keine Auslastungsangaben zur Verfügung stehen. Die Meldung über einen grauen oder grünen Zustand wird aber üblicherweise nur in den Ereignismeldungen angezeigt. Alarme oder Warnungen werden immer dann ausgelöst, wenn sich der Status ändert, also von grün nach gelb, von gelb nach rot und wieder zurück, also von rot nach gelb oder von gelb nach grün.

Ändern können Sie alle Einstellungen nur dort, wo sie definiert wurden, und eigene Alarme können Sie überall erstellen, auch zum Beispiel auf einer individuellen VM. Definieren Sie einen neuen benutzerdefinierten Alarm, so gilt dieser für alle Objekte an dieser Stelle und allen untergeordneten Objekten. Erstellen Sie also zum Beispiel einen Alarm auf dem vCenter Server für Hosts, gilt dieser für alle ESXi-Server, die zu diesem vCenter gehören. Tun Sie dies aber auf einem ESXi-Server, gilt der Alarm nur für diesen und nicht für die anderen Hosts.

Wollen Sie Meldungen nur für bestimmte VMs und nicht für alle bekommen, können Sie diese in einen Ordner verschieben und dort den Alarm setzen.

Grundsätzlich bestehen Alarmdefinitionen aus zwei Komponenten: einem Auslöser und einer abhängigen Aktion. Ein Auslöser ist dabei üblicherweise eine Bedingung, die zutreffen muss, damit die Aktion (wie z.B. eine E-Mail senden) ausgelöst wird. Teilweise muss die Bedingung auch erst für einen definierbaren Zeitraum vorliegen, damit die Aktion ausgelöst wird. Beispielsweise wird der Standardalarm für die Nutzung des Arbeitsspeichers der virtuellen Maschine erst nach fünf Minuten ausgelöst.

Alarmmeldungen einstellen

Nach der Installation des ESXi oder vCenter Servers ist meist nur die Anzeige über den vSphere Client definiert. Um diese Meldungen per E-Mail oder SNMP-Trap zusätzlich bekommen zu können, müssen Sie das vorher über den vSphere Client im vCenter Server konfigurieren (siehe oben) – diese Konfiguration ist beim ESXi-Server nicht möglich. Des Weiteren werden diese Vorkommnisse in den zugehörigen Logdateien und in der vCenter Server-Datenbank festgehalten. Ereignismeldungen sehen Sie auch unter dem jeweiligen Kartenreiter EREIGNISSE.

Wenn Sie E-Mails und/oder SNMP-Traps gesendet bekommen wollen, gehen Sie über den vSphere Client zu HOME → VCENTER SERVER EINSTELLUNGEN, um das zu konfigurieren:

- Bei ***E-Mail*** geben Sie den SMTP-Server sowie das E-Mail-Konto an, über das Sie Benachrichtigungen z.B. bei Alarmen oder neuen Updates erhalten wollen.
- Bei ***SNMP*** geben Sie die SNMP-Internetadressen der Empfänger, die Ports und Community-Zeichenfolgen an, wenn Sie das Simple Network Management Protocol für die vSphere-Umgebung nutzen wollen.

Änderungen an diesen Einstellungen werden nur auf den aktuellen vCenter Server angewendet. Wenn Sie sich abmelden und bei einem anderen vCenter Server anmelden, gelten diese Einstellungen nicht für diesen Server.

Alarmmeldungen konfigurieren

Bei den vordefinierten Alarmmeldungen sollten Sie sich diejenigen heraussuchen, die für Ihre Umgebung wichtig sind, und diese konfigurieren. Klicken Sie dazu in Ihrer Bestandsliste auf den vCenter Server und dann auf die Registerkarte ALARME und klicken Sie anschließend auf die Schaltfläche DEFINITIONEN.

Einer der wichtigsten Alarme ist *Hostverbindung und Betriebszustand*. Klicken Sie auf den Alarm (Sie können die Liste alphabetisch sortieren) mit der rechten Maustaste und wählen Sie aus dem Kontextmenü BEARBEITEN. Auf der letzten Registerkarte AKTIONEN klicken Sie auf HINZUFÜGEN und wählen aus dem Drop-down-Feld *E-Mail Benachrichtigung senden* aus. Geben Sie die gewünschte E-Mail-Adresse an und überlegen Sie sich, ob Sie nur eine Nachricht beim Status *rot* oder auch anschließend beim Status *grün* bekommen möchten. Wird ein ESXi-Server z. B. bei einem Update neu gestartet, ist er meistens nach 10 bis 15 Minuten wieder im Cluster vorhanden. Sehen Sie in Ihrem Postfach nur die Meldung *rot* und ist diese Meldung schon eine Stunde her, so müssen Sie tätig werden – ist aber auch die Meldung über den Status *grün* gekommen, brauchen Sie nichts zu machen.

Die ESXi-Server können von sich aus keine Alarme melden, das kann nur der vCenter Server. Sollte bei einem ESXi z.B. ein Problem mit der Hardware vorliegen, sieht man über den vCenter Server lediglich den ausgelösten Alarm. Auf der Registerkarte HARDWARESTATUS des ESXi erfahren Sie dann die Gründe, die zu dem Alarm geführt haben, wie beispielhaft in Abbildung 16-3 dargestellt ist.

Abbildung 16-3: Hardwarealarm des ESXi-Hosts

Eigene Alarmmeldungen erstellen

Bei jedem Objekt, für das Alarme bereits vordefiniert sind oder für das Sie eigene Alarme erstellen können, haben Sie eine eigene Registerkarte ALARME. In der Ansicht können Sie zwischen AUSGELÖSTE ALARME und DEFINITIONEN umschalten. Unter letzterem Punkt sehen Sie in der Liste auch, wo diese Alarme definiert wurden – und nur dort können sie auch verändert werden. Wurde ein benutzerdefinierter Alarm an diesem Punkt erstellt, so steht in der Spalte DEFINIERT IN: »DIESEM OBJEKT«.

Meist möchte man Alarme für eine virtuelle Maschine oder einen ESXi-Server neu erstellen.

Beispiel:

In diesem Beispiel soll eine Alarmmeldung über den vSphere Client angezeigt und zusätzlich die gerade heruntergefahrene oder ausgeschaltete VM sofort neu gestartet werden, weil sie wichtige Aufgaben zu erledigen hat und von unwissenden Benutzern häufiger heruntergefahren wird.

1. Klicken Sie auf die VM, die niemals aus sein darf.
2. Wählen Sie den Kartenreiter ALARME und anschließend die Schaltfläche DEFINITIONEN.
3. Über das Menü oder das Kontextmenü können Sie hier einen neuen Alarm erstellen. Es öffnet sich das Fenster ALARMEINSTELLUNGEN.
4. Geben Sie einen aussagekräftigen Namen ein, z.B. »vm-Lager-3 ist aus«, und optional auch eine Beschreibung dazu. Da hier nur ein Alarm auf eine VM erstellt werden kann, ist das Drop-down-Fenster ÜBERWACHEN nur mit einem Eintrag gefüllt.
5. Wählen Sie das erste Optionsfeld aus, um einen Status (Betriebszustand etc.) zu überwachen und klicken Sie auf den Kartenreiter AUSLÖSER.
6. Als Auslösertyp wählen Sie aus dem Drop-down-Feld VM-ZUSTAND aus. In der Spalte Warnung wählen Sie KEINE und in der Spalte Alarm AUSGESCHALTET aus.
7. Ein Bericht mit Abweichungen in Prozent ergibt keinen Sinn und die Häufigkeit des Alarms auch nicht, klicken Sie deshalb direkt auf die übernächste Registerkarte AKTIONEN.
8. Über die Schaltfläche HINZUFÜGEN können nun die Aktionen für den Alarm ausgewählt werden. Wählen Sie aus dem Drop-down-Feld VIRTUELLE MASCHINE EINSCHALTEN AUS. Damit wird beim Alarm die VM sofort neu gestartet.

Ein einmal aufgetretener Alarm bleibt je nach Typ so lange bei dem Objekt stehen, bis Sie ihn manuell über die rechte Maustaste (Kontextmenü) bestätigen und auf grün setzen (siehe Abbildung 16-4).

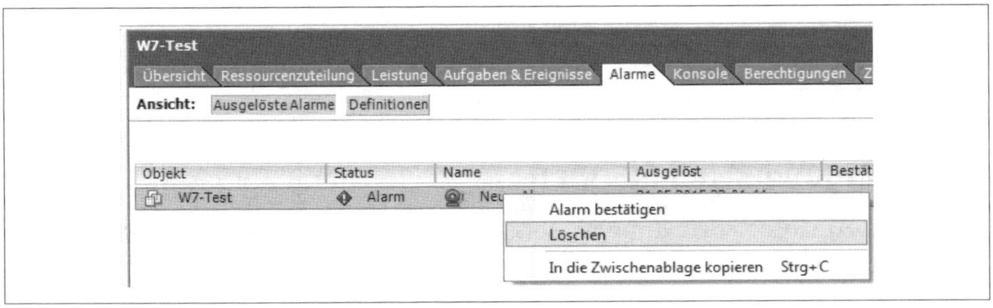

Abbildung 16-4: Alarm bestätigen und auf grün setzen

Bei anderen Alarmtypen wird eine Verzögerung von meist fünf Minuten eingestellt, nach der der Alarm automatisch verschwindet, wenn die Bedingung nicht mehr zutrifft, z.B. bei der CPU-Nutzung einer VM.

Für das Erstellen, Ändern, Löschen, Bestätigen sowie für das Deaktivieren von Alarmaktionen und Festlegen des Alarmstatus sind besondere Berechtigungen notwendig. Diese können über eine Rolle einer Gruppe oder einem Benutzer zugeordnet werden. So können Sie beispielsweise einer Gruppe das Recht geben, eine Alarmaktion zu bestätigen, aber diese nicht auf *grün* zu setzen. Anschließend sehen Sie als Administrator weiterhin den Auslöser und wer diesen Alarm bestätigt hat.

Alarm mit mehreren Bedingungen

Es besteht die Möglichkeit, mehrere Bedingungen für das Auslösen eines Alarms oder einer Warnmeldung zu erstellen. Sie können beispielsweise eine Alarmdefinition erstellen, die nur eine Meldung ausgibt, wenn die CPU-Last und der verbrauchte Arbeitsspeicher einer VM einen bestimmten Wert überschreiten oder auch wenn nur eine der Bedingungen zutrifft. Überprüfen Sie aber, ob es nicht schon einen vordefinierten Alarm für den Zustand gibt, sonst bekommen Sie gegebenenfalls zu viele Meldungen. Es sind sogar unsinnige und widersprüchliche Bedingungen möglich (siehe Abbildung 16-5). So einen Alarm erstellt man natürlich nur, wenn man z.B. die E-Mail-Funktion überprüfen möchte – aber nicht als echte Funktion in einer produktiven Umgebung.

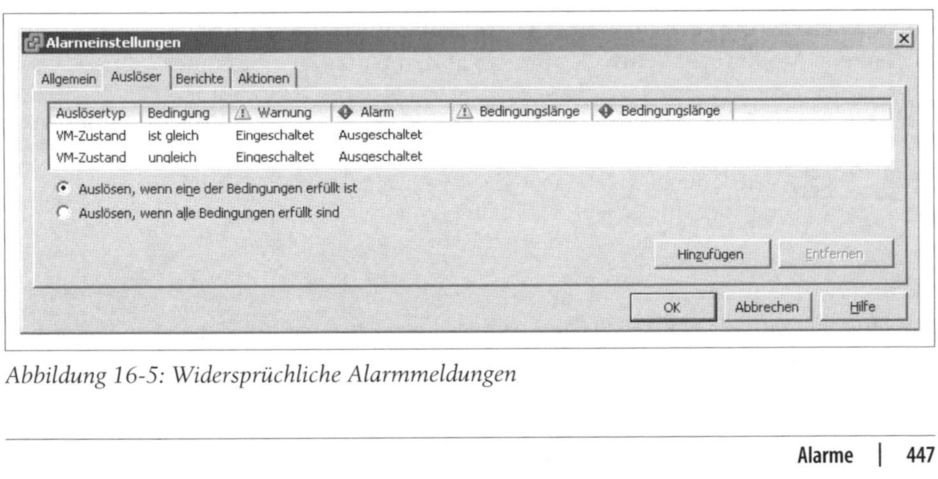

Abbildung 16-5: Widersprüchliche Alarmmeldungen

Vordefinierte Alarme lassen sich nicht auf unterer Ebene entfernen oder deaktivieren und Sie können die Vererbung auf untergeordnete Objekte nicht einschränken.

Zeitbedingungen bei Alarmen

Für einige Auslösertypen können Zeitangaben für die Länge des Zustands mit angegeben werden, bevor eine Aktion ausgelöst wird – bei einigen vordefinierten Alarmen ist das bereits konfiguriert, bei anderen Auslösertypen ist dies nicht möglich und meist auch nicht sinnvoll.

So sind bei der CPU-Nutzung der VM jeweils fünf Minuten vorgesehen, bevor eine Warnung oder ein Alarm ausgelöst wird. Wird eine virtuelle Maschine neu gestartet, verbraucht sie üblicherweise mehr CPU-Last als hinterher im Betrieb. Wären hier keine Zeiten angegeben, so würde bei jedem Start einer Maschine auch eine Meldung kommen.

In den Feldern zur Bedingungslänge können Sie zwischen 0 und 60 Minuten wählen. Eine manuelle Eingabe der Zeit ist hier nicht zulässig. Grundsätzlich sind Zeitangaben bei Alarmen zu Netzwerk, vCenter Server, Datencenter, Cluster und Storage nicht möglich, weil hier nur Ereignisse auftreten können, die sofort gemeldet werden. Lediglich beim Host oder der VM können zu einer Bedingung oder einem Status Zeiten ausgewählt werden – aber eben nicht bei jedem Auslösertyp.

Schwellenwerte bei Alarmen

Für einige Alarme können über den Kartenreiter BERICHTE ein Schwellenwert und eine Häufigkeit für die jeweilige Aktion angegeben werden. Dies ist angebracht, wenn Sie eine Maschine überwachen wollen, deren CPU-Nutzung kurzfristig über die eingestellte Marke kommt. Haben Sie beispielsweise 75% CPU-Nutzung für eine Meldung festgelegt und möchten Sie wissen, wann die VM die 80% überschreitet, können Sie den ausgelösten Alarm wiederholen, wenn die CPU-Nutzung 5% über den eingestellten Wert kommt.

Weiterhin können Sie die Häufigkeit der Meldungen festlegen. Bei den meisten vordefinierten Alarmen wird eine Aktion alle fünf Minuten ausgelöst – das kann bei einigen Meldungen sinnvoll, aber bei anderen auch nervig sein.

Bei der CPU-Nutzung einer VM wird die Anzahl der zugewiesenen CPUs berücksichtigt. Sie errechnet sich aus der Summe der MHz geteilt durch das Produkt aus der Anzahl der vCPUs und der Taktrate der physischen CPUs multipliziert mit 100.

Beispiel:

Ein Host hat einen 3,0-GHz-Prozessor mit vier Kernen. Somit liegt seine maximale Gesamtfrequenz bei 12 GHz. Einer VM gebe ich zwei vCPUs, deren Auslastung bei 50 % bzw. 70 % liegt. Das macht zusammen (50+70)/2 = 60% Auslastung und entspricht (3,0GHz +3,0 GHz) * 60% = 3,6 GHz. Also: CPU-Nutzung der VM = 3,6 GHz / (2 vCPUs * 3,0 GHz) * 100 = 60%

Bei der Berechnung der prozentualen Host-CPU-Auslastung sieht es genauso aus. In unserem Beispiel wären das die CPU-Nutzung geteilt durch das Produkt aus der Anzahl der CPUs und der Taktrate multipliziert mit 100: 4,6 GHz / (4 * 3,0 GHz) * 100 = 38,33 %.

Befehle und Skripte als Alarmaktion

Beim ESXi-Server und der virtuellen Maschine haben Sie die Möglichkeit, Anwendungen oder Stapelverarbeitungsdateien als Alarmaktion festzulegen. Beachten Sie dabei, dass diese Aktionen über den VirtualCenter Server-Dienst (wurde nicht in vCenter Server-Dienst umbenannt) ausgeführt werden. Das heißt, dass das Skript oder der Befehl mit Systemberechtigungen läuft. Mit ein wenig Hintergrundkenntnissen kann man dieses aber umgehen. Eine schlechte Idee wäre es, den VirtualCenter Server-Dienst deshalb nur mit Benutzerrechten zu starten.

Wenn Sie Skripte für die Remote Console erstellen möchten, so geht dieses nicht direkt, da als Alarmskript nur eine Stapelverarbeitungsdatei (*.bat) verwendet werden kann. Über eine »Umleitung.bat« können Sie aber Ihre (Power-)vCLI-Skripte aufrufen.

> Das Skript wird bei Windows über *cmd.exe* ausgeführt. Diese Datei befindet sich üblicherweise unter *C:\Windows\System32*. Sollten Sie einen anderen Pfad für Ihre Dateien bevorzugen (so wie ich), müssen Sie mit vollständigen Pfadangaben arbeiten (siehe Beispiel).

Beispiel:

In diesem Beispiel möchte ich Ihnen zeigen, wie man Informationen über einen ausgelösten Alarm auf dem vCenter Server in eine Datei ablegen kann. Ich nutze hier eine Batchdatei, die die Angaben über Parameter erhält und diese in eine Textdatei schreibt. Für diesen Test habe ich eine VM mit Windows 7 (W7-Test) verwendet, Sie können aber auch jede andere VM und auch einen ESXi-Server dafür verwenden. Was diesen Alarm auslöst, spielt dabei keine Rolle, Sie sollten jedoch für einen ersten Test eine Möglichkeit nutzen, die ohne großes Zutun einen Alarm auslöst.

Erstellen Sie einen benutzerdefinierten Alarm und wählen Sie auf der letzten Registerkarte AKTIONEN die Aktion BEFEHL AUSFÜHREN. In der Spalte KONFIGURATION geben Sie jetzt Ihre Batchdatei mit (maximal neun) Parametern an (siehe Tabelle), also z. B.: *C:\Test\Test.bat Para1 Para2 ....*

Die Dateien, also die Batch- und die Textdatei befinden sich hinterher im Ordner *C:\Test*.

Parameter für die Batchdatei:

Parameter	Beschreibung
{eventDescription}	Ereignisbeschreibung für den Statuswechsel
{targetName}	Zielname bzw. Objekt, das den Alarm auslöst
{alarmName}	Name des Alarms (den Sie gewählt haben)
{triggeringSummary}	Werte des Alarmauslösers
{declaringSummary}	Werte der Alarmdeklaration
{oldStatus}	Status vor der Auslösung des Alarms
{newStatus}	Status nach der Auslösung des Alarms
{target}	Zielobjekt, z. B. Ihre VM

Aufruf der Batchdatei:

```
C:\Test\Test.bat "{eventDescription}" "{targetName}" "{alarmName}"
"{triggeringSummary}" "{declaringSummary}" "{oldStatus}" "{newStatus}" "{target}"
```

Text (Inhalt) der Batchdatei:

```
@echo off
echo Ereignisbeschreibung für den Statuswechsel     : %1>C:\Test\Alles.txt
echo Zielname bzw. Objekt, das den Alarm auslöst    : %2>>C:\Test\Alles.txt
echo Name des Alarms (den Sie gewählt haben)        : %3>>C:\Test\Alles.txt
echo Werte des Alarmauslösers                       : %4>>C:\Test\Alles.txt
echo Werte der Alarmdeklaration                     : %5>>C:\Test\Alles.txt
echo Status vor der Auslösung des Alarms            : %6>>C:\Test\Alles.txt
echo Status nach der Auslösung des Alarms           : %7>>C:\Test\Alles.txt
echo Zielobjekt, z. B. Ihre VM                      : %8>>C:\Test\Alles.txt
ccho frei                                           : %9>>C:\Test\Alles.txt
```

Bei der Batchdatei wird der erste Parameter mit dem Platzhalter %1 übernommen, der zweite mit %2 und so weiter. Beachten Sie, dass in meinem Beispiel bei %1 nur eine spitze Klammer nach rechts zeigt. Damit wird eine eventuell vorhandene Datei überschrieben.

Ausgabe der Batchdatei (*C:\Test\Alles.txt*)

```
Ereignisbeschreibung für den Statuswechsel    : "Alarm 'Name des Alarms' auf W7-
Test wurde von Grau in Rot geändert"
Zielname bzw. Objekt, das den Alarm auslöst   : "W7-Test"
Name des Alarms (den Sie gewählt haben)       : "Name des Alarms"
Werte des Alarmauslösers                      : "Status = Ausgeschaltet"
Werte der Alarmdeklaration                    : "([Status Gelb ist gleich
poweredOn; Status Rot ist gleich poweredOff])"
Status vor der Auslösung des Alarms           : "Grau"
Status nach der Auslösung des Alarms          : "Rot"
Zielobjekt, z. B. Ihre VM                     : "VirtualMachine:vm-61"
frei                                          :
```

Während der Laufzeit der Batchdatei sind über den Empfänger, also *vpxd.exe* auf dem vCenter Server, einige Umgebungsvariablen gesetzt. Setzt man also in die Batchdatei eine Pause, kann man sich diese Variablen mit Inhalt über den Befehl *set* ansehen. Natürlich könnte man auch die Batchdatei bei dem Alarm ohne jegliche Parameter aufrufen und in der Batchdatei nur eine Zeile einfügen:

```
set >>C:\Test\Alles.txt
```

Nur sieht die Ausgabe dann nicht so schön aus und es werden hier alle Umgebungsvariablen angezeigt. Sie können diese Umgebungsvariablen innerhalb der Batchdatei natürlich auch über die %-Zeichen abfragen, also z.B.:

```
echo %VMWARE_ALARM_TARGET_ID%>>C:\Test\Alles.txt
```

Weitere mögliche Variablen sehen Sie in der deutschsprachigen PDF-Datei »Datacenter_Administration_Guide« ab Seite 174. Beachten Sie dabei, dass nicht immer alle Variablen vorhanden sind. Einige sind nur bei Ereignissen, andere bei Statusänderungen oder wieder andere nur bei bestimmten Bedingungen vorhanden. Über den Befehl *set* bekommen Sie aber immer alle möglichen angezeigt.

Deaktivieren von Alarmen

Sie können einen Alarm an der Stelle, wo er definiert wurde, löschen oder deaktivieren. Haben Sie einen Alarm deaktiviert, wird dies über ein geändertes Icon beim Alarm angezeigt. Die sonst übliche rote Klingel bekommt dann zusätzlich einen hellroten Kreis mit einem weißen X darin. So können Sie unkompliziert deaktivierte Alarme identifizieren.

Um einen Alarm für nur ein Objekt zu deaktivieren, also z.B. für einen Storage, gehen Sie wie folgt vor:

1. Klicken Sie auf HOME und dann auf DATENSPEICHER UND DATENSPEICHER-CLUSTER.
2. Wählen Sie den Storage aus, für den Sie den Alarm aussetzen wollen.
3. Klicken Sie mit der rechten Maustaste auf diesen Storage und wählen Sie dann aus dem Kontextmenü ALARM → ALARMAKTIONEN DEAKTIVIEREN aus (siehe Abbildung 16-6).

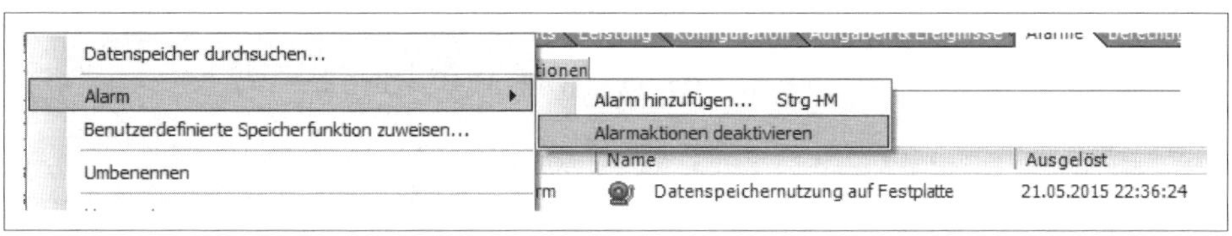

Abbildung 16-6: Alarmmeldungen für einzelnes Objekt deaktivieren

4. Bestätigen Sie den ausgelösten Alarm und löschen Sie ihn.
5. Um diesen Alarm wieder aktiv zu schalten, gehen Sie genauso wie oben beschrieben vor. Das Kontextmenü ändert sich bei einem deaktivierten Alarm auf ALARM → ALARMAKTIONEN AKTIVIEREN. Die vorgenommene Änderung wird dabei sofort wieder gültig – ein erneuter Alarm wird aber erst wieder bei geänderten Werten ausgelöst.

KAPITEL 17

Datensicherung und -wiederherstellung

Backup und Recovery sind mit die wichtigsten Aufgaben, die bei einer produktiven Umgebung anfallen. Hierbei spielt es keine Rolle, ob es sich um die virtuelle Welt handelt oder ob physische Systeme gesichert werden müssen. Auch eine Probewiederherstellung sollte zu den regelmäßigen Aufgaben eines jeden Administrators gehören.

Leider zeigt sich in der Praxis, dass dieses wichtige Thema im produktiven Bereich nur allzu oft vernachlässigt wird. Einige Betriebe sind sogar vom Gesetzgeber her verpflichtet, Sicherungen einzurichten und bei Anfrage auch nachzuweisen, aber dieser Umstand ist vielen EDV-Mitarbeitern häufig unbekannt. Außerdem müssen einige Daten noch nach zehn oder gar dreißig Jahren auf Verlangen abrufbar sein.

Im Falle eines Falles muss man sich auf ein Backup verlassen können und man sollte dieses auch regelmäßig durch ein Recovery überprüfen. Nur wer das oft übt, wird im Katastrophenfall oder in Stresssituationen richtig handeln und einen größeren Datenverlust zu verhindern wissen.

Backup-Unterschiede zwischen den Welten

Wenn Sie Ihre physischen Maschinen mittels Agenten im Betriebssystem bisher auf Band oder Platte gesichert haben, können Sie dies zunächst beibehalten. In der virtuellen Welt gibt es aber andere Möglichkeiten, die einem die Wiederherstellung eines Rechners deutlich erleichtern. Die bloßen Daten eines Rechners kann man erst wieder in eine fertig aufgesetzte Maschine mit installiertem Backup-Agenten zurückspielen (siehe Kapitel 15). Welche Hardware vorher in der virtuellen Maschine war, lässt sich nachträglich nicht immer zweifelsfrei bestimmen. Bei einer VM können aber alle beteiligten Dateien auf ein VMFS-Volume zurückkopiert werden und die Maschine ist sofort wieder einsatzbereit – ohne Umwege über eine Neuinstallation des Betriebssystems und Installation einer Backup-Software.

Gerade in letzter Zeit haben viele Hersteller recht gute Produkte für die Sicherung und Wiederherstellung für virtuelle Maschinen entworfen. Dabei gibt es sowohl kostenlose Produkte, als auch Kaufversionen mit den unterschiedlichsten Ansätzen. Erfahrungen können Sie meist über voll funktionierende, zeitlich begrenzte Versionen sammeln und sich dann für ein Produkt entscheiden. Schauen Sie sich z.B. die Möglichkeiten an, die die Firmen Quest Software (ehemals Vizioncore, jetzt Dell, *www.quest.com/virtualization*), Veeam (*www.veeam.com/de*), arkeia software (*www.arkeia.com/de/products*) oder auch Acronis (*www.acronis.de*) bieten.

Die Ansätze der einzelnen Produkte sind zwar zum Teil sehr unterschiedlich, wichtig ist aber nur, dass Sie eine Software finden, mit der Sie einfach, schnell und unkompliziert diese Aufgabe erledigen können.

Sicherung des Hosts

Die Meinungen beim Backup eines ESXi-Servers gehen weit auseinander. Muss der Host überhaupt gesichert werden, oder setzt man ihn einfach neu auf? Beides ist möglich!

Da beim neuen installierbaren Hypervisor von VMware (ESXi) kein Betriebssystem mehr als Grundlage vorhanden ist, schlagen die üblichen Backup-Methoden wie bei Linux fehl. Welche Möglichkeiten gibt es dann überhaupt? Mit dem Befehl *vicfg-cfgbackup.pl* über vCLI o.Ä. können die wichtigsten Konfigurationsdateien des Hosts gesichert und wieder zurückgespielt werden. Bei der kostenlosen Version schlägt das Zurückspielen aber fehl, weil der Host sich nach dem Einspielen der Lizenz im schreibgeschützten Modus befindet. Setzt man einen neuen ESXi auf, trägt man die Lizenz einfach erst nach dem Zurückspielen der Sicherung ein. Natürlich kann die Konfiguration aber auch händisch nach einer Neuinstallation wieder eingepflegt werden. Probleme gibt es dann aber gegebenenfalls bei der neuen Identität, die den Zugriff auf einen externen Storage, z.B. wegen eines anderen IQN (*iSCSI Qualified Name*), verhindern kann.

Eine weitere Möglichkeit besteht darin, den Befehl *vm-support* aufzurufen. Dieser sammelt unter anderem auch die komplette Konfiguration. Die anschließend erstellte gepackte Datei kopiert man sich auf einen beliebigen Datenträger. Muss der Host neu installiert werden, so entfernt man aus dem Paket die nicht benötigten Verzeichnisse wie z.B. */proc* und */vmfs* und kopiert die restlichen Daten in die Originalverzeichnisse zurück. Wenn man anschließend den Server neu startet, ist die komplette Konfiguration wiederhergestellt.

Hat man ein Fibre Channel- oder iSCSI-SAN, so kann man die Installation des Hosts auch dort vornehmen. Über zusätzliche Funktionen des Storage können natürlich auch diese Daten gesichert werden. Einen neuen Server lässt man einfach vom SAN booten und braucht sich keinerlei weitere Gedanken über das Backup zu machen.

Sicherung der VMs

Wie schon eingangs erwähnt, kann man bei der Sicherung von virtuellen Maschinen genauso verfahren wie bei physischen Systemen. Besser ist es jedoch, wenn eine Backup-Software die Dateien der VM von der VMFS-Partition sichert. Dazu gehören die Festplattendateien (**.vmdk* und **-flat.vmdk*), die Konfigurationsdateien (**.vmx* und **.vmxf*) sowie gegebenenfalls das BIOS (**.nvram*, nur notwendig, wenn BIOS-Einstellungen geändert wurden). Haben Sie aktive Snapshots, müssen Sie diese ebenfalls berücksichtigen und zusätzlich die Snapshot-Datei (**.vmsd*) sichern. Auf jeden Fall ist es besser, wenn Sie die Snapshots vor der Sicherung entfernen bzw. übernehmen (siehe Kapitel 8).

Die meisten Softwarelösungen für diese Aufgabe machen vor dem Backup einen Snapshot der Maschine, weil dann die Festplattendatei ohne Probleme kopiert werden kann. Ist der Vorgang abgeschlossen, wird der dann aktuelle Zustand übernommen.

> Achten Sie unbedingt auf die korrekte Rücknahme der Snapshots. Bei Problemen kann das jeweilige Volume schnell voll laufen. Schuld daran ist manchmal die VSS-Komponente in den VMware Tools. Ändern Sie die Einstellungen der Tools und wählen Sie VSS ab (siehe Kapitel 4 und 8). Manchmal ist auch der Eintrag »`disk.EnableUUID = "TRUE"`« in der **.vmx*-Datei schuld. Ändern Sie den Eintrag dann auf »`FALSE`«.

VMware Consolidated Backup

Am 24. Februar 2010 teilte VMware mit, dass der Support für Consolidated Backup eingestellt wird. Das neue Produkt *Data Recovery* hatte dieses unbeliebte Programm vollständig abgelöst und wurde leider in der Version 5.1 durch *Data Protection* von EMC ersetzt.

VMware Data Protection

VMware Data Protection (VDP) ist ein Tool vom Mutterkonzern EMC, das Backups von den Festplatten und Konfigurationsdateien der virtuellen Maschinen mithilfe von Snapshots erstellt, ohne angemeldete Benutzer oder Daten und Dienste zu behindern. Die ehemalige Software von VMware mit dem Namen Data Recovery wird leider schon seit Längerem nicht mehr angeboten. In der aktuellen Version von vSphere ist der Nachfolger Data Protection von EMC ab der Lizenz Essentials Plus verfügbar. Wie vorher handelt es sich um eine Appliance, die als OVA-Datei von der Website bei VMware heruntergeladen werden kann. In sechs verschiedenen Versionen – von 0,5 bis 8 TByte – wird diese zum Download angeboten. Um die VM in einer vSphere-Umgebung bereitzustellen, müssen mehrere Voraussetzungen erfüllt werden:

- Ein Client Integrations-Plug-in muss über den Web Client installiert werden.
- Es müssen die Forward- und Reverse-Lookup-DNS-Zonen erstellt und die Hosteinträge für die Appliance vor dem Bereitstellen erstellt sein.
- Es muss ein User-Account mit administrativen Zugriffsrechten auf dem vCenter Server erstellt sein (Mitgliedschaft in einer Gruppe reicht nicht). Die Anmeldung muss bei der ersten Konfiguration mit *Domäne\Username* und nicht mit *Username@Domäne.irgendwas* erfolgen.
- Für die kleinste Variante müssen 4 CPUs mit 2 GHz, mindestens 4 GByte RAM und 873 GByte freien Speicher zur Verfügung gestellt werden. Von dem Speicher für die Datensicherung bleiben dann nur 500 GByte übrig, weil aus den drei Datenplatten ein RAID 5 generiert wird. Wie sinnvoll diese Vorgehensweise ist, da die VM meist auf einem ausfallsicheren Storage liegt, überlasse ich Ihrer Einschätzung. Zusätzlich müssen noch mindestens 123 GByte für die erste Konfiguration auf dem Storage frei sein.
- NTP (Network Time Protocol) darf für die Appliance nicht eingestellt werden, da diese die Zeit über die VMware Tools synchronisiert. NTP sollte aber für alle anderen Komponenten, also Hosts und vCenter Server, konfiguriert sein.
- Beim Bereitstellen der OVA-Datei muss der FQDN, der im DNS eingetragen wurde, verwendet werden. Der Name darf hinterher nicht geändert werden.
- Es muss eine statische IP-Adresse gesetzt werden, die nachträglich nicht geändert werden kann.
- Nachdem die VDP-Appliance gestartet ist, muss zunächst HA für die Appliance deaktiviert werden, bevor man sich über einen Browser *(https://IP_address_VDP_Appliance>:8543/vdp-configure/)* mit ihr verbinden und die erste Konfiguration durchführen kann. Anschließend muss HA wieder aktiviert werden.
- Melden Sie sich als *root* mit dem Passwort »changeme« an und ändern dieses (komplex), nachdem die IP-Einstellungen und die Zeitzone überprüft bzw. gesetzt wurden.
- Anschließend muss die Registrierung beim vCenter Server vollzogen werden.
- Überprüfen Sie die Konnektivität (schalten Sie Ihren Browser gegebenenfalls auf »englisch« um, um die Fehlermeldungen zu sehen).
- Jetzt muss nur noch der Storage mit 0,5 bis 8 TByte angelegt werden.
- Ist der Vorgang abgeschlossen, braucht die Appliance einen Neustart.

Nach dem Neustart können Backup- und Replikationsjobs angelegt werden, jedoch nur über den Web Client, nicht über den vSphere Client.

Auf der VMware-Website kann eine englische Dokumentation heruntergeladen werden, die die genaue Vorgehensweise für die Appliance erklärt. Da keiner meiner Kunden diese Software einsetzt und auch in meinen Kursen kein Teilnehmer Interesse daran bekundete, belasse ich es bei diesen Schilderungen.

Dieses Tool macht nur Backups von virtuellen Maschinen – nicht vom Host. Zur Sicherung des ESXi-Servers müssen Sie auf eine andere Lösung ausweichen (siehe oben).

Die Vorgängerversion *Data Recovery* kann mit dem vCenter Server der Version 6 nicht betrieben werden.

Wenn Sie eine wirklich gute Lösung für Backup- und Replikationsjobs suchen, empfehle ich Veeam Backup & Replication, das ich nachfolgend vorstelle. Leider gibt es keine deutsche Literatur darüber, deshalb beschreibe ich die wichtigsten Funktionen hier etwas ausführlicher.

Veeam Software

Die amerikanische Firma Veeam Software mit Hauptsitz in Columbus (USA) entwickelt Produkte für Datensicherung und Management in virtuellen Umgebungen. Sie wurde im Jahre 2006 gegründet.

Das kostenlos angebotene Tool FASTSCP und das Reporting-Tool VEEAM ONE werden in Kapitel 19 noch näher beschrieben.

Die Firma bietet noch weitere interessante Tools an, über die Sie sich Informationen über deren Website ansehen können.

Veeam Backup & Replication

Die Backup-Lösung *Veeam Backup & Replication* ist mittlerweile in der Version 8 für vSphere 6 erschienen und macht einen sehr guten Eindruck. Eine 30-Tage-Testversion kann von der Internetseite *www.veeam.com/de* heruntergeladen werden. In dem Paket ist auch das Tool *FastSCP* enthalten, das ich in Kapitel 19 vorstelle. Lizenziert wird hier pro CPU-Sockel des ESXi-Hosts und einem Jahr (oder mehr) Support und Subscription – ähnlich wie bei vSphere. Eine Verlängerungslizenz ist für deutlich geringere Kosten erhältlich. Dieses Produkt wurde in der Vergangenheit mehrfach ausgezeichnet, z.B. als Produkt des Jahres und »Best of vmworld«.

Ähnlich wie andere Datensicherungsanwendungen für VMs unterstützt Backup & Replication einen deduplizierten Speicher pro Aufgabe sowie eine Kompression vor der Übertragung auf das Sicherungsmedium, was die Netzwerkbelastung und den Storage-Bedarf deutlich verringert.

Eine sehr interessante Lösung ist die integrierte NEAR-CDP (Near-Continuous Data Protection). Damit werden Änderungen an virtuellen Maschinen erkannt und die vorher erstellten Images laufend aktualisiert (Replikation).

VMs können im Katastrophenfall direkt über die Datensicherung gestartet werden – ein Zurückspielen der gesicherten VM kann dann später erfolgen. Auch lässt sich eine Art Sandbox nutzen, um in einer gesicherten Umgebung ein Backup zu überprüfen.

Selbstverständlich können auch über das *File Level Restore* einzelne Dateien aus der Sicherung wiederhergestellt werden. Diese und viele weitere Produktmerkmale werden nachfolgend besprochen.

Installation von Backup & Replication

Legen Sie den Datenträger in das DVD-Laufwerk der physischen Maschine ein oder verbinden Sie das ISO-Image mit der virtuellen Maschine.

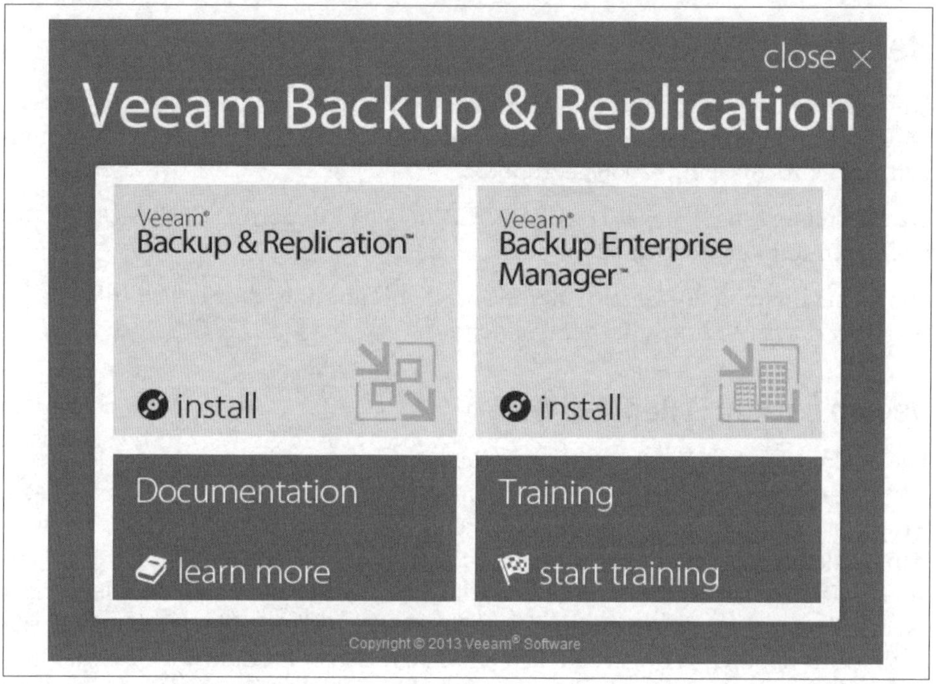

Abbildung 17-1: Auswahl bei der Installation

Klicken Sie (siehe Abbildung 17-1), auf die Schaltfläche BACKUP & REPLICATION INSTALL. Anschließend werden Sie gegebenenfalls aufgefordert, .NET Framework 4 zu installieren, das dem Paket beiliegt.

Akzeptieren Sie das EULA und geben Sie den Ort zur Lizenzdatei an, die Ihnen zugesendet wurde. Haben Sie keine, wird die Software in der freien Version installiert. Nach der Installation kann die Lizenzierung jederzeit über den Menüpunkt HELP → LICENSE nachgeholt werden.

Nachdem Sie auf NEXT geklickt haben, werden in dem neuen Fenster drei Komponenten angezeigt. Brauchen Sie keine zusätzlichen Befehle (SDK) für die Power Shell auf der Kommandozeile, so bestätigen Sie die Auswahl mit NEXT.

Im nächsten Schritt haben Sie die Möglichkeit, die kostenlose, mitgelieferte SQL Express Version zu installieren oder zwei Fenster weiter einen bestehenden SQL-Server (ab SQL 2005 bis SQL 2014) für die Informationen des Systems anzugeben (siehe Abbildung 17-2).

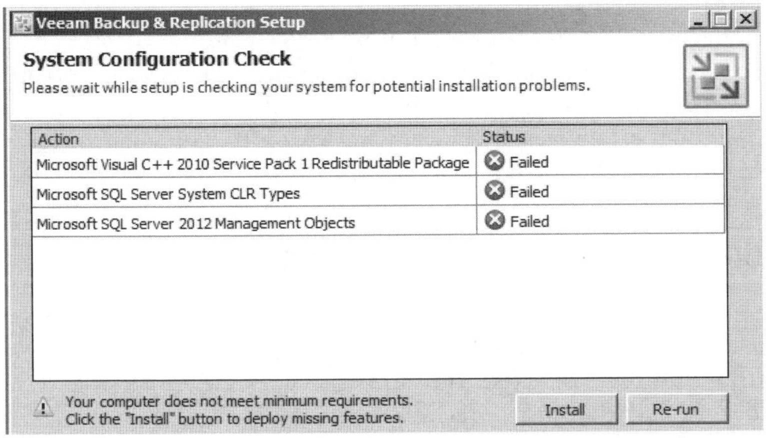

Abbildung 17-2: Installation notwendiger Komponenten

Anschließend wird nach einem Usernamen und dessen Passwort gefragt, der NTFS-Berechtigungen auf dem lokalen Dateisystem hat und auch als Benutzer für den Zugriff auf die Datenbank fungiert. Das Recht *Anmelden als* wird diesem User automatisch verliehen.

Die beiden Ports 9392 und 9393 für die Backup-Dienste, die im nächsten Fenster abgefragt werden, sollten auf den meisten Systemen frei sein. Die Windows-Firewall wird hierbei automatisch konfiguriert.

Üblicherweise können Sie auch die beiden angefragten Ordner für den *VBRCatalog* (indexing) und für *vPower NFS* wie vorgeschlagen abnicken und dann die Installation starten.

Im Hintergrund werden noch folgende Bestandteile mit installiert:

- Veeam Explorer for Exchange
- Veeam Explorer for SharePoint
- HP StoreServ Plug-in
- HP StoreVirtual Plug-in

Der *Veeam Backup Enterprise Manager* ist eine mitgelieferte Management- und Berichtskomponente, die für mehrere Backup & Replication-Anwendungen eine zentrale Weboberfläche bietet. Darüber werden auch Replikationen für alle installierten Umgebungen realisiert und er agiert dann als Lizenzserver für die Produkte von Veeam.

Produktupdates können übrigens unter *www.veeam.com/patches.html* heruntergeladen werden. Sollte ein wichtiges Update vorliegen, benachrichtigt Sie die Software.

Veeam-Dienste

Nach der Installation befinden sich fünf weitere Dienste auf dem Server, davon sind zwei (*Veeam Backup Catalog Service* und *Veeam Backup Service*) auf »Automatisch (Verzögerter Start)« gesetzt. Erst wenn alle Dienste gestartet sind, kann die Anwendung selbst gestartet werden, was z.B. bei einem Neustart der Maschine bis zu fünf Minuten dauern kann.

Erstkonfiguration der Umgebung

Nach dem ersten Start erscheint eine Oberfläche mit Menüzeile und Symbolleisten (Ribbons), die je nach ausgewähltem Unterpunkt sich – ähnlich wie beim aktuellen Microsoft Office – kontextsensitiv ändern. Vieles kann auch über Kontextmenüs mit der rechten Maustaste erreicht werden.

Bevor man ein Backup oder andere Jobs anlegen kann, muss man die Infrastruktur dafür zur Verfügung stellen. Dazu gehören der *Backup Server*, *ein Backup Proxy*, das *Backup Repository* (Speicherplatz) und ein oder mehrere ESX(i)-Hosts oder der vCenter Server.

Der *Veeam Backup & Replication Server* wird der Umgebung als Proxy, Repository und Backup-Server automatisch hinzugefügt. Für eine größere Umgebung kann man zusätzliche dedizierte Server für diese Aufgaben hinzufügen.

vCenter Server als Managed Server hinzufügen

In einer kleinen Umgebung reicht es, als Nächstes den vCenter Server anzugeben, den Backup-Speicher und Anmeldeinformationen am vCenter Server sowie für die Sicherung von speziellen Maschinen, wie Exchange, SQL, Active Directory, Domänencontroller etc.

Klicken Sie links unten in dem grauen Bereich auf BACKUP INFRASTRUCTURE und dann im oberen Bereich links auf MANAGED SERVERS. In dem nun folgenden Fenster (siehe Abbildung 17-3) wählen Sie den vCenter Server aus, indem Sie auf VMWARE VSPHERE klicken.

Geben Sie den DNS-Namen des vCenter Servers an und klicken Sie auf NEXT. Im nächsten Fenster klicken Sie auf die Schaltfläche ADD und geben dort die Domäne und den Namen des Zugriffsberechtigten an oder suchen Sie ihn über BROWSE. Vergessen Sie nicht den Suchpfad auf die Domäne zu setzen und das Passwort einzutragen. Über den Link MANAGE ACCOUNTS sehen Sie alle schon eingetragenen Benutzer und können diese entfernen, bearbeiten oder weitere hinzufügen. Anschließend versucht Veeam B&R, eine Verbindung über den SSL-Port 443 mit dem Server aufzubauen. Sehen Sie sich die Zusammenfassung an und klicken Sie auf FINISH.

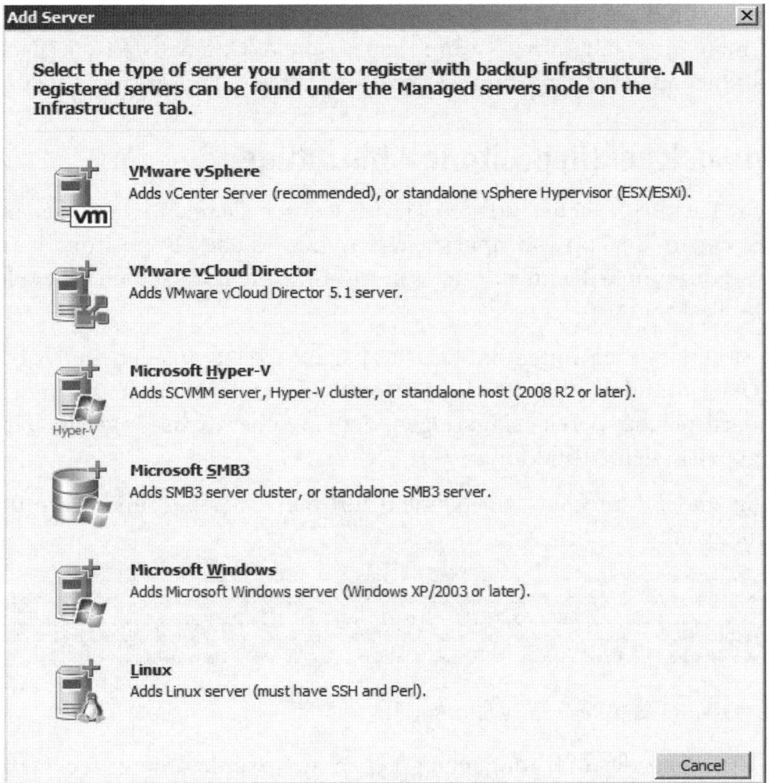

Abbildung 17-3: vCenter Server hinzufügen

Sie können jetzt weitere vCenter Server oder auch allein stehende ESXi-Hosts (nur lizenzierte, keine kostenlosen) nach Bedarf hinzufügen. Diese sollten aber nicht gleichzeitig auch zum hinzugefügten vCenter Server gehören.

Bei einem Windows-Server kann es sich hier nur um einen BACKUP PROXY oder ein BACKUP REPOSITORY handeln, bei einem Linux-Server nur um ein BACKUP REPOSITORY. Auf jedem weiteren Windows-Server werden der *Veeam Installer*-Dienst und *Veeam Transport* installiert. Dafür muss die Datei und Druckerfreigabe aktiviert worden sein.

Veeam Backup Proxy hinzufügen

Dieser optionale Schritt kann in mittleren und großen Umgebungen gewählt werden. Ein Backup-Proxy wird auch als *Data Mover* bezeichnet. Er erhält die Daten, bearbeitet sie und transferiert sie anschließend auf den Zielspeicher. Ein Proxy entlastet den Backup-Server, da er die Daten für die Speicherung bereits vorbereitet. Je größer eine vSphere-Umgebung ist, umso mehr Backup-Proxys sollte man einsetzen. Der *Transport mode* wird beim Hinzufügen eines Servers meistens richtig erkannt: direkter Zugriff auf das SAN, Virtual Appliance oder Netzwerk. Möchte man über langsame Verbindungen einen Datenaustausch machen, so kann man hier auch die Bandbreite (Throttling) einstellen.

Backup-Speicher (Repositories) hinzufügen

Auf einem Backup-Speicher werden alle relevanten Dateien einer oder mehrerer VMs aus einem Backup-Job abgespeichert. Ein solches Repository kann jeder Windows-oder Linux-Rechner, eine Windows-Freigabe oder auch eine oder mehrere lokale Festplatte(n) sein.

Klicken Sie links oben unter BACKUP INFRASTRUCTURE auf den Eintrag BACKUP REPOSITORIES und dann auf ADD REPOSITORY. In der Liste auf der rechten Seite ist der Standardspeicher bereits eingetragen, der aber eher nicht für große Datenmengen geeignet ist (siehe Abbildung 17-4).

Geben Sie einen sprechenden Namen für den Speicher und eventuell eine Beschreibung an.

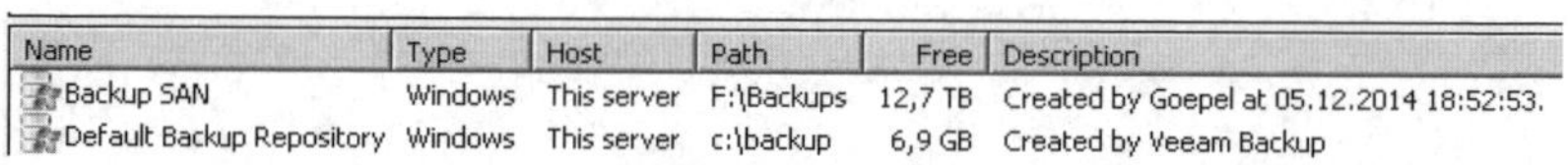

Name	Type	Host	Path	Free	Description
Backup SAN	Windows	This server	F:\Backups	12,7 TB	Created by Goepel at 05.12.2014 18:52:53.
Default Backup Repository	Windows	This server	c:\backup	6,9 GB	Created by Veeam Backup

Abbildung 17-4: Backup-Repository hinzufügen

Wählen Sie einen der drei möglichen Typen aus, wählen Sie gegebenenfalls die Schaltfläche POPULATE, um alle angeschlossenen Datenträger mit ihrer Kapazität und ihrem freien Speicherplatz zu sehen (siehe Abbildung 17-5).

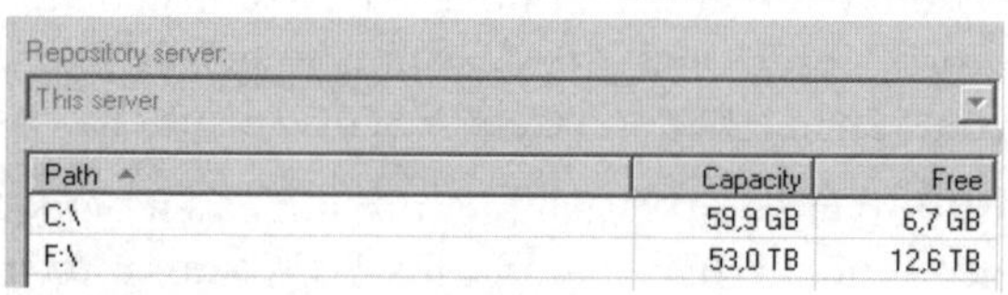

Repository server:

This server

Path	Capacity	Free
C:\	59,9 GB	6,7 GB
F:\	53,0 TB	12,6 TB

Abbildung 17-5: Speicherplatz für Datensicherungen auswählen

Unter dem Punkt LOAD CONTROL können die maximal möglichen gleichzeitigen Tasks angegeben werden. Diese hängen von der Geschwindigkeit des jeweiligen Storage und der Anbindung ab. Auch kann man die maximale Anzahl von Daten (in MB pro Sekunde) angeben, damit der Datenspeicher nicht überfordert wird (meistens unnötig).

Hinter der Schaltfläche ADVANCED verbergen sich noch zwei weitere Punkte:

- **Align backup file data blocks** bedeutet, dass bei Speichersystemen mit fester Blockgröße eine Ausrichtung der Daten an der 4-KBit-Grenze gemacht wird. Damit kann zwar eine bessere Deduplizierung erreicht werden, aber gleichzeitig führt das zu einer höheren Fragmentierung und viel ungenutztem Speicher.
- **Decompress backup data blocks before storing** bedeutet, dass die Daten vor der Speicherung wieder ausgepackt werden. Veeam komprimiert die Daten vor der Übertragung auf einen Speicher, um die Performance zu steigern. Gepackte Daten lassen sich auf einem deduplizierten Speicher aber nicht so platzsparend ablegen.

vPower NFs kann im nächsten Abschnitt gewählt werden. Handelt es sich um den lokalen Server, so kann man hier auf NEXT klicken. Ist es aber ein entfernter Windows-Speicher, so sollte dort auch diese Komponente installiert werden (über ADD SERVER). Über *vPower NFS* kann man aus dem Backup-Speicher heraus VMs direkt auf einem ESXi-Host starten und später dann verschieben.

Sind auf diesem Speicher noch ältere Sicherungen von Veeam, so können diese jetzt importiert werden (Kästchen anklicken), was z. B. bei einer Neuinstallation des Servers nötig wäre.

Vorteile des Deduplizierungsspeichers

Die von Backup & Replication verwendete Deduplizierungs-Speichertechnologie wurde von Veeam selbst entwickelt und ist in die Anwendung integriert. Diese Technologie wertet auf dem Sicherungsspeicher vorhandene Blöcke aus, die in Wiederherstellungspunkten gespeichert werden, und überprüft, ob identische Abschnitte bereits vorhanden sind.

Speichern Sie gleiche Maschinen möglichst im selben Job, damit die Sicherungsaufgaben über die Deduplizierungs-Speichertechnologie besser abgelegt und die Deduplizierungsraten maximiert werden. Sie müssen aber nicht alle gleichartigen VMs in derselben Sicherungsaufgabe zusammenfassen – die Deduplizierung funktioniert darüber aber deutlich besser.

Die Deduplizierung wird für alle gespeicherten virtuellen Maschinen ausgewertet, selbst wenn einige zurzeit nicht gesichert werden, es werden aber nur identische Blöcke innerhalb einer Sicherung berücksichtigt.

Es können Speicherplätze für die Sicherungen von fast beliebiger Größe angegeben werden, und die Anzahl ist jeweils nur auf das Betriebssystem beschränkt, auf dem Sie installieren.

Die Menge des benötigten Speichers für die Sicherungen variiert je nach der Menge an Festplattenspeicher, den die Deduplizierung durch die Ausführung von ähnlichen virtuellen Maschinen sparen kann.

Backup-Jobs erstellen

Jedes Backup, jede Replikation oder auch jede VM-Kopieraktion wird über einen Job erledigt, der gespeichert und zeitmäßig geplant werden kann. Für das Anlegen eines Jobs steht jeweils ein Assistent zur Verfügung, der alle notwendigen und möglichen Schritte abfragt.

Klicken Sie im unteren linken (grauen) Teil auf BACKUP & REPLICATION und dann auf BACKUP JOB.

Geben Sie im ersten Fenster (siehe Abbildung 17-6) einen sprechenden Namen für den Job an. Es empfiehlt sich, dort gegebenenfalls die VMs, die gesichert werden sollen, anzugeben. Das kann der Name der VMs sein oder der Name eines Ressourcenpools oder des Betriebssystems u. a. Wichtig ist, dass Sie die VM zum Wiederherstellen auch finden.

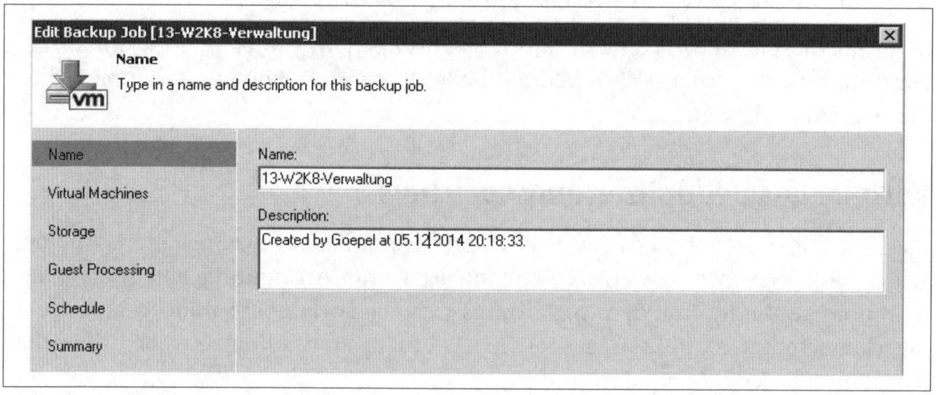

Abbildung 17-6: Backup-Job erstellen

Im nächsten Fenster können Sie über ADD die gewünschten VMs zur Liste hinzufügen. Auch ist es möglich, nach Namen oder Namensbestandteilen zu suchen (siehe Abbildung 17-7).

Oben rechts im Fenster kann man die Ansicht aktualisieren, die Ansicht HOSTS UND CLUSTER, VMS UND TEMPLATES sowie DATENSPEICHER UND VMS auswählen.

Wenn man auf das lila Sternchen unten klickt, kann man noch ein weiteres Kontextmenü aufklappen und darüber nach Objekten wie VMs, Ordner, Cluster, Hosts, Ressourcenpools und vApp suchen oder diese anzeigen lassen.

Über die Schaltfläche EXCLUSIONS können für einzelne VMs noch bestimmte Festplatten aus der Sicherung herausgenommen werden (siehe Abbildung 17-8) oder auch VMs und Templates, die sich in einem Ordner befinden, aber nicht gesichert werden sollen.

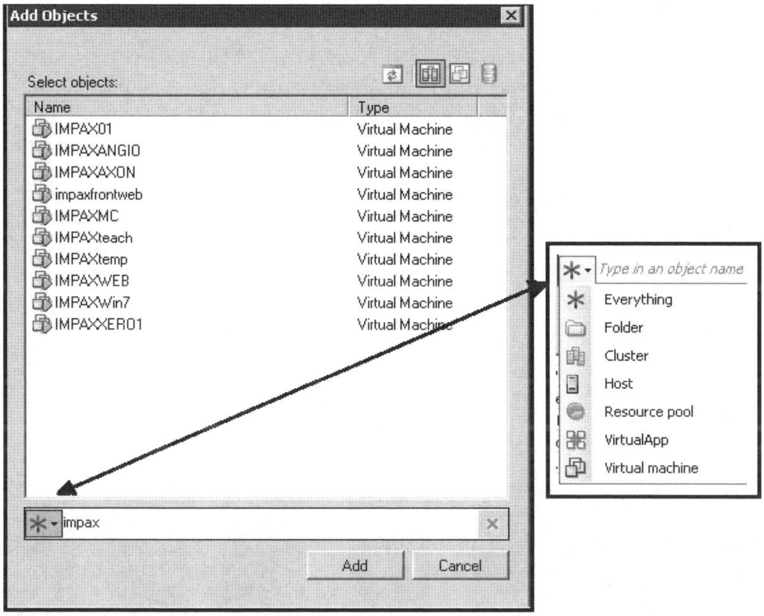

Abbildung 17-7: VMs für Backup-Job auswählen

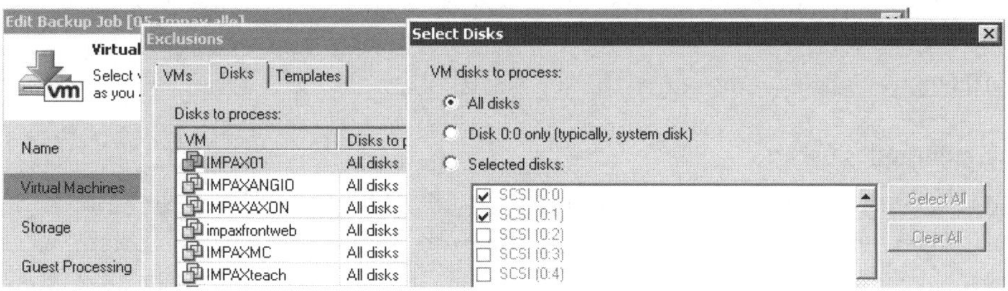

Abbildung 17-8: Festplatten vom Backup ausnehmen

Weiterhin kann man die Reihenfolge der VMs nachträglich ändern, damit die Sicherung auch wie gewünscht abläuft.

Im dritten Fenster STORAGE wählen Sie den Backup-Proxy und den Sicherungsplatz (Backup-Repository) aus und geben an, wie viele Wiederherstellungspunkte auf dem Storage behalten werden sollen. Die ältesten Sicherungen werden dann automatisch gelöscht, wenn die Anzahl überschritten wird.

Über den blauen Link MAP BACKUP können bereits vorhandene Sicherungen hinzugefügt werden, z.B. wenn man die Sicherungen auf einen anderen Storage verschoben hat oder Veeam Backup & Replication neu aufsetzen musste.

Backup-Strategien

Zusätzlich zu den Standard-Backup-Strategien wie Full Backup, Differenzielles und Inkrementelles Backup hat man bei Veeam noch die Auswahl von Reversed Incremental Backup und Synthetic Full Backup.

Full Backup

Bei einem vollen Backup werden jeden Tag alle Daten der VM gesichert. Diese hat den Nachteil, dass sehr viel Speicherplatz belegt wird, aber den Vorteil, dass im Falle einer Wiederherstellung alle Daten schnell wieder bereitgestellt werden können (siehe Abbildung 17-9).

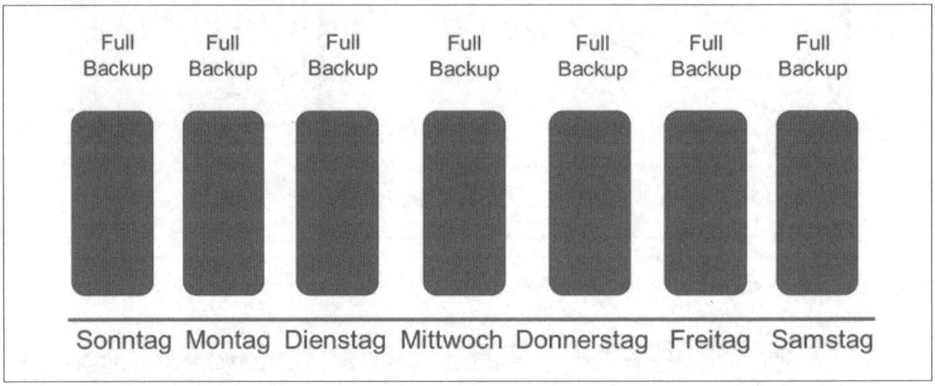

Abbildung 17-9: Full Backup

Inkrementelles Backup

Hierbei wird typischerweise sonntags ein Full Backup durchgeführt und in den Folgetagen werden nur die Unterschiede zum Vortag gesichert. Vorteil: wenig Speicherbedarf; Nachteil: hoher Zeitbedarf bei der Wiederherstellung (siehe Abbildung 17-10).

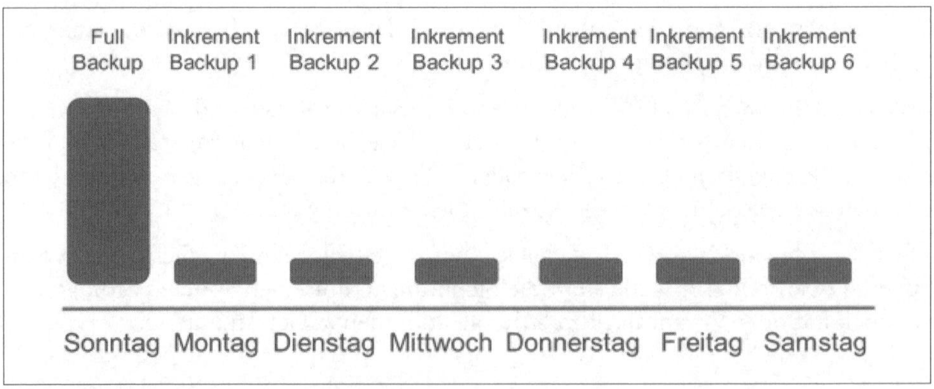

Abbildung 17-10: Inkrementelles Backup

Differenzielles Backup

Hier wird ebenfalls meistens am Sonntag ein Full Backup gemacht und in den nächsten Tagen jeweils die Unterschiede (Differenzen) zum letzten Vollbackup. Daraus ergeben sich ein nicht so großer Speicherbedarf wie beim Full Backup und eine nicht so lange Zeit der Wiederherstellung wie beim inkrementellen Sichern (siehe Abbildung 17-11).

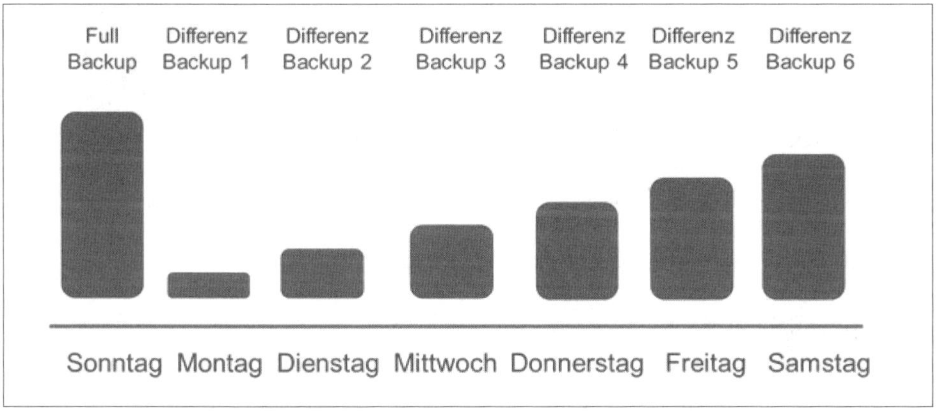

Abbildung 17-11: Differenzielles Backup

Reversed Incremental Backup von Veeam

Auch hier wird zunächst ein Full Backup erstellt (Schritt 1) und an den nächsten Tagen jeweils ein inkrementelles. Jedoch werden täglich die Unterschiede vom Vortag als neues Inkrement extrahiert und die Unterschiede zum neuen Full Backup integriert. Es steht damit jeweils ein aktuelles Full Backup zur Verfügung.

Schritt 2: Erstes Incremental Backup wird in Full Backup integriert (siehe Abbildung 17-12).

Abbildung 17-12: Reverses inkrementelles Backup, Schritt 2

Schritt n: Weiteres Incremental Backup wird in Full Backup integriert (siehe Abbildung 17-13).

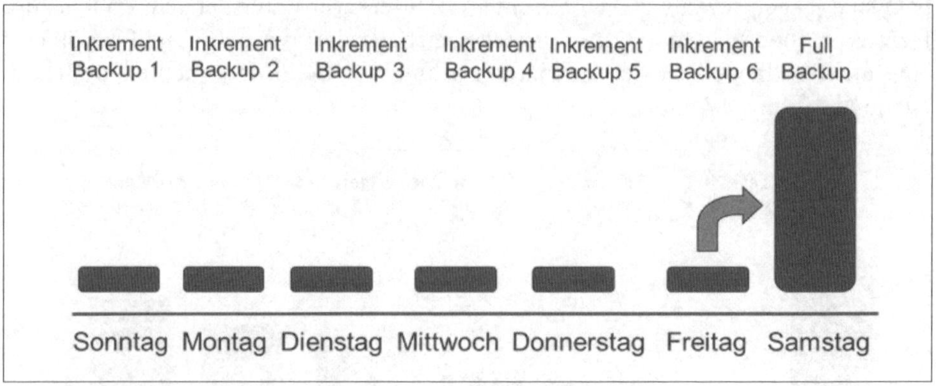

Abbildung 17-13: Reverses inkrementelles Backup, Schritt n

Synthetic Full Backup

Beim synthetischen Full Backup wählt man die Tage aus, an denen eine Integration des inkrementellen zum Full Backup hinzugefügt werden soll (siehe Abbildung 17-14).

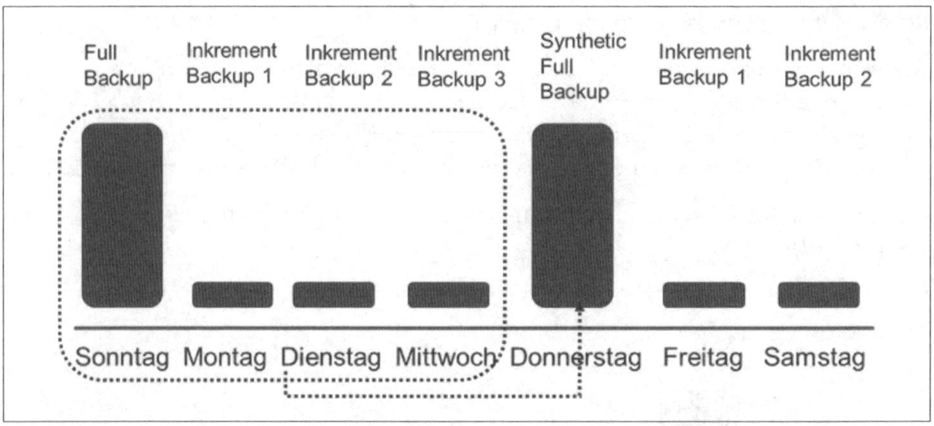

Abbildung 17-14: Synthetisches Full-Backup

Weitere Einstellungsmöglichkeiten zum Backup-Job

Unter der Schaltfläche ADVANCED finden sich weitere interessante Einstellungen wie z.B.:

- Wann ein Vollbackup laufen soll und wie gesichert werden soll.
- Einstellungen zum Datenspeicher

- Benachrichtigungseinstellungen (bei mehreren Backup-Jobs kann dies besser für alle Jobs zusammen unter dem Punkt OPTIONS aus dem Grundmenü eingestellt werden)
- Ob für eine schnellere Sicherung das CBT-Verfahren (Changed Block Tracking) verwendet werden soll (Hardwareversion 7 oder neuer der VM).
- Einstellungen für automatische Integritätsprüfung der Backups, Auslassen der Auslagerungsdateien, wann gelöschte VMs aus dem Speicher entfernt werden, Befehle oder Kommandos vor und/oder nach dem Job

Die meisten dort aufgeführten Details sind mit einigermaßen guten Englischkenntnissen auch verständlich (siehe Abbildung 17-15).

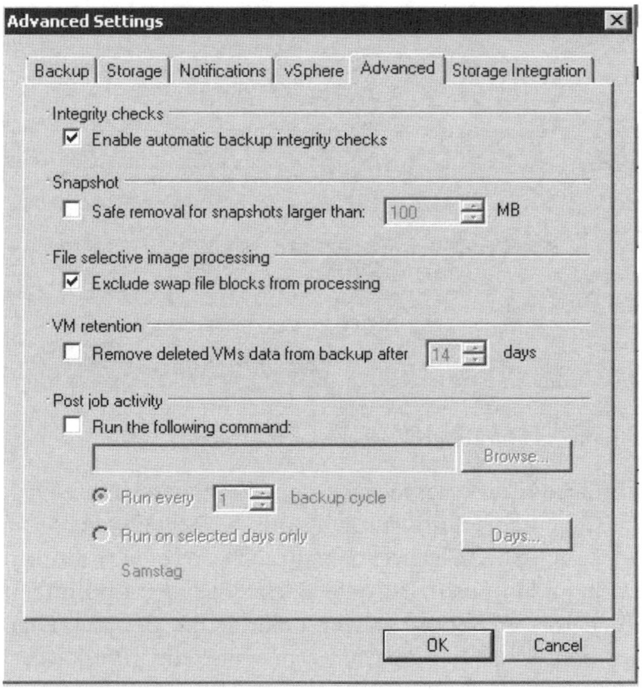

Abbildung 17-15: Erweiterte Einstellungen zum Backup

Im vierten Fenster GUEST PROCESSING können für bestimmte Anwendungen im Betriebssystem noch Einstellungen und Anmeldedaten hinterlegt werden (siehe Abbildung 17-16).

Das ist angebracht bei Domänencontrollern, SQL-Servern, Exchange Servern sowie bei SharePoint. Mit dem angegebenen Account können die Daten auch einzeln wiederhergestellt werden, also einzelne Postfächer, Anlagen zu E-Mails, Zeilen aus Datenbanken, gelöschte Objekte aus Active Directory etc.

Über die Schaltfläche Applications können bei Bedarf weitere Einstellungen vorgenommen werden. Dazu gehört z.B. das Löschen von übrig gebliebenen Logdateien von SQL und Exchange. Wichtig ist hierbei, dass die VMware Tools korrekt installiert sind und die VSS-Erweiterung der Tools läuft.

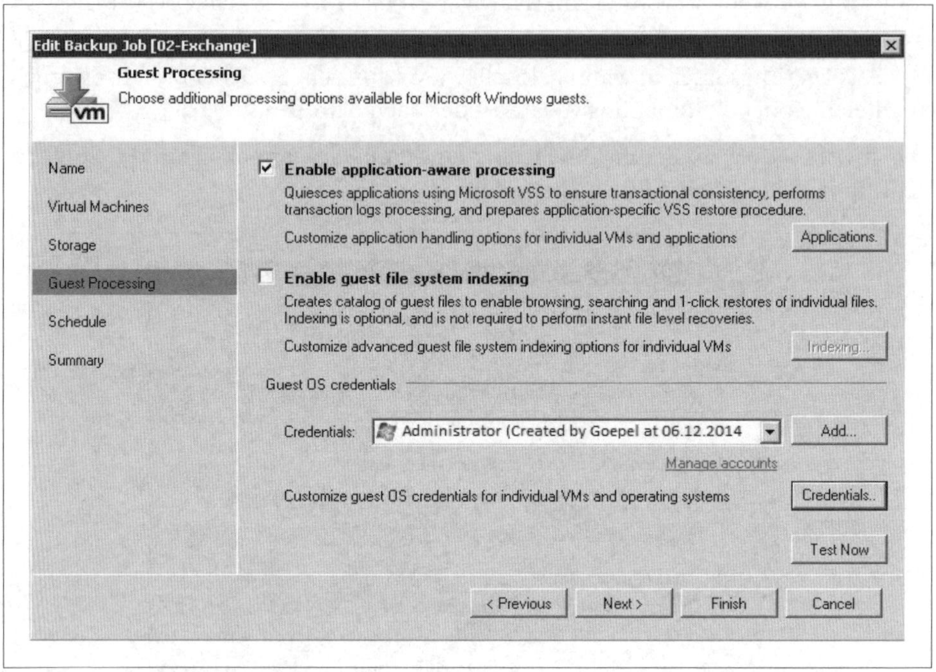

Abbildung 17-16: Auswahl für spezielle Anwendungen

Auf der Registerkarte Scripts lassen sich noch Batchdateien für Windows-Anwendungen angeben, die keine Unterstützung durch VSS (*Volume Shadow Copy System*) bieten, oder auch Shell-Skripte für Linux. Diese Dateien müssen sich auf dem lokalen System befinden (also z.B. dem Backup-Server) und im Voraus fertiggestellt sein. Über solche Skripte könnte man zum Beispiel Dienste vor dem Snapshot (*Pre-freeze script*) stoppen und anschließend (*Post-thaw script*) wieder starten.

Hat man als Sicherung Windows- und Linux-Maschinen in einem einzigen Job, so wird automatisch für Linux das Shell-Skript und für Windows die Batchdatei verwendet.

Im vorletzten Fenster Schedule kann man planen, wann und wie oft der Job laufen soll. Hier können eine Zeit, bestimmte Tage, Zeitabstände oder andere Optionen angegeben werden.

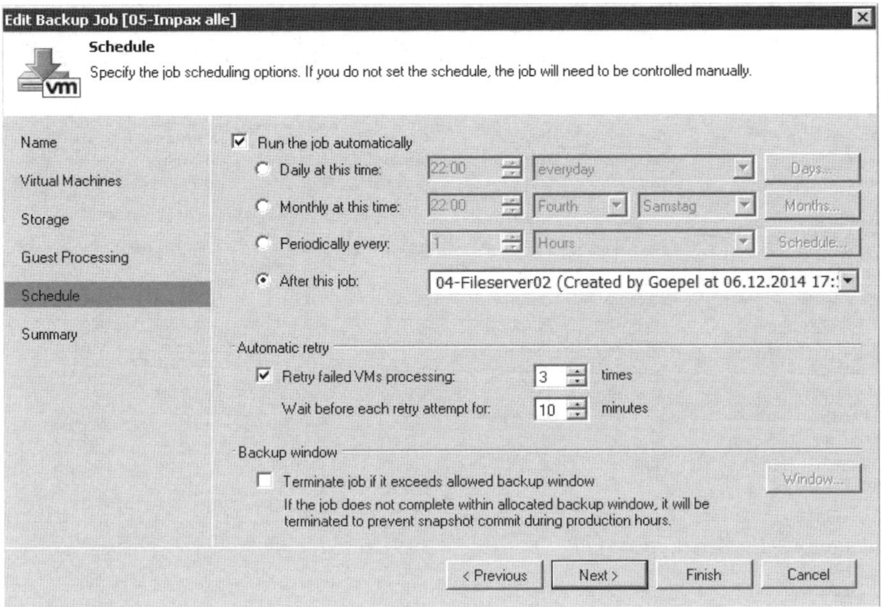

Abbildung 17-17: Zeitplan für das Backup

In Abbildung 17-17 sehen Sie die möglichen Einstellungen zum Zeitplan und in Abbildung 17-18 ist als Beispiel der Job direkt nach Beendigung des vorherigen Jobs geplant.

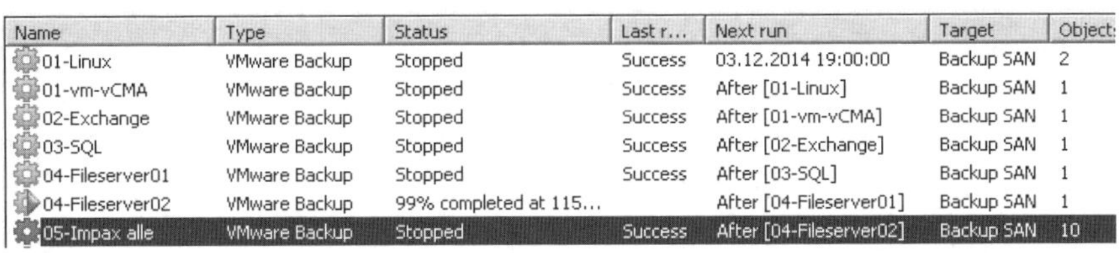

Name	Type	Status	Last r...	Next run	Target	Object:
01-Linux	VMware Backup	Stopped	Success	03.12.2014 19:00:00	Backup SAN	2
01-vm-vCMA	VMware Backup	Stopped	Success	After [01-Linux]	Backup SAN	1
02-Exchange	VMware Backup	Stopped	Success	After [01-vm-vCMA]	Backup SAN	1
03-SQL	VMware Backup	Stopped	Success	After [02-Exchange]	Backup SAN	1
04-Fileserver01	VMware Backup	Stopped	Success	After [03-SQL]	Backup SAN	1
04-Fileserver02	VMware Backup	99% completed at 115...		After [04-Fileserver01]	Backup SAN	1
05-Impax alle	VMware Backup	Stopped	Success	After [04-Fileserver02]	Backup SAN	10

Abbildung 17-18: Backup-Abfolge

Klicken Sie im letzten Schritt auf FINISH, nachdem Sie sich die Details zu dem Job angesehen haben. Einen Schritt zurück kann man hier nicht mehr gehen.

Nach dem Backup-Job kann man sich die Details zu der Sicherung anschauen und/oder auch per Mail als Bericht zusenden lassen, wie beispielhaft in Abbildung 17-19 dargestellt ist.

VMware Backup job: 05-Impax alle — **Success**

Created by Goepel at 05.09.2014 20:01:14. — 10 of 10 VMs processed

Montag, 8. Dezember 2014 20:07:38

Success	10	**Start time**	20:07:38	**Total size**	13,2 TB	**Backup size**	22,1 GB
Warning	0	**End time**	20:41:35	**Data read**	32,4 GB	**Dedupe**	1,0x
Error	0	**Duration**	0:33:57	**Transferred**	22,1 GB	**Compression**	1,4x

Details

Name	Status	Start time	End time	Size	Read	Transferred	Duration
IMPAX01	Success	20:08:47	20:31:10	7,5 TB	12,1 GB	9,0 GB	0:22:23
IMPAXANGIO	Success	20:08:49	20:12:16	124,0 GB	531,0 MB	165,6 MB	0:03:26
IMPAXAXON	Success	20:11:41	20:18:34	1,6 TB	542,0 MB	177,2 MB	0:06:53
impaxfrontweb	Success	20:17:44	20:20:46	20,0 GB	38,0 MB	10,2 MB	0:03:02
IMPAXMC	Success	20:20:11	20:25:57	180,0 GB	9,5 GB	6,3 GB	0:05:45
IMPAXteach	Success	20:25:19	20:32:52	990,0 GB	492,0 MB	183,7 MB	0:07:33
IMPAXtemp	Success	20:29:47	20:37:58	2,3 TB	2,2 GB	1,6 GB	0:08:11
IMPAXWEB	Success	20:32:09	20:37:12	240,0 GB	796,0 MB	424,8 MB	0:05:02
IMPAXWin7	Success	20:36:27	20:39:57	124,0 GB	460,0 MB	134,4 MB	0:03:29
IMPAXXERO1	Success	20:37:09	20:41:21	124,0 GB	5,7 GB	4,2 GB	0:04:12

Abbildung 17-19: Bericht per Mail

Planen eines Replikationsjobs

Die Vorgehensweise bei einem *Replication Job* ist ähnlich wie bei einem Backup-Job. Deshalb sind hier nur die Unterschiede erklärt, die Vorgänge, die bei Backup und Replikation gleich sind, werden aus Platzgründen ausgespart.

Klicken Sie im unteren linken (grauen) Teil auf BACKUP & REPLICATION und dann auf REPLICATION JOB.

Geben Sie im ersten Fenster einen sprechenden Namen für den Job an. Es empfiehlt sich, dort gegebenenfalls die VMs, die repliziert werden sollen, anzugeben. Das kann u.a. der Name der VMs sein, der Name eines Ressourcenpools oder des Betriebssystems. Wichtig ist, dass Sie die VM zum jeweiligen Job schnell wiederfinden.

Im unteren Teil des Fensters können noch drei weitere wichtige Einstellungen für diesen Job ausgewählt werden:

- *Low connection bandwith*: Wenn man eine VM auf einen entfernten Standort über eine langsame Anbindung replizieren möchte, ohne diese zu stark zu belasten.
- *Separate virtual networks*: Hiermit kann man weitere Details zum anderen Netzwerk des Zielnetzwerks einstellen.
- *Different IP addressing scheme*: Hiermit wird die replizierte Windows-VM an ein anderes IP-Adressschema angepasst.

Durch das Setzen der Häkchen wird anschließend die Anzahl der aufzurufenden Seiten für diesen Job erhöht. Die zusätzlichen Seiten bieten dann die gewünschten

Einstellungsmöglichkeiten. Da die Vorgehensweise hier der bereits oben beim Backup-Job beschriebenen entspricht, gehe ich auf die Details nicht weiter ein, zumal das meiste selbsterklärend ist.

Wiederherstellung einer VM

Wenn wichtige Daten einer VM defekt sind oder gelöscht wurden, kann man die gesicherten Daten natürlich wiederherstellen. Dazu gibt es mehrere Möglichkeiten:

VM aus dem Backup starten

Unter INSTANT VM RECOVERY versteht man das Starten einer VM aus dem Backup-Repository direkt auf einem ESXi-Host. Dazu benötigen Sie mindestens eine erfolgreiche Sicherung der VM und 10 GByte freien Speicher auf dem Laufwerk, wo vPower NFS liegt (*C:\ProgramData\Veeam\Backup\NfsDatastore*), für die Redo-Logs. Stellen Sie sicher, dass die defekte Maschine dabei ausgeschaltet ist.

Unter HOME klicken Sie zunächst auf RESTORE und in dem neuen Fenster wählen Sie INSTANT VM RECOVERY. Suchen Sie sich auf der nächsten Seite die gewünschte VM aus einem Backup heraus. Das Datum der letzten und die Anzahl der gespeicherten Sicherungen werden dann angezeigt und im nächsten Fenster können Sie aus der Liste einen Wiederherstellungspunkt auswählen.

Auf der dritten Seite RESTORE MODE haben Sie die Wahl zwischen dem bisherigen oder einem anderen Storage mit geänderten Einstellungen. Wählen Sie den zweiten Punkt, so erscheinen im linken Teil des Fensters weitere Einstellmöglichkeiten.

Auf der Seite DESTINATION können Sie einen ESXi-Server, einen Ordner für die VM und gegebenenfalls einen abweichenden Namen eingeben sowie einen Ressourcenpool auswählen.

Unter DATASTORE können Sie eine Umleitung für den Speicherort angeben, wie in Abbildung 17-20 zu sehen ist.

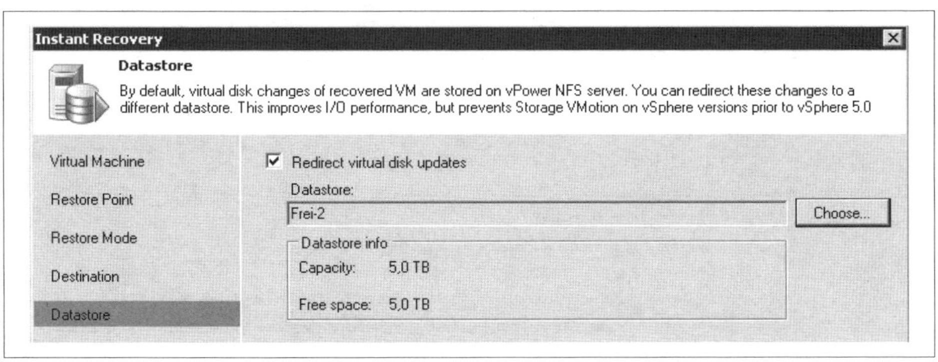

Abbildung 17-20: Festplatten umleiten

Im nächsten Fenster können Sie noch einen Grund für diesen Job angeben und im vorletzten Fenster noch einstellen, ob die VM nach der Erstellung gestartet und das Netzwerk verbunden sein soll. Das letzte Fenster zeigt dann ähnlich wie in Abbildung 17-21 den Status der Operation an:

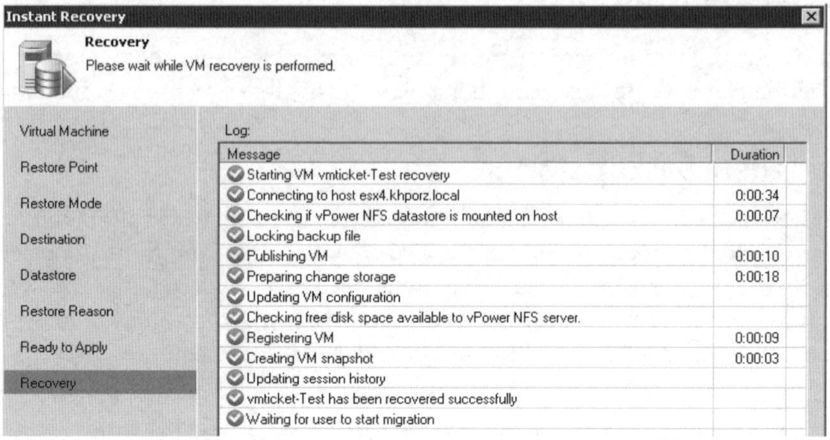

Abbildung 17-21: Starten einer VM aus dem Backup

Das Fenster wird geschlossen, wenn Sie auf FINISH geklickt haben. Anschließend sehen Sie den neuen Job *Instant Recovery* oberhalb der anderen Jobs. Wenn Sie nun auf den Eintrag klicken, stehen Ihnen zusätzliche Schaltflächen, z.B. für das Migrieren in die Produktionsumgebung (Storage vMotion, auch wenn Ihre VMware-Lizenz das nicht beinhaltet), zur Verfügung.

Möchten Sie den Vorgang abbrechen, so klicken Sie auf STOP PUBLISHING, anschließend folgt wiederum ein Fenster, das den Status (siehe Abbildung 17-22).

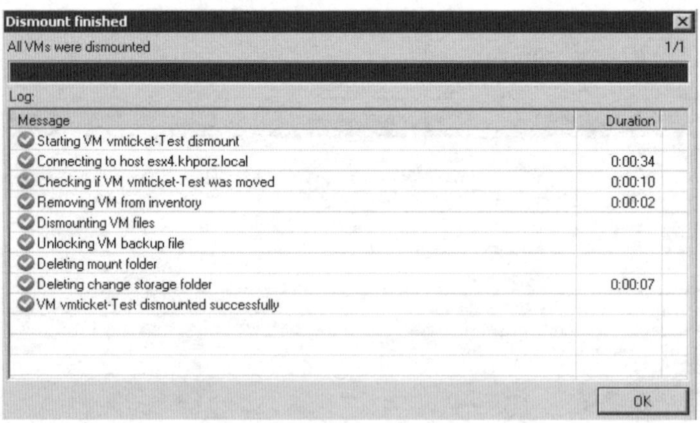

Abbildung 17-22: Status nach Wiederherstellung

Anschließend ist die VM rückstandslos aus der vSphere-Umgebung entfernt.

Dateien aus einer VM wiederherstellen

Um einzelne Dateien aus dem Betriebssystem einer Windows-VM zurückzubekommen (*File-level Recovery*), nutzt Veeam Backup & Replication ein separates Programm namens Virtual Disk Driver (VDK). Dabei werden auf dem Backup-Server die Dateien aus der Sicherung der gewünschten VM zur Verfügung gestellt und können so z. B. über das Netzwerk kopiert werden. Die Sicherungsplatte wird eingehängt und Sie können mit einem *Veeam Backup Browser* oder dem Explorer die Dateien kopieren, als wären sie auf Ihrem Rechner gespeichert. Eine Änderung der Dateien ist nicht möglich.

Nutzen Sie das normale inkrementelle Backup, so können Sie die Dateien sogar während des laufenden Jobs wiederbekommen – beim reversen inkrementellen Backup und beim Replizieren nicht.

Falls Sie die Dateien direkt in die laufende VM zurückschreiben möchten, müssen die VMware Tools dort laufen.

Hier wird der *Restore Wizard* von Veeam für die Arbeiten genutzt.

Wählen Sie zunächst GUEST FILES (WINDOWS), dann die gewünschte VM aus und anschließend den Zeitpunkt der Sicherung (RESTORE POINT) der VM.

Geben Sie bei Bedarf eine Begründung ein und starten Sie den Job mit einem Klick auf FINISH. In einem neuen Fenster (siehe Abbildung 17-23) wird der Inhalt der Datensicherung im Backup-Browser angezeigt.

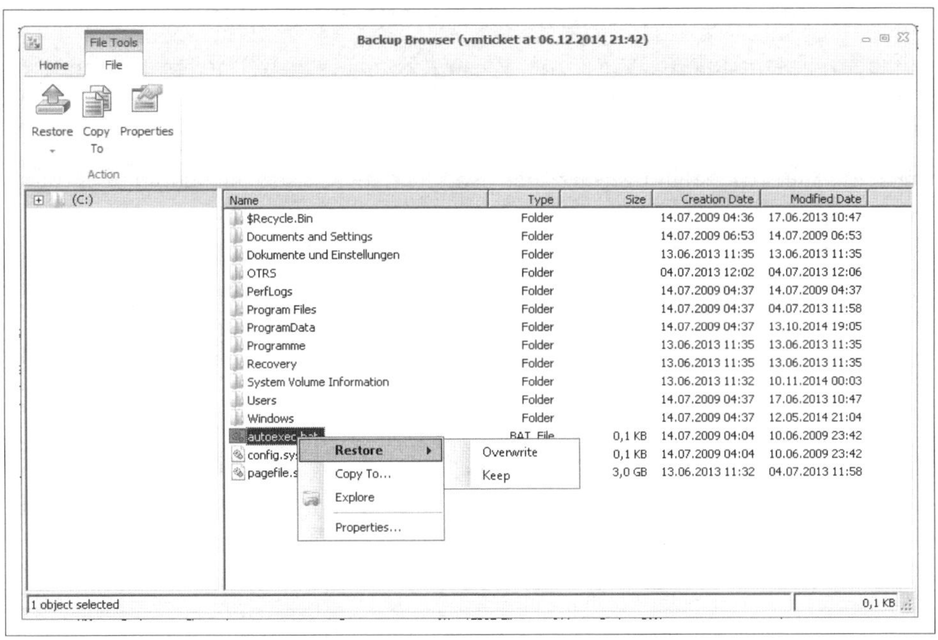

Abbildung 17-23: Dateien von Windows wiederherstellen

Hier haben Sie folgende Möglichkeiten:

- Die Datei(en) und Ordner an den Originalplatz zu kopieren (RESTORE)
- Die Dateien und Ordner an einen anderen Platz zu kopieren (COPY TO)
- Sich die Eigenschaften der Datei anzeigen zu lassen (PROPERTIES)

Unter HOME haben Sie diese Möglichkeiten:

- Die Ansicht der Liste einzustellen
- Den Inhalt der Festplatte im Explorer zu sehen (*C:\VeeamFLR\<VM Name>\Volume n*)
- Unter APPLICATION ITEMS können Objekte aus dem Active Directory, Objekte aus Exchange, SharePoint und SQL wiederhergestellt werden.

Wenn Sie fertig sind, schließen Sie das Fenster einfach über das weiße Kreuz auf rotem Grund oben rechts in der Ecke. Der Ordner *C:\VeeamFLR* bleibt zwar bestehen, ist aber anschließend leer, da die Sicherung gelöst (ausgehängt) wurde.

Wollen Sie beispielsweise Objekte (ITEMS) von einem Exchange Server wiederherstellen und wählen diese unter APPLICATION ITEMS aus, so wird der *Veeam Explorer für Exchange* gestartet und zeigt Ihnen die Datenbank(en) an, damit Sie dort Zugriff auf die Objekte bekommen. Es ist auch möglich, hier nach einstellbaren Kriterien zu suchen. (Näheres erfahren Sie im Abschnitt *Veeam Explorer für Exchange*).

Dateien von Nicht-Windows-VMs wiederherstellen

Mit dem *Veeam multi-OS Restore Wizard* können auch Dateien aus anderen Betriebssystemen von VMs wiederhergestellt werden. Insgesamt werden zurzeit 15 Dateisysteme von Linux, Unix, BSD, MacOS und andere unterstützt.

Für die Wiederherstellung einzelner Dateien aus diesen Dateisystemen nutzt Veeam eine temporäre VM (Virtual Appliance), die zur Laufzeit in der vSphere-Umgebung bereitgestellt wird, und bindet die gewünschten Festplatten aus der Datensicherung direkt an diese VM.

Nutzen Sie das normale inkrementelle Backup, so können Sie die Dateien sogar während des laufenden Jobs wiederbekommen – beim reversen inkrementellen Backup und beim Replizieren geht das nicht.

Falls Sie die Dateien direkt in die laufende VM zurückschreiben möchten, müssen die VMware Tools dort laufen. Wollen Sie die Dateien auf einen anderen Rechner übertragen (COPY TO) und dazu eine Linux-Maschine nutzen, dann muss diese Maschine in der Liste der Server auf dem Backup & Replication Server eingetragen sein.

Auch hier wird wieder der *Restore Wizard* für die Arbeiten genutzt.

Wählen Sie zunächst GUEST FILES (OTHER OS), dann die gewünschte VM und anschließend den Zeitpunkt der Sicherung (RESTORE POINT) der VM.

Geben Sie bei Bedarf eine Begründung ein und klicken Sie auf NEXT. Dann müssen Sie über die Schaltfläche CUSTOMIZE einen ESXi-Host für die Appliance auswählen und starten anschließend den Job mit einem Klick auf FINISH.

Auf dem ausgewählten Host wird ein NAS-Datenspeicher mit dem Namen *VeeamBackup_<Name des Backupservers>* gemountet, auf dem sich die Appliance mit Namen *VeeamFLR_<Name der VM>* befindet. Diese belegt nur geringe Ressourcen: 1024 MB RAM, 1 vCPU und eine Festplatte mit der Größe der VM.

In einem neuen Fenster wird der Inhalt der Datensicherung im Backup-Browser angezeigt (siehe Abbildung 17-24).

Hier können Sie wie oben schon beschrieben weiter verfahren.

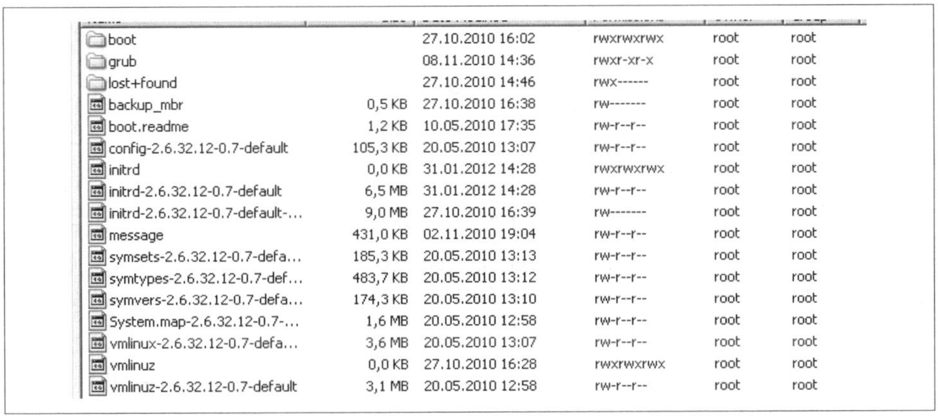

boot		27.10.2010 16:02	rwxrwxrwx	root	root
grub		08.11.2010 14:36	rwxr-xr-x	root	root
lost+found		27.10.2010 14:46	rwx------	root	root
backup_mbr	0,5 KB	27.10.2010 16:38	rw-------	root	root
boot.readme	1,2 KB	10.05.2010 17:35	rw-r--r--	root	root
config-2.6.32.12-0.7-default	105,3 KB	20.05.2010 13:07	rw-r--r--	root	root
initrd	0,0 KB	31.01.2012 14:28	rwxrwxrwx	root	root
initrd-2.6.32.12-0.7-default	6,5 MB	31.01.2012 14:28	rw-r--r--	root	root
initrd-2.6.32.12-0.7-default-...	9,0 MB	27.10.2010 16:39	rw-------	root	root
message	431,0 KB	02.11.2010 19:04	rw-r--r--	root	root
symsets-2.6.32.12-0.7-defa...	185,3 KB	20.05.2010 13:13	rw-r--r--	root	root
symtypes-2.6.32.12-0.7-def...	483,7 KB	20.05.2010 13:12	rw-r--r--	root	root
symvers-2.6.32.12-0.7-defa...	174,3 KB	20.05.2010 13:10	rw-r--r--	root	root
System.map-2.6.32.12-0.7-...	1,6 MB	20.05.2010 12:58	rw-r--r--	root	root
vmlinux-2.6.32.12-0.7-defa...	3,6 MB	20.05.2010 13:07	rw-r--r--	root	root
vmlinuz	0,0 KB	27.10.2010 16:28	rwxrwxrwx	root	root
vmlinuz-2.6.32.12-0.7-default	3,1 MB	20.05.2010 12:58	rw-r--r--	root	root

Abbildung 17-24: Dateien von Linux wiederherstellen

Wenn Sie das Fenster schließen, wird die Appliance gelöscht, aber der Datenspeicher auf dem Host gegebenenfalls weiter angezeigt. Um das zu bereinigen, klicken Sie beim ESXi auf den blauen Link AKTUALISIEREN.

Arbeiten mit Veeam Explorer

Mit dem *Veeam Explorer* können Objekte aus Anwendungen direkt von einem Backup oder Replikat wiederhergestellt werden. Dazu gehören Active Directory, Exchange, SQL und SharePoint.

Veeam Explorer für Microsoft Active Directory

Sie können den *Veeam Explorer für Microsoft Active Directory* benutzen, um jegliche Objekte aus einer erfolgreichen Sicherung oder Replizierung zurückzubekommen. Voraussetzung ist jedoch, dass der dazugehörige Sicherungsjob mit dem Häkchen bei APPLICATION-AWARE IMAGE PROCESSING versehen war und die dazugehörenden Optionen richtig konfiguriert waren, also z. B. der Anmeldename und das Passwort.

Um Objekte aus Microsoft Active Directory wiederherzustellen, gehen Sie wie folgt vor:

1. Klicken Sie unten links auf BACKUP & REPLICATION und suchen Sie in der Liste z. B. unter BACKUPS → DISK nach dem gewünschten Backup- oder Replizierungsjob.
2. Klappen Sie den Ordner auf, um die darin befindlichen, gesicherten VMs zu sehen, und klicken Sie die gewünschte an.

Abbildung 17-25: Anwendungsobjekte auswählen

3. Über das Icon APPLICATION ITEMS im Ribbon (Symbolleiste) erreichen Sie ein Drop-down-Feld, aus dem Sie aus fünf Einträgen dann MICROSOFT ACTIVE DIRECTORY auswählen (siehe Abbildung 17-25).
4. In dem folgenden Fenster können Sie den Wiederherstellungspunkt nach Datum und Typ (Increment oder Full) aussuchen.
5. Sie können auch hier eine Begründung für die Wiederherstellung eintragen und nach einem Klick auf FINISH wird der *Veeam Explorer für Microsoft Active Directory* gestartet.

In dem dann folgenden Fenster werden zunächst die Datenbank und die Domäne angezeigt, die in der Sicherung gefunden wurde. Ähnlich wie auf einem Domänencontroller zeigt der Explorer die Struktur an.

Je nachdem, welches Objekt man in der Baumstruktur anklickt, werden im Ribbon (Symbolleiste) verschiedene Icons angezeigt, über die Aktionen ausgelöst werden können (siehe Abbildung 17-26).

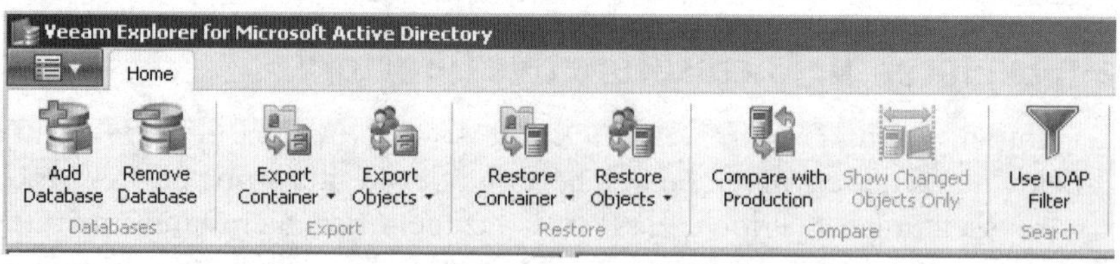

Abbildung 17-26: Veeam Explorer für Active Directory

Bei großen Umgebungen kann man in der rechten Hälfte des Fensters den schmalen weißen Streifen benutzen, um nach Objekten zu suchen.

Je nach Objekt kann wiederum eine direkte Wiederherstellung oder auch ein Export (z. B. als **.ldf*-Datei) gemacht werden.

Außerdem gibt es die Möglichkeit, die gefundenen Objekte mit der Produktionsumgebung zu vergleichen (COMPARE WITH PRODUCTION).

Wenn Sie Ihre Arbeiten beendet haben, können Sie das Fenster schließen. Veeam löst die Bindung zu der Sicherung und schließt danach den Explorer.

Veeam Explorer für Exchange

Sie können den *Veeam Explorer für Exchange* benutzen, um jegliche Objekte aus einer erfolgreichen Sicherung oder Replizierung des Exchange Servers zurückzubekommen. Voraussetzung ist jedoch, dass der dazugehörige Sicherungsjob mit dem Häkchen bei APPLICATION-AWARE IMAGE PROCESSING versehen war und die dazugehörenden Optionen richtig konfiguriert waren, also z. B. der Anmeldename und das Passwort.

Um Objekte aus Exchange wiederherzustellen, gehen Sie wie folgt vor:

1. Klicken Sie unten links auf BACKUP & REPLICATION und suchen Sie in der Liste z. B. unter BACKUPS → DISK nach dem gewünschten Backup- oder Replizierungsjob.
2. Klappen Sie den Ordner auf, um die darin befindlichen, gesicherten VMs zu sehen, und klicken Sie die gewünschte an.
3. Über das Icon APPLICATION ITEMS im Ribbon (Symbolleiste) erreichen Sie ein Drop-down-Feld, aus dem Sie aus fünf Einträgen dann MICROSOFT EXCHANGE auswählen.
4. In dem folgenden Fenster können Sie den Wiederherstellungspunkt nach Datum und Typ (Increment oder Full) aussuchen.
5. Sie können auch hier eine Begründung für die Wiederherstellung eintragen und nach einem Klick auf FINISH wird der *Veeam Explorer für Microsoft Exchange* gestartet.

In dem dann folgenden Fenster werden zunächst die **.edb*-Datenbank(en) angezeigt, die in der Sicherung gefunden wurde. Ähnlich wie auf einem Exchange Server zeigt der Explorer die Struktur an.

Je nachdem, welches Objekt man in der Baumstruktur anklickt, werden im Ribbon (Symbolleiste) verschiedene Icons angezeigt, über die Aktionen ausgelöst werden können (siehe Abbildung 17-27).

Abbildung 17-27: Veeam Explorer für Exchange

Bei großen Umgebungen kann man in der rechten Hälfte des Fensters den schmalen weißen Streifen benutzen, um nach Objekten zu suchen.

Je nach Objekt kann wiederum eine direkte Wiederherstellung oder auch ein Export (z. B. als **.pst*-Datei) gemacht werden.

Außerdem gibt es die Möglichkeit, die gefundenen Objekte zu sichern oder auch zu verschicken. Was jeweils in dem Fenster auf der linken Seite angezeigt wird, hängt hier von den eingerichteten Objekten ab, wie beispielhaft in Abbildung 17-28 gezeigt ist.

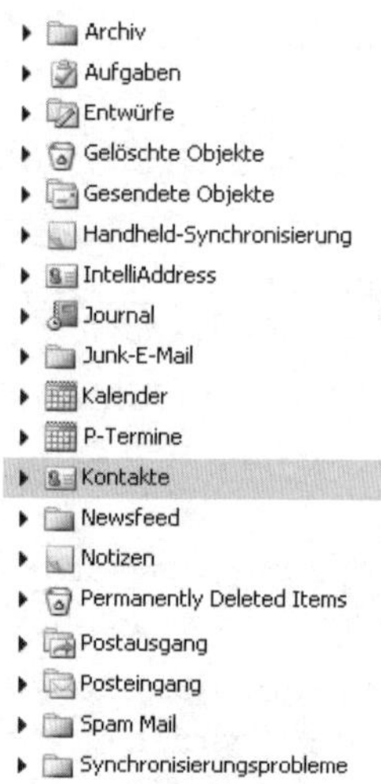

Abbildung 17-28: Objekte für die Wiederherstellung aus Exchange auswählen

Wenn Sie Ihre Arbeiten beendet haben, können Sie das Fenster schließen. Veeam löst die Bindung zu der Sicherung und schließt danach den Explorer.

Veeam Explorer für SharePoint

Sie können den *Veeam Explorer für SharePoint* benutzen, um jegliche Objekte aus einer erfolgreichen Sicherung oder Replizierung zurückzubekommen. Voraussetzung ist jedoch, dass der dazugehörige Sicherungsjob mit dem Häkchen bei APPLI-

CATION-AWARE IMAGE PROCESSING versehen war und die dazugehörenden Optionen richtig konfiguriert waren, also z.B. der Anmeldename und das Passwort.

Um Objekte aus SharePoint wiederherzustellen, gehen Sie, wie bereits oben unter Exchange und Active Directory besprochen, vor.

Veeam Explorer für SQL

Sie können den *Veeam Explorer für Microsoft SQL Server* benutzen, um jegliche Objekte aus einer erfolgreichen Sicherung oder Replizierung eines SQL-Servers zurückzubekommen. Voraussetzung ist jedoch, dass der dazugehörige Sicherungsjob mit dem Häkchen bei APPLICATION-AWARE IMAGE PROCESSING versehen war und die dazugehörenden Optionen richtig konfiguriert waren, also z.B. der Anmeldename und das Passwort.

Um Objekte aus SQL wiederherzustellen, gehen Sie wie folgt vor:

1. Klicken Sie unten links auf BACKUP & REPLICATION und suchen Sie in der Liste z.B. unter BACKUPS → DISK nach dem gewünschten Backup- oder Replizierungsjob.
2. Klappen Sie den Ordner auf, um die darin befindlichen, gesicherten VMs zu sehen, und klicken Sie die gewünschte an.
3. Über das Icon APPLICATION ITEMS im Ribbon (Symbolleiste) erreichen Sie ein Drop-down-Feld, aus dem Sie aus fünf Einträgen dann MICROSOFT SQL auswählen.
4. In dem folgenden Fenster können Sie den Wiederherstellungspunkt nach Datum und Typ (Increment oder Full) aussuchen.
5. Sie können auch hier eine Begründung für die Wiederherstellung eintragen und nach einem Klick auf FINISH wird der *Veeam Explorer für Microsoft SQL Server* gestartet.

In dem dann folgenden Fenster werden zunächst die ausgewählte VM und die darauf befindlichen Datenbanken angezeigt, die in der Sicherung gefunden wurden. Ähnlich wie auf einem SQL-Server zeigt der Explorer die Struktur an.

Je nachdem, welches Objekt man in der Baumstruktur anklickt, werden im Ribbon (Symbolleiste) verschiedene Icons angezeigt, über die Aktionen ausgelöst werden können (siehe Abbildung 17-29).

Je nach Objekt kann wiederum eine direkte Wiederherstellung (RESTORE DATABASE) oder auch ein Export (z.B. als **.mdf*- und **.ldf*-Datei) gemacht werden.

In dem Fenster auf der rechten Seite wird angezeigt, welche Daten sich hinter der jeweiligen Datenbank verbergen.

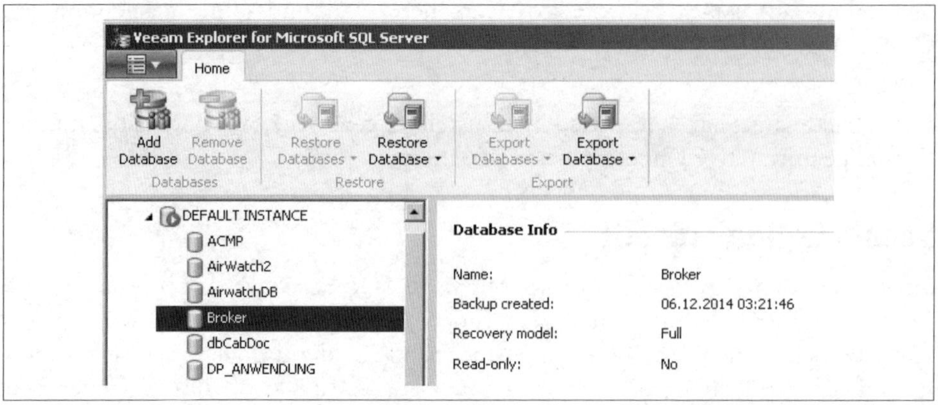

Abbildung 17-29: Veeam Explorer für SQL Server

Wenn Sie Ihre Arbeiten beendet haben, können Sie das Fenster schließen. Veeam löst die Bindung zu der Sicherung und schließt danach den Explorer.

Ich kann dieses Produkt nur empfehlen und würde es dem in vSphere integrierten Data Protection in jedem Fall vorziehen – es ist aber nicht kostenlos.

KAPITEL 18

Sicherheit in der virtuellen Umgebung

Die Sicherheit wird bei vSphere 6 von VMware großgeschrieben. Über viele Menüs und Konfigurationsdateien lassen sich hier noch weitere Einstellungen vornehmen, um die gesamte Umgebung an eigene Sicherheitsbedürfnisse anzupassen. Das umfasst nicht nur die Zugriffe über den Web Client, vSphere Client und die Firewall, sondern noch weitere Zugriffe, an die man zunächst einmal nicht denkt.

In diesem Kapitel werden die wichtigsten Einstellungsmöglichkeiten zur Sicherheit in der vSphere-Umgebung vorgestellt.

VMwares Architektur der Sicherheitsfeatures

In diesem Abschnitt geht es um die Sicherheitsfeatures der Speicher, des Netzwerks und des ESXi-Servers.

Speichersicherheit

Zunächst einmal unterscheidet man hier zwischen lokalen Festplatten und entferntem Speicher wie Fibre Channel, Hard- und Software-iSCSI sowie NFS (*Network File System*).

Über das sogenannte *Zoning* können Zugriffsrechte für die SAN-Topologie eingestellt werden. Auf diesem Weg können Geräte außerhalb der gewählten und eingestellten Zone nicht gesehen werden. Des Weiteren findet über die zugewiesenen Pfade innerhalb der *Fabric* (mehrere Pfade über Switches zum Storage) eine Kontrolle und Isolation statt. Damit wird der Zugriff von Nicht-ESXi-Systemen auf VMFS-Partitionen verhindert. Auch kann so eine Testumgebung außerhalb der Produktivumgebung keinen Schaden anrichten.

> Beachten Sie dabei, dass der Speicher für Failover oder Load Balancing innerhalb derselben Zone sein muss.

Bei sehr großen Umgebungen sollten Sie gegebenenfalls die ESXi-Server bzw. die dazugehörigen Cluster, die bestimmte VMs hosten, auch im SAN separieren. Andererseits ergibt es keinen Sinn, nur zwei oder drei Hosts mit je drei bis vier virtuellen Maschinen jeweils zu separieren. Bei der Aufteilung einer solchen Infrastruktur ist ein gewisses Augenmaß erforderlich.

ESX-Server ab Version 3.x unterstützen die sogenannte »Ein-Wege-CHAP-Authentifizierung« für iSCSI-Ziele (siehe Abbildung 18-1). CHAP steht für *Challenge-Handshake Authentication Protocol*. Das heißt, dass Sie hier für die Sicherheit eine gegenseitige Hashregel (MD5, Message Digest 5) erstellen können, damit ein unautorisierter Zugriff auf das VMFS-Volume nicht möglich ist. Diese Einstellungen erreichen Sie über die Konfiguration des ESXi-Servers auf der grafischen Oberfläche unter STORAGE ADAPTERS. Wählen Sie dann den iSCSI-Adapter aus und klicken Sie im unteren Teil des Fensters auf PROPERTIES. In dem nun folgenden Fenster können der Name und ein Kennwort festgelegt werden. Dieses Kennwort muss bei beiden Partnern eingegeben werden, weil es nicht übersendet wird. Vielmehr generiert jeder für sich den Hashwert und vergleicht ihn mit dem übermittelten. Stimmt er überein, wird der Zugriff gestattet.

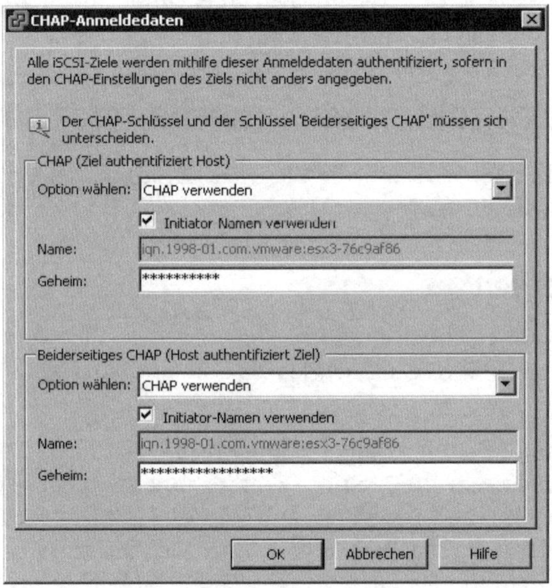

Abbildung 18-1: CHAP-Authentifizierungseinstellungen

Es ist auch möglich, einen anonymen Zugriff zu gewähren. Probieren Sie immer zuerst diese Methode, und erst wenn der Zugriff funktioniert, ändern Sie die Authentifizierungsanforderung – nur um sicherzugehen, dass ein etwaiges Scheitern nicht an einem falschen Passwort liegt!

Netzwerksicherheit

Da das Thema VLAN in Kapitel 6 ausführlich beschrieben wurde, erläutere ich hier nur die Sicherheitseinstellungen der Netzwerkswitches.

Die virtuellen Switches von VMware schützen gegen bestimmte Gefahren von VLANs. Durch den Aufbau der virtuellen Switches schützen es VLANs gegen viele Arten von Angriffen, die meist auf VLAN-Hopping basieren. Dieser Schutz garantiert jedoch nicht, dass Ihre virtuellen Maschinen gegen andere Arten von Angriffen immun sind. So schützen virtuelle Switches zum Beispiel nicht das physische Netzwerk vor diesen Angriffen, sondern nur das virtuelle.

Die folgende Liste vermittelt Ihnen die Grundlagen zu einigen Angriffsarten, gegen die virtuelle Switches und VLANs schützen können.

> Wenn Ihre Konfiguration ein iSCSI-SAN umfasst, das direkt durch den Host und nicht durch den Hardwareadapter konfiguriert wurde, sollten Sie einen eigenen virtuellen Switch anlegen, der eine gemeinsam genutzte Netzwerkkonnektivität für das Management Network und für iSCSI bietet. Diese zweite Netzwerkverbindung für das Management Network besteht zusätzlich zur primären Management Network-Netzwerkverbindung, die Sie für die Kommunikation Ihrer Management-Tools verwenden. Die zweite Management Network-Netzwerkverbindung unterstützt nur die iSCSI-Aktivitäten, und Sie sollten sie nicht für Management-Aktivitäten oder die Management-Tool-Kommunikation verwenden.

- *MAC-Flooding* – Diese Angriffe überschwemmen den Switch mit Datenpaketen, die MAC-Adressen enthalten, die als von verschiedenen Quellen stammend gekennzeichnet wurden. Viele Switches verwenden eine assoziative Speichertabelle (CAM-Tabelle), um die Quelladresse für jedes Datenpaket zu speichern. Wenn die Tabelle voll ist, schaltet der Switch gegebenenfalls in einen vollständig geöffneten Status um, in dem alle eingehenden Pakete auf allen Ports übertragen werden, sodass der Angreifer den gesamten Datenverkehr des Switch abhören kann. In diesem Fall kann es auch zu Paketlecks in andere VLANs kommen. Zwar speichern die virtuellen Switches von VMware eine MAC-Adressentabelle, aber sie erhalten die MAC-Adressen nicht von abhörbarem Datenverkehr und sind daher gegen diese Art von Angriffen immun.
- *Angriffe durch 802.1q- und ISL-Kennzeichnung* – Bei diesem Angriff werden die Datenblöcke durch den Switch an ein anderes VLAN weitergeleitet, indem der Switch durch einen Trick dazu gebracht wird, als Trunk zu fungieren und den Datenverkehr an andere VLANs weiterzuleiten. Die virtuellen Switches von VMware führen das dynamische Trunking, das für diese Art des Angriffs notwendig ist, nicht aus und sind daher immun.

- *Doppelt eingekapselte Angriffe* – Bei dieser Art von Angriffen erstellt der Angreifer ein doppelt eingekapseltes Paket, in dem sich der VLAN-Bezeichner im inneren Tag vom VLAN-Bezeichner im äußeren Tag unterscheidet. Um Rückwärtskompatibilität zu gewährleisten, entfernen native VLANs standardmäßig das äußere Tag von übertragenen Paketen. Wenn ein nativer VLAN-Switch das äußere Tag entfernt, bleibt nur das innere Tag übrig, das das Paket zu einem anderen VLAN weiterleitet, als im jetzt fehlenden äußeren Tag angegeben war. Die virtuellen Switches von VMware verwerfen alle doppelt eingekapselten Datenblöcke, die eine virtuelle Maschine auf einem für ein bestimmtes VLAN konfigurierten Port senden möchte. Daher sind sie immun gegen diese Art von Angriffen.
- *Multicast-Brute-Force-Angriffe* – Bei diesen Angriffen wird eine große Anzahl von Multicast-Datenblöcken fast zeitgleich an ein bekanntes VLAN gesendet, um den Switch zu überfordern, sodass er versehentlich einige Datenblöcke in andere VLANs überträgt. Die virtuellen Switches von VMware erlauben es Datenblöcken nicht, ihren richtigen Übertragungsbereich (VLAN) zu verlassen, und sind daher gegen diese Art von Angriffen immun.
- *Spanning-Tree-Angriffe* – Diese Angriffe zielen auf das *Spanning Tree Protocol* (STP), das zur Steuerung der Überbrückung verschiedener Teile des LAN verwendet wird. Der Angreifer sendet Pakete der *Bridge Protocol Data Unit* (BPDU) in dem Versuch, die Netzwerktopologie zu ändern und sich selbst als Root-Bridge einzusetzen. Als Root-Bridge kann der Angreifer dann die Inhalte übertragener Datenblöcke mitschneiden. Die virtuellen Switches von VMware unterstützen STP nicht und sind daher gegen diese Art von Angriffen immun.
- *Zufallsdatenblock-Angriffe* – Bei diesen Angriffen wird eine große Anzahl von Paketen, bei denen die Quell- und Zieladressen gleich sind, die jedoch Felder unterschiedlicher Länge und Art mit verschiedenem Inhalt enthalten, versendet. Ziel des Angriffs ist es, zu erzwingen, dass Pakete versehentlich in ein anderes VLAN fehlgeleitet werden. Die virtuellen Switches von VMware sind gegen diese Art von Angriffen immun.

Portabsicherung virtueller Switches

Wie bei physischen Netzwerkadaptern kann ein virtueller Netzwerkadapter Datenblöcke versenden, die von einer anderen virtuellen Maschine zu stammen scheinen oder eine andere virtuelle Maschine imitieren, damit er Datenblöcke aus dem Netzwerk empfangen kann, die für die jeweilige virtuelle Maschine bestimmt sind.

Außerdem kann ein virtueller Netzwerkadapter, genau wie ein physischer Netzwerkadapter, so konfiguriert werden, dass er Datenblöcke empfängt, die für andere virtuelle Maschinen bestimmt sind.

Jedem virtuellen Netzwerkadapter wird bei seiner Erstellung eine eindeutige MAC-Adresse zugewiesen. Diese Adresse wird »ursprünglich zugewiesene MAC-Adresse« genannt. Obwohl die ursprüngliche MAC-Adresse von außerhalb des Gastbetriebssystems neu konfiguriert werden kann, kann sie nicht vom Gastbetriebssystem selbst geändert werden. Außerdem verfügt jeder Adapter über eine geltende MAC-Adresse, die eingehenden Netzwerkverkehr mit einer MAC-Adresse, die nicht der geltenden MAC-Adresse entspricht, herausfiltert. Das Gastbetriebssystem ist für die Einstellung der geltenden MAC-Adresse verantwortlich. In der Regel stimmen die geltende MAC-Adresse und die ursprünglich zugewiesene MAC-Adresse überein.

Beim Versand von Datenpaketen schreibt das Betriebssystem die wirksame MAC-Adresse des eigenen Netzwerkadapters in das Feld QUELL-MAC-ADRESSE des Ethernet-Frames. Es schreibt auch die MAC-Adresse des Empfänger-Netzwerkadapters in das Feld ZIEL-MAC-ADRESSE. Der empfangende Adapter akzeptiert Datenpakete nur dann, wenn die Ziel-MAC-Adresse im Paket mit seiner eigenen geltenden MAC-Adresse übereinstimmt.

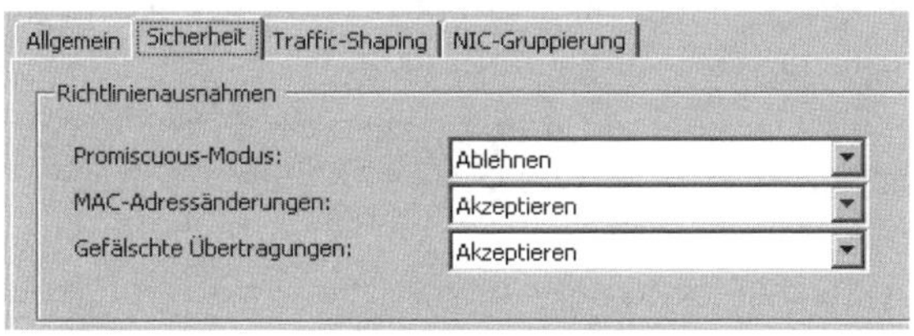

Abbildung 18-2: Sicherheitsrichtlinien des vSwitch

Mit den Sicherheitsprofilen für den virtuellen Switch (siehe Abbildung 18-2) auf den ESXi-Hosts können Sie sich gegen diese Art von Angriffen schützen, indem Sie drei Optionen einstellen:

1. MAC-ADRESSÄNDERUNGEN (MAC ADDRESS CHANGES) – In der Standardeinstellung ist diese Option auf AKZEPTIEREN (ACCEPT) gesetzt, d.h., der ESXi-Server akzeptiert Anfragen, die geltende MAC-Adresse in eine andere als die ursprünglich zugewiesene Adresse zu ändern. Die Einstellungen der Option MAC-ADRESSEN-ÄNDERUNG beeinflussen den Datenverkehr, den eine virtuelle Maschine empfängt.

   Zum Schutz gegen MAC-Imitation können Sie die Option auf ABLEHNEN (REJECT) setzen. In diesem Fall lehnt der ESXi-Server alle Anfragen ab, die geltende MAC-Adresse in eine andere als die ursprünglich zugewiesene Adresse zu ändern. Stattdessen wird der Port deaktiviert, der von dem virtuellen Adapter zum Senden der Anfrage verwendet wird. Als Folge erhält der virtuelle Adapter keine weiteren Datenpakete mehr, bis er die geltende MAC-Adresse ändert, sodass sie mit der ursprünglichen MAC-Adresse übereinstimmt. Das Gastbetriebssystem erkennt nicht, dass die Änderung der MAC-Adresse nicht angenommen wurde.

> In bestimmten Situationen ist es tatsächlich notwendig, dass mehrere Adapter in einem Netzwerk dieselbe MAC-Adresse haben – zum Beispiel wenn Sie Microsoft-Netzwerklastausgleich (NLB) im Unicast-Modus verwenden. Bei der Verwendung von Microsoft-NLB im Standard-Multicast-Modus haben die Adapter nicht dieselbe MAC-Adresse.

2. GEFÄLSCHTE ÜBERTRAGUNGEN (FORGED TRANSMITS) – In der Standardeinstellung ist diese Option auf AKZEPTIEREN (ACCEPT) gesetzt, d.h., der ESXi-Server vergleicht die Quelladresse nicht mit der geltenden MAC-Adresse. Die Einstellungen der Option GEFÄLSCHTE ÜBERTRAGUNGEN ändern den Datenverkehr, der von einer virtuellen Maschine versandt wird.

   Zum Schutz gegen MAC-Imitation können Sie die Option auf ABLEHNEN (REJECT) setzen. In diesem Fall vergleicht der Host die Quell-MAC-Adresse, die vom Betriebssystem übertragen wird, mit der geltenden MAC-Adresse des Adapters, um festzustellen, ob sie übereinstimmen. Wenn die Adressen nicht passen, verwirft der ESXi-Server das Paket.

   Das Gastbetriebssystem erkennt nicht, dass der virtuelle Netzwerkadapter die Pakete mit der imitierten MAC-Adresse nicht senden kann. Der Host fängt alle Pakete mit imitierten Adressen vor der Auslieferung ab. Das Gastbetriebssystem geht gegebenenfalls davon aus, dass die Pakete verworfen wurden.

3. BETRIEB IM PROMISCUOUS-MODUS (PROMISCUOUS MODE) – In der Standardeinstellung ist diese Option auf ABLEHNEN (REJECT) gesetzt, d.h., der virtuelle Netzwerkadapter kann nicht im Promiscuous-Modus betrieben werden. Der Promiscuous-Modus deaktiviert jegliche Empfangsfilterung, die der virtuelle Netzwerkadapter normalerweise ausführen würde, sodass das Gastbetriebssystem den gesamten Datenverkehr aus dem Netzwerk empfängt.

   Zwar kann der Promiscuous-Modus für die Beobachtung der Netzwerkaktivitäten nützlich sein, aber er ist ein unsicherer Betriebsmodus, da jeder Adapter im Promiscuous-Modus Zugriff auf alle Pakete hat, auch wenn manche davon nur für einen spezifischen Netzwerkadapter bestimmt sind. Das bedeutet, dass ein Administrator oder *root*-Benutzer in einer virtuellen Maschine rein theoretisch den Datenverkehr einsehen kann, der für andere Gast- oder Hostbetriebssysteme bestimmt ist.

> Unter bestimmten Umständen ist es notwendig, einen virtuellen Switch in den Promiscuous-Modus zu setzen – zum Beispiel wenn Sie eine Software zur Netzwerkeinbruchserkennung oder einen Paketmitschneider (Network-Sniffer, z.B. WireShark) verwenden wollen.

Benutzerkennwortbeschränkungen

Wie leicht sich ein Angreifer auf einem ESXi-Host anmelden kann, hängt davon ab, wie einfach er eine gültige Benutzername-Kennwort-Kombination finden kann. Ein böswilliger Benutzer kann ein Kennwort auf verschiedene Arten erlangen. Zum Beispiel kann er unsicheren Netzwerkdatenverkehr wie z. B. Telnet- oder FTP-Übertragungen auf erfolgreiche Anmeldeversuche abhören.

> Bedenken Sie immer, dass die meisten Angriffe nicht von extern, sondern von den eigenen Mitarbeitern durchgeführt werden. Standardmäßig sind Telnet und FTP auf dem Host nicht installiert und die dafür vorgesehenen Ports sind geschlossen.

Ein anderes, häufig verwendetes Verfahren zum Knacken eines Kennworts ist die Verwendung eines Kennwortgenerators. Kennwortgeneratoren können für verschiedene Kennwortangriffe verwendet werden, z. B. für Brute-Force-Angriffe, bei denen der Generator alle möglichen Zeichenkombinationen bis zu einer bestimmten Kennwortlänge ausprobiert, und für Wörterbuchangriffe, bei denen der Generator existierende Wörter und einfache Abwandlungen existierender Wörter ausprobiert.

Der Einsatz von Beschränkungen bezüglich der Länge, der verwendeten Zeichen und der Verwendungsdauer eines Kennworts kann Angriffe durch Kennwortgeneratoren schwieriger gestalten. Je länger und komplexer ein Kennwort ist, desto schwieriger ist es für einen Angreifer, das Kennwort herauszufinden. Je öfter Benutzer ihre Kennwörter ändern müssen, desto schwieriger ist es, ein Kennwort zu finden, das mehrmals funktioniert.

> Denken Sie immer an mögliche menschliche Fehler, wenn Sie die Kennwortbeschränkungen einführen. Wenn Sie Kennwörter setzen, die man sich kaum merken kann, oder häufige Kennwortänderungen vorschreiben, kann es sein, dass die Benutzer ihre Kennwörter aufschreiben müssen und dadurch deren Sinn verwässern.

Zum Schutz der Kennwortdatenbank gegen Missbrauch wurde das Kennwort-Shadowing für ESXi-Server aktiviert, sodass die Kennwort-Hashes zugriffsgeschützt sind. Außerdem verwendet ESXi MD5-Kennwort-Hashes, die eine höhere Kennwortsicherheit bieten und es ermöglichen, Kennwörter mit einer Mindestlänge von mehr als sieben Zeichen zu fordern. Standardmäßig müssen die Kennwörter für Benutzer auf ESXi-Hosts der Version 6 komplex sein, mindestens einen Groß-, einen Kleinbuchstaben, eine Zahl und ein Sonderzeichen enthalten und mindestens sieben Zeichen lang sein.

Der ESXi-Server bietet eine Kennwortkontrolle auf zwei Ebenen, um Kennwort-Policies für Benutzer durchzusetzen und das Risiko des Knackens von Kennwörtern zu begrenzen:

- *Kennwortverwendungsdauer* – Bestimmt, wie lange ein Benutzerkennwort aktiv sein kann, bevor der Benutzer es ändern muss. Dadurch wird sichergestellt, dass das Kennwort oft genug geändert wird, sodass ein Angreifer, der ein Kennwort durch Abhören oder soziale Kontakte erhalten hat, nicht auf ewig auf den ESXi-Server zugreifen kann.
- *Kennwortkomplexität* – Stellt sicher, dass Benutzer Kennwörter auswählen, die für Kennwortgeneratoren schwer zu bestimmen sind.

Kennwortverwendungsdauer

Die Umsetzung für den ESXi-Server sieht folgendermaßen aus:

1. Melden Sie sich auf der Konsole des Hosts als *root* an.
2. Führen Sie nach Bedarf einen oder mehrere der folgenden Befehle aus.
   - Änderung der Höchstanzahl an Tagen, die ein Benutzer sein Kennwort behalten kann:
     - Öffnen Sie mit dem Texteditor vi die Datei */etc/pam.d/passwd*.
     - Gehen Sie zu der Zeile, die mit folgendem Argument beginnt:
       ```
       password requisite /lib/security/$ISA/pam_passwdqc.so.
       ```
     - Fügen Sie am Ende der Zeile folgende Parameter ein:
       ```
       --passmaxdays=<Anzahl_von_Tagen>
       ```
       wobei `<Anzahl_von_Tagen>` die Höchstanzahl von Tagen vor Ablauf des Kennworts ist.
   - Änderung der Mindestanzahl von Tagen zwischen zwei Kennwortänderungen:
     - Fügen Sie am Ende der Zeile folgende Parameter ein:
       ```
       --passmindays=<Anzahl_von_Tagen>
       ```
       wobei `<Anzahl_von_Tagen>` die Mindestanzahl von Tagen zwischen zwei Kennwortänderungen ist.
   - Änderung der Hinweiszeit vor einer Kennwortänderung:
     - Fügen Sie am Ende der Zeile folgende Parameter ein:
       ```
       --passwarnage=<Anzahl_von_Tagen>
       ```
       wobei `<Anzahl_von_Tagen>` die Anzahl der Tage ist, die ein Benutzer vor dem Auslaufen eines Kennworts Warnhinweise erhält.

Kennwortkomplexität

Standardmäßig verwendet ESXi die PAM-Konfiguration (Pluggable Authentication Modules) unter */etc/pam.d/system-auth-generic* zur Festlegung der Regeln, die Benutzer bei der Erstellung von Kennwörtern beachten müssen, und zur Überprüfung der Kennwortqualität im Erstellungsprozess.

Das Plug-in *pam_passwdqc.so* ermöglicht es Ihnen, Standards festzulegen, die alle Kennwörter erfüllen müssen. In der Standardeinstellung wendet der ESXi-Server keine Beschränkungen auf das Root-Kennwort an. Wenn jedoch andere Benutzer als der *root*-Benutzer versuchen, ihr Kennwort zu ändern, müssen die Kennwörter, die sie auswählen, die Standards von *pam_passwdqc.so* erfüllen. Außerdem können Benutzer (*root* ist ausgenommen) nur eine bestimmte Anzahl von Kennwortänderungsversuchen vornehmen, bevor *pam_passwdqc.so* eine Warnmeldung ausgibt und dann das Dialogfeld zur Änderung des Kennworts schließt.

Konfiguration einer Regel zur Wiederverwendung von Kennwörtern

1. Melden Sie sich auf der Konsole des Hosts als *root* an.
2. Wechseln Sie in der Eingabeaufforderung über den Befehl `cd /etc/pam.d/` das Verzeichnis.
3. Öffnen Sie mit dem Texteditor vi die Datei *passwd*.
4. Gehen Sie zu der Zeile, die mit folgendem Argument beginnt:
   `password requisite /lib/security/$ISA/pam_passwdqc.so.`
5. Fügen Sie am Ende der Zeile folgenden Parameter ein: `remember=X`.

   Hierbei bedeutet `X` die Anzahl der alten Kennwörter, die der ESXi-Server für jeden Benutzer speichern soll. Trennen Sie den vorhergehenden Parameter und `remember=X` durch ein Leerzeichen.
6. Speichern Sie die Änderungen und schließen Sie die Datei.
7. Wechseln Sie in das Verzeichnis */etc/security/* und geben Sie folgenden Befehl ein, um eine Nulllängendatei mit dem Namen *opasswd* zu erstellen: `touch opasswd`.
8. Geben Sie folgende Befehle ein:

```
chmod 0600 opasswd
chown root:root /etc/security/opasswd
```

Änderung der Standardkomplexität von Kennwörtern für das Plug-in pam_passwdqc.so

Die Standardkomplexität von Kennwörtern auf dem ESXi-Server können Sie wie folgt ändern:

1. Melden Sie sich auf der Konsole des Hosts als *root* an.
2. Öffnen Sie mit dem Texteditor vi die Datei */etc/pam.d/passwd*.

   Gehen Sie zu der Zeile, die mit folgendem Argument beginnt:
   `password requisite /lib/security/$ISA/pam_passwdqc.so.`

   - Fügen Sie am Ende der Zeile folgende Parameter ein:

```
--usecrack=<Versuche> <Mindestlänge> <KB_Bonus> <GB_Bonus> <Z_Bonus>
<AZ_Bonus>
```

- `»Versuche«` ist hierbei die Anzahl der Wiederholungsversuche, die der Benutzer hat, bis der ESXi-Server ihn aus dem Kennwortänderungsmodus ausschließt.
- `»Mindestlänge«` ist die Mindestanzahl von Zeichen, die ein Benutzer eingeben muss, damit das Kennwort angenommen wird. Diese Anzahl ist die Gesamtlänge vor der Anwendung jeglicher Zeichenboni.

Es wird immer mindestens ein Zeichenbonus angewendet, daher ist die Kennwortlänge effektiv ein Zeichen kürzer als die Anzahl der eingegebenen Zeichen. Da *pam_passwdqc.so* nur Kennwörter mit mindestens sieben Zeichen annimmt, muss der Mindestlänge-Parameter so berechnet werden, dass die Kennwortlänge nach Abzug der Zeichenboni nicht kleiner als sieben sein kann.

- `KB_Bonus` ist die Anzahl von Zeichen, um die der Parameter `Mindestlänge` verringert wird, wenn im Kennwort mindestens ein Kleinbuchstabe enthalten ist.
- `GB_Bonus` ist die Anzahl von Zeichen, um die der Parameter `Mindestlänge` verringert wird, wenn im Kennwort mindestens ein Großbuchstabe enthalten ist.
- `Z_Bonus` ist die Anzahl von Zeichen, um die der Parameter `Mindestlänge` verringert wird, wenn im Kennwort mindestens eine Ziffer enthalten ist.
- `AZ_Bonus` ist die Anzahl der Zeichen, um die der Parameter `Mindestlänge` verringert wird, wenn der Benutzer mindestens ein Sonderzeichen wie z.B. einen Unterstrich oder einen Bindestrich verwendet.

Geben Sie die Zeichenbonusparameter als positive Zahl oder, wenn der Benutzer keinen Bonus für diese Zeichenklasse erhalten soll, als 0 an. Die Zeichenboni werden addiert. Je mehr verschiedene Zeichenarten der Benutzer eingibt, desto weniger Zeichen sind notwendig, um ein gültiges Kennwort zu erstellen.

Mit dieser Einstellung benötigt ein Benutzer, der ein Kennwort aus Kleinbuchstaben und einem Unterstrich erstellt, neun Zeichen, um ein gültiges Kennwort zu erstellen. Wenn der Benutzer hingegen alle Zeichenarten (Kleinbuchstaben, Großbuchstaben, Zahlen und Sonderzeichen) einfügt, benötigt er nur sieben Zeichen.

Möchten Sie auch Kennwortsätze zulassen, brauchen Sie in der Datei */etc/pam.d/passwd* die bereits oben angeführte Zeile nur wie folgt zu ändern:

von `retry=3 min=disabled,disabled,disabled,7,7`

nach `retry=3 min=disabled,disabled,18,7,7`

Danach sind Kennwortsätze mit mindestens 18 Zeichen und mindestens drei Wörtern (Standardwert), die durch Leerzeichen getrennt sein müssen, erlaubt. Sollen es mindestens vier Wörter sein, so ergänzen Sie die Zeile wie folgt:

```
retry=3 min=disabled,disabled,18,7,7 passphrase=4
```

Allgemeine Sicherheitsempfehlungen

Beachten Sie bei der Überprüfung der Sicherheit und bei der Verwaltung des Management Network folgende Sicherheitsempfehlungen:

Installation von Antivirensoftware

Auch wenn Sie einen ESXi-Server betreiben können, ohne dass das Management Network an ein Netzwerk angeschlossen ist, ermöglichen die meisten Implementierungen des Management Network den Netzwerkzugriff. Da sich hinter dem Management Network aber kein vollständiges Betriebssystem befindet, brauchen Sie es – anders als normale Betriebssysteme und virtuelle Maschinen am Standort – nicht vor Viren zu schützen.

VMsafe

Bei VMsafe handelt es sich um ein Sicherheitsfeature von VMware, um die virtuelle Umgebung vor Viren, Trojanern und Ähnlichem zu schützen. VMware stellt dabei eine API (*Application Programming Interface*) bereit, die durch Drittanbieter z.B. in Form einer VM genutzt werden kann. Diese virtuelle Maschine (*Appliance*) kommuniziert mit dem Hypervisor und hat somit Einblick in alle VMs und was diese so tun. Somit werden Schadprogramme und Schadcode erkannt und eliminiert.

Vorteil dabei ist, dass nicht jede VM ihre eigene Software braucht und so keine Ressourcen durch zusätzlich installierte Programme verschwendet werden und die Schädlinge gar nicht erst in das Betriebssystem der virtuellen Maschine gelangen können. Achten Sie darauf, dass in den VMware Tools die Komponente *Guest Introspection Thin Agent* installiert wurde oder holen Sie dieses nach. Standardmäßig wird der Treiber nicht installiert.

Insgesamt 29 Firmen haben sich für dieses Projekt als Partner bei VMware eintragen lassen. Die ersten einsetzbaren Lösungen gibt es bereits auf dem Markt von Trend Micro, Kaspersky und McAfee. Häufig ist es finanziell günstiger, eine Appliance einzusetzen, als jede VM einzeln zu lizenzieren.

vShield-Zonen

Ähnlich wie bei VMsafe kann die Softwareschnittstelle vShield-Zonen statt der betriebssystemeigenen Firewall für die VMs verwendet werden. Dabei wird die Kommunikation zwischen allen beteiligten Komponenten (wie Server und Workstations bzw. Clients) überprüft und jeglicher Datenverkehr analysiert. Damit sind Angriffe aus dem LAN oder auch über den virtuellen Switch geblockt. Beachten Sie dabei, dass dazu in den VMware Tools die Komponente *Guest Introspection Thin Agent* installiert sein muss. Standardmäßig wird der Treiber nicht installiert.

Beschränkung des Benutzerzugriffs

Beschränken Sie zur Verbesserung der Sicherheit den Benutzerzugriff auf das Management Network und setzen Sie Policies für die Zugriffssicherheit wie Kennwortbeschränkungen um – zum Beispiel durch Vorgabe der Kennwortlänge, Zeitbeschränkungen für Kennwörter und Verwendung eines grub-Kennworts beim Hochfahren des Hosts (siehe oben).

Das Management Network hat privilegierten Zugriff auf bestimmte Teile vom ESXi-Server. Daher sollten nur vertrauenswürdige Benutzer Zugriff darauf erhalten. In der Standardeinstellung ist der Root-Zugriff beschränkt, wodurch eine SSH-Anmeldung als *root* normalerweise nicht möglich ist. Soll ein Benutzer Shell-Zugriff erhalten, muss dieser zusätzlich eine Rolle als Administrator auf dem Objekt zugewiesen bekommen.

Wenn von einem Benutzer auf den ESXi-Server zugegriffen wird und Sie diesen löschen, bleibt er des Weiteren angemeldet. Setzen Sie die Berechtigung für diesen Benutzer allerdings auf »kein Zugriff«, so wirkt das sofort – er bleibt zwar angemeldet, kann aber nichts mehr sehen, geschweige denn ändern.

Versuchen Sie auch, so wenig Prozesse wie möglich auf dem Management Network auszuführen. Im Idealfall sollten nur die Prozesse, Dienste und Agenten ausgeführt werden, die wirklich notwendig sind, wie zum Beispiel Antivirenprogramme, Backups für die virtuellen Maschinen usw.

Verwaltung über den vSphere Client

Verwenden Sie den vSphere Client, Web Client oder ein Netzwerkmanagement-Programm von Drittanbietern zur Verwaltung der ESXi-Hosts, wenn das möglich ist, statt als *root* über die Befehlszeilenoberfläche zu agieren. Mit dem vSphere Client können Sie die Anzahl der Konten einschränken, die Zugriff auf das Management Network haben, Verantwortungen sicher weitergeben und Rollen einrichten, damit Administratoren und Benutzer keine Funktionen nutzen können, die sie nicht benötigen.

Sperrmodus für ESXi

Der Sperrmodus für den ESXi-Host ist ebenfalls eine Sicherheitsmaßnahme, die aber sehr restriktive Einschränkungen nach sich zieht. Außer dem *vpxuser* kann sich kein anderer Benutzer mehr an dem Host anmelden, Skripte über RCLI können nicht mehr abgesendet werden und einige Programme von Drittanbietern schlagen fehl. Da der vCenter Server über *vpx* auf den ESXi zugreift, können hier aber weiterhin Funktionen genutzt werden. Einzig der Benutzer *root* hat die Möglichkeit, sich direkt an der Konsole des Rechners anzumelden. Das geht auch über ssh mit autorisierten Schlüsseln und mit dem vSphere Client.

Der Sperrmodus kann erst aktiviert werden, wenn der ESXi-Server über den vCenter Server verwaltet wird. Dieses erreichen Sie dann an der Konsole des ESXi-Servers und mit dem vSphere Client über den vCenter Server unter KONFIGURATION → SICHERHEITSPROFIL des ESXi-Hosts.

> Aktivieren Sie den Sperrmodus über die direkte Konsole, werden alle Berechtigungen von Benutzern und Gruppen auf dem Host gelöscht – aber nicht, wenn Sie über den vSphere Client gehen.

Verwendung von Paketen anderer Hersteller

Auf dem Host können zur Unterstützung von notwendigen Managementschnittstellen oder -aufgaben viele Pakete von Drittanbietern installiert und ausgeführt werden. Bei VMware können diese Pakete nur über eine VMware-Quelle aktualisiert werden. Wenn Sie einen Download oder Patch aus einer anderen Quelle nutzen, können die Sicherheit und die Funktionen des Servers gefährdet werden. Überprüfen Sie die Internetseiten von Drittanbietern und die VMware Knowledgebase regelmäßig auf Sicherheitswarnungen. Über die Konfiguration des Hosts erreichen Sie u.a. das Sicherheitsprofil. Dort lässt sich im unteren Teil des Fensters die Akzeptanzebene für Installationsmedien festlegen. Über den Link BEARBEITEN können vier Einstellungsmöglichkeiten gewählt werden (siehe Abbildung 18-3).

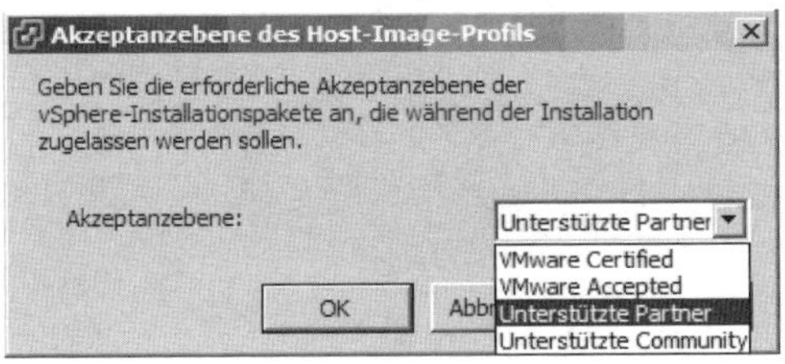

Abbildung 18-3: Akzeptanzebene des Host-Image-Profils

Firewall-Konfiguration im vCenter Server

Wenn Sie einen vCenter Server verwenden, können Sie Firewalls an allen in Abbildung 18-4 gezeigten Punkten installieren.

> Abhängig vom konkreten Aufbau sind gegebenenfalls nicht alle in Abbildung 18-4 dargestellten Firewalls nötig, es können aber auch zusätzliche, nicht dargestellte Firewalls notwendig sein.

Netzwerke, die über einen vCenter Server konfiguriert werden, können Daten über verschiedene Typen von Clients erhalten: den vSphere und Web Client sowie die Netzwerkmanagement-Clients von Drittanbietern, die SDK als Schnittstelle mit dem Host verwenden. Während des normalen Betriebs wartet vCenter auf bestimmten Ports auf Daten von verwalteten Hosts und Clients. vCenter geht auch davon aus, dass die verwalteten Hosts auf bestimmten Ports auf Daten von vCenter warten. Wenn sich zwischen diesen Elementen eine Firewall befindet, muss sichergestellt werden, dass in der Firewall Ports für den Datenverkehr freigegeben wurden.

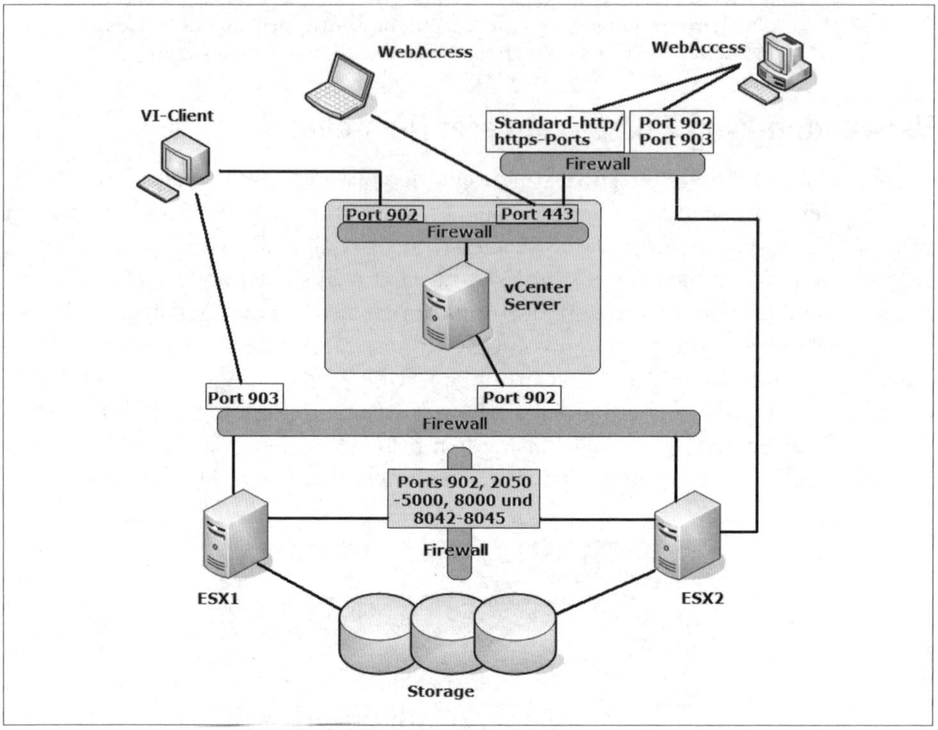

Abbildung 18-4: Übersicht der notwendigen Ports

TCP- und UDP-Ports

In diesem Abschnitt werden voreingestellte TCP- und UDP-Ports aufgeführt, die für den Managementzugriff auf den VCenter Server, die ESXi-Server und andere Netzwerkkomponenten verwendet werden. Wenn Netzwerkkomponenten, die außerhalb einer Firewall liegen, verwaltet werden müssen, muss gegebenenfalls die Firewall neu konfiguriert werden, damit auf die entsprechenden Ports zugegriffen werden kann.

Tabelle 18-1: TCP- und UDP-Ports

Port	Zweck	Art des Datenverkehrs
80	HTTP-Zugriff. Nicht abgesicherter Standard-TCP-Webport, der normalerweise in Verbindung mit Port 443 als Frontend zum Zugriff auf ESXi-Server-Netzwerke vom Internet aus verwendet wird. Port 80 leitet Datenverkehr auf eine HTTPS-Startseite (Port 443) um, von der Sie die Konsole der virtuellen Maschine aufrufen. Verwenden Sie Port 80 für Verbindungen zum Web Client vom Internet.	Eingehendes TCP

→

Tabelle 18-1: TCP- und UDP-Ports (Fortsetzung)

Port	Zweck	Art des Datenverkehrs
443	HTTPS-Zugriff. Der Standard-SSL-Internetport. Verwenden Sie Port 443 für folgende Aufgaben: • Verbindung zum Web Client vom Internet • WebAccess und Verbindungen von Netzwerkmanagement-Clients von Drittanbietern an den vCenter Server • direkter Zugriff des Web Client und Zugriff der Netzwerkmanagement-Clients von Drittanbietern auf ESXi-Server-Hosts	Eingehendes TCP
902	Datenverkehr zur Authentifizierung für die Konfiguration von ESXi-Server-Host und virtuellen Maschinen. Verwenden Sie Port 902 für folgende Aufgaben: • vSphere Client-Zugriff auf den vCenter Server • vCenter Server-Zugriff auf die ESXi-Server-Hosts • direkter vSphere Client-Zugriff auf die ESXi-Server-Hosts • ESXi-Server-Hostzugriff auf andere ESXi-Server-Hosts für Migration und Provisioning	Eingehendes TCP, abgehendes UDP
903	Datenverkehr der Remote-Steuerung, der durch Zugriffe der Benutzer auf virtuelle Maschinen auf einem bestimmten ESXi-Server-Host entsteht. Verwenden Sie Port 903 für folgende Aufgaben: • vSphere Client-Zugriff auf die Konsolen von virtuellen Maschinen • Web Client-Zugriff auf die Konsolen von virtuellen Maschinen	Eingehendes TCP
2049	Datenübertragungen von den NFS-Speichergeräten. Dieser Port wird auf der VMkernel-Schnittstelle, nicht auf der Management Network-Schnittstelle verwendet.	Eingehendes und abgehendes TCP
2050–2250	Datenverkehr zwischen ESXi-Server-Hosts für VMware Hochverfügbarkeit (HA) und den EMC Autostart Manager	Abgehendes TCP, ein- und abgehendes UDP
3260	Datenübertragungen von den iSCSI-Speichergeräten. Dieser Port wird auf der VMkernel-Schnittstelle und auf der Management Network-Schnittstelle verwendet.	Abgehendes TCP
8000	Eingehende Anfragen von vMotion. Dieser Port wird auf der VMkernel-Schnittstelle, nicht auf der Management Network-Schnittstelle verwendet.	Eingehendes und abgehendes TCP
8042–8045	Datenverkehr zwischen ESXi-Server-Hosts für VMware Hochverfügbarkeit (HA) und den EMC Autostart Manager	Abgehendes TCP, ein- und abgehendes UDP

ESXi-Server und vCenter verwenden intern die Ports 8085, 8087 und 9080. Für den ESXi-Server sind die Ports 8085, 8087 und 9080 geschützt, da sie keine Remote-Verbindungen akzeptieren.

Weitere Ports können für den SSH-Zugang (22), DNS-Client (53), DHCP-Client (68), SNMP-Server (161) usw. bei Bedarf manuell geöffnet werden.

Firewall-Ports freigeben über die GUI

Das Wichtigste vorweg: Ohne installierten Dienst oder einen Management-Agenten können keine Ports der Firewall über den VSC freigegeben werden, das funktioniert nur über die Kommandozeile!

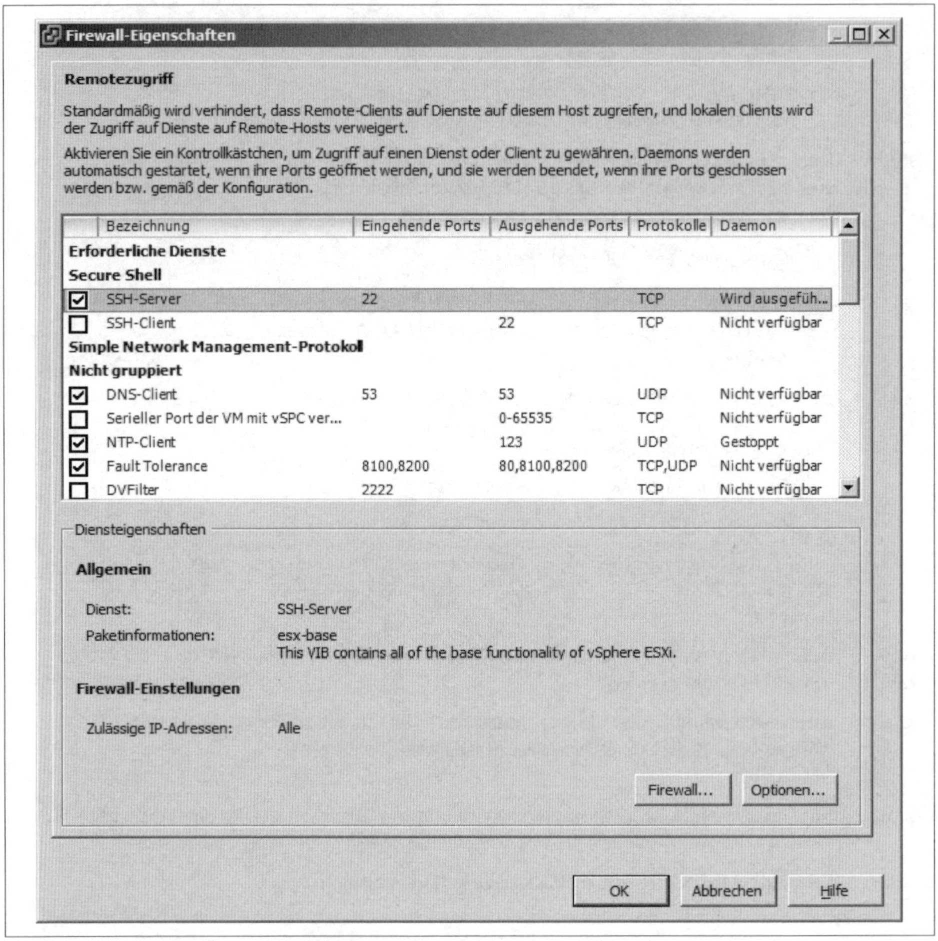

Abbildung 18-5: Firewall-Einstellungen über die GUI

Bei der Installation des ESXi-Servers ist die Firewall so eingestellt, dass nur die notwendigen Dienste unterstützt und nur die unabdingbaren Ports geöffnet sind (siehe Abbildung 18-5).

Wenn Sie das Sicherheitsprofil des ESXi-Hosts im vCenter konfigurieren, werden durch das Hinzufügen oder Entfernen dieser Dienste oder Agenten automatisch festgelegte Ports freigegeben oder geschlossen, damit die Kommunikation mit dem Dienst oder dem Agenten möglich ist.

Firewall-Ports freigeben über die Konsole

Die Änderung der Sicherheitseinstellungen des ESXi-Servers über die Kommandozeile sollte nur vorgenommen werden, wenn kein anderer Weg zum Erfolg führen kann. Um überflüssige Schritte zu vermeiden, überprüfen Sie immer erst die Firewall-Einstellungen und Ihre Möglichkeiten in der grafischen Oberfläche, bevor Sie manuelle Änderungen auf der Kommandozeile vornehmen.

Wie bereits in Kapitel 9 erwähnt, sind die Möglichkeiten des ESXi-Servers gegenüber der vorherigen ESX-Variante sehr eingeschränkt. Den ehemaligen Befehl `esxcfg-firewall` gibt es nicht mehr, stattdessen werden eingeschränkte Möglichkeiten über den Befehl `esxcli network firewall` geboten.

Um sich die aktuellen Einstellungen der Firewall anzeigen zu lassen, können Sie sich auf der ESXi-Shell als *root* anmelden und folgenden Befehl mit Parametern benutzen:

```
esxcli network firewall ruleset list
```

Daraufhin bekommen Sie eine Tabelle angezeigt mit den Namen der Dienste und der Angabe, ob die zugehörigen Ports geöffnet (Dienst aktiv) oder geschlossen (Dienst deaktiviert) sind.

Eine ausführliche Anzeige im Listenformat mit den eingehenden und ausgehenden Ports, dem Protokolltyp (TCP oder UDP) sowie dem dazugehörigen Dienst erhalten Sie, wenn Sie folgende Parameter mit angeben:

```
esxcli network firewall ruleset rule list
```

Um eine sortierte Liste zu bekommen (z.B. nach den Einträgen in der fünften Spalte), können Sie den Befehl um die Angabe von `| sort -k 5` erweitern. Der vollständige Aufruf sieht dann folgendermaßen aus:

```
esxcli network firewall ruleset rule list | sort -k 5
```

Folgende weitere Parameter können Sie mit `esxcli network firewall` nutzen, um Informationen zur Firewall zu erhalten oder Änderungen vorzunehmen:

Tabelle 18-2: Parameter für Informationen zur Firewall

Parameter	Bemerkung
`get`	Standardaktion (Default Action) und Status der Firewall (Enabled und Loaded)
`load`	Neues Laden der Firewall-Konfigurationsdateien
`refresh`	Aktualisierung der Firewall-Konfiguration durch erneutes Lesen der Firewall-Konfigurationsdateien
`unload`	Firewall deaktivieren und Filter löschen
`set`	Aktivierung oder Deaktivierung (--enabled / --disabled) der Firewall und Setzen der Standardaktion (--defaultaction)
`ruleset alowedall`	Setzt die Firewall außer Kraft
`ruleset alowedip list`	Listet IP-Adressen auf, denen Zugriff gewährt wird

→

Tabelle 18-2: Parameter für Informationen zur Firewall (Fortsetzung)

Parameter	Bemerkung
`ruleset alowedip add`	Ermöglicht IP-Adressen den Zugriff auf Dienste
`ruleset alowedip remove`	Verbietet IP-Adressen den Zugriff auf Dienste

Die eigentliche Konfigurationsdatei für die Firewall befindet sich auf dem ESXi-Server unter */etc/vmware/firewall/* und heißt *service.xml*.

Diese XML-Datei ist nach einem bestimmten Schema aufgebaut, das nach kurzer Betrachtung auch ohne Probleme erweiterbar ist. Dieses sollte allerdings vermieden werden: Nach einem Update sind die Änderungen oder Erweiterungen gegebenenfalls weg. Besser ist es, eine neue XML-Datei in das Verzeichnis zu legen und nach dem Muster der *service.xml*-Datei zu erstellen. Wird der Firewall-Dienst neu gestartet (siehe Tabelle 18-2), wird auch eine neue Datei eingelesen und verarbeitet.

Haben Sie eine eigene Datei erstellt und den Befehl `esxcli network firewall refresh` eingegeben, erscheint auf der grafischen Oberfläche ebenfalls die Einstellung.

Dazu ein Beispiel:

Die Datei *goepel.xml* kann auf der Kommandozeile mit *vi* oder auch über ein Tool wie *WinSCP* erstellt werden. Der Inhalt könnte folgendermaßen aussehen:

```
<!-- Firewall configuration for service goepel -->
<ConfigRoot>
  <service id='0000'>
    <id>goepel</id>
    <rule id='0000'>
      <direction>inbound</direction>
      <protocol>tcp</protocol>
      <porttype>dst</porttype>
      <port>4711</port>
    </rule>
    <enabled>false</enabled>
    <required>false</required>
  </service>
</ConfigRoot>
```

Anschließend sorgen Sie mit folgendem Befehl, dass die Firewall die Datei einliest:

```
esxcli network firewall refresh
```

Über den VSC gehen Sie auf das Sicherheitsprofil des ESXi-Hosts und klicken bei der FIREWALL auf EIGENSCHAFTEN. Scrollen Sie in dem Fenster nach unten, bis Sie Ihren Dienst sehen. Dort kann dann das Häkchen bei *Aktiviert* gesetzt werden – fertig (siehe Abbildung 18-6).

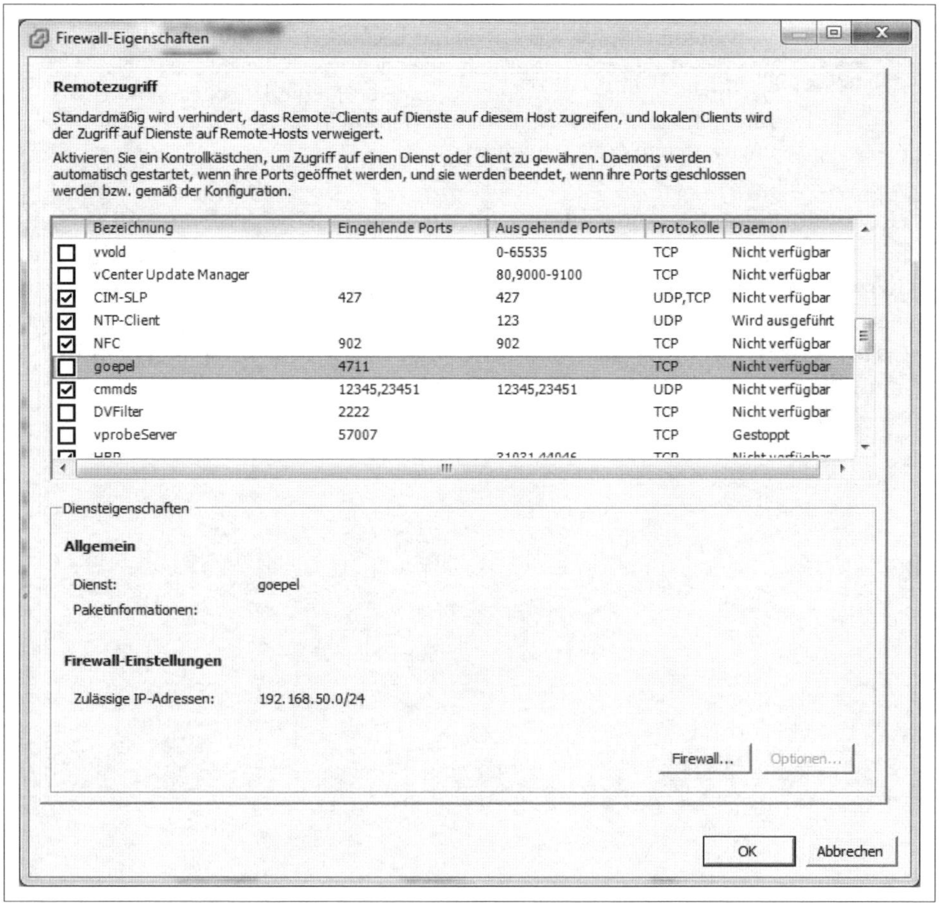

Abbildung 18-6: Geänderte Firewall-Einstellungen

Damit wird nur der eingehende Datenverkehr erlaubt (inbound). Möchten Sie eingehenden und ausgehenden Datenverkehr zulassen, so finden Sie in der Datei *service.xml* hinreichend Beispiele dazu.

> Die Änderung der Sicherheitsstufe der Verwaltungsschnittstelle beeinflusst bestehende Verbindungen nicht. Wenn die Firewall zum Beispiel auf niedriger Sicherheitsstufe läuft und ein Backup auf einem Port ausgeführt wird, den Sie nicht ausdrücklich freigegeben haben, beendet eine Erhöhung der Sicherheitsstufe auf »Hoch« das Backup nicht. Da die Firewall so konfiguriert ist, dass die Pakete für zuvor hergestellte Verbindungen durchgelassen wird, werden das Backup abgeschlossen und die neue Verbindung freigegeben. Anschließend werden für diesen Port keine weiteren Verbindungen mehr akzeptiert.

VMware unterstützt das Öffnen und Blockieren der Firewall-Ports nur durch den vSphere Client oder den `esxcli`-Befehl, wie oben beschrieben. Eine Verwendung anderer Methoden oder Skripte zum Öffnen oder Blockieren der Firewall-Ports kann zu einem unerwarteten Verhalten führen.

Weitere Informationen zur Sicherheit finden Sie online bei VMware auf verschiedenen Seiten, die nach Gebieten unterteilt sind. Allgemeine Informationen über Sicherheit mit Warnungen und Downloads befinden sich auf *http://www.vmware.com/security* und im »Technical Resource Center« unter *http://www.vmware.com/go/security*. Interessant ist auch die Seite *http://www.vmware.com/go/vmsafe*, die zu der oben genannten VMsafe-Technologie Infos bereithält.

KAPITEL 19

Ressourcen, Optimierung und Troubleshooting

In diesem Kapitel geht es in erster Linie um die bestmöglichen Einstellungen zu den Ressourcen der virtuellen Maschinen, die Optimierung der vSphere-6-Umgebung und die Fehlerbehebung in unserem Datacenter. Im Anschluss stelle ich noch ein paar sehr nützliche Tools vor, die ich regelmäßig bei meinen Kunden einsetze.

Ressourcenverwaltung

Jede virtuelle Maschine verbraucht einen Teil der CPU-, Speicher- und Netzwerkbandbreitenressourcen des ESXi-Servers. Basierend auf einer Reihe von Faktoren, garantiert der Host jeder virtuellen Maschine ihren Anteil an den darunterliegenden Hardwareressourcen:

- Verfügbare Ressourcen für den Host (oder den Cluster)
- Werte für Reservierung, Grenzen und Shares der virtuellen Maschine. Diese Attribute der virtuellen Maschine verfügen über Standardwerte, die allerdings für eine Anpassung der Ressourcenzuweisung geändert werden können.
- Anzahl der eingeschalteten virtuellen Maschinen und ihre Ressourcennutzung
- Werte für Reservierung, Grenzen und Shares, die der Administrator den Ressourcenpools innerhalb der Ressourcenpool-Hierarchie zugewiesen hat.
- Erforderlicher Overhead zum Verwalten der Virtualisierung

Der Server verwaltet unterschiedliche Ressourcen auf verschiedene Weise: Er verwaltet CPU- und Speicherressourcen auf Basis der insgesamt verfügbaren Ressourcen und der oben aufgeführten Faktoren, Netzwerk- und Festplattenressourcen verwaltet er dagegen Host-bezogen.

Der VMware ESXi-Server übernimmt Folgendes:

- Verwaltung von Festplattenressourcen über einen anteilsproportionalen Mechanismus
- Steuerung der Netzwerkbandbreite durch Netzwerk-Traffic-Shaping

Für jede virtuelle Maschine kann der Benutzer Werte für Shares (Anteile), Reservierungen und Grenzen (Limits) festlegen. Der Ressourcenmanager berücksichtigt diese Informationen anschließend, wenn er den einzelnen virtuellen Maschinen CPU und Speicher zuweist.

CPU und Arbeitsspeicher bestmöglich zuweisen

Die virtuelle Maschine kann in zwei verschiedenen Modi ausgeführt werden:

- **Direktausführung**: Unter bestimmten Umständen kann der ESXi-Server Virtual Machine Monitor (VMM) die virtuelle Maschine direkt auf dem zugrunde liegenden Prozessor ausführen. Dieser Modus wird als Direktausführung bezeichnet und bietet eine beinahe originalgetreue Performance bei der Ausführung der CPU-Anweisungen der virtuellen Maschine.
- **Virtualisierungsmodus**: Wenn Direktausführung nicht möglich ist, müssen die Befehle der virtuellen Maschine der CPU virtualisiert werden. Je nach auszuführendem Vorgang wird durch diesen Prozess ein variabler Anteil an Virtualisierungs-Overhead hinzugefügt.

In den meisten Fällen gilt Folgendes:

- Nicht privilegierter Code für Anwendungen auf Benutzerebene wird im Direktausführungsmodus ausgeführt, da in den meisten Betriebssystemen der Code auf Benutzerebene nicht auf privilegierte Statusdaten zugreift.
- Der Betriebssystemcode ändert hingegen privilegierte Statusdaten und macht deshalb den Virtualisierungsmodus erforderlich.

Folglich wird ein Mikro-Benchmark, der nur Systemaufrufe durchführt, in einer virtuellen Maschine erheblich langsamer ausgeführt als auf einem ursprünglichen System. Im Direktausführungsmodus ausgeführter Code führt jedoch nur zu geringen Zusatzkosten für die Performance und profitiert von einer ursprungsnahen Geschwindigkeit der CPU-Anweisungen.

> Stellen Sie Ein-Thread-Anwendungen auf virtuellen Einprozessormaschinen bereit (statt auf virtuellen SMP-Maschinen), um eine optimale Performance und Ressourcennutzung zu erzielen.
>
> Ein-Thread-Anweisungen können nur eine einzelne CPU nutzen. Durch das Bereitstellen solcher Anwendungen in virtuellen Maschinen mit zwei Prozessoren kann die Anwendung nicht beschleunigt werden. Dies führt dazu, dass die zweite virtuelle CPU physische Ressourcen nutzt, die sonst durch andere virtuelle Maschinen genutzt werden könnten.

CPU-Affinität

CPU-Affinität bedeutet, dass in Systemen mit mehreren Prozessoren die Zuweisung virtueller Maschinen auf eine Untermenge der verfügbaren Prozessoren eingeschränkt werden kann (siehe Abbildung 19-1). Dies geschieht durch Festlegen einer Affinitätseinstellung für jede virtuelle Maschine.

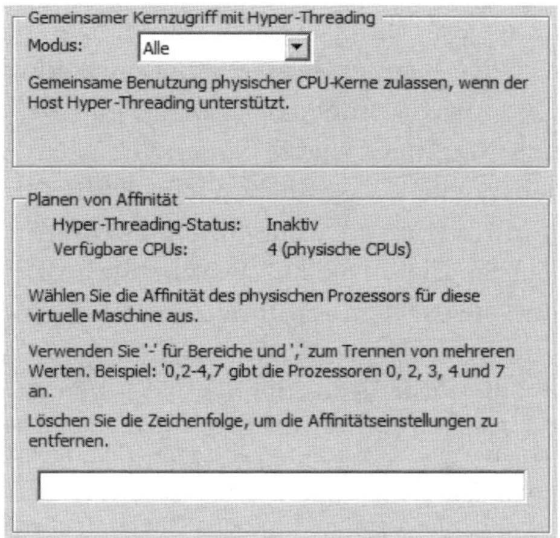

Abbildung 19-1: CPU-Affinität bei der virtuellen Maschine

Probleme mit der Affinität

Im Rahmen der Affinität virtueller Maschinen wird jede virtuelle Maschine den Prozessoren gemäß der festgelegten Affinitätseinstellung zugewiesen. Denken Sie vor der Verwendung der Affinität an folgende mögliche Probleme:

- Bei Systemen mit mehreren Prozessoren führen die ESXi-Server-Systeme einen automatischen Lastausgleich durch. Durch das Vermeiden der manuellen Spezifikation bei der Affinität der virtuellen Maschinen kann das Steuerprogramm die Last besser prozessorübergreifend ausgleichen.
- Affinität kann die Fähigkeit des ESXi-Hosts beeinträchtigen, der für eine virtuelle Maschine festgelegten Reservierung und den Anteilen gerecht zu werden.
- Da die CPU-Zugangskontrolle die Affinität nicht berücksichtigt, erhält eine virtuelle Maschine mit manuellen Affinitätseinstellungen möglicherweise nicht immer die für sie vorgesehene volle Reservierung.
- Umgekehrt werden virtuelle Maschinen ohne manuelle Affinitätseinstellungen nicht durch virtuelle Maschinen mit manuellen Affinitätseinstellungen beeinträchtigt.
- Bei der Verschiebung einer virtuellen Maschine zwischen zwei Hosts wird die Affinität möglicherweise aufgehoben, wenn der neue Host beispielsweise über eine andere Prozessorzahl verfügt.
- Das NUMA-Planungsprogramm ist möglicherweise nicht in der Lage, eine virtuelle Maschine zu verwalten, die bereits unter Verwendung der Affinität bestimmten Prozessoren zugewiesen wurde.

Hyperthreading und Affinität

Überdenken Sie Ihre Situation sorgfältig, bevor Sie die CPU-Affinität auf Systemen mit aktivierter Hyperthreading-Funktion einstellen. Wenn beispielsweise eine virtuelle Maschine mit hoher Priorität an CPU 0 und eine andere virtuelle Maschine mit hoher Priorität an CPU 1 gebunden ist, müssen beide virtuellen Maschinen denselben physischen Core verwenden. In diesem Fall ist es eventuell nicht möglich, den Ressourcenanforderungen dieser beiden virtuellen Maschinen gerecht zu werden. Sie müssen sicherstellen, dass die benutzerdefinierten Affinitätseinstellungen auf einem System mit Hyperthreading Sinn ergeben. Im Beispiel könnten Sie das sicherstellen, indem Sie die virtuellen Maschinen an CPU 0 und CPU 2 binden. Idealerweise sollten Sie gar keine Affinitätseinstellung verwenden.

> In einem DRS-Cluster ist die Option *CPU-Affinität* nicht zulässig, und ihre Einstellungen werden gegebenenfalls gelöscht, wenn die VM auf einen anderen Server migriert wird. Falls die VM nicht verschoben werden kann, müssen Sie sich direkt am ESXi-Server anmelden und die Affinität löschen. Der Sinn dieser Option liegt allein in der Optimierung der Performance einer bestimmten Gruppe virtueller Maschinen auf demselben Server.
>
> Wird die Affinität im DRS-Cluster nicht automatisch gelöscht, müssen Sie sich direkt mit dem ESXi-Host verbinden, um die Einstellungen ändern zu können.

Virtueller Speicher der VMs

Auf physischen Maschinen werden virtuelle Speicheradressen durch Seitentabellen in physische Speicheradressen übertragen. Bei virtuellen Maschinen pflegen die Seitentabellen des Gastbetriebssystems die Zuordnung von virtuellen Seiten des Gasts zu physischen Seiten des Gasts. Der ESXi-Server virtualisiert den physischen Speicher des Gasts, indem eine zusätzliche Ebene der Adressübertragung hinzugefügt wird.

- Der Virtual Machine Monitor (VMM) der einzelnen virtuellen Maschinen übernimmt die Zuordnung der physischen Speicherseiten des Gastbetriebssystems zu den physischen Speicherseiten der darunterliegenden Maschine. (VMware bezeichnet die darunterliegenden physischen Seiten als *Maschinenseiten* und die physischen Seiten des Gastbetriebssystems als *physische Seiten*.)
- Jede VM verfügt über einen angrenzenden nullbasierten, adressierbaren physischen Speicherplatz. Der darunterliegende Maschinenspeicher des von den virtuellen Maschinen verwendeten Servers ist nicht unbedingt angrenzend.
- Der VMM fängt Anweisungen virtueller Maschinen auf, die die Speicherverwaltungsstrukturen des Gastbetriebssystems manipulieren, sodass die eigentliche Speicherverwaltungseinheit (MMU) des Prozessors nicht direkt durch die virtuelle Maschine aktualisiert wird.

- Der Host pflegt die Zuordnungen von virtuellen Seiten zu Maschinenseiten in einer Schattenseitentabelle, die entsprechend den Zuordnungen von physischen Seiten zu Maschinenseiten (wird durch den VMM gepflegt, siehe oben) auf dem aktuellen Stand gehalten wird.
- Die Schattenseitentabellen werden anschließend direkt durch die Paging-Hardware des Prozessors verwendet.

Sobald die Schattenseitentabellen eingerichtet sind, ermöglicht dieser Ansatz der Adressübertragung, dass normale Speicherzugriffe innerhalb der virtuellen Maschine ohne zusätzlichen Adressübertragungs-Overhead erfolgen können. Da der TLB (*Translation Look-aside Buffer*) auf dem Prozessor direkte Caches der virtuell-maschinellen Zuordnungen erstellt, die er aus den Schattenseitentabellen abliest, wird durch den VMM beim Zugriff auf den Speicher kein zusätzlicher Overhead hinzufügt.

Abbildung 19-2 veranschaulicht die Implementierung der Speichervirtualisierung beim ESXi-Server.

- Durch die Kästchen in der Abbildung werden Seiten dargestellt (*4k-paging*); die Pfeile veranschaulichen die verschiedenen Speicherzuordnungen.
- Die Pfeile vom virtuellen Speicher des Gasts zum physischen Speicher des Gasts zeigen die durch die Seitentabellen des Gastbetriebssystems gepflegte Zuordnung. (Die Zuordnung vom virtuellen Speicher zum linearen Speicher für Prozessoren mit x86-Architektur ist in der Abbildung nicht dargestellt.)
- Die Pfeile vom physischen Speicher des Gasts zum Maschinenspeicher stellen die durch den VMM gepflegte Zuordnung dar.
- Die gestrichelten Pfeile in der Abbildung zeigen die Zuordnung vom virtuellen Speicher des Gasts zum Maschinenspeicher in den Schattenseitentabellen, die ebenfalls durch den VMM gepflegt werden. Der darunterliegende Prozessor, der die VM ausführt, verwendet die Zuordnungen in der Schattenseitentabelle.

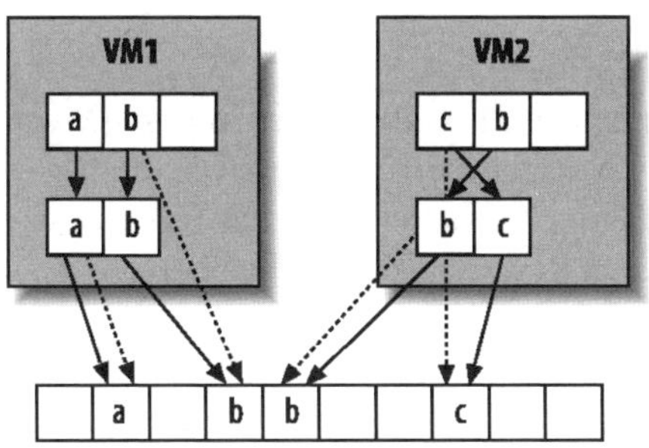

Abbildung 19-2: Speichervirtualisierung beim ESXi-Server

Der Host führt die virtuelle Speicherverwaltung ohne Wissen des Gastbetriebssystems aus und ohne das eigene Speicherverwaltungssubsystem des Gastbetriebssystems zu stören.

Die Parameter `Mem.IdleTax` und `Mem.SamplePeriod` steuern diesen Zugriff. Mithilfe der erweiterten Einstellung, die in Abbildung 19-3 dargestellt ist, können diese Parameter verändert werden. Mit `Mem.IdleTax` (Standard 75 %) können Sie die Policy für das Abrufen von Leerlaufspeicher explizit angeben. Diese Option kann zusammen mit dem erweiterten Attribut `Mem.SamplePeriod` (Standard 60 Sekunden) verwendet werden, um zu steuern, wie das System Speicher abruft.

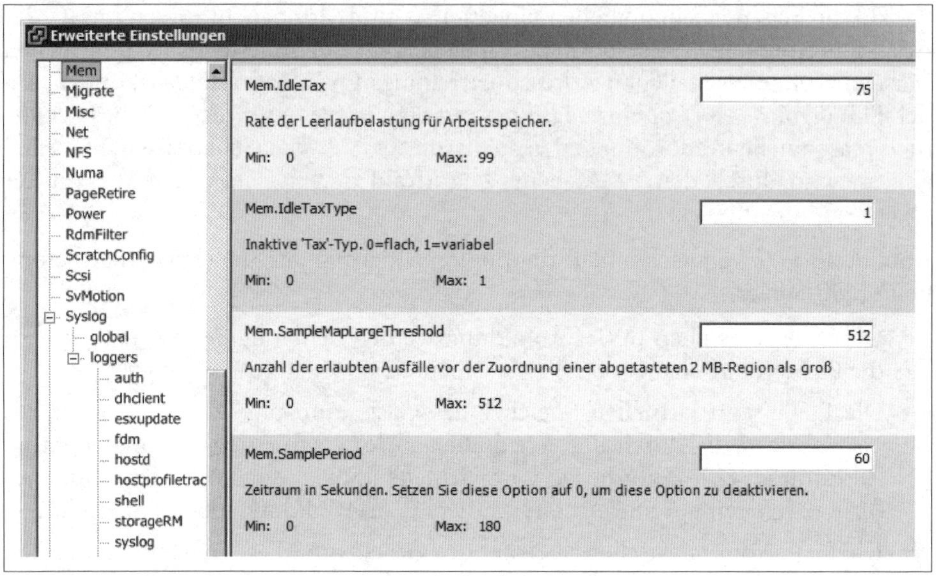

Abbildung 19-3: Einstellungen zum Speicherverhalten der VMs

> In den meisten Fällen ist eine Änderung von `Mem.IdleTax` weder notwendig noch angebracht und `Mem.SamplePeriod` ist mittlerweile fest eingestellt.

Speicherballontreiber

Im Gastbetriebssystem ist durch die Installation der VMware Tools üblicherweise der Speicherballontreiber *vmmemctl.exe* geladen. ESXi-Server verwenden Swapping, um Speicher von einer virtuellen Maschine zu erzwingen, wenn aus folgenden Gründen kein *vmmemctl*-Treiber verfügbar ist:

- Er wurde nie installiert.
- Er wurde explizit deaktiviert.
- Er wird nicht ausgeführt (beispielsweise während des Startvorgangs des Gastbetriebssystems).
- Er ist vorübergehend nicht in der Lage, erforderlichen Speicher schnell genug abzurufen, um die aktuellen Systemanforderungen zu erfüllen.

Standardabruf-Paging-Verfahren lagern die Seiten wieder ein, sobald die virtuelle Maschine sie benötigt.

> Bei einem Ausfall eines ESXi-Servers, auf dem virtuelle Maschinen ausgeführt wurden, die Swap-Dateien verwendet haben, bestehen diese Swap-Dateien weiterhin und belegen auch nach einem Neustart des ESXi-Servers Speicherplatz. Starten Sie die virtuelle Maschine neu und fahren Sie sie anschließend herunter. Dann können Sie die Dateien löschen.

Ressourcenpools für VM-Gruppen

Wie bereits eingangs erwähnt, verbraucht jede VM einen Teil des RAM sowie CPU-, Speicher- und Netzwerkbandbreitenressourcen des ESXi-Servers. Der Host garantiert jeder virtuellen Maschine ihren Anteil an den darunterliegenden Hardwareressourcen, was detailliert gesteuert werden kann.

Der Host oder das Cluster verwalten CPU- und Speicherressourcen auf Basis der insgesamt verfügbaren Ressourcen und der oben aufgeführten Faktoren. Diese Faktoren gelten gleichermaßen für einen Host wie für einen Cluster oder Ressourcenpool.

Sinn und Unsinn eines Ressourcenpools

Bei einem Ressourcenpool können CPU und RAM fest und dynamisch vergeben und in ihnen mehre VMs gruppiert werden. Sie können bis zu 1.600 Pools pro Host anlegen, diese auch bis zu einer Tiefe von 8 (bei DRS nur 6) verschachteln und in einem Cluster bis zu 512 davon nutzen.

Für die CPU- und Arbeitsspeicherressourcen können auch Anteile vergeben werden, wie schon bei der Erstellung der virtuellen Maschine in Kapitel 4 beschrieben.

> Haben Sie einen reinen HA-Cluster erstellt, also ohne DRS, ist es nicht möglich, einen Ressourcenpool hinzuzufügen. Wenn Sie DRS aktivieren, einen Pool hinzufügen und DRS wieder abwählen, kommt die in Abbildung 19-4 gezeigte Meldung.

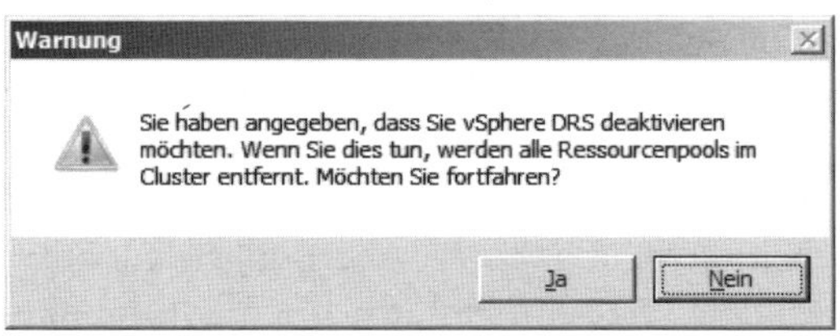

Abbildung 19-4: DRS deaktivieren

Die im Pool enthaltenen VMs landen, wenn Sie auf JA klicken, wieder im HA-Cluster, und der Ressourcenpool wird gelöscht.

Bei den meisten meiner Kunden wurden schon erstellte Ressourcenpools wieder aufgelöst, nachdem ich Ihnen die Bedeutung von Anteilen (Prioritäten) erklärt hatte. Mit Anteilen können einer VM viel präziser CPU, RAM und Festplattenzugriffe zugeordnet werden. Jede Maschine bekommt so lange alle Ressourcen, bis keine mehr frei sind. Erst dann wird nach den Prioritäten der VM geschaut, um niedrigeren etwas wegzunehmen und höheren etwas hinzuzugeben. Für die meisten produktiven Einsatzgebiete ist das die bessere Wahl und deutlich flexibler. Das unten stehende Schaubild (siehe Abbildung 19-5) verdeutlicht das nochmals.

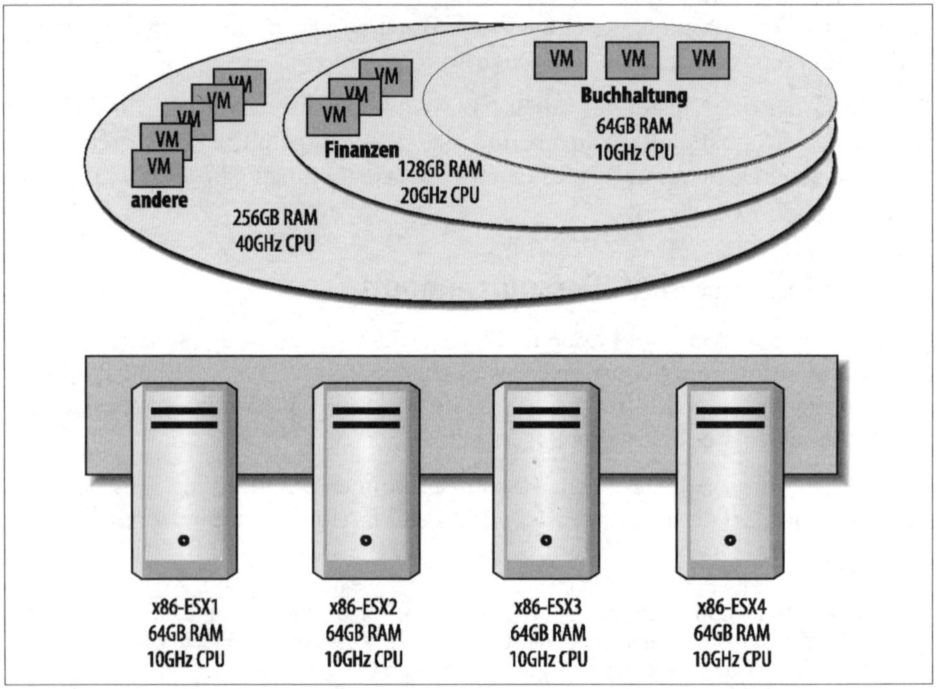

Abbildung 19-5: Ressourcenpool-Beispiel

Alle vier ESXi-Server bringen eine CPU-Leistung von jeweils 10 GHz, also zusammengefasst 40 GHz. Wenn die Buchhaltung alle Ressourcen verbraucht, bleiben der Finanzabteilung nur noch 10 GHz übrig. Braucht diese ebenfalls alles, bleiben dem Rest nur 20 GHz. Arbeitet die Buchhaltung nicht, kann die Finanzabteilung auf 20 GHz zugreifen. Arbeiten beide Abteilungen nicht, haben die anderen 40 GHz zur Verfügung. Gesetzt den Fall, die Buchhaltung muss einen Monatsabschluss machen und die anderen sowie die Finanzabteilung haben Dienstschluss, bekommt sie trotzdem nur 10 GHz CPU-Leistung.

Hätte man Anteile eingesetzt, ist es egal, wie hoch oder niedrig diese sind, die Buchhaltung könnte jetzt mit bis zu 40 GHz Leistung arbeiten!

Einer meiner Kunden hat einen Teil seiner Ressourcen an eine benachbarte Firma vermietet. Hier ist ein Ressourcenpool sinnvoll. Arbeitet der Mieter, kann er auf seine bezahlten und garantierten Ressourcen zugreifen. Ist er zu Hause, kann mein Kunde diese mitnutzen.

Ressourcenpool-Richtlinien

Die folgenden Richtlinien helfen Ihnen dabei, eine optimale Performance Ihrer virtuellen Maschinen zu erreichen:

- Wenn Sie eher häufige Änderungen bei den insgesamt verfügbaren Ressourcen erwarten, verwenden Sie besser den Parameter *Anteile* (Shares) statt der Reservierung, um die Ressourcen den virtuellen Maschinen gleichmäßig zuzuweisen. Wenn Sie nämlich *Anteile* verwenden und beispielsweise ein Host-Upgrade durchführen, verfügt jede virtuelle Maschine weiterhin über dieselbe Priorität (dieselbe Anzahl von Shares), obwohl jeder einzelne Anteil einen größeren Speicher- oder CPU-Wert darstellt.
- Verwenden Sie den Parameter *Reservierung*, um eine annehmbare Mindestgröße festzulegen. Der Host weist bei entsprechender Verfügbarkeit zusätzliche Ressourcen zu und richtet sich dabei nach der Anzahl der Shares und der für die virtuelle Maschine festgelegten Grenze (Limit).
- Verwenden Sie den Parameter *Reservierung*, um die Mindestreservierung für jede einzelne virtuelle Maschine festzulegen. Der Umfang der tatsächlich durch die Reservierung dargestellten Ressourcen ändert sich bei einer Änderung der Umgebung nicht, z.B. wenn virtuelle Maschinen hinzugefügt oder entfernt werden.
- Stellen Sie *Reservierung* nicht zu hoch ein. Eine zu hohe Reservierung kann zu einer Begrenzung der Anzahl virtueller Maschinen in einem Ressourcenpool führen.
- Berücksichtigen Sie beim Festlegen der Reservierungswerte für virtuelle Maschinen etwas Spielraum: Vergeben Sie nicht alle Ressourcen. Je dichter Sie sich an einer vollständigen Reservierung aller Kapazitäten des Systems bewegen, desto schwieriger wird es, Änderungen an der Reservierung und der Ressourcenpool-Hierarchie vorzunehmen, ohne dabei die Zugangskontrolle zu verletzen. In einem Cluster mit aktivierter DRS-Funktion kann eine Reservierung, die eine vollständige Vergabe der Kapazität eines Clusters oder einzelner Hosts des Clusters vorsieht, dazu führen, dass VMs nicht über DRS zwischen zwei Hosts migriert werden.
- Verwenden Sie für ein delegiertes Ressourcenmanagement Ressourcenpools. Um einen Ressourcenpool vollständig zu isolieren, setzen Sie den Ressourcenpool auf den Typ fest und verwenden Reservierung und Grenzwert.

- Gruppieren Sie VMs für einen Multi-Tier-Dienst in einem Ressourcenpool. Mithilfe von Ressourcenpools kann der ESXi-Server Ressourcen für den Dienst insgesamt zuweisen.
- Aktivieren Sie *PortFast* an *PortFast*-fähigen physischen Switches, um die Kommunikation zwischen HA-Clustern und anderen Clusterknoten sicherzustellen.

VM-Speicherprofil und Storage DRS

Eine weitere neue Funktion, die mit vSphere 5 eingeführt wurde, sind *Datenspeicher-Cluster*. Hiermit ist es möglich, VMs per Storage vMotion automatisch auf die Volumes zu verteilen, ähnlich wie es bei DRS in Kapitel 10 erwähnt wurde. Das nennt sich dann *Storage DRS* bzw. *Speicher-DRS*. Damit kann man Schwellenwerte für I/O und Speicherplatz definieren, die beim Erreichen dazu führen, dass VMs verschoben werden oder dass zumindest eine Empfehlung hierfür generiert wird, wenn der Speicher auf einem Volume zu knapp wird oder überlastet ist.

Des Weiteren können Affinitätsregeln für bestimmte VMDKs erstellt werden, damit bestimmte Maschinen immer auf dem Storage verbleiben oder Festplatten einiger VMs auf verschiedene Storages aufgeteilt werden.

Die Vorgehensweise beim *Speicher-DRS* ist also vom Sinn her mit dem herkömmlichen DRS vergleichbar. Nach dem Einrichten bekommen Sie eine neue Registerkarte SPEICHER-DRS-EMPFEHLUNGEN angezeigt, auf der Migrationsempfehlungen mit Begründungen aufgelistet werden, wenn Sie nicht den Automatikmodus verwenden.

Über den vCenter Server können Sie solche Cluster erstellen, indem Sie unter HOME auf DATENSPEICHER UND DATENSPEICHER-CLUSTER klicken. Dort wählen Sie dann NEUER DATENSPEICHER-CLUSTER und beantworten die Fragen des Assistenten. Anschließend nehmen Sie in den DATENSPEICHER-CLUSTEREINSTELLUNGEN das Häkchen zum Aktivieren heraus. Dann können Sie gegebenenfalls noch die SDRS-LAUFZEITREGELN und die SDRS-AUTOMATISIERUNG einstellen.

Beachten Sie dabei, dass

- NFS- und VMFS-Datenspeicher nicht in einem Storage-Cluster vereint werden können,
- replizierte und nicht replizierte Speicher nicht in einem Storage-Cluster vereint werden dürfen,
- nur ESXi-Hosts ab 5.0 auf so ein Cluster zugreifen können,
- der Speicher nur für ein Datacenter zugänglich sein darf und
- die Hardwarebeschleunigung bei allen Storages entweder nicht aktiv oder bei allen aktiv sein muss – also kein Mischbetrieb möglich ist.

VM-Speicherprofil

Was in der englischen Literatur von VMware mit *Profile Driven Storage* bezeichnet wird, lautet in der deutschen Einstellung VM-SPEICHERPROFIL. Dabei wird für eine virtuelle Maschine zwischen den Konfigurations- und Logdateien (VM-Home-Dateien) sowie der Festplatte(n) unterschieden, die über unterschiedliche Profile verfügen können. Beim Erstellen, Klonen und Verschieben einer VM können die jeweiligen Volumes nach dem Bedarf (Profil) ausgesucht werden, falls Sie über die Version Enterprise Plus verfügen.

So ein Profil kann nach Kapazität, Leistung, Verfügbarkeit, Redundanz usw. ausgesucht und erstellt werden, nicht aber für RDM (Raw Device Mapping). Über die VMware vStorage APIs (Application Programmable Interface), die von einigen Speicherherstellern angeboten werden, bekommt man viele Details zum angeschlossenen Speicher mitgeteilt und kann diese für eine Einstufung benutzen. Werden über die APIs bestimmte Funktionen automatisch erkannt und eingetragen, nennt man diese *systemdefinierte Funktionen* im Gegensatz zu *benutzerdefinierte Funktionen*. Jeder Datenspeicher kann maximal eine *systemdefinierte* und eine *benutzerdefinierte* Funktion haben.

Die VM-Speicherprofile findet man über HOME → MANAGEMENT → VM-SPEICHERPROFILE. Wenn Sie dort in der Menüzeile auf SPEICHERFUNKTIONEN VERWALTEN klicken, erhalten Sie ein Fenster, in dem die systemdefinierten und gegebenenfalls benutzerdefinierten Profile aufgelistet sind. Über die Schaltfläche HINZUFÜGEN können benutzerdefinierte Funktionen hinzugefügt werden. Die vom System selbstständig entdeckten Funktionen können nicht geändert werden.

Haben Sie ein benutzerdefiniertes Profil erstellt, können Sie anschließend ein VM-SPEICHERPROFIL anlegen und es mit dem SPEICHERPROFIL verknüpfen. Über HOME → DATENSPEICHER UND DATENSPEICHER-CLUSTER wählen Sie nun einen Storage aus. Anschließend können Sie dem erstellten Profil diesen Speicherplatz zuweisen, indem Sie die Schaltfläche BENUTZERDEFINIERTE SPEICHERFUNKTION ZUWEISEN anklicken und anschließend aus dem Drop-down-Feld eines auswählen. Im rechten Teil des Fensters sollte dann unter SPEICHERFUNKTIONEN Ihre Auswahl erscheinen.

Haben Sie eine Liste der Storages aufgerufen, können Sie auch mehrere auswählen, indem Sie die Strg-Taste gedrückt halten und dann über das Kontextmenü die Funktion zuweisen.

Haben Sie alles so weit eingerichtet, können Sie nun die Speicherprofile aktivieren, um Sie anschließend beim Migrieren oder Erstellen einer VM auch auswählen zu können. Gehen Sie dafür wieder zu den VM-Speicherprofilen und klicken Sie oben rechts auf den Link VM-SPEICHERPROFILE AKTIVIEREN. Wählen Sie dort das Cluster oder die ESXi-Server aus, die über die Enterprise-Plus-Version verfügen, und klicken Sie anschließend auf AKTIVIEREN. Selbstverständlich können Sie auch nachträglich ausgeschaltete oder laufende VMs mit einem Speicherprofil verknüpfen, indem Sie es dort in den Einstellungen der VM über die Registerkarte PROFILE oder im Kontextmenü der VM über VM-SPEICHERPROFIL → PROFIL VERWALTEN auswählen.

Bei beiden Vorgehensweisen erhalten Sie das gleiche Fenster und können nun den Home-Dateien (den Konfigurations- und Logdateien) und den Festplattendateien jeweils ein oder mehrere Profile zuordnen. Hat die VM mehrere Festplatten, so können auch unterschiedliche Profile dafür genutzt oder über die Schaltfläche WEITERGEBEN AN FESTPLATTEN dasselbe zugewiesen werden.

Über das Kontextmenü VM-SPEICHERPROFIL → PROFIL ÜBEREINSTIMMUNG PRÜFEN kann man nun abfragen, ob alles in Ordnung ist oder ob die VMDK-Festplatten eventuell verschoben werden müssen.

Optimierung von VMs

Über die Methoden und Faktoren, die die virtuelle Infrastruktur zur Verfügung stellt, habe ich bereits gesprochen. Innerhalb der virtuellen Maschine kann aber ebenfalls einiges erreicht werden, um die Ressourcen besser verteilen zu können.

Optimierung über den vSphere Client

Ob man mit dem vSphere Client nun auf den ESXi-Host oder den vCenter Server zugreift, ist bei den folgenden Optimierungen gleich. Beachten Sie zunächst folgende Faktoren:

- Achten Sie bei der Erstellung virtueller Maschinen darauf, deren Größe – genau wie bei physischen Maschinen – dem tatsächlichen Bedarf anzupassen. Überkonfigurierte virtuelle Maschinen verschwenden gemeinsam nutzbare Ressourcen.
- Deaktivieren Sie zugunsten der besseren Performance sämtliche nicht verwendeten Geräte wie COM-Ports, LPT-Ports, Diskettenlaufwerke, CD-ROMs, USB-Adapter usw. Diese Geräte werden nämlich auch dann regelmäßig vom Gastbetriebssystem abgefragt, wenn sie nicht verwendet werden. Durch dieses unproduktive Abfragen werden gemeinsam nutzbare Ressourcen verschwendet. Achten Sie darauf, dass im BIOS der VM diese Geräte dann ebenfalls deaktiviert werden müssen.
- Installieren Sie die VMware Tools. Sie unterstützen Sie, eine bessere Performance zu erreichen, können zu einer effizienteren CPU-Nutzung führen und enthalten Treiber zum Abrufen von Festplatten-, Netzwerk- und Speicherressourcen.

Optimierung innerhalb der VM

Optimieren Sie – genau wie beim physischen System – das Betriebssystem der virtuellen Maschine durch Register, Swap-Bereich usw. und passen Sie die Größe der

Auslagerungsdatei an. Deaktivieren Sie unnötige Programme und Dienste wie z.B. Bildschirmschoner und WLAN-Adapter. Unnötige Programme und Dienste verschwenden gemeinsam nutzbare Ressourcen. Aktualisieren Sie das Gastbetriebssystem stets durch aktuelle Patches. Falls Sie als Gastbetriebssystem Microsoft Windows verwenden, überprüfen Sie, ob es in der Wissensbasis von Microsoft Artikel über bekannte Probleme mit dem Betriebssystem gibt.

Beobachten Sie den Graphen für den Host, den Ressourcenpool oder den Cluster (siehe Abbildung 19-6). Stellen Sie diesen gegebenenfalls auf eine andere Ansicht um oder exportieren Sie die Daten nach Excel, um eine Langzeitübersicht zu bekommen.

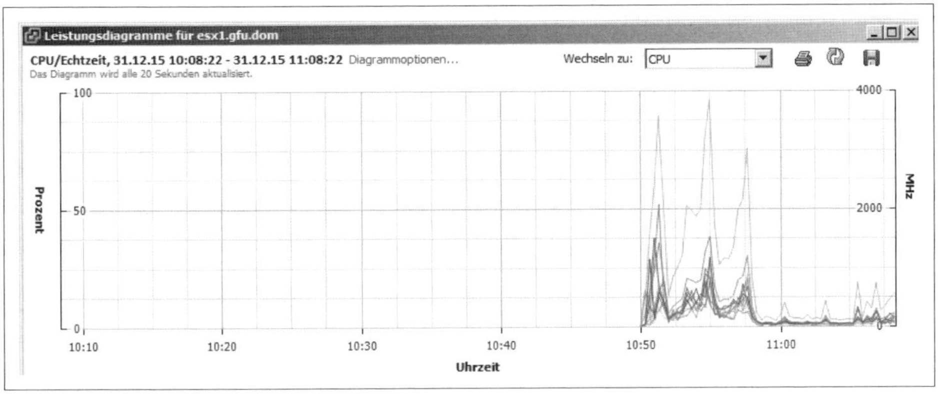

Abbildung 19-6: Leistungsdiagramm über die CPU-Auslastung

Beachten Sie auch, dass sich auf der linken Seite die Prozentzahlen auf den Graphen beziehen und nicht auf die Gesamtkapazität! Bewegen Sie die Maus über die dargestellten Linien, um die tatsächliche Last zu sehen (siehe Abbildung 19-7).

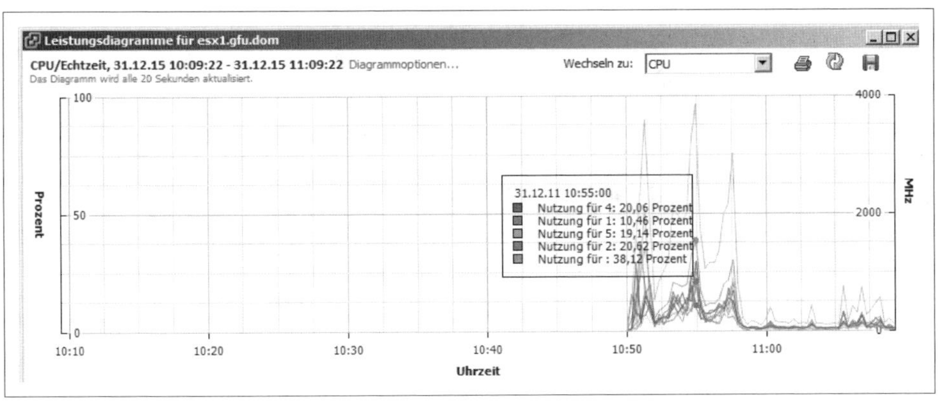

Abbildung 19-7: Genauere Angaben zur prozentualen Auslastung

Empfehlung für VM-Optimierung

Hier sind noch einmal die wichtigsten Optimierungsmöglichkeiten für die virtuelle Maschine zusammengefasst:

- VM-Hardwareeinstellungen
  - Diskettenlaufwerk entfernen
  - CD/DVD nicht verbunden
- VM-BIOS
  - Floppy und seine Schnittstelle deaktivieren
  - LPT und COM deaktivieren
  - IDE nur am primären Anschluss
  - Boot von Festplatte
- VM-Betriebssystem (Beispiel Windows)
  - Anzeigeauflösung nur 16 Bit
  - Grafik-Hardwarebeschleunigung auf maximal
  - Bildschirmschoner ausschalten (oder wenigsten nur schwarz)
  - Unnötige Dienste ausschalten
  - Autostart und Registry-RUN-Zweige überprüfen

Dies sind allgemein gefasste Empfehlungen. Wenn Sie in der VM beispielsweise ein Diskettenlaufwerk oder einen LPT-/COM-Anschluss benötigen, schalten Sie diese natürlich nicht ab.

Nach der Konvertierung einer physischen in eine virtuelle Windows-Maschine sollten Sie die nicht mehr vorhandene Hardware deinstallieren. Geben Sie in einer DOS-Box Folgendes ein:

```
set devmgr_show_nonpresent_devices=1
devmgmt.msc
```

Schalten Sie im Gerätemanager anschließend unter ANSICHT die AUSGEBLENDETEN GERÄTE ein und deinstallieren Sie die nicht mehr vorhandenen, abgeblendet dargestellten Geräte in alle Zweigen – mit Ausnahme des RAS-Adapters und des gesamten Zweigs NICHT-PNP-GERÄTE.

Optimierung für SQL oder Exchange VMs

Bei vSphere 6.0 können bis zu 128 vCPUs verteilt werden, aber Sie sollten nur so viele vergeben, wie notwendig ist, weil sonst andere VMs negativ beeinflusst werden können. Hinterher kann man bei Bedarf mehr vCPUs zuteilen. Auf die Version und die Lizenz von Windows muss geachtet werden! 2008R2 Standard sieht z. B. nur vier CPUs.

Sie sollten bei hochkritischen Systemen kein CPU-Overcommitment machen, also nicht mehr Kerne an die VMs verteilen, als der ESXi-Server tatsächlich hat (pro

Kern der Host-CPU und nicht der logischen CPUs mit Hyperthreading). Laut VMware kann bei normalen produktiven Umgebungen ein CPU-Overcommitment vom Vierfachen gemacht werden.

Übrigens sind CPU-Reservierungen normalerweise unnötig, auch bei hochperformanten Systemen.

Eventuell sollten Sie DRS für diese VMs auf AUS schalten und auch ein manuelles Migrieren vermeiden. DRS sollten Sie aber nicht grundsätzlich für alle VMs deaktivieren! Wenn vMotion z.B. bei einem Exchange Cluster notwendig wird, setzen Sie den Wert »samesubnetdelay« mit *cluster.exe* bei beiden Clusterknoten auf 2 Sekunden. Microsoft empfiehlt, den Wert nicht höher als 10 Sekunden zu stellen – der Standard ist 1 Sekunde. Belassen Sie das Heartbeat-Intervall dabei auf 5.

Für vMotion können Sie auch einen dvSwitch und/oder mehrere Netzwerkkarten mit mehreren Portgruppen für vMotion einrichten, dann klappt es auch mit dem Migrieren. Eine weitere gute Idee sind dabei Jumbo Frames mit einer MTU von 9000, was aber auch von den physischen Switches unterstützt werden muss. Bei mindestens zwei NICs und jeweils einer MTU von 9000 brauchen Sie auch den Delay-Wert im System nicht hochzusetzen.

Virtuelle Kerne, virtuelle Sockel und NUMA-Knoten

Bei Windows Server 2008R2 Standard kann man mehrere Kerne pro Sockel nehmen – dann werden auch mehr als vier Kerne gesehen.

Nur bei Software, die NUMA-Knoten unterstützen, ist eine Performance-Verbesserung bemerkbar, wenn mehrere virtuelle Kerne auf virtuellen Sockeln laufen. Exchange bis zur Version 2013 gehört nicht dazu, wohl aber der ESXi-Host und neuere SQL-Server. Deshalb sollte man einem Exchange Server nicht mehr vRAM geben, wie ein NUMA-Knoten zur Verfügung hat. ESXi wird die VM automatisch innerhalb dieses Knoten halten. Achten Sie gegebenenfalls auf die BIOS-Einstellung des Hosts bezüglich NUMA, diese sollte aktiv (enabled) sein. VMwares Dokumentation enthält dazu eine gute Darstellung (siehe Abbildung 19-8).

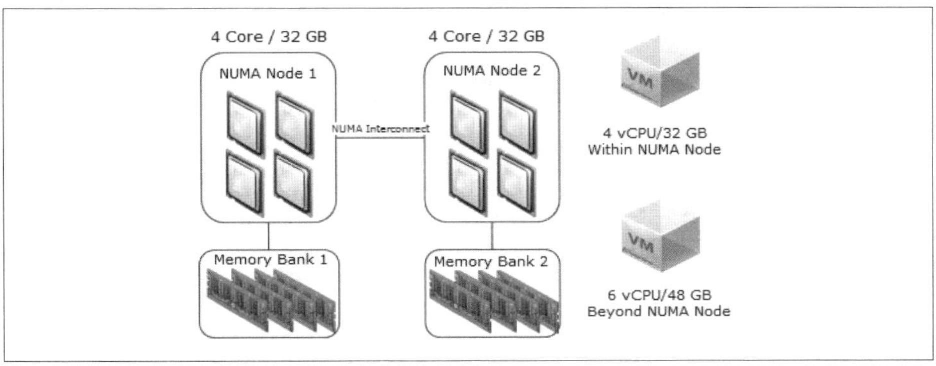

Abbildung 19-8: NUMA-Knotenwahl des ESXi-Hosts

Bei einem »normalen« SQL-Server sollten Sie weniger oder gleich viel vCPUs nehmen, wie ein Sockel des ESXi-Hosts bereitstellt, bei einem hochperformanten SQL-Server sollten Sie darauf achten, dass die NUMA-Knoten wenn möglich eingehalten werden. Machen Sie dann kein vCPU-Overcommitment.

Von Microsoft gibt es spezielle Aussagen zur Größenbestimmung (Sizing) von SQL und Exchange, die in der virtuellen Welt bei vSphere auch so übernommen werden können.

Hyperthreading-Technologie, auch Symmetric Multithreading oder SMT genannt, wird bei physischen Systemen mit Exchange von Microsoft nicht empfohlen, auf einem ESXi-System sollte es aber aktiv sein, weil dieser ganz anders mit diesen Ressourcen umgeht und dabei 10–30% mehr Performance hat. Bei einem hochperformanten SQL-Server sollten Sie auf der Registerkarte RESSOURCEN bei ERWEITERTE CPU zur VM das Hyperthreading auf NONE (Keine) stellen.

Bei den VMware Tools sollte der Speicherballontreiber *vmmemctl.exe* installiert sein. Das Reservieren des gesamten RAM der VM kann helfen, wenn bei anderen VMs ein Memory Overcommitment gemacht wird. Vergeben Sie aber nur so viel vRAM, wie nötig, weil sonst andere VMs darunter leiden. Setzen Sie auf keinen Fall ein Limit für den RAM oder die CPU.

Achten Sie auf die Leistungsgraphen bezüglich CPU und RAM bei der VM sowie der Netzwerkauslastung beim ESXi und den Storage-Latenzen bei den Volumes. Bei einem SQL-Server stimmen die RAM-Leistungsdiagramme nicht bezüglich des aktiven Arbeitsspeichers, die über den ESXi-Server angezeigt werden. Vertrauen Sie lieber den Anzeigen innerhalb der VM (im Gastbetriebssystem), da SQL ein eigenes Memory Management und eigenes Caching-System hat, was nicht mit anderen VMs verglichen werden kann.

Auf keinen Fall darf im Arbeitsspeicher-Leistungsdiagramm ein Swapping oder Ballooning bei diesen VMs erscheinen.

Der Host sollte zum Storage, auf dem die SQL- oder Exchange-VM liegt, mindestens vier Pfade haben (Multipathing). Ein Raw Device Mapping (RDM) sollten Sie vermeiden. Nehmen Sie für das Betriebssystem eine Festplatte an einem LSI Logic SAS Controller und weitere Festplatten an je einem paravirtuellen Adapter. Vermeiden Sie das Partitionieren der Festplatten – fügen Sie lieber neue Festplatten hinzu. Nehmen Sie bei Bedarf alle vier der möglichen SCSI-Controller mit einer oder mehreren Festplatten. Bis zu vier Controller mit jeweils bis zu 15 Festplatten können pro VM zugewiesen werden. Achten Sie bei hochperformanten Systemen darauf, alle Festplatten (außer OS) als »eagerzeroed« (Thick Provision Eager Zeroed) anzulegen, da dies die höchste Geschwindigkeit bietet. Nehmen Sie beispielsweise bei SQL eine Disk für das Betriebssystem, eine für die Daten, eine für die Transaktionsprotokolle und eine für die »Temp-DB«-Dateien.

Die Möglichkeit, innerhalb der VM den iSCSI-Initiator zu nutzen, sollten Sie außer Acht lassen. Der gesamte Datenverkehr würde über eine Netzwerkkarte laufen und diese ist üblicherweise an dem ESXi-Host angeschlossen und bedient dort mehrere VMs. NAS über NFS in der VM wird von Microsoft bisher nicht genügend unterstützt und für Exchange und SQL ausdrücklich nicht empfohlen. Der ESXi-Host unterstützt dieses aber sehr wohl. Bei einer schnellen, redundanten Anbindung kann NFS auch für Exchange und SQL-Server genutzt werden.

Achten Sie bei den Storages und Volumes auf das Alignment! Schlagen Sie gegebenenfalls in Kapitel 7 nochmals nach.

Wenn Sie einen Cluster für Exchange oder SQL einsetzen, können Sie eine LUN auswählen, auf der mehrere VMs liegen, setzen Sie hingegen einen Stand-alone-Rechner für die Applikationen ein, so nehmen Sie besser ein separates Volume für diese Rechner. Für den Einsatz von Database Mirroring oder Log Shipping bei SQL suchen Sie sich möglichst ein Non-Shared Volume aus.

Beim Netzwerk müssen Sie darauf achten, dass der vMotion- und iSCSI- sowie NFS-Netzwerkverkehr nicht über dieselbe Karte wie ein VM Network-Datenverkehr geht. Nehmen Sie dafür möglichst dedizierte NICs. Ob Sie für die VMs einen dvSwitch oder einen vSwitch verwenden, ist dabei unerheblich. Überlegen Sie sich, ob Sie 802.1q VLANs für die Trennung von Netzwerkdatenverkehr einsetzen möchten. Das ist für die Übertragungsgeschwindigkeit vorteilhaft. Verwenden Sie auch immer mindestens zwei physische Adapter für die virtuellen Switches. Bei 10-GBit-Adaptern werden mehrere Queues aufgebaut und diese Trennung ist dann nicht notwendig.

Bei der VM sollten Sie als Adapter wenn möglich den Typ VMXNET 3 einsetzen. Die Adaptertypen E1000 und E1000e liefern nur 1 GBit/s, VMXNET 3 2,8 GBit/s. Nutzen Sie für Exchange DAG (Database Availability Group) z.B. mindestens zwei NICs für die Replikation und MAPI (Messaging Application Programming Interface) und unterteilen Sie diese in unterschiedliche VLANs oder zumindest in unterschiedliche Portgruppen. Dieses Vorgehen wird auch von Microsoft empfohlen.

Auch hierzu hat VMware eine schöne grafische Gegenüberstellung in seiner Dokumentation (siehe Abbildung 19-9).

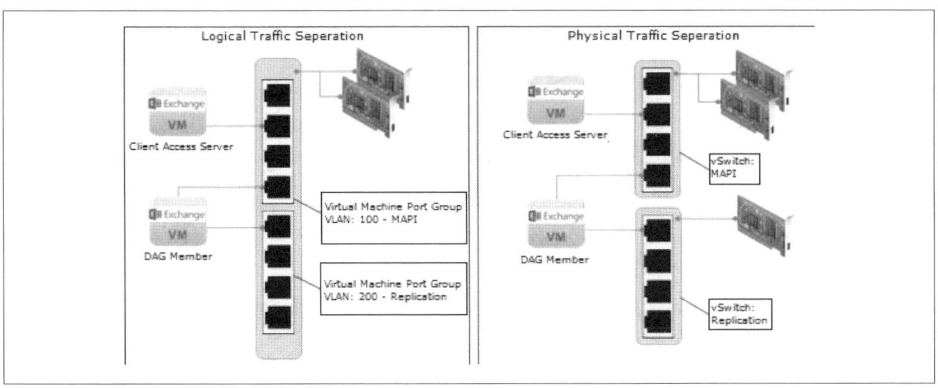

Abbildung 19-9: Netzwerkkonfiguration für Exchange

Wenn Sie ein SQL- oder Exchange Server-Cluster betreiben, denken Sie an die Möglichkeit, unter DRS das Separieren der VMs einzustellen. Haben Sie einen Anwendungs- und einen SQL-Server, so halten Sie diese besser zusammen auf einem Host, damit der größte Netzwerkdatenverkehr möglichst nur über den virtuellen und nicht über den physischen Switch geht. Auch das Clustering von VMs ist unter vSphere ohne Probleme möglich.

Überlegen Sie sich, ob Sie bei HA die Zugangssteuerung (HA Admission Control) einschalten wollen, wenn Sie Ihren VMs RAM und CPU-Ressourcen fest zugewiesen haben. Im HA-Fall kann es passieren, dass die VMs nicht neu gestartet werden, wenn nicht mehr genügend Ressourcen vorhanden sind.

Abschließend sei noch erwähnt, dass innerhalb der Betriebssysteme für SQL- und Exchange Server einige Einstellungen zur Verbesserung der Performance gemacht werden können – diese sollten Sie bei Microsoft nachlesen oder einen guten Kurs bei der GFU Cyrus AG besuchen.

Performance überwachen

Grafisch

Über die grafische Oberfläche kann man mittels der Performance-Graphen die Auslastung der VMs, Hosts, Netzwerke, Storages usw. sehr schön überwachen. Leider werden häufig die Anzeigen falsch gedeutet, wie oben schon kurz angerissen. Entscheidend sind bei allen Betrachtungen nur die vier Performance-Graphen für CPU, RAM, Netzwerk und Storage (Four Core).

Auf der Registerkarte ÜBERSICHT sehen Sie die Auslastung bezüglich CPU und RAM sowohl bei der VM als auch dem Host. Das reicht für einen ersten Eindruck. Ist der Host jedoch bezüglich RAM stark ausgelastet, so sollten Sie unbedingt das Ballooning überprüfen. Die Kurve für Balloon und deren angezeigten Werte sollten immer bei 0 liegen.

Ob eine Netzwerkkarte stark ausgelastet ist, kann über das Leistungsdiagramm nicht erkannt werden. Die y-Achse passt sich dynamisch an die Werte an und eine prozentuale Anzeige gibt es hier nicht. Als Anhaltspunkt können Sie bei einer 1-GBit-Karte von maximal 120.000 KB pro Sekunde ausgehen, bei 10-GBit-Karten von 1.200.000 KB pro Sekunde. Sollte dieser Wert erreicht werden, ist die Netzwerkkarte zu 100% ausgelastet – was bei vMotion über 1-GBit-Karten normal ist, bei sonstigem Datenverkehr jedoch nicht.

Wenn Sie die von VMware empfohlene maximale Menge von 16 VMs pro SCSI-Datenträger (lokale SCSI-Platte, iSCSI-Storage oder Fibre-Channel-SAN) einhalten, dürfte es auf dem Storage selbst nur selten zu Verzögerungen (Latenzen) kommen. Manche VMs machen mehr I/O als andere, deshalb sollte man hier trotzdem die Leistungsdaten im Auge behalten.

Über HOME → DATENSPEICHER / DATENSPEICHER-CLUSTER kommen Sie zu den Volumes. Klicken Sie auf das Volume, das Sie überprüfen möchten, und anschließend auf die Registerkarte LEISTUNG. Wählen Sie aus dem Drop-down-Feld LEISTUNG aus und nehmen Sie anschließend die Echtzeitstatistik. Der einzige wirklich interessante Graph ist hier *Gerätelatenz pro Host*. Die Latenz sollte hier im Durchschnitt nicht höher sein als 10 ms (siehe Abbildung 19-10).

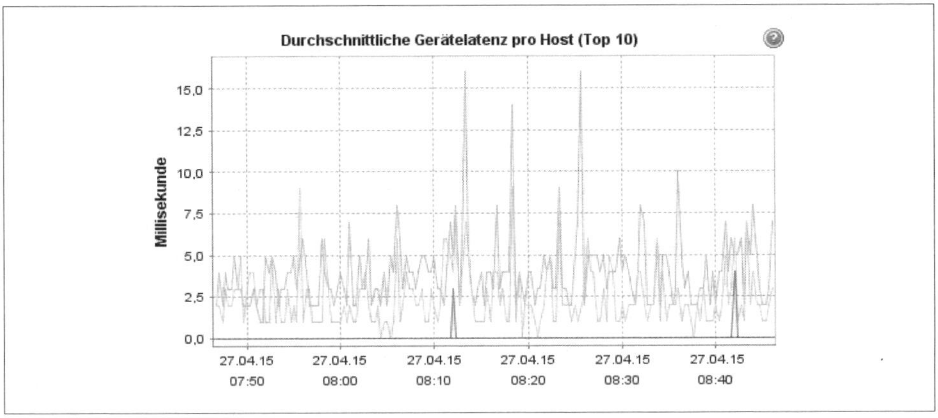

Abbildung 19-10: Gerätelatenz pro Host

Einzelne Peaks können gegebenenfalls höher sein, dürfen aber nicht wie in der folgenden Abbildung 19-11 aussehen.

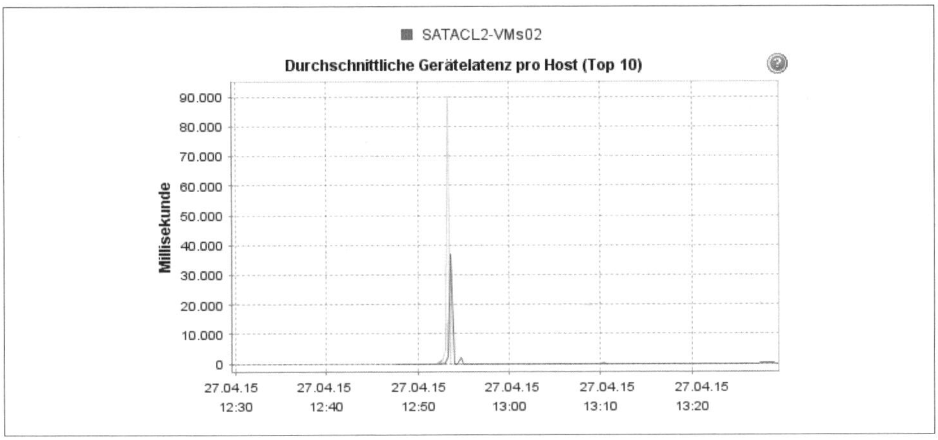

Abbildung 19-11: Starker Peak bei Gerätelatenz pro Host

> Beachten Sie bitte, dass der Graph nur bei manuell erhöhter Statistikebene mehr als Echtzeit (z.B. Tagesdauer) anzeigt und dass die Anzeige beim vSphere Client ab 6.0 ausgeblendet wurde.

Nicht grafisch

Sie können die Performance des ESXi-Servers auch über die Kommandozeile überwachen. Das Linux-Kommando `top` gibt es aber nicht für den ESXi-Server, verwenden Sie stattdessen den Befehl `esxtop`.

Das Befehlszeilentool `esxtop` bietet einen sehr ausführlichen Überblick darüber, wie ESXi-Server Ressourcen in Echtzeit nutzt. Das Tool wird auf der Kommandozeile des Hosts ausgeführt.

1. Stellen Sie sicher, dass Sie *root*-Rechte besitzen.
2. Geben Sie den Befehl mit den gewünschten Optionen ein:

```
esxtop [-] [h] [v] [b] [s] [R vm-support_dir_path] [d delay] [n iter]
```

Das *esxtop*-Dienstprogramm liest seine Standardkonfiguration aus der Datei *~/.esxtoprc*. In den ersten vier Zeilen sind Klein- und Großbuchstaben enthalten, durch die die Felder und deren Reihenfolge in den Fenstern CPU, ARBEITSSPEICHER, SPEICHER und NETZWERK festgelegt werden. Die Buchstaben entsprechen den Buchstaben in den Fenstern FELDER oder REIHENFOLGE des jeweiligen *esxtop*-Fensters. In der fünften Zeile sind Informationen über die anderen Optionen enthalten. Wichtig ist hierbei Folgendes: Wenn Sie eine Konfiguration im sicheren Modus gespeichert haben, erhalten Sie erst dann ein unsicheres `esxtop`, wenn Sie das s aus der fünften Zeile der Datei *~/.esxtoprc* entfernt haben. Die Verzögerungszeit zwischen einzelnen Aktualisierungen wird durch eine Zahl festgelegt. Wie im interaktiven Modus wird durch die Eingabe von `c`, `m`, `d` oder `n` festgelegt, mit welchem Feld `esxtop` startet.

> Von der Bearbeitung der Datei wird abgeraten. Wählen Sie stattdessen die Felder und die Reihenfolge in einem gerade ausgeführten *esxtop*-Prozess aus, nehmen Sie die gewünschten Änderungen vor und speichern Sie diese Datei mithilfe des interaktiven Befehls `W`.

Beispielanzeige:

```
7:32:59am up 19 min, 49 worlds; CPU load average: 0.01, 0.01, 0.01
PCPU(%):    3.87,    0.87 ;   used total:    2.37
CCPU(%):    0 us,    1 sy,   99 id,    0 wa ;         cs/sec:       58
       ID      GID NAME                  NWLD    %USED      %RUN      %SYS     %WAIT       %RDY
        1        1 idle                     2   195.25    196.86      0.00      0.00       3.14
        2        2 system                   6     0.01      0.01      0.00    599.95       0.00
        6        6 helper                  22     0.01      0.01      0.00   2199.89       0.01
        7        7 drivers                 16     0.34      0.34      0.00   1599.58       0.02
        8        8 vmotion                  1     0.00      0.00      0.00    100.00       0.00
        9        9 console                  1     2.77      2.78      0.01     97.14       0.08
       15       15 vmware-vmkauthd          1     0.00      0.00      0.00    100.00       0.00
```

Folgende Kommandos sind in dem Fenster verfügbar:

```
^L     - redraw screen
space  - update display
h or ? - help; show this text
q      - quit
```

Interaktive Kommandos sind:

```
fF  Add or remove fields
oO  Change the order of displayed fields
s   Set the delay in seconds between updates
#   Set the number of instances to display
W   Write configuration file ~/esxtoprc
e   Expand/Rollup Cpu Statistics
V   View only VM instances
```

Sortierung nach:

```
U:%USED    R:%RDY    N:Default
```

Anzeige umschalten:

```
m:ESX memory   d:ESX disk adapter   u:ESX disk drive   v:ESX disk VM
n: ESX nic
```

Die Zeile Betriebszeit, die sich oben befindet, zeigt die aktuelle Zeit, die Zeit seit dem letzten Neustart sowie die Anzahl der derzeit ausgeführten `worlds` (Welten) und durchschnittliche Lasten an. Als Welt bezeichnet man eine durch den ESXi-VMkernel planbare Instanz, die mit einem Prozess oder Thread anderer Betriebssysteme vergleichbar ist.

Darunter werden die Durchschnittslasten der letzten Minute, der letzten 5 Minuten und der letzten 15 Minuten angezeigt. Innerhalb der Lastendurchschnitte werden sowohl die gerade ausgeführten als auch die betriebsbereiten Welten berücksichtigt.

> Ein Lastendurchschnitt von 1,00 bedeutet, dass alle physischen CPUs vollständig genutzt werden. Ein Lastendurchschnitt von 2,00 heißt, dass das System möglicherweise doppelt so viele physische CPUs benötigt, wie derzeit verfügbar sind. Dementsprechend bedeutet ein Lastendurchschnitt von 0,50, dass die physischen CPUs nur zur Hälfte genutzt werden.
>
> *esxtop* gibt es auch als Windows-Programm unter dem Namen *visualesxtop*. Auch hiermit können detaillierte Informationen und Statistiken abgerufen werden.

Statistikspalten und die Reihenfolge

Wenn Sie `f`, `F`, `o` oder `O` eingeben, zeigt das System eine Seite mit der Feldreihenfolge in der oberen Zeile sowie kurze Beschreibungen der Feldinhalte. Handelt es sich bei dem Buchstaben in der zu einem Feld gehörenden Feldzeichenfolge um einen Großbuchstaben, wird das Feld angezeigt. Ein Sternchen vor der Feldbeschreibung zeigt an, ob ein Feld angezeigt wird.

Die Reihenfolge der Felder entspricht der Reihenfolge der Buchstaben in der Zeichenfolge. Folgende Aktionen sind im Fenster FELDAUSWAHL möglich:

- Wechseln zwischen der Anzeige eines Felds durch Eingabe des entsprechenden Buchstabens.

- Verschieben eines Felds nach links durch Eingabe des entsprechenden Großbuchstabens.
- Verschieben eines Felds nach rechts durch Eingabe des entsprechenden Kleinbuchstabens.

esxtop im Batch-Modus

Mithilfe des Batch-Modus können Sie Ressourcennutzungsstatistiken in einer Datei erfassen und speichern. Für die Ausführung im Batch-Modus sind folgende vorbereitende Schritte erforderlich:

1. Führen Sie *esxtop* im interaktiven Modus aus.
2. Wählen Sie in allen vier Fenstern die für Sie interessanten Spalten aus.
3. Speichern Sie diese Konfiguration in der Datei *~/.esxtop3rc*, indem Sie den interaktiven Befehl `W` ausführen. (~ ist das jeweilige Home-Verzeichnis des Benutzers.)

So führen Sie `esxtop` im Batch-Modus aus:

1. Rufen Sie *esxtop* auf, um die Ausgabe in eine Datei umzuleiten, zum Beispiel:

   ```
   esxtop -b > daten.csv
   ```

   Der Dateiname muss die Erweiterung *.csv* haben. Diese ist zwar für `esxtop` selbst nicht zwingend erforderlich, aber für die nachverarbeitenden Tools.
2. Die im Batch-Modus erfassten Statistiken können in Tools wie z.B. Microsoft Excel und Perfmon verarbeitet werden.

Im Batch-Modus akzeptiert `esxtop` keine interaktiven Befehle. Das Tool wird ausgeführt, bis es die angeforderte Anzahl Wiederholungen erzeugt hat (weitere Informationen finden Sie unter der Befehlszeilenoption unten) oder bis Sie den Prozess durch Drücken der Tasten STRG+C abbrechen.

Die folgenden Befehlszeilenoptionen sind im Batch-Modus verfügbar:

- `b` Führt `esxtop` im Batch-Modus aus.
- `d` Legt die Verzögerung zwischen einzelnen Statistik-Snapshots fest. Die Standardeinstellung ist fünf Sekunden. Das Minimum beträgt zwei Sekunden. Wird ein Wert unter zwei Sekunden festgelegt, wird die Verzögerung automatisch auf zwei Sekunden eingestellt.
- `n` Anzahl der Wiederholungen. `esxtop` sammelt und speichert Statistiken so oft, wie hier angegeben, und wird dann beendet.

vSphere-6-Troubleshooting

Nachfolgend finden Sie einige Hinweise, Tipps und Tricks zum Troubleshooting für virtuelle Maschinen, ESXi-Hosts und Cluster.

IDE-Festplatte in SCSI umwandeln

Haben Sie bei einer VM aus Versehen eine IDE- anstelle einer SCSI-Platte verwendet und das Betriebssystem schon installiert, kann die Performance beim Datenzugriff darunter erheblich leiden. Haben Sie bei der Erstellung einer älteren Workstation-Version von Windows (2000/XP) TYPISCH gewählt, wird Ihre VM mit ziemlicher Sicherheit einen IDE-Adapter mit Festplatte haben.

Um diesen Missstand zu beheben, gehen Sie wie folgt vor:

1. Gehen Sie in die Einstellungen der VM und klicken Sie auf die Schaltfläche HINZUFÜGEN.
2. Wählen Sie FESTPLATTE und klicken Sie auf WEITER, dann NEUE VIRTUELLE FESTPLATTE ERSTELLEN und nochmals auf WEITER.
3. Im nächsten Fenster brauchen Sie nichts zu ändern (ggf. die Größe auf MB umschalten, da die Größe keine Rolle spielt). WEITER.
4. Bei KNOTEN DES VIRTUELLEN GERÄTES wählen Sie SCSI. WEITER und BEENDEN.
5. Starten Sie das Betriebssystem und melden Sie sich mit administrativen Rechten an. Das neue Gerät müsste automatisch erkannt werden und nach den Treibern fragen.
6. Legen Sie einen Datenträger mit den richtigen Treibern für den SCSI-Adapter ein (z.B. das Floppy-Image LSI.FLP von der Webseite zum Buch) und lassen Sie automatisch nach den Treibern suchen.
7. Ist der Vorgang beendet, schauen Sie im Festplattenmanager nach, ob auch die Platte angezeigt wird. Wenn ja, VM herunterfahren und ausschalten, wenn nein: anderen Treiber wählen.
8. Gehen Sie wieder in die Einstellungen der VM und klicken Sie auf die zweite Festplatte (SCSI) und entfernen Sie und löschen Sie diese auch von der Festplatte (siehe Abbildung 19-12).

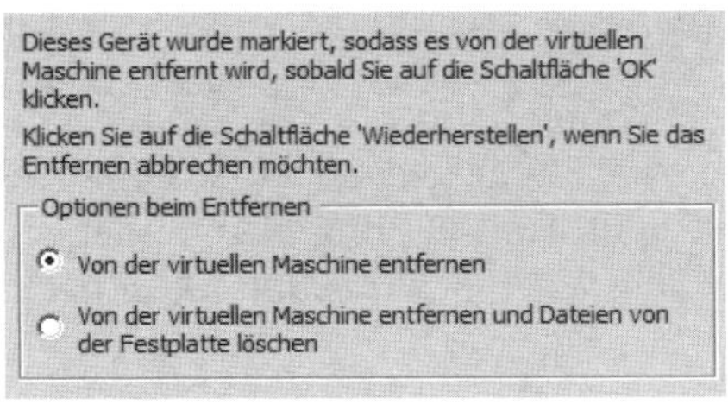

Abbildung 19-12: Festplatte der virtuellen Maschine löschen

9. Wählen Sie nun die erste Platte aus und entfernen Sie diese von der VM – ohne *Dateien von der Festplatte löschen* und klicken Sie auf OK.

10. Verbinden Sie sich mit der Kommandozeile des ESXi-Servers (durch putty, WinSCP oder der direkten Konsole) und editieren Sie die *.vmdk*-Datei der VM.
11. Suchen Sie nach dem Eintrag »`ide`« und ersetzen ihn durch »`lsilogic`«:

    ```
    ddb.adapterType = "lsilogic"
    ```
12. Gehen Sie wieder zurück in die Einstellungen der VM und fügen Sie jetzt eine bestehende Festplatte hinzu, hangeln sich bis zum Verzeichnis der VM und wählen die *.vmdk* -Datei aus.
13. Stellen Sie sicher, dass der richtige SCSI-Controllertyp, passend zum installierten Treiber, ausgewählt wurde. Ändern Sie ihn gegebenenfalls und klicken Sie auf OK.
14. Starten Sie Ihre VM – fertig

Sollte es wider Erwarten nicht funktionieren, z. B. weil ein falscher Treiber verwendet wurde, können Sie den obigen Vorgang jederzeit wiederholen, indem Sie in die *.vmdk*-Datei »`ide`« reinschreiben und von vorne beginnen.

Hardwareversion 11 in 8 umwandeln

Wenn eine virtuelle Maschine eine Hardwareversion hat, die auf einem älteren ESX(i)-Server nicht läuft, weigert sich dieser, die VM zu starten. Das Problem lässt sich leicht auf der Kommandozeile des Hosts abstellen:

1. Gehen Sie z. B. mit WinSCP auf das Verzeichnis der ausgeschalteten virtuellen Maschine. Die Hardwareversion wird nur in zwei Dateien zur VM festgehalten: in der `.vmx`- und *.vmdk*-Datei.
2. Öffnen Sie die Datei *<Name der VM>.vmdk* und editieren Sie diese. Suchen Sie nach der Zeile mit `ddb.virtualHWVersion = "11"` und ändern Sie die 11 in 8 um. Speichern und schließen Sie die Datei.
3. Öffnen Sie die Datei *<Name der VM>.vmx* und editieren Sie diese. Suchen Sie nach der Zeile mit `virtualHW.version = "11"` und ändern Sie die 11 in 8 um. Speichern und schließen Sie die Datei.
4. Starten Sie Ihre VM auf dem alten Host.

Sollte Ihre VM neuere Hardware benutzen, die die alte Version des ESX(i)-Servers nicht unterstützt, so bekommen Sie gegebenenfalls eine Fehlermeldung. Das lässt sich aber einfach durch Entfernen und Hinzufügen über den vSphere Client erledigen. VMs mit einem *paravirtuellen SCSI-Adapter* können z. B. nicht auf Hosts mit der Version 3.x laufen.

VMs hart abschalten

Um eine VM hart abzuschalten, wenn diese über den vSphere oder Web Client nicht ausgeschaltet werden kann, können Sie folgende Befehle auf der Kommandozeile des ESXi-Servers nutzen:

esxcli vm process list

Listet die laufenden VMs auf. Das benötigen Sie, um die »World ID« herauszufinden. Geben Sie dann

```
esxcli vm process kill --type force --world-id 77301
```

oder kurz

```
esxcli vm process kill -t force -w 77301
```

ein. Anschließend ist die VM abgeschaltet.

Zeitsynchronisierung in der vSphere-Umgebung

Für die Zeitsynchronisierung in einer typischen Umgebung unterscheidet man zwischen vier verschiedenen Systemen: dem ESXi-Host, dem ersten Domänencontroller (PDC-Emulator), Domänenmitgliedern und allein stehenden Rechnern (nicht Mitglied einer Domäne).

Der Domänencontroller, der die Rolle als PDC-Emulator innehat (einmal pro Domäne, d.h., dass auch untergeordnete Domänen jeweils einen haben), ist für die Zeitsynchronisierung in der gesamten Domäne verantwortlich. Dieser sollte mit einer externen Zeit synchronisiert werden (z.B. von einer Funkuhr, aus dem Internet oder vom Zeitserver der übergeordneten Domäne). Alle Domänenmitglieder synchronisieren ihre Zeit automatisch mit diesem Rechner.

Da eine VM beim Starten und beim Fortsetzen (Resume) die Zeit vom ESXi-Server bekommt, sollten Sie alle Hosts ebenfalls mit dem PDC-Emulator abgleichen. Das können Sie über den vSphere Client unter KONFIGURATION → UHRZEITSYNCHRONISATION einstellen. Wenn Sie die Hosts mit derselben Quelle (z.B. dem Internet) abgleichen und die ESXi-Server gegebenenfalls keinen Zugriff darauf haben, kann auch hier die Zeitinformation nach einiger Zeit erheblich abweichen.

Bei Rechnern, die nicht Mitglieder der Domäne sind, haben Sie drei Möglichkeiten: Sie aktualisieren die Zeit über das Häkchen in den Einstellungen zur VM oder über die VMware Tools mit dem ESXi-Host (einmal pro Minute) oder Sie stellen manuell die Synchronisierung im Betriebssystem ebenfalls mit dem Domänenzeitserver ein.

Auf keinen Fall sollten Sie in Ihrer Active-Directory-Umgebung gemischte Zeitquellen nutzen. Beachten Sie auch, dass bei unterschiedlichen Uhrzeiten (mehr als 5 Minuten Abweichung) das Zugriffsdomänenticket (Kerberos) seine Gültigkeit verliert. Dann können die Benutzer nicht mehr auf Freigaben o.Ä. in der Domäne zugreifen!

Damit ein PDC-Emulator auch Nicht-Domänenmitgliedern, also auch den ESXi-Hosts, antwortet, müssen Sie den Server anpassen. Die folgenden Zeilen können Sie als Reg-Datei speichern und auf dem PDC-Emulator einlesen oder die Schlüssel manuell eintragen:

```
Windows Registry Editor Version 5.00
[HKEY_LOCAL_MACHINE\SYSTEM\CurrentControlSet\Services\W32Time\Parameters]
```

```
"Type"="NTP"
rem Timeproviders (NtpServer) für Windows 2003 hier
rem Für Windows 2008 und neuer im Unterschlüssel
rem [HKEY_LOCAL_MACHINE\SYSTEM\CurrentControlSet\Services\W32-Time\TimeProviders]
"NtpServer"="ptbtime1.ptb.de,0x1 ptbtime2.ptb.de,0x1 ptbtime3.ptb.de,0x1"
[HKEY_LOCAL_MACHINE\SYSTEM\CurrentControlSet\Services\W32Time\Config]
"AnnounceFlags"=dword:00000005
"MaxNegPhaseCorrection"=dword:00000e10
"MaxPosPhaseCorrection"=dword:00000e10
[HKEY_LOCAL_MACHINE\SYSTEM\CurrentControlSet\Services\W32Time\TimeProviders\
NtpServer]
"Enabled"=dword:00000001
[HKEY_LOCAL_MACHINE\SYSTEM\CurrentControlSet\Services\W32Time\TimeProviders\
NtpClient]
"SpecialPollInterval"=dword:00000258
rem Für "alle 10 Minuten", hexadezimal oder 900 dezimal für alle 15 Minuten
```

Probleme bei vMotion und HA

Das Verschieben einer virtuellen Maschine von einem Host auf einen anderen wird Migration genannt. Die Migration einer laufenden virtuellen Maschine nennt man vMotion. Die Migration mit vMotion, die zur Verwendung in hochkompatiblen Systemen entwickelt wurde, ermöglicht es Ihnen, eingeschaltete virtuelle Maschinen ohne Ausfallzeiten zu verschieben. Der Protokollstapel des VMkernels muss richtig eingerichtet sein, damit vMotion ordnungsgemäß funktioniert.

»IP-Speicher« bezeichnet jede Art von Speicher, die auf TCP/IP-Netzwerkkommunikation beruht. Dazu gehören iSCSI und NAS/NFS für ESXi-Server. Da diese beiden Speichertypen netzwerkbasiert sind, können beide dieselbe Portgruppe verwenden.

Die vom VMkernel zur Verfügung gestellten Netzwerkdienste (iSCSI, NFS und vMotion) verwenden einen TCP/IP-Stapel im VMkernel. Dieser TCP/IP-Stapel ist vollständig getrennt von dem TCP/IP-Stapel, der im Management Network verwendet wird. Jeder dieser TCP/IP-Stapel greift durch die Anbindung mindestens eines vSwitch an mindestens eine Portgruppe auf verschiedene Netzwerke zu.

Richtlinien

Beachten Sie bei der Konfiguration des VMkernel-Netzwerks folgende Richtlinien:

- Die IP-Adresse, die Sie dem Management Network während der Installation zuweisen, darf nicht der IP-Adresse entsprechen, die Sie dem TCP/IP-Stapel des VMkernels auf der Registerkarte KONFIGURATION → NETZWERK über den vSphere Client zusätzlich zugewiesen haben.
- Vor der Konfiguration von Software-iSCSI für den ESXi-Host muss ein Firewall-Port durch Aktivierung des iSCSI-Software-Clientdienstes geöffnet werden. Meist geschieht dies automatisch bei der Aktivierung vom iSCSI-Softwareadapter.

- Überprüfen Sie das Kontrollkästchen DIESE PORT-GRUPPE FÜR VMOTION VERWENDEN, damit diese Portgruppe anderen ESXi-Servern melden kann, dass sie die Netzwerkverbindung ist, an die vMotion-Datenverkehr gesendet werden soll. Das funktioniert nur, wenn mindestens eine Management Network-Adresse jedes Hosts im selben Subnetz ist.
- Achten Sie auf die Schreibweise bei vMotion-Portgruppen. Diese sollten bei allen beteiligten Hosts identisch sein, müssen aber nicht.

> Auf jedem ESXi-Host kann diese Eigenschaft nur für eine vMotion- und IP-Speicher-Portgruppe aktiviert werden, bei Bedarf aber auch mehrfach, z.B. zwei vMotion-Portgruppen mit mindestens zwei NICs. Wenn diese Eigenschaft für keine der Portgruppen aktiviert wurde, ist eine vMotion-Migration auf und von diesen Host nicht möglich.
>
> Benennen Sie Ihre VMkernel-Portgruppen eindeutig, also z.B. »VMkernel iSCSI« oder »VMkernel vMotion«, damit Sie beim Zuordnen nicht durcheinanderkommen.

An HA beteiligte Komponenten

Das Herzstück eines VMware High Availability-Konzepts ist ein Cluster. Fügen Sie möglichst drei oder mehr ESXi-Server dieser Unterteilung hinzu. Beachten Sie auch die in Kapitel 10 gegebenen Hinweise, bei sehr vielen Hosts lieber Unterteilungen in mehrere Cluster vorzunehmen.

Beim Hinzufügen eines Hosts zum Cluster werden die Informationen und Komponenten auf diese Maschine übertragen.

- Der vCenter Agent *vpxa* wird nach dem Übertragen automatisch gestartet.
- AAM ist die VMware High Availability-Komponente, die für die Hochverfügbarkeit zuständig ist.
- VMap ist das Verbindungsstück zwischen *vpxa* und AAM.

> In einem Cluster sollten Sie möglichst nur gleich ausgestattete ESXi-Server einsetzen. Vermeiden Sie unterschiedliche Prozessoren, eine unterschiedliche Anzahl logischer CPUs sowie verschiedene RAM-Ausbaustufen. Gerade im Zusammenhang mit DRS kann dies zu Problemen führen.

High Availability: Isolation und Neustart

Überlegen Sie sich beim Einrichten und Konfigurieren von HA, was Ihnen wichtiger ist: das Starten aller VMs auf den nicht ausgefallenen Servern oder dass bestimmte Maschinen mit einigermaßen guter Performance laufen.

> Wenn Sie in einem Cluster die Zugangssteuerung aktivieren, wird ein gewisser Prozentsatz der zur Verfügung stehenden Ressourcen für einen Hostausfall reserviert. Das bedeutet, dass Sie diese Ressourcen erst nutzen können, wenn ein HA-Fall eintritt – wollen Sie das wirklich?

Sie können über die grafische Oberfläche des vSphere oder Web Client für jede virtuelle Maschine einzeln einstellen, was passieren soll, wenn ein ESXi-Server ausfallen sollte (siehe Abbildung 19-13). Richten Sie sich bei diesen Einstellungen nach den Bedürfnissen Ihrer Umgebung!

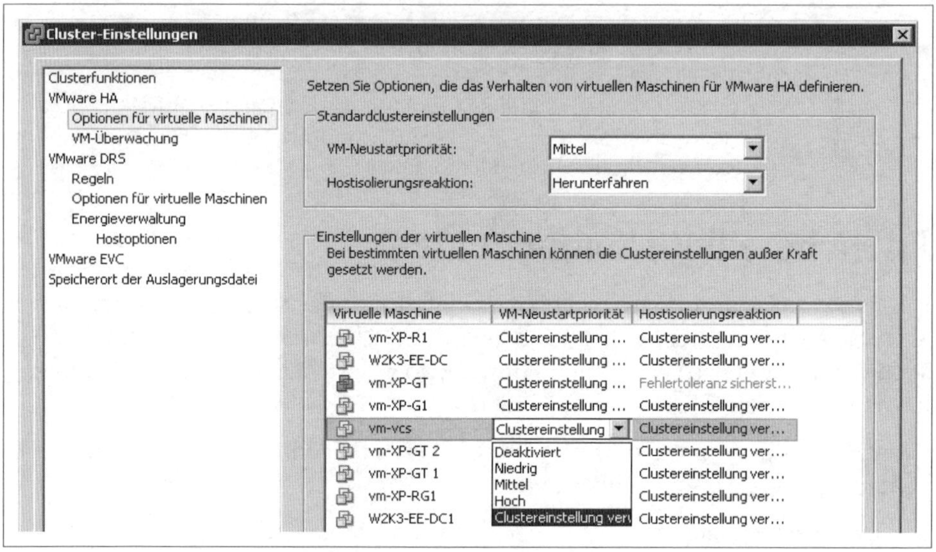

Abbildung 19-13: HA-Einstellungen zur virtuellen Maschine

Sie können HA benutzerdefiniert anpassen, um NEUSTARTPRIORITÄT und ISOLIERUNGSREAKTION zu bestimmen:

- NEUSTARTPRIORITÄT – Bestimmt, in welcher Reihenfolge virtuelle Maschinen nach einem Hostausfall neu gestartet werden. Die Neustartpriorität wird zwar immer berücksichtigt, ist allerdings in folgenden Fällen besonders wichtig:
  - Wenn für den Hostausfall eine Hostanzahl bestimmt wurde (z.B. drei), tatsächlich aber mehr Hosts ausfallen (z.B. vier).
  - Wenn die strikte Zugangskontrolle deaktiviert wurde und mehr virtuelle Maschinen gestartet wurden, als HA einstellungsbedingt unterstützt.

> Diese Priorität gilt nur bezogen auf den jeweiligen Host. Fallen mehrere Hosts aus, startet der HA-Master zuerst alle virtuellen Maschinen des ersten Hosts in der Reihenfolge der festgelegten Priorität, dann alle virtuellen Rechner des zweiten Hosts ebenfalls in der Reihenfolge der festgelegten Priorität usw.

- Isolierungsreaktion – Bestimmt, was geschieht, wenn die Netzwerkkonsolenverbindung eines Hosts innerhalb eines HA-Clusters unterbrochen wird, der Host aber weiterhin ausgeführt wird. Der Master Host des Clusters erhält kein Signal mehr von diesem Host, erklärt ihn für ausgefallen und versucht, die anderen virtuellen Maschinen neu zu starten. Fällt der Master aus, so übernimmt ein Slave automatisch diese Rolle.
- Durch eine Festplattensperre wird verhindert, dass zwei Instanzen einer virtuellen Maschine auf zwei unterschiedlichen Hosts ausgeführt werden (Split Brain). Standardmäßig werden virtuelle Maschinen im Fall eines Hostisolierungsereignisses auf dem isolierten Host über die VMware Tools heruntergefahren. Ist dies nicht möglich, werden sie automatisch nach fünf Minuten ausgeschaltet, damit sie auf einem anderen Host neu gestartet werden können. Dieses Verhalten kann für einzelne virtuelle Maschinen geändert werden. Sie können die Option Eingeschaltet lassen auswählen, wenn Sie möchten, dass die virtuellen Maschinen auf dem isolierten Host weiterhin ausgeführt werden, auch wenn der Host nicht mehr mit den anderen Hosts des Clusters kommunizieren kann. Dies wäre beispielsweise dann angebracht, wenn sich das Netzwerk der virtuellen Maschine auf einem anderen stabilen und redundanten Netzwerk befindet oder die virtuellen Maschinen einfach weiterhin ausgeführt werden sollen. Beachten Sie dazu die ausführlichen Hinweise zur Isolierungsreaktion in Kapitel 10!

HA-Fehlervermeidung

Bei NAS- oder iSCSI-Speicher verliert die virtuelle Maschine bei der Trennung des Hosts von der Netzwerkkonsole möglicherweise auch den Zugriff auf ihre Festplatte. In diesem Fall kann die Festplattensperre aufgehoben und die virtuelle Maschine erfolgreich auf einem anderen Host eingeschaltet werden. Die VM auf dem isolierten Host wird weiterhin ausgeführt, hat jedoch keinen Zugriff mehr auf ihre Festplatte (auch wenn die Netzwerkverbindung wiederhergestellt wird), da sie ihre Festplattensperre verloren hat. Diese virtuelle Maschine kann Netzwerk-I/O-Last erzeugen und verbrauchen. Es wird daher dringend empfohlen, die Isolierungsreaktion für virtuelle Maschinen auf NFS- oder iSCSI-Speicher auf Ausschalten (je nach Ihrem Netzwerkdesign) zu ändern. Ist der Zugriff auf die Storages redundant ausgelegt, planen Sie »Eingeschaltet lassen« oder »Herunterfahren« für Ihre Umgebung.

Um bei der Isolierungsreaktion ganz sicher zu gehen, dass die VM nicht doch noch Zugriff auf ihre Festplatte hat, können Sie einen weiteren Management-Network-Port (MNP) auf demselben vSwitch wie dem VMkernel-Port für iSCSI- oder NFS-Storage anlegen. Wird auch dieser MNP nicht von den anderen Hosts erreicht, so hat die VM auch keinen Zugriff auf ihre Festplatte und kann getrost ausgeschaltet werden. Ein Herunterfahren ist dann nicht mehr möglich!

Wenn Sie einen Host einem Cluster hinzufügen, wird die Neustartpriorität für alle virtuellen Maschinen in diesem Cluster standardmäßig auf »Mittel« und die Isolierungsreaktion auf »Eingeschaltet lassen« eingestellt. Überprüfen Sie am besten vorher Ihre Einstellungen.

Über den Web Client können darüber hinaus noch weitere Einstellungen wie »Alle Pfade verloren« oder »Storage ist kaputt« mit zusätzlichen Wartezeiten pro VM angegeben werden. Dieser sogenannte VM-KOMPONENTENSCHUTZ ist in Kapitel 10 ausführlich beschrieben.

HA-Troubleshooting

Falls Sie häufiger Probleme mit dem sekündlichen Taktsignal (Heartbeat) zwischen den ESXi-Servern bekommen, können Sie bei den Clustereinstellungen unter ERWEITERTE OPTIONEN die zusätzliche Variable `das.failureDetectionInterval` mit einem höheren Wert als eine Sekunde eintragen. Das Fenster bei ERWEITERTE OPTIONEN ist üblicherweise leer und keiner der folgenden Werte sollte ohne Notwendigkeit eingefügt werden. Intern wird übrigens immer noch die Abkürzung DAS für High Availability genutzt.

Sie können auch der Fehlerzeit `das.failureDetectionTime` einen neuen Wert in Millisekunden zuweisen, z.B. `60.000`. Dadurch wird ein Host erst als isoliert betrachtet, wenn das Signal 60 Sekunden lang nicht kommt. Standardmäßig ist dieser Wert auf 15 Sekunden (15.000 Millisekunden) eingestellt.

Zwei weitere interessante Einstellungen betreffen das Netzwerk: Über den Eintrag `das.allowVmotionNetworks` mit dem Wert `true` können Sie einem Host, der nur eine Netzwerkkarte für das Management Network und vMotion besitzt, trotzdem das Migrieren von VMs erlauben. Sonst wird diese Portgruppe ignoriert und vMotion ist nicht möglich.

Um den HA-Netzwerkverkehr über eine andere als die Standardadresse laufen zu lassen, z.B. wenn man verschiedene Subnetze dafür generiert hat, kann man den Eintrag `das.allowNetworkX` (wobei X ein Wert von 0 bis 10 sein kann) z.B. mit dem Wert `Management Network 2`, also dem Namen der jeweiligen Portgruppe, belegen. Es sind auch mehrere Einträge möglich:

- `das.allowNetwork0   Management Network`
- `das.allowNetwork1   Management Network 2`

usw.

Standardmäßig kann ein isolierter Host seine eigene Netzwerkisolation feststellen, indem er das Gateway des Management Network überprüft und nicht erreicht (siehe Abbildung 19-14). Damit er dann nicht gleich mit dem Herunterfahren oder Ausschalten der VMs beginnt, kann man auch hier noch eine weitere Sicherheit einbauen: Über den Eintrag `das.isolationaddressX` (X von 1 bis 10) kann man ihm weitere IP-Adressen zur Überprüfung mitgeben:

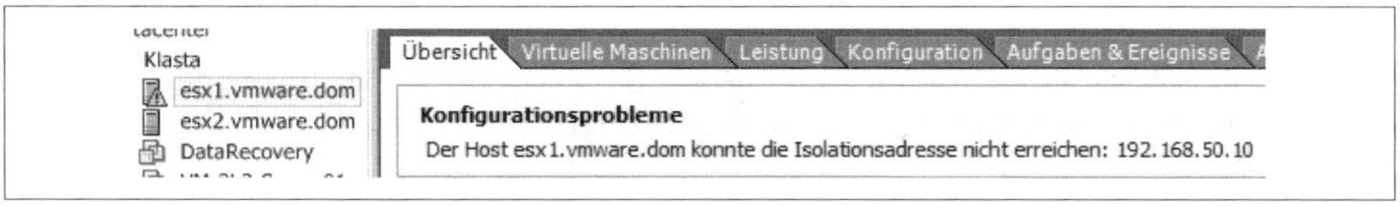

Abbildung 19-14: HA-Konfigurationsprobleme

- `das.isolationAddress1    192.168.150.11`
- `das.isolationAddress2    192.168.50.10`

Hierfür kann auch eine IP aus einem anderen Subnetz gewählt werden, wenn sich dort ein weiterer Management-Network-Port befindet. Überprüfen Sie unbedingt, ob sich diese Adressen auch »pingen« lassen. Kann das Standardgateway keinen »echo respond«, also eine Antwort auf einen ping-Befehl senden, so ergänzen Sie die Liste um folgenden Eintrag:

- `das.useDefaultIsolationAddress    false`

Der Eintrag (Standard ist gesetzt, wird aber nicht angezeigt) `das.maxVmRestartCount` ist intern auf 5 gesetzt. Das bedeutet, dass fünfmal versucht wird, eine VM neu zu starten. Der Wert kann durch einen Eintrag in der Liste auch auf 0 gesetzt werden, damit gar nicht versucht wird, die VM zu starten. Der Wert kann aber auch höher gewählt werden, was aber meist nicht sinnvoll ist.

Um die Warnung im vCenter Server zu unterbinden, die anzeigt, dass keine Netzwerkredundanz vorhanden ist, tragen Sie in die Liste `das.ignoreRedundantNetWarning` mit dem Wert `true` ein. Tun Sie das aber nur, wenn es nicht möglich ist, eine zusätzliche Netzwerkkarte an den MNP zu binden oder eine weitere Portgruppe hierfür einzurichten.

Es gibt noch weitere mögliche Einträge in den erweiterten Einstellungen zu HA, die aber eher seltener gebraucht werden. Ich möchte aber nochmals ausdrücklich darauf hinweisen, dass ich nicht empfehle, eine der oben genannten Einstellungen als Standard zu nehmen und einzutragen. Nur in absoluten Ausnahmesituationen ist es angebracht, hier andere als die Standardwerte zu verwenden.

Ab vSphere 4.1 gibt es die Möglichkeit, sich Fehler in HA über einen neuen Link mit dem Namen KONFIGURATIONSPROBLEME (Configuration Issues) auf der Registerkarte ÜBERSICHT anzusehen. Ist der Fensterinhalt grau, gibt es keine Probleme, ansonsten werden der oder die Einträge angezeigt (siehe Abbildung 19-15).

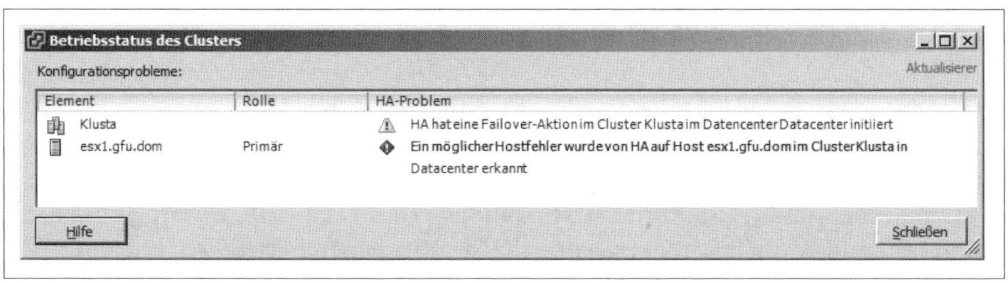

Abbildung 19-15: Betriebsstatus des Clusters

Sollten übrigens zwei Ihrer Hosts ausfallen, so werden zuerst die VMs des ersten und anschließend erst die des zweiten ESXi-Servers neu gestartet, da sich nur der primäre Host (*Master*) um den Neustart kümmert. Sollte dieser ausfallen, wird ein anderer automatisch zum Master.

Datenspeicher-Taktsignale

Sie können das erweiterte Attribut »das.heartbeatdsperhost« verwenden, um die Anzahl der Datenspeicher-Taktsignale zu ändern, die für jeden Host vom vCenter Server ausgewählt wurden. Der Standardwert beträgt zwei und der Maximalwert fünf.

> Wenn Sie eine Netzwerkumgebung bereitstellen, in der der Speicher- und der Verwaltungsnetzwerkverkehr über dieselben physischen Netzwerkkarten übertragen werden, deaktivieren Sie die Datenspeicher-Taktsignale. Sie bieten bei dieser Art von Netzwerk keine Vorteile.

Weitere Tools

Zum Abschluss möchte ich Ihnen noch ein paar weitere Tools näher erläutern, u. a. für die Kommandozeile und deren Benutzung.

Tools lspci

Über die vorhandenen PCI-Geräte und -Busse informiert das Programm *lspci*, das Sie über die Kommandozeile als *root* ausführen können. Detaillierte Informationen können mit dem Schalter `-p` erreicht werden, noch mehr Ausgaben erhält man häufig mit `-v`. Der Parameter `-n` zeigt numerisch die Hersteller- und Geräte-ID an, ohne die Namen und weitere Infos aufzulisten.

Tool tail

Das Programm *tail* ist eigentlich dafür gedacht, jeweils die letzten Zeilen einer Datei zu betrachten. Für Logdateien ist es sinnvoll, sich damit über die letzten Meldungen zu informieren. Über den Schalter `-f` kann man sich aber auch interaktiv die Zeilen einer Datei anzeigen lassen, und die Anzeige wird so lange aktualisiert, bis man sie mit der Tastenkombination Strg+C abbricht.

Beispiel:

```
tail  -f  /var/log/vmkwarning
```

Um zu sehen, in welche Logdatei als Letztes geschrieben wurde, kann man eine Kombination von `ls  -al` mit `sort` verwenden. Das Tool sort sortiert dabei nach Nummern und Alphabet in der Spalte, die Sie angegeben haben.

Mit dem Befehl kann man auch eine umgekehrte Sortierung (revers) anzeigen lassen:

```
ls -al | sort -r
```

Anschließend können Sie die zuletzt angezeigte Logdatei mit `tail -f` überwachen.

Einfacher geht es mit den Parametern `-ltr` beim Aufruf von `ls`. Geben Sie also `ls -ltr` ein, um die Anzeige nach Datum und Uhrzeit sortiert zu bekommen.

Kommt es in der Datei */var/log/vmkwarning* häufig zu Meldungen über SCSI-Reservierungskonflikte, kann das übrigens an einer falschen Konfiguration des Fibre-Channel-Switch liegen. Stellen Sie dann die Übertragungsrate auf beiden Seiten der Verbindung »fix« ein, also z. B. »2G«.

ESXi-Server hängt

Sollte beim Starten oder Herunterfahren das System hängen bleiben, hilft oft die Ausgabe von Informationen auf der zwölften Konsole. Schalten Sie mit (Strg+) Alt+F12 auf diese Konsole und lesen Sie die Meldungen, die der ESXi-Server dort auflistet.

Eine häufige Ursache ist das Fehlen oder Nichtreagieren von SAN- und iSCSI-Speicher. Normalerweise reicht ein Timeout von zwei bis drei Minuten, dass der ESXi-Server mit dem Herauf- oder Herunterfahren weitermacht. Sollte das nicht zum Ziel führen, hilft leider nur noch der harte Reset.

Dies ist allerdings keine Garantie dafür, dass es anschließend besser klappt. Wenn nicht, starten Sie den Server gegebenenfalls mit zusätzlichen oder weniger Optionen, indem Sie beim Start die Tastenkombination Shift+O drücken.

RVTools

Ein sehr mächtiges Werkzeug hat der Holländer Rob de Veij auf Basis von .NET 2. 0 mit dem VI SDK (Software Development Kit) programmiert. Unter *www.robware.net* kann man es samt einer englischsprachigen Dokumentation kostenlos herunterladen. Zurzeit ist die Version 3.7 vom März 2015 aktuell, mit der man auch die Umgebung von vSphere 6 untersuchen kann.

Nicht nur, dass man damit in Listenform Informationen der ESXi-Server und der virtuellen Maschinen erhält, z. B. zu CPU, Netzwerkkarten, IP-Adressen und Arbeitsspeicher – es werden auch aktive Snapshots, verbundene optische und Diskettenlaufwerke ausgegeben und viele weitere nützliche Informationen aufgelistet, die ich in diesem Kapitel bisher behandelt habe. Man kann darüber sogar Änderungen bei der Konfiguration der VMs durch einfaches Setzen eines Häkchens erreichen.

Auf der letzten Registerkarte mit Namen TABVHEALTH (siehe Abbildung 19-16) wird unter anderem Folgendes angezeigt:

- VM-Festplatten, die zu keiner virtuellen Maschine mehr gehören
- Speicherplatz auf den Laufwerken der VMs, die weniger als 10 % freien Speicher haben
- Ob die VMware Tools aktualisiert werden müssen oder gar nicht installiert sind
- Ob der Ordnername mit dem Namen der VM in der Bestandsliste übereinstimmt
- Ob mehr als vier vCPUs pro Kern eines ESXi-Hosts laufen
- Ob mehr als 16 VMs auf einem Volume liegen (bei NFS unwichtig)

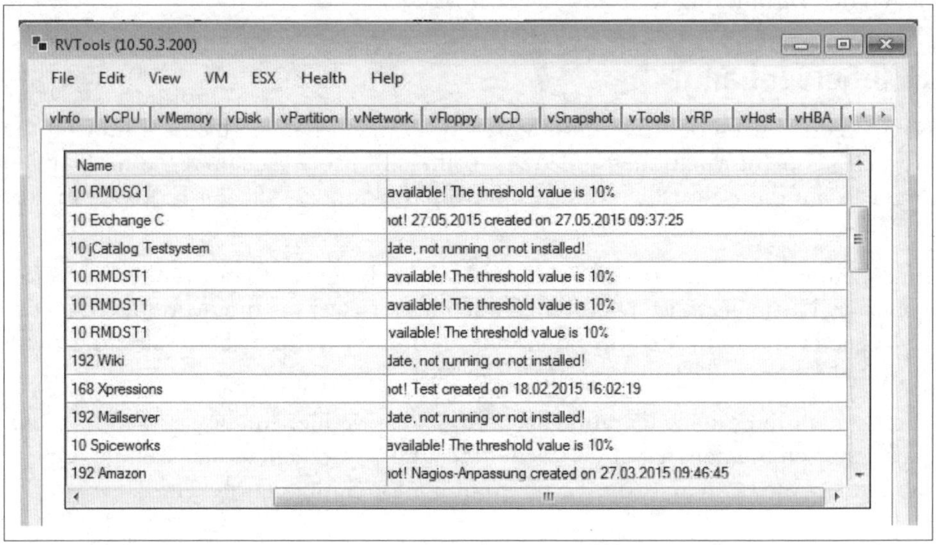

Abbildung 19-16: RVTools, Beispielkarte vHealth

Die gesammelten Ergebnisse lassen sich exportieren – sogar in eine Excel-Arbeitsmappe.

Ähnlich wie ich es in Kapitel 4 beschrieben habe, können dem Programm Parameter übergeben werden, die ähnlich denen des vSphere Clients sind. Dazu gehört auch der Benutzername mit *-u*, das Passwort mit *-p* und der vCenter Server mit *-s*. Des Weiteren können für den Aufruf noch Exportbefehle mit Verzeichnis *-d* und Dateiname *-f* übergeben werden und ob es eine *.csv*- oder *.xls*-Datei sein soll.

Ein Beispielaufruf kann also folgendermaßen aussehen:

```
RVTools.exe -u root -p ganzgeheim -s 192.168.100.50 -c ExportAll2xls -d c:\Temp -f
2015-07-10.xls.
```

Um nur eine Tabelle zu exportieren, z. B. die oben erwähnte »Gesundheitsliste«, kann man beispielsweise die Parameter *-c ExportHealth2xls -d c:\Temp -f vHealth.xls* angeben.

Ich kann nur jedem empfehlen, dieses Tool einmal auszuprobieren und sich bei Bedarf die ausführliche, 94 Seiten starke Dokumentation anzusehen.

Bei den Kunden, die ich betreue, nehme ich dieses Werkzeug regelmäßig zur Hand und bin begeistert davon – mit zwei Ausnahmen: Auf der Seite mit den verbundenen optischen (tabvCD) und Diskettenlaufwerken (tabvFloppy) der virtuellen Maschinen stimmen die Angaben häufig nicht. Aber man sieht hier wenigstens, ob die Laufwerke verbunden sind oder nicht – und diese Anzeige stimmt. Zweitens werden mehr als 16 VMs auf einem NFS-Volume angemeckert, wobei das egal ist. Lediglich bei Fiber Channel, iSCSI und SCSI sollten es nicht mehr sein.

Veeam Fast SCP

Dieses Tool ist die richtige Lösung für schnelles Kopieren auf den Storage eines Hosts und für das Kopieren oder Verschieben zwischen ESXi-Servern. Der Transfer läuft über eine sichere Verbindung mittels SSH, das auch vom ESXi unterstützt wird. Die Geschwindigkeit eines Transfers über FastSCP (Secure Copy) geht ca. sechsmal schneller als über herkömmliches SCP oder den Datenspeicherbrowser. Außerdem können Sie zu mehreren Hosts gleichzeitig eine Verbindung aufbauen (Single Sign-On). FastSCP stellt die Umgebung ähnlich wie im Explorer dar und ermöglicht es sogar, Attribute von Dateien und Ordnern zu ändern. Und das Ganze ist kostenlos von der Internetseite des Herstellers (*www.veeam.com/de/*) herunterladbar.

Index

A

B

C

D

E

S

T

W

Z

Über den Autor

Ralph Göpel ist Diplominformatiker, Microsoft Certified System Engineer und VMware Certified Professional. Er gibt Unterrichte in den verschiedensten IT-Bereichen und Themen. Seit 1996 ist er selbstständig und arbeitet seit 1999 als Consultant und Dozent mit den Produkten von VMware. Seit März 2015 unterrichtet er auch die neue Version von VMware vSphere 6. Er unterstützt seine Kunden bei der Implementierung, macht Troubleshooting und übernimmt die Betreuung von Upgrades. In seiner Freizeit joggt er und genießt bei einem Glas Whisky die freien Minuten mit seiner Frau.

Kolophon

Die auf dem Cover dieses Buchs dargestellte Stephalia Corona gehört zu den Staatsquallen (Siphonophoren), einer Ordnung der Nesseltiere. Sie werden Staatsquallen genannt, weil sie freischwebende oder schwimmende Kolonien bilden, deren Einzeltiere polymorph und hochspezialisiert sind. Man findet sie vor allem im westlichen Südpazifik in unterschiedlicher Tiefe.